Kinematograph

Nr. 19/2004

STANLEY KUBRICK

deutsches
filmmuseum
frankfurt am main

DEUTSCHES ARCHITEKTUR MUSEUM

Impressum

Schriftenreihe des Deutschen Filmmuseums Frankfurt am Main

Kinematograph Nr. 19

Der vorliegende Katalog erscheint zur Ausstellung
Stanley Kubrick – eine Ausstellung des Deutschen Filmmuseums
und des Deutschen Architektur Museums, Frankfurt am Main in
Kooperation mit Christiane Kubrick, Stanley Kubrick Estate

www.stanleykubrick.de

Projektleitung
    Hans-Peter Reichmann (Deutsches Filmmuseum)
    Ingeborg Flagge (Deutsches Architektur Museum)

Kurator des Gesamtprojekts
    Hans-Peter Reichmann

Kuratoren des Deutschen Architektur Museums
    Falk Horn, Bettina Rudhof

Assistenz und Koordination
    Tim Heptner, Maja Keppler, Alexandra Schreiber

Nachlasserfassung
    Bernd Eichhorn

Ausstellungsarchitektur, Entwurf und Planung
    Falk Horn, Bettina Rudhof

Ausstellungsgrafik
    conceptdesign, Offenbach

Audioguide
    Tim Heptner (Konzept) und Linon Medien, Berlin

Videoschnitt
    Christian Appelt

Bauten
    Gehrung, Offenbach

Modellbau
    Jörg Kallmeyer, Jack Moik, Gerald Narr,
    Daniel Simmer, Ralf Stegmann, Christian Walter

Filmreihe
    Monika Haas

Website
    Jim Heller

Katalog

Text- und Bildredaktion
    Bernd Eichhorn, Eleonore Emsbach,
    Gerold Hens, Natalie Lettenewitsch

Übersetzungen
    Gerold Hens

Gestaltung
    conceptdesign, Offenbach

Datenteil
    Johannes Kamps, Thomas Worschech (Register)

Fotografische Arbeiten
    Uwe Dettmar

Lithoscans
    Beate Dannhorn, Julia Welter
    conceptdesign, Offenbach

Druck
    Hoehl-Druck, Bad Hersfeld

© 2004 bei den Autorinnen und Autoren
    und dem Deutschen Filmmuseum Frankfurt am Main

ISBN-Nr.: 3-88799-068-4

Titelfoto: THE SHINING. Jack Nicholson und Stanley Kubrick

Ausstellung und Katalog wurden gefördert von:

kulturstiftung des bundes

hessische kultur stiftung

Georg und Franziska Speyer'sche Hochschulstiftung

INHALT

5 — **MARTIN SCORSESE** — GRUSSWORT

6 — **CHRISTIANE KUBRICK** — GRUSSWORT

7 — **JAN HARLAN** — VORWORT

9 — **INGEBORG FLAGGE / HANS-PETER REICHMANN** — „REAL IS GOOD, INTERESTING IS BETTER"

13 — **BERND EICHHORN** — KUBRICK SICHTEN

14 — **FALK HORN / BETTINA RUDHOF** — BILDER INS HIRN. KUBRICK AUSSTELLEN

18 — **ALEXANDRA VON STOSCH / RAINER CRONE** — KUBRICKS KALEIDOSKOP — Frühe Fotografien 1945–1950

28 — **BERND KIEFER** — SCHACHSPIELE IM BOXRING — Das Frühwerk von Stanley Kubrick

44 — **WILHELM ROTH** — GENERÄLE UND ZENSOREN — Paths of Glory und die Spiele der Macht

56 — **WINFRIED GÜNTHER** — DIE EINSTELLUNG IST DIE EINSTELLUNG — Aspekte der Inszenierungsweise von Spartacus

66 — **SABINE NESSEL** — HOW DID THEY EVER MAKE A MOVIE OF LOLITA?

74 — **BORIS HARS-TSCHACHOTIN** — RAUMGEWORDENE SUPERMACHTPARANOIA — Der War Room als Schlüsselbild in Dr. Strangelove

88 — **INTERVIEW MIT KEN ADAM** — „ALLES WAR MÖGLICH FÜR IHN"

96 — **DANIEL KOTHENSCHULTE** — TORTEN UND DISTORTIONS — Was machte der Fotograf Weegee am Set von Dr. Strangelove?

102 — **VOLKER FISCHER** — DESIGNING THE FUTURE — Zur pragmatischen Prognostik in 2001: A Space Odyssey

120	**BERND EICHHORN**	BRANDING 2001
128	**ANTHONY FREWIN**	2001: EIN VERWORFENER PROLOG Themen, die blieben
136	**THOMAS ELSAESSER**	EVOLUTIONÄRER BILD-INGENIEUR Stanley Kubricks Autorschaft
148	**MARISA BUOVOLO**	MASKEN DER GEWALT Die Sprache der Kleidung in A Clockwork Orange
156	**EVA-MARIA MAGEL**	THE BEST MOVIE (N)EVER MADE Stanley Kubricks gescheitertes Napoleon-Projekt
168	**RALF MICHAEL FISCHER**	BILDER EINER AUSSTELLUNG? Allusionen und Illusionen in Barry Lyndon
184	**URSULA VON KEITZ**	THE SHINING – EIN STOFF GEFRIERT Stanley Kubricks Adaption von Stephen Kings Roman
198	**JUHANI PALLASMAA**	DAS UNGEHEUER IM LABYRINTH Die Architektur von The Shining
208	**GEORG SEESSLEN**	„SHOOT ME, SHOOT ME" Vom Wesen des Krieges – Full Metal Jacket
224	**RONNY LOEWY**	ARYAN PAPERS und Louis Begleys Roman Wartime Lies
232	**HANS-THIES LEHMANN**	FILM-THEATER Masken/Identitäten in Eyes Wide Shut
244	**INTERVIEW MIT EDGAR REITZ**	„UNSERE ARBEIT WAR EINE AUSNAHME" Die Synchronregie von Eyes Wide Shut
250	**CHRIS BAKER**	VISUELLES GESCHICHTENERZÄHLEN Entwürfe zu A.I. – Artificial Intelligence
254	**CHRISTIAN APPELT**	DAS HANDWERK DES SEHENS
266	**BERND SCHULTHEIS**	MÖGLICHKEITSRÄUME Notizen zur musikalischen Rede bei Stanley Kubrick
280	Kurzbiografie	
282	Filmografie	
294	Diskografie	
298	Autorenverzeichnis	
300	Auswahlbibliografie	
300	Abbildungsnachweis	
301	Register	

GRUSSWORT

Man braucht nur den Namen zu hören oder irgendwo zu lesen, und vor einem öffnet sich eine ganze Welt. Eine weite, rätselhafte Welt, anders als jede andere in der Geschichte des Kinos.

Man sagt immer, es sei eine Schande, dass Kubrick in seinem Leben nur so wenige Filme gedreht hat. Und ich sage immer, die, die er gedreht hat, waren genug. Genug für zehn Leben.

Er erweiterte unsere Vorstellungen von dem, was im Kino möglich ist. Und ich glaube, damit hat er auch unsere Selbsterkenntnis erweitert – die Grausamkeit, zu der wir fähig sind, die Sehnsucht nach etwas, das wir nicht benennen können, die Kräfte, die uns zwingen, ungewisse, bedrohliche Wege einzuschlagen.

In Kubricks Filmen spürt man buchstäblich die Tiefe der Geschichte, und in 2001: A Space Odyssey die Tiefe des Universums selbst. Viele Kritiker bemängelten, dass dieses Gefühl für die Winzigkeit des Menschen im Weltenplan ihn zu einem Misanthropen mache. Ich bin nicht dieser Meinung. Denn es gibt Momente überwältigender Gefühlstiefe in all seinen Filmen – Ryan O'Neal in Barry Lyndon, wenn er auf der Veranda Marisa Berenson zum ersten Mal küsst, der langsame Gang dreier verurteilter Soldaten zu ihrer Hinrichtung in Paths of Glory, Gary Lockwood in 2001: A Space Odyssey, der von seinen Eltern auf der Erde einen Geburtstagsgruß erhält. Der Tod der jungen Heckenschützin am Ende von Full Metal Jacket, der Rückzug des traumatisierten kleinen Jungen aus der Realität in The Shining und die schmerzliche Szene in Eyes Wide Shut, wenn Nicole Kidman einem wie vor den Kopf geschlagenen Tom Cruise ihre sexuellen Phantasien gesteht. Diese Momente, und viele andere, vermitteln ein mächtiges Gefühl dafür, was es bedeutet, Mensch zu sein. Sie überwältigen mich immer wieder und werden mich, dessen bin ich sicher, auch in Zukunft immer wieder überwältigen.

Kubrick war ein Künstler mit einer wahren Vision, in jedem Sinne dieses überstrapazierten Wortes, und diese Ausstellung ist ein gebührender Tribut.

Martin Scorsese

GRUSSWORT

Christiane Kubrick: *Stanley,* **1994**
Technik: Wasserfarben

Während der 43 Jahre unserer Ehe stellte sich nie die Frage, was mit dem persönlichen Besitz geschehen sollte, wenn einer von uns stürbe. Nach Stanleys Tod im März 1999, als mir erstmals ein Dokumentarfilm über sein Leben und Werk angetragen wurde, musste ich mich gezwungenermaßen mit diesem Thema befassen. Ich habe damals das Projekt unterstützt, da ich dadurch die Möglichkeit hatte, an der Entstehung mitzuwirken. Später erhob sich die Frage, was wir mit dem Inhalt von Stanleys Büros machen sollten, mit Hunderten Kisten voller Pläne, Zeichnungen, Notizen, Drehbüchern, Modellen, Korrespondenzen, seiner Bibliothek und bergeweise Filmausrüstung. Der Vorschlag des Deutschen Filmmuseums in Frankfurt am Main, eine Ausstellung zu machen, die danach vielleicht durch die Welt reisen würde, bot den Anreiz, die Aufgabe anzupacken und gleichzeitig Stanley gerecht zu werden. Ziel war es, Stücke auszusuchen, die Stanleys Beschäftigung mit allen Aspekten des Filmemachens am besten repräsentieren. Die Ausstellung wird daher nicht nur seinen viel zitierten sogenannten Perfektionismus veranschaulichen und sein Bestreben, seine Unabhängigkeit gegenüber äußerer Einmischung zu bewahren, sondern auch seine Sorgfalt bei den Vorbereitungen – und selbst seine Zweifel, wenn es um die Frage ging, ob ein Film es wirklich wert sei, gemacht zu werden.

Ich möchte mich bei den Hollywood-Studios, besonders bei Warner Bros., bedanken, die diese Ausstellung ermöglicht haben, bei Bernd Eichhorn, der acht Monate in meinem Haus verbrachte und die Schriftstücke und Fotos ordnete, bei Joe Dunton, der die Geräte auswählte und sie für die Ausstellung aufbereitete, und bei den Mitarbeitern und Mitarbeiterinnen des Deutschen Filmmuseums und des Deutschen Architektur Museums in Frankfurt am Main.

Christiane Kubrick

Foto: Manuel Harlan

VORWORT

JAN HARLAN

Die Idee schien anfangs seltsam. Stanleys Equipment ausstellen, seine Pläne, Notizen, Fotos? Es erschien nicht richtig und wäre zu seinen Lebzeiten undenkbar gewesen. Und doch, nach eingehender Überlegung und Diskussion mit Christiane Kubrick wurde deutlich: Auch wenn es seine Privatsphäre zu schützen galt, sein Werk sollte für alle sichtbar sein – um so das Leben eines großen Filmemachers zu feiern. Seine Mühen, seine harte Arbeit, sein Erfindungs- und Ideenreichtum sind von höchstem Interesse, auch wenn das Geheimnis von künstlerischem Talent nie zu ergründen sein wird. Stanley Kubricks Filme werden für künftige Generationen ein verlässlicher Spiegel seiner Zeit und seiner Kultur bleiben.

Wie können wir diese ‚Ausstellung' machen? Wie können wir Stanley Kubrick gerecht werden? Die Überwindung von Hindernissen war ein Teil seiner Persönlichkeit und eine der Leidenschaften, die seinem Leben Würze verliehen. Ich fühle mich an Cocteaus berühmte Bemerkung erinnert: „Ich wusste nicht, dass es unmöglich war, deshalb habe ich es getan." So ging auch Stanley an die Dinge heran. Und daher unternahmen wir das Unmögliche.

Wir hatten eine ungeheure Menge an Material an vielen Orten in England und Amerika, zahllose Kisten voller Notizen, Fotografien, Briefen, Drehbüchern, Seiten mit Entwürfen, Plänen, eine riesige Bibliothek und eine Wagenladung voller Ausrüstung. All das wäre in einer Ausstellung belanglos, wenn es nicht gelänge, den Dingen Bedeutung zu verleihen und im Zuschauer die Lust zu wecken, Stanleys Filme zu sehen – ob von neuem oder zum ersten Mal. Was letztlich zählt, sind seine Filme.

Das Deutsche Filmmuseum in Frankfurt am Main war die erste Institution, die diese Ausstellung vorschlug, und Hans-Peter Reichmanns Begeisterung und Energie waren einfach ansteckend und motivierten mich für die riesige Arbeit, die vor uns lag. Bernd Eichhorn, der Archivar des Filmmuseums, nahm, mit Computer und weißen Handschuhen bewaffnet, das Dickicht scheinbar undurchdringlichen Wirrwarrs in Angriff – ein weißer Ritter in glänzender Rüstung. Innerhalb eines Jahres wussten wir, was wir hatten und wie wir es auffinden konnten.

„Ein aufgeräumter Schreibtisch ist ein Zeichen für einen kranken Geist", ist eine jener Redensarten, die man sich angesichts der Verzweiflung zu Eigen macht. Stanley war ein Paradebeispiel für höchst geordnetes Denken inmitten von Chaos. Die totale Konzentration auf Prioritäten existierte direkt neben völliger Unordnung. Es war einfach zu viel, worum er sich kümmern wollte, und das Unvermögen, irgendetwas davon zu delegieren, endete in einem wachsenden Berg von Zetteln, Briefen, Projekten und Ideen, die nie aufgegriffen wurden und irgendwann in Vergessenheit gerieten.

Stanley liebte Ordnung, sein Denken war methodisch, und seine Filme bezeugen die sorgfältig kalkulierte Perfektion, die ihn zufrieden stellte. Sich selbst mit seiner Arbeit zufrieden zu stellen, war seine schwerste Aufgabe, die er unnachgiebig verfolgte. Woody Allen sagte zu mir, als wir über Stanleys Perfektionsdrang sprachen: „Ich persönlich mag Perfektion nicht", und ich erinnere mich daran, wie sehr Stanley diesen wunderbaren Filmemacher genau dafür bewunderte – für seine Missachtung von Perfektion und seine zwanglose Arbeitsweise. Große Künstler kommen in vielfältigen Erscheinungen daher: Vermeer vollendete weniger als 100 Gemälde in seinem Leben, Picasso dagegen schuf ewige Meisterwerke, während er auf seinen Kaffee wartete.

Stanley liebte Systeme – Systeme, die Ordnung schufen. Der Akt allein, ein System zu entwerfen oder zu erwerben – und er probierte viele aus, ohne sie dann unbedingt zu übernehmen – zeigt seinen Wunsch nach Ordnung. Es war der erste Schritt hin zu einem nie erreichten Ziel. Stanley phantasierte von Systemen, die ihm einen unmittelbaren Zugang zu seinen Notizen und Zetteln gestatten würden, zu dem Großen Unvollendeten, dem er sowohl flüchtige Gedanken als auch Stunden intensiven Nachgrübelns gewidmet hatte. Er stürzte sich auf Computer und Dateiprogramme – darauf hatte er sein ganzes Leben lang gewartet.

Es ist wohl wahr, wenn ich sage, dass Stanley unordentlich war, aber diese Feststellung wird ihm nicht gerecht. Es stimmt auch, dass neben äußerster Präzision und Ordnung das Chaos herrschte. Materielle Ordnung war einfach zu langsam, um ihm zu folgen. Wir trafen uns während fast 30 Jahren, um ‚Dinge, die erledigt werden müssen' zu besprechen und Prioritäten festzulegen. „Mist schaufeln", nannte er das, und gewöhnlich machte es großen Spaß, auch dabei mit Stanley zusammenzuarbeiten, selbst wenn das Ergebnis den Berg vielleicht anwachsen ließ, anstatt ihn zu verkleinern. Aber wenn etwas nicht so gut lief, machte er oft Schluss mit den Worten „Ich muss jetzt an die Arbeit."

Als System herrschten Schachteln vor, Hunderte auf Regalen und Tischen. Er kennzeichnete sie eigenhändig, indem er auf die Schachtel schrieb. „Zu erledigen", „lesen", „eilig", „Hunde", „Ablage", „Fragmente", „Skript", „WB", „Finanzen", „besprechen mit (gefolgt von Namen oder Initialen) und so weiter. Das gleiche System, oft mit den gleichen Beschriftungen, setzte sich in anderen Räumen fort. 1980 zog die Familie in ein großes Haus mit scheinbar unendlich viel Platz. Ein Traum war Wirklichkeit geworden, und Stanley glaubte, endlich mehr Platz zu haben, als er je würde füllen können. Er kaufte 140 Aktenschränke bei Ikea, Bücherregale und Dutzende von Tischen und anderen Büromöbeln. Zehn Jahre später war jeder Raum und jede Fläche erneut voll, und wir mussten *portacabins* für die Lagerung im Freien anschaffen. Stanleys Frau Christiane traf es sehr gut mit den Worten: „In diesem Haus suchen wir nicht nach Nadeln, sondern nach Heuhaufen."

Die Ordnung in dieser Ausstellung spiegelt Stanley Kubricks Ordnungsliebe wider, nicht jedoch sein Ringen darum. Seinen ‚Napoleonischen Kalender' muss man sehen, um es zu glauben, und ich empfehle jedem Besucher, ihn sich gründlich anzuschauen. Für jeden Tag der entscheidenden Jahre von Napoleons Herrschaft notierte Stanley sämtliche wichtigen Fakten über die wichtigsten Persönlichkeiten. Farbige Markierungen an einzelnen Karteikarten ermöglichen den raschen Zugriff auf bestimmte Personen und darauf, was sie an einem bestimmten Tag oder in einer bestimmten Woche getan hatten und warum.

Während Bernd Eichhorn seine Tage und oft auch Nächte damit zubrachte, sich durch den Berg von Material zu wühlen, bestand meine Aufgabe darin, Genehmigungen und Unterstützung von den Studios in Los Angeles einzuholen – von Warner Bros. vor allem, aber auch von MGM, Columbia und Universal, da eine Ausstellung zum Leben und Werk Stanley Kubricks Bilder aus all seinen Filmen zeigen muss. Obwohl viele der Exponate Eigentum des Kubrick Estate sind, gehören die Filme und die entsprechenden Bilder den Studios, ohne deren Unterstützung diese Ausstellung nicht möglich gewesen wäre.

Das erste „Dankeschön" muss Warner Bros. gelten, dem Studio, das die Rechte zu den großen Klassikern LOLITA und 2001: A SPACE ODYSSEY erworben hat und von 1970 an alle Filme von Stanley Kubrick finanzierte und in den Verleih brachte: A CLOCKWORK ORANGE, BARRY LYNDON, THE SHINING, FULL METAL JACKET, EYES WIDE SHUT sowie meinen Dokumentarfilm STANLEY KUBRICK: A LIFE IN PICTURES. Warner Bros. arbeitete zudem mit Dreamworks bei A.I. ARTIFICIAL INTELLIGENCE zusammen, einem Film, den Stanley Kubrick vorbereitet und dann zu lange auf Eis gelegt hatte. Wir schulden Steven Spielberg Dank für die Herstellung dieses wunderbaren Films. Ohne ihn wäre dieses anspruchsvolle und vielschichtige Märchen einfach verschwunden. Im Namen der Familie Kubrick möchte ich unseren Dank auch MGM Metro-Goldwyn-Mayer aussprechen, dem Studio, das die drei frühen Kubrickfilme KILLER'S KISS, THE KILLING und PATHS OF GLORY besitzt, den Universal Studios für die Bilder aus SPARTACUS und Sony-Columbia für die Genehmigung zur Verwendung von Standfotos und Ausschnitten aus DR. STRANGELOVE OR: HOW I LEARNED TO STOP WORRYING AND LOVE THE BOMB.

Schließen möchte ich mit einem von Stanleys berühmten Sätzen, wenn er gefragt wurde, was eine bestimmte Szene oder ein Film zu bedeuten habe: „Es gibt keine Botschaft, die ich je in Worte zu fassen beabsichtige." Diese Ausstellung erscheint mir immerhin als Möglichkeit eines Einblicks in Kubricks Arbeitswelt.

„REAL IS GOOD, INTERESTING IS BETTER"

INGEBORG FLAGGE / HANS-PETER REICHMANN

Akribisch, exzentrisch, fordernd, besessen, größenwahnsinnig, verrückt, ein Perfektionist, der totale Kontrolle ausübte – Legenden über eine Legende? „Ein Film von ihm ist zehn andere wert". „Keiner kannte ihn wirklich". „Einer der größten Filmregisseure". „Ein liebenswerter Mensch". „Manchmal hätte ich ihn umbringen können". „Zum wahnsinnig werden". „Er musste immer an Grenzen gehen und ging immer an Grenzen". „Er bleibt ein großes Geheimnis". „So ein Mensch ist einfach anders als wir". „Wir fürchteten ihn". „Er war der Größte, das weiß jeder und das ist eine Untertreibung" (Zitate u.a. von Martin Scorsese, Malcolm McDowell, Woody Allen, Shelley Duvall und Jack Nicholson aus: STANLEY KUBRICK: A LIFE IN PICTURES, 2001).

Superlative finden sich zuhauf, sie werden gerne im Versuch wiederholt, Stanley Kubrick und sein Werk zu erklären. Persönlich sind ihm nur wenige Zeitgenossen begegnet. Diejenigen, die mit ihm zusammentrafen, wurden oft bis an die Grenze ihrer Belastbarkeit beansprucht, sind aber voller Bewunderung: „Bis auf das Zeichnen, was er Gott sei Dank nicht beherrschte, konnte er ja praktisch jede Arbeit beim Film selbst durchführen. Das war natürlich eine große Gefahr für alle, die mit ihm zusammenarbeiteten" (Ken Adam). Stanley Kubrick, ein Autodidakt, der las, sichtete, hinterfragte. Er plante, verwarf und definierte neu, nach seiner eigenen Vorstellung, singulär, unvergleichlich. Als Regisseur und Produzent hat Kubrick Bildwelten geschaffen, die bis heute eine ungebrochene Anziehungskraft ausüben, ihr Publikum begeistern und provozieren.

Die weltweit erste Ausstellung über Kubricks Werk im Deutschen Filmmuseum und Deutschen Architektur Museum kann auf den bisher unzugänglichen Nachlass des Regisseurs zurückgreifen. Möglich wurde das durch die Zusammenarbeit mit Christiane Kubrick und Jan Harlan. Den Grundstein für diesen Kontakt legte eine Ausstellung des Deutschen Filmmuseums über den Filmarchitekten Ken Adam, der für Kubrick die Sets zu DR. STRANGELOVE OR: HOW I LEARNED TO STOP WORRYING AND LOVE THE BOMB und BARRY LYNDON entwarf. Die nun realisierte Ausstellung über Stanley Kubrick ist die interdisziplinäre Gemeinschaftsarbeit zweier benachbarter Frankfurter Museen. Die Ausstellung ist geprägt vom Zusammenspiel der Materialien aus dem Nachlass – Requisiten, Schriftdokumenten, Fotografien, Filmtechnik – und begehbaren, szenischen Rauminstallationen, die die Atmosphären und Themen der einzelnen Filme nachvollziehen und reflektieren. Die Ausstellung verweist auf Kubricks visionäre Adaption von Einflüssen aus bildender Kunst, Design und Architektur und macht den Filmkosmos eines großen Künstlers des 20. Jahrhunderts räumlich erfahrbar.

Kubricks Streben, möglichst viele Informationen zu erfassen und zu speichern, belegt der Nachlass mit seinem verschiedenartigen Material. In Vorbereitung auf die Frankfurter Ausstellung erfolgte als erster Schritt die Sichtung und Zuordnung zu den einzelnen Projekten, als Beginn der weiteren, intensiven Erschließung und Auswertung des Archivs. Es handelt sich um einen der umfangreichsten Nachlässe der Filmgeschichte. Anders jedoch als etwa der ähnlich spektakuläre Nachlass von Marlene Dietrich, die selbst gezielt an ihrem Mythos schrieb, ist der von Kubrick nicht systematisch zusammengestellt, ausgewählt oder kommentiert. Vieles hat sich zufällig erhalten, bewahrt in den zahllosen Räumen auf Kubricks Landsitz. Es ist ein Arbeitsarchiv, mit Unterlagen zur Recherche, Konzeption, Produktion, Distribution und Rezeption realisierter und nicht realisierter Filme. Überwältigend ist die Menge an Dokumenten zum *Napoleon*-Projekt: Zettelkästen mit Vermerken auf Karteikarten zu Ereignissen aus dem Leben des französischen Kaisers, hunderte Bücher zum Thema, Drehbuchentwürfe und Drehpläne, Kostümskizzen und rund 18.000 Fotos mit zeitgenössischen Darstellungen von Personen, Landschaften und Gegenständen. Die Materialien zu 2001: A Space Odyssey füllen einen Container, darunter sind diverse Fassungen des Filmscripts *Journey Beyond the Stars* von Kubrick und Arthur C. Clarke, Glasdias mit Teleskopaufnahmen von Mond und Jupiter, hunderte Zeichnungen und Fotografien für die Tricks, 35-mm-Film-Teststreifen für die Aufnahmen der Farb- und Wahrnehmungseffekte während des Flugs durch das *Stargate*, aber auch die Originale des *Moonwatcher*-Kostüms aus der *Dawn of Man*-Sequenz oder das *Starchild*. Neben den filmhistorisch bedeutsamen Dokumenten finden sich auch fotografische Kostbarkeiten wie Aufnahmen von Weegee oder eine Fotostrecke von Bert Stern, die er von Sue Lyon während der Dreharbeiten zu Lolita machte.

Der vorliegende Katalog präsentiert eine Anzahl dieser Materialien in Abbildungen und versammelt Autoren aus den Bereichen Film- und Theaterwissenschaft, Kunstgeschichte, Fotografie, Architektur, Design und Musik. Er bietet übergreifende Beiträge und deckt zugleich alle Filme Kubricks ab, die hier unter verschiedenen Aspekten aufgefächert werden. Eingangs widmen sich Alexandra von Stosch und Rainer Crone den fotografischen Arbeiten des jungen Kubrick, während Bernd Kiefer vergleichend das filmische Frühwerk analysiert. Wilhelm Roth erklärt die politische Diskussion um Paths of Glory, Winfried Günther untersucht Kubricks visuelle Handschrift in der ‚Auftragsproduktion' Spartacus und Sabine Nessel stellt die Frage „How did they ever make a movie of Lolita?" Boris Hars-Tschachotin beleuchtet den *War Room* in Dr. Strangelove or: How I Learned to Stop Worrying and Love the Bomb und interviewt dazu ausführlich Ken Adam, während Daniel Kothenschulte die am Set entstandenen Fotografien von Weegee vorstellt. Design und Branding in 2001: A Space Odyssey sind die Themen zweier Beiträge von Volker Fischer und Bernd Eichhorn; zusätzlich berichtet Kubricks langjähriger Mitarbeiter Anthony Frewin über einen verworfenen Prolog. Thomas Elsaesser stellt Kubrick in einem Essay als „evolutionären Bild-Ingenieur" vor und verweist dabei auf A Clockwork Orange, dessen „Masken der Gewalt" Marisa Buovolo anhand des Kostümdesigns interpretiert. Einer kunsthistorischen Analyse von Barry Lyndon durch Ralf Michael Fischer folgen zwei Beiträge zu The Shining: Ursula von Keitz rekonstruiert mittels der verschiedenen Drehbuchentwürfe die Adaption der Romanvorlage von Stephen King, und der finnische Architekt Juhani Pallasmaa widmet sich den labyrinthischen Räumen des Overlook-Hotels. Das Wesen des Krieges, um das Kubrick so oft kreist, untersucht Georg Seeßlen anhand von Full Metal Jacket. Hans-Thies Lehmann beschreibt das „Film-Theater" Eyes Wide Shut und Edgar Reitz schildert seine außergewöhnliche Arbeit als Synchronregisseur an Kubricks letztem Film. Die nicht realisierten Projekte *Napoleon* und *Aryan Papers* werden von Eva-Maria Magel und Ronny Loewy erstmals anhand von Unterlagen aus dem Nachlass dargestellt, und Chris Baker erinnert sich, wie er für Kubrick Entwürfe zu A.I. – Artificial Intelligence zeichnete, die später in Steven Spielbergs Version eingingen. Zwei Aufsätze von Christian Appelt und Bernd Schultheis über Kubricks innovativen Einsatz von Kameratechnik und von Filmmusik beschließen den Katalog.

Dank

An erster Stelle unseres Dankes stehen Christiane Kubrick und Jan Harlan, die durch ihr Vertrauen die Ausstellung in der realisierten Form ermöglichten. Die enge Zusammenarbeit mit dem Stanley Kubrick Estate erlaubte es, den bislang unzugänglichen Nachlass zu sichten und Teile daraus in der Ausstellung und im Katalog zu präsentieren. An dieser Stelle bedanken wir uns auch bei Katharina, Anya und Vivian Kubrick, Maria Harlan sowie Dominic, Manuel und Ben Harlan und bei den langjährigen Mitarbeitern Stanley Kubricks, Anthony Frewin und Leon Vitali.

Ein besonderer Dank gilt den Förderern des Projekts. Die Kulturstiftung des Bundes ist Hauptförderer des Gesamtprojekts; die Hessische Kulturstiftung sowie die Georg und Franziska Speyer'sche Hochschulstiftung förderten diesen Katalog. Ebenfalls danken wir Dr. Hans-Bernhard Nordhoff sowie dem Hessischen Ministerium für Wissenschaft und Kunst für die hilfreiche Unterstützung.

Ohne die durch Jan Harlan vermittelte Kooperation mit den Studios Warner Bros. Entertainment Inc., Sony Pictures Entertainment, Columbia Pictures Industries Inc., Metro-Goldwyn-Mayer und Universal Studios Inc. wären diese Ausstellung, der Katalog und die Filmreihe nicht möglich gewesen. Wir danken für die Überlassung der Rechte: Barry Meyer (Chairman & CEO of Warner Bros. Entertainment Inc.), A an Horn (President & Chief Operating Officer of Warner Bros. Entertainment Inc.), Brad Ball (President Domestic Theatrical of Warner Bros. Entertainment Inc.), Leith Adams (Executive Director Corporate Archives of Warner Bros.), Ron Suffrin (Senior VP Entertainment Legal & Business Affairs), Jeffrey Brauer (Senior Vice President of Universal Pictures), John Calley (former CEO of Sony Pictures Entertainment), Terry Semel (former Chairman and Co-chief Executive Officer). Ein besonderer Dank geht an Louis C. Blau und Bruce M. Stiglitz. Willi Geike (Geschäftsführer Warner Bros. Deutschland) unterstützte die Ausstellung und die Filmreihe.

Für ihre Unterstützung bedanken wir uns ganz herzlich bei: Sir Kenneth und Lady Letizia Adam, Wendy Carlos, Sir Arthur C. Clarke, Tom Cruise, Kirk Douglas, Sky du Mont, Michael Herr, Nicole Kidman, Malcolm McDowell, Sydney Pollack, Martin Scorsese, Steven Spielberg und Bert Stern. Besonderer Dank für ihre interessanten ausführlichen Berichte über die Arbeit mit und für Stanley Kubrick geht an Chris Baker, Barbara Baum, Jörg Pleva, Edgar Reitz, Dan Richter, Jan Schlubach und Johanna ter Steege. Für die Zusammenarbeit hinsichtlich des Katalogprojekts gilt unser Dank besonders Benedikt Taschen.

Für Gespräche und Hinweise, für Rat und Tat danken wir allen Autoren, Wissenschaftlern und Fachkräften, insbesondere Joe Dunton sowie Robert Baist, Cornelius Breymann, Alison Castle, Ralf Michael Fischer, Philip Hobbs, Gunter Oehme, Prof. Dr. Renate Prochno, Dr. Thomas Seibert, Gerd Siekmann und Mark D. Smith, ebenso Christian Appelt, Heidi Blöcher, Georg Dietsche, Stefanie Germann, Constance Jaeger, Dietmar Jakisch, Frank Klein, Nina Schleif, Barbara Schröter, Bernd Schultheis, Christian Weber und Rudolf Worschech. Dank an Antje Boijens und Reiner Schöler für ihre hilfreiche Beratung und an Dr. Gereon Sievernich und Hans Helmut Prinzler für die große Bereitschaft zur Kooperation.

Dank auch der Johann Wolfgang Goethe-Universität (Prof. Dr. Hans-Thies Lehmann, Dr. Patrick Primavesi, Kattrin Deuffert und Thomas Plischke), der Hochschule für Musik und Darstellende Kunst Frankfurt am Main (Klaus Neuvians, Dr. Sylvia Dennerle und Allen Jacobson) sowie dem Deutschen Filminstitut – DIF, Frankfurt am Main, dem Dommuseum Frankfurt am Main (Dr. August Heuser) und der Stadt- und Universitätsbibliothek Frankfurt am Main.

Für Leihgaben danken wir: Academy of Motion Picture Arts and Sciences, Hollywood; Sir Kenneth Adam, London; Hardy Amies Ltd., London; Angels, The Costumiers, London; Barbara Baum, Berlin; Costume D'Arte Peruzzi s.r.l., Rom; Deutsches Technikmuseum, Berlin; Filmmuseum Berlin / Deutsche Kinemathek; Dennis Gilliam, Los Angeles; Fred Golan, Los Angeles; Hamilton Watch, Zürich; Avie Hern, Los Angeles; Humbrol Limited, Hull; Georg Jensen Deutschland; Library of Congress, Washington D.C.; Museum für Design der 60er und 70er Jahre POPDOM Collection Siekmann, Köln; Bill Raucci, Berlin; Dan Richter, Los Angeles; Johanna ter Steege, Haarlem; Transcriptors Limited, Mansfield; US Generalkonsulat Amerika Haus, Frankfurt am Main; Warner Bros. Museum, Burbank.

Dank unseren Partnern und Sponsoren: ARRI AG, München; British Airways, Frankfurt am Main; Centro Automobile, Frankfurt am Main; Eschke Fabrics, Crimmitschau; Einrichtungshaus Pesch GmbH & Co. KG, Köln; Fibrolux GmbH, Hofheim; Freudenberg Bausysteme KG, Weinheim; FunDeMental Studios, Frankfurt am Main; Hotel Intercontinental, Frankfurt am Main; JAB Josef Anstoetz KG, Bielefeld; Kuehne und Nagel AG & Co. KG, Frankfurt am Main; Linon Medien, Berlin; Lufthansa Cargo, Düsseldorf; Media Markt, Frankfurt am Main; Musikelectronic Geithain GmbH; Mulvey Bros. Inc., New York City (Queens); Primus Linie, Frankfurt am Main; Raumausstattung Kremer GmbH, Frankfurt am Main; Rentex Wand- und Deckensysteme GmbH, Eggenstein-Leopoldshafen; Theaterkunst GmbH, Berlin; Trespa Deutschland GmbH, Frankenberg/Eder; US-Generalkonsulat Amerika Haus, Frankfurt am Main; Zumtobel Staff GmbH & Co. KG, Lemgo. An dieser Stelle besonderer Dank an: Christoph Barth, Gerhard Blatt, Eva-Maria Böhme, Constanze v. d. Bussche, Helga Eschke, Nicole Fries, Ute Grenz, Christa Hedderich, Heinz Werner Hellweg, Martin Hesse, Ruth Jacoby, Cornelia Jakobs, Philipp Keller, Dieter Knoblauch, René Knobloch, Dr. Angela Koch, Marita Kremer, Ingrid Kron, Gisela Meuser, Marita Müller, Anton Nauheimer, Lutz Oldemeier, Regine Papajewski, Leonarda T. Prokup, Martin M. Prokup, Dirk Seidel, Bertram Spindler, Frank Ströhlein, Ursula Vorwerk, Susanne Wolff.

Wir bedanken uns bei unseren Medienpartnern Frankfurter Allgemeine Sonntagszeitung, insbesondere bei Dieter Eckart, sowie dem Hessischen Rundfunk, speziell bei Dr. Verena Metze-Mangold und Dr. Helmut Reitze. Ein großer Dank geht an Michael Conrad & Leo Burnett, Frankfurt am Main für ihre kreative Kooperation, an die Deutsche-Städte-Medien GmbH Geschäftsstelle Frankfurt am Main für die großzügige Überlassung von Werbefläche und an Filmpresse Meuser für ihr großes Engagement bei der Presse- und Öffentlichkeitsarbeit.

Dreharbeiten zu 2001: A Space Odyssey

KUBRICK SICHTEN

BERND EICHHORN

Mehr als außergewöhnlich ist es, für eine Zeit in die Arbeitswelt eines anderen Menschen einzutauchen. Zu leben, wo dieser lebte, Spurensuche zu betreiben. Für acht Monate war ich zum Sichten des Nachlasses Stanley Kubricks nach England gereist, war ich Gast bei Christiane Kubrick und in das Leben dreier Generationen eingebunden, die nördlich von London unter einem Dach leben.

Mehr als 1.000 Kisten und Schachteln öffnete ich in dieser Zeit, las Drehbuchpassagen, Notizen, Briefe und andere Texte, entfaltete und entrollte Plakate, schaute auf Fotografien und durch Dias, lauschte Tonaufnahmen und spulte Videos vor und zurück. Ich wählte aus, was wichtig und interessant war und also für die Ausstellung in Frage kam. Die Informationen über das Ausgewählte trug ich in einer Datenbank zusammen, die am Ende der acht Monate fast 950 Datensätze enthielt. Auch nach Wochen noch erlag ich dem Zauber des Auratischen, des neu Gefundenen. Jeder Raum, der mir zum Recherchieren zugänglich gemacht wurde, jede neue Kiste, die ich öffnete und die womöglich seit Jahrzehnten unbeachtet war, verursachte ein leichtes Herzklopfen. Enttäuscht wurde ich nie. An einem Sommertag überreichte mir Jan Harlan das Sternenkind aus 2001: A Space Odyssey. Ich hielt es wie einen Säugling in den Armen. Es war gänzlich in groben Jutestoff gehüllt und ich behandelte es vorsichtig wie ein richtiges Kind, auch weil ich nicht wusste, aus welchem Material es bestand oder ob es beschädigt war. Natürlich war es nur eine Kunststoffpuppe. Trotzdem legte ich es behutsam auf eine weiche Unterlage. Ich schlug den kratzigen Stoff zurück und große blaue Glasaugen schauten mir neugierig ins Gesicht. Ich lächelte zurück, wickelte es in weiche Tücher und bettete es in eine ausgepolsterte Kiste.

Für die großzügige Aufnahme, das Vertrauen und die Unterstützung, die ich während dieser Zeit erfahren habe, möchte ich ganz herzlich Christiane Kubrick, Katharina Kubrick-Hobbs, Anya und Jonathan Finney, Jan und Maria Harlan, Paula Murray sowie Tracy Crawley danken. Mark D. Smith, Angestellter im Nachlass, stand mir während der gesamten Dauer des Aufenthalts hilfreich zur Seite und leitete mich bei meinen externen Recherchen sicher durch London. Und auch Tony Frewin, langjähriger Mitarbeiter Stanley Kubricks, half, wo immer Fragen zu beantworten waren.

BILDER INS HIRN. KUBRICK AUSSTELLEN

FALK HORN / BETTINA RUDHOF

Wer sich dem Werk Stanley Kubricks annähert, stößt schon bald auf seine geradezu sprichwörtliche Detailversessenheit. Schnell aber wird sichtbar, dass die akribisch genaue Bestimmung noch der scheinbar nebensächlichsten Besonderheit stets aufs Ganze ausgreift: Wenn sich Kubrick eines Themas annimmt, bearbeitet er es, oft über mehrere Jahre hinweg, mit enzyklopädischer Genauigkeit und setzt es dann in den von ihm angestrebten motivischen Zusammenhang.

Literatur und Fotografie

Kubricks Arbeitsweise schließt ein enges Verhältnis nicht nur zur Historie, sondern auch zur Literatur, zum Drama wie zum Roman, und natürlich zur Philosophie wie zur Psychologie ein. Er liest unentwegt, verfügt über eine immense Bibliothek und dreht die meisten seiner Filme nach literarischen Vorlagen. Dabei greift er bis auf Homer zurück, setzt sich mit Shakespeare und Dostojewski auseinander und zitiert wiederholt aus Joseph Conrads *Heart of Darkness (Herz der Finsternis)* und Louis-Ferdinand Célines *Voyage au bout de la nuit (Reise ans Ende der Nacht)* – Büchern, die schon im Titel den Anspruch erheben, den menschlichen Dingen auf den Grund zu gehen. Immer wieder bezieht er sich auf Schopenhauer, Nietzsche, Freud – und auf Bertolt Brecht. Wie in seinen literarischen Quellen geht es auch in seinem Kino um die Erhellung der *condition humaine*. Darin wirkt der Existenzialismus der 1950er Jahre und dessen filmisches Pendant, der Film noir, in dessen Kontext sein eigenes Werk – FEAR AND DESIRE, KILLER'S KISS, THE KILLING – einsetzt. Kubrick beginnt zu filmen, als der Film noir seinen historischen Höhepunkt erreicht hat. Deshalb sind die frühen Produktionen Erstlingswerke des Regisseurs und zugleich Meisterwerke ihres Genres.

Den Zugang von der Literatur zum Film öffnet ihm die Fotografie. Den ersten Fotoapparat schenkt ihm sein Vater zum 13. Geburtstag. Mit ihm durchstreifte er New York und dokumentierte den Metropolenalltag der 1940er Jahre: Menschen in der U-Bahn und in den Warenhäusern, Büroangestellte in der Mittagspause. Er besucht Boxkämpfe und interessiert sich für die Zuschauer nicht weniger als für das Geschehen im Ring. Schon die frühen Aufnahmen zeigen sein im filmischen Werk dann ausgebildetes Vermögen, Situationen in ihrem Kern zu erfassen und in einprägsame Bilder zu übersetzen. Am Tag des Todes des US-Präsidenten Franklin D. Roosevelt fotografiert er einen Zeitungsverkäufer in seinem kleinen Kiosk. Die im Bild allegorisch eingefangene Erschütterung des Mannes findet bei den Redakteuren des Magazins *Look* große Beachtung und verschafft dem 17-Jährigen eine Anstellung als Fotograf.

Philosophie und Film

Die Allegorie bleibt das Modell auch des Regisseurs, dessen Werk dem Leben eine ästhetische Ordnung verleihen will, weil ihm in der Wirklichkeit eine vergleichbare Ordnung mangelt. Mehr noch: Von Kubrick je in einem Gleichnis eingefangen, erscheint die menschliche Existenz in dichten Bildern des Absurden, von denen sich nicht wenige in unser kollektives Gedächtnis eingeschrieben haben. Indem er sich zugleich explizit einer moralischen Ausdeutung seiner Stoffe verweigert, erweist er sich als Artist im emphatischen Sinn des Wortes, für den gilt, was Nietzsche wie folgt notiert: „Man ist um den Preis Künstler, dass man das, was alle Nichtkünstler ‚Form' nennen als ‚die Sache selbst' empfindet. Damit gehört man freilich in eine verkehrte Welt: denn nunmehr wird einem der Inhalt zu etwas bloß Formalem, – unser Leben eingerechnet."[1]

Mit weltanschaulichem Pessimismus hat das nur dann zu tun, wenn Kubricks Kino auf die in ihm verarbeiteten Inhalte reduziert wird. Dann wird übersprungen, dass eben in der Form ein utopisches Moment liegt, sofern die ästhetische Gestaltung einer ausweglosen Situation, von Leid und Verzweiflung, Verlust und Scheitern schon eine Weise ihrer Überwindung sein kann, weil sie an sich selbst Vorschein der Möglichkeit solcher Überwindung ist.

Der Philosoph und Filmtheoretiker Gilles Deleuze bezeichnet die mitleidlos ausgeleuchteten Bildwelten Kubricks als „cinéma du cerveau", als „Kino des Gehirns", in dem die Zuschauer nicht unmittelbar als moralische Subjekte angesprochen, sondern zunächst zum reinen Sehvermögen, zum Blick werden sollen.[2] Deshalb auch lässt Kubrick die Kamera im Wechsel von Nahaufnahme und Totale, von Travelling und Zoom, zum losgelösten Auge des Zuschauers werden. Dabei wird das jeweilige Narrativ zwar in minutiös ausgearbeiteten Bildern dargestellt, die Erzählung selbst aber in eine Mehrdeutigkeit getaucht, die der Film nicht auflöst. Indem die Bilder unter Umgehung der Erzählung gleichsam unmittelbar auf die sinnliche Wahrnehmung durchschlagen, unternimmt der Film vielmehr die Subversion der eigenen Erzählung und enttäuscht das Verlangen auf vollständige Durchdringung und Aneignung des Dargestellten. „Kubricks Filme überwältigen, zehren kraft optischer Gewalt die Denkarbeit im Sehvorgang auf. Am Ende steht gewöhnlich eine von Trauer und Schreck durchsetzte Ratlosigkeit. Die Filme arbeiten aber genau aus diesem Grund im Zuschauer weiter, verlangen nach einer befreienden Deutung des Rätselbildes."[3] 1968 merkt Kubrick dazu an: „Ich habe versucht, ein visuelles Erlebnis zu schaffen, eines das sich verbaler Etikettierung entzieht und mit seinem emotionalen und philosophischen Gehalt direkt ins Unterbewusste dringt."[4] Dem entspricht dann auch seine konsequent durchgehaltene Weigerung, das eigene Werk zu erläutern.

Allegorische Kommentare

Nun kann aber keine Ausstellung und auch keine Ausstellung zum Werk Stanley Kubricks vermeiden, ihren Gegenstand zu kommentieren. Doch fordert ein Regisseur wie Kubrick, der im eigenen Kino der Erzählung und dem sprachlichen Kommentar zum eigenen Werk derart misstrauisch gegenüberstand, dazu auf, die in der Deutung gewählten Mittel eigens zu reflektieren. Weil sich des Regisseurs ästhetischer Einsatz gänzlich auf die evokative Macht der eigenen Bilder verlässt, setzt die Ausstellung auch auf deren Verdichtung in szenischen Installationen. Uns stand dafür – eine selbst ganz außergewöhnliche Situation – der Raum zweier benachbarter Häuser, des Deutschen Filmmuseums und des Deutschen Architektur Museums zur Verfügung: 1.200 m² Ausstellungsfläche und Hunderte von Kisten, Kartons und Schachteln, gefüllt mit Requisiten, Schriftstücken aller Art und Filmtechnik, gesichtet und erschlossen auf Kubricks Landgut bei London. In ihrem Raum und mit ihren Bauten schafft die Ausstellung damit ihre eigenen Bildwelten. Diese Installationen erheben allerdings einen reflexiven und keinen künstlerischen Anspruch, wollen Zugänge öffnen in die Bildwelten des Stanley Kubrick. Sie kombinieren ausgewählte Requisiten mit einprägsamen Fotografien und verdichten Situationen aus Kubricks Werken, die so zum *pars pro toto* des jeweiligen Films werden sollen.

Der Rundgang durch die Ausstellung beginnt mit einer Installation von zwölf Monitoren, auf denen Filmbilder zu sehen sind, die viele von uns mit dem Kino Kubricks verbinden. Dem folgt eine Auswahl seiner Fotografien, die auf die Präsentation seiner frühen Filme aus den 1950er Jahren überleiten. Während FEAR AND DESIRE (1953) nur in Form eines Zitats auf einer weißen Leinwand ausgestellt wird, weil Kubrick die weitere Vorführung dieses Films untersagt hat, sind KILLER'S KISS (1955) und THE KILLING (1956) eigene Installationen gewidmet. Dabei hebt die Präsentation von KILLER'S KISS auf Kubricks spezifischen Umgang mit dem filmischen Raum ab, während die Präsentation von THE KILLING demgegenüber seinen Umgang mit der filmischen Zeit zu verdeutlichen sucht. Im Folgenden verschränken sich chronologische und thematische Aufarbeitung. So werden PATHS OF GLORY (1957) und SPARTACUS (1960) auch deshalb nebeneinander präsentiert, weil sie aus der Kooperation Kubricks mit dem Schauspieler und Produzenten Kirk Douglas hervorgingen, nach der er beschloss, nicht nur der Regisseur, sondern immer auch der Produzent seiner Filme zu werden. Dabei werden in Anlehnung an Otto Dix' berühmtes Gemälde *Der Krieg* (1929) einprägsame Bilder aus PATHS OF GLORY in der Form eines Triptychons zur Schau gestellt – als Darstellung menschlichen Leidens unter staatlich sanktionierter Gewalt. Dem folgt die Präsentation des 1962 entstandenen Films LOLITA, in dem sich Kubrick nach der Vorlage des gleichnamigen Romans von Vladimir Nabokov der Gewalt der Leidenschaft zuwendet. Der LOLITA gewidmete Raum verdichtet die den Film wie den Roman leitende männliche Projektion der verführerischen Kindfrau.

An die Darstellung der frühen Arbeiten schließt sich eine Galerie von Lichtbildern an. Sie zeigt ein charakteristisches Motiv aus Kubricks Filmen, den Blick des Protagonisten in die Kamera, der damit direkt auf den Blick des Zuschauers trifft, ihn ins Visier nimmt. Von dort führt der Gang weiter in einen Bereich, in dem zuerst zwei zeitlich weit auseinander liegende Filme Kubricks, DR. STRANGELOVE OR: HOW I LEARNED TO STOP WORRYING AND LOVE THE BOMB (1964) und FULL METAL JACKET (1987) präsentiert werden. Deren Zusammenstellung verweist darauf, dass der Krieg ein durchgängiges Thema seines Filmschaffens war. Danach durchschreiten die Besucher eine dem nicht realisierten *Napoleon*-Projekt gewidmete Passage, an dem Kubrick beinahe dreißig Jahre gearbeitet hat. Sein dabei erworbenes Wissen um die Epoche der französischen Revolution floss in den Film BARRY LYNDON (1975) ein, der in der nächsten Station dargestellt wird. Reflektiert die Installation zu BARRY LYNDON die Einfühlsamkeit des Films, so nimmt das folgende Environment zu SHINING (1980) dessen verstörende, schockierende Wirkung auf. Es folgen die aufwendigsten Installationen der Ausstellung, die sich den nach Meinung vieler Kritiker wichtigsten Filmen Kubricks widmen, 2001: A SPACE ODYSSEY (1968) und A CLOCKWORK ORANGE (1971). Beide Filme werden ihren visionären Raumentwürfen nach reflektiert. Die Installation zu 2001: A SPACE ODYSSEY versucht dies in einem Schacht, dessen Dimensionslosigkeit die Fahrt der Discovery ins All und damit die Aussetzung des Menschen in den unendlichen Raum versinnbildlicht. A CLOCKWORK ORANGE wird in einem Nachbau der Korova-Milchbar präsentiert. Das kalte und zugleich obzöne Interieur der Bar ist die räumliche Metapher der im Spiel von Macht und Ohnmacht gefangenen Gewalt, die der Film so eindrücklich ins Bild fasst. Ihnen folgt die Installation zu Kubricks letztem Film EYES WIDE SHUT (1999) sowie zu den nicht realisierten Projekten *Aryan Papers* und *A.I.*, letzteres 2001 von Steven Spielberg wiederaufgenommen.

BARRY LYNDON

Exemplarisch kann das Vorhaben, Kubricks Filme in räumlichen Allegorien zu verdichten, an der Installation zu BARRY LYNDON veranschaulicht werden. Der 1975 entstandene Film schildert den Aufstieg und Fall seines Protagonisten in den letzten Jahrzehnten vor der Französischen Revolution, mit der sich Kubrick im Rahmen seines nicht realisierten *Napoleon*-Projekts vertraut gemacht hatte. Mit der kompositorischen Kraft alter Ölgemälde präsentiert BARRY LYNDON exakt nachgestellte Schlachtenordnungen des Siebenjährigen Kriegs zwischen Frankreich und den verbündeten Briten und Preußen ebenso wie detailliert rekonstruierte Szenen aus dem intimen Leben der bald darauf in der Revolution gestürzten Aristokratie. Dass die historische Umwälzung den Hintergrund der Handlung bildet, verdichtet Kubrick – wie in vielen seiner Filme – in der Schlussszene, in der Lady Lyndon einen Wechsel auf das Jahr 1789 datiert.

Die einprägsamen Bilder verdanken sich einer intensiven Auseinandersetzung mit der Porträt- und Landschaftsmalerei des 18. Jahrhunderts. Mit dem extrem lichtstarken f0.7-Objektiv filmt Kubrick unter weitestgehendem Verzicht auf künstliche Ausleuchtung alle Szenen entweder bei Tages- oder bei Kerzenlicht. Die mangelnde Tiefenschärfe des Objektivs wirkt als Weichzeichner und präsentiert das Handlungsgeschehen – den Ritt durch eine nebelverhangene Landschaft, ein Pistolenduell am frühen Morgen, abendliche Gastmähler, Glücks- und Liebesspiele – wie hinter einer beschlagenen Glasscheibe. Diese hermetische Atmosphäre wird weiter gesteigert, weil Blicke der Schauspieler in die Kamera – sonst ein durchgängiges Motiv der Filme Kubricks – konsequent vermieden werden.

Die Ausstellung präsentiert den Film in einem Raum, vor dessen Eingang eine offene Reisetruhe aus dem 18. Jahrhundert steht, die mit Samt, Seide, Organza und Brokat drapiert ist. Samtvorhänge verstellen den Besuchern den Blick in das Innere und müssen beim Betreten zur Seite geschoben werden. Der Raum selbst wird von brennenden Kerzen erhellt, die sich den Besuchern beim zweiten Blick als Videoprojektion zu erkennen geben. An den Wänden hängen drei Bilder in reich ornamentierten Goldrahmen, die wie Ölgemälde wirken. Sie zeigen Standbilder aus dem Film, die mit einer besonderen Technik auf Leinwand gedruckt und anschließend mit Firnis überzogen wurden. Aus der rechten Längswand scheint sich ein Barocksessel herauszustülpen: Wand und Sessel sind mit einer Kunststofffolie wie mit einer zweiten Haut überzogen. Im Spiel von Schein und Wirklichkeit reflektiert die Installation die bildlichen Mittel des Films, der seine Handlung den Zuschauern umso mehr entrückt, als er sich um vollständige Authentizität noch im letzten Detail bemüht. Je weiter die Erzählung in die filmische Rekonstruktion ihrer historisch gewordenen Welt zurückgenommen wird, desto mehr treten einzelne Bilder hervor, die den Abstand der Zeit überbrücken. Damit gelingt Kubrick eine weitere Parabel auf das in Gewalt und Leidenschaft getauchte Drama menschlicher Existenz.

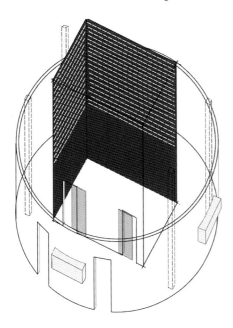
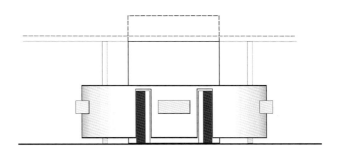
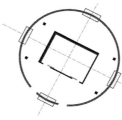

Installation
2001: A Space Odyssey

1 Nietzsche, Friedrich: Umwertung aller Werte, München 1977, S. 387.
2 Vgl. Deleuze, Gilles: Das Zeit-Bild. Kino Bd. 2, Frankfurt a. M. 1991, S. 263ff.
3 Lehmann, Hans-Thies: Das Kino und das Imaginäre. Über Stanley Kubricks ‚Full Metal Jacket'. In: Arnoldshainer Filmgespräche Bd. 7, Gemeinschaftswerk der Evangelischen Publizistik, Frankfurt a.M. 1990, S. 81.
4 Eric Norden: Interview mit Stanley Kubrick in *Playboy* 9/1968, S. 85.

Cartoonist Peter Arno und Modell,
Look Magazine, 13. September 1949

Stanley Kubrick, um 1949
Foto: Jacques Kubrick

KUBRICKS KALEIDOSKOP[1]
Frühe Fotografien 1945-1950

ALEXANDRA VON STOSCH / RAINER CRONE

Der Künstler, legere helle Hose, das Hemd bis auf die Brust aufgeknöpft, steht vor seinem weiblichen Aktmodell, von dem uns nur die wohlgeformte Rückenansicht präsentiert wird. In wie verzweifelter, theatralischer Armbewegung streicht er sich mit der Hand den Schweiß von Stirn und Nacken und kopiert so die Geste seines Modells, ihre zum Kopf erhobene Hand, nur spiegelverkehrt. In der rechten Hand hält er ein Wasserglas. Der Boden des holzgetäfelten Raumes ist mit Zeichnungen übersät, man erkennt etliche Körperstudien. Was als hocherotische, intime Situation gedacht sein könnte, entlädt sich für den Betrachter in ganz anderen Spannungen, ironischer Art: Die traditionelle Voyeurpose wird umgedreht, der Betrachter ist Zeuge der ‚Schwerstarbeit' eines Aktzeichners. Die Distanz zwischen beiden Personen wird durch das Blättermeer am Boden, wohl diverse gescheiterte Versuche, unterstrichen. Und doch spielt diese Szene offenbar in einer intimen Privatwohnung oder in einem Hotel und nicht in einem Atelier. Durch die Position der Frau wird der Schauende mitten in das Geschehen selbst gezogen, da er in der Bildbetrachtung zwangsläufig ihre Perspektive annimmt, sich also in gewissem Sinne selbst dem Künstler aussetzt. Die Grenzen zwischen Subjekt und Objekt verwischen sich. Dieses Foto zeigt sehr gut, wie sich Stanley Kubrick vor eindeutigen Aussagen bei seiner Arbeit scheut, vielmehr den Betrachter und seine Vorstellungen von Wirklichkeit herausfordert.

Wir sind Bewohner eines Bilderuniversums, einer von Fotografien bestimmten Welt, und unsere Realität definiert sich aus dem mehr oder weniger bewussten Filtern von dargestellten Wirklichkeitsfragmenten. Bereits im 20. Jahrhundert, und noch mehr im jetzigen, wurden wir geprägt, unsere Wahrnehmung zu hinterfragen und die Botschaften der Bilder auf ihren Ideologie- oder Verführungsgehalt hin zu prüfen. Die Masse der Bilder macht uns indes auch gleichgültiger und reduziert sie letztlich auf Redundanz. Und doch sind wir im Einzelnen immer noch der unmittelbaren Begegnung mit dem fotografischen Bild ausgeliefert, dessen frappierende Qualität stets Auftrag der Fotografen war. Immer noch geht es um die Gegenüberstellung des eigenen So-Seins mit dem ‚Anderen', die Überprüfung der eigenen Erfahrungen und Befindlichkeiten im vorgehaltenen Realitätsspiegel des Bildes.

In Stanley Kubricks frühen Fotografien, die im Amerika der unmittelbaren Nachkriegszeit entstanden, begegnet uns überraschenderweise nicht nur eine Epoche, wie es bei Fotoreportagen denkbar wäre. Es sind nicht nur visuelle Archive eines Lebensgefühls, gesehen von einem wachen jugendlichen Geist, beobachtet mit viel Humor. Vielmehr handelt es sich bei jedem einzelnen seiner erstaunlich reifen Bilder um eine bewusste Aufforderung, sich mit den Möglichkeiten des Mediums Fotografie, dem Potential der Repräsentation und seiner eigenen Wahrnehmung auseinander zu setzen; eine Konstante in seinem künstlerischen Werk, die bei den Fotografien begann und sich durch alle Filme zieht – von denen jeder einzelne auch als eine Aneinanderreihung von Einzeleinstellungen lesbar wäre.

Die der Fotografie inhärente Ambivalenz, die Frage der Objektivität, stellte sich bereits bei der Geburt des Mediums: Schon zu Beginn der Fotografiegeschichte, als Porträts noch von Hand retuschiert wurden, kam Fotografie als scheinbar ‚dokumentarisches' Werkzeug zur Beeinflussung der Öffentlichkeit gezielt zum Einsatz; etwa in der Heroisierung der Landschaft und der Ureinwohner des Wilden Westens, eine idealisierte Bildernahme, welche in Wirklichkeit eine Landnahme zum Zwecke der Aneignung und Industrialisierung war. So gerieten diese Bilderserien zum Feigenblatt der Eroberer und zu letzten Momentaufnahmen einer so nicht mehr existierenden Kultur. Und schon hier zeigt sich die Dialektik des Wirklichkeitsbegriffes in der Fotografie: Zwar speist Letztere sich aus den realen Vorgaben, aus dem, was der Sucher findet, ist dabei jedoch immer eine subjektive, mehr oder weniger arrangierte Interpretation des Fotografen – und wird häufig auch eine des Redakteurs oder Lektors, der die Bilder dann für die Publikation, den Magazinkontext beschneidet oder zusammenstellt. Der Fotoapparat als Simulation des cartesianischen Denkens bleibt ein fragwürdiges Objekt – und dafür umso spannender im Hinblick auf die Auseinandersetzung mit dem Produkt, das ‚Kunst' wird.

Vor diesem Hintergrund gerät es zu einer sowohl philosophisch als auch kunsthistorisch anregenden Tätigkeit, sich mit der Fotografie im Zeitalter der dokumentarischen Fotoreportage zu befassen. Das Medium der massenhaft verbreiteten Dokumentarfotografie und der Fotoreportagen konstituierte sich in den frühen 1920er Jahren und erfuhr seine Blüte nach dem Zweiten Weltkrieg. Bilder wurden als konkrete Aufforderung zur Auseinandersetzung mit der Wirklichkeit begriffen und ‚gelesen'. Sie dienten, gerade in den Vereinigten Staaten, der Orientierung in einer Zeit, in der sich die junge Weltmacht als erwachsen präsentieren sollte und nach einem allgemein nachvollziehbaren Selbstverständnis suchte.

So entstanden in New York ab 1937 neue Zeitschriften wie *Life*, das wöchentliche Nachrichtenmagazin, und das vierzehntäglich erscheinende *Look Magazine*, die nun den Schwerpunkt auf Fotos und Fotostories legten, bei denen der schreibende Redakteur dem Fotografen nur noch die Bildunterschriften zulieferte. Durch den visuellen Schwerpunkt versprach man sich unmittelbarere Eindrücklichkeit und leichteren Zugang zum Massenpublikum. Ende des Jahres 1950 erreichten die Fotostories und fotografierten Reportagen von *Life* und *Look* eine millionenstarke Leserschaft.[2] Indem die Fotografen das Leben ‚dokumentierten', tendierten sie dazu, es schon so in Szene zu setzen, dass eine *message* entstand, eine Anleitung oft moralisch-sittlicher Prägung, die befolgt werden konnte. Es entstanden ganze Serien über Lebensanweisungen – die Grundlage der noch heute vorherrschenden Schwemme an *How to do*-Literatur in den USA.

Stanley Kubricks Universum bestand in seiner Jugend vornehmlich aus Schach und Fotografieren. Die Bedeutung von Beobachtung, Kontrolle, Strategie und Taktik wurde ihm wohl ein wesentliches Instrument zur Erfassung seiner eigenen Lebenswirklichkeit: Als Arztsohn wuchs er verhältnismäßig behütet in der depressionsgeschüttelten Bronx auf. Mitte der 1940er Jahre sah seine Zukunft in New York,

ohne Aussicht auf einen Studienplatz, wenig rosig aus. Dennoch brachten ihm ein paar Fotoserien, die er noch als Schüler produzierte und erfolgreich an das gerade prosperierende *Look Magazine* verkaufen konnte, schnell weitere Aufträge und 1946 eine Festanstellung als Fotoreporter ein. Er war mit Abstand der jüngste *staff photographer* bei *Look*. Dies ermöglichte ihm, seiner Passion innerhalb vorgegebener Strukturen nachzugehen, auch wenn gewisse Einschränkungen damit verbunden waren. Die Auflagen von Auftragsarbeit und Redaktionsauswahl bildeten jedoch nur das äußere Gerüst für eine künstlerische Entfaltung. Genauso hatten es vor ihm die sogenannten FSA-Fotografen praktiziert: Die Farm Security Administration, eine Regierungsbehörde, beauftragte Fotokünstler wie Dorothea Lance, Walker Evans und Margarete Bourke-White nach der großen Depression, vor allem im Süden das Elend der Landbevölkerung zu dokumentieren. Diese offizielle Mission nutzten sie, um eigene künstlerische Aussagen über die *conditio humana* zu treffen.

Während diese Bilder noch von der malerisch-statuarischen Ästhetik der 1930er Jahre bestimmt waren, konnte sich Kubrick in seinen thematisch unterschiedlichen Fotoessays der Entfaltung seines künstlerischen Vokabulars hingeben, das bereits hier um die ästhetischen Konstanten seiner späteren filmischen Beobachtung kreiste: die Geschlossenheit des Bildraumes, die Verdichtung eines Momentes auf ein durchkomponiertes Bilduniversum. Denn bezeichnend ist, dass selbst in den seriell angelegten Fotostories jedes einzelne Bild für sich eine Geschichte erzählt, die oft um die Beobachtung der Beobachtung kreist, die Möglichkeiten des Mediums mitreflektiert.

Die spannende Frage, inwieweit Kubrick sich den redaktionellen Vorgaben beugte oder sie ganz eigenwillig, ja sogar subversiv interpretierte, klärt sich bei der näheren Beschäftigung mit Kubricks frühem fotografischem Werk. Kubrick erreicht durch die im Blick des Betrachters erfasste Einheit des Bildraumes dessen Ausweitung in die zeitliche Ebene, wenn der Betrachter die eingefangene Narration vor seinem geistigen Auge wieder in Bewegung setzt und sich Vorgeschichte und Fortsetzung erdenkt.

Es läge nahe, in Kubricks fotografischen Arbeiten Vorläufer-Studien für sein filmisches Werk zu sehen, zumal sie sich noch als Fotostories, als Bildgeschichten präsentieren – wobei Kubricks Inszenierung in den einzelnen Fotos eine ganz eigenständige Leistung darstellte. Sicherlich handelte es sich um eine intensive visuelle Schule des sensiblen, obsessiven Ästheten, der in den sechs Jahren seiner Tätigkeit für *Look* Tausende von Fotos produzierte, von denen immerhin etwa 900 veröffentlicht wurden. Doch würde man damit dem geschlossenen fotografischen Werk Unrecht tun, das länger als 50 Jahre für die Öffentlichkeit nicht zugänglich war. *Look* wurde 1971 unter dem wachsenden Druck auch seitens der populärer gewordenen TV-Medien eingestellt. Das gesamte Archiv ging an die Library of Congress in Washington, D.C., wo es seitdem in Kältekammern ruht.

Hier sollte kurz erwähnt werden, wie es zu dieser historischen Neubewertung Kubricks als Fotograf kam: 1998 begann ein Team des kunsthistorischen Instituts an der Ludwig-Maximilians-Universität München diese verschollenen Fotos aus *Look* zu recherchieren. Die Idee dazu entstand in einem Seminar über die Filme Kubricks, als sich herausstellte, dass weder die Fotos selbst noch Literatur dazu aufzufinden waren. Nun begann eine intensive Recherche, noch mit ausdrücklicher Ermunterung seitens Kubrick, der selbst jedoch kein Material, weder Negative noch *vintage prints,* aus seiner Zeit als *Look*-Angestellter dazu beisteuern konnte. Es war in den 1940er Jahren gesetzlich geregelt, dass der *staff photographer* alle Negative abgeben musste und selbst keinen Anspruch auf das Copyright anmelden konnte. Also wurden zunächst alte Ausgaben von *Look* recherchiert. Auf der Basis der bereits publizierten Fotos und Fotoserien in *Look*, nun erstmalig außerhalb ihres Magazinkontextes gezeigt, entstand eine erste Ausstellung, die seit 1999 durch Europa tourt.[3] Seit Jahren wird nun auch das unveröffentlichte, sensationelle Originalmaterial in der Library of Congress eingehend recherchiert und analysiert, wovon auch der vorliegende Beitrag profitiert. Weitere Publikationen und Ausstellungen sind für 2004 geplant.

Schon vor dem Hintergrund der im Rahmen dieser Ausstellung gezeigten Werke lässt sich eine Vorstellung von der fotografischen Sonderbegabung des jungen Stanley entwickeln. Dieser folgte er seit seinem 13. Lebensjahr, als sein Vater ihm eine für heutige Verhältnisse eher schwere und unhandliche

Look Magazine, 26. Juni 1945

35-mm-Graflex-Kamera schenkte. Kubricks Leistung liegt darin, in einem einzelnen, bewusst gesetzten Bild ganze Welten entstehen zu lassen. Selbst innerhalb der von der Redaktion eingeforderten Fotoserien steht jedes einzelne Bild für eine gezielt ausgesuchte, streng durchkomponierte Inszenierung.

Hierin unterscheidet er sich ganz deutlich von dem von ihm verehrten Fotografenkollegen Henri Cartier-Bresson, dessen Suche nach dem *moment décisif* noch einen Respekt vor der dokumentarischen Möglichkeit der Kamera barg.[4] Für Cartier-Bresson, 1947 Mitbegründer der Fotoagentur Magnum, geht es eher darum, die Essenz von Zeit und Raum zu erfassen, das Flüchtige für die Erinnerung festzuhalten. Damit möchte er dem Wesentlichen der menschlichen Existenz auf die Spur kommen, das letztlich die Zeiten überdauert. Diese tief empathische Haltung war Kubrick sicher nicht fremd, jedoch manifestierte sie sich bei ihm in gänzlich anderer Ausprägung: in subtilem Humor und im Vergnügen an subversiver Polarisierung eines von unsicherer Selbstüberschätzung geprägten Nachkriegsamerika.

Weegee bei den Dreharbeiten zu DR. STRANGELOVE OR: HOW I LEARNED TO STOP WORRYING AND LOVE THE BOMB, Frühjahr 1963

Die punktgenaue Fokussierung auf potentielle und reale soziale Schwachstellen lässt an den sezierenden, sensationshungrigen Blick eines Weegee denken: Der osteuropäische Emigrant Artur Fellig war ein berühmter Polizeireporter und kritischer Beobachter gesellschaftlicher Ausschweifungen der Nachkriegszeit. Auch Weegee war ein Fotograf, den der junge Kubrick im Blick hatte, so sehr, dass er ihn später, 1964, für die Dreharbeiten zu DR. STRANGELOVE OR: HOW I LEARNED TO STOP WORRYING AND LOVE THE BOMB als Standfotograf engagierte.[5] Gerade Weegees gnadenlos überhelle Lichtregie auf seine Sujets, die den meist nächtlichen Hintergrund noch dunkler erscheinen ließ – das Stilmittel des Film Noir – hat Kubrick in manchen Fotos übernommen, wenn er Dramatik inszenieren wollte; etwa bei seinen berühmten Serien zu Boxkämpfen, die er hautnah, fast Auge in Auge präsentierte.

Was Kubrick indessen von zeitgenössischen Fotografen und Fotoreportern unterscheidet, ist das bewusste In-Szene-setzen, das willentliche Gestalten einer Wirklichkeit als Ausdruck seiner Auffassung von Wahrheit, die es – oft in mehreren Ansätzen des gleichen Themas – sich zu erarbeiten gilt. Hierin erwies sich Kubrick als genuin moderner Fotokünstler, der den Paradigmenwechsel in den Künsten Anfang des 20. Jahrhunderts fotografisch umsetzte: Eine eindeutig teleologisch-evolutionär orientierte Welt kann keine Gültigkeit mehr haben. Auch der Positivismus, ein großer Freund noch der frühen Fotografiegeschichte des 19. Jahrhunderts, hat mit der Infragestellung der Wirklichkeit und ihrer Rezeption ausgedient. Kubrick erhebt keinen Anspruch auf alleingültige oder gar objektive Wahrheiten. Daher sind seine Fotografien nur bedingt als Dokumente zu verwerten. Vielmehr manifestieren sie bestenfalls Kubricks Sichtweise auf seine Umwelt und seine Zeitgenossen und schaffen Facetten seines Weltbildes. Sein wichtigstes künstlerisches Stilmittel scheint die Ambivalenz in der Aussage zu sein: „It has always seemed to me that really artistic, truthful ambiguity – if we can use such a paradoxical phrase – is the most perfect form of expression, for a number of reasons. One: nobody likes to be told anything; nobody likes to be told the truth of what's happening. And, perhaps even more important than that, nobody knows what is true or what is happening. I think that a really perfect ambiguity is something which means several things, all of which might be true, and which, at the same time, move the audience, emotionally, in the general direction you want them to be moving. So, I think that, conversely, the literal, plain, clear statement is, in its own way, a false statement and never has the power that a perfect ambiguity

Jazz funeral, **um 1949**

might."⁶ Die stets strukturierte Komposition gibt dem Betrachter klare Anleitung, seiner (Kubricks) Wahrnehmung zu folgen. Doch wie in einem Kaleidoskop bietet er verschiedene Sichten der Wirklichkeit an, die eben nur in Facetten fassbar ist.

Dieser Wille zu Regie, Konstruktion und Inszenierung wird besonders deutlich, wenn man sich das unveröffentlichte Fotomaterial vor Augen führt. Schon zu Highschool-Zeiten gab sich der junge Stanley selbst ‚professionelle' Aufträge für Motivstudien aus seinem Bronx-Umfeld, von denen er einige in der Schülerzeitung der Taft-Highschool veröffentlichte, jedes versehen mit seinem ‚offiziellen' Stempel: „Stan Kubrick – Photo. 1414 Shakespeare Ave. N.Y.C." Sein Durchbruch als Fotograf kam mit dem Tode des Präsidenten Franklin D. Roosevelt, am 12. April 1945. Auf dem Weg zur Schule sah er an einem Zeitungskiosk die Titelseiten mit balkendicken Überschriften „F.D.R. dead". Schnell erfasste er das Motiv und hatte einen ganz bestimmten Ausdruck im Sinn; jedenfalls ist überliefert, dass er den Kioskverkäufer überreden konnte, entsprechend traurig vor sich hin zu blicken.⁷ Schon in diesem ersten, scheinbar rein dokumentarischen Foto erweist sich Kubrick als bewusster Manipulator einer gewünschten individuell emotionalen und gesellschaftlichen Wirkung. Dieses eigentlich subversive Prinzip der psychologischen Inszenierung sollte das beherrschende Merkmal seiner Arbeit als Fotoreporter werden. Er war sozusagen der Undercover-Agent seiner eigenen Weltsicht, bei der er wiederum intersubjektive Aussagen trifft.

Das „F.D.R. dead"-Foto präsentierte Stanley noch am gleichen Tag der in Manhattan residierenden Fotoredaktion des *Look Magazine*. Als die Konkurrenz, der der gewiefte Teenager das Bild ebenfalls angeboten hatte, zehn Dollar weniger bot, kam Kubrick zu seinem ersten Beitrag für *Look*, der im Juni desselben Jahres erschien. Bei *Look* war man auf den talentierten Schüler aufmerksam geworden und erteilte ihm mehrere Aufträge für Fotostories zum Stadtleben in Manhattan. Gleich nach seinem wenig glorreichen Schulabschluss 1946 wurde Stanley dann, kaum 17-jährig, als *staff photographer* eingestellt.

Diese abgesicherte Position, die Raum für künstlerische Entfaltung bot, war ein großer Glücksfall im New York der Nachkriegszeit. Vor allem Greenwich Village wurde zum Auffangbecken für viele zurückgekehrte GIs, die sich dem bürgerlichen amerikanischen Lifestyle nicht mehr anpassen konnten und wollten. Auch Stanley Kubrick zog 1949, kurz nach der Heirat mit seiner Schulfreundin Toba Metz, nach Greenwich Village. Hier bildete sich eine künstlerische Bohème aus Literaten, Schauspielern, Künstlern und solchen, die es werden wollten und das formten, was ab 1950 dann die Beat-Generation genannt wurde: eine Generation *on the road*.

Kubrick war immer unterwegs. Seine künstlerischen Exkursionen und visuellen Unternehmungen durch die Vereinigten Staaten bis hinüber nach Europa waren durch *Look* institutionell abgesichert.

Um 1950

Rocky Graziano, *Look Magazine*,
18. Januar 1949

A veteran photographer at 19, Stanley Kubrick makes up for youth with zeal

THE DISTINGUISHED faculty members and officials at Columbia University weren't used to being pushed around. So what did this rank teen-ager mean, telling them what to do?

Like any experienced photographer, Stanley Kubrick knew exactly what he wanted. The impatient mutterings of dignitaries had long since failed to ruffle this quiet, brown-eyed youngster. For two weeks, Stanley stuck to the job on the university campus and got the excellent pictorial story of Columbia that appears with Don Wharton's article, on pages 25–33.

At 19, Stanley is a two-year veteran on the LOOK photographic staff. And even before he was graduated from high school in the Bronx, in 1946, he sold his candidly shot pictures to LOOK.

When Stanley joined the staff, his fellow photographers were quick to observe his intense preoccupation with his work. In a spirit of friendly co-operation, they formed a "Bringing Up Stanley Club," dedicated to reminding Stanley not to forget his keys, glasses, overshoes and other miscellaneous trivia.

The subtle influence of this loosely organized advisory group has also brought an apparent change in the young man's clothing tastes. Once given to wearing teen-age trade-marks—saddle shoes, lounge jackets and sports shirts—Stanley now leans toward glen plaid business suits and white shirts.

But his preoccupation with photography is unchanged. In his spare time, Stanley experiments with cinematography and dreams of the day when he can make documentary films.

The young fellow may go on forgetting his keys. But photographically, Stanley doesn't need any help in bringing himself up.

•

Look Magazine, 11. Mai 1948

Offiziell wurde er entsandt, um beispielsweise das Stadtleben in New York mit Glamour und Stars festzuhalten, etwa bei zahlreichen Kunstvernissagen und in Ateliers, im Nachtleben und bei Sport- und Filmveranstaltungen. Sicher folgte er mit besonderer Vorliebe dem Auftrag, Jazzereignisse wie die berühmten *Jazz funerals* in New Orleans oder Auftritte bekannter Jazzgrößen in Nachtclubs fotografisch zu kommentieren. Jazz war neben Schach und Fotografie das prägende Interesse seiner Teenagerzeit gewesen; er hatte es sogar zum erfolgreichen Schlagzeuger in der Highschool-Band gebracht.

Neben den Glamour-Themen sollte er auch Sozialstudien erstellen, etwa in Chicago, der „Stadt der Extreme" (1949), in einem Waisenhaus (1948) und immer wieder über Menschen in Wartehaltung, in einem ‚Zwischenzustand' wie beim Zahnarzt (1946) oder in der New Yorker U-Bahn (1947). Menschen im Transit, in Bahn oder Bus waren vor allem in New York seit den 1930er Jahren ein beliebter Topos der Fotografen.[8] Bezeichnend für seine Gabe zur Inszenierung waren die psychologischen Studien zu emotionalen Verwirrungen. Er engagierte Studenten und Schauspieler für die Auftragsarbeiten von 1950: *What Every Teenager Should Know about Dating, What Teenagers Should Know about Love* oder in einer fast theatralischen Mise-en-scène für *Jealousy. A Threat to Marriage*.

Das *Look Magazine* hatte es sich zur Aufgabe gemacht, dem Nachkriegsamerika eine Identität zu geben, es in seinen alltäglichen und glamourösen Facetten abzubilden und gleichzeitig normstiftend zu wirken. So sind die vielen Alltagsgeschichten aus dem Leben berühmter Persönlichkeiten wie Montgomery Clift, Frank Sinatra oder den Preisboxern zu erklären. Sie sollten eigentlich den *American dream* illustrieren, nach dem Motto: „Seht, es sind ganz normale Menschen, die es gewagt haben, ihr Ziel zu verfolgen. Hier ist alles möglich." Andererseits sollte *Look* handfeste Hilfestellung für jede Lebenslage vermitteln und den *all-American* moralisch-sittlichen Kodex etablieren. Aus den Fotogeschichten von *Look* lässt sich ablesen: Nun geht es deutlich auf die 1950er Jahre zu, auf die McCarthy-Ära mit ihrer strikten Zensur und allgemein verbindlichen Maximen, was ‚amerikanisch' sei und (vor allem) was nicht. In einem Augenblick, wo sich für die Allgemeinheit die Wahrheit verabsolutiert, verwirklicht Kubrick jedoch fotografisch sein Paradox, dass das einzig absolut Wahre die Relativität jeder Wahrheit sei.

Sehr schnell wurde Kubrick innerhalb des *Look*-Teams zur festen Größe. In der Ausgabe vom 11. Mai 1948, in der Kubrick eine große Fotostory zum Campus-Leben der New Yorker Columbia University lieferte, gibt es eine spaltenlange Hommage seiner Kollegen an den 19-jährigen „veteran photographer" Stanley mit Fotoporträt. Hier wird Respekt davor bekundet, dass dieser Teenager sich nicht von den ergrauten Universitätshonoratioren einschüchtern ließ, als er zwei Wochen lang auf dem Campus fotografierte: „like any experienced photographer, Stanley knew exactly what he wanted. [...] At 19, Stanley is a two-year veteran on the LOOK photographic staff." Seine Kollegen, darunter der erfolgreiche ehemalige FSA-Fotograf Arthur Rothstein, der Leiter der fotografischen Abteilung bei *Look*, bildeten eine Art „Bringing Up Stanley Club", der sich um sein Wohlergehen und Alltägliches sorgte. Aber der Artikel schließt unmissverständlich: „The young fellow may go on forgetting his keys. But photographically, Stanley doesn't need any help in bringing himself up."[9]

Montgomery Clift, *Look Magazine*, 19. Juli 1949

Frank Sinatra, *Look Magazine*, Januar 1950

KUBRICKS KALEIDOSKOP 25

University of Michigan,
Look Magazine, 10. Mai 1949

Eine weitere Serie zum Campusleben produzierte Kubrick in Michigan, einer der ältesten amerikanischen Universitäten, 1817 gegründet, die bereits 1870 auch Frauen zuließ. Darauf bezieht er sich in einer Szene, in der eine Studentin ihrem Kommilitonen Feuer gibt – für das Rollenverständnis der Frau in den 1940er und 1950er Jahren in den USA eine eher ungewöhnliche Geste.

Hilfe mochte er vielleicht nicht direkt in Anspruch nehmen; es ist aber bekannt, dass sich der junge Kubrick gerne im Kreise arrivierter und besonders avantgardistischer Fotografen und Künstler in Greenwich Village aufhielt.[10] In dieser Bohème spielte vor allem Diane Arbus eine große Rolle, die mit ihrem Mann Allan zunächst Modefotografien für Lifestyle-Magazine wie *Harper's Bazaar* inszenierte, doch schon bald mit der auch von Kubrick benutzten Graflex begann, eigenständigen Visionen nachzugehen.

Anfang der 1950er Jahre setzte der Niedergang der traditionellen Illustrierten ein, die dem Fernsehen ihren Tribut zollen mussten, aber auch eine zunehmende Professionalisierung. Unternehmerische und politische Interessen regierten redaktionelle Entscheidungen, was für die künstlerisch arbeitenden Fotografen nicht ohne Folgen blieb. Waren anfangs, und vor allem zu Kubricks aktiven Zeiten, die Nachrichtenmagazine eine beliebte Plattform der fotografischen künstlerischen Entfaltung gewesen, so wurden es nach deren politischer Vereinnahmung verstärkt die Modemagazine wie *Harper's Bazaar* und *Vogue*. Schließlich bildete sich Mitte der 1950er Jahre für Fotografen die bewusste Trennung von Auftragsarbeiten und *personal work* heraus, ein Begriff, der sich erst zu dieser Zeit durchsetzte, weil er bis dahin durch die gegebenen Freiräume nicht notwendig gewesen war.

Diane Arbus war eine der ersten, die diesen Schritt vollzogen und ‚für sich' signifikant andere Arbeiten produzierten als für den Zeitschriftenmarkt. Sie war aus wohlhabendem Hause osteuropäischer Einwanderer, und doch zog es sie eher zu einem anderen Leben, am Rande der Gesellschaft, für das sie mit einer besonderen Sensibilität begabt schien. Psychologischen Randerscheinungen, der Visualisierung von Seelenzuständen galt ihr spezieller Blick, und diese Faszination blieb sicherlich nicht ohne Wirkung auf Kubrick. Wo Weegee die Sensation suchte, lotete Arbus die inneren Abgründe aus, nicht ohne effekthascherische Motive wie die bekannten Transvestiten in Unterwäsche, den jüdischen Riesen mit seinen fassungslosen Eltern, die augenscheinlich nicht unterscheidbaren eineiigen Zwillinge.[11] Aber wo Weegee den Graben deutlich machte, die Kehrseite des *American way of life* beleuchtete, da wollte Arbus überbrücken und Gräben überwinden. Und gerade in ihrer Intimität erreichen ihre Fotos den Betrachter auf immer noch sehr eindrückliche Weise.[12]

Dieses Staunen vor dem Paradoxen findet sich bei Kubrick noch deutlich subtiler. Er zeigt beispielsweise das Horrorkabinett einer der Werkstätten für Beinprothesen, die sich nach dem Krieg eines

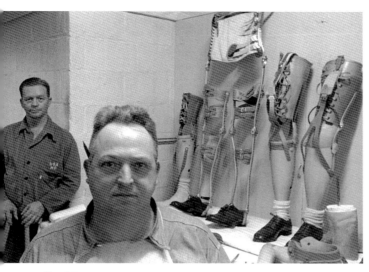

Um 1950

gewissen Aufschwungs erfreuten. Doch anstatt das Elend auszukosten, den Menschen mit Ersatzteil vorzuführen, präsentiert er in einer komplexen triadischen Komposition eine Art absurdes Kabarett, das im rechten Teil des Bildes diverse Prothesen in einer Reihe zeigt, wie beiläufig. Das Zentrum und der Vordergrund hingegen werden von einer büstenartig abgeschnittenen Person mit hoher Stirn eingenommen, die einen Stift hinter dem Ohr trägt, offensichtlich der Werkstattsleiter. Links im Hintergrund identifiziert man an der Schrift auf dem Hemd einen Soldaten, der sich entspannt auf Krücken stützt; die Beine sind verdeckt.

Kubrick gelang es, sein *personal work*, seine persönliche Sichtweise innerhalb der vorgegeben Grenzen zu entfalten. Doch gibt es immer einen Bruch im Bild, die besagte Ambivalenz – das, was Roland Barthes „punctum"[13] nennt: etwas, das den Betrachter ‚trifft' und seine Wahrnehmung herausfordert. Kubrick selbst fordert: „The point of view it [the work] is conveying, has to be completely entwined with a sense of life as it is, and has to be got across through a subtle injection into the audience's consciousness. […] The ideas have to be discovered by the audience, and their thrill in making the discovery makes those ideas all the more powerful."[14]

---

1 Dieser Essay bezieht sich auf wenige konzentrierte Facetten aus Kubricks Kaleidoskop. Eine umfassende Analyse des fotografischen Werks von Kubrick zu meist unveröffentlichten Negativen bietet eine Monografie, die im Herbst 2004 bei Phaidon erscheinen wird: Crone, Rainer et al.: Stanley Kubrick. Epic Pictures: Drama and Shadows. His Photography 1945-50. London 2004.
2 Vgl. *American Photography*, Jg. 45, März 1951, S. 148.
3 Stationen der Ausstellung waren u.a. Kiel, Köln, Biel, Paris, Edinburgh, Berlin. Zur Ausstellung erschienen zwei Publikationen in der Edition ICCARUS (International Center for Curatorial Studies): Crone, Rainer / Graf Schaesberg, Petrus (Hrsg.): Stanley Kubrick. Still Moving Pictures. Fotografien 1945-1950. Regensburg 1999. Franz. überarbeitete Neuauflage: Crone, Rainer / Graf Schaesberg, Petrus (Hrsg.): Stanley Kubrick, Still Moving Pictures, Photographies 1945-1950. Paris 1999.
4 In einem seiner frühen Filmprojekte, *One-eyed Jacks* mit Marlon Brando, wollte Kubrick den ehemaligen Kollegen Cartier-Bresson als Standfotografen engagieren, was aber, wie dann auch das gesamte Filmprojekt, an Brandos Ablehnung scheiterte.
5 Siehe dazu den Beitrag von Daniel Kothenschulte in diesem Band
6 Interview mit Robert Emmett Ginna, 1960, abgedruckt in *The Guardian* (London), 16.6.1999, o. S. [„Mir schien immer, dass wirklich künstlerische, wahrhafte Ambiguität – wenn wir so eine paradoxe Formulierung gebrauchen können – die vollkommenste Ausdrucksform ist, und zwar aus mehreren Gründen. Zum einen: Niemand will bevormundet werden, niemand will vorgeschrieben bekommen, was die Wahrheit dessen ist, was passiert. Und was vielleicht noch wichtiger ist, niemand weiß, was wirklich wahr ist und was wirklich passiert. Ich meine, wirklich perfekte Ambiguität ist etwas, das mehrere Bedeutungen besitzt, die alle wahr sein können und die gleichzeitig die Zuschauer emotional bewegen, und zwar in die Richtung, in die man sie bewegen will. Ich denke daher, dass umgekehrt die eindeutige, schlichte, klare Aussage auf ganz eigene Weise eine falsche Aussage ist und nie die Kraft einer perfekten Ambiguität entfalten kann."]
7 Baxter, John: Stanley Kubrick. A Biography. New York 1997, S. 27.
8 Siehe auch Evans, Walker: Subway 1938-41, erst 1962 in *Harper's Bazaar* veröffentlicht.
9 Alle Zitate aus: A veteran photographer at 19, Stanley makes up for youth with zeal. *Look Magazine* (New York), 11.5.1948. Abgedruckt in: Crone / Schaesberg Paris 1999, a.a.O., S. 12. [„wie jeder erfahrene Fotograf wusste Stanley genau, was er wollte. […] Mit 19 ist Stanley ein Zwei-Jahres-Veteran im Team der *Look*-Fotografen. […] Der junge Mann mag weiterhin seine Schlüssel vergessen. Aber fotografisch braucht Stanley keine Hilfe beim Erwachsenwerden mehr."]
10 LoBrutto, Vincent: Stanley Kubrick. A Biography. New York 1997, S. 53.
11 Die Arbus-Biografin Patricia Bosworth hat darauf hingewiesen, dass die unheimliche Erscheinung der beiden ermordeten Grady-Mädchen in einem Flur im Overlook-Hotel in Kubricks Film THE SHINING von dem berühmten Zwillingsfoto von Diane Arbus inspiriert sein könnte. Vgl. LoBrutto 1997, a.a.O., S. 444, und Patricia Bosworth: Diane Arbus: A Biography. New York 1984.
12 Dies zeigt vor allem die erste große Diane Arbus-Retrospektive, die im September 2003 im Museum of Modern Art in San Francisco eröffnet wurde, mit dem Katalog: Revelations. München 2003.
13 Barthes, Roland: La chambre claire. Paris 1980, S. 71. „Dans cet espace très habituellement unaire, parfois (mais, hélas, rarement), un ‚détail' m'attire, Je sens que la seule présence change ma lecture, que c'est une nouvelle photo que je regarde, marquée à mes yeux d'une valeure supérieure. Ce ‚détail' est le punctum (ce qui me point)." [In diesem (Bild-)Raum, der gewöhnlich ganz einheitlich ist, gibt es manchmal (aber leider zu selten) ein ‚Detail', das mich fasziniert. Ich spüre, dass seine reine Anwesenheit meine Lesart (des Bildes) ändert, dass ich nun ein neues Foto betrachte, das in meinen Augen mit einem höheren Wert ausgestattet ist. Dieses ‚Detail' ist das punctum (was mich punktiert, trifft).]
14 Stanley Kubrick zit. in: Words and Movies: Stanley Kubrick. *Sight and Sound*, Jg. 30 Nr. 1, 1961, S. 14. [„Der Blickpunkt, den es [das Werk] vermittelt, muss vollständig mit einem Sinn für das Leben, wie es ist, verwoben sein und wie durch eine feine Injektion in das Bewusstsein des Publikums übertragen werden. […] Die Ideen müssen vom Publikum entdeckt werden, und ihre Aufregung, wenn sie diese Entdeckungen machen, kann die Macht dieser Ideen nur steigern."]

Dreharbeiten zu KILLER'S KISS
in den Straßen von New York
Foto: Alexander Singer

Stanley Kubrick mit dem
Drehbuch am Set von FEAR AND DESIRE

SCHACHSPIELE IM BOXRING
Das Frühwerk von Stanley Kubrick

BERND KIEFER

Im Anfang der Keim des Ganzen

Zur Fama um Stanley Kubrick gehört wesentlich die Ansicht, er sei als Künstler und Mensch ein absoluter Perfektionist gewesen, habe stets jedes noch so kleine Detail sorgfältig geplant und berechnet, nichts dem Zufall überlassen und dann seinen Weg diktiert. Jan Harlan, Schwager und über Jahrzehnte engster Mitarbeiter Kubricks, vergleicht ihn sogar mit einem militärischen Strategen: „Es gab einen General, und alle anderen waren Soldaten. Glasklare Verhältnisse."[1] Kubrick, der Logistiker der Filmkunst, scheint nicht der Intuition, sondern dem Kalkül vertraut zu haben, wenn es darum ging, seine Karriere ins Werk zu setzen. So war nach den niederschmetternden Erfahrungen während der monumentalen Hollywood-Produktion SPARTACUS, vor allem nach den ständigen Querelen mit dem Star und Produzenten des Films Kirk Douglas, für ihn endgültig klar, dass er zwar *für* Hollywood, aber nicht mehr *in* Hollywood arbeiten konnte, wenn er seine ästhetischen Visionen verwirklichen wollte. Also ging er nach England, lebte fortan in *splendid isolation* von der Traumfabrik und ihren Krisen und wurde immer mehr zum mysteriösen Genie, das über viele Jahre an einem Projekt arbeitete, welches, kam es endlich auf die Leinwand, in jeder Nuance das Siegel seiner Autorschaft trug, den Schriftzug: „A Stanley Kubrick Production". Die handwerklich-professionellen und die administrativen Voraussetzungen für eine derartige künstlerische Kontrolle und Freiheit bei jedem Film hat Kubrick sich systematisch kalkulierend schon als sehr junger Mann, als Jugendlicher angeeignet. Die Anfänge von Stanley Kubricks Karriere sind als Lehrjahre eines der bedeutendsten Filmkünstler des 20. Jahrhunderts zugleich ein Lehrstück für die bewusste Erlangung von Autonomie. Die musste geplant werden.

Zum Mythos um Stanley Kubrick gehört auch, dass sich ab den 1960er Jahren Leben und Arbeit unauflöslich verschränkten und zugleich fast hermetisch gegen die Öffentlichkeit abgeschirmt wurden. Die beiden Kubrick-Biografen John Baxter und Vincent LoBrutto,[2] deren voluminöse Bücher 1997 erschienen, erhielten keinerlei Unterstützung von Kubrick; vielmehr hatten sie oft das Gefühl, der Künstler hintertreibe ihre Recherchebemühungen. Auch Jan Harlans Film STANLEY KUBRICK: A LIFE IN PICTURES (2001) tastet den Mythos nicht an. Kubrick bleibt *the man behind the movies*, und er hat, als er die Macht dazu hatte, dafür gesorgt, dass auch seine recht gut dokumentierten frühen Jahre im Nachhinein verdunkelt wurden. Kubrick begann als Fotograf für das amerikanische Magazin *Look*, aber die Fotos, die dort

Look Magazine, 12. April 1949

zwischen 1945 und 1950 publiziert wurden, waren erst 1999 wieder in Ausstellungen zu sehen.[3] Seine drei dokumentarischen Kurzfilme DAY OF THE FIGHT, FLYING PADRE und THE SEAFARERS sind bis heute schwer zugänglich. Vor allem aber sperrte er seinen ersten Spielfilm FEAR AND DESIRE für jede öffentliche Aufführung. Ein derartig skrupulöses Verhalten ist allenfalls aus der Literaturgeschichte bekannt, wenn Autoren Hand an die noch zu Lebzeiten erscheinenden ‚Gesammelten Werke' legen und nichts publiziert sehen wollen, was ihnen als Jugendsünde erscheinen mag. Was bei Schriftstellern der Grund dazu sein kann, könnte auch für Kubrick gelten: Die Anfänge, die noch sehr an den Kern der Einbildungskraft rühren, an das Allzu-Persönliche etwa, sollen getilgt sein. Trotz der Bemühungen Kubricks, sein Frühwerk zu verschatten, fällt von diesen frühen Arbeiten einiges Licht auf sein Œuvre. Nicht zu seinem Nachteil, denn Kubrick war von Anfang an Kubrick: ein *auteur*.

Lehrjahre mit der Fotokamera

Stanley Kubrick wurde am 26. Juli 1928 als Sohn einer jüdisch-mittelständischen Familie in New York geboren. Die jüdische Herkunft gab – obgleich Kubrick nie orthodox erzogen wurde und, nach Auskunft von Jan Harlan, stets Agnostiker war – später den Grund für Spekulationen über das messianische Element in 2001: A SPACE ODYSSEY wie für Vermutungen über eine Nähe Kubricks zu Franz Kafkas labyrinthischer Weltsicht ohne Ausweg für den Menschen. Kubrick war aber vor allem ein New Yorker, ein junger New Yorker nach dem Ende des Krieges. Diese Situation hat der Literaturkritiker Anatole Broyard so beschrieben: „Das amerikanische Leben veränderte sich, und wir ließen uns davon tragen. Sozial und sexuell verwandelte sich das Leben. Für uns war es besonders erregend, weil wir jung waren. Es war, als teilten wir eine gemeinsame Jugend mit dem Land selbst. Die Veränderungen machten uns Angst, und doch halfen wir mit, sie zu bestimmen."[4] Angst und Lust – Angst vor dem Moloch der Stadt New York, der amerikanischen Großstädte überhaupt, in denen sich nach dem Zweiten Weltkrieg die Moderne verkörperte, und Lust – Lust, das amerikanische Leben zu erforschen, indem man es in all seinen Facetten dokumentiert, das ist das Signum der frühen fotografischen Arbeiten von Stanley Kubrick.

Kubrick hatte den Blick und den Sinn für den Look der Zeit. Und dieser Blick ist in seinen Fotos erkennbar. *Chicago – City of Extremes* (1949) zeigt eine regennasse Straße, deren Geschichte zur *crime-(hi)story* Amerikas gehört: Autos in endloser Reihe, nachts, in zentraler Perspektive, gesäumt von den Lichtreklamen, selbst nur wenig Licht aussendend, mehr wie Augen, die sich ihren Weg bahnen müssen

KILLER'S KISS
Drehort New York, Penn Station:
Stanley Kubrick (hinter der Kamera),
Jamie Smith (rechts)
Foto: Alexander Singer

KILLER'S KISS

KILLER'S KISS
Stanley Kubrick und Ruth Sobotka in der Maske
Foto: Alexander Singer

im Dunkel. Eine Film-Noir-Reminiszenz und eine erste Andeutung der Symmetrien, die Kubrick später in seinen Filmen immer wieder bevorzugen wird, bevor er sie dann zerstört, eine erste Andeutung der berühmten Kubrick'schen ‚Korridore': ‚Tunnel'-Blicke, die den Zuschauer in etwas hineingleiten lassen, was in der Tiefe des Bildes, am Endpunkt der Wahrnehmung zu einer Einsicht führt in die Möglichkeit des Unmöglichen. Der Fotograf Kubrick hat fast alles visuell antizipiert, was sein Œuvre filmisch ausmacht: die Korrelation der menschlichen Figur mit Statuen (in seinen Filmen werden es Puppen sein), Blicke in Spiegel, in denen sich das Ich verdoppelt, den zentrierten Blick, der an den Rändern abgleitet, und vor allem das Vorführen, das Performen von erotischen Schauwerten in den Fotos von Showgirls vor Publikum, also den Voyeurismus, der all seine Filme auf eine perverse Art strukturiert, indem er dem Zuschauer klarmacht, dass damit der Untergang beginnt.

Wenn im zweiten Akt von FULL METAL JACKET eine vietnamesische Prostituierte in High Heels auf den Protagonisten Joker zustakelt und nur für den Zuschauer ihr kurzes Röckchen lüftet, dann kann man das vorweggenommen sehen in einem genialen Foto des jungen Kubrick. Ein Foto aus der Serie *Midsummer Nights in New York* (1946) zeigt ein Showgirl auf der Bühne frontal, den Rock hebend für Männerblicke. Über ihr hebt sich, in Symmetrie mit dem gehobenen Rock, die Bühnendekoration in gleicher Richtung, aber alles dunkel überwölbend. Schon was der junge Kubrick zeigt, hat zwei Dimensionen, zwei entscheidende Dimensionen: die Lust hinzuschauen und die Angst davor, dass das, was ich sehe, nicht das Wesentliche ist. Das Wesentliche ist der Schatten, das Dunkel, aus dem alles kommt, was wesentlich sein wird. In FULL METAL JACKET ist der schöne Frauenkörper nur ein Köder, auf den alle achten. Dann stiehlt plötzlich ein Dieb Jokers Freund die Kamera ... In einem Film von Stanley Kubrick werden immer die, die glauben, alles genau zu sehen, entmachtet. Das ist schon spürbar in seinen Fotos. Die Fotoserien über das Campus-Leben in Columbia und in Michigan, 1948 und 1949 entstanden, verbinden Szenen vom Aktmalen vor dem weiblichen Modell mit dem Foto eines Wissenschaftlers, der eine Ratte in einem Käfig betrachtet, und einer Obersicht auf Hunderte von Studenten, die allesamt gesichtslos bleiben. Nehmen wir nur diese Folge von Fotos, so haben wir ein Raster von Kubricks Werk, gleichsam ein Psychogramm, aus dem sich alles Weitere entwickeln wird. Da ist die (spätpubertäre) Lust, da ist der Eros der Weltentdeckung auch des weiblichen Körpers – und er wird bleiben in Kubricks Werk, über LOLITA bis zu seinem letzten Film EYES WIDE SHUT. Der Eros, der Sexus, ist für Kubrick der Bezirk des Faszinierenden und des Gefährlichen zugleich. Viele seiner durchgängig männlichen Protagonisten gehen daran zugrunde. Das jedoch beobachtet der Regisseur Kubrick kalt: wie ein Wissenschaftler vor der Versuchsanordnung. Für die Masse indessen hat er stets nur einen Blick: den des Strategen, der vom Feldherrnhügel auf sie schaut.

Kubricks obsessive Leidenschaft für das Schachspiel, das Strategiespiel der Könige, ist bekannt; weniger bekannt ist seine Leidenschaft für das Boxen und dessen krude Körperlichkeit. Nur ein scheinbarer Gegensatz. Hier die Ruhe des intellektuellen Kräftemessens, da die Hektik der Gewalt. Doch gibt es beim Schachspiel stets einen doppelten Blick, „den Blick auf das Spielfeld, und den Blick auf den Gegner."[5] Im Gegner wird der Spieler seines Doppelgängers ansichtig. Das allerdings gilt auch für den Boxkampf: „Der Boxer trifft in seinem Gegner auf ein altes Menschheitstrauma: auf einen Doppelgänger".[6] Beim Schach wie beim Boxen ist der Zweikampf immer einer gegen sich selbst. 1949 erscheint Kubricks Fotoserie *Prizefighter Walter Cartier*. Mit der fotografischen Entdeckung des Boxkampfes als einer Auseinandersetzung mit sich selbst am Doppelgänger hat Kubrick einen großen Themenkomplex gefunden: die doppelte Existenz, den Raum als Kampfplatz, Ordnung und Chaos in jeder Bewegung, vor allem die pessimistische Überzeugung, dass Kampf, und später dann Krieg, „quasi als der Normalzustand der Menschheit"[7] anzusehen sind.

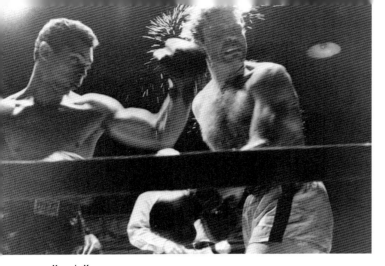 

KILLER'S KISS

Stanley Kubrick mit einer Handkamera am Boxring
Foto: Alexander Singer

Leben im Ring

Während der Tätigkeit als Fotograf war Kubricks Interesse am Film gewachsen. Im Museum of Modern Art studierte er die Filmgeschichte und las die Schriften von Pudowkin. Das Fotografieren befriedigte ihn immer weniger: Er wollte bewegte Bilder machen. Als er Alexander Singer traf, einen Schulfreund, der jetzt für die Wochenschau *The March of Time* arbeitete und einen Kontakt herstellte, nutzte Kubrick sofort die Chance, das Medium zu wechseln. Für 3.900 Dollar und nachdem er sich ein paar Stunden mit der 35-mm-Kamera vertraut gemacht hatte, drehte er mit Walter Cartier in New York den 16-minütigen schwarz-weißen Dokumentarfilm DAY OF THE FIGHT, basierend auf seiner Fotoserie. Kubrick hatte sich alles selbst beigebracht; er produzierte, schrieb das Buch, führte die Kamera, besorgte den Ton und montierte. Mit DAY OF THE FIGHT tritt Kubricks Interesse an der Fotografie in den Hintergrund. Er trennt sich von allem, „was ihm nicht mehr seiner selbst gemäß erscheint, was seinem hohen Anspruch an sich selbst nicht mehr genügt",[8] und es beginnt eine der aufsehenerregendsten Karrieren der Filmgeschichte.

DAY OF THE FIGHT gibt mit einem Insert vor: „All Events Depicted In This Film Are True". Erneut dokumentiert Kubrick einen Tag im Leben von Cartier, die Stunden vor dem Kampf gegen Bobby James, und eine *voice-over* kommentiert die rituelle Abfolge der Ereignisse. Cartier erwacht am Morgen gemeinsam mit seinem Zwillingsbruder Vincent, seinem Manager, der ihm aufs Haar gleicht, als Anwalt aber einer anderen sozialen Welt angehört. Die beiden gehen zur Messe, frühstücken, warten, konzentrieren sich. Der Film ist eine Art Countdown von 6 Uhr morgens bis 22 Uhr nachts, macht aber klar, dass dieser besondere Tag eben kein singulärer im Leben von Cartier ist, sondern ein normaler Arbeitstag im Leben eines jeden Boxers: Vorbereitung auf den Kampf, Leben als Kampf. Die Stunden vor dem Eintritt in den Ring sind die der Verwandlung in den *fighter*, den „arena man", wie es im Kommentar heißt. Boxer sind moderne Gladiatoren; ihr Kampf mit sich und gegen sich ist immer auch große Show vor einem Publikum, das auf den Knock-out wartet wie die Plebs in den römischen Arenen auf den Todesstoß.

DAY OF THE FIGHT ist auch eine erste Reflexion Kubricks über die Allmacht der Zeit über das Individuum. Cartier sucht die Ruhe, die Konzentration. Ein Kameraschwenk von links nach rechts erfasst einmal im vom Nachmittagslicht durchfluteten Zimmer erst den Bruder Vincent auf einer Fensterbank sitzend, dann Walter Cartier am anderen Fenster stehend und mit erhobenen Armen sich abstützend. Das ist nicht einfach ein Moment, den Kubrick *en passant* einfängt, das ist ein genau inszeniertes Tableau angespannter Ruhe, in dem die Zeit eben nicht stillsteht. „Time is a strange thing. When you have a little of it and you want it to last, it scatters away in all directions and you'll never know where it's gone"[9] (Off-Kommentar). Schon die Zeit vor dem Kampf ist, wie der Kampf selbst, Ringen gegen die sich zerstreuende Zeit. Eine kleine Anmerkung des Kommentars rückt diese Erfahrung des Boxers Cartier in die Nähe zur Erfahrung des Soldaten im Krieg. Walter und Vincent werden als Angehörige einer Generation bezeichnet, deren Jugend sehr schnell verging: Sie waren bei der Navy, der Zweite Weltkrieg liegt nur ein paar Jahre zurück. Aus dem *soldier* wurde ein *fighter*, und das Kämpfen nimmt kein Ende.

Für die Situation direkt vor dem Kampf wählt Kubrick eine Einstellung, die sein späteres Interesse an Geometrie und Symmetrie, die sich in Chaos auflösen, schon antizipiert: Durch die Beine des

DAY OF THE FIGHT

Schemels in der Ecke von Bobby James, dem Gegner Cartiers, dessen Beine den Schemel auch rahmen, blickt die Kamera auf den in der gegenüberliegenden Ecke sitzenden Cartier. Der erscheint zunächst unscharf. Dann stellt Kubrick scharf, so als würde Cartier überhaupt erst im Blick seines Gegners sichtbar, und der Gongschlag eröffnet den Fight. Den Kampf selbst visualisiert Kubrick aus unterschiedlichen Perspektiven, in totalen, halbnahen und nahen Einstellungen. Doch der Kampf scheint ihm nicht all das gegeben zu haben, was er wollte, denn eine Einstellung des Fights ist – entgegen dem Insistieren auf dokumentarischem Abbild – nachgedreht, obgleich Vincent LoBrutto behauptet, Kubrick habe die Kamera mit dem Arm in den Ring gehalten.[10] Die Kamera zeigt von unten, vom Boden des Rings, die beiden Boxer im verbissenen, engen *clinch* aus einer Position, die von außerhalb des Rings nicht einzunehmen wäre. Zudem trägt Cartier hier keinen Mundschutz. Kubrick brauchte diese Szene, und für sie brach er mit dem Ethos des Dokumentarischen. Er brauchte das Bild zweier Männer, die sich so nahe sind, so ähnlich im unbedingten Willen, alles aus sich herauszuholen, um im Sieg über den Gegner vor allem über sich selbst zu triumphieren. Cartier schlägt James nieder. „He's done it. He's k-out Bobby James",[11] vermeldet der Kommentar. Um nichts anderes ging es an diesem Tag im Leben Walter Cartiers. Er hat sich wieder einmal einem Doppelgänger gestellt und sich selbst besiegt. Bis zum nächsten Kampftag.

FLYING PADRE

THE SEAFARERS
Stanley Kubrick im Büro der Gewerkschaft

Ein guter Mensch

Wer DAY OF THE FIGHT gesehen hat (und wer das Œuvre Kubricks kennt), der mag sich wundern über Kubricks folgenden Dokumentarfilm FLYING PADRE. Er entstand für die RKO-Reihe *Screenliner* und wie DAY OF THE FIGHT mit Kubrick an der Kamera, in schwarz-weiß, mit einer Länge von 9 Minuten. Es geht um zwei Tage im Leben des Padre Fred Stadtmueller. Stadtmueller lebt im Nordosten New Mexicos; seine Gemeinde ist im riesigen und unwegsamen Territorium weit verstreut. Deshalb hat er sich Flügel verliehen und ist mit einem kleinen Sportflugzeug im Dienst des Herrn unterwegs. Kubrick zeigt ihn bei der ärmlichen Beerdigung eines Farmhelfers, wie er jovial einen Zwist zwischen zwei Spielkameraden schlichtet und wie er eine Mutter mit ihrem kranken Kind von einer entlegenen Farm zum rettenden Arzt fliegt. Das ist denkbar unspektakulär, macht Stadtmueller nicht zu einem Helden. Seine Aktivitäten sind in erstaunlich steif inszenierten Szenen nachgestellt. Die Rettungsaktion ist in einer Parallelmontage gestaltet, die den anfliegenden Padre im Wechsel mit der bangenden Mutter auf der Farm präsentiert. Der Boxer Walter Cartier hatte Kubrick fasziniert; für den Padre hat er nur die Aufmerksamkeit des Chronisten des Alltags. Dennoch ist der Film in Kubricks Œuvre bedeutsam: als das einzige Porträt eines Menschen ohne Abgründe.

FLYING PADRE entstand, weil Kubrick nicht aufhören wollte, Filme zu machen. Er gab seinen Job bei *Look* endgültig auf und nahm noch einen weiteren Auftrag an: 1953 drehte er für die Seafarers International Union (SIU) den 30-minütigen Film THE SEAFARERS, erstmals in Farbe (vielleicht hat vor allem das ihn gereizt) – einen Film, der für die Gewerkschaft werben sollte und bei Informationsveranstaltungen eingesetzt wurde. Was sich über den Film sagen lässt, muss aus den Beschreibungen der Autoren rekonstruiert werden, die ihn tatsächlich sahen oder selbst nur auf Berichte angewiesen waren. Kubrick hatte ein Drehbuch von Will Chasan vorliegen, unterstand dem Produzenten Lester Cooper, führte jedoch selbst die Kamera und übernahm den Schnitt. THE SEAFARERS „has all the trademarks of a typical industrial film of the period".[12] Er berichtet vom Leben der Seeleute im Hafen, von ihrer Freizeit und von der Wichtigkeit, das harte Leben durch die Mitgliedschaft in der Gewerkschaft abzusichern. THE SEAFARERS ist ein

FEAR AND DESIRE

Bei den Dreharbeiten: Neben Stanley Kubrick steht Toba Metz. In der ersten Reihe: Kenneth Harp, Stephen Coit, Paul Mazursky und Frank Silvera

Plädoyer für das alltägliche Recht auf Demokratie in der Arbeitswelt von Männern, die ständig unterwegs sind, die exterritorial leben, ständig Grenzen überschreiten. Diese Lebensform mag Kubrick, der damals die Romane von Joseph Conrad las, schon näher gewesen sein als die des fliegenden Padre. Vincent LoBrutto hebt jedoch einen Moment hervor, der damit nur bedingt zu tun hat, den Kubrick-Touch: „A cut produces the first example of nudity in a Stanley Kubrick film and shows the director's adolescent sense of sexuality. The screen is filled with a photograph of a young naked woman, a string of pearls draped above her breasts. The shot is there to entertain the hard-living seabound men who will be the main viewers of the in-house film and to arouse the perverse and devilish sense of humor tickling Kubrick. A full shot identifies the photograph as a nudie pinup calendar on the wall of the SIU barbershop, provided by Thorman, Baum & Co., Incorporated – sellers of fresh and frozen fruits and vegetables."[13]

Kubricks drei Dokumentarfilme sind interessant als drei strategische Unternehmungen eines Mannes, der von der Fotografie zum Film übergehen wollte. Und sie sind interessant, weil sich vor allem im ersten und im letzten Film Bilder finden, die das Dokumentarische sprengen: Bilder, in denen der junge Mann Kubrick aufblitzen lässt, was das Thema seines Werkes sein wird: die Erforschung der *conditio humana* in der Moderne als einer Situation permanenten Kampfes.

Das Unbehagen in der Moderne

1951 erhielt Kubrick ein unerwartetes und ungewöhnliches Angebot. Der Produzent Richard DeRochemont bereitete für die Ford Foundation und die CBS den fünfteiligen Fernsehfilm *Mr. Lincoln* vor. Nach einem Drehbuch des Schriftstellers James Agee, der gerade mit John Huston THE AFRICAN QUEEN (African Queen, 1951) geschrieben hatte, und unter der Regie von Norman Lloyd sollte ein Porträt Abraham

Mr. Lincoln
Stanley Kubrick mit Kameramann Marcel Rebière und Sacha Lawrence (Script)

Marian Seldes (rechts)

Lincolns von der Kindheit bis zur Ermordung entstehen: eine siebenstündige Miniserie über die Geburt der amerikanischen Nation aus dem Geist eines Mannes. DeRochemont bot Kubrick die Regie der *second unit* an, und Kubrick akzeptierte. Es waren wohl nicht allein die Gage und die Chance, an einem Prestigeprojekt des Fernsehens zu arbeiten, die ihn dazu bewogen. Mit dem französischen Kameramann Marcel Rebière hatte Kubrick zwar sprachliche Verständigungsprobleme und auch ästhetische Differenzen; Schauplätze und Ausstattung konnte er jedoch relativ frei auswählen. Regisseur und Produzent waren mit Kubricks Arbeit äußerst zufrieden, und sein gesamtes Material wurde verwendet. Allerdings gab Kubrick während der Dreharbeiten selbstbewusst einige Interviews, denen Lloyd entnehmen konnte, der Regisseur von *Mr. Lincoln* heiße Stanley Kubrick. Als Kubrick sich bei Lloyd schließlich um die Stelle eines Assistenten bewarb, lehnte der ihn ab. Lloyd erinnerte sich später: „I said, 'There is no question in my mind that Stanley Kubrick is going to be a very big man in pictures because with his ego nothing will stop him,' and I was right."[14]

Im selben Jahr war Kubrick bereit für seinen ersten Spielfilm. Er lieh sich 9.000 Dollar von Verwandten und Freunden, schrieb mit Howard Sackler ein Skript, übernahm Kamera und Schnitt und zog mit einer Handvoll Schauspieler und ein paar Helfern in die San Gabriel-Berge in der Nähe von Los Angeles, um FEAR AND DESIRE zu drehen. Vielleicht war es seine Lektüre von Conrad und Dostojewski, die ihm das Thema gab: die Abgründe des Bewusstseins, die Odyssee des Menschen ins Nichts. FEAR AND DESIRE ist Kubricks erster Kriegsfilm, und der Krieg wird ihn nicht mehr loslassen. PATHS OF GLORY führt in die fürchterlichen Stellungskämpfe des Ersten Weltkrieges, SPARTACUS erzählt vom Klassenkampf in der römischen Antike, der in einer gewaltigen Schlacht gipfelt, DR. STRANGELOVE OR: HOW I LEARNED TO STOP WORRYING AND LOVE THE BOMB vom atomaren Desaster und FULL METAL JACKET vom nicht zu gewinnenden Krieg in Vietnam. Für Kubrick ist der Krieg nicht die Ausnahmesituation der Moderne, sondern ihr Urzustand. So beginnt FEAR AND DESIRE zum Schwenk über ein bewaldetes Gebirge schon mit einer Erzählerstimme aus dem Off: „There is a war in this forest / not a war that has been fought, nor one that will be / But any war [...] Only the unchanging shapes of fear and doubt and death / Are from our world / These soldiers that you see keep our language and our time, / But have no other country but the mind.'[15] In einem Nirgendwo von Zeit und Raum schlagen sich vier Soldaten irgendeiner Armee (dargestellt u.a. von Frank Silvera und dem späteren Regisseur Paul Mazursky) durch ein ihnen unbekanntes Gebiet, vielleicht auf der Suche nach der verlorenen Front. „How far is it to the lines?", fragt einer von ihnen. „Only a short distance – the distance between life and death",[16] lautet die hochsymbolische Antwort. Sie töten einige Feinde und nehmen ein junges Mädchen gefangen. Einer der Männer versucht, sie zu vergewaltigen, sie wehrt sich, der Mann dreht durch und tötet sie. Die Soldaten stoßen auf weitere Feinde, in denen sie ihre Doppelgänger erkennen. Sie haben keine Aufgabe, kein Kampfziel, wenn sie immer nur auf sich selbst stoßen. Sie sind verloren in sich. Ihre Odyssee wird nie enden.

FEAR AND DESIRE
Paul Mazursky und Virginia Leith

Paul Mazursky, Kenneth Harp, Frank Silvera und Stephen Coit

FEAR AND DESIRE, in Schwarzweiß gedreht, kennt als dramatischen Grundton nur die Dunkelheit. *Heart of Darkness* heißt der 1899 erschienene Roman von Joseph Conrad, in der die Flussreise im Inneren Afrikas an die Grenzen des Bewusstseins führt, zur Einsicht, dass die Grenzlinie zwischen Gut und Böse nicht mehr klar zu ziehen ist. Eine solche Irrfahrt lässt auch Kubrick seine Protagonisten antreten, die keine Charaktere mehr sind, keine Individuen, nur noch Figuren in einem Geschehen, dessen Sinn vollkommen unerfindlich ist. Kubricks Film beschreibt keine Reise durch den Krieg, sondern eine in die Psyche, in der immer schon Krieg herrscht: Zweifel, die in Aggression münden, Ängste, die in jedem den Feind wittern, Begehren, das vor Angst vor sich selbst zurückschreckt und zur Gewalt wird. Als allegorisch und poetisch überambitioniert hat Kubrick den Film gelegentlich bezeichnet. Das ist er in der Tat: als hätte Samuel Beckett Conrads Roman bearbeitet und Sigmund Freuds Diagnose des Unbehagens in der modernen Kultur eingearbeitet, ein Unding also. Norman Kagan erkennt in FEAR AND DESIRE die erste authentische Äußerung jenes Pessimismus', der Kubricks weiteres Werk prägen wird: „the world as a dream, intelligence as futile, emotion as suspect",[17] die Welt als Traum und Innenraum der Psyche, Intelligenz als nutzlos in einer undurchschaubaren Welt und die Gefühle als in jedem Fall verdächtig instabil. Der allegorische Charakter des Films kann dann als eine Wiederkehr des Manierismus ver-

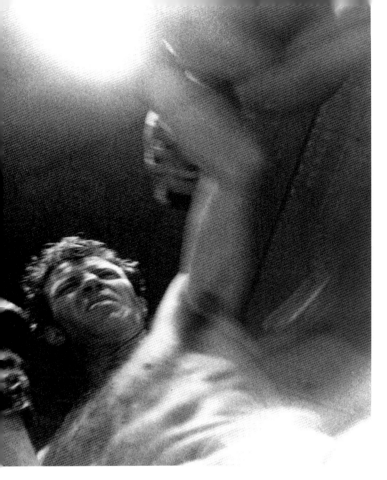

standen werden, der nicht zufällig in den 1950er Jahren wiederentdeckt wurde,[18] als Gemenge aus Schönheit und Grauen, als Bild der Welt als Labyrinth und als Suche nach einer Identität in einer vollends vom Zufall beherrschten Realität, die in jeder Perspektive eine andere Gestalt annimmt.

Von Boxern und Puppen

FEAR AND DESIRE, der von Kubrick unsichtbar gemachte Film, präludiert schon mit dem Titel seinem nächsten Film KILLER'S KISS: Gewalt und Eros, Tod und Sexus, der Zusammenhang zieht sich von jetzt an als beständiges Thema durch Kubricks Œuvre. FEAR AND DESIRE lief kurz in einigen Kinos, bekam ein paar lobende Erwähnungen und verschwand. Bei KILLER'S KISS wollte Kubrick sichergehen. Das Drehbuch, das er wieder mit Howard Sackler schrieb, ist eine Miniatur aus Versatzstücken des Gangsterfilms mit einem Touch des Film Noir, der ‚Schwarzen Serie' Hollywoods, die mit John Hustons THE MALTESE FALCON (Die Spur des Falken, 1941) beginnt und sich bis in die 1950er Jahre erstreckt. 1950 kam THE ASPHALT JUNGLE (Asphalt Dschungel) in die Kinos, ebenfalls von John Huston, ein Film, der schon im Titel signalisiert, zu was in diesen Filmen die moderne großstädtische Welt sich verwandelte. „Plötzlich dominierten Licht- und Schattenspiele: schwarze Visionen, die ihre mythische Gestalt gewannen durch passive, resignierte Helden, verwickelte Konflikte und geheimnisvolle Schauplätze […]. Plötzlich waren Gut und Böse, Moral und Amoral nicht mehr getrennt. […] Die Schwarzen Filme träumten nicht länger von der großen Chance durch Tat und Eroberung, sie verklärten nicht länger das Leben, sie reflektierten die finsteren Seiten."[19] Der Film Noir gab Kubrick die Chance, seine Weltsicht nicht mehr wie in FEAR AND DESIRE in Allegorien zu visualisieren, sondern in etablierten dramaturgischen und ästhetischen Mustern, die er umkodieren konnte. Als Autor, Regisseur, Kameramann und Cutter in Personalunion drehte er KILLER'S KISS mit eigenem Geld (die Summe schwankt je nach Quelle zwischen 40.000 und 75.000 Dollar) und verkaufte ihn an United Artists. Gedreht wurde wieder in schwarz-weiß.

KILLER'S KISS ist mit 67 Minuten Laufzeit fast noch ein Kurzfilm, ein Film, der ganz von prägnanten Situationen lebt. Davy Gordon (Jamie Smith) wartet in der Grand Central Station in New York auf

KILLER'S KISS

den Zug, der ihn endlich fortbringt aus der Stadt, in der er nur Niederlagen erlebte und zum Mörder wurde. Der Film geht aus von dieser Situation des Wartens auf dem Bahnsteig, schneidet auch immer wieder auf sie zurück und ist in Rückblenden, sogar in Rückblenden-in-Rückblenden erzählt, begleitet von Gordons *voice-over*: zwei im Film Noir geläufige Stilmittel zur Subjektivierung des Geschehens. Vor drei Tagen verlor Gordon einen Boxkampf und lernte seine Nachbarin kennen, das Tanzmädchen Gloria Price (Irene Kane), das mit dem Besitzer der Dance Hall, dem zwielichtigen Vincent Rapallo (Frank Silvera), liiert ist, von diesem aber bedroht wird. In der Nacht seiner Niederlage rettet Gordon Gloria vor einer Vergewaltigung durch Rapallo und wird damit zu dessen Feind. Das ist die recht kolportagehafte Dreiecksgeschichte vom jungen Mann in der Großstadt, der sein Glück nicht machen kann, aber das Mädchen findet, das mit ihm die Stadt verlassen würde, wäre da nicht der Schurke, der die junge Frau

Fotos: Alexander Singer

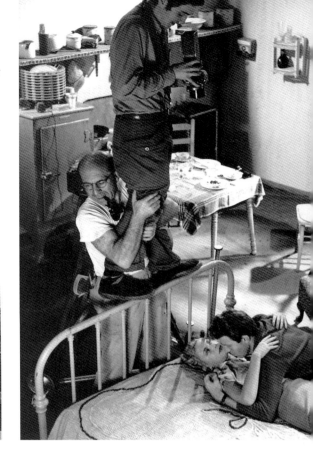

KILLER'S KISS
Irene Kane, Jamie Smith
und Stanley Kubrick

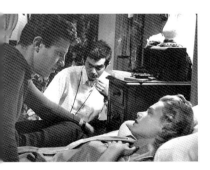

eher umbringt, als sie zu verlieren. Bedeutend sind Kubricks ästhetische Variationen dieses Genremusters: „The best moments of *Killer's Kiss* combine a voyeuristic and narcissistic definition of character with a surrealistic relish for subverting an audience's ready willingness to accept sentimental and commercial film pablum."[20]

Das beginnt schon damit, wie Gordon sich vor dem Kampf im Spiegel betrachtet, sich taxiert, wie er ein Bild von sich zu erlangen sucht, das der Tatsache gerecht würde, dass er ein Boxer ist, ein „arena man", wie es in DAY OF THE FIGHT heißt. Dieser Gordon, so legt der lange Blick der Kamera auf ihn im Spiegel nahe, ist viel zu sehr mit sich beschäftigt, mit seinem guten Aussehen, mit seinen Erinnerungen an die Kindheit auf dem Land, die präsent sind in Form von Fotografien, die um den Spiegel befestigt sind, als dass er wirklich ein guter Preisboxer sein könnte. Er ist vor allem zu sehr am Beobachten seiner Nachbarin Gloria interessiert, daran, wie sie sich in der Nachbarwohnung im Rahmen des Fensters auszieht, was Kubrick in einem raffinierten Bildarrangement zeigt. Gordon beobachtet sie, und was er sieht, zeigt Kubrick im Spiegel, neben dem Gordon steht. Die Kamera beobachtet einen Voyeur beim Beobachten und zeigt das Beobachtete, die begehrte Frau, nur in dem Medium, in dem der Voyeur sich selbst gewöhnlich beobachtet. Der Blick wird so auf sich zurückgespiegelt, und diese Einstellung offenbart das ganze Labyrinth des Blickens und Begehrens als Spiegelkabinett der Psyche. Nur Rapallo ist einmal wirklich erregt. Während er den Kampf von Gordon im Fernsehen verfolgt, zieht er Gloria an sich, zwingt sie hinzuschauen, wie der Mann, mit dem er sie nur einmal ein Haus zufällig gemeinsam hat verlassen sehen, im Boxring geschunden wird. Die Demütigung des imaginären Gegners macht ihn wild, geil. Gloria soll sehen, wie der Mann, den er, Rapallo, in seiner Eifersucht mit ihr sieht, als Mann vernichtet wird, auf dass er, Rapallo, jetzt als Mann über sie kommen kann.

Das Begehren in Kubricks Filmen ist von jetzt an gespalten im Blick, wie beim Schachspiel, wie beim Boxen. Der Blick gilt immer der Strategie des Kampfes und dem Gegner, dem Doppelgänger, nie wirklich dem begehrten Objekt. Als Gordon eine Nacht mit Gloria verbracht hat, streichelt er, während sie schläft, ihre auf einer Leine zum Trocknen aufgehängten seidenen Strümpfe. Der Fetisch ist nicht mehr nur Ersatz, der Fetisch ist Gloria selbst, die zudem einen mehr als sprechenden Namen trägt: Gloria

KILLER'S KISS
Jamie Smith und Frank Silvera

KILLER'S KISS
Irene Kane und Frank Silvera

Price, der Glanz und der Preis, der für sie zu zahlen ist. Der Preis ist hoch in einer Welt, in der alles auf Ausstellbarkeit und Käuflichkeit hin angelegt ist: Gordons Boxen, Glorias Schönheit, Männlich-Sein und Weiblich-Sein. Einmal hat Gordon nach seiner Niederlage einen Albtraum. In einer in Negativaufnahmen eingeschnittenen Szene stürzt sein Bewusstsein in einer Flucht durch eine endlose Straße. Es gibt für ihn kein Entkommen aus dem Labyrinth, und er erwacht.

Durch eine Verwechslung, einen dummen Zufall, töten Rapallos Männer nicht Gordon, sondern dessen Manager, in den *backstreets* von New York. Kubrick macht diese Szene, in der der Mord ausgespart bleibt, zu einem Spiel aus Schatten und Licht, das die Lichtgestaltung des Film Noir ins Groteske überhöht, nur um noch mehr Schatten fallen zu lassen, noch mehr Schuld auf Davy Gordon. Der steht dann schließlich Rapallo von Mann zu Mann in einem wahrlich surrealen Duell gegenüber. In einer Halle, in der Schaufensterpuppen gelagert werden, vor allem weiblich geformte Puppen, schlagen und stechen die beiden auf Leben und Tod mit einer Axt und einem Spieß aufeinander ein, reißen aus den Puppen Stücke, Gliedmaßen heraus und bewerfen sich damit. Es ist ein Zustand vollkommener männlicher Regression, eines ungeheuren Atavismus, den Kubrick hier inszeniert. Wie degenerierte Ritter, die um eine Frau kämpfen, um Gloria als Preis, wüten zwei Männer gegeneinander, bis Gordon Rapallo endlich tötet. Das Ende des Films führt wieder auf den Bahnsteig, wo Gordon nach allem auf Gloria wartet.

Killer's Kiss
Dreharbeiten in New York:
Jamie Smith, Frank Silvera
und Stanley Kubrick mit seiner
35-mm-Eyemo-Kamera
Fotos: Alexander Singer

Ein klassischer Film Noir hätte ihn da stehen lassen, wartend. Doch einmal in seinem Werk machte Kubrick einen Kompromiss. Gloria kommt, und sie fallen sich in die Arme. Es ist das erste und einzige Happy End in einem Kubrick-Film – bis am Ende von Eyes Wide Shut, seinem letzten Werk, Alice (Nicole Kidman), die Frau des völlig verstörten William Harford (Tom Cruise), ihrem Mann in der weihnachtlichen Spielwarenabteilung eines luxuriösen Kaufhauses anbieten wird, das zu tun, was man nach all den Irrungen und Gefährdungen jetzt tun müsse – „ficken". Als Kubrick diese Szene inszenierte, erinnerte er sich vielleicht daran, dass er für Killer's Kiss eine für den Gang der Geschichte völlig nebensächliche, surreale New Yorker Straßenimpression zur Weihnachtszeit aufnahm: mit einer Weihnachtsmann-Puppe, die sich mechanisch im immer gleichen Rhythmus bewegt.

Der Gewinner geht leer aus

Killer's Kiss lief, wegen seiner Kürze, vor allem als *second feature* mit einem anderen Film der United Artists im Kinoprogramm. Und Kubrick wollte mehr erreichen. Die dramaturgischen und darstellerischen Schwächen von Killer's Kiss waren ihm selbst nur zu bewusst. Für seinen nächsten Film traf er eine folgenreiche Entscheidung. Das Drehbuch zu The Killing, das er selbst schrieb, basierte erstmals auf einer literarischen Vorlage, auf dem Kriminalroman *Clean Break* von Lionel White. Danach war jeder Film Kubricks eine Literaturadaption von mehr oder weniger bekannten oder bedeutenden Autoren. Es beginnt auch eine andere Arbeitsweise Kubricks: die Suche nach Stoffen, die er mit seiner Vision durchdringen konnte. Die Entscheidung für The Killing fiel schnell, zumal Kubrick den Kriminalschriftsteller Jim Thompson für das Schreiben zusätzlicher Dialoge engagieren konnte. Thompson war ein Vertreter der *hard boiled school* des amerikanischen Krimis, des desillusionierenden, harten Romans. Er schrieb in seinem 1954 erschienen Buch *A Swell-Looking Babe* Sätze wie: „Genauso wie der Körper nur begrenzt Schmerzen ertragen kann, ist auch die Psyche nur bis zu einem gewissen Grad belastbar. Man kann sich erschrecken, schockiert sein, aber nur bis zu einer Grenze, danach hört jede Wirkung auf. Die Gefühlswelt beruhigt sich dann in einer Mittellage. Und statt Aufregung herrscht absolute Ruhe."[21] Das war der Ton, den Kubrick brauchte, die Stimmung auch: auf das Ungeheuerliche mit Distanz zu blicken. Und Kubrick traf noch eine Entscheidung: die, sich auf die Regie zu konzentrieren und mit Lucien Ballard einen Kameramann zu akzeptieren, der schon Josef von Sternberg beeindruckt hatte.

Clean Break ist ein fatalistischer Roman über einen Überfall, der zwar gelingt, aber alle Gewinner in Hemingway'scher Manier leer ausgehen lässt, also ein Stoff für Kubricks Vision, dass jede Ordnung sich in Chaos auflöst. *Clean Break* ist aber noch mehr: ein Roman, der seine Geschichte in Fragmenten und mit Zeitsprüngen erzählt. Das war es, was Kubrick zutiefst faszinierte: dass sich das Raum-Zeit-Kontinuum aufsprengen ließ. Er geht dabei gerade so weit, dass sein Film noch als Genrefilm intakt bleibt.

THE KILLING
Stanley Kubrick, James B. Harris
und Alexander Singer

Timothy Carey und Sterling Hayden

Jay C. Flippen, Sterling Hayden,
Elisha Cook, Ted DeCorsia, Joe
Sawyer und Marie Windsor

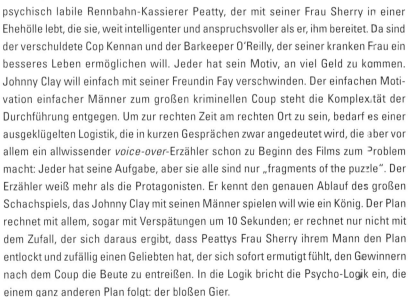

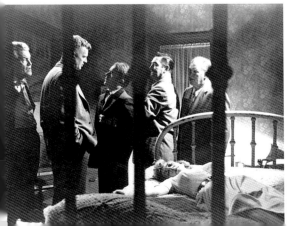

Er „läßt an seiner Verpflichtung gegenüber den Traditionen keinen Zweifel, stellt sie vielmehr geradezu aus."22 Mit Sterling Hayden in der Rolle des Johnny Clay besetzte er den Protagonisten aus John Hustons paradigmatischem Film Noir THE ASPHALT JUNGLE in einer ähnlichen Rolle: als *loser*. Mit Mary Windsor und Elisha Cook als in Hassliebe verbundenem ungleichen Ehepaar erweist er ebenfalls deren Noir-Gestalten seine Reverenz. Kubrick wollte weit gehen in der Dekonstruktion des Musters, aber er wollte erfolgreich sein. Er hat es geschafft. THE KILLING gilt vielfach als der erste reine Kubrick-Film. Der Genre-plot ist einfach. Johnny Clay, gerade nach fünf Jahren Haft aus dem Gefängnis entlassen, plant mit Hilfe seines väterlichen Mentors Marvin Unger einen grandiosen Coup: den Überfall auf die Kasse der Pferderennbahn, kurz nach einem Renntag. Zwei Millionen Dollar sind die Beute. Um das schwierige Unternehmen durchzuführen, muss er sich der Mitarbeit unterschiedlichster Männer versichern. Da ist der psychisch labile Rennbahn-Kassierer Peatty, der mit seiner Frau Sherry in einer Ehehölle lebt, die sie, weit intelligenter und anspruchsvoller als er, ihm bereitet. Da sind der verschuldete Cop Kennan und der Barkeeper O'Reilly, der seiner kranken Frau ein besseres Leben ermöglichen will. Jeder hat sein Motiv, an viel Geld zu kommen. Johnny Clay will einfach mit seiner Freundin Fay verschwinden. Der einfachen Motivation einfacher Männer zum großen kriminellen Coup steht die Komplexität der Durchführung entgegen. Um zur rechten Zeit am rechten Ort zu sein, bedarf es einer ausgeklügelten Logistik, die in kurzen Gesprächen zwar angedeutet wird, die aber vor allem ein allwissender *voice-over*-Erzähler schon zu Beginn des Films zum Problem macht: Jeder hat seine Aufgabe, aber sie alle sind nur „fragments of the puzzle". Der Erzähler weiß mehr als die Protagonisten. Er kennt den genauen Ablauf des großen Schachspiels, das Johnny Clay mit seinen Männer spielen will wie ein König. Der Plan rechnet mit allem, sogar mit Verspätungen um 10 Sekunden; er rechnet nur nicht mit dem Zufall, der sich daraus ergibt, dass Peattys Frau Sherry ihrem Mann den Plan entlockt und zufällig einen Geliebten hat, der sich sofort ermutigt fühlt, den Gewinnern nach dem Coup die Beute zu entreißen. In die Logik bricht die Psycho-Logik ein, die einem ganz anderen Plan folgt: der bloßen Gier.

So nimmt alles seinen fatalen Lauf, und alles läuft in diesem Film gegeneinander. Immer stärker deckt Kubricks in der Zeit verschachtelte, hin- und herspringende Montage auf, dass die „fragments of the puzzle" nicht zueinander passen: die Zeitpläne nicht zu den Ortsangaben, die Kamerafahrten, die die Bewegungen der Figuren ausschwingend begleiten, nicht zu ihrem immer enger werdenden Handlungsspielraum, die Worte nicht zu der geplanten Tat. THE KILLING, ein Film mit einem Titel, der etwas Definitives, Endgültiges annonciert, zeigt, dass sich nichts Definitives planen lässt,

SCHACHSPIELE IM BOXRING 41

THE KILLING
Kola Kwariani und Sterling Hayden

weil es immer etwas gibt, in jedem Plan, das über das Ziel hinausschießt – das Ungeplante und nie zu Planende des allmächtigen Zufalls, der in den Emotionen, nicht im Intellekt steckt. So ist Kubricks Film mehr ein Essay über die Motive und Dramaturgien des Gangsterfilms, ein Film, der sogar den mythischen Kern des Genres bloßlegt: ein Gangsterfilm und zugleich die Theorie des Gangsterfilms. Johnny Clay hat einen Freund, den russischen Einwanderer, Catcher und Schachspieler Maurice, dem er eine kleine Rolle in seinem großen Coup zugedacht hat. Der Mann will gar nicht genau wissen, worum es exakt geht. Er erkennt aber sofort die Hybris in Clays Vorhaben und weist ihn zurecht mit Worten, die unzweifelhaft aus der Feder von Jim Thompson stammen. Man dürfe nicht zu viel verlangen, sondern müsse „the perfect mediocrity" anstreben. „Individuality is a monster and it must be strangled in it's cradle."[23]

Zwei furchtbare Sätze, die Clay nicht versteht und die auch Kubricks Film nicht erklärt. Wie eine Drohung liegen sie aber ab diesem Moment über dem Geschehen, wie das Schicksal, das noch über dem Zufall waltet. Wer sich erhebt, der muss fallen; besser ist es, er erhebt sich nicht, reißt sich sein Begehren aus und fügt sich ein in die Masse, die ihre Mittelmäßigkeit akzeptiert. Maurice fährt, noch düsterer, noch programmatischer für den Film fort: „You know, I often thought that the gangster and the artist are the same in the eyes of the masses. They're admired and hero-worshipped, but there is always present an underlying wish to see them destroyed at the peak of their glory."[24] Ein Schachspieler und Catcher gibt dem Gangster eine kleine Lehrstunde

Elisha Cook und Marie Windsor

über das Muster der griechischen Tragödie im modernen Gangsterfilm. Clay versteht auch das nicht, und deshalb ereignet sich das Tragische seines Falls auch ganz banal und ruhig. Er sieht am Ende auf der Rollbahn eines Flughafens all sein Geld im Wind davonwirbeln, weil ein winziger Zufall es so will. Clay zeigt keine Regung, auch nicht, als zwei Polizisten auf ihn und seine Freundin zukommen. Fay: „Johnny ... You've got to run!" – Clay: „Yeah ... What's the difference?"[25] Das ganze Puzzle löst sich endgültig auf, und er wird zurückgehen ins Gefängnis. Ab THE KILLING sind Kubricks Protagonisten Figuren im Rad der Fortuna. Sie geben sich damit nicht zufrieden, spielen Schach im Boxring, sie greifen ins Getriebe, aber stoppen werden sie das Rad für sich nie mehr. Ab THE KILLING hatte Stanley Kubrick jedoch auch für sich die Freiheit erreicht, die er seinen Figuren nie gewährte.

Coleen Gray und Sterling Hayden

1 Ein Gespräch mit Jan Harlan. In: Thissen, Rolf: Stanley Kubrick. Der Regisseur als Architekt. München 1999, S. 210-225, hier S. 213.
2 Vgl. Baxter, John: Stanley Kubrick. A Biography. New York 1997, und LoBrutto, Vincent: Stanley Kubrick. A Biography. London 1998.
3 Eine Auswahl der Fotografien ist jetzt zugänglich in Crone, Rainer / Graf Schaesberg, Petrus (Hrsg.): Stanley Kubrick. Still Moving Pictures. Fotografien 1945-1950. Regensburg 1999. Alle Fotos, auf die ich mich im Text beziehe, sind dort enthalten. Vgl. auch den Artikel von Alexandra von Stosch und Rainer Crone in diesem Band.
4 Broyard, Anatole: Verrückt nach Kafka. Erinnerungen an Greenwich Village. Berlin 2001, S. 5f.
5 Seeßlen, Georg / Jung, Fernand: Stanley Kubrick und seine Filme. Marburg 1999, S. 70.
6 Oates, Joyce Carol: Über Boxen. In: Crone / Schaesberg 1999, a.a.O., S. 73.
7 Kirchmann, Kay: Stanley Kubrick. Das Schweigen der Bilder. Marburg 1995, S. 56.
8 Jansen, Peter W.: Kommentierte Filmografie. In: Christoph Hummel et al.: Stanley Kubrick. Hanser Reihe Film 18. München, Wien 1984, S. 7-204, hier S. 8.
9 [„Zeit ist etwas Sonderbares. Wenn man wenig davon hat und will, dass sie andauert, zerstiebt sie in alle Richtungen, und man weiß nicht, wo sie hingegangen ist."]
10 Vgl. LoBrutto 1998, a.a.O., S. 63.
11 [„Er hat's getan. Er hat Bobby James k.o. geschlagen."]
12 LoBrutto 1998, a.a.O., S. 73. [„hat alle Merkmale eines typischen Industriefilms aus dieser Zeit"]
13 LoBrutto 1998, a.a.O., S. 74. [„Ein Schnitt führt zum ersten Beispiel von Nacktheit in einem Film von Stanley Kubrick und zeigt die pubertäre Einstellung des Regisseurs zur Sexualität. Die Leinwand ist ausgefüllt mit dem Foto einer nackten jungen Frau mit einer Perlenschnur über der Brust. Die Einstellung dient dazu, die Männer mit ihrem schweren Leben auf See, die das Hauptpublikum dieses internen Films bilden, zu unterhalten und Kubricks perversen, teuflischen Sinn für Humor anzustacheln. In einer Totalen wird sichtbar, dass das Foto aus einem Pin-up-Kalender der Firma Thorman, Baum & Co. Inc., die frisches und gefrorenes Obst und Gemüse verkauft, an der Wand des Friseurladens von SIU stammt."] Die visuelle Reduktion der nackten Frau vom bildhaften Objekt, das Seeleute eben als Substitut benötigen, in den Kontext von Früchten, also von Lebensmitteln, die konsumiert werden, sagt bereits einiges über das Frauenbild in Kubricks späteren Filmen, in denen Frauen oft nur Opfer sind: nicht allein dem männlichen Blick, sondern auch männlicher Gewalt unterworfen.
14 Zit. nach LoBrutto 1998, a.a.O., S. 85. [„Ich sagte: ‚Für mich ist es keine Frage, dass Stanley Kubrick ein sehr großer Mann im Filmgeschäft werden wird, denn mit seinem Ego kann ihn nichts aufhalten', und ich hatte Recht."]
15 Zit. nach: Kagan, Norman: Fear and Desire. In: ders: The Cinema of Stanley Kubrick. Oxford 1995, S. 9-20, hier: S. 9f. Kagan gibt eine ausführliche Inhaltsangabe von FEAR AND DESIRE mit Dialogzeilen. [„In diesem Wald herrscht Krieg / kein Krieg, der je geführt wurde oder je geführt werden wird / sondern Krieg überhaupt [...] Nur die unwandelbaren Gestalten von Furcht, Zweifel und Tod / sind aus unserer Welt / Die Soldaten, die Sie sehen, sprechen unsere Sprache und stammen aus unserer Zeit / Aber sie haben keine andere Heimat als den Geist."]
16 [„Wie weit ist es bis zu unseren Linien?" [...] „Nur eine kurze Strecke – die Strecke zwischen Leben und Tod."]
17 Kagan 1995, a.a.O., S. 19 [„die Welt als ein Traum, Intelligenz als nutzlos, Gefühl als verdächtig"]
18 Vgl. Hocke, Gustav René: Die Welt als Labyrinth. Manier und Manierismus in der europäischen Kunst. Hamburg 1957.
19 Grob, Norbert: Mysteriöse Schatten, schräge Linien. Zu Motiven, Themen und Stil des US-amerikanischen Film noir. In: Norbert Grob: Zwischen Licht und Schatten. Essays zum Kino. St. Augustin 2002, S. 265f.
20 Nelson, Thomas Allen: Kubrick. Inside a Film Artist's Maze. Bloomington 2000, S. 25. [„Die besten Momente in *Killer's Kiss* vereinen eine voyeuristische und narzisstische Charakterzeichnung mit einem surrealistischen Genuss daran, die Bereitwilligkeit des Publikums zur Akzeptanz sentimentaler und kommerzieller Filminhalte zu unterminieren."]
21 Thompson, Jim: Eine klasse Frau. Zürich 1994, o.S.
22 Kirchmann 1995, a.a.O., S. 23.
23 [„die perfekte Mittelmäßigkeit" [...] „Individualität ist ein Ungeheuer und muss schon in der Wiege erwürgt werden."]
24 [„Weißt du, ich denke oft, dass in den Augen der Menge ein Gangster und ein Künstler das gleiche sind. Sie erfahren Bewunderung und Heldenverehrung, aber darunter liegt immer der Wunsch, sie auf dem Gipfel ihres Ruhms vernichtet zu sehen."]
25 [Fay: „Johnny ... du musst weglaufen!" – Clay: „Nein. ... Das hat keinen Sinn mehr." (Synchronfassung; wörtliche Übersetzung: Clay: „Sicher. ... Was macht das für einen Unterschied.")]

Timothy Carey, Ralph Meeker und Joseph Turkel

George Macready, Stanley Kubrick und Kirk Douglas   Stanley Kubrick im Schloss Schleißheim

GENERÄLE UND ZENSOREN
PATHS OF GLORY und die Spiele der Macht

WILHELM FOTH

PATHS OF GLORY, Kubricks vierter Spielfilm und Auslöser für einen der interessantesten Zensurfälle der Filmgeschichte, wurde wegen des damals sehr günstigen Dollarkurses im Frühjahr 1957 komplett in Deutschland gedreht, in den Bavaria Studios in München Geiselgasteig, im nahe gelegenen Schloss Schleißheim und in Bernried am Starnberger See.

Der Plot, die Schauplätze

Frankreich 1916, der Stellungskrieg zwischen den französischen und den deutschen Truppen ist zum Stillstand gekommen, keine der beiden Seiten kann angreifen, die Verluste wären nicht zu verantworten. General Broulard (Adolphe Menjou) sieht das anders. Er besucht den ihm untergeordneten General Mireau (George Macready), der hinter der Front in einem feudalen Schloss residiert. Broulard schlägt den Angriff auf Höhe 19 vor, die fest in deutscher Hand ist, Mireau wehrt ab: unmöglich. Als Broulard ihm aber eine Beförderung in Aussicht stellt, hält Mireau den Angriff plötzlich doch für durchführbar.

Die Situation wiederholt sich. Nun muss Mireau dem ihm unterstellten Divisionskommandanten Colonel Dax (Kirk Douglas) den Befehl zum Angriff überbringen. Auch Dax wehrt sich; als Mireau ihm aber droht, ihn abzulösen, macht er doch mit. Auf seine Frage, wie hoch die eigenen Verluste sein werden, rechnet ihm Mireau vor: Fünf Prozent im eigenen Sperrfeuer, zehn im Niemandsland und 20 bei der Überwindung des Drahtverhaus. „Somit verbleiben uns etwa 65 Prozent für die Hauptarbeit. Wenn wir bei dem anschließenden Sturmangriff nochmals 25 Prozent verlieren, so verbleiben uns immer noch genügend Kräfte, um die eroberte Stellung zu halten." Eine ebenso zynische wie falsche Rechnung, denn schon die erste Angriffswelle der Franzosen bleibt im deutschen Abwehrfeuer stecken, die zweite kommt wegen des Beschusses gar nicht mehr aus dem Schützengraben heraus. Der empörte Mireau befiehlt, die eigenen Truppen zu beschießen, um sie aus dem Graben herauszutreiben, der Artillerieoffizier verweigert den telefonisch erteilten Befehl, er will nur gehorchen, wenn er ihn schriftlich bekommt.

Um die Verantwortung für das Desaster von sich abzuwälzen, lässt Mireau drei einfache Soldaten wegen „Feigheit vor dem Feind" vor das Kriegsgericht stellen. Dax, im bürgerlichen Beruf Anwalt, übernimmt die Verteidigung, kann die drei aber in dem absurden und grausamen Verfahren, in dem das Urteil von Anfang an feststeht, nicht retten; sie werden hingerichtet.

Adolphe Menjou und George Macready

George Macready und Kirk Douglas

Für Mireau trotzdem kein Triumph: Dax sammelt Beweise für Mireaus Befehl, auf die eigenen Soldaten zu schießen, und übergibt sie Broulard. Der serviert seinen Untergebenen Mireau schnell ab, allerdings erst nach der Hinrichtung, die auch er völlig richtig findet: Erschießungen stellen die Disziplin der Truppe wieder her. Danach bietet Broulard Dax den Posten von Mireau an und ist konsterniert, dass der ablehnt: „Sie wollten diese Leute also wirklich retten und waren nicht auf Mireaus Kommando aus. Sie sind ein Idealist, und ich bedaure Sie wie einen Dorftrottel." Dass ihn Dax daraufhin einen „sadistischen Greis" nennt, erschüttert Broulard nicht weiter. Dax schmeißt aber nun nicht den Bettel hin, sondern geht – loyaler Offizier, der er ist – mit seinen Truppen wieder an die Front, nach einem kleinen, irritierenden Intermezzo: Die Soldaten hören in ihrer Unterkunft einer jungen Deutschen (Susanne Christian, d.i. Christiane Harlan) zu, die das Lied vom treuen Husaren singt; die anfängliche Aggressivität der Soldaten ihr gegenüber verwandelt sich in Sentimentalität, schließlich summen sie sogar selbst die Melodie mit.

Diese Situationen und Dialoge formen die Story, aber PATHS OF GLORY funktioniert dennoch nicht wie ein Theaterstück, das Geschehen wird vor allem bestimmt durch die Räume, in denen sich die Generalität und die Truppe aufhalten, das Schloss und der Schützengraben – Glanz und Schmutz also, Oben und Unten, Weite und Enge, Hell und Dunkel, und es ist die Kamera, die den Symbolwert der Schauplätze deutlich macht. Auf der einen Seite die lichtdurchfluteten hohen Räume des blendend weißen Schlosses, in dem sich General Mireau eingerichtet hat. Auch der im französischen Stil angelegte Park vor dem Schloss, in dem am Ende die Hinrichtung stattfindet, ist mit seinen streng geometrischen Formen Ausdruck eines Herrschaftswillens. Wenn am Ende die drei Soldaten erschossen werden, ist im Hintergrund immer wieder das Schloss zu sehen, Symbol der Macht. Auf der anderen Seite die Schützengräben, die sich labyrinthartig durch die Erde fressen. Holz, Säcke, Stacheldraht, Schmutz, kaum Sonne, man will sich ja verbergen, das eigentliche Leben findet unter der Erde statt. Die Angst und der nahe Tod sind immer zu spüren. Das Schlachtfeld, beim Angriff in einer langen Parallelfahrt aufgenommen, gleicht einer Wüste, auf der die Soldaten vorwärts rennen und robben, an Leichen und Trümmern vorbei, bis sie zusammenbrechen oder zurückweichen. So pointiert die Dialoge auch sind, letztlich ist es die durch Kameraarbeit, Lichtregie und schauspielerische Leistung hergestellte filmische Intensität, die PATHS OF GLORY auch die politische Stoßrichtung gibt.

Auffallend ist allerdings, dass die Qualität der Kameraarbeit von PATHS OF GLORY in der Literatur ausschließlich dem Regisseur zugeschrieben wird; sie weise bereits auf die späteren Filme voraus, und das ist richtig. Trotzdem: Welche Rolle spielte der Kameramann Georg Krause, der nur in den Credits erwähnt wird?

Kameramann Georg Krause

Exkurs: Georg Krause

Georg Krause (1901 - 1986) war kein Nobody, zwischen 1922 und 1964 hat er in weit über 100 deutschen Filmen die Kamera geführt.[1] Die meisten von ihnen sind zu Recht vergessen. Gerühmt wird seine Kameraarbeit für die beiden besten Fliegerfilme des Dritten Reiches, D III 88 (Herbert Maisch, 1939) und KAMPFGESCHWADER LÜTZOW (Hans Bertram, 1941). Für Peter Pewas' Film DER VERZAUBERTE TAG (1944) zauberte „er einen erotischen Tagtraum hin, dessen poetischer Realismus nicht zuletzt die Filmbonzen des Dritten Reiches irritierte",[2] der Film wurde verboten und konnte erst nach dem Krieg uraufgeführt werden. Nach 1945 war Krause einer der gefragtesten deutschen Kameraleute, in dieser Zeit entstanden seine interessantesten Produktionen wie BERLINER BALLADE (Robert A. Stemmle, 1948), DAS EWIGE SPIEL (Franz Cap, 1951), MAN ON A TIGHTROPE (Ein Mann auf dem Drahtseil, Elia Kazan 1952/53, auch dies eine Hollywood-Produktion, die in München entstand), PATHS OF GLORY, NACHTS, WENN DER TEUFEL KAM (Robert Siodmak, 1957; hierfür erhielt Krause den Bundesfilmpreis) und KIRMES (Wolfgang Staudte, 1960).

PATHS OF GLORY war ein Höhepunkt in Krauses Karriere. „Krause ist bei diesem Film", schreibt Brandlmeier, „Herr über sechs Kameras auf fünf Dollies und einem Kran. Dazu das neue 18,5 mm-Objektiv, das spielend eine Raumerfassung à la CITIZEN KANE zuläßt."[3] Kubrick drehte selbst mit einer Arriflex einige Einstellungen für Zwischenschnitte, vor allem Großaufnahmen von Dax beim gescheiterten Angriff. Krause war ein Virtuose des Handwerks, der alles konnte, der auch die fließenden Kamerabewegungen in der Art von Max Ophüls, die Kubrick vorschwebten, kongenial umsetzte.

Kubrick selbst hat in einem Interview die fast wortlose Zusammenarbeit mit Krause gelobt. „Das war wirklich sehr interessant, weil der Kameramann nicht englisch sprach und ich nicht deutsch. Es war unglaublich, wie wenig wir uns sagen mussten, nur Dinge wie ‚heller' oder ‚dunkler', aber in dem Film ist eigentlich alles so, wie ich es haben wollte."[4] Auch den extremen Perfektionismus Kubricks hat Krause mitgetragen. Nach einem zeitgenössischen Drehbericht wurde zum Beispiel eine Einstellung 56-mal wiederholt, bis Kubrick sich zufrieden gab.[5] Hier haben sich zwei Künstler verstanden. Der junge, gerade mal 28-jährige Regisseur, der seinen Weg suchte, und der erfahrene und nach wie vor experimentierfreudige 56-jährige Kameramann, sie waren ebenbürtige Partner. Die American Society of Cinematographers sah das auch so und zeichnete Krause mit ihrem Preis aus.

Joseph Turkel, Timothy Carey, Ralph Meeker und Emile Meyer

Kirk Douglas

Colonel Dax

Colonel Dax ist die komplexeste Figur des Films, sie hat den Kubrick-Exegeten das meiste Kopfzerbrechen verursacht. Sicher ist Dax der einzige positiv gezeichnete Offizier, er ist nicht zynisch, er setzt sich für seine Leute ein, aber auch er bricht nicht aus dem Militärkartell aus. Broulard und Mireau sind gefährlich und inhuman, der eigentliche Garant für das Weiterbestehen einer militärischen Ordnung aber ist paradoxerweise Colonel Dax, gerade weil er eine humane Alternative innerhalb des Militärs darstellt.

Gleich einer der ersten deutschen Kritiker, Theodor Kotulla, ging hart mit Kubrick und Dax ins Gericht: „Der entscheidende Mißgriff Kubricks besteht darin, daß es in seinem Film überhaupt einen Colonel Dax in protagonistischer Ausprägung gibt. Wenn man bedenkt, daß im Ersten Weltkrieg tatsächlich französische Regimenter gemeutert haben; daß sie ihren General einen ‚Blutsäufer' genannt und ‚Schluß mit der Schlächterei!' geschrien haben (in der Schlacht bei Reims im Mai 1917 unter General Nivelle), wird man ermessen, wie sehr durch eine Figur wie Dax das totale Grauen, das der Krieg ist, nur verstellt wird."[6] Diese Deutung ist in sich schlüssig, die Frage ist aber, ob sie die Intention und die Wirkung des Films wirklich trifft.

Zunächst bleibt festzuhalten: In der Romanvorlage von Humphrey Cobb ist Dax eine Nebenfigur, im Mittelpunkt stehen die drei angeklagten und schließlich hingerichteten Soldaten. Dax im Film zur Zentralfigur zu machen, war dramaturgisch sehr geschickt, bekam der Zuschauer dadurch doch eine Figur, mit der er sich weitgehend identifizieren konnte. Die Besetzung mit Kirk Douglas (der mit 350.000 Dollar etwa ein Drittel des Gesamtbudgets als Gage erhielt) war die Voraussetzung, den Film überhaupt drehen zu können. Erst die Mitwirkung von Douglas hat United Artists dazu gebracht, PATHS OF GLORY zu verleihen. Die Dominanz von Douglas ist so stark, dass die *New York Times* sich fälschlicherweise dazu hat hinreißen lassen, Douglas für den Produzenten zu halten.[7]

Dennoch irritiert Dax, weil er kein grundsätzlicher Gegner des Krieges ist, wie man ihn gerne sehen würde. Er verteidigt drei Soldaten, die wegen Feigheit vor dem Feind angeklagt sind, in Wirklichkeit aber sehr tapfer waren, also auch im Sinne der Anklage unschuldig. „Sie haben die unsinnigen Befehle ausgeführt",[8] schrieb Martin Schaub 1970, als der Film endlich in der Schweiz freigegeben war. Und Schaub fragt, ob nicht der, der davonläuft, der Deserteur, der eigentliche Held gewesen wäre?

Die Wahrheit von PATHS OF GLORY, so scheint mir, liegt gerade darin, dass auch Dax aus der geschlossenen Männerwelt des Krieges nicht ausbrechen kann, er befiehlt am Anfang den Angriff, von dem er weiß, dass er unsinnig und verbrecherisch ist, und er bleibt am Ende dabei, obwohl er doch im

Gegensatz zu anderen einen bürgerlichen Beruf als Anwalt hat. „Dax can be seen as an absurd, impotent character who won't or can't rebel, even staring into the face of evil itself",[9] fasst Norman Kagan die Figur zusammen. Gerade an Dax also zeigt Kubrick seinen Pessimismus: Das Militär, wie es hier dargestellt wird, ist nicht von innen her zu reformieren. Dem Zuschauer, der durch den Fall aufgewühlt ist, wird keine Entlastung gewährt: Dass Mireau abtritt und sich hinter der Bühne die Kugel gibt, wird zu keiner Änderung führen, denn an Generälen, die über Leichenberge gehen, um nach oben zu gelangen, dürfte in dieser Armee kein Mangel sein.

Paths of Glory im Kontext anderer Kriegsfilme

Kubricks Film ist mit vielen anderen Kriegsfilmen verglichen worden, ich beschränke mich auf All Quiet on the Western Front (Im Westen nichts Neues) von Lewis Milestone und G.W. Pabsts Westfront 1918, beide 1930 herausgekommen, auch dies Filme über den Ersten Weltkrieg, besonders über den Stellungskrieg zwischen den französischen und deutschen Truppen. Alle drei Filme sind von der Zensur bedrängt worden.

Der populärste ist sicher All Quiet on the Western Front, eine Hollywood-Großproduktion nach dem deutschen Roman von Erich Maria Remarque, der erst ein Jahr vorher erschienen war und schnell zu einem internationalen Erfolg wurde. Wie der Roman ist der Film, der das Leben der Soldaten im Krieg möglichst genau rekonstruiert, die Geschichte einer Desillusionierung: Eine ganze Gymnasialklasse in einer deutschen Kleinstadt, die sich freiwillig an die Front gemeldet hat, wird schnell ernüchtert. Der Krieg sieht so ganz anders aus, als sich die Abiturienten das in ihrem Patriotismus vorgestellt hatten. Der erste Tote aus der Klasse, Ratten in den Unterkünften, Hunger, Alpträume, ständig Granaten, schließlich der erste richtige Kampf mit einer französischen Kompanie, ein Gemetzel, zuletzt Mann gegen Mann. Und so steigert sich das bis zum Ende des Films. Die Frage bleibt: Wie kann man danach eigentlich weitermachen, falls man überlebt?

Doch es gibt auch eine Gegenbewegung: die Gewöhnung an den Krieg, an die Kameradschaft an der Front, den rauen, aber herzlichen Ton unter den Soldaten. Paul, die Hauptfigur, kehrt sogar aus einem Heimaturlaub drei Tage früher an die Front zurück, weil er das Geschwätz der Stammtischstrategen nicht mehr hören kann. Und weil man ihn, als er über den Dreck und den Tod an der Front berichtet, nicht hören will.

Immer wieder aber zerfasert All Quiet on the Western Front und wird zu einer Art Anthologie der gängigen Kriegsfilmmotive. Die Soldaten räsonieren über den Krieg (folgenlos): Warum ist Krieg, wer hat ihn gewollt, wer hat etwas davon? Dennoch bleibt der Film im Vorpolitischen stecken, „dringt genau so wenig wie das Buch von Remarque über die Stimmung hinaus bis zum Kern vor",[10] schrieb Kracauer 1930 in seiner Kritik. „Statt die Frage nach der Herkunft des Krieges zu stellen oder ihm mit politischen und sozialen Argumenten auf den Leib zu rücken, bleiben Film und Buch in kleinbürgerlichen Ausbrüchen des Mißbehagens stecken, die den Bildern des Grauens keine genügende Unterstützung zu leihen vermögen."[11]

Der Zufall wollte es, dass Ende 1957 PATHS OF GLORY und WESTFRONT 1918 (als Wiederaufführung) kurz hintereinander in der Bundesrepublik ins Kino kamen. Für die Zuschauer von damals, die den Zweiten Weltkrieg noch vor Augen hatten, war WESTFRONT 1918 eine schockierende Bestätigung eigener Erfahrungen. Die Kampfszenen von Pabst gehen in ihrer manchmal fast unerträglichen Grausamkeit über die von Milestone noch hinaus. Auf dem Schlachtfeld herrscht das absolute Chaos. Ebenso wichtig für den starken Eindruck ist auch die epische Struktur des Films, die ihn von ALL QUIET ON THE WESTERN FRONT unterscheidet: Es gibt kaum eine Handlung, der Film hat etwas Kurzatmiges, es gibt nur Episoden, Szenen mit einer Handvoll Menschen, die durch den Krieg aus der Bahn geworfen werden, nicht nur an der Front, sondern auch in der Heimat. Sie verschanzen ihre Gefühle hinter einem aufgesetzten Galgenhumor. Auch Momente der Liebe bringen keine Erlösung.

Der Film zerstört (wie ALL QUIET ON THE WESTERN FRONT) den gängigen Mythos, dass der Mann seine Tugenden erst im Kriege zeigen könne, dort zum Helden reife. „Durch den ganzen Film", schrieb Siegfried Kracauer 1947, „scheint der Krieg eher erfahren als inszeniert zu sein."[12] Auch Pabst argumentiert nicht gegen den Krieg, führt aber seine Scheußlichkeit so radikal vor, dass nur der Schluss bleiben kann: Der Krieg ist nicht, wie man häufig sagt, das letzte Mittel, politisch etwas durchzusetzen, sondern gar kein Mittel. Wenn es überhaupt einen Antikriegsfilm gibt, dann ist WESTFRONT 1918 einer.

Neben ihm hatte es PATHS OF GLORY 1957 schwer, denn er erhebt nie den Anspruch, Antikriegsfilm zu sein. Kubrick stellt den Krieg selbst nicht in Frage, er greift einen Fall heraus, der sich im Ersten Weltkrieg tatsächlich zugetragen hat, und formt ein Modell, fast im Brecht'schen Sinne. Sein Film ist (bei aller Emotionalität, die das Schicksal der drei Soldaten auslöst) im Gegensatz zu ALL QUIET ON THE WESTERN FRONT und WESTFRONT 1918 sehr rational angelegt, dazu trägt auch die artifizielle Kamera bei. PATHS OF GLORY führt die Verbrechen einer Clique vor, die in den beiden anderen Filmen gar nicht in Erscheinung tritt, und zeigt die Klassenstruktur einer Armee, die von einer demokratischen Struktur weit entfernt ist. Der einfache Soldat hat im Zweifelsfall keine Chance. Er zeigt darüber hinaus, dass diese Organisation, Armee genannt, eine geschlossene Welt ist, aus der es kein Entrinnen gibt. Irgendwelche Ideen, Ziele, Vorstellungen (außer einem zur Karikatur gewordenen Patriotismus) werden in PATHS OF GLORY nicht sichtbar. Dadurch ist es Kubrick gelungen, im Gegensatz zu Milestone und Pabst, die Militärs und die Zensur gleich mehrerer Länder herauszufordern, weil sein Modell auch noch 40 Jahre später nicht überholt schien. PATHS OF GLORY ist der politischste dieser drei Filme.

Machtkämpfe

ALL QUIET ON THE WESTERN FRONT, WESTFRONT 1918 und PATHS OF GLORY wurden von der Zensur verboten. Spektakulär war der Fall ALL QUIET ON THE WESTERN FRONT, der in die Geschichte der Weimarer Republik einging. Am 5. Dezember 1930, einen Tag nach der Premiere, störten in Berlin 200 Nazianhänger, angeführt von Goebbels, die Abendvorstellung mit Zwischenrufen, Pöbeleien, Stinkbomben und weißen Mäusen. Es ging dabei nicht nur um den Film, diese Störungen waren eine Kampfansage der Nationalsozialisten an die verhasste Weimarer Republik. „Zensurauseinandersetzungen sind, wo und wann sie

auch immer ausgetragen werden, Machtkämpfe",[13] schrieb Werner Sudendorf. Das gilt besonders für Krisenzeiten, die Schlussphase der Weimarer Republik oder – im Fall von PATHS OF GLORY – den Algerienkrieg.

Die Skandalstrategie der Nazis ging auf, schon am 11. Dezember 1930 trat die Oberprüfstelle auf Antrag mehrerer Landesregierungen zusammen, um erneut über den Film zu beraten, und nun wurde er verboten, mit der Begründung, er würde im Ausland „als dem deutschen Ansehen abträglich angesehen werden"[14]. Tatsächlich gab man dem Druck der Straße (der Nazis) nach. Im Frühjahr 1931 wurde ALL QUIET ON THE WESTERN FRONT nach einer Kürzung um 60 Meter zunächst für geschlossene Veranstaltungen freigegeben, im Herbst dann für alle Kinos. Gegen diese Freigabe wurde nicht mehr demonstriert, ein Indiz, dass es den Nazis nicht eigentlich um den Film gegangen war, sondern um die Machtdemonstration. Nur lokale Naziorganisationen drohten Kinos im künftigen Dritten Reich die Schließung an, die „Machwerke wie ‚Im Westen nichts Neues', dem vaterländischen Gedanken zum Hohn, aufzuführen wagen".[15]

WESTFRONT 1918 erging es zunächst besser, der Film wurde am 21. Mai 1930 von der Filmprüfstelle Berlin freigegeben. Verboten wurde er dann, wie erneut auch ALL QUIET ON THE WESTERN Front, zu Beginn des Dritten Reiches am 27. April 1933 durch die Oberprüfstelle Berlin. Die Begründung ist exemplarisch für die Argumentationsweise nationalistisch-autoritärer Regierungen: „Wie die vernommenen Sachverständigen, denen sich die Oberprüfstelle angeschlossen hat, übereinstimmend bekundet hat [sic], ist die Darstellung, die der Krieg in dem Bildstreifen gefunden hat, durchaus einseitig und wird in keiner Weise der Erinnerung des deutschen Volkes an die Heldentaten und die Opfer seiner Kämpfer gerecht. Indem der Bildstreifen die gebrachten Opfer als unnütz und den Krieg übertrieben realistisch darstellt, untergräbt er den Verteidigungswillen des Volkes und wirkt den Zielen der nationalen Regierung auf Ertüchtigung der Jugend und Wehrhaftmachung des Volkes entgegen."[16]

Proteste, Verbote

Die Verbotskampagnen gegen Kubricks Film unterscheiden sich in einem Punkt von denen gegen die Filme von Milestone und Pabst. In den frühen 1930er Jahren fühlte sich angeblich eine ganze Nation beleidigt, so jedenfalls die offiziellen deutschen Repräsentanten. Auch bei PATHS OF GLORY sahen vor allem französische Generäle die Ehre ihrer Nation besudelt. In Frankreich wurde der Verleih unter Druck gesetzt, der Film kam nicht in die Kinos, er startete erst 1975. Im französischen Sektor Berlins war er 1958 mehrere Monate lang verboten.

Aber eigentlich attackiert fühlte sich durch PATHS OF GLORY eine Kaste, eine Klasse: das Militär, unabhängig von der Nationalität. Der Film wurde in der Schweiz verboten (bis 1970), er durfte in amerikanischen Militärkinos nicht laufen,[17] während er in den normalen US-Kinos keine Probleme hatte. In einem Kino in Brüssel wurde der Film nach Protesten belgischer Veteranen abgesetzt,[18] in Italien gab es in zahlreichen Städten Demonstrationen gegen den Film.[19]

Interessant ist der Zensurfall in Israel. PATHS OF GLORY war bis 1971 verboten; aus israelischen Kritiken zum Filmstart im Januar des Jahres geht hervor, dass er mit Rücksicht auf Frankreich nicht ins Kino

MYER P. BECK

729 SEVENTH AVENUE • NEW YORK 19, N. Y.

TELEPHONE CIRCLE 5-6000

June 30, 1958

Schreiben von Myer P. Beck an den
Produzenten James B. Harris

Mr. James B. Harris
Harris-Kubrick Pictures
250 No. Canon Drive
Beverly Hills, California

Dear Jim:

    As you know the showings in West Berlin exploded with a rage. Actually, there was so much trouble that id didn't help business whatsoever, and after discussions with Picker, it was decided that we had to go along with the theatre on pulling the picture two days before it was supposed to close. If it had been doing great business, we would have fought harder, but under the circumstances, it was decided that it could really turn into a riot. I thought you would be interested in seeing the front page explosions on the episode. It was definitely created by French officers and soldiers, and they seem to have been more active there than in Algeria.

                All my best,

                Myer P. Beck

MPB:nr
Enc.
cc: Stanley Kubrick

Karikatur von Al Hirschfeld, 1957
Teil der Werbekampagne von United Artists

kam.[20] Der Kritiker der Zeitung *La'Merchaw* schrieb, er hätte schon vor zwölf Jahren gegen das Verbot protestiert, u.a. mit dem ironischen Argument, „dann sollte man doch auch ‚J'accuse' verbieten, denn auch die Dreyfus-Affäre verletze die Ehre Frankreichs."[21] Im Suezkrieg 1956 standen England, Frankreich und Israel zusammen gegen Ägypten, und Frankreich lieferte Kampfflugzeuge an Israel. Später kühlte das Verhältnis ab, General Charles de Gaulle bemühte sich 1967 vergeblich, den Sechs-Tage-Krieg zu verhindern. Waffen, die Israel schon bezahlt hatte, wurden von Frankreich nicht mehr geliefert. Allmählich traten die USA als Verbündeter an die Stelle Frankreichs. Als Nebeneffekt dieser Neuorientierung war dann auch der Weg frei für PATHS OF GLORY.

    Die größte Empörung über PATHS OF GLORY herrschte natürlich in Frankreich. Wie ist das zu erklären? Warum hat man nicht einfach gesagt: uralte Geschichte, peinlicher Einzelfall, Schwamm drüber? François Truffaut konnte die ganze Aufregung nicht verstehen. Er schrieb, Kubrick hätte bessere Beispiele für „militärisches Fehlverhalten in uns näheren Kriegen finden können: dem von 1940, als französische Offiziere ihre Truppen im Stich ließen; dem Indochinakrieg mit all den bekannten Skandalen; dem noch ganz frischen Algerienkrieg".[22] Wäre Kubrick tatsächlich diesem Ratschlag gefolgt, die Reaktion wäre sicher noch viel schärfer ausgefallen. Aber Truffaut missverstand Kubrick auch, dem es nicht um den Einzelfall ging, sondern um ein Modell.

    Der Algerienkrieg (1954-1962) und die erneute Machtübernahme durch de Gaulle am 1. Juni 1958, mit der die Fünfte Republik begann, bestimmten ganz offensichtlich die Härte der Auseinandersetzungen über PATHS OF GLORY, darüber waren sich schon die zeitgenössischen Beobachter einig. Die Grande Nation hatte schon immer ein besonderes Verhältnis zu ihrer stolzen Armee. Nach dem Zweiten Weltkrieg aber wurde diese Armee 1954 in Indochina durch die Niederlage bei Dien Bien Phu gedemütigt; kaum aus Asien vertrieben, folgte der Algerienkrieg, der auch nicht zu gewinnen war. Dass die Armee dort in dem von beiden Seiten brutal geführten Krieg rechtsstaatliche Prinzipien massiv verletzte, war schon damals bekannt; wie systematisch sie aber in Algerien gefoltert hat, ist erst seit Ende der 1990er Jahre bewiesen, als prominente französische Generäle wie Jacques Massu diese Praktiken zugaben und zum Teil auch bedauerten.[23] In einer so aufgeladenen Atmosphäre – durchaus vergleichbar mit der Endphase der Weimarer Republik – betrachteten französische Politiker und Generäle einen Film wie PATHS OF GLORY als einen Stich in eine Wunde.

Berlin: Eine Groteske

Es begann wie 1930 bei ALL QUIET ON THE WESTERN FRONT. Diesmal sprengten etwa 50 Franzosen, Offiziere, Soldaten und ehemalige Fremdenlegionäre, alle in Zivil, mit Trillerpfeifen, Knallfröschen und Stinkbomben die Vorstellung im Marmorhaus. Als die Polizei eintraf, zeigten sie ihre französischen Pässe. Nach dem damals gültigen Viermächtestatus konnte die Berliner Polizei nicht gegen Angehörige der Besatzungsmächte vorgehen. Erst die französische Gendarmerie hat die Protestierer schließlich aus dem Kino entfernt, acht Ruhestörer wurden festgenommen.[24] Das geschah am 20. Juni 1958, dem Tag der Premiere von PATHS OF GLORY in Berlin.

Am 25. Juni untersagte der französische Stadtkommandant General Gèze die Aufführung des Films in den Bezirken Reinickendorf und Wedding, die zum französischen Sektor gehörten. Er bezog sich dabei auf den Befehl 501 des alliierten Kontrollrats (damals noch einschließlich der Sowjetunion) aus dem Jahre 1948, in dem „die Verächtlichmachung einer Besatzungsmacht" mit einer Zuchthausstrafe bedroht wurde. „Politische Kreise in Berlin sind der Auffassung", schrieb der Düsseldorfer *Mittag*, „das Verhalten von General Gèze sei auf Einflüsse der neuen Regierung de Gaulle zurückzuführen".[25]

Berliner Zeitung, 21. Juni 1958

Während man das Aufführungsverbot für den französischen Sektor noch mit einem belustigten Achselzucken hinnahm, aber den „Rückschritt in das Jahr 1948"[26] bedauerte, so der Regierende Bürgermeister Willy Brandt, war man beunruhigt, dass Gèze nun auch noch die unmittelbar bevorstehenden Internationalen Filmfestspiele attackierte, hatte sich doch das Festival längst zu einer der wichtigsten kulturellen Großveranstaltungen Westberlins mit Ausstrahlung nach Ostberlin entwickelt. Zwei Tage vor Eröffnung der Berlinale am 27. Juni drohte General Gèze, Frankreich werde seine drei Festivalfilme zurückziehen, wenn PATHS OF GLORY während der Zeit der Festspiele in Westberliner Kinos, das heißt im amerikanischen und britischen Sektor, zu sehen sei. Der amerikanische Verleih United Artists wollte sich diesem Diktat zunächst nicht beugen, amerikanische Produzenten drohten ihrerseits mit der Zurückziehung ihrer Festivalfilme. Die Vermittlungsversuche des Berliner Senats hatten aber Erfolg, PATHS OF GLORY wurde während der Berlinale aus dem Programm der Berliner Kinos herausgenommen und das Festival war gerettet.[27]

Aber damit war die Westberliner Affäre um PATHS OF GLORY noch nicht beendet. Als im November 1958 der Film in Berlin seinen Massenstart hatte, bestätigte die französische Militärregierung zunächst das Verbot des inzwischen abgelösten Generals Gèze. Der Verleih wandte sich an die Regierungen der USA und Frankreichs mit dem Ziel, „die Diktatur des Kommandanten im französischen Sektor Berlins"[28] endlich zu stoppen. Als der Verleih schließlich bereit war, in einem Vorspann darauf hinzuweisen, der Film sei nicht gegen die Ehre der französischen Armee gerichtet, gab der neue Stadtkommandant General Lacomme den Film Ende November auch für den französischen Sektor frei.

Bern: Eine unendliche Geschichte

Am 23. Dezember 1958 verbot der Schweizer Bundesrat den Film, in der Begründung heißt es: „Der Film […] ist geeignet, ein völlig verzerrtes Bild der französischen Armee hervorzurufen. Zu beanstanden sind u.a. die Art und Weise, wie aus persönlichem Ehrgeiz von Armeeführern Truppen geopfert werden, wie ein Kommandant in verbrecherischer Weise Befehl gibt, mit Artillerie auf die eigenen Truppen zu schießen. Willkürlich ausgewählte Soldaten werden vor Kriegsgericht gestellt und in Missachtung grundlegender Verteidigungsrechte unschuldig zum Tode verurteilt. Die darauf folgenden Erschießungen werden in zynischer, an Sadismus grenzender Aufmachung gezeigt. […] Der Film ist seinem Inhalt nach für Frankreich in hohem Maße beleidigend und somit geeignet, die Beziehungen zu diesem Land zu stören. Der Bundesrat ist überzeugt, dass das Schweizervolk einen ähnlichen, in schweizerischen Uniformen gespielten Film mit Entrüstung ablehnen würde. Dies auch dann, wenn ein vielleicht wahres Ereignis zum Ausgangspunkt beleidigender Verallgemeinerungen und Übertreibungen gemacht würde."[29] Der Bundesrat sah also Frankreich beleidigt, aber er wollte auch grundsätzlich das Militär, auch das der Schweiz, in Schutz nehmen. Eine direkte Intervention Frankreichs lässt sich allerdings nicht belegen.[30]

In der Schweiz war die Filmzensur damals Sache der einzelnen Kantone. So verbot der französischsprachige Kanton Genf Kubricks Film bereits im Mai 1958, Basel folgte im Oktober. Im Kanton Basel-Stadt war von 1917 bis 1971 die Polizei für die Zensur von Filmen für Erwachsene zuständig, und sie übte auch die offiziell geleugnete Vorzensur aus. Zwei Basler Polizeibeamte verboten im Oktober 1958 Kubricks Film für den Stadtkanton Basel. Und damit kam die Sache in der ganzen Schweiz ins Rollen. Die Bundesanwaltschaft forderte im November den Verleih Unartistico auf, alle Kopien außer Landes zu bringen, sonst würden sie vernichtet. Sie stützte sich dabei auf einen Bundesbeschluss von 1948, in dem staatsgefährdendes Propagandamaterial verboten werden konnte. Am 4. Dezember wurden tatsächlich Kopien, die noch in der Schweiz waren, beschlagnahmt. Das geschah heimlich, man wollte kein Aufsehen erregen, der Film war ja (außer in Genf und Basel) noch nicht verboten, auch wenn er außer im Tessin und in der Stadt Delmont nirgendwo gelaufen war. Das Verbot folgte dann am 23. Dezember mit der zitierten Begründung.

Auch beim Verbot in der Schweiz spielte wohl der Algerienkrieg eine Rolle, das Verhältnis zum Nachbarland war angespannt: „Der Algerienkrieg hatte sich – wenn auch versteckt – auf die Schweiz ausgedehnt. Der algerische und der französische Geheimdienst bekämpften sich auf Schweizer Territorium; vermutlich befand sich die algerische Kriegskasse auf Schweizer Bankkonten; Waffenlieferungen an Algerien wurden über die Schweiz getätigt."[31] Folgerichtig appellierte der Verleih 1963, nach dem Ende des Algerienkrieges, an den Bundesrat, den Film freizugeben. Das geschah dann aber erst 1970 mit der Begründung, der Film sei ja inzwischen im deutschen Fernsehen zu sehen gewesen.[32]

Wie politisch ist PATHS OF GLORY?

PATHS OF GLORY ist ein dezidiert politischer Film, der sich nicht bei so vagen Begriffen wie Nationalismus oder Patriotismus aufhält. Die Empörung über ihn resultiert vor allem aus der Zuspitzung auf eine Fragestellung: Wie funktioniert eine Machtelite, die nur von Ehrgeiz getrieben wird? Die Zensurkampagnen haben ein erschreckendes Maß an undemokratischem Denken enthüllt; der französische Stadtkommandant in Westberlin verhielt sich so autoritär, wie man das im Kalten Krieg nur den Russen zugetraut hätte, und der Schweizer Staat bespitzelte seine Bürger, die sich gegen das Filmverbot wandten. Natürlich hat Kubrick das alles nicht vorhergesehen, als er den Film drehte, aber es waren nicht zuletzt die künstlerischen Qualitäten, die diese Reaktionen auslösten.

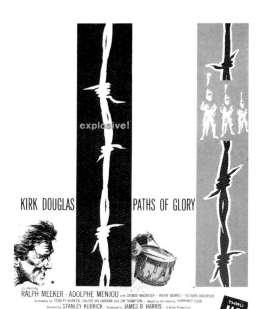

Presseheft, 20. Dezember 1957

1. Siehe Brandlmeier, Thomas: Georg Krause. In: Hans-Michael Bock (Hrsg.): CineGraph. Lexikon zum deutschsprachigen Film. Hamburg 1984 ff., Lg. 27, S. F 1-22.
2. Brandlmeier, o.J., a.a.O., S. E 1.
3. Brandlmeier, o.J., a.a.O , S. E 3.
4. Walter, Renaud: Entretien avec Stanley Kubrick. *Positif*. Nr. 100-101, 1968f., S. 32, zit. nach Brandlmeier, o.J., a.a.O., S. E 3; deutsche Übersetzung nach: Schäfer, Horst (Red.): Materialien zu den Filmen von Stanley Kubrick. Duisburg 1975.
5. Dröscher, Vitus in *Neue Presse*, o.O., 15.6.1957, o.S.
6. Kotulla, Theodor: Paths of Glory – Wege zum Ruhm. *Filmkritik* Nr. 12, 1957, S. 184.
7. Crowther, Bosley: 'Paths of Glory': Shameful Incident. *New York Times*, 26.12.1957, o.S.
8. Schaub, Martin: Die falschen Helden? Versuch, ‚Wege zum Ruhm' ganz ernst zu nehmen. *Weltwoche* (Zürich), 24.4.1970, o.S.
9. Kagan, Norman: The Cinema of Stanley Kubrick. New York 1989, S. 65. [„Dax kann als absurde oder machtlose Figur angesehen werden, die nicht einmal im Angesicht des Bösen selbst rebellieren kann oder will."]
10. Kracauer, Siegfried: Im Westen nichts Neues. *Frankfurter Zeitung*, 6.12.1930, o.S., zit. nach Kracauer, Siegfried: Von Caligari zu Hitler. Frankfurt a. M. 1979, S. 457.
11. Kracauer 1930, a.a.O., S. 458.
12. Kracauer 1979, a.a.O., S. 245.
13. Sudendorf, Werner: Der Zensurfall „Im Westen nichts Neues". *epd Film*, Jg. 1, Nr. 11, 1984, S. 19.
14. Zit. in Sudendorf 1984, a.a.O., S. 23.
15. Zit. in Sudendorf 1984, a.a.O., S. 25.
16. Zensurentscheid Nr. 06490 der Film-Oberprüfstelle Berlin vom 27.4.1933. Quelle: Deutsches Filminstitut (www.deutsches-filminstitut.de/zengut/df2tb7332.pdf).
17. Seeßlen, Georg / Jung, Fernand: Stanley Kubrick und seine Filme. Marburg 1999, S. 104.
18. Truffaut, François: Die Filme meines Lebens. Frankfurt a. M. 1997, S. 169.
19. Hilzinger, Christian: Die offizielle Schweiz und ‚Wege zum Ruhm'. *Neue Zürcher Zeitung* (*NZZ*), 7.4.1995, o.S.
20. Kritiken der Zeitungen *Ha'Aretz* (Tel Aviv), 10.1.1971, o.S.; *Davar* (Tel Aviv), 11.1.1971, o.S.; *La'Merchaw* (Tel Aviv), o.D., o.S.; zur Verfügung gestellt von der Cinematheque Tel Aviv per Fax vom 1.9.2003.
21. *La'Merchaw* (Tel Aviv), o.D., o.S.
22. Truffaut 1997, a.a.O., S. 170.
23. Vgl. vielfältige Informationen unter ‚Algerien und Folter' im Internet. Ich stütze mich vor allem auf Kröncke, Gerd: Folter als Teil des algerischen Ambientes. *Süddeutsche Zeitung* (München), 28.11.2000, o.S., und Walter, Rudolf: Späte Gesten der Reue. *Freitag* (Berlin), 8.11.2002, o.S.
24. Vgl. Krüger, Karl-Heinz: Franzosen randalieren gegen Armee-Film. *Der Abend* (Berlin), 21.6.1958, o.S., und A. B. Schwere Tumulte um einen Film. *BZ*, 21.6.1958, o.S.
25. Lo.: Ein politischer Filmskandal belustigt Berlin. *Der Mittag* (Düsseldorf), 27.6.1958, o.S.
26. Vgl. Lo. in *Der Mittag*, a.a.O., o.S.
27. Ich beziehe mich auf Lo. in *Der Mittag*, a.a.O., und Müller, Gabriele: Stinkbomben auf dem ‚Weg zum Ruhm'. *Süddeutsche Zeitung* (München), 28./29.6.1958, o.S.
28. *Der Tagesspiegel* (Berlin), 8.11.1958, o.S.
29. Zit. nach Hilzinger in *NZZ*, a.a.O., o.S.
30. Die folgende Darstellung beruht auf Hilzinger in *NZZ*, a.a.O., o.S.
31. Hilzinger in *NZZ*, a.a.O., o.S.
32. Wie bei ALL QUIET ON THE WESTERN FRONT und WESTFRONT 1918 hat die Freiheit der Kunst bei der schweizer Zensuraffäre nie eine Rolle gespielt. Gegen das Verbot gab es mehrfach Proteste, verschiedene kulturelle Gruppen, allein acht in Basel, haben sich immer wieder für eine Freigabe des Films eingesetzt. Die Basler Gruppen, unter ihnen der schon 1931 gegründete Filmclub Le Bon Film, wurden von der Bundespolizei bespitzelt, die sich dabei auf die in Basel schon vorher eingerichtete sogenannte Fichenkartei stützte. Fichen sind Karteikarten, sie wurden in der Schweiz über zahlreiche Bürger angelegt; in den 1990er Jahren, als das Ausmaß der Überwachung publik wurde, führte diese obrigkeitsstaatliche Praxis zu einem großen politisch-publizistischen Skandal. Ausgeforscht wurden bei Le Bon Film nicht nur die Organisatoren des Filmclubs, sondern auch die Mitglieder, und zwar schon vor dem Fall PATHS OF GLORY, und auch wieder danach. In einem Bericht der Polizeidienste der Schweizerischen Bundesanwaltschaft vom 31. Januar 1959 wird angemerkt, dass „man sich des Eindrucks nicht erwehren [könne], dass ein wesentlicher Teil der Mitgliedschaft zum Linksextremismus neige. Konkretes darüber ließ sich vorläufig jedoch nicht in Erfahrung bringen" (mitgeteilt von Martin Girod, Zürich, dem früheren Leiter von Le Bon Film, per E-Mail vom 15.9.2003).

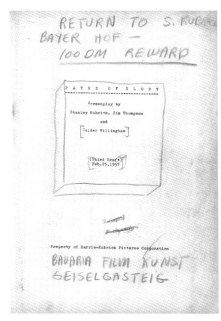

Erste Seite aus dem Drehbuch vom 25. Februar 1957. Stanley Kubrick verspricht dem ehrlichen Finder 100 DM Belohnung, wenn er das verlorene Exemplar in sein Hotel Bayrischer Hof bringt.

Stanley Kubrick mit Produzent James B. Harris

Dreharbeiten in Spanien

DIE EINSTELLUNG IST DIE EINSTELLUNG
Aspekte der Inszenierungsweise von SPARTACUS[1]

WINFRIED GÜNTHER

Über die Dreharbeiten zu SPARTACUS haben verschiedene der Beteiligten sich geäußert, von Kirk Douglas bis Tony Curtis und Peter Ustinov, vom Produzenten Edward Lewis bis zum Drehbuchautor Dalton Trumbo, vom „Design Consultant" Saul Bass bis zum Editor Robert Lawrence, wobei ihre Darstellungen einander oft widersprechen und teilweise sogar ausschließen. Unstrittig ist immerhin, dass die Anfangsszenen in den libyschen Minen zur Gänze von Anthony Mann inszeniert wurden, welcher nach zweieinhalb Wochen Drehzeit die Produktion verlassen musste und durch Stanley Kubrick ersetzt wurde. Mann war auch für längere Zeit in die Vorbereitungsarbeiten involviert; man sieht ihn zusammen mit Peter Ustinov und dem historischen Berater der Produktion, Vittorio Nino Novarese, in einem kurzen, auf dem Set der Gladiatorenschule gedrehten Promotion-Film[2]. Kirk Douglas, welcher ihn – aus eigenem Antrieb oder nicht – feuerte, unterstellt ihm Angst vor dem gewaltigen Ausmaß des Films.[3] In den darauf folgenden Jahren hat Mann EL CID und THE FALL OF THE ROMAN EMPIRE inszeniert, der erste SPARTACUS ganz entschieden überlegen, der zweite deutlich schwächer, aber beides prominente Beispiele für solche Superproduktionen; soviel zu Manns Eignung. Selbst Douglas findet jedoch die Anfangsszenen „sehr gut gemacht", und in der Tat gehören sie zu den Highlights des Films. Gemeinhin gelten die Kranfahrten in SPARTACUS als ein für Kubricks Inszenierungsweise besonders typisches Stilmittel. Schaut man sich die erste Szene an, so stellt man allerdings fest, dass auch hier schon die Kranbewegung dominiert. Das provoziert natürlich die Frage, inwieweit dieses Konzept bereits auf die Produktionsplanung zurückgeht oder sich dem Kameramann Russell Metty verdankt. Die Fahrten und Schwenks mit dem Kran oder Dolly bringen hier die trostlose Lokalität der Steinbrüche und das beklemmende Los der Sklaven eindringlich zur Geltung und dynamisieren zusätzlich die Vorgänge um die erste Revolte von Spartacus.

John Gavin, Charles Laughton und Stanley Kubrick

Sämtliche Szenen in der Gladiatorenschule gehören zu den effektivsten des Films. In dieser demonstriert Marcellus, der Trainer, an Spartacus mit roter, blauer und gelber Farbe, wie man den Gegner entweder schnell tötet, in seiner Kampfkraft lähmt oder langsam umbringt. Das ist gefilmt in einer einzigen Einstellung, die mit einer kurzen, die Perspektive von Spartacus auf Marcellus erweiternden Rückwärtsfahrt beginnt und dann verharrt und die nur von einer dazwischengeschnittenen Einstellung unterbrochen wird; diese erfasst das Geschehen in einem Winkel von zirka 90° zur ersten und wird dadurch motiviert, dass Marcellus sich zu den am Boden sitzenden Gladiatoren umdreht, welche als Zuhörer nun besser ins Bild kommen. Die trockene Funktionalität der Inszenierungsweise vermittelt intensiv das Erniedrigende der Prozedur: Einziger Daseinszweck dieser Sklaven ist es, zu töten oder getötet zu werden.

Unstrittig auf Kubrick zurück geht die Konzeption, die Szene zwischen Spartacus und Varinia bei der Essensausgabe sich stumm entwickeln zu lassen. Kirk Douglas berichtet, Kubrick habe sich damit durchgesetzt, die ursprünglich vorgesehenen Dialoge wegzulassen; die emotionale und physische Annäherung wird nun lediglich über Gesten und Blicke vermittelt.

Storyboard von Stanley Kubrick

Kirk Douglas

Gleich zu Beginn seines Besuchs in der Gladiatorenschule von Batiatus begegnet Crassus zum ersten Mal der Sklavin Varinia, welche den Wein serviert. Die emotionale Bedeutung dieses Moments – Crassus wird ein geradezu obsessives Verhältnis zu Varinia entwickeln – unterstreicht Kubrick durch einen Umschnitt um 180°. Das entscheidende Ereignis der Szene, der Blickwechsel zwischen Crassus und Varinia, ist hier doppelt hervorgehoben: indem es näher an die Kamera herangerückt wird und durch den Perspektivwechsel. Das nämliche Stilmittel benutzt Kubrick später etwa auch bei der zweiten Zusammenkunft zwischen Spartacus und Tigranes, dem Abgesandten der sizilianischen Piraten. Spartacus zwingt Tigranes, die Information preiszugeben, warum den Sklaven keine Schiffe mehr zur Verfügung stehen: Die Piraten wurden von Crassus bezahlt, welcher offenbar das höhere Angebot machte. Auf die Erwähnung des Namens Crassus hin akzentuiert Kubrick auch hier das Geschehen durch einen 180°-Umschnitt: Antoninus, Tigranes und Spartacus befinden sich in einer Achse, und diesmal geht er beim Schnitt vom Höhepunkt der Groß- (*two-shot*) in die Nahaufnahme (Dreier-Einstellung) zurück. Die Sicherheit des Entkommens ist für die Sklaven mit einem Schlag dahin, sie werden sich der Armee des Crassus in einer Schlacht stellen müssen.

DIE EINSTELLUNG IST DIE EINSTELLUNG

Mit Laurence Olivier

Als Kubrick die Regie von SPARTACUS übernahm, fand er das Set der Gladiatorenschule bereits fertig vor. Gerade in diesem Fall aber bestimmen die Bauten und Dekorationen in ganz besonderem Maße schon das Erscheinungsbild des späteren Films; man denke vor allem an die Sklavenunterkünfte, welche wie eine Mischung aus Kellerverliesen und Grabkammern erscheinen und unmittelbar das Bedrückende der Lebensverhältnisse evozieren. Eine der Aufgaben der Regie besteht unter solchen Umständen darin, die immanenten visuellen Möglichkeiten optimal zu nutzen. Dafür nur zwei Beispiele. Während das Training der Gladiatoren zum größten Teil in Augenhöhe aufgenommen ist, auch der kurze Trainingskampf zwischen Spartacus und Draba, geht Kubrick bei deren Kampf in der Arena vor Crassus und seiner Entourage dazu über, ausschließlich *high-angle* und *low-angle shots* miteinander zu kombinieren, was den Gegensatz zwischen den Zuschauern auf der Tribüne und den Kämpfern in der Arena noch zusätzlich betont – ein Gegensatz, dessen Spannung sich zum erstenmal in Drabas klassenkämpferischer Aktion entlädt. Aber auch die Nahaufnahmen und *two-shots* der beiden Kämpfer sind so gefilmt: von oben, wenn die subjektive Perspektive der verschiedenen Zuschauer eingenommen wird, alle anderen dagegen von unten, also aus der Sicht eines am Boden Liegenden oder Sitzenden, womit auf dramatische Weise immer schon auf das mögliche (und dann auch tatsächliche) Ende des Kampfes verwiesen ist.

Und hier das zweite Beispiel. Das große Metallgitter haben wir oft gesehen; nun ist es bei der Revolte der Sklaven die letzte Begrenzung, die sie von der Freiheit trennt. In einem *high-angle shot*, also gegen den Boden gefilmt und damit den Status des Noch-Gefangenseins betonend, stürmen sie auf das Gitter los; in einem *low-angle shot* wird gezeigt, wie sie dieses Hindernis überwinden, also gefilmt gegen den strahlend blauen Himmel, welcher ihnen die Freiheit verheißt. Wenn die Sklaven gleich darauf das Gitter als Waffe gegen die sich ihnen entgegenstellenden Wachen verwenden, alternieren die Einstellungen aus der Auf- und aus der Untersicht sogar direkt – die unten kämpfen gegen die oben –, was natürlich die Dramatik der Szene noch erhöht.

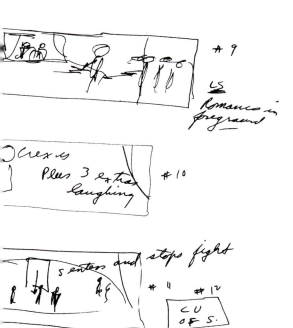

Mit Kirk Douglas und John Ireland

Storyboard von Stanley Kubrick

Hier wird der römische Senat zum ersten Mal als Handlungsort in den Film eingeführt. Bemerkenswert ist daran zunächst das Set als solches: Auf der Seite des Eingangs weist der Fußboden ein Schachbrettmuster auf, im Halbrund, welches in etwa der Orchestra eines Theaters entspricht, parallele Linien um den idealen Schallpunkt herum. Die Umfassungsmauer hinter den in zwei Rängen angeordneten Bänken des Auditoriums ist schmucklos-kahl, und zwischen den Säulen tut sich gar ein schwarzes Nichts auf. Mit dem kühl-aseptischen Eindruck, der von diesem Set ausgeht, korrespondieren die geringe Zahl der Anwesenden und die kalte *high-key*-Ausleuchtung, die dem Dekor und den Figuren harte Konturen verleiht; besagter Schallpunkt, also der Ort, an dem die Redner bevorzugt stehen, ist sogar blau angestrahlt. Obwohl in der Totalen das meiste Licht von links kommt, erscheint die Szenerie aufgrund von *top* und *cross lighting* eher gleichmäßig hell; von natürlichen Lichtquellen kann hier, wie besonders ein Vergleich mit den eingeschnittenen Nahaufnahmen zeigt, keine Rede sein. Es geht vielmehr darum, das kalte Ambiente politischer Ränke und Machtspiele zu vermitteln. Soweit könnte das alles vielleicht noch dem *production designer*, dem *art director* und dem *director of photography* allein zugeschrieben werden. Bereits die erste Einstellung der Szene darf aber zusätzlich als ein Musterbeispiel für das Raffinement der Mise-en-scène gelten: Während im Hintergrund Caesar und Gracchus den Senat betreten, kommt vorn groß von links ein Redner ins Bild und berichtet von den Aktionen der revoltierenden Sklaven; der Redner geht von der Kamera weg in das Halbrund, Caesar und Gracchus begeben sich vor ihm vorbei auf ihre Plätze. Mit ihnen mit vollführt die Kamera von einem Dolly aus einen Schwenk nach links, welcher fast unmerklich mit einer Fahrt nach vorn und einer Aufwärtsbewegung kombiniert wird, wodurch die Perspektive sich von der Augenhöhe des Redners und der Eintretenden in eine Aufsicht verändert – damit wird bereits in der ersten Einstellung das gesamte Set optimal präsentiert. Der Redner ist zwar im ersten Moment durch seine Nähe zur Kamera die auffälligste Person und absorbiert durch die wichtigen Informationen, die er über den Fortgang der Ereignisse liefert, zusätzlich unsere Aufmerksamkeit, aufgrund der Tatsache aber, dass er nicht von vorn angeleuchtet wird, dem Zuschauer also nur als dunkle Silhouette erscheint und, wenn er im Licht angekommen ist, uns nicht das Gesicht zuwendet, bleibt er ein unpersönlicher Informationsträger, und die visuelle Aufmerksamkeit verlagert sich unverzüglich auf die beiden Eintretenden, welche auf diese Weise auch sofort elegant mit dem Sklavenaufstand in Verbindung gebracht werden. Diesem Effekt opfert Kubrick sogar die Handlungslogik: Will einer der Senatoren etwas sagen, steht er von seinem Sitz auf und bleibt entweder dort stehen oder geht nach unten in das Halbrund, somit von rechts aus; der Redner der ersten Einstellung aber kommt von links, also der dem Auditorium gegenüberliegenden Seite, bevor er sich nach dem Ende seiner Ausführungen auf einen Platz im unteren Rang setzt.

DIE EINSTELLUNG IST DIE EINSTELLUNG

Mit Jean Simmons

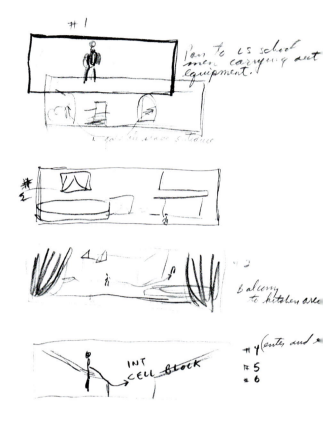

Eine mehr als eineinhalb Minuten dauernde und besonders spektakuläre Einstellung beginnt mit einem Ausblick über eine weite Ebene, in welcher eine Gruppe von Reitern dahinprescht, folgt dieser mit einem Schwenk, bis die Anhöhe, von der aus das aufgenommen ist, ins Bild kommt, und geht dann in eine lange Kranfahrt über, die Spartacus erfasst, wie er auf einem Pferd an Wache stehenden, diversen handwerklichen Tätigkeiten nachgehenden oder in der Gegenrichtung marschierenden ehemaligen Sklaven vorbeireitet, bis er an der Stelle angekommen ist, an der das Kampftraining stattfindet. Es ist nicht nur die schiere Perfektion der technischen Durchführung, die daran beeindruckt; vielmehr wird Spartacus auf diese Weise sinnfällig als allseits anerkannter Führer des Sklavenaufstands etabliert, und man bekommt eine erste Vorstellung von der enormen Logistik, die hinter einem solchen Unternehmen steht. Das Travelling öffnet den Raum und setzt die Figuren mit ihm in Beziehung; die über der Ebene sich erhebende Lokalität betont das Gefühl von neu gewonnener Freiheit ebenso wie der Eindruck von Zwanglosigkeit, der hier von allem ausgeht. Das wird besonders deutlich beim Kampftraining, welches in seiner Locker- und Entspanntheit scharf mit den entsprechenden Szenen in der Gladiatorenschule kontrastiert.

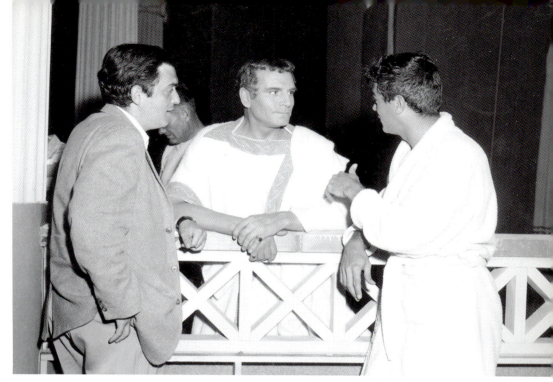

Mit Laurence Olivier und Tony Curtis

In den Thermen[4] hat Caesar zunächst eine Unterredung mit Crassus, dann mit Gracchus. Crassus appelliert an die gemeinsame patrizische Herkunft und versucht, ihn auf seine Seite zu ziehen; dabei packt er ihn am Unterarm und hält ihn fest. Als Antwort bekräftigt Caesar seine Loyalität zu Gracchus, erwidert aber zugleich geradezu zärtlich die Geste von Crassus, damit eine heimliche Verbundenheit signalisierend, die seinen Worten widerspricht. Nachdem er aufgestanden ist, folgt Crassus ihm und pointiert die Entscheidung, vor der Caesar stehen wird, wobei er seinen Worten dadurch Nachdruck verleiht, dass er ihm mit dem Zeigefinger an den Arm tippt. Bei der folgenden Unterredung zwischen Crassus und Gracchus kommt Caesar genau zwischen den beiden Kontrahenten zu sitzen, zwischen welchen er sich entscheiden muss und deren Wortwechsel er schweigend folgt. Beim Gehen berührt Crassus Caesar nun schon zum dritten Mal am Arm: eine Abschiedsgeste, aber auch eine Erinnerung an das Vorhergehende und daran, dass seine soeben gegenüber Gracchus geäußerten Worte auch für Caesar bestimmt waren. Wenn Crassus gegangen ist, bleibt die Einstellung stehen, Caesar jedoch, welcher neben Gracchus saß, steht auf und setzt sich diesem gegenüber, nimmt also die Position ein, die vorher Crassus innehatte. Sah man Caesar und Crassus überwiegend in einem *two-shot* zusammen, so erscheinen von nun an bis zum Ende der Szene Caesar und Gracchus nur noch – in einer der seltenen Schuss-Gegenschuss-Folgen des Films – in getrennten Großaufnahmen; auch damit wird Caesars künftiger Wechsel der politischen Seiten bereits angedeutet. Der Gegensatz zwischen den beiden, in der Tat die Überlegenheit des einen gegenüber dem anderen, wird zusätzlich dadurch betont, dass Gracchus, welcher sich hingelegt hat, von oben aufgenommen ist und damit besonders wabbelig erscheint, Caesar dagegen aus der Untersicht gefilmt ist und hier an eine römische Bronzestatue gemahnt.

Kirk Douglas, Stanley Kubrick und Tony Curtis

Nach allgemeiner Überlieferung war es vor allem Kubrick, der die Idee verfocht, dass die Entscheidungsschlacht zwischen den Truppen des Spartacus und des Crassus auch wirklich als große Schlacht inszeniert werden müsse. Da es nun die einzige ist, die auf der Leinwand erscheint, bedeutet das natürlich, dass die Niederlage der Aufständischen betont wird gegenüber ihren vorherigen Siegen über die Römer[5] – was mit einem generellen Fatalismus koinzidiert, wie er auch in anderen Filmen Kubricks zum Ausdruck kommt. Für die großen Totalen, gedreht in Spanien, wurden Infanteristen der spanischen Armee trainiert, römische Legionäre darzustellen, und Statisten für das Sklavenheer angeheuert; die Einstellungen der wartenden Aufständischen mit bereits bekannten Gesichtern darunter sowie diejenigen vom Kampfgetümmel wurden dagegen in Kalifornien aufgenommen; teilweise passt beides vom Licht her nicht zusammen (starke Wolkenbildung vs. strahlend blauer Himmel). Saul Bass, welcher mit Kubrick zusammen das Konzept für die Schlacht entwarf, berichtet, er habe sich vor allem von Ėjzenštejns ALEKSANDR NEVSKIJ (1938) inspirieren lassen, wo ein Drittel der gesamten Schlachtszenen für die Vorbereitungen, den Truppenaufmarsch also, reserviert sei und ein Drittel für das Ergebnis. In SPARTACUS dauert die Schlacht an die zehn Minuten; knapp die Hälfte davon wird auf die Präliminarien verwendet. Die Grundidee der Inszenierung besteht darin, zwei unversöhnliche Prinzipien auch visuell einander gegenüberzustellen: die römische Ordnung, dargestellt als Geometrie der Macht, und die freie Ungebundenheit der ehemaligen Sklaven. Die römische Kriegsmaschinerie darf sich in ihrer kalten Mechanik voll auf der Leinwand entfalten, ganz dem entsprechend, was oft als Kubricks quasi mathematischer Stil beschrieben worden ist: Tricktechnisch noch verdoppelt, marschieren die Truppen in rechteckigen Blöcken und in einer ausgefeilten Choreographie auf und nähern sich als eine anonyme, ein Gefühl von Zwangsläufigkeit hervorrufende Bedrohung. Die Aufständischen befinden sich dabei in einer Position des Abwartens; die gesamte Sequenz beginnt mit Einstellungen von ihnen als den Adressaten des römischen Aufmarschs, und auch danach werden sie bis zum Herannahen der ersten Legionärsreihen nur als Zuschauer eingeschnitten, in keiner spezifischen Schlachtordnung, aber mit der Ausnahme einer Totale von näheren Kamerastandpunkten aus aufgenommen, so dass einzelne Gesichter herausgehoben oder zu erkennen sind und damit die Individualität der Figuren erhalten bleibt (von den Römern werden lediglich Crassus und zwei seiner Offiziere so gefilmt und also individuell wahrnehmbar). Hat die Schlacht einmal begonnen, versuchen die ehemaligen Sklaven mittels Feuerwalzen, die römische Ordnung durcheinanderzubringen. Nach dem Kampfgetümmel schließlich das Ergebnis: drei Kamerafahrten über die erschlagenen, dichtgedrängt am Boden liegenden Aufständischen sowie drei Einstellungen von Crassus und einem seiner Offiziere, die das Schlachtfeld inspizieren. Die Schockwirkung resultiert nicht nur aus der schieren Zahl der Leichen, sondern auch daraus, dass man zuvor während des Kampfes nur wenige Getötete gesehen hat und unter den Toten eine Reihe von Personen sich befinden, deren Gesichter wir wiedererkennen.

In der Schlussszene verlässt Batiatus mit Varinia und deren Baby Rom, und Varinia nimmt Abschied von Spartacus. Trotz der langen Reihe gekreuzigter Sklaven am Wegesrand hat die Atmosphäre etwas geradezu Beschauliches, hervorgerufen insbesondere durch das warme Sonnenlicht, die undramatischen Kameraperspektiven und Schnitte und die romantische Musik, nämlich das Varinia/Spartacus-Liebesthema; selbst die Spannung, die aus der Frage erwachsen könnte, ob es Batiatus und Varinia gelingt, den römischen Posten zu passieren, wird weitgehend heruntergespielt. Dergestalt bietet der Film kontrafaktisch zur historischen Niederlage des Sklavenaufstands einen stimmungsmäßig ‚positiven' Ausblick an. In eine Schuss-Gegenschuss-Folge von Großaufnahmen Spartacus' am Kreuz und Varinias zu seinen Füßen wird zweimal eine ungewöhnliche Einstellung eingeschnitten: ein Blick von hinter dem Kreuz auf Spartacus, Varinia und ihr Baby herab. Die dieser Einstellung inhärente Bedeutung ist auf jeden Fall eine andere, als sie einem *over-shoulder shot* zukäme, welcher sich in die Schuss-Gegenschuss-Konvertion einfügen würde. Hier wird nämlich überraschend eine Perspektive gewählt, die keinem natürlichen Betrachterstandpunkt entspricht. In verschiedenen Zusammenhängen wäre ein solches Verfahren durchaus konventionalisiert, etwa bei Totalen aus der Aufsicht, die einen Überblick über eine Lokalität oder ein Gesamtgeschehen vermitteln, nicht jedoch im vorliegenden Fall der Interaktion zweier Figuren. Gerade diesen intersubjektiven Rahmen verlässt die beschriebene Einstellung, um einen außerhalb davon liegenden, nur dem Autor hinter der Kamera zugehörigen und damit verstärkt auf diesen verweisenden Standpunkt einzunehmen. Kubrick wählt diese Einstellungsform offensichtlich, um die spezifische Bedeutung des Moments herauszuheben. Varinia präsentiert nämlich Spartacus dessen Sohn und sagt ihm, dass dieser frei sei, und nur in der beschriebenen Einstellung, die alle drei Figuren zusammen erfasst und damit simultan in Interaktion treten lässt, realisiert sich der volle Bedeutungsgehalt des Vorgangs: Spartacus als wichtigste Figur groß im Vordergrund, von oben auf Frau und Kind herabsehend, am Kreuz sterbend für das, was seine Frau und sein Sohn, welchen sie ihm entgegenhält, erreicht haben: die Freiheit. Ob das – eine individuelle Freiheit für nur zwei Personen inmitten einer nach wie vor bestehenden Sklavenhaltergesellschaft – wirklich die Freiheit ist, für die Spartacus gekämpft hat, sei hier dahingestellt.

1 SPARTACUS hinterlässt insgesamt einen durchaus zwiespältigen Eindruck; brillante Sequenzen werden von eher drögen abgelöst (von den Schwächen der inhaltlichen Konzeption einmal ganz abgesehen). Natürlich wäre es auch von Interesse, gerade einige der letzteren zu untersuchen im Hinblick darauf, warum sie als nicht oder weniger gelungen erscheinen. Bei der gebotenen Kürze verbietet sich das allerdings ebenso wie die extensive Sinnauslegung auch nur einer einzigen kurzen Sequenz. Ich kann hier lediglich auf einige wenige Momente hinweisen, die unter dem Aspekt der visuellen Gestaltung besondere Beachtung verdienen. Ceterum censeo: Alle Stärken und Schwächen des Films kommen nur dann voll zur Geltung, wenn man ihn in der optimalen Form sieht: im Kino in 70 mm in der von Robert A. Harris rekonstruierten Fassung.

2 Enthalten auf der SPARTACUS-DVD der Criterion Collection, erschienen 2001. Diese DVD verfügt auch über einen Audiokommentar von Kirk Douglas, Peter Ustinov, Howard Fast, Edward Lewis, Robert A. Harris und Saul Bass sowie Dalton Trumbos Analyse des ersten Rohschnitts. Auf beides werde ich mich gelegentlich beziehen, ohne es im einzelnen genau nachzuweisen.

3 Douglas, Kirk: The Ragman's Son. An Autobiography. London u.a. 1999, S. 316.

4 Den Gehalt dieser Szene hat schon Peter W. Jansen eingehend herausgearbeitet in: Christoph Hummel et al.: Stanley Kubrick. Hanser Reihe Film 18. München, Wien 1984, S. 64-66.

5 Vgl. dazu die Ausführungen von Duncan L. Cooper: Who Killed SPARTACUS? How Studio Censorship Nearly Ruined the BRAVEHEART of the 1960's. In: The Kubrick Site, http://www.visual-memory.co.uk/amk/doc/0102.html.

Sue Lyon
Foto: Bert Stern

Stanley Kubrick und Sue Lyon

HOW DID THEY EVER MAKE A MOVIE OF LOLITA?

SABINE NESSEL

Lolita „ist ein einfacher und klarer Film, mit Dialogen, die stimmen, der Amerika und seinen Sex besser zeigt als Melville und Reichenbach und beweist, dass Kubrick das Filmen nicht aufzugeben braucht, wenn er nämlich Personen filmt, die es gibt, und nicht Ideen, die es nur noch in den Schubladen alter Szenaristen gibt, die meinen, das Kino sei die siebente Kunst."

Jean-Luc Godard

„Wenn Lolita ein Misserfolg geworden ist, dann nur, weil das Erotische fehlt."
Stanley Kubrick

LOLITA ist ein unmöglicher Film. Im Unterschied zu THE KILLING und PATHS OF GLORY, die zuvor ertstanden sind, und auch im Unterschied zu späteren Filmen wie DR. STRANGELOVE OR: HOW I LEARNED TO STOP WORRYING AND LOVE THE BOMB und 2001: A SPACE ODYSSEY operiert Stanley Kubrick bei LOLITA nicht mit einer unbekannten Vorlage, sondern mit einem literarisch komplexen Werk der modernen Literatur, mit Vladimir Nabokovs 1958 erschienenem gleichnamigen Roman. Kubrick selbst hat die Entscheidung, den Film zu machen, nachträglich in verschiedenen Interviews verteidigt. Der Roman gilt als unverfilmbar aufgrund seiner literarisch-ästhetischen Struktur und wegen des Themas – ein Literaturprofessor liebt sexuell verführerische, vorpubertäre Mädchen, bei Nabokov bezeichnet als Nymphchen (*nymphet*). Stanley Kubricks LOLITA erweist sich in einem doppelten Sinne als unmöglich. In ihm verschränkt sich das Begehren der Hauptfigur Humbert Humbert mit dem Begehren des Regisseurs Kubrick. Die Verschränkung von Unmöglichkeiten kehrt schließlich im Werbeplakat zu Lolita wieder, wo es heißt: „How did they ever make a movie of Lolita?"

In einem Gespräch mit der französischen Zeitschrift *Positif*[1] äußert sich Stanley Kubrick 1968 zur Frage der Unverfilmbarkeit. Besonders in der literarischen Tradition des 19. Jahrhunderts existierten

Peter Sellers und Stanley Kubrick

Peter Sellers und James Mason

Romane, deren Bearbeitung für den Film unmöglich sei. Auch das „tiefe, einmalige Vergnügen", das man beim Lesen von Nabokovs *Lolita* empfinde, sei nicht übertragbar, doch könne „man in Bezug auf Personen und Handlungen [etwas] machen." Neben den Reflexionen, den Gedanken und der Philosophie des Autors sei Lolita tatsächlich die einfach rührende Erzählung über gewisse Ereignisse: „,Lolita' hielt ich für machbar."[2] Anders als in Frankreich, wo zur selben Zeit Filme wie HIROSHIMA, MON AMOUR (Alain Resnais, 1959), A BOUT DE SOUFFLE (Außer Atem, Jean-Luc Godard, 1959/60) oder L'ANNÉE DERNIÈRE À MARIENBAD (Letztes Jahr in Marienbad, Alain Resnais, 1961) entstehen, die eine ‚filmische Schreibweise'[3] zu etablieren suchen, besteht das Vorhaben von LOLITA darin, die „einfache, rührende Erzählung über gewisse Ereignisse" mit filmischen Mitteln zu zeigen. Zentrale Motive des Romans fließen ein, wobei Stanley Kubrick und James Harris gezielt ästhetische und dramaturgische Entscheidungen treffen, die von der Drehbuchfassung Nabokovs[4] abweichen. Eine im Film weitaus tragendere Rolle nimmt z.B. die Figur Clare Quilty (Peter Sellers) ein, ein Dandy und Wichtigtuer, der Humbert Humbert (James Mason) mephistophelisch bedrängt, indem er mal als Polizist, mal als Sittenwächter maskiert auftritt oder als unbekannter Verfolger Humbert Humberts Wahn schürt, entdeckt zu werden.

Episoden Mit dem Rachemord an Clare Quilty, „der Widernatur seines [H.H.s] Begehrens",[5] beginnt der Film. Eingeleitet durch die Off-Stimme Humbert Humberts werden die einzelnen Episoden der Geschichte im Rückblick präsentiert. Stets sind sie vom Begehren Humbert Humberts angetrieben, dessen Befriedigung in keinem Moment auch nur annähernd gezeigt wird. Für sämtliche Episoden ist dieses Begehren die treibende Kraft: Humbert Humbert wird Untermieter bei Lolitas Mutter, Charlotte Haze / Humbert Humbert heiratet Charlotte Haze / Unfalltod von Charlotte Haze / Humbert Humbert und Lolita fahren von Motel zu Motel / Lolita entkommt / Letzte Begegnung mit Lolita / Mord an Clare Quilty.

Umwege Stanley Kubrick selbst bezeichnet LOLITA als unerotischen Film. Die Obsession[6] Humbert Humberts ist von einem gesellschaftlichen Tabu belegt, und entsprechend schmal ist der Grat, die Obsession in Bilder zu fassen. Die Grammatik des Films ist geprägt vom Prinzip des Umwegs. Worum es geht, kann nicht auf einfachem Weg erreicht werden. Verstecke, Masken und Ersatzhandlungen sind erforderlich. Das zeigt, noch bevor die Erzählung des Films einsetzt, der Vorspann. Ein zierlicher nackter Mädchenfuß füllt die Leinwand. Das Begehren nimmt hier den Umweg über konkrete Utensilien und Verrichtungen. Männerhände operieren mit Nagellack und Wattebausch. Zeh für

Sue Lyon

James Mason

Zeh wird der Nagellack vorsichtig mit dem Pinsel aufgetragen, nachdem der Wattebausch umständlich zwischen zwei Zehen geklemmt worden ist. Dem beinahe friedlich anmutenden Bild des Fußes, der zärtlich von einer Männerhand gehalten wird, haftet gleichsam – vor allem aufgrund der Ungeschicklichkeit beim Nägellackieren – etwas Groteskes oder auch Lächerliches an. Aber auch der Fuß führt ein gewisses, wenn auch zurückgenommenes, Eigenleben. Die Zehen werden ruhig gehalten, und mit kaum wahrnehmbaren Bewegungen wird auf die Prozedur des Lackierens reagiert. Schaut man genauer, entdeckt man dort, wo der Schuh zu vermuten ist, eine helle Stelle, die sich von der ansonsten leicht gebräunten Haut abhebt. Neben diesem Bild aus dem Vorspann, das mit Streichern untermalt durchaus auch als erotisches Versprechen an den Zuschauer gelesen werden kann, gibt es ein weiteres Bild, welches Lolita als Verführung ausstellt. Im Garten des Hauses ist Lolita diesmal auf ein Handtuch drapiert, im Bikini und mit einer herzförmigen Sonnenbrille, ein kleines Kofferradio neben sich.

Differenz Humbert Humbert gerät auf der Suche nach einem Zimmer, wo er in Ruhe die Ferien verbringen kann, per Zufall in das Haus von Charlotte Haze. In eng anliegendem Hauskleid und eine Zigarette rauchend, zeigt sie das Zimmer. Die Differenz zwischen der Welt des Gelehrten und der einfachen Welt von Charlotte Haze wird in den unterschiedlichen Sprechweisen deutlich. Dem seriösen, überlegten Sprechen Humbert Humberts steht das allzu vertraulich erscheinende Plappern von Charlotte Haze entgegen, die den Fremden zum vorläufigen Abschluss der Hausbegehung in ihr Schlafzimmer führt, um ihm die Kunstreproduktionen zu zeigen, von denen sie voraussetzt, dass sie einen Gelehrten interessieren. Auch die Gesten und Körperhaltungen erweisen sich auf den ersten Blick als komplett verschieden. Als Humbert Humbert das Schlafzimmer verlassen will und einen winzigen Schritt in Richtung Tür macht, baut sich Charlotte Haze, den Arm in den Türrahmen gestützt, vor ihm auf.

Erste Begegnung Der Augenblick der ersten Begegnung bildet den Abschluss der Hausbesichtigung. Humbert Humbert wird in den Garten geführt, wo er Lolita zum ersten Mal sieht. Die Dimension dieser Begegnung wird durch einen Blickwechsel angedeutet und manifestiert sich schließlich in dem überraschenden Entschluss, das Zimmer zu mieten. Die plötzliche Wendung wird dabei nicht lediglich vorgeführt, sondern im darauffolgenden Dialog nochmals aufgegriffen, in dem sich Charlotte Haze erkundigt, was schließlich den Ausschlag für den Entschluss gegeben habe. Die erste Begegnung wird gezeigt und im Dialog zusätzlich hervorgehoben.

Gender Am Ende des zweiten Teils, als Humbert Humbert und Lolita wie in einem Road Movie von Motel zu Motel unterwegs sind und Lolita sich in einem Krankenhaus auskuriert, blitzt einen Moment lang Frauensolidarität auf. Die Krankenschwester ergreift Partei für Lolita, indem sie Humbert Humbert aus nichtigem Grund (falsches Parken) wiederholt ermahnt. Von hier aus gelingt Lolita die Flucht, was der Episode einen besonderen Stellenwert verleiht. Halten die Frauen zusammen? Wird Lolita hier eine Verbündete an die Seite gestellt? Was auf den ersten Blick als ein mögliches Anzeichen der Emanzipation

Sue Lyon
Fotos: Bert Stern

von Humbert Humbert erscheint, erweist sich aufgrund der Erzählperspektive des Films – Humbert Humbert erzählt seine Version der Geschichte – gleichsam als verzerrtes Bild. Denn stets sind es Humbert Humberts Erinnerungsbilder, denen wir als Zuschauerinnen und Zuschauer begegnen.

Groteske Bilder Es ist die blühende Phantasie Humbert Humberts, der die grotesken Bilder des Films entspringen. Das einfache Aufstellen eines Feldbetts wird in dem Augenblick, als Humbert Humbert eigentlich zu der schlafenden Lolita ins Bett steigen will, zu einer monströsen Aktion und die Szene zu einem nicht enden wollenden Slapstick, in dem Humbert Humbert und der Hoteldiener mit Mühe das wiederholt unter ihnen zusammenbrechende Bett zu bändigen versuchen. Aus dieser Perspektive ist schließlich auch die pointierte Darstellung von Lolitas Mutter und einem befreundeten Ehepaar zu sehen, deren sexuell explizite Äußerungen teilweise manieriert erscheinen, oder das Bild von Lolita beim Hoola Hoop, in dem es zu einer hohen Verdichtung (wie in Freuds Traumarbeit) kommt: Lolita spielt, Humbert Humbert sieht ihr dabei zu, und Charlotte Haze fotografiert ihn beim Zusehen. Die Erzählung im Rückblick eröffnet eine mehrdimensionale Perspektive aus dem sich beim Sehen irgendwann einstellenden Realismus und den Erinnerungsbildern Humbert Humberts.

Nouvelle Vague Im zweiten Teil des Films, als Humbert Humbert und Lolita von Motel zu Motel unterwegs sind, gibt es einen Dialog im Auto: Lolita sagt, dass sie ins Kino gehen möchte, und fragt, ob Humbert Humbert eigentlich die neuen französischen Filme kenne. Als er zugibt, den einen oder anderen gesehen zu haben, grenzt sie sich ab und kontert, dass die Filme ihr nicht gefallen hätten. Von hier aus lässt sich eine Brücke schlagen zum französischen Autorenkino, zu Truffauts Jules et Jim (Jules und Jim, 1961) und Godards A bout de souffle als Liebesgeschichten des 20. Jahrhunderts. Lionel Trilling, ein amerikanischer Kritiker, hat Lolita als erste Liebesgeschichte des 20. Jahrhunderts bezeichnet. Für eine große Liebesgeschichte sei es nötig, dass sich die Liebenden völlig vom Rest der Gesellschaft, welcher sie angehören, absondern. Ganz unvermeidlich seien in *Madame Bovary, Anna Karenina, Romeo und Julia* die Liebenden von der Gesellschaft, die sie schockieren, separiert. Im 20. Jahrhundert werde es immer schwieriger, diesen Prozess zu verfolgen. Es gibt nichts mehr, das den Bann der Gesellschaft rechtfertigt. Weder Ehebruch noch Homosexualität, nichts. Aber im Fall von Lolita handle es sich endlich um eine Situation, in der die Liebenden ihrer Verbindung wegen tatsächlich Fremde in der Gesellschaft seien und sich völlig absonderten. Deshalb ist Lolita die erste Liebesgeschichte des 20. Jahrhunderts.[7]

```
2088 Mandeville Canyon Rd.                      September 8, 1960
Los Angeles 49, Calif.



Stanley Kubrick, Esq.
Harris-Kubrick Pictures Corporation
c/o Universal-International Pictures Company
Universal City, Calif.


Dear Mr. Kubrick,

       I am sending you an abridged and corrected copy of my screen-
play LOLITA. You will observe that I have not only eliminated several
long scenes but have also introduced considerable alterations in the
remaining dialogue, changing a number of phrases and spanning with
new bridges the gaps between sundered parts.

       You have thus a practically new version of the play.

       It is up to you, of course, to re-introduce, if you wish, any
of the deleted scenes--you have them all in your copy of the old
versions. I still feel painful twinges in my torn ligaments (the
elimination of the marvelously moodful motel dialogue in Act Two
hurt most), but I do think that the play has now gained in unity
and neatness.


                                       Sincerely yours,

                                       Vladimir Nabokov
```

James Mason, Sue Lyon und Shelley Winters

Ausblick Das Begehren des Protagonisten, die Kindfrau zu lieben, verschränkt sich mit dem Begehren des Regisseurs, aus dem Roman einen Film zu machen. Deswegen ist LOLITA im Prinzip ein unmöglicher Film. Auf die Schwierigkeiten – die Entstehung des Drehbuchs, den Film überhaupt herauszubringen, die (Selbst-)Zensur – wurde in der Literatur immer wieder Bezug genommen. Aber die vermeintlichen Hindernisse oder Unmöglichkeiten erweisen sich auch als Potential. Spätestens nach EYES WIDE SHUT gibt sich die fehlende Erotik in Kubricks LOLITA als ästhetisches Prinzip zu erkennen. Weder zeugt sie von einem Regisseur, der sein Publikum unterschätzt, dem er mehr hätte zeigen können,[8] noch von einem Regisseur, der in keinem seiner Filme viel Erotik präsentiert hat.[9] Das Gegenteil scheint der Fall. Das Tabu der sexuellen Obsession gibt dem Film eine Richtung vor. Von hier aus hätte das unmögliche Begehren den Film nicht verhindert, sondern seine spezifische Grammatik erst hervorgebracht. How did they ever make a movie of *Lolita*? Es scheint, als hätte Kubrick eine Form gefunden, das Tabu in seinen Dienst zu stellen.

1   Walter, Renaud: Entretien avec Stanley Kubrick. Vgl. *Positif* Nr. 100-101, 1968f., S. 19ff., zit. nach Schäfer, Horst (Red.): Materialien zu den Filmen von Stanley Kubrick. Duisburg 1975, S. 47-60, hier S. 50.
2   Vgl. *Positif*, a.a.O., S. 51
3   „Statt einen Roman zu schreiben, schreibt Godard einen Film". Vgl. Marcorelles, Louis: View of the New Wave. *Sight and Sound*, Jg. 29, Nr. 2, 1960, S. 85.
4   Vgl. Nabokov, Vladimir: Lolita. Ein Drehbuch. Nach den Originaltyposkripten zusammengestellt und übersetzt von Dieter E. Zimmer, Reinbek 1999; insbesondere auch das Nachwort von Dieter E. Zimmer, S. 323-343.
5   Seeßlen, Georg/Jung, Fernand: Stanley Kubrick und seine Filme. Marburg 1999, S. 121.
6   Vgl. Marcucci, Sara: Lolita, analisi di un'ossessione. Roma 1999.
7   Vgl. Stanley Kubrick im Interview mit *Positif*, a.a.O., S. 51f.
8   Sarris, Andrew in *The Village Voice*, 5.7.1962, S. 11, zit. nach Jansen, Peter W.: Kommentierte Filmografie. In: Christoph Hummel et al.: Stanley Kubrick. Hanser Reihe Film 18. München, Wien 1984, S. 7-204, hier S. 78f.
9   De Vries, Daniel: The Films of Stanley Kubrick. Grand Rapids 1973, S. 31f.

THE BOMB
AND
DR. STRANGELOVE

OR

HOW TO BE AFRAID
24. HRS A DAY

RAUMGEWORDENE SUPERMACHTPARANOIA
Der *War Room* als Schlüsselbild in
DR. STRANGELOVE OR: HOW I LEARNED TO STOP WORRYING AND LOVE THE BOMB

BORIS HARS-TSCHACHOTIN

„Tell him where you are ..." Mit dumpfem Widerhall ertönt diese Aufforderung aus den Untiefen eines für das Auge des Betrachters kaum fassbaren, gespenstischen Raumes. Ein greller Lichtring strahlt aus der schwarzen Düsternis eines in seinen Ausmaßen schwer zu definierenden Raumgebildes hervor und beleuchtet in harten Hell-Dunkel-Kontrasten einen mächtigen runden Tisch, um den in enger Sitzordnung etwa 30 Personen versammelt sind. Das statische, streng symmetrisch aufgebaute Tisch-Licht-Bild verströmt angespannte Ruhe und Konzentration. Der Lichtraum scheint in der undurchdringlichen Dunkelheit zu schweben. „Alexej, tell him where you are" ... Alle Anwesenden warten offensichtlich nur darauf, dass der Angesprochene dieser Aufforderung nachkommt. Und so auch dem Zuschauer erklärt, wo man sich befindet.

Schließlich tritt die mit Alexej angesprochene Person aus nächster Nähe ins Bild und verharrt vor einem schwarzen Hintergrund, der lediglich durch einige helle Lichtpunkte durchbrochen ist. Mit versteinerter Miene blickt er vor sich auf den Tisch. Plötzlich bricht er sein Schweigen: „I don't have a phone." Sein Tischnachbar, die Stimme aus dem Off erscheint daraufhin und bittet fingerschnippend einen Dritten, ihm ein Telefon zu geben. Das Agieren der Personen öffnet den rätselhaften Raum, verleiht ihm Konturen. Im nächsten Augenblick sieht man den bildfüllenden Konferenztisch mit der ringförmigen Lampenkonstruktion, die die um ihn versammelte Herrenrunde in kaltes Licht taucht. Jedoch blickt man nun aus einer anderen Position auf diesen ‚Tischkosmos', hinter dem sich gigantische, von innen heraus leuchtende Kartentableaus aufbauen, die bedrohlich den um den Tisch gruppierten Personen entgegenzukippen scheinen. Befindet man sich in der Kommandozentrale eines kolossalen Raumschiffs mit monumentalen Fenstern, die den Blick auf die nördliche Hemisphäre freigeben? Was bedeuten die aufgereihten Lichtpunktkaskaden, die von allen Seiten pfeilartig auf das Territorium der Sowjetunion zustürmen?

Die ‚unbewegliche' Runde unter dem eisig-hypnotischen Lichtkreis und die bedrohlich klaustrophobische Atmosphäre innerhalb dieses düsteren ‚Atlanten-Raums' lassen erschauern. Die Wirkungsmacht des Ortes ergreift den Betrachter unmittelbar. Diese Szene im *War Room* ist ein Schlüsselbild des

Peter Sellers als Präsident Merkin Muffley

Films DR. STRANGELOVE OR: HOW I LEARNED TO STOP WORRYING AND LOVE THE BOMB von Stanley Kubrick, der mit diesem Film eine der bissigsten Satiren über die atomare Zerstörung der Welt, die pervertierten Mechanismen des Kalten Krieges und die amerikanische Gesellschaft schuf.

Symbiose aus Regie und Produktionsdesign

Ken Adam[1] beschreibt die Arbeit als eine seiner wichtigsten Erfahrungen: „Dr. Strangelove is without a doubt one of my most important experiences because it was and still is a brilliant film. It hasn't aged. It's all the things I like. A black satire of a horrifying subject, for all of us who were scared over the Cuban missile crisis."[2]

Die Handlung des Films konzentriert sich auf drei Schauplätze: das Innere eines B-52 Bombers, das verschanzte Büro von General Jack D. Ripper am Luftwaffenstützpunkt Burpelson und den unterirdischen, atomsicheren Lagebesprechungsraum des Präsidenten im Pentagon – den *War Room*. In ihm verdichtet sich Kubricks apokalyptisches Weltvernichtungsszenario. Von dieser unverwüstlichen

Pilotenkanzel des B-52 Bombers
Slim Pickens (rechts)

Sterling Hayden

Notizen von Stanley Kubrick zum Filmtitel

Schaltzentrale der zivilisierten Welt aus wird der Film dominiert. Die komplexen Inhalte des atomaren Krieges werden im *War Room* zu einer eindrucksvollen Raummetapher verwoben und dem Zuschauer als vielschichtiges, assoziationsreiches und angsteinflößendes Bild präsentiert. Der filmische Raum des *War Room* erlangt einen fesselnden Realitätscharakter und wird zugleich zum dynamischen Akteur neben den Schauspielern: Handlung wird so in der filmarchitektonischen Konzeption zum Bild und das Bild zur Handlung. Das Filmset des *War Room* ist in den Pantheon des Produktionsdesigns eingegangen. Im Folgenden soll der faszinierende Entwicklungsprozess dieses Raumgebildes nachgezeichnet werden. Die Intensität, mit der Kubrick und Adam zusammenarbeiteten, ist ungewöhnlich. Jeden Morgen holte Ken Adam Stanley Kubrick im Hotel ab und fuhr mit ihm in die Shepperton Studios, abends brachte er ihn wieder zurück: Zweimal anderthalb Stunden Fahrt ermöglichten die tägliche Lagebesprechung zwischen Regisseur und Produktionsdesigner. Viele der Ideen des Films wurden während dieser gemeinsamen Autofahrten geboren und entwickelt, wie sich Adam später erinnert.

Stanley Kubrick war ein in höchstem Maße visuell arbeitender Regisseur, der jedoch jedes Detail intellektuell hinterfragte. Für seine Vorgehensweise war der bildliche Ausdruck, die Atmosphäre eines Raumes ähnlich bedeutsam wie die Arbeit mit den Schauspielern. Die Suche nach der richtigen Kameraposition, Beleuchtung oder den Dekors ließ ihn oft bereits besprochene Konzepte spontan wieder verändern. Das Drehbuch stellte nur die Ideengrundlage seiner Arbeit dar. Das Entscheidende fand während der Dreharbeiten am Set statt.[3] Auch das Drehbuch zu DR. STRANGELOVE bildete laut Adam nur das Grundgerüst für den Film. Die Beschreibungen der einzelnen Sets sind dabei sehr knapp gehalten; so auch die

HOW TO START WW III

INT. WAR ROOM COMMAND BRIDGE
Seated around a very large table, the Joint chiefs, President, Secretaries of State and Defense, C.I.A. and F.B.I.,

für den *War Room*: „A very large conference room. One wall is an enormous soundproof glass panel opening onto the various electronic displays in the War Room."[4] Des Weiteren wird nur noch auf einen mächtigen, hochglanzpolierten Besprechungstisch verwiesen, um den etwa 20 Berater aus Militär, Politik und zivilen Einrichtungen gruppiert werden sollen. Eine derart vage Beschreibung kommt einer *carte blanche* für die Phantasie des Produktionsdesigners gleich. Eine verführerische Ausgangslage für Ken Adam, der durch die Erfahrungen mit dem ersten James Bond-Film DR. NO (James Bond – 007 jagt Dr. No, Terence Young, 1962) bereits damit vertraut war, mit wenigen Drehbuchangaben dramatische und weitreichende Raum- und Gestaltungskonzepte zu entwickeln und umzusetzen.

An einer solchen Kommandozentrale sollte sich ursprünglich das Aussehen des *War Rooms* orientieren.

War Room-Design I

Die neun noch erhaltenen Blätter mit 13 Zeichnungen Adams zum *War Room* lassen sich wie ein ‚Daumenkino-Thriller' betrachten. Innerhalb dieser Bilderfolge wandelt sich die Architektur fundamental. Das Skizzieren ist für Adam das Feld der Entwicklung, auf dessen Basis weitere Ideen aufsteigen, vergleichbar mit einem Kaleidoskop, das durch minimale Bewegung immer neue Bilder entstehen lässt. Aus diesem Experimentierfeld heraus kristallisiert sich dann die Form, die spätere Gestalt der Szenerie. Die unterschiedlichen Gestaltungsstadien des *War Room* verbindet ein Grundmotiv: der reale Raum im Raum aus Licht, der auch im späteren Filmset seine eindrucksvolle Entsprechung findet. Um die Entstehung des *War Room* nachzuvollziehen, werden im Folgenden vier der neun mit Flo-Master-Filzstift gezeichneten Blätter eingehender beschrieben.

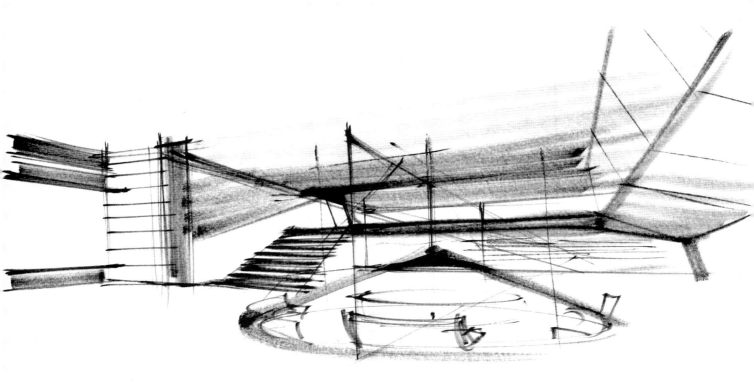

Blatt 1 Bei diesem Entwurf handelt es sich vermutlich um die erste noch erhaltene Skizze, auch wenn die Reihenfolge der Zeichnungen nicht eindeutig zu rekonstruieren ist. Mit wenigen kraftvollen Linien ist auf weißem Untergrund ein in zwei Ebenen untergliederter Raum skizziert. Auf der unteren Ebene ist eine große runde Deckenlampe in der Form eines flachen Kegels zu erkennen, deren Lichtstrahlen einen großen, dreieckigen Lichtraum erzeugen. Innerhalb dieses Lichtkegels sind geschwungene Sitzbänke gezeichnet, die das Rund eines angedeuteten Tischs umstellen. Der rechte Bildraum wird von einer leicht schräg verlaufenden, zweiten Ebene begrenzt, vermutlich dem *control room*, der an der Rückwand des Raumes fortgesetzt wird. Mit reduzierter Linienführung sind die Wände angedeutet, die den linken Bildrand begrenzen, sowie eine Treppe, die die beiden Ebenen miteinander verbindet.

Obwohl die Skizze noch viel offen lässt, ist deutlich die zweietagige Raumaufteilung und die durch die Lichtführung erreichte Betonung des zentralen Handlungsortes zu erkennen. Dieser dreieckige Lichtraum, bestehend aus der kegelförmigen Lampe und dem darunter befindlichen Tischrund, wird zum Hauptmotiv aller weiteren Entwürfe und zum gestalterischen Dreh- und Angelpunkt für Adams Konzeption des *War Room*.

In den folgenden drei Blättern kreist Adams Interesse um die Modellierung und Differenzierung des zweietagigen Raumes, in dem das Hauptmotiv des Tisches mit darüber befindlicher Lampe seine Wirkung entfaltet. Erwähnt sei hier nur das dritte Blatt, auf dem sich vier kleine Zwei-Ebenen-Entwürfe (3a-d) befinden.

Blatt 3 Auffällig ist sowohl in Zeichnung 3a als auch in Zeichnung 3b das Spiel mit den drei geometrischen Elementen Kreis (Tisch und Lichtrund), Rechteck – hier mit feinen Linien als Planquadrat in den Lichtkreis eingezeichnet – und Dreieck, das aus dem flachen Lampenschirm und den daraus hervorkommenden Lichtstrahlen besteht. Ken Adam entwickelt einen spannungsvollen Dialog zwischen den Formen; so wird der Tischkreis vom Rechteck eingeschlossen, der Lichtkreis umrundet wiederum das Quadrat. Dieses Formenspiel wird im späteren Set zu einer entscheidenden Komponente der Macht des Raumes, seiner Fragmentierung und seines Reichtums an Perspektiven.

Der Grundform des Dreiecks und der daraus erwachsenden Raumgestalt kommt eine besondere Bedeutung zu, denn es handelt sich dabei nicht um einen natürlichen, sondern um einen transzendenten Raum, der durch das Licht als ‚Raum im Raum' geformt und betont wird. Die Kraft und Magie, die von diesem stillen Lichtraum ausgeht, knüpft dabei an traditionelle Bildformen des Transzendenten, Göttlichen, Nicht-Menschlichen an.

3a-b

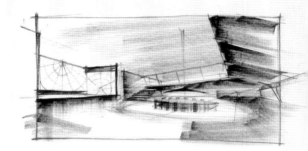

3c-d

Kubricks Veto

Die Konzeption für das zentrale militärische Lagezentrum der Supermacht Amerika war zunächst eine andere als im endgültigen Set des *War Room*: Sie hatte zwei Ebenen und war für wesentlich mehr Personen entworfen. „It was more like an amphitheater. The second level was like a control room with glassed-in windows looking down."[5] Als Ken Adam Kubrick die Zeichnungen und Skizzen des zweietagigen Sets zeigte, war der augenblicklich begeistert und zunächst mit der gezeichneten Raumkonzeption einverstanden. „Das war ja unproblematisch, dachte ich noch, und das *art department* begann mit den Zeichnungen und dem Bau der Modelle. Drei Wochen später nahm Stanley mich beiseite und sagte: ‚Übrigens, was den War Room angeht, Ken, ich glaube nicht, dass das Zwei-Ebenen-Konzept funktioniert. Was mache ich mit der oberen Ebene? Ich bräuchte 60, 70 Statisten, um sie zu füllen. Und die sitzen dann ständig da herum. Das ist zu teuer. Denk dir etwas anderes aus.'"[6]

Zu diesem Zeitpunkt war die Konzeption schon sehr weit fortgeschritten, Baupläne, Detailzeichnungen und Modelle bereits ausgeführt, und die Studiobauten standen kurz bevor. Für Kubrick jedoch war die intensive Suche nach sprechenden Bildern, nach filmischen Metaphern maßgeblich. Geleitet von dem unbedingten Verlangen, das Beste aus einer Idee herauszuholen, verfügte er über eine bewundernswerte Bildkonzentration und gefürchtete Hartnäckigkeit. So war für ihn nicht allein der Kostenfaktor der entscheidende Grund, die Planung von Adams Zwei-Etagen-Entwurf in Frage zu stellen, sondern vor allem sein Streben nach Bildern, die sich auf das Wesentliche beschränken und so zu einer starken visuellen und atmosphärischen Aussage gelangen. Auch im Fall des *War Room* ging es ihm um die Steigerung der architektonischen Idee zu einer komplexen Raummetapher, die zugleich Handlungsträger und Vermittler von Inhalten ist.

Auffallend oft hat Adam von dem traumatischen Erlebnis des Eingriffs von Kubrick in sein Designkonzept erzählt. Dabei betonte er stets den Schock des scheinbaren ‚Design- und Konzeptionsbruchs'. Der genaue Blick auf die Zeichnungen Adams und ihre Analyse lässt jedoch die Frage zu, ob die Änderungen tatsächlich einem gestalterischen Paradigmenwechsel gleichkamen oder ob nicht Adam viel eher aufgrund des Eingriffs von Kubrick gezwungen und damit auch in der Lage war, seine intuitiven gestalterischen Grundideen noch zu verdichten, und ob nicht so die beschriebene Intensität des Sets erreicht werden konnte. Die Grundidee des Raums – das Dreieck – war von Anfang an angelegt und erfuhr erst durch das Veto Kubricks seine entscheidende großräumige Entfaltung zu jener sprechenden Raumarchitektur, die den *War Room* auszeichnet.

Nach dem Einspruch Kubricks begann also für Adam erneut die ‚Raumsuche' anhand des Skizzierens. Ken Adam beschreibt in diesem Zusammenhang, dass Kubrick große Ehrfurcht vor dem Talent des Zeichnens hatte, da diese Fähigkeit eine der wenigen war, die er selbst nicht beherrschte. Er stand gerne hinter dem zeichnenden Adam und sah ihm beim Skizzieren und Entwerfen zu. „I doodled various shapes before coming up with a triangular form. Stanley stopped me. 'Isn't the triangle the strongest form in geometry?' he asked. Me: 'You may well be right.' Him: ‚In other words, it would make for a good bomb shelter.' Me: ‚Reinforced concrete.' Him: 'A huge, underground bomb shelter fantastic'."[7]

Was nun folgte, war die Fokussierung dieses – im Gegensatz zu Adams eigener Einschätzung – von vornherein angelegten Motivs und seine Vergrößerung ins Überdimensionale.

War Room-Design II

Blatt 5 Diesem Blatt mit seinen drei Entwürfen (5a-c) muss eine besondere Bedeutung beigemessen werden. Die Skizzen zeigen den Beginn der Raummetamorphose des *War Room* vom geordneten und hellen Zwei-Etagen-Set zu einem dreieckig-schrägwandigen und bedrohlich düsteren Bunkerraum.[8] Mit dieser Designzäsur bietet das Blatt die seltene Gelegenheit, die Vorgehensweise des Designers nachzuvollziehen, gleichsam in den gestalterischen *genius loci* Ken Adams hineinzuschauen: Aus einfachsten Linienformationen in kaleidoskopischen Minimalbewegungen bilden sich hier die filmischen Raumarchitekturen heraus.[9] Adams gestalterisches Fundament wird aus sich modifizierenden Strichstrukturen gebildet. Eine prägnante Raumform wird scheinbar spontan und intuitiv entwickelt. Es genügen wenige, kräftige Striche, um den Charakter des Raums in starken Bildern zu umreißen.

Die Zeichnung 5c leitet die angesprochene Raummetamorphose ein. Adam zeigt nun einen aus den Fugen geratenen *War Room*. Die Wände drohen zu kippen. Von einer leicht erhöhten Position blickt man in einen vieleckigen Raum, dessen einziger Ruhepunkt der von Stühlen umstellte runde Tisch mit darüber befindlicher Lampe und Lichtkegel ist. Die vormals senkrechten Wanddisplays auf der linken Bildseite sind schräg in den Raum hinein gekippt und stoßen in stumpfen Winkeln aufeinander. Damit nehmen sie die kreisende Bewegung und Form des Lichtkegels und des darin befindlichen runden Tisches auf. Der Raum gewinnt an Dynamik. Die zuvor im rechten Winkel anschließende Wand mit der höher gelegenen Kommandobrücke steht nun in unmittelbarem Anschluss und im stumpfen Winkel zu den Wanddisplays und verzichtet auf die beide Ebenen verbindende Treppe. Auch diese Wand scheint nach vorne, in Richtung Tisch zu kippen. Verstärkt wird dieser Eindruck noch durch die mit groben Strichen eingezeichnete Kommandobrücke. Fast trotzig, wie eingebrannt wirkt die in vier Segmente unterteilte und reduzierte zweite Ebene, so als könne sich Adam noch nicht ganz von der Idee einer zweiten Etage verabschieden.

In diesem Entwurf ist alles in Bewegung geraten, eine vibrierende Dynamik erfüllt den Raum, der in jede Richtung wandelbar und beweglich erscheint. Einzig der ‚transzendente' Tisch-Licht-Raum ist von dem gestalterischen Wandel nicht aus der Fassung zu bringen, weder Adams ‚bewegliche' Wandformationen noch das Veto Kubricks können ihm etwas anhaben. Auch der grob gezeichnete Rahmen hält dieses flächige Liniengefüge einer exzentrisch expressiven Architektur zusammen, mahnt den Zeichner zu gestalterischer Contenance.

Die Skizze 5a ist noch reduzierter als 5c. Dieser Entwurf besteht aus wenigen, meist breiten, ausdrucksstarken, dynamischen Strichen. Aus kubischen und kantigen Formfacetten baut sich ein in starken Hell-Dunkel-Kontrasten gehaltenes, dramatisches Bild auf, das nur noch aus gegeneinander verspannten Flächen und Linienbündeln besteht. Der Raum, soweit man hier noch von einem Raum sprechen kann, wirkt höchst stilisiert. Seine räumliche Tiefe in der Skizze 5c erscheint nun wie flachgewalzt. Eine großzügige Leere existiert zwischen den Linien. Es wird deutlich, wie Adam sich neu zu besinnen versucht. Die Formen sind auf ein Minimum bemessen, so als wolle er allen erzählerischen Ballast abwerfen, um nunmehr frei in neue Raumdimensionen vorzudringen. So ist der runde Tisch nur noch als Destillat, als dunkler ovaler Fleck zu erkennen, die Decke nur als durchscheinender grauer Hauch angedeutet. Die zweite Ebene ist verschwunden, dafür ist die zeltförmige Neigung aller ‚Wände' im Verhältnis zur Skizze 5c

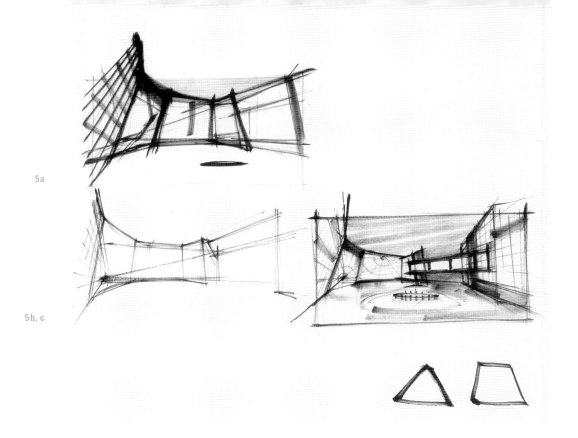

5a

5b, c

verstärkt worden. Adam hat sich wie mit einem Zoom dem ‚Raum im Raum' genähert und diesen luziden Mikrokosmos in einen Makrokosmos verwandelt. Die Lampe scheint aus dem sichtbaren Bereich des Bildfeldes weit nach oben gezogen worden zu sein. Der bis dahin von ihr erzeugte dreieckige Lichtraum wird nun von den aufstrebenden Fluchtlinien der zeltförmig geneigten Wände übernommen. Imaginiert man diese schräg aufsteigenden Fluchtlinien weiter nach oben, so ergibt sich ein spitzwinkliges Dreieck. Die spätere Dreiecksform des *War Room* ist in diesem Entwurf bereits deutlich zu erkennen. Trotz aller Intensität der Raumsuche wirkt die Skizze wie mit leichter Hand aufs Papier geworfen.

Die Skizze 5b ist auf wenige, fragile Striche reduziert. Das Epizentrum dieses abstrakten Linienspiels ist in der linken unteren Bildhälfte auszumachen. Aus diesem Flucht- und Kernpunkt brechen die feingliedrigen Strichspuren hervor und spannen transparente Flächen zwischen sich auf, Dreieck und Quadrat halten sich hierbei die Waage. Es scheint, als wäre diese Skizze in ihrer minimalistischen Form durch das Spannungsverhältnis von Rechtecken und Dreiecken in einem kreativen Schwebezustand des Zeichners zwischen 5a und 5c hin- und hergerissen.

Blatt 6 Zur endgültigen Gestaltfindung des *War Room* bedarf es dieses gezeichneten ‚Zwischenschritts'. Der ‚Raum im Raum' ist durch die Rückkehr der Tischlampe wieder hergestellt, allerdings in einem gewandelten Makrokosmos des Bunkers. Die endgültige Dreiecksform des Gesamtraumes *War Room* steht unmittelbar bevor. Die rechte Wand ist in große doppelquadratische Kassetten unterteilt. Die im stumpfen Winkel daran anschließende Rückwand ist zu einer Displaywand mutiert, an die wiederum im stumpfen Winkel die zweite Displaywand anschließt. Die Weltkarten sind lediglich durch die Breitengrade angedeutet. Auffallend ist die massiv schwarze Decke, die schwer lastend den verzerrten Charakter des Raumes betont. Die spinnennetzartige Wandkonstruktion dieses Entwurfs, die eine

klaustrophobische Atmosphäre erzeugt, wird in abgewandelter Form im endgültigen Set wieder aufgegriffen. Die Funktion eines pechschwarzen Raumelements, wie sie in dieser Zeichnung der Decke zukommt, erhält im weiteren Entwicklungsprozess der hier bereits dunkel angedeutete Boden.

Blatt 8 Bei Blatt 8 ist dann wohl der Moment gekommen, in dem der beobachtende Regisseur Kubrick dem zeichnend experimentierenden Adam Einhalt gebietet, der *War Room* hat seine endgültige, aus dem ‚Lichtraum' potenzierte Dreiecksform erhalten. Er wird von einer leicht erhöhten Position mit großer Detailgenauigkeit und zeichnerischer Exaktheit gezeigt. Das Spielerische, Spontane und Virtuose der zuvor beschriebenen Entwürfe ist in dieser Zeichnung weitgehend durch einen präzisen, kleinteiligen Zeichenduktus abgelöst. Neben dem breiten Flo-Master-Stift ist die Zeichnung an einigen Stellen mit Deckweiß gehöht, um die Plastizität und Räumlichkeit zu steigern und dem dargestellten Licht jenen grellen Schein zu geben, der im Film zu einer wichtigen, atmosphärisch prägenden Bildkomponente wird.

Perspektivisch exakt bis zum Schattenwurf folgt diese Raumdarstellung auch ihrer Bestimmung im Hinblick auf eine allgemeinverständliche und klare Lesbarkeit.[10] Der runde Tisch wird nun von staffagehaften Figuren bevölkert, die auf achtundzwanzig Stühlen um ihn herum sitzen. Ken Adam beschreibt rückblickend, welche wichtige Funktion Kubrick diesem Tisch zuschrieb: „I had a circle in the center for a circular table, and he said 'Could you cover that table in green baize?' Now, its a black-and-white picture. I said, 'Sure.' He said 'It should be like a poker table; there's the president, the generals, and the Russian ambassador playing a game of poker for the fate of the world."[11]

Von der linken Seite erhebt sich in spitzem Winkel die schräg aufragende Bunkerdecke. Die massive und schwer lastende Kraft, die von dieser gigantischen Fläche ausgeht, wird durch die netzartige Unterteilung noch verstärkt. Die grellen Scheinwerferlichter, die parallel zur linken Raumseite in regelmäßigen Abständen am Boden postiert sind, werfen ihre scharfen Strahlen in den Raum hinein und erzeugen starke Schlagschatten an der kassettierten Decke.

Auf der rechten Bildseite erhebt sich nun übergroß die schräge Displaywand, aufgeteilt in verschiedene Rechtecke mit Schalttafeln und einer überdimensionalen Landkarte der UdSSR, einer kleineren Karte mit der Nordpolspitze sowie einer Karte der USA. Der dunkle Boden des *War Room* scheint sehr glatt zu sein, denn die Displaywand mit ihren hellen und dunklen Partien spiegelt sich in diesem wider. Düster und beklemmend erscheint dieser Raum, und die Figuren wirken klein und verletzlich.[12]

Darüber hinaus ist eine weitere, entscheidende Veränderung eingetreten. Die bis dahin kegelförmige Rundlampe hängt nun an acht langen Seilen und hat sich zu einem grellen Lampenring gewandelt. Die vom ersten Blatt an monumental gestaltete Lampenkonstruktion ist in diesem Entwurf in ihrer Form neu definiert worden, ohne dass sie ihre ‚Raum im Raum'-bildende Wirkung verloren hat. Die ursprüngliche Dreiecksform ist in den Gesamtraum übergegangen. Die Lampe ist jetzt eine den Kreis betonende, luzide Scheibe, die eine kreisende Einheit mit dem darunter befindlichen Tisch bildet. Diese ausdrucksstarke Lampe gehört bis heute zu einer der bekanntesten Filmleuchten in der Geschichte des Filmdesigns und ist das unverwechselbare Markenzeichen dieses Sets.

Insgesamt hat der Raum nun ein sehr klares und ausdrucksstarkes Design erhalten, das auf die drei geometrischen Grundformen Dreieck, Kreis und Quadrat zurückzuführen ist. Die im ersten Blatt bereits angelegte Dreiecksform ist nun endgültig auf den gesamten Raum übertragen worden, der jetzt wie eine expressiv verzerrte Kathedrale aussieht: nach oben strebend, alles in eine machtvolle Raumhierarchie zwingend.

Die Inszenierung des *War Room*[13]

Innerhalb des Films taucht das Set des *War Room* in acht unterschiedlich langen Sequenzen auf. In diesen acht Sequenzen gelingt es Kubrick, den Raum aus immer wieder neuen Perspektiven zu zeigen. Je nach Inhalt und Bedeutung der Szene werden unterschiedliche Schwerpunkte in der Darstellung des Raumes gesetzt. Gerade durch die einfachen, aber starken Form- und Raummetaphern entsteht ein enges visuelles Verhältnis zwischen dem Zuschauer und der Handlung. Selbst wenn die Filmhandlung zwischendurch in andere Räume wechselt, bleibt die Verbindung zum ‚Kernraum' erhalten. Alles geht vom *War Room* aus, und alle Aktionen kehren dorthin zurück.

Kennt man jedoch die Zeichnungen Adams nicht, so fällt es schwer, sich in diesem Bunkerraum zu orientieren. Die Darstellung des Raumes im Film wird ganz auf die Dramaturgie der Handlung abgestimmt, so dass sich erst allmählich die Raumstruktur herauskristallisiert. Kubrick hat letztlich alle Raumtotalen fortgelassen, auch wenn einige gedreht wurden. „Das war Stanleys Genie. Der Zuschauer sollte nie wissen, wo er sich gerade befand. Das erhöhte das klaustrophobische Gefühl ungemein."[14] So die rückblickende Aussage Adams, der sich während der Dreharbeiten immer wieder wunderte, dass Kubrick sich wenig an den in den Zeichnungen gemachten Vorschlägen für Kamerapositionen und Blickwinkel orientierte. Adams Vorschläge zur Beleuchtung hat er jedoch aufgegriffen, insbesondere die runde Tischleuchte. Dieses ‚Speziallicht', für den infernalen Weltpoker entwickelt und gebaut, wurde zum Dreh- und Angelpunkt des Gesamtraums. Es brennt sich förmlich in die Netzhaut und das Gedächtnis des Betrachters ein und öffnet einen weiten Assoziationsraum. Diese ringförmige Lichtquelle wird in immer neuen Perspektiven in den *War Room*-Sequenzen eingesetzt und verleiht den Filmbildern eine sehr dynamische und expressive Bildsprache.[15] Dadurch, dass das Licht mal von oben, von hinten oder auch von der Seite kommt, variiert es die Ausdrucksmöglichkeiten der Darsteller und unterstützt so deren gestisches Spiel. Dieser Lichtring gleicht der glühend luziden Pupille eines abstrahierten Auges, die dämonisch im janusköpfigen Kosmos des *War Room* strahlt.

Die Setgestaltung findet im Film eine eindrucksvolle Umsetzung und Weiterentwicklung, da nun die Dynamik der Kamerabewegung hinzukommt. Jede Handlung, Aussage und Geste erscheint klar und präzise, innerhalb oder unterhalb dieses kreisenden ‚Macht-Halos'. Dahinter kommt je nach Einstellung die dräuende Weltkartenkatastrophe ins Bild, oder aber der Raum verliert sich in diffusem Streulicht und versinkt in düsterer Finsternis.

Sobald sich die Handlung vom Tisch weg verlagert und in den riesigen Bunkerraum hinein bewegt, kann die ganze Szenerie schnell aus dem Gleichgewicht geraten. Die einzelnen, an sich getrennten Raumteile – der runde Tisch, die rechteckigen Weltkarten und die Dreiecksform des Bunkers – verzahnen sich plötzlich zu einem verwirrenden Geflecht und spiegeln so die angespannte und emotional aufgeladene Situation wider, die im Bannkreis des Konferenztisches und seines alles entlarvenden Lichts gezähmt scheint.

Eine gewisse Theatralisierung, d. h. Überhöhung ins Überlebensgroße – *bigger than life* – war ein wichtiges Gestaltungsmotiv von Ken Adam. Die Stilisierung und Vereinfachung führt zu einem starken visuellen Destillat, das die Phantasie des Zuschauers anregt und eine Realität schafft, die ‚wirklicher' ist als die Wirklichkeit. „Mein Ziel ist stets gewesen, für das Publikum eine stilisierte Realität zu schaffen, die im Zusammenhang mit einer bestimmten Figur realer wirkt als eine buchstäbliche Interpretation der Wirklichkeit."[16]

Im hyperrealen *War Room*, dem Heiligtum der US-Streitkräfte, führen die modernen Feldherren, befreit vom realen Raum des Schlachtfeldes, vom Piktoralen des Kampfes, anhand von abstrakten, weitgehend immateriellen technischen Bildern und im Schutze eines unverwüstlichen Bunkers die auf grafische Kartenelemente reduzierte Apokalypse ihres eigenen Planeten durch und können diese ‚live', wenn auch nur höchst abstrakt miterleben.

Spielhölle im Futteral der Ur-Höhle

„Die Höhle ist der Ort der Wiedergeburt, jener geheime Hohlraum, in den man eingeschlossen wird, um bebrütet und erneuert zu werden."[17] Was C. G. Jung hier mit der vagen Definition des archetypischen Raums der Höhle verbindet, ist jener Ort, der gleich dem Mutterschoß zur Erneuerung, zur Wiedergeburt der individuellen Ganzheit führt. Zugleich ist die Höhle aufs engste mit dem Mythos des Helden verknüpft, der in die Tiefe, in die Unterwelt hinabsteigt, um zu retten, um selbst gewandelt und erneuert zu werden und im übertragenen Sinne in die Tiefenschichten des Ichs, in die Bereiche der unbewussten Psyche vorzudringen.

Der *War Room* greift die Metapher der Höhle auf, verkehrt jedoch das positiv konnotierte Bild in sein Gegenteil. Die schützende Höhle wird ein Ort des Grauens, der Entindividualisierung; sie wird zur Brutstätte eines die Menschheit vernichtenden Allmachtswahns. Die vermeintlichen Helden, die in diesen schützenden, nuklear hochgerüsteten und hypertechnisierten Stahlbeton-Hortus hinabgestiegen sind, befinden sich in chronisch psychotischen Angstzuständen, im Widerstreit zwischen der eigenen Machtbesessenheit, die sich in der Drohgebärde des atomaren Wettrüstens manifestiert, und der gleichzeitigen Angst vor der eigenen Vernichtung und Entmachtung.

Die Höhle des *War Room* befindet sich so in einem Spannungsverhältnis zwischen dem Zukunftsoptimismus einer durch Technik verführten und entfesselten Gesellschaft, die sich andererseits wie paralysiert vor Untergangsängsten in den Höhlen-Raum zurückgezogen hat und dort versteckt hält.

Die unterirdische Verortung des *War Room* übt eine besonders starke Wirkung auf die Wahrnehmung und die Psyche des Betrachters aus, weil er sich durch die Veränderung der optischen und akustischen Reize (künstliches Licht sowie dumpfe und hallende Geräusche) der Tiefe und Abgeschlossenheit unmittelbar bewusst und direkt in ihren Bann gezogen wird. Kubrick arbeitet im *War Room* neben dem besonderen Licht immer wieder auch mit dem Hall, wenn er bei einzelnen Einstellungen aus größerer Entfernung die am Tisch Sitzenden sprechen lässt und der dumpfe Widerhall der Stimmen nicht nur unheimlich unter dem grellen Licht hervortönt, sondern zugleich auch die gewaltigen Ausmaße des Raumes akustisch deutlich macht. So ermöglicht der *War Room* als zentraler, geheimer Ort des Pentagon eine Art Innenblick in die psychologischen Tiefenschichten der US-amerikanischen Nation.

In diesem Sinne ist der *War Room* nicht nur die räumliche Komprimierung von monumentaler, ‚unverrückbarer' Macht, sondern zugleich auch Falle, Grabstätte und Gefängnis einer Supermacht, die durch ihre technische Überlegenheit scheinbar unangreifbar und unsterblich geworden ist und sich im gleichen Moment bei lebendigem Leibe bereits selbst begraben hat. „It is the perfect epicentre of nuclear annihilation, as condensed and enclosed as an atomic warhead, and, like a warhead, it holds the world in the palm of its hand."[18]

Peter Sellers als Dr. Strangelove

THE BOMB

Adam hat für die Vertreter dieser Supermacht Raumformen geschaffen, in denen die schrägen Wandungen und Bodenflächen ineinander verschliffen werden: Irritierende Spiegeleffekte entstehen, das Licht wird auf überraschende Wege genötigt. Es erwächst vor den Augen des Betrachters ein zentraler, expressiver Raum, der seine ‚Bewohner' wie ein kaltes, undurchdringliches Futteral, ein versteinerter Mutterschoß umschließt und gefangen hält. Die schrägen Wand- bzw. Deckenformen des *War Room* verdichten die gesamte Raumform unausweichlich ins Lastende und Drückende. Das Licht umspielt dabei die plastischen Formen der Betonträger und Verstrebungen, setzt starke Kontraste und realisiert damit die in den Zeichnungen bereits mit gitternetzartigen Strichen vorformulierte, beklemmende Raumwirkung.

Im Gegensatz zu den etwa von expressionistischen Architekten wie Hermann Finsterlin oder Hans Poelzig häufig verwendeten regressiven architektonischen Metaphern der Höhle, die ihre Bewohner wie eine schützenden Ur-Höhle vor den Gefahren einer hochtechnisierten Zeit und ihren rasanten Entwicklungen bewahren und die Rückkehr in „ungeschiedene Naturzusammenhänge"[19] ermöglichen sollten, wird die Macht-Höhle Adams zu einer anderen Aussage verdichtet: Der symbolisch aufgeladene Höhlencharakter hat sich in einen technisierten, höllischen ‚Untergrundkosmos' gewandelt.

Die Sehnsucht nach der verlorenen Ganzheit der Welt ist im *War Room* durch seine Dezentralisierung und Zergliederung in einzelne, zum Teil verzerrte geometrische Formen und die daraus entstehende, unbewusst wahrgenommene Disharmonie repräsentiert. Der Widerstreit zwischen Kreis, Quadrat und Dreieck erzeugt ein bedrohliches Spannungsgefüge. Das organisch Runde wird mit dem dreieckig Spitzen deformiert oder dem verzerrt Quadratischen konterkariert und ‚asymmetrisiert'. Der Raum weigert sich strikt, das Harmonisierende, Beruhigende der Zentralperspektive zuzulassen, er sucht die zentripetale Vielansichtigkeit. So haben auch die überdimensionalen Weltkarten in der Art, wie Adam sie in diesem Kosmos entworfen hat, über ihre technisch funktionale Aufgabe als elektronisches Schlachtfeld hinaus noch eine weitreichendere Bedeutung: Die gewünschte Einheit des Planeten Erde ist in Einzelteile auseinandergerissen, ein Raster legt sich über diese Teilwelten und fragmentiert sie in noch kleinere Teile.

Es gibt in diesem geschlossenen Höhlenraum keine Fenster. Dennoch ist ein Aus- und Überblick möglich. Das klassische Fenster wird hier durch eine die Welt umfassende und beobachtende schattenhafte Kartenprojektion ersetzt. Damit findet eine Fokussierung von innen nach außen auf ferne Ziele statt, wenn sie auch abstrakt gehalten sind, als Illusion des Realen. Der Blick umfasst nicht wie bei einem Fenster ein begrenztes Territorium, sondern die Weite der fragmentierten Welt.

Der *War Room* ermöglicht als eine Art abstrahierte ‚Kinohöhle' eine weltumspannende Projektionssituation, die einen Realitätseindruck vermittelt, der realer zu sein scheint als die Wirklichkeit. Umgekehrt führt die Filmhandlung, vermittelt über den zunehmenden Druck einer im Untergang befindlichen Außenwelt, zu dem geschlossenen Höhlenkosmos des am Ende des Films fast ‚heimatlich' wirkenden Bunkerinneren zurück. Die Analogie zwischen Platos Höhlengleichnis und dem metaphorisch-gleichnishaften *War Room* scheint hier naheliegend. Die Insassen beider ‚Höhlen' sind Gefangene ihrer eigenen, auf das Auditiv-Visuelle beschränkten Wahrnehmung, ihrer begrenzten Ideenwelt. Der einzige Kontakt zu ihrer Umgebung besteht aus Schatten bzw. kartografischen Lichtpunkten und verhallenden Stimmen bzw. schwer verständlichen Telefonaten. Das Wissen der ‚Gefangenen' über ihre Welt basiert lediglich auf einer Abbildung auf der Höhlen- beziehungsweise *War Room*-Wand, die weiter nichts ist als eine Schattentäuschung, die als Realität erfahren wird. Und während die äußere, die eigentliche Welt gerade untergeht, plant man bereits munter einen neuen, unterirdischen Kosmos mit einem wahnhaften, unmenschlichen Gesellschaftsmodell.

Atomar-himmlisches Ende

DR. STRANGELOVE endet, wie er begonnen hat, in der Weite des Himmels, hoch über der Erde, allerdings ohne die ‚kopulierenden' Flugzeuge. Dabei erklingt zu einer Folge von ineinander übergehenden Atomexplosionen die sehnende, weiche Frauenstimme Vera Lynns mit dem Schlager *We'll Meet Again*. „Die Aufzeichnung aufeinanderfolgender Zustände der befreiten Materie zusammen mit der Aufzeichnung einer fernen Stimme, die vom Wunsch nach einer Begegnung singt, die im selben Augenblick unmöglich wird, und zwar endgültig und weltweit, dies alles trifft das Bild des Krieges im Kern."[20]

Die letzte Einstellung zeigt einen aufblühenden und dann in die Breite gehenden Atompilz über den Wolken: die Apokalypse als grandioses Lichtschauspiel, als Raumschlacht und Lichtraum. In einer langsamen Abblende versinken der Wolkengrund und das Firmament in gespenstischer Dunkelheit. Einzig ein kreisender, atomarer Schein-Raum, bestehend aus einem Leuchtring und einer darunter befindlichen Lichtscheibe, bleibt noch für einen Moment stehen. Die aggressive Helligkeit dieses Höllenspektakels spiegelt ihr Licht auf den dunklen Wolkengrund und einen schmalen, leicht schräg verlaufenden Wolkenstreifen darüber. Eine der unglaublichsten lichtarchitektonischen Schöpfungen aus ‚befreiter Materie', eine luzide Chimäre als Lichtraum am Himmel.

Tell him where you are ... Fast unmerklich schiebt sich über diesen imposanten ‚schrecklich-schönen' Anblick die Erinnerung des Betrachters an das eindringliche Bild des großen Pokertischs mit dem darüber schwebenden Leuchtring aus dem *War Room* – das grimmig glühende Gottesauge. Das Schlussbild scheint so zu einer einzig ephemeren Raummethapher zu verschmelzen: Von der Vorstellung geleitet, dass die Welt einem mathematisch-göttlichen Gesetz folge, wird der Lichtkreis zum Sinnbild für die Gestalt eines strahlend-verstrahlten, glühenden und verlöschenden Kosmos, der in der ewigen Nacht des Alls ebenso schnell vergeht, wie er entstanden ist. Flash. Dunkelheit. Ende.

1   Ken Adam, der von Filmen wie Das Cabinett des Dr. Caligari (Robert Wiene, 1919) oder Metropolis (Fritz Lang, 1926) so stark geprägt worden ist, dass sie bis heute in seinem Werk als Produktionsdesigner unübersehbare Spuren hinterlassen haben, steht selbst noch für ein ganz anderes Produktionsdesign. Er war es, der den James Bond-Mythos mitbegründete und den Filmen erst ihren fast genrestiftenden Duktus einer immer leicht ironisch dargebotenen Hyperrealität gab.

2   Ken Adam in Uslan, Rachel: Creating the Looks that Thrill. Film designer Ken Adam will be honored for such work as 007's outlandish sets and Kubrick's War Room. *Los Angeles Times*, 2.3.2001, S.13. [„Dr. Strangelove ist zweifellos eine meiner wichtigsten Erfahrungen, denn es war und ist nach wie vor ein brillanter Film. Er ist nicht gealtert. Er hat alles, was ich mag. Eine schwarze Satire über ein für alle, die wir uns wegen der Kubakrise ängstigten, Furcht erregendes Thema."]

3   Der Film Dr. Strangelove ist hierfür exemplarisch, denn eine Vielzahl von Dialogen wurde von den Schauspielern spontan erfunden, erst im Prozess des Drehens festgelegt. Ein weiteres Merkmal für den freien Regiestil Kubricks ist der Umstand, dass er oft mit drei Kameras parallel drehte, um gerade jene aus dem Moment heraus entwickelten Dialoge in verschiedenen Einstellungen aus unterschiedlichen Positionen zu filmen, so dass er später beim Schnitt eine größere Freiheit mit dem Material hatte.

4   Kubrick, Stanley et al.: Shooting Script zu: Dr. Strangelove or: How I learned to stop worrying and love the Bomb, http://www.movie-page.com/movie_scripts.htm, letzter Besuch am 29.10.2003, o.S. [„Ein sehr großer Konferenzraum. Eine Wand besteht aus einer riesigen schalldichten Glasfläche, die den Blick auf die verschiedenen elektronischen Displays im War Room öffnet."] Im Shooting Script findet sich auch der Hinweis: „29 INT. WAR ROOM – (SEE PHOTO)". Das hier angegebene Beispielfoto entspricht vermutlich einem Bild, das sich nun im Nachlass Kubricks gefunden hat. Es ist wahrscheinlich, dass sich dieses Foto auf die Befehlszentrale der nordamerikanischen Luftverteidigung NORAD unter dem Cheyenne Mountain bei Colorado bezog. Adam äußert sich in diesem Zusammenhang: „Von NORAD hatte ich vielleicht ein oder zwei Fotografien, allerdings waren die dort verwendeten Kartenprojektionen, die eher mit kleinen Monitoren zu vergleichen sind, sehr langweilig und unspektakulär. Was ich wollte, war etwas Ironisches, Riesiges und dennoch Glaubwürdiges. Daher auch die Überdimensionierung der Karten, das Spiel mit der Übertreibung." Ken Adam im Interview mit dem Verfasser vom 31.5.2002.

5   Ken Adam in LoBrutto, Vincent: By design: interviews with film production designers. Westport 1992, S. 42. [„Es war mehr wie ein Amphitheater. Die zweite Ebene war eine Art Kontrollraum mit Glasfenstern mit Blick nach unten."]

6   Ken Adam in Smoltczyk, Alexander: James Bond. Berlin Hollywood. Die Welten des Ken Adam. Berlin 2002, S. 98.

7   Ken Adam in Sylvester, David (Hrsg.): Moonraker, Strangelove and other celluloid dreams. The visionary art of Ken Adam. Ausstellungskatalog. London 1999, S. 68ff. [„Ich spielte mit verschiedenen Formen, bevor ich auf eine Dreiecksform kam. Stanley unterbrach mich. ‚Ist das Dreieck nicht die stärkste Form in der Geometrie?', fragte er. Ich: ‚Da können Sie durchaus Recht haben.' Er: ‚Mit anderen Worten, es würde einen guten Bunker abgeben.' Ich: ‚Verstärkter Beton.' Er: ‚Ein riesiger unterirdischer Bunker, phantastisch.'"]

8   Für die anregenden Hinweise sei Kristina Bauer-Volke gedankt.

9   „Auch wenn mein Entwurf nur auf ein oder zwei Linien basiert, sind es oft die Unzulänglichkeiten dieser groben Skizze mit kühnen Licht- und Schattenspielen, aus denen eine interessante Komposition oder aufregende Atmosphäre erwächst. Schon die Rohskizze gibt mir eine Vorstellung von der dreidimensionalen Umsetzung. Danach zeichne ich genauere Entwürfe, den Grundriss, die Wandabwicklungen oder Modelle. Diese Methode ist für mich der kreativste Weg. Sie ist spontan und instinktiv." Ken Adam in: Landesmuseum für Technik und Arbeit in Mannheim (Hrsg.): Productiondesign: Ken Adam, Meisterwerke der Filmarchitektur. Ausstellungskatalog. Geiselgasteig, 1997, S. 62.

10 Schließlich war sie als finaler Entwurf nicht nur für die Kommunikation zwischen Regisseur und Produktionsdesigner gedacht, sondern galt für alle wichtigen Bereiche, die mit diesem Set zu tun hatten: Baubühne, Beleuchter, Requisiteur, Kameramann, Ton, etc.

11 Ken Adam in: LoBrutto, a.a.O., S. 42. [„Ich hatte in der Mitte einen Kreis für einen runden Tisch, und er sagte: ‚Könnten Sie den Tisch mit grünem Billardtuch überziehen?' Nun ja, es ist ein Schwarzweiß-Film. Ich sagte: ‚Klar'. Er sagte: ‚Es sollte aussehen wie ein Pokertisch; das sind der Präsident, die Generäle und der russische Botschafter, die um das Schicksal der Welt Poker spielen.'"]

12 Die Zeichnung ist 1999 im Rahmen der Ausstellung in der Serpentine Gallery (London) nochmals um cirka 28 cm in der Länge vergrößert worden. Dadurch wirkte der *War Room* noch gewaltiger und monumentaler, erhält aber keine wesentlich neuen Details.

13 Das endgültige Set war nach Adam cirka 12 m hoch, 30 m breit und 45 m lang.

14 Ken Adam in Smoltczyk, a.a.O., S. 102.

15 Es bedurfte einer Vielzahl von Versuchen, ehe die endgültige Ausführung dieser wichtigsten Lichtquelle des *War Room* feststand. Aufgehängt an einer achtarmig-netzartigen Vorrichtung, konnte der Lampenring durch dünne Seile gehoben und gesenkt werden, je nach Kameraeinstellung, ohne dass dies vom Zuschauer später bemerkt würde.

16 Ken Adam in Ettedgui, Peter (Hrsg.): Filmkünste: Produktionsdesign. Reinbek bei Hamburg 2001, S. 26.

17 Jung, Carl Gustav: Die Archetypen und das kollektive Unbewußte, Gesammelte Werke 1933-1935, Bd. 9, 1. Halbbd. Olten 1976, S. 149.

18 Mackintosh, Kevin: The man who made Bond. *Evening Standard Magazine*, 29.10.1999. [„Er ist das perfekte Epizentrum der nuklearen Vernichtung; so gedrängt und eingeschlossen wir ein Atomsprengkopf, und wie ein Atomsprengkopf hält er die Welt auf der Handfläche."]

19 Vgl. Lampugnani, Vittorio Magnago / Schneider, Romana (Hrsg.): Moderne Architektur in Deutschland 1900 bis 1950. Expressionismus und Neue Sachlichkeit. Ausstellungskatalog. Stuttgart 1994, S. 52.

20 Virilio, Paul: Krieg und Kino. Logistik der Wahrnehmung. Frankfurt a. M. 1989, S. 44.

Eintrittskarte zu einer Sondervorstellung, die wegen des Attentates auf Präsident Kennedy am gleichen Tag abgesagt wurde

COLUMBIA PICTURES
presents
A Special Preview of
PETER SELLERS · GEORGE C. SCOTT
in
STANLEY KUBRICK'S
DR. STRANGELOVE or: HOW I LEARNED TO STOP WORRYING AND LOVE THE BOMB
also starring
STERLING HAYDEN · KEENAN WYNN · SLIM PICKENS and introducing TRACY REED
Screenplay by STANLEY KUBRICK, PETER GEORGE & TERRY SOUTHERN · Produced and Directed by STANLEY KUBRICK
NEVER HELD
LOEW'S ORPHEUM
86th Street at 3rd Ave.
ADMIT ONE   FRIDAY
                   NOVEMBER 22, 1963
                   8:30 P.M.
THE DAY KENNEDY WAS SHOT

Ken Adam und Stanley Kubrick

„ALLES WAR MÖGLICH FÜR IHN"
Interview mit Ken Adam

Foto: Weegee

London, 1962. Stanley Kubrick sieht sich den ersten James Bond Dr. No an. Einige Zeit später kam es zu einer Begegnung mit dem Produktionsdesigner dieses Films. Warum wollte Kubrick sie treffen?
Er war beeindruckt von meiner Arbeit für Dr. No. Er hat das damals ganz offen gesagt – „dieser Designer ist der richtige für Dr. Strangelove". Kubrick hat mir zunächst in groben Zügen die Geschichte dieses Films erklärt, und wir haben dann viel darüber diskutiert. Zudem war er auch von meiner Lebensgeschichte, meinem Hintergrund fasziniert, meiner jüdischen Herkunft – er war ja auch jüdischer Abstammung –, von meiner Zeit in Deutschland und meiner Erfahrung als Kampfpilot in der Royal Air Force etc. Hinzu kam, dass ich während unserer Unterhaltung ‚scribbelte', zeichnete. Ich stellte die Dinge, die wir uns überlegten, sofort bildlich dar.

Was war Ihr unmittelbarer Eindruck von Stanley Kubrick bei dieser ersten Begegnung?
Als Allererstes fielen mir seine unbeschreiblich wachen und expressiven Augen auf. Er wirkte jung, bescheiden und doch temperamentvoll. Seine scheinbare Naivität war verbunden mit einer unfassbaren Neugier, alles wissen zu wollen bzw. zu hinterfragen, was auf die Dauer ganz schön anstrengend werden konnte. Stanley war zugleich auch ein unglaublicher Sympath. Ich war verwundert, da ich seine Filme wie Paths of Glory, Spartacus oder Lolita gesehen hatte und er als komplizierter Regisseur galt. Doch ich konnte mir gar nicht vorstellen, warum er einen solch schwierigen Ruf besaß. Das habe ich aber dann sehr schnell selbst herausgefunden ...

Stanley Kubrick kann man als Archetyp eines visuell arbeitenden Regisseurs bezeichnen. Wie würden Sie seine Vorgehensweise beschreiben?
Stanley war ein ausgezeichneter Fotograf. Er besaß damals eine kleine Olympus PenD und hat mir irgendwann auch so eine Minikamera geschenkt. Wir waren wie kleine Kinder und haben alles fotografiert. Gleichzeitig hat er mir dabei sehr viel über Fotografie, Licht und Kameraeinstellungen beigebracht. Bis auf das Zeichnen, was er Gott sei Dank nicht beherrschte, konnte er ja praktisch jede Arbeit beim Film selbst durchführen. Das war natürlich eine große Gefahr für alle, die mit ihm zusammen-

Notizen von Stanley Kubrick

Stanley Kubricks Skizze der Box zur Übertragung der Geheimcodes im B-52 Bomber

Burpelson Air Base

arbeiteten. Denn wenn jemand kam und sagte „Das geht nicht", dann war es schon aus! Alles war möglich für ihn, irgendwie hat er immer eine Lösung gefunden. Zugleich war er überaus intelligent, vergleichbar mit einem Schachspieler, der ein computerähnliches Gehirn besitzt. Kubrick hat immer versucht, alle Möglichkeiten durchzuspielen, um die optimale Lösung zu finden. Ich glaube, das ist auch der Grund, warum er nur so wenig Filme gemacht hat. Er wollte immer das Beste, sowohl inhaltlich, visuell, aber eben auch kommerziell. Das war meiner Ansicht nach zugleich auch sein größtes Problem. Es hat ihn unendlich viel Zeit gekostet.

„The sets and technical details will be done realistically and carefully. We will strive for maximum atmosphere and sense of visual reality from the sets and locations". Dieses Zitat stammt aus den „General Notes", die dem Drehbuch von Dr. STRANGELOVE vorangestellt waren. Wie realistisch waren die Sets wirklich?

Dieser Realismus stimmte vor allem für den B-52 Bomber und die Burpelson Air Base. Damals wusste ich weder, wie Atombomber beschaffen waren, noch wie das Innere einer B-52 aussah. Wir haben eine Menge recherchiert und fast alle Informationen und Details in Fachzeitschriften gefunden. Peter Murton, mein erstklassiger Assistent, konnte ausgezeichnet mit Schaltern und Displays und aller Art elektrischen Geräts umgehen. So war es uns möglich, das Innere des B-52 Bombers mit einer so genannten CRN 115 Geheimbox auszustatten. Später haben wir dann American Airforce Personal eingeladen, das Bomber-Set zu besichtigen. Bei dem Anblick sind die Jungs blass geworden und fragten: „Wo habt ihr die Informationen her?" Kurz darauf bekam ich ein Memo von Stanley: „You better know where you got your research from. We might be investigated by the CIA." Also muss das Set wohl ziemlich realistisch gewesen sein.

Ken Adam und Peter Murton

Aber auch hinsichtlich der Art und Weise, wie die Dinge gedreht wurden, versuchte Stanley so realistisch wie möglich zu sein. So wollte er, dass der Angriff auf die Burpelson Air Base absolut authentisch wirkte und drehte diese deshalb mit einer Arriflex-Handkamera selbst. Er wollte, dass diese Szenen wie in einem Dokumentarfilm wirken. Obwohl dieser Teil des Films nicht so bedeutsam war, musste dennoch jedes Detail stimmen. Im Grunde genommen waren das die zwei realistischen Sets des Films. Wir hatten ja nicht viele Sets. Der *War Room* hingegen war absolut nicht realistisch. Das Büro von General Jack D. Ripper war auch eine Stilisierung.

„ALLES WAR MÖGLICH FÜR IHN" ___ 89

```
                    18 December 196

     "DR. STRANGELOVE"
      S E T    C O S T S

(Supplied by Ken Adam as of 17 December 1962)

02 -  INT. GENERAL RIPPER'S OFFICE         £2,600
02 -  INT. HALL AND PHONE BOOTH               800
04 -  INT. ENTRANCE TO WAR ROOM AND CORRIDOR 3,300
06 -  INT. WAR ROOM                        10,000
08 -  INT. "LEPER COLONY" - Top and Lower Decks 5,000
08 -  INT. "LEPER COLONY" - Bomb Bay         1,500
10 -  INT. HOTEL BEDROOM                    1,200
12 -  INT. AIR COMMAND COMMUNICATIONS CENTRE )
14 -  INT. COMMUNICATIONS CENTRE BURPELSON   )
16 -  INT. BASE COMBAT OPERATIONS CENTRE     )  3,000
18 -  INT. AIR COMMAND H.Q. OPERATIONS CENTRE )
20 -  INT. SECTION OFFICERS' MESS. BURPELSON   500
                                           £27,900

      STRIKING  (5% of total)              £1,400

      MODELS
      EXT. MISSILE BASE (revamp to Doomsday Base) 2,500
      EXT. "LEPER COLONY" (Large and Small)        750
                                            £3,250
```

Wie entstand das Design für den *War Room*?

Das erste Mal, dass Stanley mir wirklich große Sorgen und Probleme bereitet hat, war, nachdem er zunächst die ersten Skizzen des *War Room* mit großer Begeisterung abgenommen hatte, die damals noch auf einem Two-Level-Set, einem Set mit einer Galerie basierten – vergleichbar einer Art modernem Amphitheater. Ich hatte bereits viele Wochen an dem Entwurf und der Vorbereitung dieses gigantischen Studiobaus gearbeitet, und plötzlich kommt Stanley zu mir und sagt: „Ach weißt Du Ken, das mit diesen zwei Ebenen, das funktioniert für mich nicht, ich brauche zu viele Statisten, und was soll ich mit denen überhaupt die ganze Zeit machen und dann die verdammten Kosten – es wird viel zu teuer! Überlege Dir doch etwas anderes ..." Das hat mich natürlich schockiert und in Riesenschwierigkeiten gebracht. So eine Arbeitsweise war mir bis dahin unbekannt, ich musste lernen, flexibler zu sein.

Welche Bedeutung und welchen Stellenwert hat für Sie heute der *War Room* innerhalb der unzähligen Filme, die Sie designt haben?

Wenn ich im Rückblick über mein Design nachdenke, so ist das Set des *War Room* wohl mein bestes Dekor, weil es trotz der Einfachheit so gut funktioniert hat. Es war vom dramatischen Standpunkt her außerordentlich wirkungsvoll, vom praktischen Standpunkt her war es völlig unrealistisch. Aber es lieferte den Schauspielern genau die Atmosphäre, die nötig war, um dieses Horrorszenario der atomaren Bedrohung zu vermitteln. Der *War Room* übertrug eine Art Klaustrophobie, die auch mich überraschte: dieser riesige, düstere Raum mit seiner enormen, schrägen Decke und dem spiegelglatten schwarzen Boden. Natürlich hat diese Übersteigerung und Verrücktheit auf allen Ebenen den ganzen Film akzentuiert und den Charakter dieser schwarzen Komödie mit geprägt. Kubrick war klar, dass ein Film über das Weltende durch einen atomaren Krieg nur als bitterböse Satire möglich war. Dies ist auch genau der Grund für den Erfolg von Dr. STRANGELOVE. Natürlich lebten wir in einer sehr realen Krise zu jener Zeit – der Kubakrise – und wir hatten verständlicherweise alle Todesangst, dass ein Atomkrieg ausbrechen könnte. Und trotzdem oder gerade deswegen hat er diesen Film auf diese Art und Weise dann gemacht. Sonst wäre es fürs Publikum unmöglich gewesen, diese Schreckensvision zu ertragen und das Ausmaß des Wahnsinns der beiden Supermächte zu begreifen.

Hat der *War Room* auch die Funktion eines zusätzlichen Schauspielers übernommen?

Er hat nicht die Funktion eines Schauspielers übernommen. Er war Teil der Funktion des einzelnen Schauspielers. Weil die Schauspieler sich regelrecht eingelebt hatten in dieser verrückten Atmosphäre. Das hat ihnen natürlich bei ihren Rollen geholfen. Und das hat auch mit den Schwierigkeiten zu tun, die ich in der Zukunft sehe, wenn man computergenerierte Bilder benutzt. Die Schauspieler stehen vor einem *blue screen* und haben absolut keine Atmosphäre. Es benötigt eine ganz andere Technik für den Schauspieler. Die Intensität des Spiels ist in einer Bluebox schwer zu erreichen.

Wie ist Stanley Kubrick am Set mit den Schauspielern umgegangen?

Obwohl er ein Gesamtkonzept verfolgte, ging Kubrick damals mehr und mehr dazu über, Szenen in immer neuen Varianten zu probieren, er ließ die Schauspieler improvisieren. Sein Favorit war Peter Sellers, er war der größte ‚Improvisateur'. Deswegen hat Stanley ihm auch so viele verschiedene Rollen gegeben. Bei Dr. STRANGELOVE hat er, glaube ich, damit begonnen, so viele verschiedene *takes* zu machen. Später war Kubrick dafür bei den Schauspielern gefürchtet. Aber bei Sellers lag das gerade an dessen großem Talent, bei jedem neuen *take* kam er mit einer anderen Idee. Bei ihm wusste man nie, was dabei herauskommt. Peter war genial in dieser Beziehung.

Die Figur des Präsidenten war die einzige Rolle, die er realistischer spielen musste. Als Kubrick anfing, die Szenen mit Präsident Muffley zu drehen, war ich gerade nicht am Set. Als ich ins Studio zurückkam, sah ich alle Techniker Tränen lachen. Peter, der mit der Rolle auch nicht zufrieden war, hatte einem

Peter Sellers Foto: Weegee

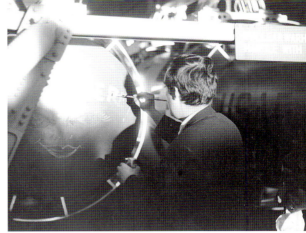

Entwurf von Ken Adam

Stanley Kubrick malt „Hi There" auf eine der Bomben.

Requisiteur gesagt, er solle ihm einen Asthma-Inhalator bringen. Er hat die Rolle zwei Tage mit diesem Inhalator und einer großen Erkältung gespielt. Es war phantastisch und furchtbar komisch. Aber dann hat Kubrick mich zur Seite genommen und gesagt: „Meiner Ansicht nach ist das wahnsinnig komisch, aber es passt nicht in den Film. Der Präsident der Vereinigten Staaten von Amerika muss der Einzige sein, der realistisch und einigermaßen normal ist."

War die Szene, in der Slim Pickens als Major T. J. Kong die atomare Weltvernichtung auslöst, von Anfang an geplant?

Nein! Das war einer dieser typischen Einfälle Kubricks. Das ergab große Schwierigkeiten für mich, weil das ganze Set bereits fertig und dieser Bombenschacht gebaut war, aber so, dass sich seine Klappen nicht öffnen konnten. Stanley wollte nun, dass Slim Pickens diese Atombombe wie einen *bronco* direkt in den russischen *missile complex* reitet und diese Szene in einer einzigen Sequenz gedreht wird. Wir hatten gerade mal 48 Stunden Zeit, damit die ganze Sache funktionierte. Also habe ich, wie immer in solchen Notfällen, meinen phantastischen Special-Effects-Mann Wally Veevers gefragt. Und tatsächlich, er hat es mit einer wilden Mischung aus Tricks geschafft, indem wir ein Schwarzweißfoto vom Inneren dieses Bombenschachts gemacht haben. Danach hat er die Bombentüren aus dieser Fotografie rausgeschnitten und die ganze Szene mit weiteren Fotografien und Zeichnungen der wirklichen Bombe, dem Bomben-Set und dem *blue backing* ‚zusammengezaubert'. Das Ergebnis war atemberaubend! *Stanley always wanted to achieve the maximum …*

Wie würden Sie die Privatperson Kubrick oder den Freund Stanley beschreiben?

Wir hatten ein sehr enges freundschaftliches Verhältnis. Er hat mir damals – soweit ich weiß – von allen seinen innersten Erfahrungen erzählt, und auch ich habe ein ungewöhnlich enges Verwandtschaftsgefühl für ihn empfunden. Aber zur gleichen Zeit habe ich instinktiv verstanden, dass das eine große Gefahr ist, wenn man so nah mit einem Regisseur, vor allem einem Regisseur wie Kubrick, verbunden ist. Er war genial, aber mit der ganzen Genialität kommen auch die anderen Probleme, und da hat man teilweise versucht, diese Probleme zu übernehmen, auf sich selber zu übertragen, um ihm zu helfen, um ihn zu schützen. Gleichzeitig hat er von Beginn an immer versucht, herauszufinden, woher meine kreativen Ideen kommen. Er wollte immer ganz genau wissen „what makes me tick?" Und das kann natürlich für längere Zeit sehr zerstörend auf einen wirken, wenn man fühlt, dass jede Linie, die man zeichnet, intellektuell gerechtfertigt werden muss.

Obwohl DR. STRANGELOVE ein großer Erfolg wurde und Ihr Design für viel Aufsehen und größten Zuspruch sorgte, haben Sie sich damals geschworen, nie wieder mit Kubrick zusammenzuarbeiten. Er bot Ihnen 2001: A SPACE ODYSSEY an, den Sie aber ablehnten. Erst nach etwa zehn Jahren, am 1. Januar 1973, sind Sie rückfällig geworden und übernehmen als Produktionsdesigner das Mammutprojekt BARRY LYNDON.

1972 arbeitete ich in Südfrankreich an einem Film mit dem Titel THE LAST OF SHEILA. Stanley hat mich immer gefunden – *nothing was impossible for him …* Er rief mich an und sagte: „Ken, ich möchte, dass Du BARRY

Mit George C. Scott in einer Drehpause

Ken Adam in seinem Atelier

Lyndon designst. Aber hör zu, ich kann Dir nicht deine übliche Gage bezahlen." Er versuchte immer, alles so günstig wie möglich zu bekommen, und am Ende wurde es immer das Teuerste ... Thank God, diesmal musste ich nicht mit ihm kämpfen. Ich sagte, „Du hast völlig Recht Stanley, ich bin absolut Deiner Ansicht, allerdings komme ich dann für dieses Projekt nicht in Frage". Einige Wochen später bekam ich wieder einen Anruf. Aber diesmal war da ein ganz anderer Stanley Kubrick am Apparat, irgendwie naiv und *charming* zu gleich. Er sagte: „Hör zu Ken, Deine Gage ist absolut kein Problem. Aber Du musst mir helfen! Der zweitbeste Produktionsdesigner der Welt schafft es nicht." Und da habe ich ja gesagt. Ich konnte mich nicht herausreden aus dieser Situation.

Wie war die gemeinsame Arbeit für Sie bei Barry Lyndon?
Es war ein Kampf von Anfang bis Ende. Wir hatten zwei völlig unterschiedliche Vorstellungen von diesem Film. Stanley wollte den Film so authentisch und so kostengünstig wie möglich machen. Er dachte, die beste Lösung dafür wäre, Barry Lyndon in der ‚Wirklichkeit', an Originalschauplätzen zu drehen. Das überzeugte mich in keinster Weise, denn ich wusste, wie teuer Außendrehs werden konnten und hatte deshalb auch vorgeschlagen, im Studio zu arbeiten. „Du darfst das überhaupt nicht mehr erwähnen. Der Film wird nicht im Studio gemacht. Wie kannst Du überhaupt den Realismus des 18. Jahrhunderts, beispielsweise eines *stately home,* im gebauten Set erreichen?", war Stanleys Antwort. Ich sagte darauf: „Vielleicht kann ich nicht den Realismus in jedem Detail erzielen, aber vielleicht kann ich es dramatischer, filmischer machen!" Aber Kubrick hat das nicht akzeptiert, er wollte etwas Neues, nie Dagewesenes – eine cineastische Zeitreise ins 18. Jahrhundert, mit jeder Menge original Patina. In diesem Zusammenhang muss man anmerken, dass ich ja Kubrick wirklich sehr gut kannte und so auch seine Eigenheiten und Neurosen, die sich nach Lolita und A Clockwork Orange entwickelt hatten. Zudem hatte er tatsächlich schreckliche Drohbriefe bekommen und sich dadurch extrem eingekapselt und in sein Haus zurückgezogen. Wie sollten wir einen Film *on location* drehen, wenn der Regisseur sich weigerte, sein Grundstück zu verlassen. Er hatte Hunderte von Büchern studiert, und trotzdem hat es etwa fünf Monate gedauert, bis ich ihn schließlich aus seinen eigenen vier Wänden herausbekam, um sich *locations* anzusehen. Es war von Anfang an ein absoluter Irrsinn, auch wenn das Ergebnis ein einmaliger Film geworden ist.

Der Roman *The Luck of Barry Lyndon* aus dem Jahr 1844 spielt in der Zeit des Siebenjährigen Krieges in Irland, England und Deutschland. An welchem Stil haben Sie sich orientiert, und wie haben Sie diese Periode vom gestalterischen Standpunkt aus gesehen?
Kubrick war auch ein Voyeur – ein guter Regisseur muss meiner Ansicht nach immer ein Voyeur sein. Und wenn also unsere Amateurfotografen mal das Innere eines Hauses gesehen haben und ihm was gefallen hat, war es zu meinem Leidwesen immer viktorianisch. Es hatte also wenig mit der *severity*, den schlichten, fast nüchternen Interieurs des 18. Jahrhundert zu tun. Wir hatten Riesendiskussionen und ich musste oft sagen: „Das und das kannst Du nicht benutzen. Das ist viktorianisch!" Woraufhin Stanley wie ein kleiner Junge reagierte: „Beweis es! Beweis es!" Es war nicht einfach ...

In einem Gespräch mit Michel Ciment haben Sie geäußert: „No design is worth doing it, if you just reproduce reality". Wie ist diese Aussage im Zusammenhang mit Barry Lyndon zu verstehen?
Stanley wollte, glaube ich, eine Art Dokumentarfilm des 18. Jahrhunderts machen. Der einzige Beweis waren die Gemälde von Künstlern wie Gainsborough, Hogarth, Watteau, Rolandsen, Chodowiecki. Er wollte aber nicht akzeptieren, dass diese Künstler das 18. Jahrhundert stilisiert und die Realität nicht

immer eins zu eins dargestellt haben. Ich war der Ansicht, dass mit einigen Fokuspunkten, d.h. wenn man zum Teil die Dinge stilisiert und visuell forciert, manchmal mehr zu erreichen ist, als wenn man alles nur im Original dreht. Insgesamt bestanden die Motive für das Haus von Lady Lyndon aus sechs oder sieben *stately homes*. Stanley nahm immer das Beste von jedem *stately home* und setzte es wie ein kompliziertes Puzzle zusammen. Deswegen wurde der Film unter anderem auch so unglaublich teuer, es war ein riesiges *patchwork* von Motiven. Ich hingegen war der Ansicht, dass man mehr mit Einfachheit und dramatischen Designs erreichen kann, als immer die Wirklichkeit an *original locations* zu drehen. Aber das war eben eine fundamentale Meinungsverschiedenheit, die ich mit Stanley hatte. Für mich war es immer interessanter, die Wirklichkeit zu stilisieren. Dennoch muss ich zugeben, dass BARRY LYNDON vom visuellen Standpunkt aus ein einmaliger und phantastischer Film ist.

Was ist unter „Kerzenstärke" in Verbindung mit BARRY LYNDON zu verstehen?

Das war ein Witz unter uns im Team. Kubrick wollte eben alles mit ‚Originallicht' des 18. Jahrhunderts, also mit Kerzenlicht drehen. Das hieß, dass ich billige Kandelaber aus Italien orderte. Eine Kerze hat einen Docht, aber es gibt auch Kerzen, die zwei oder drei Dochte haben. Also haben wir mit „candlepower" experimentiert. Obwohl die angeblich keine Tropfen hinterlassen sollten, haben sie natürlich alles vollgetropft. Wenn man das in wirklichen, wertvollen Zimmern gedreht hat, gab es so viel Hitze, dass wir Hitzeschilder einsetzen mussten, um die Decken und teilweise auch die Bilder zu schützen. Nichtsdestotrotz wurde alles bei Kerzenlicht gedreht. Damit dies möglich war, hat Stanley sogar eine spezielle Linse, ein neues Objektiv f0.7 eingesetzt. Für den Kameramann und mich war das mit enormen Problemen verbunden, gleichzeitig war es aber auch eine große Herausforderung. Am Ende hat diese Technik eine Qualität ergeben, die man mit wirklichem Licht nie hätte erreichen können. Kubrick war eben auch

BARRY LYNDON
Zu einem Panorama zusammengefügte Fotografien einer Drehortrecherche (Rothenburg o. d. Tauber). In das Bild wurden verschiedene Kameraausschnitte eingezeichnet.

immer ein Erfinder, ein Visionär. In jedem seiner Filme hatte er ein neues Konzept, mit einer revolutionären Neuheit – ob das die Zentrifuge in 2001: A SPACE ODYSSEY gewesen ist, ob das die Kerzenbeleuchtung für BARRY LYNDON war oder die Steadicam bzw. *remote controlled camera* in THE SHINING. Das waren alles seine Ideen, die in der Form bis dahin im Kino so nicht eingesetzt wurden. In diesem Sinne war Stanley auch ein großer Techniker.

BARRY LYNDON besticht auch durch die bemerkenswerten Kostüme und die beeindruckenden Perücken. Hatten Sie als Produktionsdesigner daran mitgearbeitet?

Stanley hat immer gesagt: „Du bist Produktionsdesigner, also bist du auch dafür verantwortlich die Kostüme zu ‚supervisen'. Manchmal war ich – weil wir die Kostüme selber gemacht haben – schon um sechs Uhr morgens mit Ulla Britt Søderlund, unserer schwedischen Kostümbildnerin, auf der Anprobe

Ryan O'Neal, Hardy Krüger und
Stanley Kubrick

Wolf Kahler (links), Patrick Magee,
(am Tisch rechts) und Ryan O'Neal,
(stehend)

Des Weiteren hatten wir eine Italienerin, Milena Canonero, die sehr viel Geschmack besaß. Wir schickten sie durch ganz Europa, um bei Auktionen echte Kleidung und Stoffe des 18. Jahrhunderts zu kaufen. Die Originalkleidung des 18. Jahrhunderts war viel zu klein für unsere Schauspieler. Es musste alles aufgetrennt und dann vergrößert oder neu angefertigt werden. Kubrick akzeptierte das Wort ‚Kostüm' nicht. Es waren Kleider, und die Schauspieler hatten sich an diese Kleidung zu gewöhnen, so dass sie sich absolut natürlich darin bewegten. Selbst in den Drehpausen durften sie unter keinen Umständen ausgezogen werden. Wir lebten also quasi im 18. Jahrhundert.

Ist es richtig, dass bereits gedreht wurde, während die Motivsuche noch nicht abgeschlossen war?
Das Problem war, dass wir nicht wussten, was wir am nächsten Tag drehen würden. Es war völlig gegen alle Vernunft. Aber Stanley dachte, *he was justified with his ideas*. Doch eines Tages kam er zu mir und sagte: „Was hieltest Du davon, Ken, wenn ich die Dreharbeiten beenden würde, um eine Pause zu machen?" Ich antwortete: „Also, wenn irgendein anderer Regisseur das machen würde, dann wäre das eine Katastrophe. Wenn Du das machst, mit Deinen Verbindungen zu Warner Bros. – *I think you will get away with it*." Kurze Zeit später unterbrach er die Dreharbeiten für sechs Wochen. Das gesamte Team wurde nach Hause geschickt. Er zog sich in ein entlegenes Haus in Irland zurück, und ich war der Einzige, der vom Team noch blieb, um ihm ‚beizustehen'.

Sie beide waren zusammen in einem Haus irgendwo in Irland und wollten den Film retten …?
Ja, wir haben weitergemacht bzw. angefangen die Geschichte neu zu überdenken. Aber meine Kraft war zu Ende. Ich wusste das zu diesem Zeitpunkt nicht, aber meine Frau Letizia hat das sofort gemerkt, als sie uns dort besuchte. Sie sah, dass ich nicht normal reagiert habe und mit den Nerven völlig fertig war. Ich hätte weiter gemacht, aber sie hat dann mit Stanley geredet, der sofort richtig darauf reagierte. Er hatte mich ja gerne und sagte: „Ken, Du musst jetzt einige Zeit Ruhe haben und die richtige Aufmerksamkeit, damit Du ganz schnell wieder gesund wirst!" Daraufhin bin ich nach London zurückgefahren und wurde dann erst richtig krank, und ich musste mich in die Behandlung eines sehr bekannten schottischen Psychiaters begeben.

Fotos: Christiane Kubrick

Marisa Berenson und Ryan O'Neal

Sie haben in Verbindung mit der Arbeit für BARRY LYNDON über Kubrick geäußert: „Wir sollten seinen Befehlen folgen wie Rommels fliegende Kolonnen. Er hatte etwas von einem Sadisten, besonders gegenüber den Menschen, die er liebte."

Wenn ich das gesagt habe, habe ich das eher im Sinn einer Ehe gemeint, die ja häufig mit einer Art Hassliebe vergleichbar ist. In diesem Zusammenhang kommt mir folgendes Erlebnis in den Sinn: Stanley hat sich in bestimmter Weise mit Napeoleon identifiziert, das ist gar keine Frage. Deshalb habe ich ihn immer wieder geneckt: „Stanley, don't talk too much about Napoleon, you know what they say about people who identify with Napoleon. It's the first sign of madness." Ein Teil von Stanleys Mentalität war die Faszination für die großen Schlachten und Kriege. Ein anderes Beispiel bezieht sich auf den Umgang mit den *second units* und wie er sie aus der Ferne ‚dirigierte'. So hat er den *second units* von 2001: A SPACE ODYSSEY alles in Geheimschrift telegrafiert, weil er Angst hatte, dass irgend jemand das kopieren könnte. In diesem Sinne hat sich Kubrick doch mit Napoleon eng verbunden gefühlt.

Es ist sehr schade, dass Stanley den *Napoleon*-Film nie realisiert hat. Ich hatte immer das Gefühl, dass dieses Projekt nicht nur mit großen Ambitionen verbunden war, sondern ein wirklicher Traum von Kubrick gewesen ist, dem er sich langsam angenähert hat. Das wäre ein Projekt gewesen, das ich zu gerne mit ihm gemacht hätte. BARRY LYNDON erschien mir in diesem Zusammenhang immer wie eine Art Generalprobe für *Napoleon*.

1978 kam es noch einmal zu einer ganz besonderen Art der Zusammenarbeit.
Ja, Stanley hat sich immer für die Bond-Filme interessiert, die ich damals entworfen habe. Die große Schwierigkeit bei diesen riesigen Sets bestand häufig in der Ausleuchtung. In THE SPY WHO LOVED ME gab es jenen Supertanker mit den drei U-Booten im Rumpf. Die Kameramänner hatten berechtigte Sorgen, dieses Set richtig zu beleuchten. Ein Geheimnis, das ich durch Kubrick bei DR. STRANGELOVE gelernt hatte, war, den Kameramännern soviel *source light* wie möglich zu geben. Kurz und gut, ich wollte für dieses gigantische Schiffs-Set Ratschläge zur Beleuchtung von ihm haben.

Stanley war über meine Anfrage entsetzt. Er könne doch nicht einfach in die Pinewood Studios gehen und mit mir die Beleuchtung durchsprechen – zumal er das auch dem Kameramann (dies war kein geringerer als Claude Renoir) nicht antun könne. Ich sagte: „*Come on,* Stanley, wir werden das als unser Geheimnis betrachten." Und so habe ich ihn an einem frühen Sonntagmorgen nach Pinewood gefahren. Keiner wusste davon, dass wir vier Stunden auf dem Set waren, dort herumkrochen und uns alles genau ansahen. Stanley war wie ein *boy scout* und hat mir sehr viel gute Ratschläge gegeben und sich wirklich als Freund, als großer Freund erwiesen. Wenn das rausgekommen wäre, das wäre für ihn und für mich eine Riesenkatastrophe, ein Skandal gewesen! Später haben wir uns natürlich ein Stück voneinander entfernt – *we drifted apart*. Seit 1980 war ich auch sehr viel in Amerika, und er machte seine Filme in Europa. Trotzdem sind wir immer Freunde geblieben.

Das Interview führte Boris Hars-Tschachotin.

Weegee zeigt Stanley Kubrick seine Rolleiflex-Kamera.

Im Fotolabor beim Vergrößern eines Porträts von Stanley Kubrick

TORTEN UND DISTORTIONS
Was machte der Fotograf Weegee am Set von Dr. Strangelove?

DANIEL KOTHENSCHULTE

„What is the recipe for these pictures? Ingredients: 1 creamed Peter Sellers, 1 strained George C. Scott, 1 Russian Ambassador, 1.560-lbs. Pastry, 960-lbs. Meringue, 240-lbs. Sponge cake, 240-lbs. filling cream, 75-lbs. crystalised fruit, 50-lbs. assorted nuts, 800 Aerosal containers of shaving cream."[1] Nach getaner Arbeit auf dem Set rührte das Pressebüro in den Töpfen, um die wohl spektakulärste Szene von Dr. Strangelove or: How I Learned to Stop Worrying and Love the Bomb, eine monumentale Tortenschlacht im War Room des US-Präsidenten, zum Medienthema zu machen.

Die Spuren der damaligen Berichte, einige wenige veröffentlichte Pressefotos und die Erinnerungen einzelner Beteiligter sind alles, worauf sich der legendäre Ruf der Sequenz heute stützt, denn bekanntlich wurde sie von Stanley Kubrick noch ganz am Ende des Herstellungsprozesses, nach zwei Testvorführungen, herausgeschnitten. Heute ruht die Filmdose gut verwahrt im Nachlass. Kubricks Wunsch, verworfenes Material aus seinen Filmen auch posthum unveröffentlicht zu belassen, wird von der Familie geachtet. Aber noch eine weitere Zutat der Tortenschlacht nennt die alte Pressemeldung in der beigefügten Bildunterschrift, und auch in diesem Fall blieb es die einzige Spur von einem der Rätsel des Films Dr. Strangelove – der Mitwirkung des Fotografen Arthur Fellig, genannt Weegee.

„Famous photographer Weegee demonstrates underwater camera to Peter Sellers. ‚No pie will get at this camera', says Weegee." – so ist das erste Setfoto beschrieben. Das nächste Foto hat dann folgende Unterzeile: „But a pie gets at Weegee."[2] Mehr wurde über diese bemerkenswerte Zusammenarbeit zweier Künstler, die jeweils in ihrem Metier stilbildend wirkten, nicht offiziell vermeldet. Eine Peter-Sellers-Anekdote immerhin wird noch kolportiert: Der Schauspieler nahm sich den deutschstämmigen Fotografen als Modell für den Akzent des Dr. Strangelove – eine Rolle, die Sellers im Folgejahr noch sehr erfolgreich in einer Reihe von Beatles-Coverversionen einsetzte: „She luffs you", bellte er da grimmig-drohend.

Weegee mit einer Vorsatzlinse zur Herstellung seiner „Distortion"-Fotos

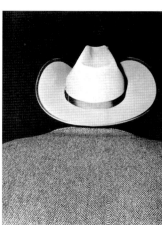

Slim Pickens

Rund hundert Papierbilder und Kontaktabzüge tragen den Stempel „Photo by Weegee". Die Bilder selbst sind nie zu Ruhm gekommen und finden sich in keiner Publikation zu einem der Künstler reproduziert. Es handelt sich hauptsächlich um *special shots* außerhalb der szenengetreuen Standfotografien oder der professionellen Rollenporträts der Darsteller. Offensichtlich genoss Weegee alle Freiheiten, das Geschehen nach seinen Vorstellungen einzufangen. Schon die Szenen, die er beobachtete, scheinen danach ausgewählt: Die anzügliche Bettszene zwischen General „Buck" Turgidson (George C. Scott) und Miss „Foreign Affairs" (Tracy Reed) korrespondiert mit den in Weegees späterem Werk häufig auftretenden Darstellungen greller Erotik burlesker Nachtclubsujets. Umfassender ist die Tortenschlachtszene dokumentiert, die Weegee Gelegenheit gibt, wie so oft in seinem Werk Menschen in grotesker Entstellung und ekstatischer Aktion abzubilden. Das zweitgrößte Konvolut sind Porträts des Regisseurs, vorzugsweise beim Blick durch die Sucher der unterschiedlichsten Film- und Fotokameras. Hier kann man sich fragen, ob das dauerhafte Festhalten jeder möglichen Variante eher Weegees Pflichtbewusstsein gegenüber seinem Auftraggeber geschuldet ist oder einem kollegialen Interesse entspringt, das ihn zahlreiche Fotografen porträtieren ließ.

Drew Hammond schreibt über das frühe Interesse des bereits im Teenageralter zum *staff photographer* der Zeitschrift *Look* aufgestiegenen Kubrick für den populärsten Bildreporter jener Zeit: „Der junge Kubrick hat Weegees Karriere interessiert verfolgt [...] und viele der frühen Fotos Kubricks zeugen in ihrer voyeuristischen Distanz, der Wahl der Sujets und sogar im Gebrauch der berühmten Infrarot-Filme ganz klar von Weegees Einfluß. Aber der scheue Teenager, der diese Fotos schoß, wirkt weit obsessiver, viel mehr bedacht auf Eingriffe, Inszenierung, Darstellung, Beleuchtung – auf größtmögliche Kontrolle des Bildes – gerade, wenn es die Illusion frischer Spontaneität vermitteln soll."[3]

Rainer Crone und Petrus Graf Schaesberg kommen zu einer anderen Bewertung des Weegee-Einflusses, wenn sie über den Fotografen Kubrick urteilen: „Sein Humor, seine mitfühlende Beobachtungsgabe und seine stilsichere Mitmenschlichkeit lassen etwa seine Portraits im Wartezimmer eines Zahnarztes zu einer lebenserfüllten Studie menschlicher Hinfälligkeit werden, sehr weit entfernt und unseres Erachtens kaum vergleichlich mit den schamlos direkten, perversen und unbarmherzigen Bloßstellungen von Weegee, der die gequälte und verwundbare Existenz seiner Objekte dokumentierte. Und doch scheint gerade der überrealistische, psychologisch sezierende und reportagenhaft überstrapazierte Blick Weegees Kubrick fasziniert zu haben, ohne daß er dessen traumatischen Voyeurismus teilte oder gar fotografisch kopierte. Aber es mögen Weegees sensible Wiedergabe von gesteigerter Obsession und reizbarer Schwäche menschlicher Abgründe ihren Wiederhall bei Kubrick gefunden haben, dessen

Charaktere in fast allen seinen späteren Filmen von einer außergewöhnlich existentiellen Psychologie bestimmt sind."[4] Man kann sich kaum vorstellen, dass Kubrick einer Bewertung Weegees mit dem kunsthistorisch schwer haltbaren Terminus der Perversion zugestimmt hätte. Die Autoren argumentieren auf verlorenem Posten, wenn sie einerseits einen Einfluss belegen wollen, anderseits aber auch keinerlei Belege im Gegenstand selbst finden können; Kubricks Reportagefotos erinnern zu keinem Zeitpunkt an Weegees typische Arbeiten, sie entsprechen dafür umso mehr einem Kollektivstil humanistischer Reportagefotografie, wie er sowohl in Look als auch in Life anzutreffen war.[5]

Aus welchen Gründen auch immer Weegee an dieser Produktion beschäftigt gewesen sein mag – der Werbung halber war er es wohl kaum. Nach der Pressenotiz über die Tortenschlacht taucht sein Name nie mehr in offiziellen Veröffentlichungen auf. Weder im Abspann noch in der offiziellen Kostenabrechnung wird er genannt. Bob Penn und Dimitri Kasterine stehen als einzige offizielle Standfotografen auf der Gehaltsliste im Nachlass (in dem sich allerdings auch Werkfotos des Magnum-Fotografen Nicolas Tikhomiroff befinden). Während Paul Duncan in seiner Kubrick-Biografie mitteilt, Weegee sei ebenfalls als Standfotograf beschäftigt gewesen, gehen die knappen Erwähnungen dieser Episode in der Weegee-Literatur von einer Anstellung als Berater der Special-Effects-Abteilung aus, beginnend mit Louis Stettners Filmografie im von ihm herausgegebenen Bildband Weegee (New York 1977). Tatsächlich findet sich ein anonymer technischer Berater auf der Schlussabrechnung der Produktion, der das vergleichsweise stattliche Honorar von 750 Pfund erhielt. Es spricht viel dafür, dass Weegee also nicht als Standfotograf angestellt wurde, sondern – wie in einigen anderen Filmproduktionen in Hollywood und Europa unmittelbar zuvor – als Spezialist für Trickfotografie.

Über eine besonders kuriose Episode dieses Nebenerwerbs schreibt Weegee in seiner Autobiographie – auch wenn man dabei glauben kann, er sei alleinverantwortlicher Gestalter der fraglichen bundesdeutschen Filmproduktion gewesen: des Märchenfilms DIE HEINZELMÄNNCHEN (Erich Kobler, 1956). „Ich stellte eine Kameracrew auf, eine Toncrew […] und dann eine Seelentrösterin für mich selbst. Wir brauchten zwei Zwerge für den Film, aber in München gab es keine. Als ich hörte, es gebe zwei in Hamburg, sprang ich auf eine Lufthansa-Maschine, um sie mir anzusehen […] Für einen meiner Spezialeffekte fotografierte ich die Tanzsequenz der Zwerge durch meine Kaleidoskoplinse, und statt zwei Zwerge zu zeigen, füllte ich die Leinwand mit hunderten. Der Produzent sparte eine Menge Geld – er hatte nur zwei Zwerge auf der Payroll."[6] Es ist nicht bekannt, ob die geschnittene Tortenschlachtsequenz entsprechende Aufnahmen enthalten hat. Die Kaleidoskoplinse setzte Weegee in einigen seiner Setfotos ein – möglicherweise mit Tracy Reed als Modell.

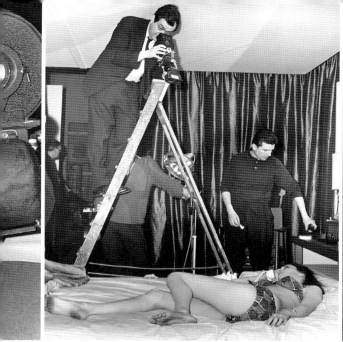

Stanley Kubrick (mit dem zum Motiver umfunktionierten Sucher einer Mitchell-Kamera) und Tracy Reed

Stanley Kubrick auf dem Boden des *War Room*

Peter Sellers, fotografiert durch eine von Weegees „Distortion"-Linsen

In der Nachkriegszeit hatte er zahllose Vorsätze und Prismen entwickelt, mit denen sich so genannte *distortions* herstellen ließen – Verzerrungen und Multiplikationen von Gegenständen, die, angewandt auf Porträts von Berühmtheiten, zu einem erklecklichen Geschäftszweig geworden waren. Weegee ordnete die Ergebnisse seiner Serie von *Photo Caricatures* zu und hielt sie – gestützt auf ein freundliches Kompliment Edward Steichens – für neu und einzigartig. Ihr hervorstechender Effekt allerdings ist eine an die Zerrspiegel der Rummelplätze erinnernde Dehnung oder Komprimierung einzelner Bildpartien, die für die Fotografiegeschichte von André Kertész bereits in den frühen 1930er Jahren erschlossen wurde – wenn auch nicht im Hinblick auf die grelle Karikatur von Berühmtheiten, sondern in der künstlerischen Aktfotografie. Oft hatten Weegees Fotokarikaturen keinerlei Bezug zu den anatomischen Besonderheiten der Porträtierten, deren Konterfeis eine spezifische Verfremdung geradezu übergestülpt wurde – wie im bekanntesten Beispiel der Serie, dem zu einem Würfel komprimierten Gesicht Marilyn Monroes.

Auch wenn weder ein Vertrag noch Korrespondenz im Kubrick-Nachlass erhalten sind, ist davon auszugehen, dass Kubrick Weegees damals in vielen populären Zeitschriften auf den bunten Seiten wiedergegebene Trickfotografie in einer bestimmten Produktionsphase als angemessen erschienen sein muss, seine als *nightmare comedy* angekündigte Farce ins Bild zu setzen. Die einzigen Trickaufnahmen, die Dr. Strangelove enthält, sind die ausgedehnten Flugaufnahmen und Major ‚King' Kongs (Slim Pickens) Ritt auf der Bombe. Wenn Weegee dennoch auf dem Set arbeiten durfte, als Setfotograf, den niemand benötigte und dessen Fotos schließlich ungenutzt zu den Akten gelegt wurden, so könnte dies tatsächlich für eine besondere Wertschätzung Stanley Kubricks gegenüber dem einstmals bedeutenden Pressefotografen sprechen.

Abgesehen von wenigen einzelnen Porträtarbeiten (Marilyn Monroe mit Kussmund, Louis Armstrong in der Garderobe) und der Greenwich-Village-Serie von 1952 war Weegees Spätwerk fast ausschließlich von der meist wenig glücklichen Trickfotografie bestimmt, deren Loblied er sang, ohne dass ein Kritiker hätte mit einstimmen wollen: „Ich hatte keine Konkurrenz, und niemand konnte mir das Wasser reichen. Ich konnte mit meiner Kamera alles anstellen. Nichts war mir unmöglich, und ich hatte einen dankbaren Markt für meine Arbeit gefunden."[7]

In Weegees später Schaffenszeit sind die Aufnahmen, die am Set zu Dr. Strangelove entstanden – ohne künstlerische Auflagen, umgeben von Berühmtheiten, deren Gesellschaft er liebte (auch der Set-Besuch von Cary Grant wurde auf zwei Bildern verewigt) – möglicherweise seine besten Arbeiten. Allein die Stanley-Kubrick-Porträts sind eine geistreiche Serie über die Rolle dieses spezifischen Fotografen-Regisseurs, stets auf der Suche nach dem idealen *frame*: Beginnend mit dem leeren Regiestuhl, endend

TORTEN UND DISTORTIONS ____ 99

Peter Bull

mit der imaginären Kamera des aus Fingern gebildeten Rahmens, präsentiert sich Kubrick auf diesen Bildern als professioneller Voyeur mit oder ohne technischem *equipment*: Auf der Leiter über der sich lässig rekelnden Miss „Foreign Affairs", an der Handkamera bei der pseudodokumentarischen Sequenz der Belagerung von Jack D. Ripper (Sterling Hayden), hinter dem Sucher der großen 35-mm-Kamera und dem Apparat des Standfotografen, mit unterschiedlichen *viewfinders* auf der Leiter und in Bodenhöhe. Genau genommen gehört auch die Großaufnahme der Agentenkamera des Russen in diese Serie über die Prothesen des Blicks. Bei jedem Kubrick-Porträt ist ein anderes optisches Werkzeug involviert, und in den beziehungsreichsten Aufnahmen geht es auch ohne: Da sieht man Kubrick durch ein Loch im Vorhang schauen, während das nächste Bild nichts als das Auge des Meisters in Nahaufnahme zeigt, umrahmt vom tarnenden Tuch. Allein dieses Porträt des Filmemachers als *Peeping Tom* ist die ganze Serie wert. Eine andere Aufnahme, die Kubrick im Schattenriss vor einem weißen Lichtstrahl zeigt, ist nicht weniger beziehungsreich, variiert sie doch eines der bedeutendsten Fotos, die es über das Kino gibt, Weegees frühere Abstraktion eines Projektionsstrahls. Eine direkte Wiederholung dieses Sujets versucht Weegee in den nur als Kontaktabzügen erhaltenen Aufnahmen aus der Mustersichtung. Ein bemerkenswertes Kubrick-Porträt auch das Bildnis des geheimnisvoll verhüllten Meisters, umspielt von der Materialität des Kinos, Licht und Schatten.

In der Porträtserie des Darstellers des russischen Botschafters, Peter Bull, variiert Weegee jene Spielart seiner Karikaturen, die ohne Tricks auskam – die Jagd nach der spektakulären Grimasse. Der irre-schreiende Gesichtsausdruck erinnert deutlich an Weegees Porträt der Klatschkolumnistin Hedda Hopper. Die Sellers gewidmeten *distortions* geben wenig Wesenstypisches wieder und bieten lediglich einen dekorativen psychedelischen Effekt. Eine originelle Abstraktion gelingt Weegee indes mit der Rückenansicht des Berufscowboys Slim Pickens, der auf dem Set nie ohne Texashut gesehen wurde.

Die Tortenschlacht in ihrem orgiastischen, enthemmenden, dabei ihre Protagonisten zur Unkenntlichkeit entstellenden Eigenleben wäre wohl ein ideales Weegee-Sujet. Seine Ausbeute ist quantitativ geringer als die der anderen Setfotografen. Immerhin glückt ihm eine perfekte Aufnahme eines auf den russischen Botschafter zielendenden Wurfgeschosses sowie ein schönes Selbstporträt mit verschmiertem Fotoapparat, das offenbar durch weiteren Tortenbeschuss erschwert wurde, wie weitere Versionen des Bildes nahelegen. Fünf Tage hatte man an der spektakulären Tortenschlacht gedreht, die dem Pressesprecher der Produktion nun Gelegenheit gab, in der Rhetorik alter Sandalenfilme zu schwelgen, deren Werbeanzeigen in der Regel lange Materiallisten schmückten: 3.000 Torten, 12 Köche, die auf das

Wurfmaterial 450 Arbeitsstunden verwandt hatten, sogar die Reinigungskosten von 500 Dollar täglich wurden vermeldet. Die stolze Bilanz: Peter Sellers wurde mit 89 Torten bedacht, George C. Scott mit 63. Auch Weegee ist bekanntlich nicht leer ausgegangen, auch wenn die Meldung über seinen tapferen Kampfeinsatz die einzige offizielle Veröffentlichung seines Namens bleiben sollte. Bis heute wenigstens.

Weegee inmitten der Tortenschlacht

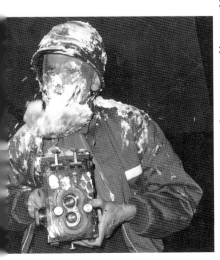

1. Aus einem Pressetext im Nachlass. [„Was ist das Rezept für diese Bilder? Man nehme: 1 cremig geschlagener Peter Sellers, 1 gerührter George C. Scott, 1 russischer Botschafter, 1.560 Pfund Feingebäck, 960 Pfund Meringue, 240 Pfund Biskuitkuchen, 240 Pfund Cremefüllung, 75 Pfund kandierte Früchte, 50 Pfund Nüsse, 800 Sprühdosen Rasierschaum."]
2. [„Der berühmte Fotograf Weegee demonstriert Peter Sellers seine Unterwasserkamera: ‚Keine Torte wird diese Kamera erwischen', sagt Weegee." … „Aber eine Torte trifft Weegee."]
3. Hammond, Drew: ‚Ganz gelassen zwischen Seance und Schachspiel'. Biografische Notizen zu Stanley Kubrick (1928-1999). In: Rainer Crone / Petrus Graf Schaesberg (Hrsg.): Stanley Kubrick. Still Moving Pictures. Fotografien 1945-1950. München 1999, S. 202.
4. Crone, Rainer / Graf Schaesberg, Petrus: Still Moving Pictures. In: Crone / Schaesberg 1999, a.a.O., S. 26.
5. Wenn dennoch gefolgt wird, das Empfinden einer „gewissen künstlerischen Verwandtschaft" möge Kubrick bewogen haben, Weegee als *still photographer* für DR. STRANGELOVE zu engagieren, ist dies reine Spekulation; ebenso wie ihre relativierende Einschätzung, der „bekannte, wenn nicht berühmte" Name eines Fotografen habe für den Film einstehen und ein „spezifisch-künstlerisches Idiom" einbringen sollen. Erstens ist es fraglich, ob Kubrick die Reportagefotografie überhaupt als Kunstform ansah; zweitens spricht einiges dagegen, dass Weegee, auch wenn er am Set fotografierte, überhaupt als Standfotograf engagiert war; und drittens blieben seine Fotos unveröffentlicht (die Aufnahme mit Sellers, Kubrick und Filmklappe erschien 1997 in Barth, Miles: Weegee's World. New York, Boston, London 1997, S. 247).
6. Fellig, Arthur: Weegee by Weegee. New York 1975, S. 142f.
7. Tatsächlich nahm Weegee in jener Zeit jeden sich bietenden Job an. In einem Undergroundfilm spielte er einen alten Mann mit einer Obsession für Schaufensterpuppen. Im offiziellen Film zur Brüsseler Weltausstellung sieht man ihn als chaplinesken Trunkenbold im Smoking, der seine Füße im Brunnen wäscht. Er schoss Werbefotos für Hotels zur Begleichung seiner Logierkosten, hielt Vorträge in kleinen Fotogeschäften, vor denen Schilder mit der Aufschrift „Weegee the Famous has arrived" um Kunden warben. Während seine revolutionären New Yorker Nachtaufnahmen längst in Vergessenheit geraten waren, stand sein Name schließlich nur noch für fotografische Karikaturen von Berühmtheiten. Als ihm ein Gehirntumor attestiert wurde, arbeitete er weiter und verkaufte Bilder bis zu seinem Tod im Jahre 1968.

Requisitenhalle in den Shepperton Studios

DESIGNING THE FUTURE
Zur pragmatischen Prognostik in 2001: A Space Odyssey

VOLKER FISCHER

2001: A Space Odyssey ist ein maßloser Film: In seinem Plot, in seiner Ausstattung, seiner technischen Brillanz und nicht zuletzt in seinem Budget. In seiner stilgeschichtlichen Ästhetik und Positionierung ist er eine Fortschreibung der klassischen Moderne mit anderen Mitteln, um nicht zu sagen, der hellen, sauberen technischen Zukunft, die gerade in den 1960er Jahren immer noch Abbild und Projektion der ‚weißen Moderne' der 1920er Jahre eines Le Corbusier und des Bauhauses war. Walter Gropius konnte noch sagen: „Kunst und Technik: eine neue Einheit!" Dieser bereits auch von den 1960er Jahren aus naiv anmutende Fortschrittsglaube wird durch Kubrick von innen heraus dekonstruiert. Denn der weißen, aufgeräumten, stereometrischen Moderne des Equipments in 2001: A Space Odyssey – von den Interieurs der Raumschiffe bis zu den *touch screens* der Steuerkonsolen und Raumanzugtastaturen – steht die strenge, nichthumanoide Logik des Supercomputers HAL und auch des Monolithen selbst gegenüber: Beide sind ‚Geschöpfe', Strukturen, die zwar rational erfassbar sind und durchaus auch als ‚rechtwinklige' Entitäten im Sinne visueller Erfassbarkeit dargestellt werden, beide aber verweigern die anthropozentrischen Folgerungen dieser ihrer visuellen ‚Vertrautheit'. HAL, der rationale Computer, wirkt irrational und menschenfeindlich, weil er seine Eigenexistenz bedroht sieht; der Monolith, außerirdischen Ursprungs, ist Garant einer höherentwickelten Zivilisation, die die Entwicklung der Menschen beobachtet und beeinflusst.

Die von Kubrick angekündigte Perfektion in filmtechnischer Hinsicht, vor allem aber im Hinblick auf die Weltraum-Simulationen sowie die Lifestyle-Prognosen für das Jahr 2001 (also gut drei Jahrzehnte in die Zukunft hineinprojiziert), zog nicht nur die renommiertesten Spezialisten der damaligen Weltraumforschung an, sondern erforderte die fachliche Kompetenz vieler Produktentwickler einschlägiger Unternehmen, mit denen Kubrick Kontakt aufnahm. Die Liste der beteiligten Fachleute in den verschiedenen Ausstattungsfeldern zeugt von der hohen Professionalität und dem Stellenwert, den Kubrick der Visualisierung dieses projizierten ‚Übermorgen' einräumte. Insgesamt waren weit über hundert Spezialisten zirka vier Jahre lang für diesen Film tätig. Naturgemäß stellten die Simulation zukünftiger Raumschiffe und Orbitalstationen, ihre Bewegung im All und die Schwerelosigkeit der Astronauten die filmtechnisch größten Herausforderungen dar. Gleichzeitig aber wurden diese Simulationen im ‚Hier und Jetzt' plausibel gemacht durch das innere Ambiente der Raumschiffe, das technische und persönliche Equipment der Protagonisten, ihre Wohn-, Nahrungs- und Hygienegewohnheiten. Die Utopie verankerte sich im nachvollziehbaren Weiterdenken der Gegenwart und ihrer Dingwelt; sie war im vollen Sinne des Begriffs eine konkrete Utopie, obwohl sie vollständig fiktional ist. Aber, wie Hartmut Redottée sagte:

„Auch Fiktionen sind Dokumente. [...] Der Erfolg eines Films hängt im wesentlichen davon ab, wie weit Moden, Haltungen, das Ambiente dem Zeitgeist entsprechen. Der Besucher sieht in dem Gesehenen nicht nur Abbilder sondern auch Vorbilder. Und im Rückblick werden die Bilder der Vergangenheit Erinnerungsbilder an die vergangene Zeit. Kaum kann ein Dokumentarfilm den Stil, die Vorstellungen und Wünsche so authentisch wiedergeben, wie sie uns in Spielfilmen wie etwa ‚2001. A Space Odyssey' (1968) als Konzentrat des Zeitgeschmacks vorgestellt werden."[1]

Und ein Entscheidendes kommt hinzu: Der Film hat eine mythologische Struktur. Bereits 1957 schrieb der französische Strukturalist Roland Barthes in seiner berühmten Essay-Sammlung *Mythen des Alltags*: „Das Objekt ist der bessere Bote der Übernatur: Es gibt im Objekt zugleich eine Vollkommenheit und ein Fehlen des Ursprungs, etwas Abgeschlossenes und etwas Glänzendes, eine Umwandlung des Lebens in Materie (die Materie ist magischer als das Leben) und letztlich: ein Schweigen, daß der Ordnung des Wunderbaren angehört."[2] Stanley Kubricks 2001: A SPACE ODYSSEY scheint in vielerlei Hinsicht der Barthes'schen Einsicht zu entsprechen. Er erzählt in mythologisch-religiöser Weise von einer bemannten Raumfahrtexpedition zum Jupiter und einem sprechenden, gefühlsbegabten Computer. Er erzählt vom Beginn der Menschheit bis hin zum schlussendlichen Entstehen eines Übermenschen, eines *Starchilds*, der Wiedergeburt des einzig übrig gebliebenen Astronauten. Auch in 2001: A SPACE ODYSSEY spielen die Objekte, die Gegenstände des Gebrauchs, die Maschinen, Geräte und Interieurs tragende, realitätsdominierende, wenn nicht realitätsdefinierende Rollen; auch hier sind diese Objekte dem Stand der damaligen Technik entsprechend vollkommen; auch hier sind sie abgeschlossen und wirken magischer als das Leben selbst. Auch hier gibt es dieses wunderbare Schweigen, von dem Barthes spricht. Nicht nur damals zu seiner Entstehungszeit, sondern vielleicht mehr noch von heute aus erschließt sich diese mythologische Struktur des Films. Die Designhistorikerin Gerda Breuer bescheinigt dem Film denn auch eine mediale Mythisierung des Designs:

„2001 – Odyssee im Weltraum [...] war nicht einfach nur ein grandioser Science-fiction-Film. Er war auch nicht das, was sich die amerikanischen PR-Strategen der Kennedy-Ära erhofften: die Einstimmung in die Technikeuphorie des *american dream*, der Mondlandung durch die Amerikaner. Die cinematografische Imagination korrespondierte vielmehr mit den Alltagsmythen der 60er Jahre. Dazu gehörte die Hippie- und Studenten-*drug culture* ebenso wie jene Lust am Unheimlichen des Kalten Krieges, der auch die Faszination für *James Bond*-Filme stimulierte. [...] Dazu gehörte das von Marshall McLuhan neugeweckte Interesse an Medialem. Der Film zeigt auch den hohlen Perfektionismus der 60er und dessen ästhetische Zelebration. Ein Mythensynkretismus. Ein Sammelbecken und eine Feier konfligrierender Obsessionen der 60er. [...] Es gab wenig Handlung, keine Narration, und doch schienen sich gewaltige Dinge zu ereignen – was allerdings, wußte niemand so recht. Das Cinerama-Spektakel war bedeutungsschwer, immerhin die Menschheitsgeschichte umfassend, und doch trivial – die Verknappung des *match cut* der in die Höhe geworfenen Knochenwaffe des Menschenaffen zur Raumschiff-Szene, schwebend im All, wurde zwar ein Bravourstück für Cineasten, ließ aber jegliche Erklärung für die Verkürzung des Übergangs von frühem Menschheitsstadium in die interplanetarische Expedition offen."[3]

Aber: Offenbar hat hier die Fachwissenschaftlerin gerade nicht die auf ihr Gebiet bezogene immanente Sprengkraft und Provokation gesehen. Denn der hochgeworfene Knochen am Anfang des Films ist die zugleich triumphale wie entfremdende Entäußerung einer Kreatur, die Werkzeuge entdeckt hat: Macht Euch die Erde untertan! Das kann man auch lesen als den Beginn aller Formgebung, allen Designs, also als den Beginn instrumenteller Vernunft (und eben in der Folge dann oft: eher Unvernunft). Dass der Fortschritt technisch, sozial, politisch, moralisch, auch ästhetisch fast immer blind ist, ist weit mehr als nur Programm und Glaubensbekenntnis aller Maschinenstürmer und Zeitgeist-Melancholiker. Es ist vielmehr die erfahrungsgesättigte Erkenntnis aller menschlichen Geschichte schlechthin – und auch die stellt 2001: A SPACE ODYSSEY auf den Prüfstand.

Vielleicht nur die späteren Science-Fiction-Filme ALIEN (Ridley Scott, 1979) und BLADE RUNNER (Ridley Scott, 1982) haben ähnliche mythologische Kraft entwickelt: Der erste erzählt von kaum noch unterscheidbaren künstlichen Doppelgängern des Menschen, sogenannten Replikanten, der zweite von außerirdischen Monstern, die in ihrer perfiden Perfektion die Unterscheidung zwischen Biologie und Technik in einen sinistren Albtraum verwandeln. Beide Plots wären Kubrick völlig fremd gewesen. Seiner Utopie wollte er einen technisch-rationalen Kern geben. Buchstäblich nichts wurde einfach nur von Set-Designern imaginiert, nein, da war der ‚harte Kern' der Firmenspezialisten gefragt. Um die spezielle designhistorische Provenienz, Prominenz und Wirkungsgeschichte der im Film verwendeten Ausstattungsdetails zu würdigen, beschreibe ich sie im Folgenden jeweils in gattungsspezifischen Zusammenhängen.

Raumfahrzeuge: *Mission Possible*

Die tricktechnisch größten Anforderungen stellten die verschiedenen Raumfahrzeuge dar. Die Raumschiffmodelle von Harry Lange waren so genau, dass sie tatsächlich hätten fliegen können. Der an ihrem Bau beteiligte und später für viele Science-Fiction-Ausstattungen anderer Filme dann berühmte Douglas Trumbull beschreibt die Besonderheiten: „The models in ‚2001' are probably the most precisely detailed ever constructed for a film. As soon as the overall design was completed on each model, construction was begun to produce the basic form of that spacecraft, and this process often took several months. Then the arduous task of detailing and painting the model would begin. Massive crews of model detailes worked around the clock for several months to produce the finished result."[4]

Im Laufe des Films werden sechs verschiedene Transport- und Reiseeinheiten für den Weltraum gezeigt, die jeweils Paradigmen für die verschiedenen Formen extraterrestrischen Verkehrs sind. Am dichtesten am ‚Hier und Jetzt' der Mittsechziger Jahre ist jenes Pan-Am-Shuttle Orion, welches zwischen Erde und der Raumstation im Orbit verkehrt; ein Atmosphärengleiter, der auch in der Stratosphäre funktioniert und deshalb wie ein Flugzeug Delta-Stummelflügel aufweist. Die prinzipielle Konstruktion gleicht der eines Abfangjägers, sagen wir eines Starfighters oder Phantom-Jets. Im Inneren gibt es die typischen Doppelsitzreihen normaler Passagierflugzeuge. Kubrick benötigt nur eine Handvoll futurologischer Details, um drei Jahrzehnte imaginativ zu überspringen: zunächst Minibildschirme, die in den Rückenlehnen der Sitze integriert sind (und inzwischen seit über 15 Jahren zum Standard aller First-Class-Abteile in Passagierflugzeugen gehören); dann die von Pan Am gesponserte und von Tony Masters und seiner Mannschaft kreierte Softline-Anmutung der Sitze und Kabinenverkleidungen; schließlich die Kleidung der Stewardessen, entworfen von Hardy Amies, die progressiver wirkt als die damalige Gegenwart, obwohl auch sie deutlich von ihr beeinflusst ist; schlussendlich den schwebenden Lesestift, der die Schwerelosigkeit anzeigt.

Das Shuttle dockt an der Doppelrad-Raumstation Space Station Five an, die 1.000 Fuß Durchmesser suggeriert, aber als Modell lediglich acht Fuß Durchmesser hatte. Sie könnte dereinst im All nachgebaut werden. In den Felgen und Speichen des rotierenden Kunstgestirns ersetzt die Fliehkraft die fehlende Gravitation. Dort wird Dr. Floyd, der einzige Passagier des Shuttle, in die Passenger Lounge gebracht,

Modell der Orion

Passagierkabine der Orion

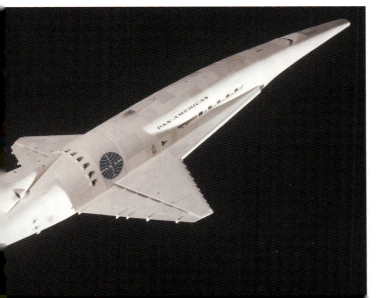

Gary Lockwood

Die Orion kurz vor dem Andocken an die Space Station Five

Die Aries B beim Landeanflug auf die Mondstation

in der er auf den Flug zum Mond wartet. Dieser Transit im Orbit wirkt wie der Empfangsbereich einer veritablen Werbeagentur. Das im Filmstudio aufgebaute Segment der Raumstation mit der Passenger Lounge war ein Ausschnitt aus einer der Radfelgen und als Modell 300 Fuß lang und nahezu 40 Fuß hoch. Gar nicht zurückhaltend erscheint der Hotelname „Hilton" im Bild und die Lounge heißt „Earth Light Room". Amerikaner und Russen, die sich hier treffen, sitzen zusammen wie in einem Fastfood-Restaurant, welches ebenfalls deutlich seinen Schriftzug „Howard Johnson's" zum besten gibt. In der Lounge sitzen auf „Djinn"-Sesseln von Olivier Morgue amerikanische und sowjetische Militärs, die sich offenbar über Militärisches unterhalten, aber auch belanglose Alltagskonversation betreiben. An den Wänden sieht man Hinweise auf *picture phones*, auch sie damals noch eine bloße Vision. Die Taschen der Damen sind kyrillisch mit „Aeroflot" beschriftet, ihr ‚kleines Schwarzes' allerdings ebenso wie die Straßenanzüge der Herren sind von konservativer Belanglosigkeit. Die *leisure-time*-Atmosphäre der Lounge ist ein visuelles Zeichen dafür, dass die Orbit-Raumstation sich noch in der gewissermaßen psycho-physischen Anziehungskraft der Erde befindet. Kubrick differenziert hier sehr genau: je weiter weg vom Globus seine Protagonisten sich befinden, je fremder, neuer, utopischer wird das sie umgebende Ambiente. Schon die nächste Etappe der Reise ins damals noch Unbekannte, der Flug von der Orbit-Raumstation zum Mond, zieht die ‚Schraube des Fremden' weiter an. Die Landefähre Aries, ein kugelförmiger, nach unten zu den Antriebsaggregaten hin abgeplatteter Körper, erinnert nicht zufällig an Quallen, Sporen, also in einem entsprechenden Fluidum sanft absinkende Körper. Zum Landen hat sie ausfahrbare Teleskopbeine, auch dies eine bei der realen Mondlandung benutzte Technik. Auf dem Mond im Übrigen, der nach

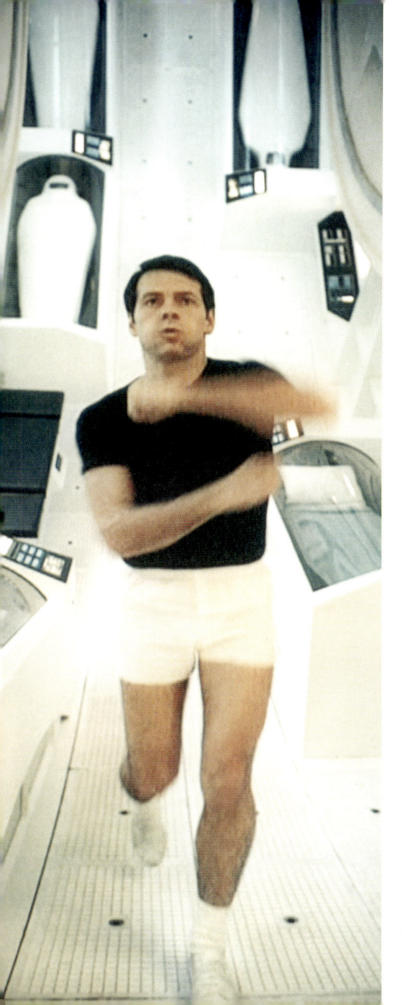

Kubrick bereits im Jahr 2001 offenbar über eine erkleckliche Anzahl von Mondhabitaten verfügt, verkehren schwebende Taxis, die sich der Regisseur gewissermaßen als Mondbusse ohne Räder vorstellte: kubisch-rektangulär und mit einer deutlichen nostalgischen Anspielung auf die 1950er Raumfahrzeuge von *Buck Rogers*.

Nun aber, vom Mond aus startend, beginnt die eigentliche Herausforderung für die Menschheit (und, so könnte man sagen, für den Modellbau und die Simulationskünste der am Film beteiligten Unternehmen). Die Discovery ist auf dem Weg zum Jupiter, auf den die Signale des Monolithen hinweisen. Eine Mission, wie sie die Erde noch nicht gesehen hat. Fünf Astronauten gehen auf die Reise, drei davon im Tiefschlaf, und nur einer wird diesen Trip, allerdings völlig verändert, überleben. Die Discovery ist eine additive, durchaus störrische Struktur, die an ein Fischskelett erinnert: mit Kopf, Schwanz, Flossen und Grätengerippe. In der Realität wäre sie 300 Meter lang, das Modell wurde immerhin im Maßstab 1:10, also mit einer Länge von 30 Metern gebaut. Der Kopf dieses Raumschiffes ist die eigentliche große Steuer- und Aufenthaltszone, der Schwanz sind die drei sechseckigen Schubaggregate, den Mittelteil bilden zehn linear angeordnete Versorgungseinheiten. Nicht zuletzt ergab sich diese additive Form aus der logischen Überlegung, dass es im Weltraum nicht einer Stromlinienform bedarf, da es ja keinen Luftwiderstand zu überwinden gibt. Auch dieser Gedanke hat im Folgenden die meisten späteren Science-Fiction-Filme beeinflusst.

Die große Steuer- und Aufenthaltszone in Form einer riesigen Kugel ist jener Raum, dem Kubricks besondere Aufmerksamkeit gilt. Das mit buchstäblich Tausenden von Details ausgestattete Modell wurde von einer Modellbaucrew in monatelanger Arbeit hergestellt. Um eine künstliche Schwerkraft im schwerelosen Raum zu erzeugen, rotiert dieses zentrifugale Element mit drei Meilen pro Stunde. Das Modell der Zentrifuge hatte 38 Fuß Durchmesser, zirka zehn Fuß freien Innenraum, der zum inneren Horizont nach beiden Seiten sanft konkav ansteigt. Das begehbare Modell kostete 750.000 Dollar und wurde von der britischen Vickers-Armstrong Engineering Group gebaut. In der Zentrifuge sind die beeindruckendsten Interieuraufnahmen möglich, weil sich Oben und Unten, Vorder- und Hintergrund nicht nur relativieren, sondern buchstäblich ad absurdum führen und zudem Effekte der Schwerelosigkeit nachzuahmen sind. Alle Dimensionen sind in dem Endloskreis der Zentrifuge relativ geworden: so wie die gesamte menschliche Entwicklung, der Fortschritt, die Rationalität selbst, in diesem Film relativiert werden. Und doch ist dieses ‚Hamsterrad' auch Hort und Heimat gegenüber dem physikalisch feindlichen Weltraum; durchaus ein Ort der Arbeit und Anstrengung, der nur durch tätiges Engagement funktioniert.

DESIGNING THE FUTURE _____ 107

Mond, Sonne und Monolith

Aber auch das ‚Privatleben' kommt keineswegs zu kurz: Man hat Zeit für Video-Geburtstagswünsche an das Kind auf der Erde, für die üblichen Nachrichtensendungen, für Schachspiel und Freizeitsport, für Jogging und Relaxing auf Softliegen, für die Auswahl der am Computer wählbaren Speisen und Getränke. All das aber zeigt, dass die Discovery ein autarkes System ist, ein sich ständig regenerierender Mikrokosmos im Makrokosmos, der nur von innen (das heißt psychologisch) aber nicht von außen (das heißt physikalisch) in Frage gestellt werden kann. Neben Freizeit- und Arbeitsbereichen sind in dieser Zentrifuge auch die sarkophagartigen, ebenfalls von Vickers mitentworfenen Tiefschlafbehälter angeordnet, in denen drei Astronauten auf das Ende der Reise warten.

Sowohl das Modell der Discovery, jedenfalls die kugelförmige Kommandozentrale, wie dann auch das Modell der kleinen Pod-Rettungseinheiten sind begehbar, das heißt im Maßstab 1:1 gebaut. Vor allem die Schleuse, die vom Kopfmodul aus den Zugang zum Weltraum ermöglicht, wirkt von heute aus smart und overdesigned. Das einstige Ziel eines futuristischen Optimismus hat sich heute mit Sicherheit auch bei der NASA verlagert von einer besonders avancierten Hardware hin zu den ganzen neuen Möglichkeiten elektronischer Vernetzung und Software – zur damaligen Zeit unvorstellbar.

Die kleine Rettungseinheit, jenes *one-man-pod*, für Reparaturen außerhalb des Mutterschiffs oder auch für bordnahe Erkundungsflüge geeignet, hat die Form eines Kegelstumpfes mit zwei großen Greifzangen. Die Assoziation an Krebse oder Skorpione stellt sich ein, obwohl diese Rettungseinheit äußerst

VOLKER FISCHER

Mondstation, im Hintergrund die Erde

technologisch aussieht, in strahlendem Weiß daherkommt und innen wie außen technoide Binnenstrukturen aufweist. Ein bemannter ‚Greifer' also für Aufräumarbeiten, klein, mobil, wendig; eigentlich eine ‚Spore' des großen Raumschiffs und damit nicht zuletzt auch eine Vorwegnahme jener schwirrenden, fast nervösen ‚Einmann-Technowespen', die in der Star Wars-Serie das majestätische Mutterschiff bienenschwarmartig begleiten. Damit aber schließt sich der Kreis zum ‚ersten Werkzeug' der Menschheit, dem Knochen der Steinzeit am Anfang des Films. Auch dieser zangenbewährte ‚Techno-Krebs' ist ein Werkzeug, mit dem aktiv die Umgebung ‚bearbeitet' werden kann. Damit erweist sich die tätige, direkte Einflussnahme des Menschen mit seinen die Hand verlängernden Geräten letztlich als den digitalen Computern mit ihren Displays und Bildschirmen, ihren Funktionsgrafiken und Datenströmen überlegen. Und die ‚Handarbeit' triumphiert im Übrigen auch über den Supercomputer HAL, der analysieren, beobachten, sogar sprechen kann, dessen Handlungsmöglichkeiten aber eben immer indirekt bleiben. Er ist gefangen in seinen elektronischen Schaltkreisen, die ihm zwar ermöglichen, vier der fünf Astronauten umzubringen, ihn dann aber doch nicht davor bewahren, dass der fünfte ihn schließlich von Hand ‚lobotomisiert'. Dass Denkvorgänge, ja die menschliche Intelligenz selbst sich reziprok zu den Fähigkeiten der Hand als Werkzeug entwickelt haben, hat der Designphilosoph Otl Aicher eindrücklich beschrieben:

„die relationen zwischen denken und körperlichkeit sind so eng, dass das, was im denken geschieht, vornehmlich in der sprache der hände beschrieben wird. geist ist offenbar nicht so sehr in der transzendenz angesiedelt als in der hand. weil die hand greifen kann, kann auch das denken begreifen, weil die hand fassen kann, erfassen wir auch etwas in unserem kopf, weil die hand etwas vor uns hinstellen kann, können wir auch etwas durch denken darstellen. [...] etwas begriffen haben, ist nicht nur eine bildliche analogie mit dem tatsächlichen greifen. die kultur des denkens setzt eine tatsächliche kultur der hand voraus, einen umgang mit der hand als einem subtilen, sensitiven organ. wenn die hand sich entfalten darf, wenn sie nicht nur arbeitet, sondern auch spielt, wenn sie wahrnehmungen erfühlt, wird sich auch der geist freier entfalten. die plastik der hand ist die plastik des denkens. der begriff ist das begriffene."[5]

Mond und Monolith: *The Adventures of Geometrics*

Der Monolith, der bereits die Affenmenschen beobachtete, verunsicherte und beeinflusste, sendet im Raumfahrtzeitalter Signale vom Mond, die die Astronauten entschlüsseln wollen. Allerdings steckt er seit Millionen Jahren tief unter der Oberfläche, so dass er ausgegraben werden muss. Er ist ein perfekter, scharfkantiger Rechtkant, ein geometrischer Körper im Sinne Euklids, sofort erkennbar als Artefakt einer nicht terrestrischen Zivilisation und doch andererseits der reinen abstrakten Geometrie geschuldet, wie sie seit Ägypten, Rom und Griechenland zum Inhalt unseres Weltbildes gehört. Kubrick wählt für diese wundersam lebendige Himmelssäule eben gerade nicht z.B. eine Möbiusschleife (bei der Innen- und Außenflächen ineinander übergehen) oder eine verwandte, fremde Form, nichts Pulsierendes, keine immaterielle Lichterscheinung, sondern die archaisierende Form eines konzisen Riegels, eben einen Monolithen: vielleicht nicht zuletzt, um einen Zusammenhang zwischen ‚irdisch' und ‚außerirdisch' anzudeuten.

Und Kubrick zeigt die Mondoberfläche mit ihren Meeren und Kratern als eine Landschaft, die ganz in der Tradition der Landnahme, sagen wir, von Christoph Columbus oder Vasco da Gama, unterworfen werden soll. Diese panoramischen Weitwinkelsichten sind, ganz im Sinne Hollywoods, aber durchaus auch der NASA, gemalte Prospekte, vor denen – klassischen Ölbilddarstellungen verwandt – aus der Bildmitte heraus zum Rand hin gerückte Figuren optisch in die nur simulierte Tiefenräumlichkeit überleiten. Im August 2003 veröffentliche *Die Welt* eine Farbzeichnung der NASA mit der Bildunterschrift: „Der neue kosmische Moses weist, eben gelandet, auf den Gelobten Planeten Mars – eine Vision der NASA". Im Licht der Kubrick'schen Mondpanoramen ist wohl evident, woher zumindest optisch diese heutige NASA-Darstellung kommt. Und selbst die technische Ausstattung der Astronauten, von den Helmen über die Sauerstofftornister bis zu den Raumanzug-Displays, hat ihre prinzipielle Logik nicht verändert.

Die Ausgrabung des Monolithen dagegen wurde in den Londoner Shepperton Filmstudios aufgebaut und erst später mit den Astronauten und der lunaren Landschaft, die vorher als Miniaturmodell gebaut worden war, komplettiert. Kubrick ließ in eine gewaltige schiefe Ebene 90 Tonnen Seesand kippen, der vorher in der Farbe von Mondstaub, also lavagrau, eingefärbt worden war.

Computerkonsole in der Discovery mit dem „Auge" von HAL

Tiefschlafkapsel (Polaroid)

HAL: *The One and Only – or Not?*

HAL bezeichnet zunächst die technische Arbeitsweise dieses Supercomputers. Es ist die Abkürzung von: „heuristic algorithmic". Dieser Supercomputer, der die Discovery auf ihrer Mission zum Jupiter steuert und alle Lebensvorgänge und -funktionen der Astronauten überwacht, könnte den Touring-Test locker absolvieren. Denn dieser Test untersucht, ob und ab wann ein Computer sich seiner selbst bewusst ist, also im Sinne des Wortes ‚Selbst-Bewusstsein' entwickelt. HAL ist ein, wie das *New Yorker Magazine* anlässlich der Filmpremiere formulierte, „fussy genius", der ab einem bestimmten Zeitpunkt seine eigene Existenz über die der ihm anvertrauten Menschen stellt – und damit zunächst auch Erfolg hat. Er schaltet die Lebenserhaltungssysteme der im Tiefschlaf liegenden Astronauten ab. Man sieht nur, wie auf den Bildschirmen die Kurven erst flacher und dann zum Strich werden: der „coolste" Mord der Filmgeschichte, wie manche Kritiker vermerkten. Damit aber werden gestaltpsychologisch und semantisch die drei ‚Tiefschläfer'

Die Ausgrabungsstelle auf dem Mond, mit dem Monolithen
Foto: Stanley Kubrick

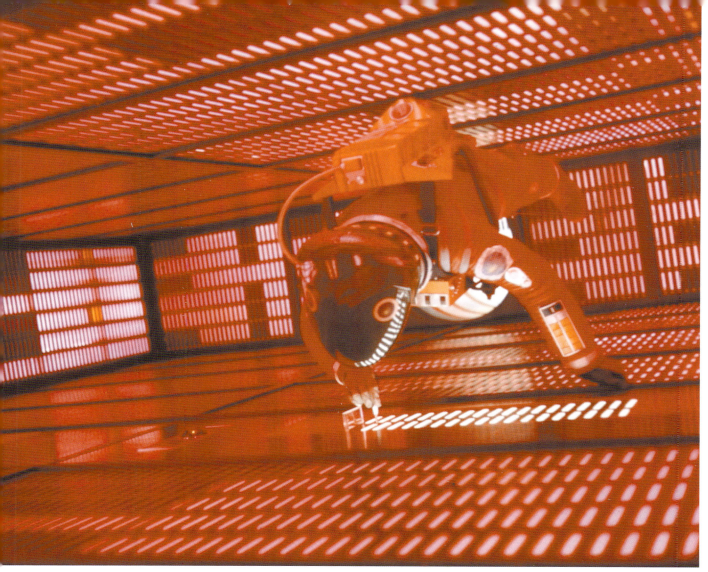

Im Inneren von HAL

tatsächlich zu Mumien. In der Discovery ist HAL ebenso allwissend wie allgegenwärtig: omnipräsent als rotes „Magisches Auge" welches sehen, sprechen, hören kann; ein *Big Brother* der subtilen Art. Aber die roten ‚Augen' – 360° Fischaugenlinsen – sind nur seine Außenantennen: Das Herz der Discovery ist der *brain room*, der raumgroße tatsächliche HAL-Computer; abstrakt, technologisch und so groß, wie Mitte der 1960er Jahre leistungsfähige Computer etwa von IBM oder Olivetti waren. Die Möglichkeiten der Miniaturisierung waren noch in weiter Ferne: Heute hat ein portabler Laptop die gleiche Rechenleistung wie solche ‚Raumrechner' damals. Keine Frage, dass Eliot Noyes, der Chefberater und Designer von IBM, den Kubrick als Mitarbeiter gewann, sich der damals avanciertesten Vorstellungsbilder bediente. Der *brain room* ist geometrisch-transparent, argumentiert mit Acrylglas, Licht und luziden Rasterstrukturen. Aber eben mit großem Volumen: Fortschritt hieß damals neue Materialien und optimierte Gestaltung, aber eben noch nicht andere, kleinere Dimensionen.

HAL also bleibt so lange überlegen, wie er nicht anfängt zu überlegen. In dem Maße, in dem er Gefühle entwickelt und seine Überlegenheit nicht technologisch, sondern moralisch zu begründen beginnt, wächst seine Unsicherheit, und er macht Fehler. Der Kant'sche Imperativ und Platons Höhlengleichnis kulminieren in einer Apotheose technophiler Hybris, die ihre Allmacht und deren schlussendlichen Zerfall gewissermaßen als ‚Orgasmus' ex negativo erfährt. Der ‚kleine Tod' ist hier das Abschalten bzw. Herausziehen der transparenten Gedächtnisquader, eine instrumentelle Lobotomisierung und zudem eine Gestaltadäquanz zu dem offensichtlich außerirdischen Monolithen, der ja auch Erinnerung, Gedächtnis, Analyse, Beobachtung, also ‚Denken' symbolisiert. Lange wird HALs Auge, diese rot leuchtende kreisrunde Linse von zirka 8 cm Durchmesser, nur von außen gezeigt. Dann aber plötzlich schaut der

DESIGNING THE FUTURE

Zuschauer von innen durch das sphärisch gewölbte Auge von HAL: mit einer extremen Weitwinkel-Fischaugenoptik, die den subjektiven Blickwinkel des Computers als Rundumüberwachung zeigt. Und wie bei einem Dialog zwischen Menschen wird immer wieder dieses HAL-Auge – ob von außen oder von innen – filmisch den Gesichtern der Astronauten gegengeschnitten. Erst dann, als der letzte Astronaut den Supercomputer wegen Fehlfunktion abschalten will, begibt er sich in dessen Inneres, in jenen veritablen *brain room*, dessen Flächen nur durch serielle Lichtstreifen konturiert werden. Ein abstrakter Raum also, das rektanguläre ‚Herz' von HAL, bestückt mit taschenbuchgroßen, in Regalen wie Bücher

Picture phone

Das Innere der Raumkapsel

angeordneten Acrylglasscheiben, deren Herausziehen nach und nach die Denkvorgänge des Supercomputers abschaltet. Abstrakte Flächen also, die den abstrakten Funktionen entsprechen. Auch die erwähnten Großcomputer von IBM oder Olivetti aus den 1960er Jahren, oft ebenso begehbar wie der *brain room*, hatten diese systemimmanente Abstraktion.

Kommunikationsgeräte: *The Message is the Medium*

Auch die Mitte der 1960er Jahre breit diskutierte These von Marshall McLuhan „The Medium is the Message" vertrat als nicht eigens zu begründende Voraussetzung die Gewissheit, dass Informationsvermittlung volumiger Geräte bedarf. Diese Annahme hat Kubrick zwar durchaus nicht in Frage gestellt, wohl aber perforiert. Insofern nämlich als er die Kisten und Kästen mit all ihren Kabeln, Verbindungen, Steckern eben nicht mehr zeigte, sondern sich auf die flimmernden flackernden Oberflächen, die, wie wir heute sagen, „interfaces" der Geräte konzentrierte. Es mag im Lichte dieser Inszenierung erhellend sein zu rekapitulieren, was alles zwischen 1965, dem Beginn der Dreharbeiten, und 1968, dem Erstaufführungsjahr des Films, in dieser Hinsicht noch nicht bekannt war: Den ersten privaten Videorecorder brachte Sony 1964 auf den Markt, 1965 folgte die Tonbandkassette als Neuerung, natürlich noch für Festgeräte. Es gab keine portablen Kassetten- oder CD-Player und schon gar keine CD-Roms, Mobiltelefone oder gar das Internet, keine *micromechanics* und keine DOS- und Apple-Grafik-Programme. Alle die Fließgrafiken, Tabellen, sich verändernden Kurven, flimmernden Icons und gepixelten Outputs wurden für diesen Film Bild für Bild gezeichnet und dann wie im klassischen Trickfilm kombiniert. Aber immerhin war damit das Möglichkeitsfeld der Software-Entwicklung angetippt, konturiert, ansatzweise vermessen.

Die volumenlose, auf Oberflächen konzentrierte Vision kommunikativer Equipments ist, von heute aus gesehen, die schlagendste Prognostik des gesamten Films. Den Schrumpfungsprozess der Volumen – designtheoretisch gesprochen also die Entwicklung vom „Ulmer Würfel" zur Scheckkarte – antizipiert zu haben, gehört zu den bleibenden, inzwischen in vielerlei Hinsicht realisierten Voraussagen des Films. Da macht es nichts, dass Kubrick mit Hilfe der

Firma Parker Pen sich einen atombetriebenen Schreibstift vorstellte, mit einem integrierten, miniaturisierten Nuklearreaktor, der mit Hilfe von Neutronen die Schrift auf dem Papier erzeugte, oder sogar einen sogenannten *Robo Pen*, eine weitere Parker-Kreation, die den Schreibprozess insofern automatisierte, als sie dem Benutzer erlaubte, in jeder denkbaren Sprache, jedem denkbaren Format und jeder denkbaren Farbe zu schreiben. Der bereits erwähnte IBM-Berater und Designer Eliot Noyes war auch verantwortlich für die in die Ärmel der Outfits der Astronauten integrierten weichen Tastaturen, die in anderer Weise heute als sogenannte *smart clothings* den Consumer-Electronics-Unternehmen neue Absatzchancen zu eröffnen scheinen. Was hätte Kubrick wohl zu einem Handy als Armbanduhr, einem MP3-Player als Hosengürtel oder einem Fotoapparat als streichholzschachtelkleinem Hemdenaccessoire gesagt, was zu dem sogenannten *Chat Pen* von Sony, der alles Geschriebene automatisch digitalisiert und drahtlos per Mail, SMS oder Fax an Computer versenden kann, oder zu einem ‚Übersetzungs-Stift'? All diese Geräte sind heute auf dem Markt. Das kommunikative Equipment der Weltraumreisenden bei Kubrick ist demgegenüber prinzipiell stationär: Es funktioniert wie ein Festnetztelefon, bzw. allerfalls per Funk. Zwar zeigt Kubrick BBC-Nachrichten im All, zwar gibt es Geburtstagswünsche per Bildtelefon der US-Telefongesellschaft Bell Systems und selbstverständlich wirkende *picture phones* in den Wänden der Raumstationen (die heute ebenfalls längst zur digitalen Ausstattung von Büros gehören), und natürlich werden diese *messages* als normal und üblich konnotiert, aber ihr eigentlicher Nukleus bleibt: „The Message is the Medium". Der Transport von Nachrichten, Informationen und Bildern war das Wichtige, nicht die technischen Möglichkeiten ihrer Übertragung. Die wurden schlicht vorausgesetzt, imaginiert als vorhandene Technologie. Flimmern, Flackern, Senden, Empfangen, auf Sendung sein: Kubrick (und die ihn beratenden Spezialisten) haben vielleicht schon antizipiert, was es heißt ‚online' zu sein oder eben nicht. Und er zeigt uns bereits, was die Abhängigkeit von diesem Flimmern und Flackern bewirken kann: einen Realitätsverlust nämlich, der mit ‚Handarbeit' vielleicht nicht mehr zu kontern ist.

Lobby der Space Station Five

Die im Sinne des klassischen Funktionalismus gestalteten Steuerkonsolen – Volumenkörper mit ‚richtigen' Radien, plastischen Bedienknöpfen à la IBM, Olivetti oder Braun – kontrastierten mit den immateriell wirkenden planen Flächen der Raumschiffkonsolen als Funktionsdisplays, die in den Cockpits als reine Lichtflecken erscheinen und über deren Oberfläche die grafischen und verbalen Informationen laufen. Denn noch hatte die zeitgenössische Industrie keine *touch screens*, keine LCDs oder Dioden zur Verfügung, noch hatten die von Kubrick beauftragten Firmen keine Vorstellung oder gar Entwurfstendenz hin etwa zu Interfaces. Und doch ist dies alles in 2001: A Space Odyssey schon angedacht. Das ganze Arsenal der Tastaturen, *touch screens* und Terminals, der Bildschirme und Bildtelefone, der Displays und Datenströme, der Fließgrafiken und Flussdiagramme ist bereits imaginiert und sehr bewusst als mythische Struktur. Denn es gibt keine Kabel, keine Stecker, keine sichtbaren Verbindungen. Alles ist Oberfläche oder Licht. Die Technik versteckt ihre handwerklichen Bedingungen.

Dass die von Eliot Noyes an führender Stelle mitgestalteten Computerterminals in den verschiedenen Raumschiffen durchrationalisierte, funktionalistische Anordnungen aller Bedienelemente zeigen, also modernistische Ästhetiken beibehielten, verleiht ihnen eine Vertrautheit im Fremden. Und diese Vertrautheit zieht sich durch alle verwendeten medialen Gattungen. Die heute oft üblichen, ergonomisch-optimierten, nichtrektangulären Tastaturen konnte (wollte?) Kubrick nicht einsetzen. Das hätte im Übrigen auch dem ‚Projekt Moderne' und dem mit ihm verbundenen Primat nüchtern-technokratischer Vernunft widersprochen, welches Kubrick von innen heraus (und eben nicht mit ‚biomorphen' Alternativen) kritisieren, dekonstruieren wollte.

***Atomic Pen* der Firma Parker**

DESIGNING THE FUTURE ___ 113

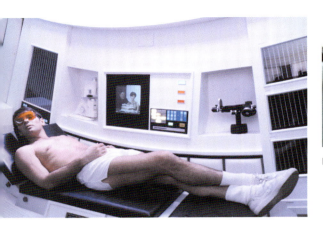
Erholung auf der Discovery

Konferenzraum auf der Mondstation

Privatleben: *Cocooning in Space*

Neben den Raumschiff- und Weltraumsimulationen im *outer space* sind die Lebensstil-Szenarien in diesem Film von besonderer Eindringlichkeit. Vor allem der weite, zum Hintergrund parabolisch ansteigende Innenraum der Hilton-Lounge in der radförmigen Space Station Five mit den von der Pop Art inspirierten Lounge-Sesseln des Franzosen Olivier Morgue im satten Orange der Mittsechziger Jahre verbreitete jene private Lässigkeit, der auch das dort stattfindende Treffen zwischen Amerikanern und Sowjetrussen nichts anhaben kann – übrigens auch nicht die formellen, fast steifen Uniformen, Militärkappen und deutlich ins Bild gerückten kyrillischen Schriftzüge auf Taschen und Magazinen. Vergegenwärtigt man sich das Mobiliar jener Zeit – von den Kugelsesseln Aarnios bis zu Verner Pantons Sitz- und Liegelandschaften – verwundert, dass Kubrick das futuristische Potenzial dieses Mobiliars nicht nutzte. Doch er wollte wohl ein *leisure-time-feeling* (ohne klaustrophobische Einigelungstendenzen wie bei den Kugelsesseln), aber eben auch ein Mobiliar, das nicht zu eindeutig erotophil kodiert ist wie etwa Verner Pantons „Cone Chair", seine „Visiona"-Höhlen für BASF oder Gaetano Pesces aufblasbarer „Donna"-Sessel, noch die transparenten „Blow up"-Kunststoffsessel von D'Urbino und Lomazzi: All solche Möbel hätten die Seriosität des Plots konterkariert.

Der konvexe Innenraum im Übrigen als Inversion der großen Radstruktur erlaubt sowohl geometrisch wie ideologisch, die Perspektiven zu hinterfragen. Oben und unten, vorne und hinten, die statische Erfahrung als solche wird disponibel. So korrespondiert der Raum des körperlichen Agierens dem inneren psychischen Raum des mentalen Perspektivenwechsels (HAL und der Monolith). Freizeit im All zelebriert dann auch jener Astronaut, der auf einer Liege im Zentrifugen-Raum der Discovery relaxt und sich, nur mit Boxershorts bekleidet, der Ablenkung elektronischer Kommunikation hingibt. Auch die *private desks* mehrerer Schreibtischarbeitsplätze mit dazugehörigen Bürostühlen à la Fritz Hansen in der Zentrifuge sind mehr dem Geist eines Knoll-Showrooms der 1960er Jahre verpflichtet als den biomorphen Plastikträumen eines Luigi Colani, Joe Colombo oder Verner Panton. Ebenso deutlich den 1960ern verpflichtet ist der Konferenzraum auf dem Mond, in dem Dr. Floyd über die Monolithensignale berichtet: rektanguläre, in großer U-Form angeordnete Tischreihen und ein Rednerpult, denen gestalterische Individualität ebenso ausgetrieben scheint wie einem x-beliebigen Hotelseminarraum und dessen

Vor der *zero gravity toilet*

Küchenmodul in der Aries B

‚Konfi'-Mobiliar. Bemerkenswert bleibt die Kubrick'sche Annahme, dass Raumschiffe und Raumstationen in Zukunft all die Feizeit- und Vergnügungsräume irdischer Urbanität wie Lounges, Bars, Fitness-Räume aufweisen werden. Eine solche Vorstellung und solche Szenarien marginalisieren die körperlichen Anstrengungen im All zum bloßen Spaziergang, zum Ausflug mit komfortablen Rast- und Erholungsmöglichkeiten. Auch wenn dies wohl noch lange auf sich warten lassen wird, bleibt faszinierend, mit welch extrapolierender Exaktheit der Regisseur dieses *cocooning in space* in Szene gesetzt hat. Und bis auf eine einzige Stelle leistet sich der Film keinen Humor: Diese Szene zeigt einen Raumschiff-Passagier, der ratlos die kleingedruckte Bedienungsanleitung einer Vakuum-Toilette zu lesen versucht.

Mode und Nahrung: *Hard and Smart*

Die Kleidung und die Frisuren der Stewardessen etwa im Pan-Am-Shuttle zur Raumstation sind ebenso von André Courèges und Betty Barclay wie von Mary Quant oder Vidal Sassoon inspiriert: adrett und sauber, eher steife Stoffe als fließende; die Kopfbedeckungen changieren irgendwo zwischen Badekappe und Queen-Elizabeth-Accessoire. Auch in der Szene, in der eine Stewardess, gehalten durch ihre Haftsohlen im Fadenkreuz von horizontal, vertikal und diagonal sich kreuzenden Zugangskorridoren, buchstäblich waagrecht schwebend oder über Kopf ein Tablett mit Speisen transportiert, bleibt die Contenance gewahrt. Kein flatternder Rock wie bei Marilyn Monroe, kein Herunterfallen oder auch nur Verrutschen der Speisen. Im Übrigen weist die Kleidung dieser Stewardessen – im Gegensatz zu jener der Astronauten – keinerlei kommunikationstechnologisches Equipment auf. Noch sind die Damen dienstbare Geister, fast Butler. Keine Gender-Problematik also: Eine ‚plotbestimmende' Figur wie Sigourney Weaver in ALIEN war da noch in weiter Ferne.

Die Kücheneinheit, flächenbündig eingebaut, weist die Softline-Patchworkfronten amerikanischer *urban villas* der 1960er Jahre auf, aus denen an allen möglichen Stellen Tablare, Schubladen, Regler, Knöpfe und Funktionslämpchen ausfahren, einschnappen, aufleuchten. Ein überdimensionales Display zeigt Piktogramme bestimmter Speisen, ihre Kilokalorien und Fettwerte, bedienbar mit *Touchtronic* – einer Schnittstellentechnik, die erst zwei Jahrzehnte später Alltag wurde. Die gesamte Zugriffslogistik

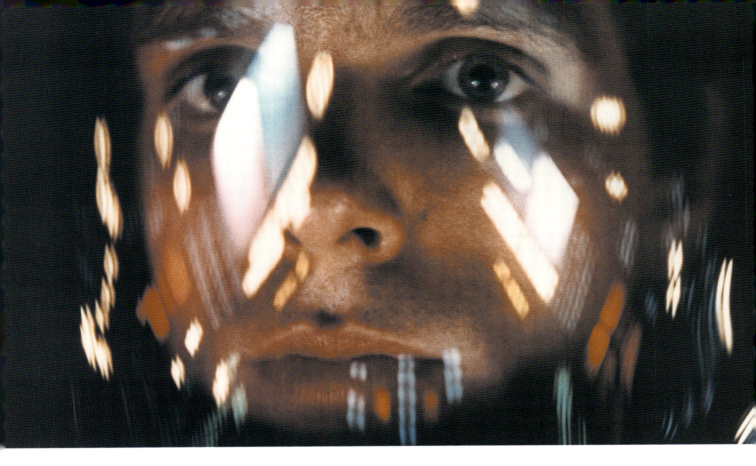

auf die Nahrung legt nahe, dass diese in Zukunft nur noch Output von Maschinen sein wird: maschinell geordnet, sortiert, analysiert, zubereitet, portioniert, arrangiert, dargereicht. Für die visuelle Plausibilität dieser Prognose – die heute in den genmanipulierten Lebensmitteln die Spitze eines längst chemisch, biologisch und optisch optimierten Nahrungsszenarios erreicht hat – genügt es Kubrick, die Veränderungen von Handgriffen, Zugriffen sowie der grafischen Produktinformationen zu zeigen. Das ganze utopiegesättigte Tableau diverser grellfarbiger Kugelküchen, Kugelsessel, Kugelradios oder Kugelfernseher aus Plastik erschien ihm offenbar zu auffällig, zu dominant, zu muskulär, um einen zukünftigen Alltag plausibel zu machen und vor allem: alltäglich aussehen zu lassen. Aber Arne-Jacobsen-Besteck musste schon sein.

Andererseits gibt es keine Weltraumspeisen wie jene zahnpastaartigen Tubencremes mit Hähnchengeschmack, die damals die Astronauten real in der Schwerelosigkeit nuckeln mussten, keine Trinkröhrchen, damit Flüssigkeiten nicht als Perlen im Vakuum herumschwirren. Die prinzipielle Annahme künstlich erzeugter Schwerkraft für alle Raumfahrzeuge im Film, damals durchaus noch Vision, erlaubte es so, den Alltag als bloße Verlängerung und eben nicht Außerkraftsetzung irdischer physikalischer Bedingungen zu zeigen.

Flug durch das *Stargate*

Schlusssequenz I: *Solarisation Takes Command*

In der Schlusssequenz des Films durchstößt das Raumschiff mit dem letzten Astronauten Bowman in einer rasenden Zeitreise auf den Zuschauer hin stürzende Farbabgründe, die am Anfang noch spiegelsymmetrisch senkrecht geteilt sind: In anderen physikalischen Zuständen des Weltalls, in anderer Zeit- und Realitätsebenen mag der Horizont, entgegen aller irdischen Erfahrung, durchaus senkrecht sein. Diese Farbtrennungs- und irisierenden Spektrallabyrinthe waren tatsächlich eine fototechnische Erfindung Mitte der 1960er Jahre, die als Farbsolarisation Furore machte. Dieser fotografische Effekt, auf Überbelichtung beruhend, bewirkt eine partielle Bildumkehr. Der letzte Astronaut also wird in diesem außerirdischen Erfahrungssog nur noch – pars pro toto – als Auge gezeigt, und seine leinwandfüllende wahrnehmende Iris durchwandert exakt jene solarisierenden Umkehrungen in verschiedenen Varianten, die damals die *Beatles*-Plakate des Fotografen Richard Avedon mit exakt gleichen Farbtrennungen zu einer Foto-Ikone der Pop-Zeit gemacht hatten. Dann aber erneut die stürzenden Farbräusche, nun jedoch mit waagrechtem Horizont. Das wahrnehmende Auge (der Astronaut, also unser aller Sinne) hat die neue, ganz andere, so noch nie gesehene Realität adaptiert. Der Horizont wird zurückgeführt auf irdische

DESIGNING THE FUTURE

Erfahrungen. Schließlich: Landschaften aus der Vogelperspektive – Küsten, Berge, Wüsten, Canyons – immer noch mit der irisierenden Irritation der Farbsolarisation. Vertrautes im Fremden, welches so trotzdem – visuell, wenn auch nicht topografisch – fremd wirkt.

Schlusssequenz II: *A Cyber Rococo*

Ein Rokoko-Salon mit stuckatierten Wänden, Recamière, höfischem Doppelbett und einem Dinner für eine Person auf Damast mit Kristallgläsern und ziseliertem Tafelsilber. Irdische Verfeinerung, fast Dekadenz als das Nonplusultra-Ambiente im galaktischen Nirgendwo. Da stört dann fast der schwarze extraterrestrische Monolith, der plötzlich in diesem ‚Cyber Rococo' steht. Seine Kräfte transzendieren den in der außerirdischen Umgebung rasend schnell gealterten Astronauten zum staunenden Fötus, dem ‚Neuen Menschen', – ganz frisch und unendlich alt: Metapher für die Evolution und das Universum insgesamt! Diese zweite Schlusssequenz ist – obwohl von der Filmkritik fast immer als unverbindliche surreale Traumphantasie des Regisseurs abgetan – der Schlüssel zum Verständnis dieses Films. Gerade der versatzstückhafte Umgang des Regisseurs mit Rokoko-Mobiliar in einem ansonsten antiseptisch weißen Raum, diese Überblendung von Moderne und Historie, zeigt sein Geschichtsverständnis *in nuce*: Jede Art der pragmatischen Linearität wird relativiert durch die Erinnerung, das Gedächtnis, durch die Simultaneität des Ungleichzeitigen. Das Rad der Geschichte, der Transmissionsriemen des Fortschritts, der Erkenntnis dreht sich zwar weiter, aber offenbar in sich selbst. Fortschritt als Wiederholung und auch: Lernen als Wiederholung. Dieses Urteil ist unwiderruflich und liegt in der Natur des Menschen: nur revidierbar durch eine kosmische, außerirdische Instanz, besser: Kanzlei. Das hat kafkaeske Züge und ist wohl auch so gemeint. Die Moderne, der Fortschritt und, damit einhergehend, auch ihr gesamtes Arsenal werden so ins Absurde verlegt. Und schlussendlich imaginiert Kubrick den Fortschritt der Menschheit als Erinnerung an das Zeitalter der ‚Aufklärung', welches im Englischen nicht zufällig *Enlightenment* heißt. In dieser Epoche sah Kubrick offenbar das ‚Licht der Erkenntnis' am hellsten leuchten, trotz aller (oder wegen aller) industriellen und instrumentellen Vernunft, die folgte. So läutert sich in einem historischen Raum der letzte Mensch zum ersten Menschen einer neuen, nun tatsächlich weiterentwickelten Gattung, durchaus zu einem ‚Übermenschen' im Sinne von Friedrich Nietzsche.

Fazit

Wir haben die faktischen und fiktionalen Elemente von 2001: A SPACE ODYSSEY, seine Modelle, Tricks und Simulationen betrachtet und haben versucht, sie in den Kontext ihrer Zeit zu stellen, um Bedeutungsebenen zu entschlüsseln. Dies allein aber erklärt nicht die Faszination dieses „greatest SF-film ever made" (*New York Times*); das kann nur der Plot und der Film selbst als Erlebnis im Kino. Matthias Horx nannte ihn einen Film von „unglaublicher Kälte, doch einer zutiefst menschlich-moralischen Botschaft".[6] Gerade diese Kälte, die tendenzielle Emotionslosigkeit der Protagonisten, macht den Film zu einem ‚*design piece*' par excellence. Gegenstände, Funktionen, Menschen, Emotionen, Charaktere, Physis und Physik – all das sind für Kubrick Studienobjekte: beobachtbar, beschreibbar, imaginierbar. Ein trotz allem poetischer Film mit dem nüchtern-lexikalischen Touch von Naturwissenschaft: So und nicht anders wird es sein, werden! Man kann auch sagen: eindimensional dialektisch! Aber das genau macht den Film zum Kunstwerk: präzise Prognostik mit Hinweisen auf die technisch dominierte, entfremdete psychische Kondition der Handelnden zu überblenden und den kosmischen Wunderdingen alle Züge einer glaubhaften Wirklichkeit zu verleihen. Weder vorher noch nachher ist es einem Film in ähnlicher Weise gelungen, die Wirkungsmächtigkeit instrumenteller Vernunft so eindrucksvoll mit ihrer Fragilität zu verknüpfen.

Keir Dullea

1. Redottée, Hartmut W.: Die Sechziger im Film. In: Wolfgang Schepers (Hrsg.): '68. Design und Alltagskultur zwischen Konsum und Konflikt. Köln 1998, S. 169.
2. Barthes, Roland: Mythen des Alltags. Frankfurt 1964.
3. Breuer, Gerda: Die Raumfahrt-Dekade. Mediale Mythisierung des Designs. In: Gerda Breuer/Andrea Peters/Kerstin Plüm (Hrsg.): Positionen des Designs. Die 60er. Köln 1999, S. 138ff.
4. Trumbull, Douglas: Creating Special Effects for 2001 – A Space Odyssey. In: *American Cinematographer*, Jg. 49, Nr. 6, 1968, S. 419, 451 [„Die Modelle in ‚2001' sind die wahrscheinlich am exaktesten ausgeführten, die je für einen Film gebaut wurden. Sobald der allgemeine Entwurf eines Modells vollendet war, wurde mit der Konstruktion begonnen, um die Grundform des jeweiligen Raumschiffs herzustellen, und dieser Prozess nahm oft mehrere Monate in Anspruch. Danach begann die mühselige Arbeit, das Modell auszuarbeiten und anzumalen. Riesige Mannschaften von Modellbauern arbeiteten mehrere Monate lang rund um die Uhr, um das Endprodukt fertigzustellen."]
5. Aicher, Otl: greifen und begreifen. In: Otl Aicher / Robert Kuhn: Greifen und Griffe, Brakel 1987, S. 8.
6. Horx, Matthias: 2001 – Als das All noch ein Geheimnis war. In: *Zeitmagazin*, Nr. 20, 13.5.1988, S. 48ff.

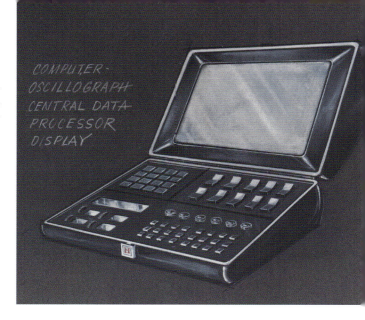

Studie eines tragbaren Computers der Firma *Honeywell* aus dem *Prospectus For 2001 Interplanetary Flight*

BRANDING 2001

BERND EICHHORN

„,2001: A Space Odyssey' will be the world's first true science fiction film. In color and in Cinerama, the film will operate without the assistance of Mickey Mouse, Buck Rogers, Russian spies, Jack Armstrong, ,The All American Boy', moths, butterflies and bumblebees destroying cities and raping Japanese women. In short, ,2001: A Space Odyssey' will be a logical extension of today's rapidly developing techniques and technologies."[1]

Schon lange vor Produktionsbeginn stand für Stanley Kubrick fest, dass nur eine erklärbare, nachvollziehbare Technik, welche Forschungen und Entwicklungen damaliger Technologien ins 21. Jahrhundert weiterdenkt, einen realistischen Science-Fiction-Film ausmacht. Um Zugriff auf solches Know-how zu erhalten, begann im Frühsommer 1965 Kubricks Mitarbeiter Roger A. Caras[2], die Idee des Films einer Reihe von Firmen näherzubringen, und schlug diesen ein Mitwirken an der Umsetzung des Films vor. Als Gegenleistung konnte den Firmen angeboten werden, dass ihr Gerät und eventuell auch Markenname oder Logo im Film zu sehen sein würden. Den Firmen wurde außerdem zusätzliches Bildmaterial zur Verfügung gestellt, in denen ihr Produkt sichtbar in die Ausstattung des Films integriert ist. Dazu wurden während des Drehs eigens Aufnahmen angefertigt, z. B. von einem Mann im Raumanzug neben einem Gerät im Mondkrater Tycho. Damit konnten dann Anzeigen in Zeitschriften gestaltet werden. Darüber jedoch, ob, wann und wie diese Gegenstände im Film auftauchten, entschied einzig und allein Stanley Kubrick.

Durch solche Beziehungen mit den beteiligten Firmen konnte Kubrick gleich mehrere Effekte nutzen. Er hatte Material aus den Forschungslabors der wichtigen Konzerne, das Zeigen der Markennamen dieser Firmen im fertigen Film förderte die Glaubwürdigkeit seiner Zukunftsvision, und die Firmen warben aktiv mit Motiven aus seinem Film, also *für* seinen Film.[3] Als große Partner konnten die Firmen *IBM* und *Honeywell*, die maßgeblich an der Umsetzung von Funktionsweisen und Erscheinungsbild der Computertechnik beteiligt waren, gewonnen werden. *IBM* fertigte einen – von Kubrick allerdings verworfenen – umfangreichen Entwurf zu Funktion und Aussehen des HAL-9000-Vorläufers ATHENA an, die US-amerikanische

Der tragbare Computer, wie ihn die Firma *Honeywell* für den Film baute

Spezialverpacktes Essen zur Einnahme in Schwerelosigkeit der Firma *Seabrook Farms* mit dem *Pan Am*-Logo

**2001-Ausgabe von *Paris Match*
„Le premier magazine magnetique du Monde"**

***Nikon*-Kamera, mit der der Reporter bei der Konferenz auf dem Mond Aufnahmen machte**

Haushalts- und Anlagentechnikfirma *Honeywell* lieferte einen über 100 Seiten starken ‚Bericht', *A Prospectus For 2001 Interplanetary Flight*, der einen theoretischen Teil über interplanetare Raumfahrt, ein umfangreiches Wörterbuch von Fachtermini sowie Skizzen von Studien technischer Geräte für das Jahr 2001 enthält. Während allerdings der Schriftzug von *IBM*[4] an Computerterminals in den Raumschiffen und an Raumanzügen recht gut zu sehen ist, ist der Anteil von *Honeywell* im Film nur schwer auszumachen.

Der Bereich Mode, Frisuren und Make-up wurde dem Modemagazin *Vogue* übergeben, das durch seine Arbeit einen vermehrten Verkauf von Anzeigen erwarten durfte. Für die Gestaltung der Kostüme (die Raumanzüge ausgeschlossen) vermittelte *Vogue* zunächst Mary Quant, dann kam Sir Hardy Amies dazu. Mit der Verpflichtung von *Coty, Inc.* konnte *Vogue* einen weiteren großen Konzern gewinnen. *Coty* entwarf die Frisuren und das Make-up und stellte seiner Arbeit ebenfalls eine schriftliche Studie voraus, *Make-up and Fashions 2001:* „By this time, all people will be as attractive as they chose to be. Chemosurgery, plastic surgery, revitilazing and youth-endowing drugs will enable anyone to look as they want to at minimum cost and time expenditure. Skin and hair will be eliminated or corrected by the above listed methods; hair will stay strong, thick and beautiful throughout one's life. The role, then, in 2001 of make-up and hair products (for styling and coloring) will be purely decorative. There will be no need to conceal defects and flaws."[5]

Erkennbar mit Schriftzug oder Logo präsentieren sich *Pan Am, Hilton, Howard Johnson's, Bell Systems, American Express, IBM, Seabrook Farms* und der englische Sender *BBC*. Weniger auffällig liegt die Ausgabe der französischen Zeitschrift *Paris Match* auf dem Counter des Sicherheits-Checks. (Die Tasche der sowjetischen Fluggesellschaft *Aeroflot* ist wahrscheinlich ohne Absprache mit dem Unternehmen benutzt worden.) Ein *Atomic Pen*[6] der Firma *Parker Pen Company* schwebt neben dem schlafenden Dr. Floyd schwerelos im Gang des Clippers Orion, vor ihm spielt sich eine Liebesszene in der Zukunftsstudie *Firebird IV* von *General Motors* ab. Unterwegs zum Mond mit der Aries B wird Dr. Floyd Essen der Firma *Seabrook Farms* gereicht, das einer Kücheneinheit von *Whirlpool* entnommen wird. Die Fotos der Konferenz auf der Mondbasis nimmt der Journalist mit einer *Nikon*-Kamera auf, und auch die Astronauten im Mondkrater werden vor dem Monolithen mit einer *Nikon* abgelichtet.

Werbeaufsteller der Firma *Hamilton Watch*

Die Discovery-Piloten Bowman und Poole tragen auf ihrer Reise zum Jupiter Armbanduhren der Firma *Hamilton Watch*. Bowman joggt in der Zentrifuge in Baumwollwäsche von *Lyle & Scott*. Auch das Essen auf der Discovery spendet eine Kücheneinheit von *Whirlpool*, vom Regalspezialisten *Dexion* kommen die Wandpanele für den Speicherraum des HAL-9000. In den verschiedenen Raumschiffen, der Orion, der Aries B und der Discovery sowie im Mondkrater Tycho verteilen sich Aggregate, Messgeräte und Anzeigentafeln bekannter Firmen, wie *American Machine & Foundry, A.T. & T., Bausch & Lomb, Burroughs Tube Company, Dexion, General Electric, Hewlett-Packard, Honeywell, Lear-Siegler, Marconi, Minnesota Mining & Manufacturing Company (=3M), Olivetti, Perkin-Elmer, RCA Victor* und *Tote Systems International*. Der Chemieriese *DuPont* lieferte die Stoffe zur Herstellung der Raumanzüge und auch einiger Kostüme, z. B. der Uniformen der Flugbegleiterinner.

In nicht verwendeten oder gedrehten Szenen hätte Dr. Floyd bei seiner Reise zum Mond einen zeitgemäßen Laptop der Firma *Honeywell* benutzt, der in einem Magnesiumkoffer von *Samsonite* aufbewahrt wird. Seine persönlichen Sachen wären in Koffern der Firma *Skyway Luggage* verstaut worden, die Bestellung des Geburtstagswunsches seiner Tochter hätte er im Online-Shop von *Macy's* aufgegeben und wie schon das *picturephone*-Gespräch ebenfalls über *American Express* abgerechnet. In einer kleinen Ladenstraße oder einem Schreibwarenladen der Raumstation hätten Zeitschriften (darunter das deutsche Magazin *Der Stern*), Schokoriegel bekannter Hersteller, Reiseutensilien wie Instant-Kameras von *Kodak*, ein halbautomatisches Schreibgerät von *Parker Pen*, ein Wecker von *Hamilton Watch*, ein Transistorradio und Minifernseher von *RCA Victor* sowie Andenken ausgelegen. Lebensmittel und Fertigprodukte wären aus Automaten bezogen worden, ein *Pepsi-Cola*-Automat hätte Softdrinks geliefert.[7] Auf der Raumstation hätte *Coty* einen Schönheitssalon betrieben. Elektronische Zeitungsausgaben, wie die *New York Times*, wären auf den Newspads der Astronauten zu lesen gewesen.

The New York Times.

MISSING OVER ATLANTIC
2304 ON BOARD
Hope for Mach Three Craft

Air traffic control is a particularly critical problem over the North Atlantic because of the extreme brevity of the runs and the heavy traffic problems involved. Since all aircraft now permitted passenger and cargo access to the North Atlantic air corridors by the International Control Commission are high performance aircraft (over Mark 2), closure is critical. Because of the improved corridor system it is unlikely that two aircraft can ever approach each other head-on except in the case of complete failure throughout the satellite control process. If such a closure were possible it would occur at 5000 mph in many instances. No radar now available for use aboard an aircraft could compensate for these speeds. Satellite relay is the only system capable of coping with the problem.

Since all high performance aircraft are required to operate above 60,000, the climb from the United States in time to reach altitude so as to have some level flight before the descent for London is of necessity steep. During these steep altitude adjustments it is possible for a collision to occur if the pilots of all aircraft in the affected corridors are not attendent to the satellite relay warning systems. There are four such systems aboard all flights by international regulation.

Although the Atlantic flight was descending at the time of its apparent disappearance there is no evidence of another aircraft being involved. As soon as the HEP/COMM 11-Z4 lost contact the entire system was alerted to the GRND/COMP system in Oslo and the computerized census control was initiated. Including warm-up time the entire operation took slightly under 47 seconds. 4089 aircraft were reported aloft on the grid between Montauk/Azores and Iceland/Universal. All were reported in correct posture. The grid references were rechecked on the back-up system in Kansas City requiring another 110 seconds for the transfer and affirmation. The longer time required by the Kansas system was explained as resulting from a pre-programming request from Tokyo. A small helicopter transport was lost on a trip from the task of locating the relatives of the 2304 victims of the disaster was assigned to T/COMM 4-Z-4 communications control facilities at Chicago's International Computer Services Center. The system was linked to Glenn Field in Montauk via the Toledo relay and the passenger and crew lists were fed directly through to the system. It is estimated that the task will be completed within twelve hours. A spokesman for the Commission recalled the difficult times experienced in the past, when the sad job of informing relatives of disaster casualties was done by human beings. Families of the victims seem to appreciate the computerized system, the unnamed official said, because it saves them the embarrassment of emotional display before other humans. The computer, it was pointed out is the ultimate in discretion.

All eleven pilots aboard the flight according to information available at Montauk were men of considerable experience on the complex Atlantic grid. The plane had been returned to service from monthly overhaul four flight hours before the presumed crash. There was no official speculation available as to possible cause.

Artikel einer elektronischen Ausgabe der *New York Times*, die im Film erscheinen sollte

Tierabteilung der Kaufhauskette *Macy's*. Dr. Heywood Floyd wollte hier für seine Tochter ein *bushbaby* bestellen (Verkäuferin: Marcella Markham).

„At the present time the film ‚2001: A Space Odyssey' has the most comprehensive merchandising program ever put together in the history of our industry."[8]

Zu den Werbemaßnahmen, die MGM für 2001: A SPACE ODYSSEY startete, zählten die üblichen Zeitungsanzeigen, Radio- und Fernsehspots, Werbeaufsteller und Plakate. Auch bekannte Magazine und eine Reihe von populärwissenschaftlichen Zeitschriften interessierten sich für die Special Effects, Weltraumreisen und das Leben auf dem Mond im Jahr 2001. Große Artikel erschienen z. B. in *Life, Look* und *Esquire*, dem *New York Times Sunday Magazine*, aber auch in *Popular Science, Engineering* oder dem *Woman's Mirror*. *Look* plante gar einen Dokumentarfilm und brachte eine amerikanische Drogeriekette dazu, ihre doppelseitige Weihnachtsanzeige 1967 unter einem Bild der Astronauten vor dem Abgrund des Mondkraters Clavius zu platzieren.

Selbstverständlich gab es ebenfalls Merchandising-Artikel wie Soundtrack (MGM), Buch (*Signet Books*; es verkaufte sich bis 1970 eine Million Mal), Farbposter, Postkarten, Buttons (*Personality Posters*) und Puzzles (*Spring-Bok*). Alleine sechs Millionen Mal wurde die silberne Broschüre an den Kinokassen verkauft. Geplant waren außerdem ein Comic,[9] ein Malbuch und ein edler Bildband mit Zeichnungen und Gemälden der Vorlagen einzelner Filmszenen und Special-Effects-Aufnahmen. Die Modellbaufirma *Aurora* vertrieb einen Bausatz des Clippers Orion, der später in leicht abgewandelter Form von *Airfix* übernommen wurde.[10]

Hamilton Watch warb mit der Uhr, die Bowman und Poole auf ihrem Flug zum Jupiter trugen, auf Dis-

Menükarte für Kinder der amerikanischen Motel- und Restaurantkette *Howard Johnson's*

Zeitungsanzeige der Schmuckfirma *Wells*, 1968

plays und in Anzeigen. Die Fast-Food-Kette *Howard Johnson's*, die 1967 aus 800 Restaurants und 200 Motels bestand, ließ eine Menükarte für Kinder mit einem 2001-Comic in einer Auflage von drei Millionen Stück drucken. Geplant waren außerdem Werbeaufsteller und eine Verkaufsaktion von Filmbildern. In den Kinos sollte dann für *Howard Johnson's* geworben werden. Mit dem Warenhaus *Macy's*, das im fertigen Film nicht mehr auftaucht, war eine ganze Reihe von Aktionen geplant: eine Ausstellung zum Filmstart mit Kartenverkauf, Signierstunden mit Keir Dullea und Gary Lockwood, eine Lesung von Arthur C. Clarke, der Besuch eines echten Astronauten sowie Schaufensterdekorationen und die Mitwirkung an *Macy's* berühmter *Thanksgiving Parade*.

Werbung wurde in den Lobbys und den Restaurants der *Hilton*-Hotels präsentiert sowie in den Verkaufsräumen von *Pan Am*. Arthur C. Clarke las aus dem Buch, die Hauptdarsteller hielten Autogrammstunden ab. Baron Hilton sprach anlässlich der Konferenz „Commercial Utilization of Space" über die kommenden ‚*Hilton* Orbiter Hotels'. Es gab Werbung in den Schaufenstern von Geschäften, die *Parker*-Schreibwaren oder *Whirlpool*-Produkte vertrieben. *Whirlpool* baute eine der Küchenzeilen aus dem Film zu einem halbwegs funktionierenden Gerät auf und präsentierte sie auf einer Ausstellungsfläche.

Jugendliche wurden in gezielten Kampagnen über ihre Begeisterungsfähigkeit für Zukunftsvisionen und Science Fiction beworben. In überregionalen Schülerzeitungen wurden Anzeigen geschaltet. Schulen sollten durch Werbung in Publikationen und auf Tagungen von Lehrerverbänden angesprochen werden. In einem – jedoch nur geplanten – landesweiten Ausschreiben hätte der Gewinner eine komplette Hochschulausbildung gewinnen können, wenn er den genauen Termin und Zeitpunkt, an dem der erste Amerikaner einen Fuß auf den Mond setzt, geraten hätte. Im *Seventeen Magazine* wurde mit 2001: A SPACE ODYSSEY 1968 in drei aufeinander folgenden Ausgaben geworben: als Film des Monats, in einem sechsseitigen Modeteil mit Keir Dullea als Modell und im August in einer mehrseitigen *Going-Back-to-School*-Fotokampagne zu Mode und Schmuck. Dadurch inspiriert, gab es landesweite Werbemaßnahmen in Warenhäusern mit Mode von *Puritan Fashions* und Accessoirs von *John Romaine*. Der Schmuckhersteller *Wells*, der einen Großteil seiner Produkte an Jugendliche verkaufte, sicherte sich die Exklusivrechte am Namen ‚Monolith-Schmuck' und bewarb sein Sortiment in doppelseitigen Anzeigen mit einer im All schwebenden jungen Frau.

Zweifellos ist 2001: A SPACE ODYSSEY ein Kultfilm geworden. Einen Anteil daran hat das unprätentiöse Einbinden von Markenartikeln und -design in den Alltag der Weltraumreisenden. So ist es Kubrick gelungen, Anhaltspunkte zur Erinnerung zu liefern, wo sonst im Genre – abgesehen von gelegentlichen Reminiszensen – Ikonen eines Alltags immer mehr verschwinden.

Geschenke-Automat auf der Space Station Five. Hier sollten kleine elektronische Geräte angeboten werden.

1 Aus einem Brief von Roger A. Caras an Richard Kellerman, NBC, vom 3.8.1965 (im Nachlass). [„‚2001: A Space Odyssey' wird der erste wirklich echte Science-Fiction-Film. In Farbe und in Cinerama, wird der Film ohne die Unterstützung durch Micky Maus, Buck Rogers, russische Spione, Jack Armstrong, ‚The All American Boy', Motten, Schmetterlinge und Hummeln, die Städte verwüsten und japanische Frauen vergewaltigen, auskommen. Kurz, ‚2001: A Space Odyssey' wird eine logische Fortführung der heutigen rapide sich entwickelnden Techniken und Technologien sein."]

2 Roger A. Caras, der für den Kontakt zu Firmen und für die PR zuständig war, hatte Kubrick auch den Kontakt zu Arthur C. Clarke vermittelt. Von 1965 bis 1967 war er ‚Vice President' der Kubrick-Firma Polaris Productions, Inc., zuvor ‚National Director of Merchandising for the USA and Canada' bei Columbia Pictures.

3 Man kann dieses Platzieren von Produkten allerdings nicht *product placement* im heute gebräuchlichen Sinn nennen, da weder Gelder in den Film geflossen sind, noch die Firmen irgendwelchen Einfluss auf diesen hatten. Als erster ‚offizieller' Fall von *product placement* gilt der zeitgleich entstandene US-amerikanische Spielfilm THE GRADUATE (Die Reifeprüfung, Mike Nichols, 1967), in dem ein roter Alfa Romeo Spider gegen Bezahlung gezeigt wurde.

4 Der *IBM*-Schriftzug durfte jedoch nie zusammen mit der Blende und dem ‚Auge' des HAL-9000 gezeigt werden, da dieser fehlbar war und auch Menschen umbrachte.

5 Der im Nachlass liegende Text ist undatiert; er entstand wahrscheinlich im Spätsommer/Herbst 1965. [„Bis dahin werden alle Menschen so attraktiv sein, wie sie es sein möchten. Chemo-Chirurgie, plastische Chirurgie, revitalisierende und jugendverlängernde Medikamente werden jeden in die Lage versetzen, bei einem minimalen Aufwand an Geld und Zeit so auszusehen, wie er will. Haut und Haare werden durch die aufgeführten Methoden beseitigt oder korrigiert; die Haare werden ein ganzes Leben lang kräftig, dicht und schön bleiben. Die Rolle von Make-up und Haarprodukten (zum Styling und zum Färben) wird dann, 2001, eine rein dekorative sein. Es wird keine Notwendigkeit mehr bestehen, Defekte und Mängel zu kaschieren."]

6 Im Jahr 2001 wird es der *Parker Pen Company* mit dem *Atomic Pen* gelungen sein, Schrift mittels einer Neutronenkanone in das Papier zu brennen.

7 Es lag die Erlaubnis folgender Firmen vor, ihre Markenzeichen für den Film zu benutzen: *Continental Baking Company* (*Wonder Bread, Hostess Cake, Morton Frozen Foods*), *Campbell Soup Company, The Borden Company* (Milchprodukte; ‚Elsie the Cow' war damals eine sehr bekannte Werbefigur), *Dannon Milk Products, American Home Foods* (Nudeln, Nudelsaucen), *Frito-Lay, Inc.* (*Halter's Pretzels, Ruffles Potatoe Chips, Lay's Regular Potatoe Chips, Frito's Corn Chips*), *International Salt Company* (Salz), *Landloakes* (Eier, Butter), *H.J. Heinz Co.* (Bohnen, Ketchup, Suppen, Pickles).

8 Aus einem Brief von Roger A. Caras an Sid Balkin von der Modellbaufirma *Bill Dana Productions*, vom 9.8.1965. [„Zur gegenwärtigen Zeit hat der Film ‚2001: A Space Odyssey' das umfassendste Merchandising-Programm, das in der Geschichte unserer Branche je zusammengestellt wurde."]

9 Erst 1976 erschien ein großformatiges Comic bei *Marvel Comics*.

10 Einen sehr guten Überblick über die offiziellen und inoffiziellen Modellbausätze von 2001 findet man in dem französischen Magazin *Dixième Planète. – Èdition spéciale Hors série No 2: „2001: l'Odyssée des maquettes"*.

Aus den Grauwerten von Polaroids errechneten Stanley Kubrick und

Stanley Kubrick und Arthur C. Clarke in den Kulissen des Raumschiffes Aries B

Bryan Loftus (Special-Effects-Kamera), Anthony Frewin, Michael Round (Fotoabteilung) und Martin Body (Kameraabteilung) beim Sichten von Filmmustern (v.l.n.r.)
Foto: Stanley Kubrick

2001: EIN VERWORFENER PROLOG
Themen, die blieben

ANTHONY FREWIN

Als Stanley Kubrick 1965 die Vorbereitungen zur Produktion von 2001: A SPACE ODYSSEY aufnahm, stand er vor einem Problem. Genau genommen, stand er vor vielen Problemen, es gab jedoch, zu Beginn zumindest, ein ganz besonderes, das ihn sehr beschäftigte: das Ansehen von Science Fiction und von Zukunftsfilmen in der Öffentlichkeit. Für jemanden unter 50 Jahren mag es schwer sein, sich vorzustellen, dass Science Fiction im Kino vor 2001: A SPACE ODYSSEY als Stoff für samstägliche Kindermatineen und Billigproduktionen angesehen wurde. Es ging darin um UFOs, fliegende Untertassen, kleine grüne Männchen, die ‚Invasion vom Mars', um Flash Gordon und Buck Rogers. Um diese Wahrnehmung zu durchbrechen, wurden für 2001: A SPACE ODYSSEY zwei Themenkreise hervorgehoben: die Weltraumfahrt und die Frage außerirdischen Lebens, welche eines der Hauptmotive des Films darstellt. Diese Themen wurden nicht ernst genommen und konnten schwerlich als Grundlage für etwas dienen, was unter den Marktschreiern der Branche allgemein als ein „major motion picture" bekannt ist.

Kubrick erkannte, dass er zu allererst das Bewusstsein schaffen müsse, dass das Thema außerirdischen Lebens ein legitimer Gegenstand wissenschaftlicher Forschung und die Frage „Sind wir allein?" für die Menschheit von fundamentaler Bedeutung sei. Wenn ihm dies gelänge, würde die Akzeptanz für die übrigen Themen von selbst folgen. Gelänge es ihm nicht, würde 2001: A SPACE ODYSSEY, so fürchtete er, als nichts anderes denn als eine weitere Weltraumklamotte für ein Popcorn mampfendes Publikum abgetan werden. Kubricks Lösung des Problems war einfach. Er plante, Filminterviews mit den bedeutendsten Wissenschaftlern, Astronomen, Theologen und Philosophen zu führen, die sich mit dem Problem außerirdischen Lebens beschäftigt hatten, und 2001: A SPACE ODYSSEY einen Prolog aus den zusammengeschnittenen Interviews voranzustellen. Zu diesem Zweck stellte er eine sorgfältige Liste von Fragen zusammen, erkundigte sich über die Personen, die er interviewen wollte, und schickte 1966 seinen Partner Roger Caras kreuz und quer durch die Welt, um auf 35-mm-Schwarzweißfilm 21 Wissenschaftler zu interviewen, die seiner Meinung nach etwas zu der Diskussion beizutragen hatten.

Als sich im Sommer 1968 die Produktion von 2001: A SPACE ODYSSEY rasch ihrem Ende näherte, stellte Kubrick fest, dass der Film auf eigenen Beinen würde stehen müssen, dass die Interviews letztlich das Publikum möglicherweise irritieren könnten; und da außerdem der Film bereits fast 160 Minuten dauerte, war ohnehin keine Zeit mehr übrig, sie noch einzufügen.

Die Wissenschaftler und die Interviews

Alle Interviewpartner waren oder sind inzwischen auf ihrem Gebiet internationale Koryphäen. Ein paar Namen seien zufällig herausgegriffen: Aleksandr Ivanovich Oparin (1894-1980), der russische Gelehrte, ist der herausragende Wissenschaftler des 20. Jahrhunderts, welcher den Ursprung des Lebens erforschte und die als erste grundlegend moderne Arbeit anerkannte Abhandlung über dieses Problem vorlegte. Harlow Shapley (1885-1972) war ein bedeutender Astronom und wortgewandter Autor, dem wir unsere Einsichten über Größe und Form unserer Galaxie verdanken. B. F. Skinner (1904-1990) ist weithin für seine Arbeiten über Verhaltensforschung bekannt. Freeman J. Dyson (*1923) erfand die Dyson-Sphäre. Dr. Margaret Mead (1901-1978) war Autorin von *Kindheit und Jugend in Samoa* (1928) und anderen wichtigen Beiträgen zur Anthropologie. Frank D. Drake (*1930) ist ein Pionier der SETI (Search for Extra-Terrestial Intelligence) sowie der Radioastronomie und formulierte die Drake-Gleichung (siehe unten). Fred Whipple kann als *der* große Astronom des 20. Jahrhunderts angesehen werden.

Weitere Wissenschaftler, die 1966 interviewt wurden, waren (in ihren damaligen Positionen): Isaac Asimov, *Außerordentlicher Professor für Biochemie, Boston University School of Medicine, Boston University Medical Center* · Jeremy Bernstein, *Außerordentlicher Professor für Physik, New York University* · Frederic C. Durant III, *Assistenzprofessor, Astronautics Air and Space Museum, Smithsonian Institution, Washington DC* · Gerald Feinberg, *Professor für Physik, Columbia University* · Constantine D. J. Generales Jr., *Internationaler Berater für Weltraummedizin, Vorsitzender der Abteilung Weltraummedizin bei der Medical Society of the State of New York* · Irving John Good, *Trinity College, Oxford; Atlas Computer Laboratory, Chilton* · Gerald S. Hawkins, *Professor für Astronomie und Vorsitzender der Abteilung für Astronomie, Boston University* · Francis J. Heyden SJ, *Professor für Astronomie, Georgetown University* · Norman Lamm, *Beigeordneter Rabbi des Jewish Center, New York; Außerordentlicher Professor für Jüdische Philosophie, Yeshiva University, New York* · Sir Bernard Lovell, *Nuffield Radio Astronomy Laboratories, Jodrell Bank* · Marvin Minsky, *Massachusetts Institute of Technology, Artificial Intelligence Project* · Ormond G. Mitchell, *Außerordentlicher Professor für Anatomie, New York University College of Dentistry* · Philip Morrison, *Abteilung für Physik, Massachusetts Institute of Technology* · S. M. Siegel, *Union Carbide Corp Research Institute*

Stanley Kubrick liebte die Himmelsbeobachtung mit seinem Teleskop. Am 18. Mai 1964 meinten er und Arthur C. Clarke eine ungewöhnliche Beobachtung gemacht zu haben. Sie meldeten sie den Behörden und mussten diesen Fragebogen ausfüllen. Wie sich später herausstellte, hatten sie die Flugbahn des US-amerikanischen Satelliten *Echo* beobachtet.

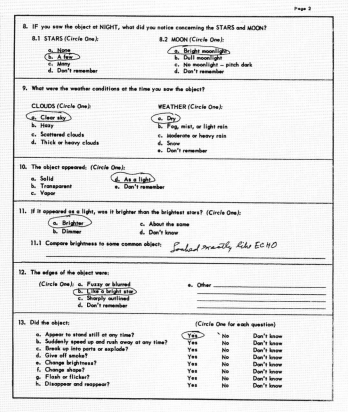

Ich möchte hier auf den Optimismus hinweisen, der 1966 herrschte. Marvin Minsky und Gerald Feinberg glaubten, im Jahre 2001 hätten wir Computer mit einer der menschlichen vergleichbaren Intelligenz (HAL eben), während I. J. ‚Jack' Good keinen Zweifel daran hegte, dass wir bis dahin mit außerirdischen Wesen in Kontakt getreten seien. Mehrere Interviewpartner glaubten außerdem, die verschiedenen Weltraumprogramme seien zwischenzeitlich so weit fortgeschritten, dass wir unser Sonnensystem kolonisieren könnten.

Schlüsseltexte

Kubrick war seit seiner frühen Jugend ein unersättlicher und an allem interessierter Leser. Sein Interesse an Science Fiction ging zurück auf die 1930er Jahre, als er Groschenhefte wie z. B. *Amazing Stories* und *Astounding Stories* las, von denen es an den Zeitungsständen der Bronx zahlreiche gab. In jene Zeit müssen wir auf der Suche nach den Ursprüngen seines Wunsches, einen ‚wirklich guten' Science-Fiction-Film zu drehen, zurückgehen. Er betrachtete sich jedoch nie als einen Science-Fiction-Fan im eigentlichen Sinne. Er war der erste, der zugegeben hätte, dass Science Fiction in ihrem damaligen Zustand kaum eine Spielart der ‚schönen Literatur' war, und dass es so etwas wie literarische Standards gab. Es würde ein ganzes Leben voller eingehender Studien erfordern, wollte man alle Quellen und Einflüsse zurückverfolgen, die dazu führten, dass Kubrick 2001: A SPACE ODYSSEY drehte; aber trotzdem möchte ich immerhin die wichtigsten Bücher aufführen, die er las und diskutierte, als ich im September 1965 zum ersten Mal für ihn arbeitete, und die bei der Formulierung seiner Überlegungen zu dem Film keinen geringen Einfluss ausübten. Für die zwei ‚besten' Bücher über ETI (Extraterrestrische Intelligenz) hielt Kubrick *Intelligent Life in the Universe* (1966) von Carl Sagan und I.S. Shklovskij sowie *Intelligence in the Universe* (1966) von Roger A. McGowan und Frederick I. Ordway III. Kubrick war froh, auf Fred Ordway als Vor-Ort-Experten für ETI zurückgreifen zu können, der in dem Buch aufgeworfene (und viele weitere) Fragen erklären und vertiefen konnte. Beide Werke sind kaum veraltet und noch heute höchst empfehlenswert.

Ein, um mit Kubrick zu sprechen, guter ‚Abriss' war das Buch des Wissenschaftsredakteurs der *New York Times*, Walter Sullivan. Es hieß *We Are Not Alone: The Search for Intelligent Life on Other Worlds* (1964) und ist ebenfalls ein Werk, das sich bemerkenswert gut gehalten hat.

Kubrick mochte die philosophischen Dimensionen und die Erhabenheit des Universums, wie sie in Harlow Shapleys *The View from a Distant Star: Man's Future in the Universe* (1963) dargestellt wurden, und fand Arthur C. Clarkes *Profiles on the Future* (1962) sowie I. J. Goods *The Scientist Speculates* (1962) sehr anregend. Letzteres hielt er für ein „Feuerrad von Buch", mit seinen kühnen, „halb ausgegorenen" Gedanken (so der Untertitel) und seinem nur aus einem einzigen Satz bestehenden Vorwort, das ihn sehr amüsierte: „Die Absicht dieser Anthologie ist es, mehr Fragen aufzuwerfen als zu beantworten."

Schließlich war da noch A. G. W. Camerons *Interstellar Communication: The Search for Extraterrestrial Life* (1963), eine frühe Anthologie von etwa 32 wissenschaftlichen Aufsätzen, die für uns Nicht-Wissenschaftler zum Teil schwer verdaulich waren, Kubrick aber trotzdem zu Ideen anregten. Es war auch das Buch, das ihn mit dem Werk von Freeman J. Dyson, Philip Morrison und Frank Drake bekannt machte, drei der Wissenschaftler, die später interviewt wurden.

Kubrick hatte bis zu seinem Tod ein unstillbares Interesse an ETI und Künstlicher Intelligenz (KI). Er las stets die neuesten Ausgaben des *Scientific American* und anderer Fachzeitschriften und erhielt Vorabexemplare der Bücher von Wissenschaftlern wie Marvin Minsky und Hans Moravec. Ich möchte nun kurz sechs diesen Gebieten entstammende Themen diskutieren, die Kubrick vor, während und nach den Arbeiten an 2001: A Space Odyssey besonders faszinierten. Dadurch fällt etwas Licht auf die Hintergründe dieses Films.

Der Ursprung des Lebens

Kubrick war der festen Überzeugung, dass es angesichts der Größe des Universums und angesichts seines Alters unvermeidlich sei, dass Leben entstehen und Intelligenz sich entwickeln müsse, und dass es tatsächlich wohl Tausende, wenn nicht Millionen von Zivilisationen gebe, die der unseren weit überlegen seien. Es war ihm bewusst, dass diese Überzeugung mehr ein Akt des Glaubens war als eine wissenschaftliche Schlussfolgerung, und er wartete ungeduldig auf einen noch so dürftigen Beweis für außerirdisches Leben, und sei es ‚nur' in Form von Bakterien auf einem Meteoriten vom Mars.

Für Kubrick hing jedoch viel von dem Wort ‚unvermeidlich' ab. Wieso eigentlich unvermeidlich? Das war die große, unlösbare Frage, die ihm keine Ruhe ließ. Er wusste, dass es Wissenschaftler gab, die behaupteten, das Leben auf der Erde sei ein reiner Zufallstreffer, und die Wahrscheinlichkeit für sein Nicht-Zustandekommen sei unvorstellbar hoch. Trotzdem sind wir da – und das ist Beweis genug. Kubrick tröstete sich mit der Hypothese von David M. Raup, dem bedeutenden Paläobiologen, das Leben auf der Erde könne zu verschiedenen, voneinander unabhängigen Anlässen entstanden sein. Und warum auch nicht? Er hielt dies für wahrscheinlicher als die Annahme, dass jedes lebende Wesen, das je existiert hat, von einer *einzigen* chemischen Reaktion in einer ‚Ursuppe' abstammen solle.

In den 1950er Jahren wurden Aminosäuren, der erste Schritt auf dem Weg zum Leben, in einem Laborexperiment erzeugt, bei dem die primitive Atmosphäre auf der Erde simuliert wurde. Verschiedene Wissenschaftler haben jedoch darauf hingewiesen, dass es von Aminosäuren zu einem Bakterium ein größerer Schritt ist als von einem Bakterium zum Menschen. Ein Molekül einer Aminosäure enthält weniger als 100 Atome. Das einfachste Bakterium besteht aus etwa 100 Milliarden Atomen. Wenn man darüber wirklich nachdenkt, meinte Kubrick, hat man eine schlaflose Nacht vor sich …

Das Fermi-Paradoxon

Der italienisch-amerikanische Physiker Enrico Fermi (1901-1954) stellte beim Mittagessen unter Kollegen 1950 in Los Alamos folgende Frage: „Wenn es Außerirdische gibt, wo sind sie dann?" Sie wurde als Fermi-Paradoxon bekannt, und Kubrick kam im Laufe der Jahre immer wieder auf sie zurück. Wo, in der Tat, sind sie? Wieso besitzen wir keinerlei Beweis für ihre Existenz?

Dies beschäftigte ihn, da er fest an ihre Existenz glaubte, wobei er eilig hinzuzufügen pflegte, dass das Nichtvorhandensein eines Beweises nicht als Beweis für das Nichtvorhandensein angesehen werden dürfe. Er betrachtete die Beantwortung des Paradoxons als Übung in Logik und erdachte eine Reihe von Gründen, die von bewusst komischen bis hin zu völlig glaubhaften reichten; darunter z. B., dass wir beobachtet würden, ohne es zu bemerken, dass die Außerirdischen nicht daran interessiert seien, Kontakt mit uns aufzunehmen, dass die Entfernungen zu groß seien usw. Für Kubrick war dies eine amüsante Übung im Schlussfolgern, und der für ihn zwingendste Grund war der letzte: die zu großen Entfernungen. Es wäre möglich, dass alle Zivilisationen entstehen und vergehen und auf ewig alleine bleiben, ohne zu wissen, dass es da noch jemanden gibt. Die Entfernungen sind, ungeachtet aller Technologie, niemals zu überwinden.

Bracewell- und von-Neumann-Sonden

Ursprünglich wollte Stanley Kubrick auch Außerirdische in seinem Film zeigen, verwarf diesen Plan aber. Die Vorschläge waren so unterschiedlich wie experimentell. Dan Richter z. B., der Schauspieler, der den *Moonwatcher* spielte, wurde durch einen graustufenlosen Spezialfilm zum schemenhaften Wesen, von dem nur aufgemalte Punkte als verwischte Bewegung erkennbar waren. Versuche mit Emulsionen, in denen das Filmmaterial getränkt wurde, und Vorsatzlinsen wurden ebenso verworfen wie die unterschiedlichsten Figuren. Diese hier erhielt den Namen *Reddy Kilowatt*.

In 2001: A SPACE ODYSSEY funktioniert der schwarze Monolith auf dem Mond als eine Art ‚Einbrecheralarm', der, wenn ausgegraben, die höheren Wesen vom technischen Fortschritt der Erdbewohner unterrichtet. Arthur C. Clarkes Kurzgeschichte *The Sentinel*, die die Grundlage von 2001: A SPACE ODYSSEY bildete, war 1948 geschrieben worden, und die Idee des ‚Einbrecheralarms' ging um viele Jahre Hypothesen voraus, die in der *alien literature* der späten 1950er und frühen 1960er Jahre ausgebaut wurden. Ich denke dabei besonders an zwei Modelle, die Kubrick faszinierten, und obwohl sie nichts mit ‚Einbrecheralarm' zu tun haben, geht es dabei um die Frage, wie fortgeschrittene Zivilisationen bei der Erforschung der Galaxis vorgehen könnten, um herauszufinden, ob sie alleine sind, und irgendwann den Weltraum zu kolonisieren. Dies sind die sogenannten Bracewell-Sonden und von-Neumann-Sonden.

Bracewell-Sonden sind benannt nach Ronald Bracewell (*1921) von der University of California, der den Gedanken 1960 als Erster diskutierte. Ihr Zweck ist ausschließlich die Beobachtung und Kontaktaufnahme zu anderen Zivilisationen. Bemannte Forschungsraumschiffe sind teuer, ein unbemanntes Fahrzeug dagegen nicht. Daher könnten viele solcher Sonden zu bedeutend geringeren Kosten gebaut und in die Galaxis geschickt werden. Sie würden auf alle aussichtsreichen Planeten ausgerichtet, dort in eine Umlaufbahn gehen und versuchen, Kontakt aufzunehmen. Wäre dies ergebnislos, könnten sie

Um die Illusion des schwebenden Monolithen zu erzeugen, wurde dieser auf eine Glasscheibe montiert.

zu anderen Planeten weiterfliegen oder einfach durch den Weltraum kreuzen und nach Anzeichen von Intelligenz Ausschau halten. Kubrick dachte, es sei unvermeidlich, dass jede uns ähnliche Zivilisation solche Bracewell-Sonden bauen würde, und wir sollten jetzt an unserem eigenen Himmel danach Ausschau halten.

Der Computerwissenschaftler und Mathematiker John von Neumann (1903-1957) stellte eine Theorie auf, der zufolge Maschinen eines Tages in der Lage sein werden, sich selbst zu duplizieren – und genau das tut eine von-Neumann-Sonde. Sie erreicht einen Planeten und stellt mehrere Kopien von sich selbst her, die dann auf andere Ziele abgeschossen werden. Jede dieser Sonden macht bei Ankunft ihrerseits weitere Kopien von sich selbst und schießt sie ab, und so geht das dann exponentiell weiter. Die jeweilige Landesonde würde nach der Produktion ihrer Kopien auf dem Zielplaneten bleiben, ihn erforschen und kolonisieren.

Kubrick war der Ansicht, jede Zivilisation, die solche Sonden herstellte, würde damit wirkungsvoll Selbstmord begehen. Wenn Maschinen so schlau wären, wären sie auch schlau genug, sich trotz aller eingebauten Sicherungsvorkehrungen umzuprogrammieren. Er sah sie dann irgendwann das gesamte Universum in sich selbst umwandeln und zu dem Planeten zurückkehren, auf dem die Ursprungssonde hergestellt wurde, um *diesen* zu kolonisieren. Eine gute Idee für einen Schwarzenegger-Streifen, aber nicht für eine intelligente Zivilisation.

UFOs und Fliegende Untertassen

Ein UFO ist, wie Kubrick nie müde wurde zu betonen, ein Unbekanntes Flugobjekt. Sonst nichts. Nur ein fliegendes Objekt, das nicht identifiziert wurde. Es könnte eine aus einem bestimmten Winkel mit Sonnenreflexion gesehene Frachtmaschine sein, es könnte ein streng geheimes Militärflugzeug sein, es könnte ein Wetterballon sein, es könnte irgendein bekanntes oder unbekanntes Naturphänomen sein. Es könnte vieles sein, nicht notwendigerweise das Fahrzeug einer außerirdischen Zivilisation, obwohl Fliegende Untertassen, sofern sie existieren, dies mit höchster Wahrscheinlichkeit sind. Wenn ich auf dem Unterschied herumreite, dann deshalb, weil sich viele Menschen darüber nicht im Klaren sind: Sie halten die beiden für synonym.

Kubricks Glaube an Fliegende Untertassen erreichte während der Produktion von 2001: A SPACE ODYSSEY einen Höhepunkt, nahm im Laufe der Jahre jedoch ab, bis er an ihrer Existenz stark zweifelte. Wo, wollte er wissen, ist der handfeste Beweis, dass wir Fahrzeuge aus anderen Welten sehen? Wo ist das Stück Alien-Metall? Der unanfechtbare Augenzeugenbericht? Und, Hoffnung wider alle Hoffnung, das Wrack des Fahrzeugs? Wenn jemand behauptete, es gebe überwältigende Beweise für ihre Existenz, pflegte Kubrick zu erwidern, dass sie alle auf Hörensagen beruhen, ebenso wie die Beweise für Feen, Geister und Kobolde im Mittelalter.

Die Drake-Gleichung

Kubrick hatte aus zwei Gründen ein anhaltendes Interesse an Mathematik. Da gab es erstens die Nützlichkeit der *angewandten* Mathematik, die er sehr gut aus eigener Anschauung kannte, besonders die der Geometrie, Trigonometrie und Infinitesimalrechnung (nützlich für Kameralinsen, Setaufbau, Kameraaufstellung usw.). Zweitens die unerschütterliche Logik der *reinen* Mathematik. Er sagte oft zu mir: „Eins plus eins ergibt zwei, egal wo im Universum man sich befindet ... es sei denn, natürlich, es ergibt etwas anderes."

Ich erwähne das, um etwas verständlicher zu machen, wieso die Drake-Gleichung Kubrick in doppelter Hinsicht faszinierte. Erstens ging es bei ihr um außerirdische Intelligenz, und zweitens war es eine ‚elegante' mathematische Gleichung, die Ordnung und Logik in eine Spekulation ohne Grenzen brachte.

Worum handelt es sich bei der Drake-Gleichung? Sie ist eine Formel zur Schätzung der Anzahl intelligenter außerirdischer Zivilisationen im Universum, die über die Mittel zur Kontaktaufnahme mit anderen Zivilisationen verfügen, und wurde von dem Radioastronomen Frank Drake für eine Konferenz über ‚Intelligentes außerirdisches Leben' 1961 in Green Bank, West Virginia, aufgestellt. Hier ist sie:

$N = R^* \times fp \times ne \times f1 \times fi \times fc \times L$

N = derzeitige Anzahl außerirdischer Zivilisationen, die zu interstellarer Kommunikation in der Lage sind · **R*** = mittlere Sternbildungsrate in der Galaxis · **fp** = Anteil der von Planeten umkreisten Sterne · **ne** = durchschnittliche Anzahl von Planeten, die die zum Leben notwendigen Bedingungen bieten · **f1** = Anteil derselben, auf denen sich Leben entwickelt · **fi** = Anteil der belebten Planeten, auf denen sich Intelligenz entwickelt · **fc** = Anzahl derer, auf denen Mittel zur Kommunikation entwickelt werden · **L** = die mittlere Lebensdauer einer technologisch fortgeschrittenen Zivilisation

Die meisten der Faktoren dieser Gleichung sind beim gegenwärtigen Wissensstand schwer, wenn nicht unmöglich zu bestimmen. Wir kennen jedoch einigermaßen zuverlässig die mittlere Sternbildungsrate, den ersten Faktor. Wenn wir annehmen, dass die Zahl der Sterne in der Galaxis etwa 400 Milliarden beträgt und die Galaxis etwa 10 Milliarden Jahre alt ist, erhalten wir eine Sternbildungsrate von etwa 40 Sternen pro Jahr. Die drei nächsten Faktoren werden mit einiger Sicherheit in ein bis zwei Generationen bekannt sein, während die drei übrigen wahrscheinlich noch für lange Zeit der Spekulation überlassen bleiben. Eine kürzlich erfolgte ‚Ausarbeitung' der Drake-Gleichung aufgrund neuester Erkenntnisse kam zu einem Ergebnis von 50 Zivilisationen in der gesamten Galaxis, die sich aktiv um Kommunikation bemühen.

Radioastronomie – SETI

Die Radiokommunikation ist eine neuere Erfindung, kaum hundert Jahre alt. Wer will sagen, wie wir in hundert Jahren kommunizieren? In zweihundert Jahren? Kubrick war der Ansicht, die verschiedenen SETI-Programme seien ein wenig vermessen in ihrer Annahme, fortgeschrittene außerirdische Zivilisationen kommunizierten immer noch auf diese Weise. Gesellschaften auf unserer Entwicklungsstufe mögen Radiokommunikation anwenden, aber was ist mit den fortgeschritteneren? Ist Radio das allerletzte Wort auf dem Gebiet der Kommunikation, bis in alle Ewigkeit? Kubrick glaubte nicht daran.

Also sprach Stanley

In den 30 Jahren nach dem Erscheinen von 2001: A SPACE ODYSSEY bis zu seinem Tod 1999 kam Kubrick unzählige Male auf die in dem Film angesprochenen Themen zurück. Es konnten Monate vergehen, ohne dass sie erwähnt wurden, doch dann erschien ein Artikel in der Zeitung oder einer Illustrierten, eine Fernsehsendung oder ein Film – und er diskutierte erneut darüber und stellte aktuelle Tätigkeiten vorübergehend zurück.

Ich möchte nicht behaupten, dass Kubrick sich ausschließlich oder hauptsächlich mit diesen Themen beschäftigte. Das nicht. Sie stellten lediglich einen der vielen Bereiche dar, für die er ein leidenschaftliches und anhaltendes Interesse hegte.

Ich hoffe, hier einen gewissen Einblick in Kubricks Interessen gegeben zu haben (die immer breiter wurden). Er bewahrte sich bis zum Ende eine intellektuelle Neugierde auf die Welt – eine intellektuelle Neugierde, die unersättlich und ungeduldig war, und der wir seinen majestätischsten Film verdanken: 2001: A SPACE ODYSSEY.

Anthony Frewin war Stanley Kubricks Assistent von 1965-1969 und erneut von 1979 bis zum Tode Kubricks. Er arbeitet weiterhin für die Kubrick-Stiftung. Der vorliegende Essay ist seiner Einführung zu The Stanley Kubrick Extraterrestrial Intelligence Interviews *entnommen, die Ende 2004 erscheinen werden.*

Arthur C. Clarke und Stanley Kubrick mit Kubricks Questar-Teleskop

EVOLUTIONÄRER BILD-INGENIEUR
Stanley Kubricks Autorschaft

THOMAS ELSAESSER

„Kubrick is like the black slab in 2001: a force of supernatural intelligence, appearing at great intervals amid - high-pitched shrieks, who gives the world a violent kick up the next rung of the evolutionary ladder."[1]

Ein Filmemacher der Extreme und der Widersprüche

Stanley Kubrick war ein Regisseur der Extreme. Extreme in seiner Persönlichkeit: der „Kontrollfreak", der sich in jede Kleinigkeit einmischen musste, bis zur Farbe der Tinte, die Leute benutzen durften, wenn sie ihm schrieben; der „irre Perfektionist" (Kubrick), der seine Angestellten zur Weißglut oder zum jahrelangen Konsum von Beruhigungsmitteln trieb.[2] Seinem Ruf als Berserker mit der Gabe unheimlicher Allgegenwart diametral entgegen steht das Bild des schweigsamen Einsiedlers, der seine umfriedete Festung in der englischen Provinz seit 1963 kaum verlassen hatte, und des Mannes, der gegen Journalisten Maulkorberlasse verhängte, und jeden, der für ihn arbeitete, vertraglich zum Schweigen verpflichtete.[3] Dieses Bedürfnis nach Privatsphäre und Geheimhaltung wiederum stand im Gegensatz zur Gewohnheit, endlose transatlantische Telefongespräche zu führen, und zwar nicht nur mit Freunden und guten Bekannten, sondern auch frühmorgens mit eventuellen Mitarbeitern, die ihm noch nie begegnet waren.[4] Dem Marathontelefonierer[5] mit den tausend Faxen widersprechen Berichte aus seinem riesigen Küchen-Wohnzimmer-Bereich, in dem den ganzen Tag die Leute ein- und ausgingen, während ein geselliger, witziger Kubrick Hof hielt und seinem Biografen Michel Ciment ausführliche Interviews gab.

Extreme auch in seinen Filmen, deren jeder die Grenzen eines bestimmten Aspekts des menschlichen Lebens auslotete: Sexualität und Tod, natürliche Aggression und von Menschen geschaffene Gewalt, Krieg und militärisches Denken, die vernehmliche Stille des Weltraums und die stummen Schreie innerhalb der Kernfamilie. Nichts Geringeres als tiefe philosophische Fragen, oft jedoch verpackt in banale, stereotype oder kaum existente Handlungen. Extreme schließlich auch in den kritischen Meinungen, die seine Filme hervorriefen. Seit den Kontroversen anlässlich LOLITA, den Drogenexzessen während Vorführungen von 2001: A SPACE ODYSSEY und dem Medienskandal – zumindest in Großbritannien – um A CLOCKWORK ORANGE (der den Regisseur schließlich dazu veranlasste, den Film aus dem Verleih zu nehmen) polarisierte jeder Film die Kritiker, von denen manche sogar über Kubricks Tod hinaus unversöhnlich blieben. Neben einem frühen und treuen Bewunderer wie Alexander Walker in London hatte er in David Denby und Pauline Kael aus New York zwei unerbittliche und gegen jede Verführung immune Gegner.[6] In seinem Nachruf auf den Regisseur konnte sich David Edelstein nicht verkneifen zu schreiben: „Ich verabscheue Kubrick auf ewig, weil er Beethovens Neunte Symphonie, *Singin' in the Rain* und einige der herrlichsten Werke von Händel und Purcell mit Sadomasochismus und der Unmenschlichkeit des Menschen gegen den Menschen in Verbindung gebracht hat."7 Dass all diese Kritiker Kubrick die Ehre zuerkennen, ein ‚Visionär' oder ‚dunkles Genie' gewesen zu sein, hat die Ratlosigkeit über seinen Status als Regisseur von Weltrang oder die Bedeutung seiner Filme kaum gemindert.

Dennoch sollten diese bunten Widersprüche, die sich um seine Person und seine Arbeitsmethoden ranken, auch zu denken geben – zumal sie so vorhersehbar sind und immer von neuem beschworen werden. Sie sind in ihrer klischeehaften Unausweichlichkeit sogar etwas ärgerlich, tut man sie einmal nicht als pure Verdrehtheit ab.8 Die Extreme sind zum Beispiel ein Hinweis auf den Aufwand, den es in der letzten Hälfte des 20. Jahrhunderts erforderte, die Kontrolle über sein Image zu behalten, wenn man (in der und für die Filmindustrie) jener totemhafte Individualist par excellence, der ‚Regisseur als Autor' bleiben und in der breiteren Öffentlichkeit den Ruf als Künstler bewahren wollte. Beides eröffnete Kubrick den nötigen Spielraum, um sich einen eigenen Markennamen zu schaffen und seinen Marktwert zu behalten, auch wenn bis zum Erscheinen eines neuen ‚Kubrick' bis zu fünf Jahre vergingen, was zu Lücken führte, die die Aufmerksamkeitsspanne des durchschnittlichen Kinogängers bei weitem übertrafen. Dass sich in eine solche Selbstdarstellung ein Element der Parodie oder der Persiflage einschleicht, ist weniger eine persönliche Schwäche oder ein Charakterzug als eine strukturelle Gegebenheit in der ‚spätkapitalistischen' Kulturproduktion.

Kubricks Mythologie der Selbst-Widersprüche und Extreme muss außerdem im Kontext seiner um 1962 getroffenen Entscheidung gesehen werden, ein Ein-Mann-Studio zu werden und seine Tätigkeit nach England zu verlagern, einem Land, das damals eine bescheidene Renaissance seiner einheimischen Filmproduktion erlebte, und zwar sowohl in Anlehnung an die *Nouvelle Vague* (Tony Richardson, Lindsay Anderson, John Schlesinger, Karel Reisz) als auch kommerziell (die James-Bond-Reihe etwa, die 1963 so erfolgreich gestartet wurde).9 Der Umzug nach Großbritannien beirrte Kubrick indessen nicht in seinem Entschluss, ein amerikanischer Mainstream-Regisseur (und nicht etwa ein europäischer Autorenfilmer) zu bleiben. Dies lenkt das Augenmerk auf Hollywood selbst und auf die Veränderungen, die das Studiosystem in den 1960er und frühen 1970er Jahren erlebte. Die traditionellen Studios traten bekanntlich einen steilen Absturz an, der in den späten 1950er Jahren mit dem Aufkommen des Fernsehens eingesetzt hatte, sich in den 1960er Jahren jedoch dramatisch beschleunigte. Ungeheure Verluste mit Prestigeprojekten wie DOCTOR DOLITTLE (Richard Fleischer, 1966), HELLO, DOLLY! (Gene Kelly, 1968), PAINT YOUR WAGON (Westwärts zieht der Wind, Joshua Logan, 1969) hatten Ende der 1960er Jahre zu einer großen Zahl von Pleiten und dem Verkauf von Vermögenswerten wie Grundstücken und Filmrechten geführt. Auch Kubricks Stellung blieb davon nicht unberührt, da MGM, das Studio, für welches er seinen erfolgreichsten Film 2001: A SPACE ODYSSEY als Produzent und Regisseur gedreht hatte, zu den Hauptopfern zählte. Der Niedergang von MGM zwang den Regisseur unter anderem dazu, sein lang gehegtes Projekt aufzugeben, einen Film über Napoleon.10 Der Vertrag, den er daraufhin mit Warner Brothers/Seven Arts abschließen konnte und der in den Annalen Hollywoods als einzigartig gilt – völlig freie Themenwahl, unbegrenzte Zeit und nahezu unbegrenzte Mittel bei der Umsetzung, völlige Kontrolle über die Ausführung, die Endfassung und die Verleihbedingungen des fertigen Films – muss im Kontext der bedeutenden Umwälzungen gesehen werden, denen die amerikanische Filmindustrie in der Zeit zwischen 1968 und 1975 unterlag.11 Ohne die Ausnahmestellung von Kubricks Position zu bestreiten, relativiert der Kontext Hollywood deren Einzigartigkeit. Es hilft zum Beispiel, die ökonomischen Gründe und institutionellen Bedingungen aufzuspüren, die ein solches Arrangement möglich machten, vergleicht man Kubrick mit anderen Filmemachern seiner Generation wie Arthur Penn (verantwortlich für BONNIE AND CLYDE/Bonnie und Clyde, 1967), Mike Nichols (THE GRADUATE/Die Reifeprüfung, 1967), Robert Altman (M*A*S*H, 1970), Roman Polanski (ROSEMARY'S BABY/Rosemaries Baby, 1968) oder William Friedkin (THE FRENCH CONNECTION/French Connection I, 1971; THE EXORCIST/Der Exorzist, 1973) – die in dieser entscheidenden Periode meist größere Kassenerfolge erzielten als er, es aber nicht zu einer solchen Position brachten.

Kubrick trat in die Fußstapfen der ersten Generation von Autorenproduzenten nach der Anti-Kartell-Entscheidung (dem *Paramount Decree* von 1948), wie Otto Preminger und Alfred Hitchcock und das

Establishment der als Produzenten auftretenden Schauspieler (Warren Beatty, Robert Redford und natürlich Kirk Douglas, für den Kubrick die Regie bei Spartacus führte, nachdem Anthony Mann gefeuert worden war). Während Preminger unterging und es Hitchcock gelang – vor allem dank des Schutzes von Lee Wasserman bei Universal – noch wenige Jahre lang zu überleben, überbrückte Kubrick, wie Woody Allen, die Generationenkluft und wurde (zusammen mit Martin Scorsese und Steven Spielberg) einer der großen Regisseure der nächsten Generation. Diese bauten über ihre eigenen Gesellschaften langfristige Arbeitsbeziehungen sowie persönliche Bindungen zu einer oder zwei Schlüsselfiguren der neu konsolidierten Studios auf. Für Kubrick waren diese Bezugspersonen bei den nun von Kinney kontrollierten Warner Bros. der neue, extravagante Geschäftsführer Steve Ross (auch ein enger Freund von Steven Spielberg; man erinnere sich, dass Schindler's List/Schindlers Liste, 1993, Ross gewidmet ist), dessen damaliger Stellvertreter Terry Semel und der Warner-Mann in London, Julian Senior, mit dem Kubrick seit A Clockwork Orange eng zusammengearbeitet hatte. Nach dem Tod von Ross wurde Semel bei Time-Warner zum Adressaten von Kubricks zu jeder Tages- und Nachtzeit eintreffenden Telefonaten und Faxnachrichten.[12] Außerdem verband viele jener amerikanischen *auteurs* eine ihre ganze Schaffenszeit während Beziehung mit einem ausführenden Produzenten, dem sie vertrauten. Im Fall von Woody Allen zum Beispiel ist dies Charles H. Joffe (ununterbrochen seit Take the Money and Run / Woody, der Unglücksrabe, 1969), und für Kubrick wurde es Jan Harlan, der auch sein Schwager war. Gleichzeitig, möglicherweise ebenfalls ein Faktor für Warner, wurde die britische Filmindustrie, auch wenn sie nach der kurzen Blüte in den 1960er Jahren nicht in der Lage war, selbst Großproduktionen auf die Beine zu stellen, zu einer bedeutenden infrastrukturellen Ressource für das neue Hollywood der 1970er und 1980er Jahre, und dies nicht nur im Fall der nach außen hin so ‚britischen', in Wirklichkeit jedoch italo-amerikanischen James-Bond-Lizenzproduktion, sondern auch bei solch typischen Hollywood-Großproduktionen wie Star Wars (Krieg der Sterne, George Lucas, 1977) oder Close Encounters of the Third Kind (Unheimliche Begegnung der dritten Art, Steven Spielberg, 1977).[13] Das machte Kubricks scheinbar exzentrisches Drehen in London zum Teil einer planvollen ökonomischen Hollywood-Strategie und versetzte ihn in dieser Hinsicht auf die gleiche Ebene mit Regie- und Produzenten-Superstars wie Spielberg und Lucas.

Kubricks Autorschaft: Zwischen Unikaten und Prototypen

Wenn daher Kubricks Position nicht ganz so einzigartig ist, wie der Mythos es glauben machen möchte, und sie weit mehr in die Umwälzungen von *New Hollywood* eingebettet war, als sein abgeschiedenes ‚Exil' es vermuten ließ, verdienen die speziellen Formen, die seine ‚Autorschaft' annahm, eine kurze Betrachtung. So hatte die Autorentheorie als Wertmaßstab für amerikanische kommerzielle Regisseure wie John Ford, Howard Hawks oder Hitchcock ihren Höhepunkt Mitte der 1960er Jahre erreicht, während die Kritik am Autorenbegriff genau dann einsetzte, als Kubricks Ruhm begann (1968, nach 2001: A Space Odyssey). Man hörte so viel vom ‚Tod' des Autors, dass er, laut der damaligen strukturalistischen Doktrin, ein reines Anhängsel des Textes war und mit der biografischen Person oder gar dem Künstler, der ein ‚Werk' vorweisen konnte, nichts zu tun hatte.[14] Anders als bei Robert Altman oder Woody Allen machte sich der Wiedererkennungseffekt bei Kubrick nicht an seiner Person oder an seinen Werken als Etappen eines sich entfaltenden Projekts fest, sondern konzentrierte sich auf einzelne Filme, als wären sie Unikate: besonders 2001: A Space Odyssey, dem Unmengen von Einzelstudien gewidmet wurden, von denen jedoch nur wenige den Film in Beziehung zu Kubricks vorangegangenen Werken analysierten, wie es für die ‚auteuristische' Kritik typisch gewesen wäre.[15]

Diese Unikate können jedoch im Kontext einer anderen Krise des ‚Old-New Hollywood' gesehen werden, der des Genrefilms nämlich. Angesichts des Umstandes, dass traditionelle Genres wie der Western, die musikalische Komödie, der Historienfilm und selbst der Thriller die ‚Baby Boomers' nicht mehr zu reizen schienen, suchte Hollywood nach neuen ‚Formeln', um dieses (jüngere) Publikum anzulocken, und war bereit, mit noch nicht bewährten Regisseuren (Dennis Hopper, Bob Rafelson), unbekannten Schauspielern (Jack Nicholson, Robert DeNiro) und neuen Genres (z. B. dem Road Movie) zu experimentieren. Kubricks Unikate, könnte man argumentieren, passten in diese Strategie, was sie damit eher zu einer Art ‚Prototypen' machen würde. Mit anderen Worten: Die wahrnehmbaren Eigentümlichkeiten an Kubricks Arbeitsmethode, nämlich dass er von Film zu Film zu unterschiedlichen Themen und Stoffen, wie auch zu unterschiedlichen Stilen, Formen und Techniken griff[16], hatten einen strategischen Wert auch für seine Auftraggeber, da Warner Bros. wie jedes andere Studio nach der Erfolgskombination suchte, die der trotz aller Umwälzungen im Wesentlichen nach wie vor auf Stars und Genres beruhenden Produktion von Mainstreamfilmen neues Leben und neue Energie einflößen konnte.

Dies ist ein weiterer Punkt, in dem sich Kubrick von europäischen Autoren wie Fellini, Bergman, Antonioni oder Fassbinder und Wenders unterscheidet, von denen jeder nicht nur einen eigenen Stil und wiederkehrende Thematiken, sondern ein eigenes Genre geschaffen hat (oft mit Unterstützung von Stammschauspielern oder Stars: Marcello Mastroianni, Max von Sydow, Liv Ullmann, Monica Vitti, Hanna Schygulla, Rüdiger Vogler). Demgegenüber übernimmt Kubrick nur selten einen Stammschauspieler von einem Film zum andern, und sofern er überhaupt mit Genres in Verbindung gebracht werden kann, dann handelt es sich wiederum eher um Genres aus Hollywood als um solche des Autorenfilms. Aber selbst hier weist Kubricks Werk interessante Anomalien auf. Einerseits schuf er mit PATHS OF GLORY eine neue Art des Kriegsfilms, und A CLOCKWORK ORANGE änderte auf dramatische Weise unsere Sicht auf das *Swinging London* (Richard Lesters Filme mit den *Beatles*) oder auf die Pop-Art-Anarcho-Chaos-Reihe der britischen Filmrenaissance der 1960er Jahre (John Schlesingers BILLY LIAR/Geliebter Spinner, 1962, und Lindsay Andersons IF ..., 1968, von dem sich Kubrick Malcolm McDowell holte) – ganz zu schweigen von den Auswirkungen, die A CLOCKWORK ORANGE auf das Genre des Musicals hatte. Und es besteht nahezu einmütiger Konsens darüber, dass Kubrick mit 2001: A SPACE ODYSSEY den modernen Science-Fiction-Film neu erfunden und ein für allemal aus der anrüchigen Ecke der B-Movies der 1950er Jahre herausgeholt hat.

Andererseits wird bereits mit BARRY LYNDON und erneut mit THE SHINING die Frage des Genres komplizierter. Auf diese (und andere) Filme hat Fredric Jameson die Bezeichnung „Meta-Genre" angewandt, deren typische Haltung die ‚Persiflage' ist: „Pastiche seems to have emerged from a situation of two fundamental determinations: the first is subjectivism, the over emphasis and over-evaluation of the uniqueness and individuality of style itself – the private mode of expression, the unique ‚world' of a given artist, the well-nigh incomparable bodily and perceptual sensorium of this or that new claimant for artistic attention. But as individualism begins to atrophy in a post-industrial world, as the sheer difference of increasingly distinct and eccentric individualities turns under its own momentum into repetition and sameness, as the logical permutations of stylistic innovation become exhausted, the quest for a uniquely distinctive style and the very category of ‚style' come to seem old-fashioned. [...] The result, in the area of high culture, was the moment of pastiche in which energetic artists who now lack both forms and content cannibalize the museum and wear the masks of extinct mannerisms."[17]

Jameson argumentiert weiter, dass die Persiflage in der Massenkultur sich natürlich von der bei Thomas Mann oder bei James Joyce unterscheide. Er sieht jedoch die Wiederbelebung des B-Film-Genres, die Mimikri vergangener Ausdrucksformen (der Hochkultur) wie klassischer Gemälde und Kostümdramen und den technisch fabrizierten Kult (mittels Zoomobjektiv, lichtempfindlichem Material, Steadicam-Kamera) um das bewusst schöne ‚Hochglanzbild'[18] als Symptome entweder für das, was er an anderer Stelle „Nostalgie nach der Gegenwart" nennt, oder für einen Überdruss an ‚der Ästhetik' selbst, die zweideutig zwischen dem Symptom und der Kritik an eben derselben wohlfeilen, mithilfe visueller und abbildender Techniken geschaffenen Perfektion pendelt.

„Beauty and boredom: this is then the immediate sense of the monotonous and intolerable opening sequence of *The Shining*. [Kubrick's] depthless people, whether on their way to the moon, or coming to the end of another season in the great hotel at the end of the world, are standardized and without interest [...]. If Kubrick amuses himself by organizing a counterpoint between this meaningless and obligatory facial benevolence and the ghastly, indeed quite unspeakable story the manager is finally obliged to disclose, it is a quite impersonal amusement which ultimately benefits no one. Meanwhile, great swathes of Brahms pump all the fresh air out of The Shining's images and enforce the now familiar sense of cultural asphyxiation."[19]

Ich werde noch auf Jamesons Schema für die Periodisierung von Moderne und Postmoderne zurückkommen, ebenso wie auf den Stellenwert, den für ihn Kubrick darin einnimmt. Festzuhalten wäre, dass das Dilemma bzw. die Dialektik von Unikat und Prototyp innerhalb von Hollywood selbst, wie ich sie zu umreißen versuchte, Jamesons Kritik eine weitere historisch-ökonomische Dimension hinzufügt und der seltsamen Zeitlichkeit oder Asynchronität, die dabei aufscheint, eine andere Bedeutung verleiht. Das, was Jameson ‚Nostalgie' nennt, wäre hier mit dem Freud'schen Begriff der ‚Nachträglichkeit' – verzögerte Handlung – zu identifizieren. Denn die Logik von Kubricks Umformulierung von Genres birgt auch ein gewisses Risiko – nämlich ‚zu früh' gekommen zu sein, um von einem ‚Zyklus' kommerziell zu profitieren, oder innerhalb der Lebensspanne eines solchen Zyklus ‚zu spät' gekommen zu sein. Wenn daher 2001: A SPACE ODYSSEY ‚zu früh' kam, um die gewaltigen finanziellen Erlöse der Blockbuster-Marketingstrategien zu ernten, die George Lucas bei der Star-Wars-Saga einsetzte, und BARRY LYNDON (als ein revidierter TOM JONES/Tom Jones – zwischen Bett und Galgen, Tony Richardson, 1962) die darauf folgende Welle von historischen Adaptionen im Fernsehen (BBC oder PBS) verpasste, könnte man argumentieren, dass THE SHINING und FULL METAL JACKET beide erst zur Aufführung kamen, als die jeweiligen Wellen ihren Höhepunkt bereits erreicht oder überschritten hatten (Horror: THE EXORCIST, William Friedkin, 1973, HALLOWEEN/Halloween – Die Nacht des Grauens, John Carpenter, 1978; Vietnamfilme: APOCALYPSE NOW, Francis Ford Coppola, 1980, PLATOON, Oliver Stone, 1986). Es ist in der Tat bekannt, dass Kubrick, der seine Projekte gewöhnlich über lange Jahre hegte, bestimmte Filme aufgab oder beiseite schob, weil er spürte, dass sie erschienen wären, nachdem ein anderer Prototyp der definitive Blockbuster geworden war (dies war z. B. der Fall bei der Aufgabe von *Aryan Papers* der nach Spielbergs SCHINDLER'S LIST herausgekommen wäre). Man kann sagen, dass die prototypischen Aspekte in Kubricks Werk – neben der indirekten Beziehung zu Autorschaft und Genre – auch ein Licht auf eine indirekte Beziehung zu ‚Einfluss' werfen. Viele seiner Filme wurden mit Gleichgültigkeit und Unverständnis aufgenommen und enthüllten erst später in der Rückschau ihren Platz in der jeweiligen Entstehungsgeschichte, als hätte es eine Verzögerung oder Verschiebung geben *müssen*, bevor die prototypischen Aspekte zum Vorschein kamen oder die Filme sich selbst als Klassiker behaupteten. In diesem Sinne sind sie das Gegenteil des Blockbusters mit dessen plötzlicher, unmittelbarer, aber auch kurzlebiger Wucht. „Kubricks Filme", so sah es auch eine seiner zeitweiligen Mitarbeiterinnen, „scheinen außerhalb der Zeit zu existieren."[20]

Kubricks Modernismus oder (seine Kritik am) Postmodernismus

Dieses Merkmal von Kubricks Filmen – ihre Zeitlosigkeit als Meisterwerke und einzigartige Schöpfungen – beeinflusst seinerseits die eher industrielle Logik von Unikat und Prototyp. Damit hätte Jameson Recht, Kubrick im Wesentlichen als ‚Modernisten' zu sehen – aber zu einem Zeitpunkt, da auch der kinematografische Modernismus seiner eigenen ‚Erschöpfung' inne wurde.

So macht die Tatsache, dass der Stilist Kubrick technisch innovativ, gattungsmäßig aber eklektisch war, während seine ‚Themen' sich von Film zu Film änderten, ihn zum Modell des spät-modernistischen Künstlers, der besondere Stile als Persiflage oder als Mimikri übernimmt. Diese Linie in der Literatur, die sich von Gustave Flaubert über Joseph Conrad und James Joyce bis zu Thomas Mann erstreckt, ist nicht allein durch die Maske der Genre-Persiflage gekennzeichnet. Sie kultiviert auch den ironischen Erzählstil oder die bewusste Neutralität und Unpersönlichkeit eines ‚abwesenden Gottes'. Wie Flaubert es formulierte: „Der Schriftsteller muss in seinem Werk sein wie Gott in seiner Schöpfung: nirgendwo zu sehen und überall zu spüren", was James Joyce mit einem berühmten Satz ergänzte: „The artist, like the God of the creation, remains within or behind or beyond or above his handiwork, invisible, refined out of existence, indifferent, paring his fingernails."[21] Solche Rückbezüge auf Flauberts unpersönlichen Stil und Joyces vielschichtige Zitate, Sprachspiele und Rätsel ermöglichen es, vieles, was an Kubricks scheinbarer Abwesenheit einer eigenen Handschrift irritiert, in eine literaturhistorische Perspektive zu stellen. Die ganze Debatte über Kubricks angeblich fehlenden moralischen – aber auch narratologischen – Standpunkt, kann im Kultivieren eines Verzichts verortet werden, woraus sich dann alles andere als ein fehlender Standpunkt ergäbe, sondern vielmehr ein wertvoller Hinweis auf den Umstand, dass bei Kubrick – wie etwa in der anglo-irischen, an Joyce orientierten Theatertradition bei Samuel Beckett oder Harold Pinter – die Abwesenheit eine Anwesenheit bedeutet, wobei das, was man nicht sieht, ebenso wichtig ist wie das, was man sieht, und dass Stille vielsagender ist als Worte. Das heißt nicht, dass Kubrick so tut, als besäße er eine Art übermenschlicher Objektivität. Eher ist sein Bemühen, sowohl eine innere wie äußere Position zu beziehen, eine polemisch Anteil nehmende wie ironisch distanzierte, eine leidenschaftlich humane, aber auch maschinenhaft inhumane, seinerseits ein Schlüssel zu seiner Identität und „Signatur" (Jameson) als Modernist.

Man könnte allerdings auch argumentieren, Kubrick sei, wie Jameson es unterstellt, bereits ein ausgewachsener Postmodernist, der anstelle einer sorgfältig ausgefeilten Unpersönlichkeit als Regisseur Stile und Posen sich aneignet, persifliert und nachäfft, auf eine Art jedoch, dass der parodistische Inhalt oft zur Unkenntlichkeit verkümmert und die Ironie so distanziert erscheint, dass der übliche Pakt der Parodie mit dem Zuschauer – der nämlich der Komplizenschaft oder des augenzwinkernden Bescheidwissens – keinen gemeinsamen Raum findet, in dem er entstehen kann. Jameson nennt dies blanke Ironie, eine willkürliche Verflachung oder gar Eindimensionalität, die bestimmte kulturell gesättigte, wiedererkennbare Zeichen für neue Kontexte verfügbar macht, wie etwa das Raumschiff, das sich zu den Klängen des *Donauwalzers* dreht (2001: A SPACE ODYSSEY), Beethoven und Masturbation, *Singin' in the Rain* und Vergewaltigung (beide in A CLOCKWORK ORANGE), Road Runner und Horrorspuk, Fernsehmoderator Johnny Carson und Amoklauf (beide in THE SHINING).

In Jamesons Schema ist, wie wir gesehen haben, die Postmoderne von der klaren Erkenntnis geprägt, dass ‚die Einzigartigkeit und Individualiät des Stils selbst' überbewertet wird. Bereits 1960 äußerte Kubrick eine ähnliche Ansicht, dass nämlich beim Film ein übertriebener Wert darauf gelegt werde, ‚originell' zu sein: „I haven't come across any recent new ideas in film that strike me as being particularly important and that have to do with form. I think that a preoccupation with originality of form is more or less a fruitless thing. A truly original person with a truly original mind will not be able to function in the old form and will simply do something different. Others had much better think of the form as being some sort of classical tradition and try to work within it."[22]

Die Äußerung hält das Gleichgewicht zwischen der ‚klassischen' Definition von Hollywood-Autorschaft – innerhalb einer etablierten Tradition schöpferisch sein, anstatt um der Originalität willen mit der Form zu brechen – und einem bereits postmodernen Widerwillen oder Überdruss gegen ‚das Neue' um seiner selbst willen. Dies lässt sich noch um den Aspekt der ‚unsichtbaren Tinte' bei Kubricks Signatur als Autor erweitern, der durch die Weigerung gekennzeichnet ist, sein Werk mit dem Anschein einer individuellen Biografie oder einer persönlichen Note zu versehen – eine Weigerung, die ihm von zahlreichen Kritikern das Attribut „berechnend" einbrachte – und auch sein Publikum ratlos machte.

Ein zweites Merkmal des postmodernen Stils ist die Verweigerung von Tiefe, das Kleben an der Oberfläche, und auch hier erkennt man einen häufig gegen Kubrick geäußerten Vorwurf wieder, dass nämlich die glänzende Oberfläche seiner Filme nicht nur Kontakt, Anteilnahme und Identifikation verhindere, sondern auch die platten moralischen Urteile und simplen Symmetrien in seinen Geschichten widerspiegele.[23] Drittens ist die Postmoderne anti-psychologisch, und es stimmt, dass Kubrick in seinen Filmen die psychologische Motivation oft zerstört (besonders in 2001: A SPACE ODYSSEY, A CLOCKWORK ORANGE und THE SHINING) und durch typisch ‚postmoderne' Surrogate wie Magie, das Übernatürliche, Konventionen der Komik oder des Horrors ersetzt – ohne jedoch daran glauben zu müssen.

Wenn aber Kubrick in dieser oder anderer Hinsicht ein typischer Postmodernist ist, könnte man mit gleichem Recht argumentieren, dass er die Postmoderne bereits überwindet – es fragt sich nur, ob er dies aus moderner Perspektive oder von einem postmodernen Standpunkt aus tut, je nachdem ob man seinen (nicht vorhandenen) Standpunkt in der ‚Zukunft' verortet oder ihn sich außerhalb konkreter Raum-

Zeit-Koordinaten in einem anderen politisch-diskursiven Raum vorstellt. Wenn Kritiker zum Beispiel von Dr. Strangelove or: How I Learned to Stop Worrying and Love the Bomb, 2001: A Space Odyssey und A Clockwork Orange als seiner futuristischen Trilogie gesprochen haben, dann könnte man sagen, dass seine Filme über Sexualität, Paare und Familie (Lolita, The Shining und Eyes Wide Shut) die Konturen einer nach-bürgerlichen Gesellschaft skizzieren und dass seine Filme über militärische oder paramilitärische Institutionen (Paths of Glory, A Clockwork Orange und Full Metal Jacket) Männlichkeit aus der Perspektive eines höchst problematischen, post-patriarchalen ‚Männerbunds' betrachten. Und während er mit seinem entschlossenen Bemühen, in jedem seiner Filme ein brennendes, kontroverses Thema aufzugreifen, immer wieder das Publikum schockierte und die Kritiker spaltete, scheint klar zu sein, dass es ihm nicht nur auf die starken Reaktionen ankam, die er gewöhnlich erntete, sondern darauf, dass die Werte, für die seine Figuren in all ihren konfliktreichen Extremen eintraten, nicht ihm zugeschrieben wurden und auch nicht dazu dienen konnten, seinen eigenen moralischen Standpunkt zu definieren. Das Gegenteil von Neutralität, dieses Streben nach einer starken Reaktion, ohne dass der Autor als deren moralischer Ursprung identifiziert werden könnte, weist nicht auf den Postmodernisten hin, sondern auf den Modernisten. Vor allem würde es Kubrick zu einem Modernisten machen, der weder die Maske der Unpersönlichkeit noch die der Persiflage trägt, sondern der eine ‚kalte Persönlichkeit' kultiviert, und im Fall Kubricks mehr noch eine kalte Persönlichkeit angesichts (oder wegen) einiger sehr ‚heißer' Themen. Es würde darauf hindeuten, dass die Kritiker, die Kubrick so oft das Etikett ‚kalt' angehängt hatten, etwas erkannt hatten, wenn auch nicht das, worum es bei dieser eisigen Mission letztlich ging.[24]

Denn was macht eine kalte Persönlichkeit aus? Eher als blanke Ironie und Persiflage, wie unter Postmoderne besprochen, würde sie auf das Dilemma des menschlichen Beobachters hindeuten, der angesichts von Leid, Unmenschlichkeit und Gewalt nicht anders kann, als sich zum Schutz, Selbstschutz und zur Tarnung mit ‚Kälte' zu wappnen.[25] Der Begriff wurde geprägt, um die posttraumatische literarische Reaktion auf den Ersten Weltkrieg bei ansonsten politisch so gegensätzlichen Vertretern der deutschen Moderne wie Bertolt Brecht und Ernst Jünger zu kennzeichnen, deren expressionistische ‚Angst' sich in die vielleicht nicht weniger gestörte, nach außen hin jedoch ausdruckslose ‚Kälte' der Neuen Sachlichkeit verwandelte.[26] Während Bertolt Brecht seinen animalischen *Baal* zu dem sozio-technischen Cyborg Galy Galy aus *Mann ist Mann* demontierte, vereinigte Ernst Jüngers *In Stahlgewittern* die Sicht des militärisch-technologischen Auges (die Präzisionsoptik der Kriegsfotografie und die Bildermaschine der Filmkamera) mit dem leidenschaftslos sezierenden Auge des Insektenforschers, der die Gesellschaft in Krieg und Frieden kategorisiert und beschreibt, wie er es mit Käfern, Ameisen oder einem Schmetterling tun würde. In Bezug auf ersteren wäre Kubricks Alex aus A Clockwork Orange, der sich in Private „Pyle" aus Full Metal Jacket verwandelt, die Analogie zu Brechts Transformation Baal/Galy Galy, während man im Falle Jüngers eine Affinität zu der besonderen Kälte Vladimir Nabokovs ausmachen könnte, dessen eigene entomologische Faszination ihrerseits uns via Lolita auch zu Kubrick führt. Bei ihm muss man als Teil der ‚kalten Persönlichkeit' noch den Standpunkt des nicht mehr Menschlichen, des Außerirdischen (HAL, der Computer), aber auch des noch nicht Menschlichen (der des hominiden Affen in 2001: A Space Odyssey) sowie den des noch nicht Erwachsenen (Danny in The Shining) hinzufügen.

Die Perspektive des Außerirdischen und die des Kindes wären ein möglicher Einstieg zum Verständnis der rätselhaften Beziehung, die zwischen Kubrick und Spielberg bestand. Spielberg erkannte Einfluss und Vorbildfunktion an, wenn er von Kubrick sagte: „Er kopierte niemanden, aber wir alle drängelten uns, ihn zu imitieren." Dennoch kann man, auch ohne sich auf detaillierte Vergleiche einzulassen oder über die Unterschiede zwischen Kubricks *A.I.* und dem Film zu spekulieren, den Spielberg zur Erinnerung und als Hommage an den Regisseur dann daraus machte, den grundsätzlichen Unterschied ihrer Persönlichkeiten einschätzen, wenn man sich daran erinnert, wie systematisch und zwanghaft Spielberg selbst in seine außerirdischen Figuren das ‚Kind' auf der Suche nach dem guten Vater einschreibt (E.T. – The Extraterrestrial / E.T. – Der Außerirdische, 1982; Empire of the Sun / Das Reich der Sonne, 1987; Jurassic Park, 1993; A.I. – Artificial Intelligence, 2001), während Kubricks ‚Kinder' in einer (bedrohlichen, aber auch herausfordernden) post-ödipalen Welt ganz auf sich gestellt ihren Weg finden, ihren Weg verlieren oder ihre Spuren zurückverfolgen müssen.

Mit Blick auf die kalte Persönlichkeit kann man wieder auf die Frage nach Kubricks ‚Einfluss' auch im Sinne seiner Filme als verspäteter oder verzögerter Prototypen zurückkommen. Eine ganze Reihe von Regisseuren bieten sich nun als Kubricks Epigonen an, die – meist mit der Postmoderne assoziiert – nicht so sehr die kalte Persönlichkeit übernommen als eine andere Art von ‚Kälte' aus ihr extrahiert oder von ihr substrahiert haben. Auch sie versuchen, angesichts heißer Themen kalt zu bleiben, aber sie laden ihre Kälte mit genau den Persönlichkeitszügen, Individualitäten und Idiosynkrasien auf, die der Modernist Kubrick ihr entzogen hatte. Ich denke dabei an David Lynch (der entomologische Standpunkt in BLUE VELVET, 1986), an David Cronenberg (der moralisch-narrative Standpunkt der Parasiten in SHIVERS /Parasiten-Mörder, 1975, den Blick auf Metalloberflächen in CRASH, 1996, oder die Mutanten in THE NAKED LUNCH / Naked Lunch – Nackter Rausch, 1991, und EXISTENZ, 1998), aber auch an David Finchers Tyler Durdon in FIGHT CLUB (1999). Und *last but not least* an Quentin Tarantino, dessen Helden in RESERVOIR DOGS (Reservoir Dogs – Wilde Hunde, 1991) und PULP FICTION (1993) als selbstsichere, d.h. ‚coole' Versionen von Alex und seinen Droogs aus A CLOCKWORK ORANGE bezeichnet werden könnten.

Das Regime der Brüder

Damit wäre angedeutet, dass A CLOCKWORK ORANGE, womöglich noch mehr als 2001: A SPACE ODYSSEY oder THE SHINING, Kubricks einflussreichster, wenn auch rätselhaftester prototypischer Film ist. Nicht so sehr, weil er ein besonderes Genre und dessen Zyklen begründet hätte, als wegen seiner personellen und psycho-sozialen Konstellation. Vordergründig ein Film über die Freiheit des Individuums und das Recht des Staates, das Gute in seine Bürger – auch gegen ihren Willen – einzupflanzen, kann der Film heute mit Gewinn als eine definitive Aussage über die Krise der Männlichkeit gelesen werden, die so oft beschworen wird, ob nun psychoanalytisch motiviert, im Sinne der post-ödipalen „Narzissmuskultur" (Christopher Lash), des „genießenden Über-Ich" (Slavoj Žižek) und des „Regimes des Bruders" (Juliet Flower MacCannell) oder, anti-psychoanalytisch, als die Folgen des „Überwachen und Strafen" (Michel Foucault) und der „Kontrollgesellschaft" (Gilles Deleuze). Bei allen geht es dabei darum, dass die symbolische Ordnung, vertreten durch den klassischen bürgerlichen Individualismus und seine patriarchalische Identitätsbildung, nicht mehr in der Lage ist, die Integration des Mannes in die Gesellschaft wirksam zu regulieren. Was Kubricks Beitrag innerhalb dieses ziemlich weiten Horizonts der Kulturkritik und -analyse so besonders macht, ist die Genauigkeit, mit der er die Verwerfungslinien und Bruchstellen lokalisiert, die Ambivalenzen und unauflöslichen Aporien dieser Verschiebung von Geschlechterrollen und symbolischen Funktionen aufzeichnet, besonders den sozio-politischen Hintergrund beim Entstehen der rein männlichen Gruppe, die die Verbotsfunktion des Vaters verkörpert, ohne das Kastrationsgesetz zu beachten. Es sei unter Verweis auf die drei paradigmatischen Szenen am Anfang von A CLOCKWORK ORANGE kurz rekapituliert, wie das psychoanalytische Argument lauten könnte: die Szene, in der der irische Penner in der Unterführung seinen Angreifern trotzig entgegenhält, er wolle nicht länger auf dieser Welt leben, weil es keine Achtung von Recht und Gesetz mehr gebe; die Szene, in der Alex und seine Gang in das Haus eines Schriftstellers eindringen, ihn fesseln, seiner Frau vor seinen Augen die Kleider vom Leib schneiden und sie vergewaltigen; und die Szene, in der Alex am nächsten Tag aufwacht und seinen Sozialarbeiter auf dem Bett seines Vaters sitzen sieht. Er beschimpft und bedroht Alex, hauptsächlich jedoch, um ihn zu sexuellen Gefälligkeiten zu erpressen.

Obwohl diese Aktionen und Reaktionen stets Konsequenzen aus Alex' Verhalten sind, der die hemmungslose Gewalt, zu der er und seine Gang fähig sind, ausgelebt hat, können sie ebenso als die rückwirkenden ‚Ursachen' gelesen werden, die für Alex' (Mangel an) Sozialisation verantwortlich sind. In diesem Sinne wird Alex' Werdegang von einer anderen Bande bestimmt: nicht der rivalisierenden Jugendbande von Billy Boy, den Alex' Droogs um seine Beute betrügen, sondern die Bande ‚obszön genießender' Über-Ich-Väter, angefangen mit dem Sozialarbeiter und fortgesetzt mit dem Gefängniswärter, dem Innenminister, sogar dem Gefängnispfarrer und dem misshandelten Schriftsteller, aus dem ein selbstgerechter Moralapostel wird. Die in diesem Kontext aussagekräftigste Figur ist wohl der Schriftsteller. Auch er heißt Alex(ander) und wird vom linksgerichteten Liberalen zum blindwütigen Anwalt von Recht und Ordnung. Hilflos der Vergewaltigung seiner Frau zusehen zu müssen, versetzt ihn in die Rolle des gedemütigten Vaters, die laut Žižek einen der Schlüsselzustände darstellt, an dem die Kernfamilie zerfällt. Diese drastische Szene, kombiniert mit der direkten Hinwendung zur Kamera, ist ein entscheidendes Moment des modernen Films, der nicht nur den ‚illusionären' Raum des klassischen Films durchbricht, indem er das Augenmerk auf den gewöhnlichen Voyeurismus lenkt, der jedesmal ‚unbestraft' bleibt, wenn wir ins Kino gehen. Er benennt auch eine der prekärsten Machtbeziehungen innerhalb der sozialen Symbolik: die des Sohnes, der nicht mehr gegen den Vater aufbegehrt, ihn aber immer noch demütigen kann, und damit seine eigene Unfähigkeit demonstriert, sich anders in die symbolische Ordnung zu integrieren als durch das Gefühl der Scham und durch deren Kehrseite, exhibitionistische Gewalt.

Die impotenten Vaterfiguren, die die symbolische Ordnung und das Gesetz vertreten, protzen andererseits mit ihrem extremen libidinösen Einsatz bei der Ausübung dieses Gesetzes. Gegen Alex' Recht als Bürger, hier definiert als das Recht, Böses zu tun und sich dann der gerechten Strafe zu stellen, spielt der Staat nun die Rolle des genießenden Über-Ichs. Wie Žižek immer wieder betont hat, kehrt dies den Kant'schen Kategorischen Imperativ um, indem das Individuum einer Double-Bind-Situation ausgesetzt wird. Der Mensch ist nicht länger in der Lage, das persönlich Gute gegen seine Vereinbarkeit mit dem allgemeinen Guten abzuwägen und ‚frei' zu wählen: Wenn es dem Individuum vom Staat aufgezwungen wird, kann es durchaus ‚gut' sein, es ist nicht länger ethisch. Umgekehrt, wenn die symbolische Ordnung aus dem Wissen, ‚gut' zu sein, Lust bezieht, kann sie durchaus das allgemein Gute repräsentieren, aber auch sie handelt nicht mehr ethisch. Die Reaktion von Alex, die ‚Lust' des Über-Ich-Vaters zu spiegeln, kann dagegen sehr wohl die authentischere ethische Haltung sein.[27]

Der passende Foucault-Kommentar zum Universum der Filme Kubricks und seinen besonderen sozio-politischen Implikationen wäre wohl Gilles Deleuzes *Postskriptum über die Kontrollgesellschaften*, wo dieser, Foucault folgend, eine Reihe von Schlüsselstellen der Moderne beschreibt, an denen im späten 20. Jahrhundert eine Veränderung eingesetzt hat: „Foucault[s] […] Disziplinargesellschaften […] erreichen ihren Höhepunkt zu Beginn des 20. Jahrhunderts. Nun werden die großen Einschließungsmilieus organisiert. Das Individuum wechselt immer wieder von einem geschlossenen Milieu zum nächsten über, jedes mit eigenen Gesetzen: zuerst die Familie, dann die Schule (‚du bist hier nicht zu Hause'), dann die Kaserne (‚du bist hier nicht in der Schule'), dann die Fabrik, von Zeit zu Zeit die Klinik, möglicherweise das Gefängnis, das Einschließungsmilieu schlechthin. […] [Jetzt befinden wir] uns in einer allgemeinen Krise aller Einschließungsmilieus, Gefängnis, Krankenhaus, Fabrik, Schule, Familie. Die Familie ist ein ‚Heim', es ist in der Krise wie jedes andere Heim, ob schulisch, beruflich oder sonstwie. Eine Reform nach der anderen wird von den zuständigen Ministern für notwendig erklärt: Schulreform, Industriereform, Krankenhausreform, Armeereform, Gefängnisreform. Aber jeder weiß, daß diese Institutionen über kurz oder lang am Ende sind. Es handelt sich nur darum, ihre Agonie zu verwalten."[28]

Man sieht, wie A Clockwork Orange sehr präzise auf die von Deleuze benannte Krise und besonders ihren Begriff der institutionellen Einschließung reagiert, die im Film erweitert wird durch die Einschließung des Körpers selbst mittels der Ludovico-Therapie, auf die Deleuze anspielt und die zweifellos bereits bei Foucault aufscheint. Gleichzeitig macht die Überlegung, Disziplinierungspraktiken seien nicht unter dem Aspekt einer antiautoritären Kritik zu betrachten, sondern mit dem Blick darauf, was allmählich ihren Platz einnimmt, einen Film wie Full Metal Jacket einmal mehr zum revidierten Remake von A Clockwork Orange. Er schildert detailliert die diskursive und körperliche Gewalt, die notwendig ist, um junge Männer sowohl in die sozialen Institutionen (hier die Marines) zu integrieren als auch sie aus dem von wechselseitiger Abhängigkeit geprägten ‚Regime der Brüder' herauszubrechen, wie es in beiden Filmen mithilfe von Scham, Komplizenschaft, Erniedrigung und gemeinsam geteilten schmutzigen Geheimnissen geschieht.

Allerdings hat – darauf weist Kubrick am Ende von FULL METAL JACKET mit der Titelmelodie des *Mickey Mouse Clubs* hin – die Wendung zur Kontrollgesellschaft einen Zweck, der weit über neue Arten der Kriegführung und des Kampfes hinausgeht. Sie ist Zeichen für weitreichende Veränderungen psychischer („psychotischer") Prozesse, die verschiedene Arten von ‚Energien' freisetzen, welche einst im disziplinarischen Regiment des klassischen bürgerlichen Staates gebunden waren, nun aber gebraucht werden, um die Verarbeitung von sensorischen Reizen und die berufliche Flexibilisierung zu regulieren, wie sie in postindustriellen Gesellschaften sowohl von deren ‚produktiven' Mitgliedern als auch von jenen gefordert werden, deren sozial nützlichste Funktion allein der Konsum ist. Die dem Porträt von Alex innewohnenden Ambivalenzen, die die Zuschauer verwirrten und von den Kritikern so abgelehnt wurden, lassen sich auffassen als notwendige Folge von Deleuzes Diktum über „die ultraschnellen Kontrollformen mit freiheitlichem Aussehen, die die alten – noch innerhalb der Dauer eines geschlossenen Systems operierenden – Disziplinierungen ersetzen. Es ist nicht nötig, die außergewöhnlichen Pharma-Erzeugnisse anzuführen, die Nuklearformationen, Genmanipulationen, auch wenn sie dazu bestimmt sind, in den neuen Prozeß einzugreifen. Es ist nicht nötig zu fragen, welches das härtere Regime ist oder das erträglichere, denn in jedem von ihnen stehen Befreiung und Unterwerfung einander gegenüber"[29].

Les Extremes se touchent

So scheinen sich die Extreme, mit denen ich begann, schließlich zu berühren, und im Werk beschreiben sie sogar eine Art Entwicklung. Denn obwohl Deleuzes Kontrollgesellschaft eine angemessene Beschreibung dessen bietet, was A CLOCKWORK ORANGE mit FULL METAL JACKET und beide mit THE SHINING verbindet, kann man – angesichts von Kubricks letztem Film, EYES WIDE SHUT – eine weitere Dimension hinzufügen, in der Žižek und Deleuze sich ergänzen, und die ihnen gleichzeitig noch eine zusätzliche Wendung oder Umkehrung gibt. EYES WIDE SHUT ist vor allem ein Film über die Phantasie, oder vielmehr ein Film über die verheerenden Folgen, die eintreten, wenn man eine Phantasie hat, aber auch, wenn man Phantasie-los ist. Der Film ist der schlagende Beweis für Žižeks Behauptung, man benötige eine Phantasie (ein ‚Symptom'), um überhaupt in der alltäglichen Realität oder in einer menschlichen Beziehung funktionieren zu können, da man ansonsten von der Wirklichkeit überwältigt werde. In dieser Lesart wäre EYES WIDE SHUT die Geschichte von Bill Harford, einem Mann, der keine Phantasie hat, mit der er seine Realität (seinen Realitätssinn) stützen kann. Im Gegensatz zu seiner Frau, die ‚gesunde' sexuelle Phantasien besitzt, um ihre Rolle als sorgende Mutter und liebende, sexy Gattin aufrechtzuerhalten. Bill ist somit das Opfer der Phantasien anderer oder, wie Deleuze es mit einem berühmten Satz sagte: Wenn man im Traum eines anderen lebt, ist man *foutu* – verloren, ‚gefickt'. Und so muss er, mehrmals nacheinander, die Phantasien anderer ergründen, in denen er sich prompt und kläglich verirrt – seien es die seiner Ehefrau, die der beiden Frauen oder die der ‚genießenden' Über-Väter (sein ‚Freund' Victor Ziegler ebenso wie der lüsterne, zuhälterische Kostümverleiher). Bill, der geradezu darum bettelt, in die Phantasien anderer eingelassen zu werden, endet bei der Orgie in der entsetzlichsten Form von Eingeschlossensein. Hier ist die (sexuelle) Phantasie selbst die Institution, die den Mann ‚diszipliniert', während Kubrick im Zuschauer das Bewusstsein für die ‚nackte' Gewalt weckt, die nicht nur dieses Phantasie-Gefängnis, sondern jede institutionalisierte Phantasie umgibt, wie wir sie aus Unterhaltungsindustrie und Spaßgesellschaft kennen. In EYES WIDE SHUT werden Gewalt und Phantasie Kopf und Zahl füreinander, wie es bereits in A CLOCKWORK ORANGE der Fall war. Dieser Film – der Prototyp gleichsam für Kubricks eigenes Werk – lässt sich nun, von EYES WIDE SHUT aus gesehen, so wieder-lesen, als seien in ihm bereits die doppelten Beschränkungen der Kontrollgesellschaften und ihrer post-ödipalen Identitäten angelegt: Gewalt und Phantasie sind gleichermaßen in sich geschlossene, ‚versiegelte' Welten, die weder Freiheit noch Erlösung versprechen, denn sie sind ebenso selbstbezüglich wie selbstregulierend.

Diese selbstregulierende Selbstbezüglichkeit weist direkt in Richtung Hollywood – des alten Hollywood der Zensur und des *Hayes Code*, mit dem Kubrick bei seinen frühen Werken wie LOLITA in Konflikt geriet, des neuen Hollywood der 1970er Jahre mit seinen scheinbaren ‚Freiheiten', die Kubrick mit

A Clockwork Orange austestete, und des Blockbuster-Hollywood der 1990er Jahre, dessen Strategie darin besteht, den Weltmarkt in eine Reihe separater, von einander isolierter und dennoch mit den gleichen ‚Phantasiewelten' belieferter Territorien aufzuteilen. Die Strategie besitzt ihre Analogie in Politik und Kriegführung: Wenn das Fernsehen über ein Konfliktgebiet berichtet, dann folgt seine Berichterstattung strengen Gattungsregeln, die eine Art von Diskursen zulassen (‚Terrorismus', ‚Friedenserhaltung', ‚zivile Opfer') und andere ausschließen (die Ursachen der Armut, die Klassenstruktur oder ethnische Grenzen, die Rolle ausländischer Investitionen oder einheimischer Korruption). Ebenso haben ein Touristenhotel im Winter (The Shining), eine elegante Wohnungseinrichtung (A Clockwork Orange) oder der *War Room* eines Präsidenten (Dr. Strangelove) ihre gattungsmäßigen Grenzen, innerhalb derer, wie Kubrick Film um Film gezeigt hat, ebenso viele Arten des Irrsinns zu Hause sind, wie es Dekors gibt, um ihn auszulösen. Auf diese Weise ist Kubrick in der Lage, die Phantasiewelten der Hollywoodfilme auf die realen Welten der isolierten ‚Zonen' zu übertragen – auf Londons Vorstädte oder Manhattan, auf das ausgebombte Hué oder auf Parris Island – wobei Genres die Schnittstellen der verschiedenen abgeschlossenen Bereiche bilden und einen Hinweis geben auf das bewusst gelebte Paradox einer zurückgezogenen Existenz, die die Weite des unendlichen Raumes umschließt.

Kubrick war, mit anderen Worten, der Regisseur starker Extreme, weil sie allein unsere Realität erfassen können. Seine Persönlichkeit und seine Lebensweise waren am Ende nicht nur eine Allegorie für Hollywood, sondern eine für diejenigen ‚Welten', die er in die Welt zu setzen geholfen hat. Wenn auch die Prototypen, die er geschaffen hat, für Hollywoods Massenware zu einzigartig waren und es nur selten zum Kassenschlager brachten, so kann ihre verzögerte Wirkung immer noch jene aufwühlen, die bereit sind, sich mit einem Tritt auf der evolutionären Leiter nach oben (oder nach unten) befördern zu lassen.

1 David Denby, zit. in Baxter, John: Stanley Kubrick A Biography. New York 1997, S. 233. [„Kubrick ist wie der schwarze Klotz in 2001: eine Macht von übernatürlicher Intelligenz, die in großen Abständen unter hohem Kreischen auftaucht und die Welt mit einem gewaltigen Tritt auf der evolutionären Leiter nach oben befördert."]
2 Vgl. die Interviews von Alcott, John und Brown, Garrett. In: Mario Falsetto (Hrsg.): Perspectives on Stanley Kubrick. New York 1996, S. 214, 273. Beachte auch http://www.wendycarlos.com/-kubrick.html und Frederic Raphaels Buch über seine Erfahrungen mit Kubrick: Eyes Wide Open. New York 1999. Raphael bemerkte in *The Observer* (London), 11.7.1999: „The thing about Kubrick is he was a serious reclusive. Whether that was a form of drawing attention by not drawing attention, I don't know. [But] I think he wasn't interested in himself." [„Die Sache bei Kubrick ist, dass er ein starker Einsiedler war. Ob das eine Form war, Aufmerksamkeit zu erregen, indem man keine Aufmerksamkeit erregt, weiß ich nicht. [Aber] ich denke, er interessierte sich nicht besonders für sich."]
3 Edelstein, David: Kubrick take 1 take 2. *Slate*, 8.3.1999: „His name has become an adjective for over-control. It is said that Kubrick sent his scripts – or pages thereof – around in plastic bags, to be read by the intended recipient and then returned via hovering messengers." [„Sein Name wurde zum Adjektiv für Über-Kontrolle. Es heißt, Kubrick hätte seine Drehbücher – oder Seiten daraus – in Plastikbeuteln verschickt, damit sie vom entsprechenden Adressaten gelesen und dann von wartenden Boten zurückgebracht wurden."]
4 Maitland, Sara, 'My Year with Stanley,' *The Independent* (London), 12.3.1999: „One morning in 1995 the telephone rang. I answered and a gruff voice said, 'This is Stanley Kubrick. Would you like to write a film script for me?' Assuming this was a joking friend, I replied, 'And this is Marilyn Monroe and I've been dead 30 years.' He laughed. It really was Stanley Kubrick." [„1995 klingelte eines Morgens das Telefon. Ich nahm ab, und eine bärbeißige Stimme sagte: ‚Hier ist Stanley Kubrick. Hätten Sie Lust, ein Drehbuch für mich zu schreiben?' In der Annahme, es sei ein Freund, der Witze macht, antwortete ich: ‚Und ich bin Marilyn Monroe und seit dreißig Jahren tot.' Er lachte. Es war wirklich Stanley Kubrick."] Malcolm McDowell: „Uh, well, Kubrick rang me up one day two years ago; we'd never met. 'Can you come and see me?' he said." [„Hm, na ja, Kubrick rief vor zwei Jahren eines Tages an; wir hatten uns nie gesehen. ‚Können Sie zu mir kommen?', sagte er."] Candia McWilliam war eine weitere Mitarbeiterin. Auch sie schrieb: „I could not bear the idea of contact with other people to the degree that Stanley, in his professional life, had it." [„Ich könnte den Gedanken nicht ertragen, eine solche Art von Kontakt zu anderen Menschen zu haben, wie Stanley ihn beruflich hatte."] McWilliam, Candia: Remembering Kubrick, *The Guardian* (London), 13.3.1999.
5 Steven Spielberg zufolge war Kubrick ein „great communicator. [...] When we spoke on the phone, our conversations lasted for hours. He was constantly in contact with hundreds of people all over the world." [„toller Gesprächspartner. [...] Wenn wir telefonierten, dann dauerte unser Gespräch Stunden. Er stand ständig mit Hunderten von Menschen in aller Welt in Kontakt."]
6 So lauteten manche Kommentare von Kritikern über 2001: A Space Odyssey: „Es ist ein monumentaler, phantasieloser Film" (Pauline Kael, *Harper's Magazine*); „Eine Riesenenttäuschung" (Stanley Kaufman, *The New Republic*); „Unglaublich langweilig" (Renata Adler, *The New York Times*); „Eine Katastrophe" (Andrew Sarris, *The Village Voice*). *Variety* schrieb, vor der Premiere: „2001 is not a cinematic landmark. It compares with but does not best, previous efforts at film science-fiction; lacking the humanity of *Forbidden Planet*, the imagination of *Things to Come* and the simplicity of *Of Stars and Men*. It actually belongs to the technically slick group previously dominated by George Pal and the Japanese." Zit. in Ciment, Michel: Kubrick: The Definitive Edition. London 2003. [„2001 ist kein filmischer Meilenstein. Er ist mit früheren Versuchen in Sachen Science-Fiction-Film zu vergleichen, ist aber nicht der beste; ihm fehlt die Menschlichkeit von *Forbidden Planet*, die Phantasie von *Things to Come* und die Schlichtheit von *Of Stars and Men*. Genau genommen zählt er zu der technisch glatten Gattung, die bisher von George Pal und den Japanern dominiert wurde."]
7 Edelstein 1999, a.a.O.
8 Weitere Extreme und Widersprüche: „While his movies are thought of as huge (they are certainly hugely expensive), Kubrick's crews were legendarily tiny – in many cases no more than 15 people – and the director himself would go around arranging the lights in the manner not of a deity but of an electrician or plumber. Where most

people think of Kubrick's films as having been storyboarded to death – predigested – others report that he often wandered his sets with a camera lens, groping for shots on the spot. He spoke in an engaging nebbishy Bronx-Jewish accent that was always a shock to hear – like the voice of the unmasked Wizard of Oz, it didn't belong. On his sets he wore the same outfits; it is said that, like Einstein, he had five or more of each lined up on hangers. The act of making choices was clearly excruciating to him; that's why the choices he made are so memorable." Edelstein 1999, a.a.O. [„Obwohl Kubricks Filme für gewaltig gehalten werden (gewaltig teuer waren sie auf jeden Fall), waren seine Teams sagenhaft winzig – in vielen Fällen nicht mehr als 15 Leute – und der Regisseur lief selbst herum und setzte die Lichter, nicht in der Art einer Gottheit, sondern wie ein Elektriker oder Klempner. Während die meisten glauben, Kubricks Filme seien bis ins Letzte vorgezeichnet – vorverdaut – gewesen, berichten andere, dass er oft mit einem Kameraobjektiv auf seinen Sets herumwanderte und vor Ort nach Einstellungen suchte. Er sprach mit einem mauschelnd-jüdischen Bronx-Akzent, den zu hören immer ein Schock war – wie die Stimme des demaskierten Wizard of Oz, sie passte nicht. Am Set trug er immer das gleiche Outfit; es hieß, er hätte wie Einstein fünf oder sechs von jedem auf Kleiderbügeln hängen. Eine Entscheidung zu treffen, war eine Qual für ihn; deshalb sind die Entscheidungen, die er traf, auch so denkwürdig."]

9 Der Kontext ist für Kubrick relevant, als wie kurzlebig sich diese Renaissance auch erweisen sollte und wie wenig er auch daran teilhatte. Letzteres im Gegensatz zu dem anderen heimatlosen US-Regisseur im selbstgewählten britischen Exil, Joseph Losey, denkt man an dessen Zusammenarbeit mit Harold Pinter.

10 Siehe Gelmis, Joseph: Interview with Kubrick. In: Falsetto 1996, a.a.O., S. 29ff.

11 Siehe Cook, David A.: Lost Illusions. American Cinema in the Shadow of Watergate and Vietnam, 1970-1979. Berkeley 2002.

12 Terry Semel, bei der Trauerfeier von Warner Bros. für Kubrick: „I received hundreds and hundreds of phone calls and thousands of faxes [during our 30-year collaboration]. I guess you could say he was unrelenting." [„Ich erhielt Aberhunderte von Anrufen und Tausende von Faxen [während unserer dreißigjährigen Zusammenarbeit]. Ich schätze, man könnte sagen, er war unerbittlich."]

13 Siehe Walker, Alexander: Hollywood UK: The British Film Industry in the Sixties. New York 1974.

14 Barthes, Roland: The Death of the Author (1968). In: Stephen Heath (Hrsg.): Image, Music, Text. New York 1977, und Wollen, Peter: Notes on the Auteur Theory. In: ders.: Signs and Meaning in the Cinema. London 1968.

15 Dennis Bingham, der diesen Aspekt beleuchtet in: The Displaced Auteur – A Reception History of The Shining. In: Falsetto 1996, a.a.O., S. 284ff.

16 „Ten feature motion pictures, each one totally different from the others in both content and style. He has never twice made the same film". John Alcott in Falsetto 1996, a.a.O., S. 124. [„Zehn Spielfilme, jeder völlig anders als die anderen, sowohl inhaltlich als stilistisch. Er hat nie den gleichen Film zweimal gedreht."]

17 [„Die Persiflage scheint aus einer Situation zweier Bestimmungen hervorgegangen zu sein: Die erste ist der Subjektivismus, die Überbetonung und Überbewertung der Einzigartigkeit und Individualität des Stils selbst – die private Ausdrucksform, die einzigartige ‚Welt' eines bestimmten Künstlers, das nahezu unvergleichliche körperliche und sinnliche Sensorium dieses oder jenes Anwärters auf künstlerische Aufmerksamkeit. Wenn aber der Individualismus in einer post-industriellen Welt zu verkümmern beginnt, wenn der schiere Unterschied von immer verschiedenartigeren und exzentrischeren Individualitäten sich unter seiner eigenen Dynamik in Wiederholung und Gleichartigkeit verwandelt, wenn die logischen Permutationen stilistischer Innovation sich erschöpfen, kommt es dazu, dass die Suche nach einem einzigartigen, erkennbaren Stil und die Kategorie ‚Stil' selbst altmodisch erscheinen. [...] Das Ergebnis im Bereich Hochkultur war das Moment der Persiflage, in dem energiegeladene Künstler, denen nun sowohl an Form als auch an Inhalt mangelt, das Museum plündern und die Masken ausgelöschter Manierismen tragen."] Jameson, Fredric: Historicism in The Shining (1981). In: ders.: Signatures of the Visible. New York, London 1990, o. S.

18 „Is it ungrateful to long from time to time for something both more ugly and less proficient or expert, more home-made and awkward, than those breathtaking expanses of sunlit leaf-tracery, those big screen flower-bowls of an unimaginably intense delicacy of hue, that would have caused the Impressionists to shut up their paint boxes in frustration?" Jameson 1990, a.a.O., S. 82ff. [„Ist es undankbar, sich zuweilen nach etwas Hässlicherem und weniger Raffiniertem, mehr Hausgemachtem und Ungeschöpflichem zu sehnen als jenen atemberaubenden Flächen sonnenbeschienener Blättermuster, jenen riesigen Blumentöpfen mit einer unfassbar intensiven Feinheit der Schattierung, angesichts derer die Impressionisten frustriert ihre Farbkästen zugeklappt hätten?"]

19 Jameson 1990, a.a.O., S. 82f. [„Schönheit und Langeweile: dies ist nun der unmittelbare Eindruck der eintönigen und unerträglichen Eingangssequenz von The Shining. [Kubricks] jeder Tiefe ermangelnde Menschen, die nun auf dem Weg zum Mond sind [in 2001: A SPACE ODYSSEY] oder am Ende einer beliebigen Saison in dem großen Hotel am Ende der Welt ankommen, sind uninteressante Abziehbilder [...] Wenn es Kubrick Spaß macht, einen Kontrapunkt zwischen dem sinnlosen und beliebigen oberflächlichen Wohlwollen und der schaurigen, wirklich ganz unsäglichen Geschichte zu konstruieren, die sich der Manager schließlich aufzudecken gezwungen sieht, dann ist das ein ganz unpersönlicher Spaß, der letztlich niemandem nützt. Unterdessen pumpen dicke Schwaden von Brahms jegliche frische Luft aus den Bildern von The Shining und verstärken das inzwischen vertraute Gefühl kulturellen Erstickens."]

20 McWilliam 1999, a.a.O.

21 Joyce, James: A Portrait of the Artist as a Young Man. o.O. 1916, ch. 5. [„Der Künstler verharrt wie der Gott der Schöpfung in oder hinter oder jenseits oder über seinem Handwerk, unsichtbar, der Existenz entzogen, gleichgültig, und schneidet sich die Fingernägel."]

22 Kubrick Interview, The Observer (London), 4.12.1960. [„Ich bin in letzter Zeit auf keine neuen Ideen beim Film gestoßen, die ich als besonders wichtig empfinde und die mit der Form zu tun haben. Ich denke, dass das Streben nach Originalität der Form mehr oder weniger fruchtlos ist. Ein wirklich origineller Mensch mit wirklich originellen Gedanken wird mit der alten Form nichts anfangen können und einfach etwas anderes machen. Andere würden die Form besser als eine Art klassischer Tradition betrachten und versuchen, innerhalb ihrer Grenzen zu arbeiten."]

23 Siehe Hughes, Robert: The Décor of Tomorrow's Hell, Time Magazine, 27.12.1971

24 „An obituary in the New York Times used the word cold three times, and for good measure added chilly, icy, bleak, and grim. Kubrick the Cold is a cliché that cropped up in the columns of Pauline Kael and now serves as a comfy sofa for those who don't want to deal with Kubrick's ambition." Ross, Alex: A Tribute to Stanley Kubrick. In: Slate, 8.3.1999. [„Ein Nachruf in der New York Times benutzte das Wort kalt drei Mal und fügte zur Sicherheit noch frostig, eisig, trostlos und düster an. Kubrick der Kalte ist ein Klischee, das in den Kolumnen von Pauline Kael aufkam und nun allen als Plüschsofa dient, die sich auf das, was Kubrick wollte, nicht einlassen möchten."]

25 Frederic Raphael bemerkte in Eyes Wide Open, Berlin 1999, S. 220: „Stanley war derart fest entschlossen, zurückhaltend und empfindungslos zu sein, daß ihm mein Herz zuflog. Auf irgendeine Weise war er noch immer das Kind auf dem Spielplatz, mit dem zu spielen niemand Eile hatte." Letzteres mag stimmen oder auch nicht, aber die ‚kalte Persönlichkeit' kann offensichtlich nur mit einem ästhetischen Konstrukt beginnen (oder enden), wenn dieses ‚Kind' zum Künstler wird.

26 Siehe Lethen, Helmut: Verhaltenslehre der Kälte. Frankfurt 1994, wo diese ‚kalte Persönlichkeit' als ‚Überlebensstrategie' bei einigen bekannten Schriftstellern, Philosophen, und Künstlern der Generation nach dem (Ersten Welt-)Krieg in Deutschland identifiziert wird.

27 Slavoj Žižek widmet Teil drei von Die Tücke des Subjekts („Oedipus wohin") dem „Ende der symbolischen Wirksamkeit". Dort nennt er Instanzen des Zerfalls der doppelten Vaterfunktion vom False Memory Syndrome und des Verspechens der moral majority, von der Faszination an Codeknackern und Hackern bis zur Begründung, wieso zwischen den Protagonisten von X-Files kein Sex stattfindet. Žižek weist auch auf die Rückkehr dessen hin, was er „bösartige Über-Ich-Figuren" nennt, mit ihrem Befehl zum Genießen! bzw. ihrer Demonstration von obszönem Genießen, wenn sie entweder die männliche Identitätsbildung im Zeichen konsumistischer Selbstgenügsamkeit verhindern oder infantile Wut auslösen oder „die Herr-Knecht-Matrix leidenschaftlicher Beziehungen verstärken", wie in Filmen, die versuchen, den nicht-phallischen Vater wiedereinzusetzen, wie etwa La vita e bella (Das Leben ist schön, Roberto Begnini, 1998). Vgl. Žižek, Slavoj: Die Tücke des Subjekts, Frankfurt a. M. 2001, S. 429-548.

28 Deleuze, Gilles: Postskriptum über die Kontrollgesellschaften. In: ders.: Unterhandlungen, Suhrkamp, Frankfurt a. M. 1993, S. 254-262.

29 Deleuze 1993, a.a.O.

MASKEN DER GEWALT
Die Sprache der Kleidung in A Clockwork Orange

MARISA BUOVOLO

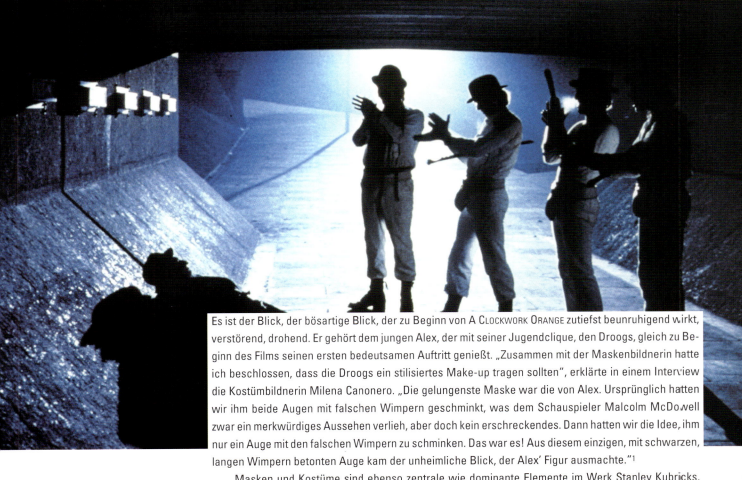

Es ist der Blick, der bösartige Blick, der zu Beginn von A Clockwork Orange zutiefst beunruhigend wirkt, verstörend, drohend. Er gehört dem jungen Alex, der mit seiner Jugendclique, den Droogs, gleich zu Beginn des Films seinen ersten bedeutsamen Auftritt genießt. „Zusammen mit der Maskenbildnerin hatte ich beschlossen, dass die Droogs ein stilisiertes Make-up tragen sollten", erklärte in einem Interview die Kostümbildnerin Milena Canonero. „Die gelungenste Maske war die von Alex. Ursprünglich hatten wir ihm beide Augen mit falschen Wimpern geschminkt, was dem Schauspieler Malcolm McDowell zwar ein merkwürdiges Aussehen verlieh, aber doch kein erschreckendes. Dann hatten wir die Idee, ihm nur ein Auge mit den falschen Wimpern zu schminken. Das war es! Aus diesem einzigen, mit schwarzen, langen Wimpern betonten Auge kam der unheimliche Blick, der Alex' Figur ausmachte."[1]

Masken und Kostüme sind ebenso zentrale wie dominante Elemente im Werk Stanley Kubricks, Bedeutungsträger, die er in enger Zusammenarbeit mit den Kostümbildnern meisterhaft einsetzte. Untrennbar verbunden mit der Hauptfigur aus A Clockwork Orange sind die Kostüme, die die Italienerin Milena Canonero bei ihrer ersten Zusammenarbeit mit Kubrick als Kostümdesignerin kreierte. Die Erinnerung an den vielleicht umstrittensten Film Kubricks ist eng verknüpft mit der äußeren Erscheinung des Protagonisten Alex, mit seiner beängstigenden Ausstrahlung: Sein bösartiger Blick unter der Krempe der schwarzen Melone, sein weißer Overall, sein Spazierstock sind im visuellen Gedächtnis gespeichert geblieben. Von Beginn an ist klar, dass Alex der Anführer der Jugendbande ist, die sich in der Korova-Milchbar trifft. In einer Art starrer Pose in Anspielung auf die zeitgenössische Modefotografie werden Alex und seine Kumpels gleich in der ersten Szene in ihrer Geschlechtsidentität und sozialen

Zugehörigkeit über ihre ‚Uniform' definiert: Sie besteht aus einer raffinierten Kombination von Versatzstücken aus der Mode der Vergangenheit und der Zukunft. Die kragenlosen Hemden, die Hosenträger, die Hüte und die *codpieces* als archaische und unverkennbar männliche Attribute einer vergangenen Epoche stehen im scharfen Kontrast zu ihren ‚futuristisch' wirkenden weißen Hosen. Alle tragen eine Art auffälligen Ritualschmuck aus Plastik, der als makabere Kampftrophäe bereits das Gewalttätige in ihnen erahnen lässt: ein herausgeschnittenes Auge mit seiner blutigen Spur. Ihre weiten Hosen sind in Militärstiefel hineingesteckt. Sie erscheinen dadurch wie aufgeblasen und verleihen den Droogs ein durchaus bedrohliches Aussehen, zugleich signalisieren sie ihre Gewaltbereitschaft. Die Anspielung auf das erschreckende Erscheinungsbild der Skinheads ist hier offensichtlich.

„In England gab es zum damaligen Zeitpunkt zahlreiche Jugendbanden, die sich durch ihre ganz individuelle Kleidung definierten. Einige mixten in ihrem Outfit klassische Elemente aus dem Militärfundus mit modischen Trends, andere zogen sich nach dem *New Edwardian Style* an. Dann gab es die berüchtigten Skinheads, die gefährlichsten von allen. Ihr auffälliger Look weckte Angst und Schrecken und bestand aus grotesken Elementen. Ihre Spielart des Grotesken hatte mich dazu inspiriert, das Bild der Droogs zu entwerfen."[2] Diese Erklärung von Milena Canonero offenbart, dass das London der späten 1960er Jahre mit seiner bunten Vielfalt von Stilen der unterschiedlichsten Jugendkulturen die Hauptinspirationsquelle für den Entwurf ihrer Kostüme darstellte; dabei spielte das Groteske in der Sprache der Kleidung eine zentrale Rolle. Die düstere Zukunftswelt, die Anthony Burgess in seinem gleichnamigen Roman entworfen hatte, wird im Film als Zerrbild der zeitgenössischen westlichen Gesellschaft inszeniert, die in Weltraumlook und futuristischer Mode schwelgt. Eine groteske Erscheinung ist tatsächlich die Mutter von Alex, eine Fabrikarbeiterin, mit ihren grellen Miniröcken aus Plastik, lila Haaren und Vinyl-Stiefeln: Sie verkörpert die Projektion einer zukünftigen britischen *working class*, die sich dank der Demokratisierung der Mode dem Diktat der Zeit – jugendlich und schrill auszusehen – anpassen kann. Grotesk maskiert erscheinen auch die Männer, die in der Korova-Milchbar eine Art martialischen Wachpersonals darstellen: Sie tragen enge weiße Bodystockings mit schwarzen Gürteln in der Taille, die in ihrer ‚Funktionalität' eine ironische Anspielung auf die zeitgenössische ‚Weltraum-Mode' darstellen, wie sie vor allem unter den französischen Designern Mitte der 1960er Jahre zahlreiche Anhänger fand.

Alex ermordet die „Cat-Lady" mit einem Riesenphallus.

Im Zeitalter der Raumfahrt ließen Stilisten wie Paco Rabanne, Pierre Cardin und André Courrèges in ihre Kreationen Elemente des Utopischen einfließen: Neue Materialien wie Aluminium oder Plastik, silberne oder weiße Stoffe, Kosmonautenhelme, Bodystockings, oft in Kombination mit knielangen Vinyl-Stiefeln, prägten das ‚*Unisex-Space-Age*', das auch ein neues Geschlechterbild entwarf. Die Kontraste zwischen den Geschlechtern verwischten sich nun, zumindest äußerlich. In ihren kastenförmigen Anzügen, helmartigen Kopfbedeckungen und flachen Stiefeln erschienen die ‚neuen' Frauen und Männer wie merkwürdige Geschöpfe aus dem All. „Die Zukunft hat auch in der Mode begonnen!", war das enthusiastische Motto der Zeit. Die Idee einer geschlechtslosen Weltraumuniform wurde im Zeitalter der Mondlandung in der Couture immer wieder mit Begeisterung durchgespielt: Ihr Optimismus war ansteckend, ihre Phantasie eröffnete unbekannte Welten voller Verheißungen und Versprechungen.

In der Korova-Milchbar

In der Wohnung von Mr. Alexander

MASKEN DER GEWALT

Im Schallplattenladen

In A Clockwork Orange wird emblematisch durch die Sprache der Kleidung die Utopie einer ‚schönen neuen Welt', wie sie die futuristische Mode formulierte, radikal negiert. „Was ist das für eine stinkende Welt, in der der Mensch auf den Mond fliegt, und solche Kerle wie ihr auf einem alten Mann herumtrampeln können?", sagt unter einer finsteren Brücke ein alter, betrunkener Landstreicher, der von vier bedrohlichen Schatten umzingelt und schikaniert wird. Tatsächlich lauert hinter den futuristisch anmutenden Droogs brachiale Gewalt, die über den hilflosen Körper des Penners hereinbrechen wird. Hinter der Erscheinung von Alex, der mit Melone und Spazierstock die klassischen, Sicherheit ausstrahlenden Zeichen des britischen Establishments trägt, steckt ein unberechenbares Monster: Der Spazierstock verwandelt sich in eine mörderische Waffe, die Melone stellt nur ein subversives Element seiner Maskerade dar. Und in der Tat verkörpert Alex in seinen unterschiedlichen Outfits die verschiedenen Masken der Gewalt, welche unverkennbar männlich konnotiert ist.[3]

Nach seinen Gewalttaten, die sich als mörderische Performances vor seinen Anhängern und Opfern als Publikum abspielen, erleben wir Alex' individuellen Stil in einer bedeutsamen Verführungsszene, die in einem Plattenladen spielt. Es ist ganz offensichtlich wieder ein theatralischer Auftritt von ihm, dieses Mal als sardonischer Dandy, der auch eine neue Kostümierung verlangt, eine neue Maske seiner karnevalesken Identität. Nicht zufällig trägt Alex in dieser Szene einen dunkelroten, doppelreihigen, knöchellangen Mantel mit breiten Revers aus silberner Schlangenhaut und seinen unvermeidlichen Spazierstock – ein opulenter Kleidungsstil, der ihn nach dem futuristischen Outfit als Droogs-Anführer in einer neuen, überraschenden Inszenierungsform präsentiert. Als so genannter *New Edwardian Look* wurde die Rückkehr des dandyhaften Stils in die Mode der 1960er und 1970er Jahre bezeichnet, der sich besonders durch die Renaissance des klassischen Anzugs und des *Peacock Style* charakterisierte. Alex bedient sich in dieser Szene der Elemente des neuen Dandyismus, um sie in einer neuen Variante seiner Selbstinszenierung – dieses Mal im Spiel der Verführung und zur Demonstration sexueller Potenz – einzusetzen.

Emblematisch ist aber, dass der dandyhafte *New Edwardian Look* seine Renaissance zu einem Zeitpunkt erlebt, in der die kulturell etablierte männliche Identität in England ins Wanken geraten war.[4] Im *Swinging London* der 1960er Jahre wurde die Kulturszene von zahllosen mädchenhaften ‚Heldinnen der Zukunft' beherrscht, die in provokativen Miniröcken oder extravaganten Hosenanzügen – bis dahin eine fast ausschließlich männliche ‚Uniform' – die Zeichen einer neuen Unabhängigkeit verkörperten. Sie probierten neue Weiblichkeitsmodelle zwischen Körperfreiheit und Laszivität aus, die sich weltweit rasch verbreiteten und enormen Einfluss auf das kulturelle ‚britische' Bild von Männlichkeit ausübten. Die Rückkehr zu traditionellen und historisch bewährten Inszenierungsformen von Männlichkeit in der Mode durch den *New Edwardian Look* war nun zweifellos eine Reaktion auf das neue weibliche Selbst-

 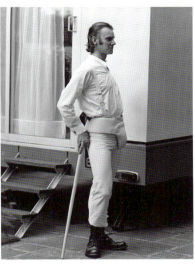  

Kostümproben

bewusstsein, das sich in der revolutionären Mode von Mary Quant manifestierte. Hinter der Rückkehr zu diesem opulenten Kleidungsstil – enge Hosen, taillierte Sakkos mit Samtmanschetten und Revers, oft durch Monokel, Uhrkette und Spazierstock ergänzt – werden sozialhierarchische Ängste sichtbar; in der Alltagserfahrung zunehmender Destabilisierung greift der *British man* zu altbewährten Kleidungsformen.

Es wird deutlich, dass wir in A CLOCKWORK ORANGE mit einer düsteren Reflexion über Männlichkeit und die Formen ihrer Inszenierung konfrontiert werden, die sich schließlich nur durch die zahllosen, mal verführerischen, mal erschreckenden, stets zerstörerischen Masken der Gewalt behaupten kann. Nach der weißen futuristischen Uniform als passender Kostümierung für seine Gewaltakte und dem blutroten Mantel im *Edwardian Style* als opulenter Verkleidung zur Repräsentation sexueller Stärke, tritt Alex in einem weiteren unerwarteten Kostüm auf: Er trägt einen biederen Hosenanzug, wenn er mit staatlichen Institutionen in Berührung kommt und auf das Theatralische seiner Selbstinszenierungen verzichten muss. Im Gefängnis, nachdem Alex von seinen Kumpeln verraten wurde, trägt er einen abgenutzten, unscheinbaren Hosenanzug, der extrem scharf mit seiner raffiniert zusammengesetzten weißen Bandenuniform kontrastiert. Der Anzug betont Alex' Umkehrung vom Täter zum Opfer und symbolisiert das erzwungene Ablegen seiner lustvollen Maskerade der Gewalt und den allmählichen Verlust an Selbstbestimmung.

Andererseits aber drückt sich gerade über den Anzug seine progressive Verschmelzung mit der staatlichen Gewalt aus. In der Tat wird in A CLOCKWORK ORANGE der dunkle Anzug als die Uniform offizieller Macht schlechthin konnotiert. In der letzten Szene, in der der Minister als Repräsentant des Staates den schwer verletzten Alex im Krankenhaus besucht, trägt er selbst einen schwarzen Anzug, der unverkennbar auf seine offizielle, politische Funktion verweist. Wäre da nicht das grellgelbe Hemd – anstatt des klassischen schneeweißen –, das dem älteren distinguierten Herren eine groteske Note verleiht und einen eklatanten Bruch gegenüber dem Sicherheit und Glaubwürdigkeit ausstrahlenden Anzug darstellt. Der Minister in scheinbar tadelloser Kleidung stellt eine neue Variante im Maskenspiel der Gewalt dar: Er repräsentiert das legitimierte gewalttätige Gesicht des Staates, der sich mit dem gewalttätigen Einzelnen verbündet. Nicht zufällig begegnet Alex nach seiner ‚Behandlung' und Entlassung aus dem Gefängnis seinen früheren Kumpanen, die ihre früheren weißen Outfits gegen Polizistenuniformen getauscht haben, um jetzt im Dienst des Staates zu ‚agieren'. Und nicht zufällig imaginiert sich Alex nach seiner finalen Vereinigung mit dem Staat bei einer Vergewaltigung, während ein begeistertes Publikum

MASKEN DER GEWALT

Im Gefängnis

ihm dabei zusieht und applaudiert. Mit den im *Edwardian Look* gekleideten Zuschauern wird in der letzten Szene emblematisch der Modestil heraufbeschworen, der das Bild einer überlegenen und sexuell offensiven Männlichkeit entworfen hatte.

Dank der einfühlsamen Zusammenarbeit mit Milena Canonero gelingt es Kubrick in A Clockwork Orange, ein vielschichtiges Bild gebrochener männlicher Identität in Szene zu setzen, die sich einzig durch Gewalt legitimieren kann. Das andere, ohnmächtige Gesicht dieser ‚normierten' Männlichkeit, die am Ende gegen jegliche Utopie herrscht, wird von dem Schriftsteller verkörpert, der von Alex mit seiner Bande überfallen wird und zusehen muss, wie seine Frau vergewaltigt wird. In dieser Szene trägt Mr. Alexander einen rot-weißen Morgenrock über einer weißen Hose. Die kulturelle Ikonographie des Mannes im Morgenrock evoziert zweifellos eine ‚pervertierte' Männlichkeit. Und in der Tat erleben wir Mr. Alexander im Film nie im Stehen, sondern immer ‚ohnmächtig', erst gefesselt auf dem Boden und später verkrüppelt im Rollstuhl. Doch genau den gleichen Morgenrock trägt Alex, als er zufällig bei Mr. Alexander aufgenommen wird, nachdem er von seinen früheren Opfern brutal verprügelt und gepeinigt wurde: Damit ist er in Mr. Alexanders ‚Haut' hineingeschlüpft, er ist sogar zu seinem Doppelgänger geworden, Träger der gleichen gebrochenen Männlichkeit, die jenen zum Opfer von Aggression und Gewalt der Droogs gemacht hatte. Nur dank seiner Allianz mit der politischen Macht kehrt Alex am Ende zu der überlegenen normierten Männlichkeit zurück, die von der zuschauenden und klatschenden Gesellschaft legitimiert wird.[5]

Milena Canonero hat noch an zwei weiteren Filmen Kubricks mitgewirkt und seine Reflexionen über Männlichkeitsformen, die die Diskurse einer bestimmen Zeit spiegeln und stets als Maskenspiel repräsentiert werden, mit ihren akribisch recherchierten und herausragenden Kostümen kongenial ausgestattet. In Barry Lyndon wird der soziale Aufstieg des Protagonisten erneut auf markante Weise mit der Sprache der Kleidung erzählt. Barry ist zunächst ein Meister des politischen Transformismus, indem er mit dem Wechsel der Uniform nicht die Fronten des Krieges, sondern die der teilnehmenden Nationen wechselt: Er tauscht den roten Rock der Engländer mit dem blauen der Preußen. Nach seiner Heirat mit Lady Lyndon offenbart sich die Wollust Barrys an der Maskerade, seine Sehnsucht nach opulenter Kleidung und Perücken, mittels derer das herrschende Männlichkeitsideal der Zeit des 18. Jahrhunderts im Film auf markante Weise definiert wird. Für diese virtuos historisch ‚transfigurierte' und zur

Maske erstarrte Repräsentation von Männlichkeit realisierte Milena Canonero die entsprechenden, durch einen neuen ästhetischen Aufwand geprägten Kostüme. Gemeinsam mit Ulla Britt Søderlund erhielt sie dafür 1976 einen Oscar.

Auch in THE SHINING geht es um die Repräsentation von Männlichkeit, und auch hier werden wir mit einer schockartigen Studie über ihre sich wandelnden Masken konfrontiert: Der Protagonist Jack Torrance wird in seiner anonymen Kleidung als Durchschnittsmann definiert; was wir an seiner unscheinbaren Kostümierung ablesen können, ist gerade ihre Unauffälligkeit. Sein kariertes Hemd und seine blaue Jeans verweisen hier auf keine lustvolle Selbstinszenierung. Und dennoch: Gerade hinter dieser unscheinbaren und beruhigenden ‚Maskierung' verbirgt sich der Horror, der in der unerwarteten und eben deshalb umso erschreckenderen Gewalt aufbrechen wird.

Patrick Magee, Malcolm McDowell und Clive Francis

Modelle für Make-up und Perücke von Alex' Mutter

1. Interview mit Milena Canonero. In: Roberto Lasagna / Saverio Zumbo: I film di Stanley Kubrick. Roma 1997, S. 24-32.
2. Interview mit Milena Canonero. In: Stefano Masi: Costumi e scenografi del cinema italiano. L'Aquila 1990, S. 169-180.
3. Vgl. Hißnauer, Christian: Nach der Orgie. Männerbilder bei Stanley Kubrick. In: Christian Hißnauer / Thomas Klein (Hrsg.): Männer Machos Memmen. Männlichkeit im Film. Mainz 2002, S. 227-249.
4. Vgl. Luckett, Moya: Performing masculinities. Dandysm and male fashion in 1960s-70s British cinema. In: Stella Bruzzi / Pamela Church Gibson (Hrsg.): Fashion Cultures. Theories, Explorations and Analysis. London/New York 2000, S. 315-328.
5. Vgl. Kiefer, Bernd: Stanley Kubrick. In: Thomas Koebner (Hrsg.): Filmregisseure. Biographien, Werkbeschreibungen, Filmographien. Stuttgart 1999, S. 369-374.

I expect to make the best m

THE BEST MOVIE (N)EVER MADE
Stanley Kubricks gescheitertes *Napoleon*-Projekt

EVA-MARIA MAGEL

„1969 – année de l'empereur" titelte eine französische Zeitschrift zu Beginn des Napoleon-Jahres 1969.[1] Der 200. Geburtstag des französischen Kaisers wurde nicht nur mit neuen historischen Publikationen, sondern vor allem mit einer modernisierten Fassung des nie ganz verblassten Napoleon-Kultes begangen. Schilderungen von Napoleons Liebesleben, seinen Erfolgen, seinem einsamen Ende machten den Kaiser der Franzosen in zahlreichen populärwissenschaftlichen Artikelserien zu einer Art Popstar. 1969 war auch Stanley Kubricks ‚année de l'empereur'. Es wurde zum Kristallisationspunkt seiner Auseinandersetzung mit der historischen Figur Napoleon. Es wurde auch zum Jahr, in dem das Projekt scheiterte, das sein wichtigstes hätte werden sollen: die Verfilmung des Lebens von Napoleon.

Das Drehbuch, von Kubrick verfasst, war im September 1969 fertiggestellt. Im Wesentlichen besteht es aus einer chronologischen Erzählung der wichtigsten Stationen in Napoleons Leben, zum Teil von einer Erzählerstimme kommentiert. Zahlreiche eingefügte Landkarten sollten den Zuschauern die Orts- und Zeitenwechsel plausibel machen. Obwohl das Drehbuch bei aller Findigkeit, ein Leben, eine Epoche in wenigen Stunden zu erzählen, höchst statisch und steril wirkt, lässt dies keineswegs auf den späteren Film schließen: Wie bei jedem Projekt hätte Kubrick auch bei *Napoleon* gravierende Änderungen noch während der Dreharbeiten vorgenommen. Kubricks ehrgeiziges Vorhaben, an dem in den Jahren 1968/69 intensiv gearbeitet wurde, scheiterte beinahe ebenso grandios wie der Feldzug der Grande Armée in Russland. Das Projekt, das mit Metro-Goldwyn-Mayer hätte realisiert werden sollen, wurde aufgegeben, ein weiterer Versuch, doch noch mit den Dreharbeiten beginnen zu können, wurde im Frühjahr 1969 mit United Artists unternommen. Im November 1969 teilte jedoch auch United Artists mit, das Vorhaben sei ad acta gelegt.

Kubrick selbst machte sich offenbar bis weit in die 1970er Jahre hinein noch konkrete Hoffnungen, seinen *Napoleon* drehen zu können. In seinem Nachlass finden sich zahlreiche ins Unreine formulierte Pläne, die sein Bemühen zeigen, Geldgeber für das Projekt zu finden, das er für die Jahre 1972/73

Kubrick engagierte Studenten des Napoleonexperten Felix Markham, um auf Karteikärtchen eine genaue Chronologie wichtiger Ereignisse im Leben Napoleons zu notieren. Die farbigen Karteireiter stehen für bestimmte Personen.

Oct 20 1971

1. I propose we make a deal to film Napoleon based on the following premises.

2. I will do a new screenplay. Naturally, in the two years since the first one was written I have had new ideas.

3. It's impossible to tell you what I'm going to do except to say that I expect to make the best movie ever made.

4. Budget 4,000,000 bellow the line. Part of this, about 1,000,000 to be spent in Romania for the large scenes.

5. The interiors and small extreiors to be done on location with a very small French documentary sized shooting unit. Idea is to save money, shoot available light to make it look real (like Clockwork Orange) and y exploit the fully dressed interiors of the period which are readily available in France.

6. Above the line: Napoleon, SK, MGM debt, UA debt, no other big stars would be envisioned. I suggest actors of the ipecacable calibre of Ptarick Magee (Mr Alexander in CWO) and others are readily available at reasonable non- star deals.

7. I would employ the stop and go three picutre production approach. Theory being that big pictures run s away because a l hughe strip boar is made and when the film starts planning stops. All the key people are too burdened down with day to day responsiblities. Idea wuld be to have 1. picture with 1-10 people, interirs France. Natural light and simulated. Very lowo overhead.

2. Stop and re plan for modest exteriors x-y number of crowd.

3. Big exteriors Romanina: battles, matching, revolution.

Each section will be planned in front, but there will be time to re assess eveything between each film. All personell except   x y z will be dismissed. actor deals will be predicated on this approach .

8. Roll of Cyrus Eaton company

9. 35mm full aperture but no scope. Can blow up to 7omm height with normal proportions if so desired.

10. Plan to start shooting small section on------   middle on-----

big on ---------

11. What immediate action has to be taken: Permissions in France, Romanina deal, locations scouted in France and Romania, script, additional money for writers and book rights,

MARIE WALEWSK

vorsah; zunächst mit einem neuen, von ihm geschriebenen Drehbuch, wie es ein Konzept vom 20. Oktober 1971 vorschlägt. In einer undatierten, offenbar später verfassten Notiz auf einem persönlicher Briefbogen ändert er seine Strategie und will sogar einen Fremdautor hinzuziehen, um eine Realisierung wahrscheinlicher zu machen: „Someone else ostensibly does screenplay".[2] Am 20. Dezember 1971 telegrafiert Anthony Burgess, der Autor des Romans *A Clockwork Orange*, an Kubrick: „I've been persuaded to see in Napoleon a possible subject for a novel".[3] Ein Manuskript seiner *Napoleon Symphony* findet sich ebenfalls im Nachlass.

Die Figur Napoleon hat Kubrick bis zu seinem Lebensende fasziniert. Doch nicht nur in den Kreisen enthusiastischer Fans, die heute im Internet durch ihre Spekulationen Kubricks *Napoleon* längst zum Mythos haben werden lassen, hielt sich bis zu seinem Tod die Hoffnung, der verehrte Regisseur möge sich

THE BEST MOVIE (N)EVER MADE ___ 157

Notizen in einem kleinen Ringbuch, in das Kubrick Ideen und Fragen skizzierte

Napoleon

In my opinion Napoleon's life is the most interesting historical subject that there has ever been.

Meiner Meinung nach ist Napoleons Leben das interessanteste historische Thema, das es je gab.

doch noch diesem Vorhaben widmen. Dass viele, vielleicht auch Kubrick selbst, noch lange den Wunsch hegten, er und nur er solle sich an die Verfilmung einer der eindrucksvollsten Biografien der Weltgeschichte machen, belegt eine kleine Trouvaille. In einem Brief vom 14. Mai 1992 schreibt Michael Blowen an Kubrick: „Dear Stanley, I don't know whether you're still planning to do Napoleon (I hope you are). In any case, this book might interest you for either professional or personal reasons."[4] Beigefügt ist ein Vorabexemplar von Alan Scoms Monografie *One Hundred Days. Napoleon's Road to Waterloo,* das am 14. September 1992 im New Yorker Atheneum Verlag erscheinen sollte. Der Brief findet sich noch in dem Buch selbst, das Bestandteil von Kubricks rund 500 Bände umfassender Napoleon-Bibliothek ist.

Die Akribie, mit der Kubrick seine Filme vorbereitete und schließlich produzierte, ist legendär. In seinem Nachlass liegen in zahllosen Kisten, Kästen und Aktenordnern Dokumente, die von den Vorbereitungsarbeiten zu teilweise nur geplanten Projekten zeugen. Kaum eines jedoch erreichte in den Vorarbeiten einen solchen Umfang wie sein *Napoleon*-Projekt, wohl eines der ambitioniertesten Projekte der Filmgeschichte. Kubricks Napoleon-Sammlung, inklusive der Bibliothek, die vom *Mémorial de St. Hélène* bis zu geschichtswissenschaftlichen Monografien reicht, dürfte eines der größten privaten Archive zu diesem Thema sein. Allein rund 18.000 Abbildungen wurden zusammengetragen, zeitgenössische Bilder Napoleons, seiner Familie, seiner Entourage, seiner Gegenspieler, seiner Schlachten. Ebenso beeindruckend sind die durch zahlreiche Dokumente belegten Vorarbeiten, die ein beinahe zwei Dutzend Mitarbeiter umfassendes Team in den Jahren 1968 und 1969 leistete.

Napoleon faught more battles than Caesar, Alex and Hannibal combined.

Napoleon schlug mehr Schlachten als Caesar, Alex(ander) und Hannibal zusammen.

Nicht nur die detaillierten Recherchen und Vorbereitungen, sondern auch Kubricks langen Atem, ein Projekt zu verwirklichen, das immer wieder auf massive technische, finanzielle und organisatorische Schwierigkeiten stieß, dokumentiert sein Napoleon-Archiv. Im Oktober 1969 hatte man das Budget schon auf insgesamt rund 4,5 Millionen Dollar kalkuliert, gesetzt den Fall, die Dreharbeiten fänden in Rumänien zu extrem niedrigen Kosten statt. Nicht nur auf sein eigenes Drehbuch hätte Kubrick notfalls verzichtet, auch sonst zeigte er sich bei *Napoleon* für seine Verhältnisse erstaunlich kompromissbereit. So belegen die Kalkulationen, dass ein sehr großer Teil der Nebenrollen aus Kostengründen mit rumänischen Schauspielern hätte besetzt werden sollen. Kubrick, bekannt für seine Skepsis gegenüber Synchronisationen, hätte sie demnach schon für die Originalversion seines Filmes akzeptieren müssen.

Als kompromisslos hingegen in seinem Ringen um die Figur Napoleon, darum, sich in den Stand des allwissenden Erzählers zu setzen, zeigte sich Stanley Kubrick in seinen, zum Teil handschriftlichen, ausführlichen Vorbereitungen. Das Kräftemessen zwischen Kubrick und Napoleon war ein langwieriges Unterfangen, das weit vor den Jahren 1968/69 begonnen hatte. Strategisch, beinahe wie ein Feldherr hat sich Kubrick dem Mythos Napoleon genähert. Der Regisseur, die Möglichkeiten des Mediums Film mit jedem seiner Werke neu auslotend, trifft auf den von Sieg zu Sieg eilenden und schließlich scheiternden Kriegsherrn. Alles Fassbare wollte er über diesen fernen Verwandten wissen – vom Wetter an jedem Schlachtentag bis zu seinen Essgewohnheiten, von seinem Humor bis zu seinem Liebesleben, von seiner Lektüre bis zum wahren Grund seines Scheiterns im russischen Winter. Kubrick lernte seinen

Napoleon kennen – wohl besser als mancher, der im Umkreis des Kaisers lebte. Die innere Entwicklung der historischen Figur in ihrer Zeit beschäftigte Kubrick über Jahre hinweg. An der filmischen Darstellung dieser Innen- und Außenwelt arbeitete er mit einem Stab höchst engagierter Mitarbeiter, die er mittels eines ausgeklügelten Systems von Auftrags- und Erledigt-Notizen beschäftigte, die packenweise aus seinem Nachlass quellen.

Die Vorbereitungen waren so weit gediehen, dass es kaum übertrieben erscheint, wenn noch heute behauptet wird, Kubrick hätte nur noch mit den Dreharbeiten beginnen müssen, als das Vorhaben eingestellt wurde. Seine Mitarbeiter hatten geeignete Drehorte in Italien, Frankreich, Jugoslawien und Rumänien aufgesucht, Fotografien, Postkarten, Stadtpläne gesammelt. Sogar Strategiespiele aus Karton, zum Nachstellen der napoleonischen Kriege, finden sich in Kubricks Napoleon-Archiv. Der Fotograf Andrew Birkin bereiste 1968 Italien und Frankreich, um mit historischer Beratung Drehorte ausfindig zu machen, sie in mehreren tausend Bildern auszufotografieren und mit detaillierten Plänen kombiniert einem *location*-Archiv zuzuführen. Es übertrifft diejenigen anderer Projekte bei weitem, obwohl Kubricks Perfektionismus bei jedem Filmprojekt für den Archivar geradezu überwältigende Materialmengen hervorgebracht hat. Dabei wurde, um die hohen Kosten für den Dreh an Originalschauplätzen soweit wie möglich zu sparen, auf Orte ausgewichen, die „als französisch gelten" konnten, wie es mehrmals heißt.

Notizen vom 18. November 1968. Die Texte sollten dem Treatment beigelegt werden, das potentiellen Geldgebern vorgelegt werden sollte.

I plan to shoot all interiors of the film on location, instead of building sets, as has always been previously done in big budget epic films.
Very great savings of money together with an increase of quality can be achieved.
Palaces in France and Italy are available on a rental basis, fully furnished for between $350-750 per day.
The savings here must sum into 2-3 million dollars.
Because of the new fast photographic lenses we intend to employ, very little lighting equipment will have to be used, depending instead on ordinary window light, which incidentally will look much more beautifull and realistic than artificial light.

Ich habe vor, alle Innenaufnahmen an Originalschauplätzen zu drehen, anstatt Kulissen zu bauen, wie es bei historischen Filmen mit großem Budget früher immer gemacht wurde.
Dadurch lassen sich sehr große Einsparungen bei höherer Qualität erreichen.
In Frankreich und Italien sind voll möblierte Schlösser für $ 350-750 pro Tag zu mieten.
Die Ersparnisse müssen sich hier auf 2-3 Millionen Dollar belaufen.
Wegen der neuen schnellen Objektive, die wir verwenden wollen, werden wir nur wenig Beleuchtungsanlagen einsetzen müssen, und uns stattdessen auf gewöhnliches Tageslicht stützen, das außerdem viel schöner und realistischer wirken wird als künstliches Licht.

Kostümproben: Russischer Dragoner, britischer Leibgardist, französischer Infanterist in Uniform und mit Mantel

Schon im November 1968 waren Prototypen von Uniformen aus Italien nach England geschickt worden. Zahlreiche Figurinen dokumentieren zudem die reichhaltige Garderobe, die von Joséphine, Napoleons Schwestern oder Ouvrard getragen werden sollten und die deren historisch belegte Kleidungsgewohnheiten und Charaktere widerspiegeln. Der Kostümbildner David Walker sollte die zivilen Kleider, insgesamt 500, bis August 1969 fertiggestellt haben. Die Anfertigung weiterer originalgetreuer Kostüme war 1968/69 weit gediehen, wie Fotos von Kostümproben mit Militäruniformen belegen, die Kubrick in Notizen vom 30. November und 2. Dezember 1968 kritisierte: „The belts for the sword look awkward, disproportionate and clumsy. [...]. N.B.: all photographs are slated incorrectly and described as Dragoons instead of Cuirassiers".[5]

Mit der rumänischen Armee wurde unterdessen darüber verhandelt, Soldaten für die Schlachtensequenzen zur Verfügung zu stellen (in einem Dokument ist die Rede von 30.000 Infanterie- und 2.500 Kavalleriesoldaten), nachdem Gespräche in Jugoslawien im Oktober 1968 wenig Entgegenkommen und einen bedeutend höheren Preis als in Rumänien ergeben hatten. Ebenso engagiert suchte Kubrick nach den adäquaten technischen Mitteln, um ein (sein) Bild des Kaisers zu entwerfen. In BARRY LYNDON konnte er dann mit dem legendären Zeiss-Objektiv f0.7 verwirklichen, was er, wie schriftliche Dokumente und Testaufnahmen belegen, schon für *Napoleon* im Sinn hatte: den Dreh bei natürlichem Kerzenlicht.

Kubrick und Napoleon – vieles spricht dafür, dass der Regisseur sich das Leben des Feldherrn aneignen musste. Nicht umsonst ist auf einem Standfoto aus Kubricks 1957 gedrehtem Film PATHS OF GLORY Kirk Douglas in der Rolle des aufrechten Colonel Dax über einen Schreibtisch gelehnt zu sehen, auf dem eine kleine Porzellanfigur des französischen Kaisers den Kontrapunkt zu Douglas setzt. Kubricks Beschäftigung mit Napoleon liegt sicher in einem Interesse begründet, mit dem sich zahlreiche Arbeiten über den Regisseur beschäftigen: Seit jeher, und das selbst in Filmen, die in der Zukunft angesiedelt sind wie 2001: A SPACE ODYSSEY, rekurriert Kubrick auf das 18. Jahrhundert. Das Zeitalter der Aufklärung, der Umstürze und der Grundlegung unserer heutigen Staats- und Gesellschaftssysteme ist stets einer seiner Bezugspunkte gewesen. Vor allem ist es jedoch die Dialektik der Aufklärung, der Kampf von Intellekt und

Kostümentwürfe

PATHS OF GLORY

Emotion, die Kubricks Lebensthema ausmacht. Dieses Thema sah er, bis hin zum Scheitern, in der Figur des französischen Kaisers in aller Deutlichkeit verkörpert. Nicht nur die Äußerungen von Kubricks Vertrauten, sondern auch seine Notizen und Anmerkungen zu Napoleons Vita belegen diese Annäherung an die historische Gestalt.

Kubrick äußerte auch öffentlich, wie stark ihn die Person Napoleon faszinierte. Seine Bemerkungen, in Napoleons Leben verbärgen sich essentielle Fragen der Gegenwart wie Macht, Verantwortung, soziale Umschichtungen, Krieg und Gewalt, das Streben des Einzelnen nach persönlichem Glück, weisen zurück auf die Themen, die ihn in allen seinen Filmen beschäftigten. Für Kubrick besteht die *conditio humana* in den ständigen Entscheidungen zwischen Gut und Böse. Das Schwanken des Menschen zwischen Gefühl und Verstand, seine Selbstüberhebung und ein beinahe barocker Vanitas-Gedanke durchziehen das Menschenbild in seinen Filmen. Immer wieder ist es der Krieg, als absurdes Schlachten und merkwürdig faszinierendes Ballett, dessen er sich bedient, um dieses Menschenbild sichtbar zu machen. Joker in FULL METAL JACKET verkörpert jenen Kampf zwischen Gut und Böse, zwischen Gefühl und Verstand inmitten einer kriegerischen Gesellschaft ebenso wie Barry Lyndon. Eine Lösung bietet Kubrick niemals an. Eine vage Hoffnung auf eine bessere Menschheit, auf einen durch die Einwirkung fremder Mächte perfektiblen Menschen bringt das *Starchild* am Ende von 2001: A SPACE ODYSSEY zum Ausdruck. Zuvor jedoch ist es ein Raum im Stil des 18. Jahrhunderts, durch den der Astronaut Bowman sich verwandelt.

Dem im Spätabsolutismus erzogenen Korsen, der mit dem ausgehenden 18. Jahrhundert auf dem Gipfel seiner durch Kriegskunst erworbenen Macht angekommen ist, musste sich so beinahe zwangsläufig Kubricks Interesse zuwenden. Es ist, trotz der Fülle an Material, vor allem die persönliche Vorbereitungsarbeit des Regisseurs, die in seinem Nachlass ein aufschlussreiches Bild über Art und Ausmaß von Kubricks Auseinandersetzung mit der historischen Figur Napoleon vermittelt. Oft war von der ‚kalten' Intellektualität Kubricks die Rede. Seine ‚heiße' intellektuelle und psychologische Auseinandersetzung mit Napoleon hingegen, die aus Notizen und Anmerkungen hervorgeht, wirft ein bezeichnendes Licht auf den Autor, den Filmemacher, den Menschen Kubrick.

Sein *Napoleon*-Projekt erinnert nicht von ungefähr an die Vorbereitung und Ausführung der großen napoleonischen Schlachten. Kubrick, der einen Erzähler, zuweilen auch den alten Napoleon selbst, in verschiedenen Varianten seines Drehbuchs von der Grande Armée als der „finest army the world had ever seen"[6] schwärmen lässt, schreibt in seiner Korrespondenz von einem Filmprojekt, das nie gesehene Ausmaße erreichen werde. In einem der letzten Anläufe, die er nehmen sollte, um den Film doch noch drehen zu können, schreibt Kubrick am 20. Oktober 1971 an einen nicht genannten Adressaten: „I propose we make a new deal to film Napoleon based on the following premises. […] It's impossible to tell you what I'm going to do except to say that I expect to make the best movie ever made."[7] Nicht nur Kubrick selbst war davon überzeugt. Am 18. April 1969 schon schrieb Bob Gaffney an Richard Vetter: „The script, although not yet finished, is one of the finest I have ever read and will probably be SK's greatest film."[8]

In Napoleon hat Kubrick die ideale Figur gefunden, die seine Themen trägt: die Auseinandersetzung mit Fragen des historischen Gewordenseins ebenso wie mit jenen von sozialen Interaktionen, den seelischen und intellektuellen Kräfteverhältnissen innerhalb einer Person sowie in deren Beziehungsgeflecht. Anders jedoch als die literarischen Vorlagen, derer sich Kubrick in seinen anderen Filmen angenommen hat, ist Napoleon eine historische Figur. Und ebenfalls im Unterschied zu jenen fiktiven, in ihrer inneren Logik ureigenen Kubrick-Figuren, die durch seine Drehbücher und die unzähligen Änderungen während der Dreharbeiten geboren werden, ist es diesmal ein zähes Ringen, das sich Kubrick mit seinem Sujet liefert.

Der erfahrene Autor, Regisseur und Produzent studiert die historischen Quellen ebenso wie vorangegangene Filme und Belletristik, um eine stringente Hauptperson seines Films zu erschaffen. Doch mehr noch versucht er, von Napoleon fasziniert, den französischen Selfmade-Kaiser zu verstehen, ihn zu erfassen, in seinen Emotionen ebenso wie in seinen politischen und militärischen Strategien. Wenn Kubrick davon sprach, er sei völlig in Napoleons Leben „hineingetaucht"[9], dann meinte er tatsächlich die persönliche Annäherung an und die Auseinandersetzung mit Bonaparte, die bisweilen geradezu verzweifelte Züge annimmt, etwa wenn der Intellektuelle Kubrick ihm irrational erscheinende Entscheidungen Napoleons nicht nachvollziehen kann. In einem undatierten, vermutlich aber nach dem Scheitern des Projekts 1969 entstandenen Manuskript lässt Kubrick Napoleon schließlich in der Ich-Form seine eigene Interpretation sprechen: „I was the greatest military mind of the age, and only future will say whether of any age. […] I would guess that the quality of personality that brought me to the top was also the one that brought me to ruin. […] I am a gambler. […] I had numberous opportunities, but I kept hoping for the impossible. Perhaps my sensibilities were more of a poet in action than of a statesman."[10]

Die mit Anmerkungen übersäte Ausgabe der Napoleon-Biografie des Historikers und Napoleon-Fachmannes Felix Markham, mit dem Kubrick in engen Kontakt trat und den er als historiografischen Ratgeber auch vertraglich verpflichtete, gibt einen ersten tiefen Eindruck der Versuche von Erklärung und Annäherung. Kubrick hat die dritte, 1966 erschienene Auflage des 1963 publizierten Buches verwendet, das heute noch als exemplarische Napoleon-Biografie gehandelt wird. Wann genau er mit der Lektüre begann, ist aus dem Exemplar selbst nicht zu erschließen. Anmerkungen sowie korrespondierende Notizen an anderer Stelle legen eine mindestens zweite Lektüre 1968 nahe: Auf Seite 117 des Buches findet sich die Datierung „1.1.1968". Wie bei allen ihm unersetzlichen Arbeitsbüchern und Vorlagen – auch seine Ausgabe von *The Shining* und das Drehbuch von PATHS OF GLORY enthalten solche Aufforderungen – steht auf dem Vorsatzblatt Kubricks Versprechen einer Belohnung (in diesem Falle sind es zehn Pfund), sollte ein ehrlicher Finder das Buch an seine Adresse in den MGM Studios Boreham Wood zurückbringen.

Ebenfalls bereits auf dem Vorsatzblatt beginnen Kubricks häufig im Befehlston an sich selbst gerichteten Anmerkungen. „Important Notes: Barras Marmont Josephine Talleyrand Wellington". Von Juni 1968 an wurden zu sämtlichen wichtigen Persönlichkeiten, die Napoleon umgaben oder seine Gegenspieler waren, Dossiers erstellt. Ein Brief Markhams an Kubrick vom 20. Juni 1968 informiert diesen, dass Markham einige seiner Studenten, insgesamt ein knappes Dutzend, für 17 Pfund je Dossier engagiert hat. Aus diesen Dossiers, auf Karteikarten notiert, entstand ein imposanter Zettelkasten, der für die historisch korrekten Schilderungen im Drehbuch diente. Minutiös ist darin Tag für Tag in Napoleons Leben nachzulesen: Wo er sich aufhielt, mit welchen Menschen er in Kontakt getreten war, was seine Familie, Freunde, Feinde taten. Die zum Bersten mit Karteikarten gefüllten Schubladen legen ein beredtes Zeugnis ab: nicht nur von den Dimensionen des Kubrick'schen Vorhabens, sondern auch von seiner akribischen Vorbereitung. Der Zettelkasten ist darüber hinaus ein gewichtiges, wenn auch mehr durch seinen Umfang denn durch seine Technik beeindruckendes Beispiel für Kubricks Hingabe an Ordnungssysteme aller Art. Ob rosa Zettel, Zahlen- und Buchstabenkombinationen oder schließlich der erste Personal Computer, der Kubrick wie ein Geschenk des Himmels vorgekommen sein muss: Nichts durfte dem Zufall überlassen werden. Die Karteikärtchen lassen unwillkürlich an die Macht denken, die das gut organisierte Geheimpolizeiwesen unter Napoleons Herrschaft gewann.

Denn obwohl Kubrick sich in weiten Teilen Markhams Herangehensweise zu Eigen macht, erscheinen manche seiner Anmerkungen höchst identifikatorisch. Nicht in dem, was geschah, sondern eher mit dem, was Napoleon dachte und tat, so der Historiker in seinem Vorwort, wolle er dessen Leben beschreiben. Dieser psychologische Ansatz kommt Kubrick, wie oben erläutert, ohnehin entgegen. Meist lässt er sich von den Analysen Markhams leiten, als Nicht-Historiker erscheinen ihm auch die von Markham nahegelegten Zusammenhänge zwischen Politik, Krieg, persönlichen Reaktionen Napoleons und denen seiner Gegenspieler zumeist schlüssig, wenn er auch

Karteikasten mit der Chronologie der Ereignisse

Fragezeichen an Passagen setzt, die er später noch näher untersuchen wird. Markhams Interpretation von Napoleons psychischer Disposition, seinem Intellekt und seinem Machtbewusstsein scheinen Kubrick zu überzeugen: Zahlreiche mehrfach blau und rot angestrichene Stellen belegen dies ebenso wie zum Teil beinahe wortwörtlich in Treatment und Drehbuch wieder aufscheinende Analysen Markhams.

Tiefer jedoch gehen die in geradezu persönlichem Ton gehaltenen Anmerkungen zu Napoleons Denken und Handeln, die immer auch Schlaglichter auf Kubrick selbst werfen: Auf sein Menschenbild ebenso wie auf seine Arbeitsweise, die – auch in der historisch interessierten und psychologisch motivierten Lektüre – nie den Blick für das angestrebte Filmprojekt verliert. Kubricks Gespür für das starke, wortlos aussagekräftige Bild ist bei allen Versuchen, der Psyche Napoleons auf die Schliche zu kommen, spürbar. Ebenso bricht sich seine Detailversessenheit in den Notizen Bahn. So steht, beinahe verzweifelt, am Rand von Markhams Schilderung des Ägyptenfeldzuges: „Why were they so careless", gleich darauf wird die Schlacht bei Abukir mit „good sea battle" kommentiert. In den verschiedenen Drehbuchfassungen sowie in der Längenkalkulation des Films ist die Seeschlacht mit 1:30 Minuten veranschlagt – selbst bei radikalen Raffungen hatte der Regisseur auf sie offenbar nicht verzichten wollen. Auch die Eroberung von Jaffa am 7. März 1799, die mit der Erschießung von beinahe 3.000 türkischen Soldaten einherging, ist für Kubrick hauptsächlich visuell und technisch interessant: „Good scene. How did they shoot 3000 prisoners? Where were they keeping them?" Die Schlacht von Austerlitz hingegen kommentiert er auf eine Weise, die eine Identifikation des Regisseurs mit seinem Gegenstand doch sehr nahe legt: „[…] brilliant tactics of the chess master, having given odds and playing for a swindel". An anderer Stelle, in seinen an Markham gerichteten Detailfragen zu Napoleons Lebensweise, fragt Kubrick, der leidenschaftliche Schachspieler, ob es Spiele gegeben habe, die Napoleon mochte, und setzt explizit, geradezu hoffnungsvoll, die Frage hinzu, ob er wohl ein Schachspieler gewesen sei?[11]

Zahlreiche solcher Notationen, fast aggressive, zweifarbig gehaltene Anstreichungen oder eine Phalanx von Fragezeichen deuten auf eine höchst persönliche Auseinandersetzung mit Napoleon hin – bis zum Ärger über dessen Fehleinschätzungen. So kommentiert er die von Markham geschilderte Strategie Napoleons, seine Generäle mit soviel Reichtum zu überhäufen, dass sie ihm unbedingte Treue leisten würden: „How wrong he was at Fontainebleau" oder Josephs Unfähigkeit, Paris zu verteidigen: „Joseph is a bad one Lucien would have done better". Im Gegensatz zu Joséphine, die bei Kubrick nicht nur in den Notizen und Anstreichungen in Markhams Buch keinerlei Sympathien für sich verbuchen kann, notiert er zu Marie-Louise: „She seems like a sweet, dear thing", an anderer Stelle wird er folgern, letzten Endes habe Napoleon doch wohl Marie-Louise Joséphine vorgezogen. Noch stärker als Markham zeigt sich Kubrick – auch in seinem Drehbuch – überzeugt, dass Napoleon, hätte Joséphine ihn nicht so sehr enttäuscht, wohl einen anderen Lebensweg eingeschlagen hätte. Napoleons letzte Worte „France, armée, tête d'armée, Joséphine" sind mit der Notiz versehen: „What dreams occupied him then –?" Das persönliche Interesse und das des Filmemachers kreuzen sich bisweilen in den Anmerkungen, wie in jener zu Marie-Louises gezielter Verführung durch den Grafen Neipperg, den ihr der Vater, Kaiser Franz, entgegengesandt hatte: „Very mean! Very interesting good scene." Gegen Ende des Bandes greift Kubrick sogar auf sein eigenes Œuvre zurück. Die in einigen Erinnerungen erwähnte freundschaftliche Beziehung Napoleons zu dem Backfisch Betsy Balcombe auf St. Helena versieht er mit einem einzigen Wort: „Lolita".[12]

Anmerkung in einem Treatment, 2. November 1968

I.
Perhaps it's like this:
The greatest chess master cannot defeat the worst player in less than a certain number of moves. To a casual observer it might appear that the potzer is holding his own – but there has never really been a contest

I.
Vielleicht ist es ja so:
Der größte Schachmeister kann den schlechtesten Spieler nicht in weniger als einer bestimmten Zahl von Zügen schlagen. Einem zufälligen Beobachter kann es vorkommen, als würde der Stümper dagegenhalten – aber einen echten Kampf hat es nie gegeben

Notizbuch, datiert auf den 1. Juli 1967

Research
Facts
Pictures
Maps
Battlefields
Uniforms
Military drill + tactics
Weapons
Music
Costumes
Props
Interior Decor
Historical

Ringbuchseite
Der Name „Markham" verweist auf Felix Markham, der Kubrick bei Detailfragen beriet und für den er hier Fragen nortierte.

Wohl um dieselbe Zeit, in der er sich wiederholt mit Markhams Biografie befasste, hat Kubrick in einem kleinen grünen Leinenbuch seine Lesefrüchte und Assoziationen, vermutlich auch bei der Beschäftigung mit anderen Napoleon-Filmen, festgehalten. Sie münden, nach zahlreichen kurzen Anmerkungen zu Napoleons Lebensstationen sowie zu seinem Charakter („Was he superstitious? He believed in his star."), seiner Enttäuschung durch Joséphine und seinem dringenden Wunsch, einen legitimen Sohn zu haben („Why was it so important for N. to have a son? [...] Ask Markham"), in detaillierte Listen von Anforderungen, die zuweilen an Selbstermahnungen erinnern: „Things You Want To Know About N. In All Situations 1. Routine of daily life 2. who are the people around him 3. where is he sleeping, eating, working 4. His amusements". „In all cases describe people around him", notiert Kubrick mahnend und fügt einige Zeilen weiter hinzu: „You cannot hope to fill in all the details", „You cannot even get in all the key events without details", und: „1. You want to understand what he was like 2. You want to see an impression of his life flow by." Am 20. September 1968 notiert er: „There will probably be more than ample opportunity to make all the psychological points that can possibly be made, tied into the main events of the story. Unlikely to need many scenes on their own to be there just to make psychological points." Diese Anmerkungen münden in erste Szenenentwürfe, die zum Teil schon mit Längenangaben versehen sind.[13]

Damals scheint Kubrick an seinem Drehbuch bereits gearbeitet zu haben. Zuvor schon jedoch, in einem wohl im Juli 1967 angelegten Heft, hat er sich detailliert mit seinem *Napoleon*-Projekt auseinandergesetzt. Die skizzenhaften Notizen sind ein bemerkenswertes Zeugnis: Neben durchaus realistischen Planungen enthalten sie die phantasievolle Beschäftigung mit einem großen Wurf, die sich nur wenige gedankliche Schranken auferlegt. Nach Berechnungen der Wörter, die in einem normalen erzählenden Film je Minute gesprochen werden können, notiert Kubrick, einen zweiteiligen Film mit je drei Stunden Länge produzieren zu wollen – diese Idee scheint er jedoch sehr schnell wieder verworfen zu haben. In der vorläufigen Kalkulation vom 28. August 1969, ausgehend vom damaligen Drehbuch, beläuft sich die geplante Länge des Films aber immerhin auf 199:40 Minuten.

Am 30. August 1967 notiert Kubrick den geplanten Aufbau seines Films – er ist strikt an der aristotelischen Dramenform orientiert. „Preparation" nennt er die Etappe „Youth to see mob storm Tuileries", „The Rise" jene von „Toulon to Elba". Als „tragic upserving" dienen die „100 days to Waterloo", der Aufenthalt auf St. Helena ist das „denouement".[14] Konkrete technische Ideen zur Verwirklichung finden sich bereits zu diesem frühen Zeitpunkt. Kubrick notiert: „Needs to develop a large 70-mm camera and projector for back grounds", „Battle scenes and mass costumes in Russia or Yugoslavia-Turkey" und „interiors in England – front projection 8x10 for short scenes". Zu einem späteren Zeitpunkt wird er die *front projection* als eine Art Heilsbringer einem potenziellen Produzenten anpreisen.[15]

Als „special military advisor" erwähnt Kubrick schon 1967 den Fachmann David Chandler, mit dem er tatsächlich in Kontakt getreten ist, und rechnet mit Ken Adam als Produktionsdesigner – dieser sollte dann dieselbe Aufgabe für BARRY LYNDON übernehmen. Hinter den Namen Ustinov setzt Kubrick ein dickes Fragezeichen sowie die Bemerkung „not a good writer"[16] – hatte er an ihn als Drehbuchschreiber gedacht? Als Schauspieler jedoch hat Kubrick offensichtlich mit Peter Ustinov geliebäugelt: Sein Skizzenheft enthält, niedergeschrieben im Sommer 1967, eine Besetzungsliste, die vor großen Namen nur so strotzt – ein Wunschtraum mit einer gehörigen Portion Grandezza: Robert Shaw, Paul Scofield, Alan Bates, Albert Finney, Ralph Richardson, Ian Holm, Tom Courteney, Alec Guinness, Richard Burton, Peter O'Toole, Peter Ustinov, David Hemmings, Audrey Hepburn, Julie Andrews, Glynis Johns, Joan Greenwood, Charlotte Rampling und Vanessa Redgrave sind dort zu finden – zum Teil damals im Zenit ihrer Karriere stehend, zum Teil am Beginn. Eine weitere Auflistung nennt Scofield bereits als Darsteller Talleyrands. Unter der Rubrik „French" findet sich der Name Jean-Paul Belmondos, als einziger deutschsprachiger Schauspieler ist Oskar Werner notiert.

Cast

Robert Shaw –   Audrey Hepburn
Paul Scofield –   Julie Andrews – ?
Alan Bates –   Glynis Johns
Albert Finney –   Joan Greenwood
Ralph Richardson –   Charlotte Rampling
Ian Holm –   Vanessa Redgrave
Tom Courtenay –
Alec Guinness –
Maurice Evans –
Richard Burton –
Peter O'Toole –
Peter Ustinov –
David Hemmings –
Robertson Justice

                           Russian actors
Oscar Werner

                           French
                           Belmondo

Auszug aus einem Notizbuch, beschriftet mit dem Datum vom 1. Juli 1967. Dies waren mit die ersten Notizen zu dem Projekt.

Diese Wunschliste gibt zwar Aufschluss über Kubricks Wahrnehmung und Einschätzung der zeitgenössischen Schauspieler, dürfte jedoch, was ihre Wahrscheinlichkeit, in die Tat umgesetzt zu werden, angeht, eher als hübsches Gedankenspiel betrachtet werden. Von einer Starbesetzung scheint sich Kubrick ebenso schnell wie leichtherzig verabschiedet zu haben – auch in seinen anderen Filmen hat er niemals primär auf große Namen setzen können oder wollen. Immerhin beschäftigt die Frage, wer Kubricks Napoleon, wer seine Joséphine geworden wäre, noch heute nicht nur seine Fangemeinde. In einem Notizheft, das mit „Napoleon Production Notes Nov 18, 1968" betitelt ist, favorisiert Kubrick David Hemmings als Napoleon, Audrey Hepburn offenbar als Joséphine: „My first choices would be David Hemmings and Audrey Hepburn. Oscar Werner would be my second choice."[17]

Ein mittlerweile aufgefundener Briefwechsel belegt, dass Kubrick Oskar Werner die Rolle des Napoleon angetragen hat. 1970 dann, bei einem der weiteren Anläufe, den Film doch noch zu realisieren, wird Kubrick auf einem Notizzettel im Zusammenhang mit Napoleon den Namen Jack Nicholson notieren. In einem Exposé vom Oktober 1971, auf dem kein Adressat vermerkt ist, heißt es wiederum: „No big stars. I suggest actors of the [...] calibre of Patrick Magee [...] and others are readily available at reasonable non-star deals."[18]

Damals war Kubrick schon deutlich bewusst geworden, wie teuer sein Projekt werden würde – auch ohne große Namen. Schließlich, so belegt es der opulente Nachlass, waren die Vorbereitungen weit gediehen – und hatten bei aller Sparsamkeit eine Menge Geld verschlungen. Wenn sich Kubrick selbst über sein *Napoleon*-Projekt äußerte, schwang eine gehörige Portion Stolz mit. Sie basierte auf einem Streben nach Authentizität und Perfektion, das nicht nur durch Recherchen seiner Mitarbeiter nach eventuellen Drehorten belegt wird, sondern vor allem durch Kubricks langen Atem bei der Klärung von Details. Wurde 1799 Silvester gefeiert? Wieviel kosteten ein Bonbon, ein Brot, ein Haus, in damaliger Währung und im Vergleich zur heutigen? Wie funktionierte das auf Lichtquellen basierende frühe Telegrafensystem? Gab es zu Napoleons Zeiten Journalisten oder Kriegsberichterstatter? Mit dem Historiker Markham unterhielt Kubrick eine umfangreiche Korrespondenz. Auf Kubricks Fragen antwortete Markham teilweise nur mit „Yes" oder „I don't agree", in anderen Fällen mit Dossiers, die als „Markham Notes" gesammelt wurden.

In den Dossiers und Antworten findet sich auch umfangreiches Material zu einer Frage, die Kubrick offenbar stark beschäftigt hat: Ausdauernd hatte er nach triftigen Gründen gesucht, die Napoleons Russlandfeldzug scheitern ließen. Warum Napoleon Caulaincourts Warnungen in den Wind geschlagen hatte, der Winter in Russland komme früh und sei hart, warum er in Moskau unnötig wartete, warum er die Taktik der Alliierten nicht durchschaute, warum er auf jegliche adäquate Ausrüstung verzichtet hatte, in dem irrigen Glauben, Zar Alexander werde klein beigeben – das waren für Kubrick Kernfragen. Beinahe verzweifelt versuchte er ihnen auf den Grund zu gehen, konstatierte, dass ein solches Verhalten dem Kaiser gar nicht ähnlich sehe. Dass sich im Nachlass ausgerechnet eine Broschüre mit den exakten klimatischen Verhältnissen am geplanten Drehort Rumänien findet, ist eine der Pointen in der Schlacht des Regisseurs gegen Napoleon. Kubrick wäre es im Gegensatz zu seinem Sujet vermutlich nicht passiert, sich von einem früher als im Heimatland hereinbrechenden Winter überraschen zu lassen.

Die ihn umtreibende Frage manifestiert sich etwa in seiner akribischen Recherche zum Frostschutz bei Pferden. Schon damals, so ließ er recherchieren, war es üblich, Pferde mit einem Beschlag auszustatten, der ihnen das Gehen in Eis und Schnee ermöglichte. Die Frage nach den „frost nails", von denen ihm ein Modell sogar zugeschickt wurde, ließ Kubrick über lange Zeit nicht los, so dass Markham ihn schriftlich geradezu ermahnte, dieser Frage nicht allzu viel Gewicht beizumessen: Auch andere Gründe hätten zum Scheitern der Grande Armée beigetragen. Obwohl Kubrick durchaus von einem Realitätsverlust Napoleons aufgrund von Selbstüberschätzung ausgeht und auch die Strategie der Alliierten berücksichtigt, scheint er nach einem eher technisch-handfesten Fehler zu suchen, der bisweilen mehr als Entschuldigung denn als Symbol für das Scheitern zu dienen scheint. Kubrick, stets auf der Suche nach sinnvollen technischen Neuerungen, konnte die Nachlässigkeit des einst so innovativen Bonaparte, der mit Telegrafie experimentierte und England mit Ballons hatte überfallen wollen, offenbar nicht nachvollziehen. Auch wenn in seinem fertiggestellten Drehbuch Napoleons Realitätsverlust und Alexanders Verzögerungstaktik als Gründe für das Scheitern der Grande Armée ausgestaltet werden, sollte sogar dann noch die mangelhafte Ausrüstung der Pferde erwähnt werden – Symbol für die aus Selbstüberschätzung und Nachlässigkeit geborene Katastrophe.

Ausgerechnet in den zahlreichen geschichtswissenschaftlichen Dossiers, die zum Teil von externen Unternehmen erstellt worden waren, findet sich auch Material, das zu jener höchst aktuellen Frage führte, die Kubrick während des gesamten Entwicklungsprozesses seines *Napoleon* beschäftigt hat. Im Bemühen um das atmosphärisch authentische, historische Bild sollte er sich mit filmtechnisch noch lange nicht gelösten Fragen befassen. Vom September 1968 datiert das Exzerpt einer Firmenpublikation zur Geschichte der Kerze.[19] Dass Kubrick von Anfang an mit dem Gedanken gespielt hatte, weite Teile *Napoleons* mit natürlichem Licht zu drehen, zeigt nicht nur die in Treatment, Drehbuch und Drehplänen immer wieder auftauchende Erwähnung von „candlelight" oder „torches". Immerhin 40.000 Kerzen listet eine Budget-Kalkulation vom Januar 1969 auf. Damals aber war Kubrick noch weit davon entfernt, die technischen Schwierigkeiten zu lösen, die das Drehen bei natürlichem Licht mit sich brachte.

Im Oktober 1968 drehte Kubrick einen kurzen Testfilm, um auszuprobieren, ob mit dem damaligen Stand der Technik zufriedenstellende Filmaufnahmen bei Kerzenlicht möglich waren. Die Resultate überzeugten Kubrick nicht. Erst in BARRY LYNDON konnte er diese Idee mit neu entwickelten lichtstarken Objektiven verwirklichen.

Nicht nur beschäftigte Kubrick sein Team schon weit vor diesem Datum mit der Suche nach der adäquaten technischen Ausstattung für den im 70-mm-Format geplanten Film, der auch für die breit angelegten Schlachtenszenen schon zahlreiche Schwierigkeiten bezüglich der Art und Menge der Kamera-Ausstattung bereitet haben muss. Seit Sommer 1968 fahndeten Jan Harlan, Robert Gaffney und andere in seinem Auftrag bei befreundeten Produzenten, Linsen- und Kameraherstellern nach einer Möglichkeit, ein hoch lichtempfindliches Objektiv für eine Mitchell-Kamera zu beschaffen. Obwohl sie sogar Gerüchten von gelungenen Experimenten nachgingen, stellte sich der gewünschte Erfolg nicht ein. Testaufnahmen unter dem fiktiven, wenn auch vieldeutigen Titel „Matter of Honour", die sich im Nachlass befinden und die handschriftlich den Vermerk „Napoleon" tragen, zeigen Kubricks Versuche, mit verschiedenen Blenden bei reinem Kerzenlicht ein passables Bild zu erreichen – mit nicht sehr überzeugenden Ergebnissen. Gemacht wurden die Versuche am 29. Oktober 1968, entwickelt einen Tag später, insgesamt 468 Filmmeter zeigen einen Mann in weißem Pullover neben einer Kerze. Erst für BARRY LYNDON sollte es gelingen, ein von Zeiss für die NASA entwickeltes Spezialobjektiv f0.7 für Weltraum-Fotos zu besorgen und eine Kamera für dessen Einsatz umzurüsten. Die atmosphärisch dichten, nur von wenigen Kerzen erhellten Szenen in der Thackeray-Verfilmung beeindruckten damals ebenso wie die groß angelegten Bilder der buntberockten Armeen. Geplant worden war eine solche möglichst authentische Darstellung jedoch für den nie verwirklichten *Napoleon*.

Auch ein weiteres technisches ‚Wunder', das Kubrick von Anfang an in seinen Planungen erwähnt, sollte nicht für *Napoleon* eingesetzt werden, obwohl es in dem bereits angesprochenen undatierten Manuskript geradezu marktschreierisch angepriesen wird. Vor der in Ich-Form gehaltenen Synopsis des *Napoleon*-Konzeptes steht, gesperrt gedruckt: „A cautionary note about judging the production problems of this film without taking into account the miracle of front projection". Offenbar schon einige Rückschläge aufgrund der finanziellen Bedenken von Produzenten gewohnt, führt Kubrick aus: „When you read this screenplay, you must forget your production instincts acquired on all previous pictures where in order to represent a scene you had to build a set or go on location. [...] Front projection will revolutionize film making techniques and this film will be the frist [sic!] to employ it fully in the way which I am [...] sure will become the standard maethod [sic!] of working in the near future."[20]

Stanley Kubricks Bestreben, notfalls auch mit einigen Kompromissen sein Traumprojekt auf die Leinwand zu bringen, geht hier Hand in Hand mit seinem zeitlebens gepflegten Interesse an technischen Neuerungen und Verbesserungen. Mit ihrer Hilfe hoffte er, seine Version der Geschichte doch noch erzählen zu können. Dieses Ziel hat er nie erreicht – ein Grund mehr, warum *Napoleon* als Legende in der Filmgeschichte, als *missing link* in Kubricks Œuvre, immer noch fasziniert. Einen anderen nennt er selbst, in jenem Manuskript: „It has everything a good story should have. A towering hero. Powerful enemies. Armed combat. A tragic love story. Loyal and treacherous friends. And plenty of bravery, cruelty and sex."[21]

1 *Paris Match*, 25.1.1969.
2 [„Angeblich macht jemand anderer das Drehbuch."] Falls nicht anders vermerkt, stammen alle im Folgenden angeführten Materialien aus dem Stanley Kubrick Estate.
3 [„Ich habe mich davon überzeugen lassen, in Napoleon ein mögliches Thema für einen Roman zu sehen".]
4 [„Lieber Stanley, ich weiß nicht, ob du immer noch vorhast, Napoleon zu machen (ich hoffe es). Wie dem auch sei, dieses Buch könnte dich aus beruflichen oder persönlichen Gründen interessieren."]
5 [„Die Gürtel für die Schwerter sehen klobig, unproportioniert und plump aus [...] N.B.: alle Fotos sind falsch beschriftet und nennen Dragoner anstelle von Kürassieren.]
6 [„beste Armee, die die Welt je gesehen hat"]
7 [„Ich schlage vor, wir schließen eine neue Vereinbarung, Napoleon unter den folgenden Voraussetzungen zu verfilmen. [...] Es ist mir unmöglich, Ihnen zu sagen, was ich machen werde, außer dass ich erwarte, den besten Film zu machen, der je gemacht wurde."]
8 [„Das Drehbuch ist zwar noch nicht fertig, aber es ist das beste, das ich je gelesen habe, und wird wahrscheinlich SKs größter Film werden."]
9 Vgl. dazu Joseph Gelmis' 1969 geführtes Interview mit Stanley Kubrick, veröffentlicht in: Gelmis, Joseph: The Film Director as Superstar. New York 1970, S. 293-316, hier insbesondere S. 297f.
10 [„Ich war der größte militärische Denker der Zeit, und erst die Zukunft wird sagen, ob aller Zeiten, [...] Ich vermute, dasjenige Merkmal meiner Persönlichkeit, das mich an die Spitze brachte, war auch das, welches zu meinem Ruin führte. [...] Ich bin ein Spieler. [...] Ich hatte zahlreiche Möglichkeiten, aber ich hoffte immer auf das Unmögliche. Vielleicht waren meine Gefühle die eines handelnden Poeten als die eines Staatsmannes."]
11 [„Wieso waren sie so achtlos?"] ... [„Gute Seeschlacht"] ... [„Gute Szene. Wie haben sie 3.000 Gefangene erschossen? Wo haben sie sie festgehalten?"] ... [„... brillante Taktik des Schachmeisters, dessen Chancen feststehen und der auf Bluff spielt."]
12 [„Wie hat er sich in Fontainebleau getäuscht."] ... [„Joseph ist schlecht, Lucien hätte es besser gemacht."] ... [„Sie wirkt wie ein süßes, liebes Ding."] ... [„Frankreich, Armee, Oberhaupt der Armee, Josephine."] ... [„Welche Träume beschäftigten ihn damals – ?"] ... [„Äußerst gemein! Sehr interessante, gute Szene."]
13 [„War er abergläubisch? Er glaubte an seinen Stern."] ... [„Wieso war es so wichtig für N., einen Sohn zu haben? ... Markham fragen."] ... [„Dinge, die du von N. in allen Situationen wissen willst 1. Alltagsroutine 2. wer sind die Leute in seiner Umgebung? 3. wo schläft, isst, arbeitet er? 4. sein Zeitvertreib?" „In allen Fällen Menschen seiner Umgebung beschreiben."] ... [„Du kannst nicht davon ausgehen, alle Einzelheiten einzubringen."] „Du musst nicht einmal alle Schlüsselereignisse ohne Details einbauen."] ... [„1. Du willst verstehen, wie er war 2. Du willst einen Eindruck von seinem Leben an dir vorüberziehen sehen."] ... [„Es wird sich wahrscheinlich mehr als ausgiebig Gelegenheit finden, alle psychologischen Punkte anzusprechen, die angesprochen werden können, eingebunden in die Hauptereignisse der Geschichte. Unwahrscheinlich, dass viele eigene Szenen nötig sind, nur um psychologische Punkte anzusprechen."]
14 [„Vorbereitung ... Jugend sieht den Mob die Tuilerien stürmen"] ... [„Der Aufstieg ... Toulon bis Elba"] ... [„tragischer Auftakt ... 100 Tage bis Waterloo"] ... [„Auflösung"]
15 [„Muss eine große 70-mm-Kamera und Projektor für Hintergründe entwickeln.", „Schlachtenszenen und Massenkostüme in Russland oder Jugoslawien-Türkei."] ... [„Innenaufnahmen in England – front projection 8x10 für kurze Szenen."]
16 [„Kein guter Schriftsteller."]
17 [„Meine erste Wahl wären David Hemmings und Audrey Hepburn. Oscar Werner wäre meine zweite Wahl."]
18 [„Keine großen Stars. Ich schlage Schauspieler vom [...] Kaliber eines Patrick Magee vor [...] und andere stehen bereitwillig zu Nicht-Star-Bedingungen zur Verfügung."]
19 "Still the Candle burns", Prices Potent Candle Co. Ltd.
20 [„Eine Warnung, die Produktionsprobleme ohne Berücksichtigung des Wunders der front projection zu beurteilen." [...] „Wenn Sie dieses Drehbuch lesen, müssen Sie ihre Produzenteninstinkte vergessen, die Sie bei allen früheren Filmen erworben haben, wo Sie zum Drehen einer Szene ein Set bauen oder an den Originalschauplatz gehen mussten. [...] Die front projection wird die Filmtechnik revolutionieren, und dieser Film wird der erste sein, der sie auf eine Weise voll einsetzt, von der ich [...] sicher bin, dass sie in naher Zukunft zur Standard-Arbeitsmethode werden wird."]
21 [„Es hat alles, was eine gute Geschichte braucht. Einen überragenden Helden. Mächtige Feinde. Kampf. Eine tragische Liebesgeschichte. Treue und verräterische Freunde. Und jede Menge Tapferkeit, Grausamkeit und Sex."]

Barry Lyndon
Marisa Berenson
und Ryan O'Neal

BILDER EINER AUSSTELLUNG?
Allusionen und Illusionen in Barry Lyndon

RALF MICHAEL FISCHER

I. Im Dschungel der (Selbst-)Verweise

„Are you Quilty?" – „No, I'm Spartacus. Have you come to free the slaves or something?" Die erste Dialogpassage zwischen Humbert Humbert und Clare Quilty in Lolita eröffnet jenen ausufernden Reigen von Selbstzitaten, Zitaten und Anspielungen, ohne den das Schaffen Stanley Kubricks undenkbar ist. Kundige Zuschauer wissen sofort, dass diese Szene, die in eine Runde ‚Roman Ping Pong' münden wird, seinen ungeliebten Vorgängerfilm parodiert, das Auftragswerk Spartacus.[1]

Kubricks folgende Filme konfrontieren ihr Publikum mit einer wahren Flut solcher bisweilen höchst subtilen Verweise:[2] In A Clockwork Orange bleibt Alex beim Flanieren durch den Plattenladen just neben dem Soundtrack des zuvor entstandenen 2001: A Space Odyssey stehen. Das kulminiert in Eyes Wide Shut, in dem etwa Bill Harford einer Jugendgang über den Weg läuft, die Alex und seine Droogs in Erinnerung ruft, und sein Auto-Kennzeichen – „9987" – kann als Hinweis auf die Entstehungsjahre der letzten zwei Kubrick-Filme verstanden werden: Full Metal Jacket 1987, die Schnitzler-Adaption 1999.[3] In den Reihen der Fans, Kritiker und Wissenschaftler fügt eine ganze Armada von Zitatenjägern diesem Labyrinth noch immer neue Fundstücke hinzu, was zuweilen in quasi-kabbalistische Zahlenmystik ausartet.[4]

Ähnlich verhält es sich mit den Verweisen, die über Kubricks filmisches Universum hinausführen. Einen ganzen Katalog liefert 2001: A Space Odyssey, mit dem sein Hauptwerk beginnt. Der Hinweis auf Friedrich Nietzsche, den der Titel von Richard Strauss' Tondichtung *Also sprach Zarathustra* nahelegt, ist seitdem einer der beliebtesten Deutungsansätze. Mehr Misstrauen wäre angesagt, denn paradoxerweise ist die Sprachskepsis in Kubricks Filmen, speziell seit Dr. Strangelove or: How I Learned to Stop Worrying and Love the Bomb, eine allgemein akzeptierte Tatsache. Die sinnliche Erfahrung der Bilder und der Musik ist im Gegensatz zur üblichen Filmpraxis weitaus wichtiger als verbale Informationen, zu denen auch der obige Titel gehört.[5] Hier soll nicht behauptet werden, eine Bezugnahme zu Nietzsche sei vollkommen abwegig, aber man muss doch fragen, wieso unter den gegebenen Bedingungen noch immer versucht wird, die vieldeutige Ästhetik der Filme zur Illustration gerade einmal impliziter Sinnangebote zu reduzieren.

Nur selten wurde die ‚fröhliche Zitatenjagd' hinterfragt, und daraus hervorgehenden interpretatorischen Kurzschlüssen im Stile der unterstellten Nietzsche-Referenz begegnet man durchgehend. Ein Grund hierfür liegt darin, dass Kubrick sein Publikum insofern ernst nimmt, als er ihm nicht vorschreibt, wie er seine rätselhaften Filme verstanden wissen will.[6] Allerdings hat man den Eindruck, dass er es auch gerne absichtlich in die Irre führt. Anders gesagt: Man kann sich in Kubricks Filmen nur zurechtfinden, wenn man sich aktiv auf sie einlässt, denn sie sind voller Unbestimmtheits- und Leerstellen; man verirrt sich aber angesichts ihres Überschusses an uneingelösten immanenten und kulturgeschichtlichen Sinnstiftungsangeboten in einem Deutungslabyrinth. Er konstruiert seine Filme so präzise und dicht, dass man nicht umhin kommt, ihnen einen Sinn zu unterstellen; gleichzeitig sind sie so offen, dass sie jede Festlegung auf eine ‚Botschaft' ins Leere laufen lassen und den Betrachter mit den eigenen Erwartungshaltungen und Maßstäben konfrontieren. Daraus speist sich ihr berühmt-berüchtigter Hermetismus – oder Ästhetizismus, wie manche Autoren sagen würden.[7] Es wäre allerdings verfehlt, Kubricks Vorgehen mit Willkür zu verwechseln. BARRY LYNDON, auf den wir uns später konzentrieren werden, betreibt dieses Spiel, indem er sich – oberflächlich gesehen – als Gemäldegalerie des 18. Jahrhunderts geriert.

Es ist wohl kaum ein Zufall, dass Kubricks Verweisexzesse mit LOLITA beginnen. Das Œuvre von Vladimir Nabokov, dem Autor der Romanvorlage, zeichnet sich durch eine ausgeprägte Intertextualität aus und könnte den Regisseur hierin beeinflusst haben.[8]

II. Vergleiche mit Vor-Bildern als ästhetisches Prinzip: Ein Systematisierungsversuch

Ein Systematisierungsversuch offenbart die Relevanz von Verweisen auf allen Ebenen in Kubricks Werk. Überlagerungen und Überkreuzungen sind aufgrund der hohen Dichte teils mehrdeutiger Verweise unvermeidbar, und einzelne Kategorien sind unverhältnismäßig hervorgehoben, weil sie in den Filmen eine relativ große Rolle spielen. Deshalb kann das folgende Raster nur als verfeinerungsfähiger Anhaltspunkt dienen:

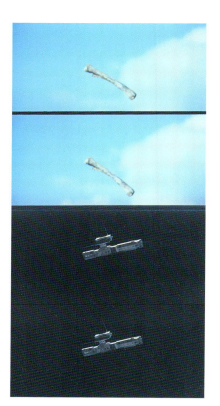

Match cut aus 2001: A SPACE ODYSSEY

1. Filmimmanente Verweise: Grundlegend für den inneren Zusammenhalt der Filme ist ein ästhetisches Prinzip ab 2001: A SPACE ODYSSEY, das auf der Variation von Motiven basiert. Dessen Mechanismen sind mit nahezu programmatischer Wucht im berühmten *graphic match* offen gelegt, mittels dessen sich ein Knochen der Urzeit in ein Raumschiff der nahen Zukunft zu verwandeln scheint. Der Schnitt legt die identische Funktion der beiden räumlich und zeitlich unabhängigen Objekte als Werkzeug und Waffe nahe. Dieser rein visuell artikulierte Zusammenhang verharrt jedoch in der Möglichkeitsform: Eine Wesensentsprechung könnte vorliegen, ist aber nicht zwingend. Kubricks Kunst besteht darin, mittels solcher Motivvariationen Vergleiche zu evozieren, die niemals zu Festlegungen gerinnen und somit die inhärente Offenheit der Bilder erhalten.[9] Solche visuellen (und akustischen) ‚Echos' folgen nur selten direkt aufeinander und betreffen alle Gestaltungsebenen der Filme von Mise-en-scène, Mise-en-cadre, Montage und Ton bis zur Musik. Dieses Verfahren hat zwei nachhaltige Konsequenzen, welche auch die anderen Verweistypen betreffen: a) Man bleibt stets im Ungewissen über die nahegelegte Verbindung: Besteht sie überhaupt, und wenn ja, handelt es sich um eine „Wiederkehr des Immergleichen",[10] oder wohnt ihr eine progressive oder regressive Entwicklung inne? Kubricks Filme erzählen sozusagen im Konjunktiv oder in Frageform, wenn man überhaupt noch unbefangen von ‚Erzählungen' sprechen kann. b) Man wird für solche Entsprechungen sensibilisiert und sieht sie auch, wo sie nicht intendiert sind. Die Suche nach Selbstzitaten und -anspielungen (um die es sich auch bei den Motivrekurrenzen handelt) und ihre Deutung entwickeln eine Eigendynamik.

2. Selbstverweise von unterschiedlicher Komplexität ab LOLITA inkorporieren zunehmend auch das Frühwerk, etwa THE KILLING. Bekanntestes Beispiel ist der Blick Alex' zu Beginn von A CLOCKWORK ORANGE, der als zynische Antwort auf den fragenden Blick des ‚Sternenkindes' am Ende von 2001: A SPACE ODYSSEY gedeutet wurde.[11] Kubrick verfährt wie beim Schnitt vom Knochen

zum Raumschiff, nur dass die Einstellungen auf zwei Filme verteilt sind. Diese mehrdeutige Form der „Fortsetzung/Entsprechung/Kontradiktion"[12] setzt kein direktes Aufeinanderfolgen voraus und beschränkt sich demzufolge nicht auf Anfänge oder Enden. Die Filme werden auf diese Weise komplex miteinander verzahnt und bilden sozusagen einen eigenen filmischen Kosmos. Das Verhältnis zwischen ihnen bleibt vieldeutig; Fortsetzung, Parallelisierung und Negierung vorhergehender Filme können sich überlagern.

3. Verweise in die Filmgeschichte sind ebenfalls mehrschichtig und manifestieren sich auf allen Ebenen. Ihr Spektrum umfasst einzelne Motive und reicht über stilistische Anleihen bis zu den unübersehbaren Bezügen zum Genre-Kino, dessen Gestaltungs- und Erzählmuster Kubrick in seinen Filmen so reflektiert analysiert hat. Seine Werke behaupten dabei stets ihren Status als Autorenfilme und begründen gewissermaßen das ‚Genre des Kubrick-Films'.[13]

4. Allgemeine Verweise in die Medienkultur umfassen verbale und visuelle Elemente sowie spezifische Darstellungsmuster der Medien. Darunter fällt die Werbung in 2001: A SPACE ODYSSEY, aber auch die Berichterstattung des Vietnamkriegs in FULL METAL JACKET.

5. Verweise in die Kunstgeschichte durch Erwähnung, Integration oder Nachempfindung von Kunstwerken wie in PATHS OF GLORY, LOLITA oder BARRY LYNDON.

6. Verweise in die Musikgeschichte, u.a. mit präexistenter Musik.

7. Verweise in die Literatur- und Theatergeschichte im weiteren Sinn mit der ganzen Bandbreite intertextueller Verfahrensweisen von Zitat über Anspielung bis zur Parodie und Travestie. Das Spektrum rangiert ebenfalls von Einzelzitaten bis zur Reflexion von Erzählmustern und -gattungen oder Inszenierungsformen.[14]

FULL METAL JACKET
Matthew Modine und
Vincent D'Onofrio

8. Allgemeine Verweise in die Kulturgeschichte: Hierunter fallen die Anklänge an Rousseau, Nietzsche oder Freud, auf die Kubrick bisweilen selbst in Interviews hingewiesen hat.[15] Sie stehen im Zentrum der vielen ideengeschichtlichen Untersuchungen.[16]

9. Verweise in die Realität: Kubricks obsessives Streben nach Authentizität ist allseits bekannt. Er unterläuft aus diesem Grund unsere Erwartungen: Es ist viel wahrscheinlicher, dass sich Private Joker in FULL METAL JACKET im Gegensatz zu gängigen Erzählmustern nicht mit dem Außenseiter Private Pyle verbrüdern wird. ‚Realismus' umfasst also auch die Reflexion von (Erzähl-)Konventionen. Die zahlreichen Leer- und Unbestimmtheitsstellen evozieren darüber hinaus Spekulationen darüber, dass ein Film anders verlaufen könnte, dass seine jetzige Gestalt ein Zufall sein könnte. Gleichzeitig schlagen die Bemühungen um Authentizität in Momente höchster Stilisierung und Distanz um. Der ‚Realismus' Kubricks ist paradoxerweise immer ein höchst artifizielles

Konstrukt und gerät mit sich selbst in Widerspruch. Das mündet in ein ganzes Bündel grundlegender Fragen: Ist das Los der Kubrick'schen Figuren Schicksal oder Zufall? Sagt der Film etwas über die Realität aus, kann er sie überhaupt fassen? Wo verlaufen die Grenzen des Inszenierten? Diese und weitere Fragen führen wieder zurück zu den filmimmanenten Verweisen, die eine Ästhetik der lediglich nahegelegten (oder negativ formuliert: der in Frage gestellten) Kausalitäten und Kontinuitäten begründen. Die Unzugänglichkeit dieser Filme wird zugleich getragen vom Bestreben, etwas über die Realität zu vermitteln, und der Skepsis, etwas von ihr vermitteln zu können.

Kubrick ist also ein Regisseur des *déjà vu* und des *déjà lu*: Seine Filme – insbesondere deren Bilder – verweisen auf Bekanntes, verfremden es aber so weit, dass es in einem neuen Licht aufscheint.[17] Paradoxerweise geben sie sich damit zugleich als typische Kubrick-Schöpfungen zu erkennen und legen eher fragend etwas von der komplexen ‚Realität' ihrer Gegenstände nahe, ohne in wertende Postulate abzugleiten. Feste ikonografische Inhaltszuweisungen wie die Gleichsetzung seiner berühmten Korridorfahrten mit dem gewaltsamen Einbrechen in einen normativ geregelten Raum sind deshalb schwerlich haltbar.[18] Wie Köder wirft Kubrick Sinnangebote aus, die nie vollends festlegbar sind. Das macht die Vieldeutigkeit dieser Filme aus, für die zahlreiche, einander diametral entgegengesetzte Interpretationen ein beredtes Zeugnis ablegen. Seine berühmt-berüchtigte Ironie dürfte, genau besehen, dieser

Mehrdeutigkeit zu verdanken sein und stellt nur eine von vielen Deutungsoptionen dar. Ist beispielsweise der *Donauwalzer* in 2001: A SPACE ODYSSEY ausschließlich ironisch zu verstehen?[19]

Wie Rainer Rother herausgearbeitet hat, stellt jeder neue Film für den Regisseur eine eigene ‚Konstruktionsaufgabe' dar, in der die filmischen Mittel bewusst auf die Inhalte abgestimmt werden.[20] Dies gilt es an BARRY LYNDON zu erörtern, einer ‚Re-Konstruktion' des 18. Jahrhunderts, die man aufgrund ihrer vielfältigen Rückbezüge zur Malerei als visuellen ‚Diskurs' über den Zusammenhang von Film und Malerei, von Bild und Geschichte, von Kunst und Realität verstehen kann.

III. Die versiegelte Zeit in Barry Lyndon: Ein ‚authentischer' filmischer Blick mittels Kunst in die Geschichte

Auf der Grundlage des satirischen Romanerstlings *The Memoirs of Barry Lyndon, Esq.*[21] von William Makepeace Thackeray (1811-1863) aus dem Jahr 1844 folgt Kubrick seiner Hauptfigur Redmond Barry auf deren Odyssee durch das Europa des Siebenjährigen Krieges (1756-1763) und ihrem zum Scheitern verurteilten Versuch, den sozialen Aufstieg durch die Ehe mit Lady Lyndon mit einem Adelstitel zu besiegeln. Wie üblich hat der Regisseur die Vorlage den eigenen Erfordernissen angepasst: Aus Thackerays wurde Kubricks Barry Lyndon.[22] Das erschließt sich bereits aus der Grundstruktur der Geschichte, die dem Vorgängerfilm A CLOCKWORK ORANGE so weit angeglichen wurde, dass sie seine Fortsetzung, Entsprechung und Umkehrung darstellt. Verfremdeten die ‚Abenteuer' von Alex etwa noch das Muster der Passion und Wiederauferstehung Christi,[23] so stellt der Aufstieg und Fall Redmond Barrys dieses Schema auf den Kopf. Es bleibt dem Publikum überlassen, daraus Schlussfolgerungen zu ziehen.

Seit den ersten Kritikerreaktionen[24] gilt vier eng verknüpften Aspekten das Hauptaugenmerk: den Authentizitätsbestrebungen, der Anlehnung an die Bildkünste des 18. Jahrhunderts, den Kerzenlichtaufnahmen und dem Hermetismus. Ihnen werden wir auf der Folie von Kubricks Verweispraxis nachspüren, denn ihr Zusammenspiel lässt seine Vermittlung der Skepsis gegenüber der Mitteilungsfähigkeit von Bildern am prägnantesten zu Tage treten. Seit PATHS OF GLORY stellt er nämlich Gemälde in Kontexte des Scheins, der Illusion, bis dieses auf Täuschung basierende Bildverständnis ab 2001: A SPACE ODYSSEY auf die Gesamtkonzeption seiner Filme übergreift und eindeutig ‚lesbare' Bilder verweigert.

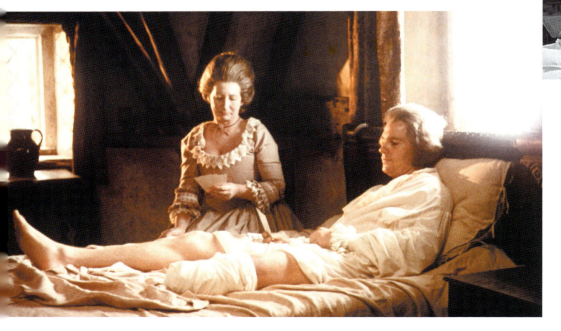

BARRY LYNDON
Marie Kean und Ryan O'Neal

A CLOCKWORK ORANGE
Anthony Sharp und Malcolm McDowell

Ein Wiederbelebungsversuch des 18. Jahrhunderts über die Kunst

Kubricks mit wissenschaftlicher Akribie vorangetriebene Bemühungen um authentische Detailtreue sind legendär. Mit der recherchelastigen Adaption des Thackeray-Stoffes konnte er die Vorarbeiten des gescheiterten *Napoleon*-Projektes fruchtbringend nutzen und endlich einen ‚glaubwürdigen' Historienfilm drehen.[25] Artefakte des 18. Jahrhunderts dienten gleichermaßen als Modelle für die Mise-en-scène wie die Bildgestaltung. Man drehte nicht nur an Originalschauplätzen in Irland, England und Deutschland, sondern alle Beteiligten mussten sich genauestens an Gemälden zeitgenössischer Künstler orientieren, um Kulissen, Requisiten, Kostüme und schließlich die Aufnahmen zu gestalten.[26] Das hat Kubrick später den Vorwurf eingetragen, die Menschen zum Dekor zu degradieren. Seine Rigorosität geriet in Konflikt mit dem Vorgehen des Produktionsdesigners Ken Adam: „If I'm unfamiliar with the period, I naturally research it, but there comes a moment when I put aside my documentation and begin to work from my own interpretation. Stanley didn't agree at all with this attitude. For him, the safest way […] was to draw our inspiration from painters like Gainsborough, Hogarth, Reynolds, Chardin, Watteau, Zoffany, Stubbs […] and, in particular, Chodowiecki […]. During the preparation of a film, I usually make endless drawings, whereas for this one I practically didn't touch a piece of paper. But it was fascinating work all the same. We did research on the toothbrushes of the period, on the contrareceptives, on a mass of things which finally didn't appear on the screen."[27] Unter Adams Ägide wäre ein ganz anderer Film entstanden, und er hätte Kubricks Konzept vermutlich widersprochen, dem wir uns im Folgenden über die eigentümliche Wirkung von BARRY LYNDON annähern wollen.

Bildergalerie oder Erzählung? Spannungen zwischen Bild- und Einstellungsräumen[28]

William Stephenson hat anschaulich beschrieben, welchen Eindruck der Film hinterlässt: „It owes much less to the literature of the period. It is the eighteenth century viewed […] by someone who has an extensive collection of recordings of baroque music, has been through enough museums to have a sense of the splendor and grace of the eighteenth century's portraits and landscapes, but has never read beyond the required eighteenth-century novels on his college reading list."[29] Kubrick schuf eine Folge von *tableaux vivants*, die sich nicht mehr umstandslos zu einer klar definierten Narration fügen. Der sozialkritische Impetus des adaptierten Textes gerät zu einem typischen Kubrick'schen Rätsel: „it makes simple judgements impossible."[30]

Wie in allen reifen Filmen Kubricks rufen *déjà-vu*-Momente die imaginären Museen in den Gedächtnissen seiner Zuschauer auf. Omar Calabrese will 271 Gemälde identifiziert haben, die in den Bilderkosmos von BARRY LYNDON eingearbeitet wurden.[31] Das enzyklopädische Auflisten von Zitaten reicht jedoch nicht aus. Man muss auch nach ihrer Funktion im filmischen Kontext fragen, um tiefere Erkenntnisse zu gewinnen. Es gilt zunächst zu beachten, dass Kubrick nicht direkt zitiert oder gar kopiert, sondern Nachempfindungen von Bildern schafft, die er nur partiell in verhaltene Bewegungen versetzt. Gerade die Spannung einer evokativen Ähnlichkeit, die sich nicht zur Gleichartigkeit verdichten will, steigert die Autonomie solcher Einstellungen von einer Erzählung in unerhörtem Maß. Sie reihen sich einerseits in Kubricks zur Verselbständigung tendierenden Verweisdschungel, andererseits gerät der Ablauf der Bilder zu einem Stakkato, das sich dem Fluss eindeutiger Ursachen und Wirkungen widersetzt. Ihre ‚sinnlichen Überschüsse'[32] verhindern eine kontinuierliche Erzählung. Jeder Einstellungswechsel ist weniger Fortsetzung als Neubeginn.[33]

BARRY LYNDON

Selbst dem Off-Kommentar des Erzählers entziehen sich die Bilder aufgrund subtiler Unstimmigkeiten. Es wird unmissverständlich klar, dass er sie nur interpretiert.[34] Wenn er etwa die Verrohung von Barrys Sitten in der preußischen Armee schildert, dann ist das den Bildern keinesfalls anzusehen. Dem Publikum bleibt der Zugang zu ihnen und der Realität, auf die sie referieren sollen, verwehrt. Ihre Annäherung an die Malerei ruft sie als künstliche Bilder ins Bewusstsein. Wie vor einem Gemälde im Museum nimmt man deshalb auch die Figuren wahr: Sie bleiben fremd, existieren lediglich als Bild, ohne dass ihre Äußerungen, Taten oder Physiognomien etwas von ihrem ‚wahren' Charakter aufscheinen lassen, wie es dagegen vom auf Einfühlung abzielenden Mainstream-Kino suggeriert wird. Die psychologische Motivation bleibt im Dunkeln wie in den meisten Kubrick-Filmen, und genau dieser Umstand bereitet fast allen Autoren Schwierigkeiten, weil sie trotz allem immer wieder Gründe für das Handeln der Figuren angeben, obwohl diese nicht verifizierbar sind. Ihre Mienen sind genauso erstarrt wie die zahlreichen Staffage-Figuren, deren zuweilen ostentative Reglosigkeit als Verfremdungseffekt den Gemäldecharakter noch unterstreicht.

Kubrick hat die bewegten Einstellungsräume des Films ganz bewusst den statischen Bildräumen der Malerei angenähert. Das darf nicht zu dem Irrtum verleiten, er gehe ‚unfilmisch' vor oder versuche, den Film mit kunsthistorischen Verweisen aufzuwerten. Es entsteht vielmehr der Eindruck, Kubrick möchte sich mit seinen Bildnachempfindungen vergewissern, ob er mit bewegten Bildern eine Zeit visualisieren kann, die noch keine Fotografie kannte. Dementsprechend entwickelt sich Barry Lyndon – und das wurde oft übersehen – als spannungsvolles Pendeln zwischen filmischen und malerisch-grafischen Visualisierungsstrategien. Der Regisseur geht konsequent von den Möglichkeiten ‚seines' Mediums aus.

Strategien der ‚Ein-BILD-ung'[35]

Kubricks bekannteste Strategie ist der Einsatz von Zoomobjektiven, die eigentlich weder vom Regisseur noch von seinem Lieblings-Kameramann John Alcott geschätzt wurden.[36] Ein Zoom bewirkt zwar die Veränderung des Bildausschnitts, doch die Bewegung ist nur vorgetäuscht, so dass die Flächenwerte erhalten bleiben – wie in Gemälden: „Each time, it became an image in itself and not, as is usually the case, a means of moving from one point in space to another. So each shot was a composition".[37] Die meisten Zoom-Einstellungen eröffnen Sequenzen mit Details, um dann den Blickwinkel langsam zu

erweitern, bis man das gesamte ‚Tableau' überschaut. Der Kamerablick wirkt nur so lange wie ein beliebig erweiterbarer Ausschnitt, bis er sich mit Rahmenmotiven markant als selbstgenügsame, abgeschlossene Einheit zu erkennen gibt. Das bewegte Filmbild endet stets als statisch wirkendes ‚Gemälde'. Die anschließende Auflösung dieses ‚Bildraums' in konventionelle Schuss-Gegenschuss-Folgen kann sogar wie ein gewaltsames Eindringen in den Kosmos des ‚Gemäldes' erscheinen und bleibt als solche bedingt sichtbar. Kubrick *impliziert* mit seiner ‚Bildergalerie' eine Geschichte nur noch, er erzählt sie nicht mehr.

Berücksichtigt man seinen Rekurs auf visuelle Quellen des 18. Jahrhunderts, dann ist das emotional zurückhaltende Spiel der Darsteller mit einer vermeintlich banalen Konvention des neuzeitlichen Porträts erklärbar, der gemäßigten Affektdarstellung, die psychische Ausnahmezustände und „den starken mimischen Ausdruck im allgemeinen meidet."[38] Die Gesichter der Figuren fungieren auch als soziale Masken, wie Rainer Rother zu Recht bemerkt hat, doch der Hauptakzent des Films liegt nicht so sehr auf dem Psychogramm einer Epoche und ihrer Menschen,[39] sondern auf der Frage nach der Aussagekraft von Bildern über die Realität dieser Zeit. Das hat auch Konsequenzen für Abschnitte, die sonst Anlass für höchst dramatische und emotionalisierende Inszenierungen bieten. In zwei markanten Beispielen, der Begegnung mit Lady Lyndon und im Duell mit Bullingdon, bleibt Barrys Miene maskenhaft reglos. Sein Gesicht gibt keine Emotionen preis, doch durch den Kontext kommt man als Zuschauer fast nicht umhin, ihm Gefühle und Beweggründe für sein Handeln zu unterstellen. Kubrick nutzt die Kontextsensitivität filmischer Einstellungen, bekannt als Kuleschow-Effekt,[40] um sein Publikum regelrecht zu subjektiven Wahrnehmungen zu zwingen. Diese Strategie ist konstitutiv für die bedeutungsschwangere Ambivalenz vieler der schweigenden, undurchdringlichen Bilder von 2001: A Space Odyssey bis Eyes Wide Shut.

Wie wir gesehen haben, verweigert Kubrick seinem Publikum eine emotionale Beteiligung, er rückt es auf Distanz zu den Figuren und zur dargestellten Welt des 18. Jahrhunderts: „Es dürfte […] keinen anderen Film geben, der das Vergangene so radikal als vergangen, als ‚tot' darstellt."[41] Kubrick hat somit einen Antipoden zu Spartacus geschaffen, der den Genrekonventionen entspricht, indem er die Fremdheit einer vergangenen Welt und ihrer Menschen scheinbar mühelos neutralisiert: „Historical causation is reduced to the deeds of the great, while the fact that movies set in different historical eras tell the same story encourages the idea that all historical periods have been the same."[42] Insofern ist Barry Lyndon mit seinem Blick auf Nebenschauplätze der Geschichte auch eine teilweise Abkehr vom *Napoleon*-Projekt. Nicht mehr die epochemachende Gestalt, sondern die Prägung einer Figur durch ihre Epoche steht

Leon Vitali   Ryan O'Neal

im Mittelpunkt.⁴³ Deshalb verwundert es kaum, dass Kubrick seine visuellen Vorlagen aus den niedrigeren Bildgattungen Genre, Porträt und Landschaft gewählt hat, die eher einen Einblick in das Alltagsleben gewähren als die idealisierende Historienmalerei.

Die Gegenläufigkeit von authentizitätsorientierter Vergegenwärtigung und distanzierender Stilisierung entpuppt sich als scheinbares Paradox. Die verwendeten zeitgenössischen ‚Bilddokumente' haben in die Filmbilder ihre Spuren eingegraben, die durchgehend zu erkennen geben, dass sie nicht auf die Vergangenheit selbst referieren, sondern auf deren Vermittlung. BARRY LYNDON macht tiefe Zweifel an historischer Erkenntnis mit Hilfe der verfügbaren ‚Dokumente' erfahrbar, nicht nur die Fremdheit des 18. Jahrhunderts, wie Rother meint.⁴⁴ Michael Klein hat den richtigen Weg erahnt, als er feststellte, die interikonischen Bezüge verweisen auf „dominant codes and ideals of the society: they portray people in the manner in which they would have wished to be seen."⁴⁵ Mehr als heute war die Kunstsphäre wohlhabenden Schichten vorbehalten und von ihrer spezifischen Weltsicht geprägt. Der dokumentarische Status von bildender Kunst, den bis ins 20. Jahrhundert hinein viele Historiker und selbst Kunsthistoriker nicht angezweifelt hätten,⁴⁶ ist also ein Trugbild; ein direkter Einblick in die Vergangenheit mit ihrer Hilfe ist nicht möglich.⁴⁷ Offen gestanden sind Kubricks Bilder zu schön, um die Realitäten des 18. Jahrhunderts authentisch wiedergeben zu können. Andererseits war er auf visuelle Quellen angewiesen, denn nur sie machen im Gegensatz zu Texten das Leben bis in kleinste Details hinein sichtbar. Den Umschlag von ‚Augenzeugenschaft' in stilisierende Distanz hat Kubrick durch sein pingeliges Insistieren auf Bildvorlagen dieser Epoche in eine ästhetische Erfahrung gekleidet. Der Film weckt Zweifel an unserem ‚Bild' der Vergangenheit und scheint zu fragen, wo die Grenzen der ‚Re-Konstruktion' verlaufen.

Kerzenlichtaufnahmen à la Menzel?

Wie sind unter diesen Bedingungen die Kerzenlicht-Interieurs zu bewerten, die eigentlich ein Maximum an Authentizität garantieren sollten? Auch sie bleiben vom Stigma der Künstlichkeit nicht verschont, sind sogar Kulminationspunkte der ästhetischen Wirkungsmacht dieses Films. Ob Kubrick geahnt hat, dass auch sie zu Gemälden erstarren?⁴⁸ Vielleicht hat Frank Cossa Recht, wenn er Joseph Wright of Derby (1734-1797) als Vorbild nennt,⁴⁹ der sich mit naturwissenschaftlich exakten Nachstücken wie *An Experiment on a Bird in the Air Pump*⁵⁰ einen Namen machte. Selbst wenn Kubrick Wright of Derbys Werke

Adolph Menzel: *Flötenkonzert Friedrichs des Großen in Sanssouci,* 1850-1852, Öl auf Leinwand, Alte Nationalgalerie Berlin

im Sinn hatte, so sind die Unterschiede in der Motivik zu gravierend. Aus diesem Grund erscheint es unangemessen, die „Frage nach der Materialität des ‚Lichtes der Aufklärung'"[51], die seinen Gemälden teilweise innewohnt, auf den Film zu übertragen.[52] In Barrys Welt existiert die Aufklärung nicht. Zudem sind die Lichteffekte im Film anders beschaffen, weniger scharf – man hat den Eindruck eines homogenen Lichtschleiers, der diese Aufnahmen bis in die dunklen Bereiche hinein durchtränkt. Die geringe Schärfentiefe bei einer Blendenöffnung von f0.7, ohne die solche Aufnahmen unmöglich gewesen wären, verstärkt diesen Sfumato-Effekt und steigert den flächig-malerischen Charakter dieser Sequenzen.[53] Daraus resultiert aber eine Lichtstimmung, wie wir sie erst aus dem 19. Jahrhundert kennen, etwa in Adolph Menzels (1815 - 1905) populärstem Bild, dem *Flötenkonzert Friedrichs des Großen in Sanssouci*.[54] Es weist neben bildlichen auch motivische Entsprechungen zu BARRY LYNDON auf und rechtfertigt als Rekonstruktion einer Begebenheit aus dem Jahr 1750 den folgenden Vergleich.[55] Menzel steht für einen realistischen Darstellungsmodus ein, den Zeitgenossen mit dem Prädikat ‚chronikalisch' bedacht haben,[56] und beabsichtigte laut Hubertus Kohle „die Konkretisierung des Vergangenen".[57] Die Abbildung des *Flötenkonzerts* in geschichtlichen Darstellungen[58] ist ein Indiz für dessen irrtümliche wie irreführende Vereinnahmung als Dokument. Ähnlich wie Kubrick, dem dieses Gemälde im Zuge seiner Recherchen unter die Augen gekommen sein dürfte, hat sich auch Menzel für seine ‚Re-Konstruktion' auf visuelle Quellen gestützt.[59] Mit seiner psychologisch luziden Figurenschilderung, die in einer wohltemperierten Gesamtstimmung aufgeht, bezieht Menzel demgegenüber den Betrachter ins Geschehen ein.

Bewusst oder unbewusst schleicht sich mit einer Bildlichkeit des 19. Jahrhunderts eine weitere Vermittlungsebene in den Film ein, die zusätzliche Distanz bewirkt. Sollte sich der Regisseur hier tatsächlich inspiriert haben, dann hätte er eine wesentliche Bildintention Menzels negiert. Er wiederholt dann zudem visuell, was er mit der viktorianischen Literaturvorlage[60] und den drei Stücken Franz Schuberts (1797 - 1828)[61] vollzogen hat: Er verstellt den Zugang zum 18. Jahrhundert mit einem Medium des 20. Jahrhunderts zusätzlich durch Kunst des 19. Jahrhunderts.

Hogarths De-Moralisierung

Kubrick hat auch ausgewiesene Quellen des 18. Jahrhunderts gegen die Intentionen der Künstler verwendet. Das Paradebeispiel sind die Anverwandlungen des englischen Malers und Grafikers William Hogarth (1697 - 1764), der an der Emanzipation des aus alltäglichen Sujets bestehenden Genrebildes mit erfolgreichen Zyklen wie *A Harlot's Progress*[62] und dessen Gegenstück *A Rake's Progress*[63] tatkräftig mitwirkte.[64] Mit ihnen begründete Hogarth das Genre der ‚Modern Moral Subjects', satirischen Lasterdarstellungen, die mit eindeutigen Botschaften der sittlichen Belehrung dienen sollten.[65]

Kubrick visualisiert Redmond Barrys Lebenswandel u.a. mit Anklängen an *A Rake's Progress*, und das geschieht mitnichten zufällig. Thackeray, der zunächst eine Karriere als Maler anstrebte, sah in Hogarth ein großes Vorbild[66] und hob in der Erstausgabe seines Romans explizit die moralische Wirkung seiner Bilder hervor.[67] Dieser Zusammenhang wird Kubrick kaum entgangen sein. Hogarths ‚*borrowing*-Methode', sein Faible für Entlehnungen aus allen Sphären der Kunst,[68] sowie seine Detailversessenheit verbinden ihn mit Kubrick, doch die Wirkungsabsichten sind grundsätzlich verschieden. Hogarth ist an der ‚Lesbarkeit' seiner bühnenartigen Bilder gelegen, durch die jedes Detail narrative Signifikanz erhält. Sein ‚Realismus' ließe die schönen Bilder in BARRY

Murray Melvin, Marisa Berenson und Dominic Savage

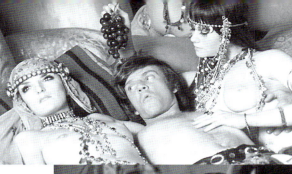

A Clockwork Orange

William Hogarth: *A Rakes Progress: The Orgy*, 1732-1734, Öl auf Leinwand, Sir John Soane's Museum, London

Barry Lyndon

Lyndon nicht zu.⁶⁹ Diese Verklammerung der künstlerisch notwendigen Motivation aller Elemente und des moralischen Appells verweigert Kubrick. Er bürstet Hogarth gegen den Strich, indem er Interpretationsversuche im Geiste seiner Tugend-Laster-Typologien ad absurdum führt.

Nur in wenigen Augenblicken, wie Redmonds Attacke auf Bullingdon oder Lady Lyndons Selbstmordversuch, erschüttert Kubrick mit der Handkamera den statischen Darstellungsduktus, der hier auch den gemessenen Kamerafahrten innewohnt. Endlich ist einem ein Blick hinter die visuelle Fassade des 18. Jahrhunderts vergönnt, doch nur scheinbar! Das Authentizitätsversprechen löst sich in Anspielungen auf Hogarths satirisch-gesellschaftskritische Genredarstellungen auf, in denen – im Gegensatz zum Porträt – extreme Affekte ausformuliert sind, die hier ein filmisches Pendant zugewiesen bekommen.

„They Are All Equal Now"

Der Verzicht auf eine moralische Botschaft lässt das Publikum mit der Frage allein zurück, welche Relevanz die Geschichte von Redmond Barry für die Gegenwart hat bzw. ob sie überhaupt gegeben ist. Das lässt sich an der Datierung auf das Jahr 1789 konkretisieren,⁷⁰ die als unscheinbares Detail auf der Anweisung zur Auszahlung der Jahresrente an den Protagonisten am Ende des Films erscheint, nachdem Erzähler und Publikum ihn aus den Augen verloren haben. Was bei Hogarth eine unmissverständliche Anspielung auf die französische Revolution gewesen wäre, lässt bei Kubrick mehr Fragen als Antworten zurück. Dieses Detail ist zweifelsohne beabsichtigt, aber seine unkommentierte Beiläufigkeit und der Umstand, dass es nicht auf den 14. Juli desselben Jahres datiert ist, macht jene zwingende Verbindung zur französischen Revolution fragwürdig, die viele darin sehen wollen, denn sie spielt in der Vita des Protagonisten keine Rolle. Es ist in erster Linie ein Sinnangebot, bei dem man erwägen muss, dass eine zufällige Koinzidenz gemeint sein könnte. Nur unter dieser Prämisse kann man Interpretationen in Frageform oder im Konjunktiv entwickeln: Soll damit wirklich auf das Ende des Absolutismus angespielt werden, um die Fremdheit und Abgeschlossenheit der dargestellten Epoche zu bekräftigen?⁷¹ Für Barry dürfte sich in dieser Hinsicht nicht viel ändern, er wird vermutlich weiterhin seine jährliche Rente erhalten, bis er stirbt. Andererseits deutet der Epilog mit dem vielsagenden Satz „They are all equal now" den implizierten Gleichheitsgedanken der Revolution um, indem er seine Realisierbarkeit ausschließlich im Tode nahelegt.⁷²

Während Spartacus mit eindeutigen Anspielungen vor dem Verlust hart erkämpfter Freiheiten in der McCarthy-Ära warnt, endet Barry Lyndon mit der Frage, ob es sich beim Schlüsseljahr 1789 wirklich um

Ryan O'Neal und Leon Vitali

eine Epochenschwelle handelt und ob sich daraus eine Lehre für die Gegenwart ergibt. Hat die französische Revolution wirklich so viel verändert? Welche Relevanz hat sie für Randfiguren der Geschichte wie Redmond Barry? Schlussendlich konfrontiert Kubrick das Publikum auf allen Ebenen und durch jedes Detail formal wie inhaltlich mit der Frage nach Zufall und Vorsehung. Damit stellt er auch die Fehlbarkeit der Zusammenhänge zur Debatte, die in seinen Filmen nahegelegt werden.

IV. Epilog, doppelt

An BARRY LYNDON haben wir gesehen, wie Stanley Kubrick mit Hilfe vielfältiger Verweise im Modus einer eigenwertigen und selbstreflexiven Bildlichkeit eine nur im Film zu gewährleistende Spannung zwischen statischen und bewegten Bildern aufgebaut hat. Sie geben sich in jeder Hinsicht als ‚Ein-BILD-ungen' zu erkennen. Damit hat er insofern einen ‚ehrlichen' Historienfilm geschaffen, als der Zugang zur beschriebenen Epoche und ihren Figuren paradoxerweise *trotz* und *wegen* der aufwendigen Recherchen und filmischen Nachstellungsversuche versiegelt bleiben muss. Die (Vor-)Bilder des 18. Jahrhunderts sind weder ein unmittelbares Fenster in die Vergangenheit noch kennen sie reale Bewegung. Die scheinbar rückversichernde Orientierung an zeitgenössischen (Bild-)Dokumenten vermittelt letztlich die Unsicherheiten des re-konstruierenden Blicks in die Vergangenheit. Kubrick sät Zweifel an der objektiven Aussagefähigkeit seiner visuellen und textuellen Bezugspunkte, indem er die Gewissheiten ihrer ‚Bot-

schaften' unterläuft. Eine Moral von der Geschicht' bleibt dem Publikum vorenthalten. Bewusst und möglicherweise unbewusst verwendete Elemente des 19. Jahrhunderts versehen dieses fragile Konstrukt mit zusätzlichen Rissen. Kubrick hat sich dabei im Rahmen der medialen Möglichkeiten bemerkenswerterweise erfolgreich gegen den vergegenwärtigenden Gestus gestemmt, der filmischem Erzählen per se zugrunde liegt und dessen Umittelbarkeitseffekt erzeugt.[73]

Die Faszinationskraft der vielschichtigen Kubrick'schen Bild-*Schöpfungen* (die immer auch Bild-*Findungen* sind) wird mit ihrer sinnlichen Wirkung auch weiterhin allen Deutungsversuchen überlegen bleiben. Es ist eine glückliche Fügung der Filmgeschichte, dass sein letztes Projekt *A.I.* posthum von Steven Spielberg realisiert wurde. Hier besteht die einmalige Gelegenheit, Kubricks Distanz zum Hollywood-Kino ex negativo auszuloten, aus dessen Genre- und Spektakel-Fundus er sich unter anderem so gerne bedient hat. Die mit der Pinocchio-Erzählung unterlegte Suche des kleinen Androiden David nach der Möglichkeit seiner Menschwerdung setzt zweifelsohne die HAL-Thematik in 2001: A SPACE ODYSSEY fort und birgt für jeden Kenner zahlreiche strukturelle und motivische Verweise auf Kubricks Werk in sich. Gerade an jenen Knotenpunkten aber, an denen Kubrick sein Publikum mit unerwarteten Lösungen überraschte, fügt sich Spielbergs Anverwandlung auffallend deutlich konventionellen Mustern, indem er banale Antworten gibt, statt Fragen aufzuwerfen. Ein triftiger Grund ist die Rücknahme der ausgeprägt eigenwertigen Bildlichkeit, aus der Kubrick ein subtiles wie vieldeutiges filmimmanentes Verweissystem schuf, das die narrative Gewissheit porös werden ließ. Nicht nur Spielbergs Bilder, auch seine Figuren sind durchschaubar: Ihr Aussehen, ihr Verhalten, vor allem ihre Äußerungen fungieren als ‚Fenster' zur Seele. Es besteht – im Kontrast zu HAL in 2001: A SPACE ODYSSEY – kein Zweifel an der Echtheit von Davids Emotionen. Ähnlich verfährt Jan Harlan in seiner Filmbiografie STANLEY KUBRICK: A LIFE IN PICTURES, wenn er am Schluss eine chronologisch umgekehrte Montagesequenz in Kindheitsaufnahmen Kubricks kulminieren lässt und das Stück *Women of Ireland* des irischen Folkloristen Sean O'Riada (1931-1971) mit einer emotionalisierenden Wucht einsetzt, die sein Schwager in BARRY LYNDON bewusst konterkariert hat.

Kubricks Filme sind komplexe Gebilde, die zu abstrakten Gedankengängen anregen sollen, doch sie haben stets die Vielfalt und Vieldeutigkeit der sinnlichen Erfahrung als Ausgangspunkt. Anders ausgedrückt: Was bliebe von seinem Kino übrig, wenn wir über die Beweggründe, Kindheitstraumata und Neurosen seiner Figuren Bescheid wüssten, etwa von David Bowman, HAL, Alex, Redmond Barry, Jack Torrance, Private Joker oder Bill Harford? Würden uns seine Filme noch faszinieren und provozieren, wenn sich ihr ästhetischer Mehrwert tatsächlich auf die Illustration der Texte von Rousseau, Nietzsche, Freud, Jung, Horkheimer und Adorno, und wie sie alle heißen mögen, reduzieren ließe?

1 Vgl. u.a. Kubrick, zit. in Ciment, Michel: Kubrick: The Definitive Edition. New York 2001, S. 151.
2 Der Begriff ‚Verweise' wird hier zur Vereinfachung als Oberbegriff verwendet, der alle Formen von Zitaten, Anspielungen, Parodie und Travestie umschließt. Weise, Günter: Zur Spezifik der Intertextualität in literarischen Texten. In: Josef Klein / Ulla Fix (Hrsg.): Textbeziehungen: Linguistische und literaturwissenschaftliche Beiträge zur Intertextualität. Tübingen 1997, S. 39-48.
3 Vgl. Kirchmann, Kay: Stanley Kubrick: Das Schweigen der Bilder. 3. Auflage. Bochum 2001, S. 245.
4 Siehe u.a. Nelson, Thomas Allen: Kubrick: Inside a Film Artist's Maze. Bloomington 2000, S. 325f. Nelson geht zwar nur in einer Endnote auf mögliche Echos und Umkehrungen von Zahlen in THE SHINING ein, um ihn als Umkehrung von 2001: A SPACE ODYSSEY darzustellen, doch alleine die Entscheidung für diesen Hinweis ist symptomatisch für die oft spekulative Suche nach Querverbindungen zwischen den Filmen in der Kubrick-Literatur.
5 Kubrick hat mehrfach die Priorität der Bilder und auch der Musik gegenüber den Dialogen herausgestellt: „In a film, however, I think the images, the music, the editing and the emotions of the actors are the principal tools you have to work with. Language is important but I would put it after those elements", zit. in Ciment 2001, a.a.O., S. 156. [„Ich denke, in einem Film sind allerdings die Bilder, die Musik, die Montage und die Gefühle der Schauspieler die primären Werkzeuge, mit denen man arbeiten muss. Sprache ist wichtig, aber ich würde sie diesen Elementen hintanstellen."] (Übersetzungen vom Autor)
6 Das hat sein Schwager Jan Harlan bestätigt: „Stanley hat sich immer geweigert, alles zu erklären." Zit. in Thissen, Rolf: Stanley Kubrick. Der Regisseur als Architekt. München 1999, S. 222.
7 Vgl. Kirchmann 2001, a.a.O., insbesondere S. 45-50. Eine Schwachstelle in seiner Argumentation ist die exakte Gleichsetzung von Ästhetizismus und *l'art pour l'art*. Zu diesem Problem vgl. Andrews, David: Aestheticism, Nabokov and 'Lolita'. Lewiston, N.Y. 1999, S. 11-35, der die Bedeutungsunterschiede präzise herausarbeitet und so den Begriff ‚Ästhetizismus' als deskriptiven Terminus fruchtbar macht.
8 Diesen Hinweis verdanke ich Henning Engelke, Frankfurt a. M. Vgl. Andrews 1999, a.a.O.
9 Dieses ästhetische Konstruktionsprinzip meint Thomas Allen Nelson, wenn er Kubrick unterstellt, „he thought that film should communicate its concepts as subtexts", siehe Nelson 2000, a.a.O., S 9. Auf den Terminus ‚Subtext' wird hier bewusst verzichtet, weil er die Bildlichkeit als wesentliche Eigenschaft des Mediums zu sehr in die Nähe sprachlicher Phänomene rückt. Zudem trägt er nicht dem Umstand Rechnung, dass Kubrick jene visuellen Elemente aufwertet, die normalerweise als ‚Subtext' aufzutreten pflegen.
10 Kirchmann 2001, a.a.O., S. 33.
11 Vgl. u.a. Kirchmann 2001, a.a.O., S. 157-226.
12 Kirchmann 2001, a.a.O., S. 158.
13 Etten, Manfred: Weltbilder fürs 20. Jahrhundert. Zum 60. Geburtstag von Stanley Kubrick. In: *Filmdienst*, Jg. 41, Nr. 14, 1988, S. 775-778, hier S. 778.
14 Zahlreiche Beispiele nennt Kirchmann 2001, a.a.O.
15 Vgl. Ciment 2001, a.a.O., S. 149-197.
16 Protagonisten der ideengeschichtlichen Ansätze sind: Toffetti, Sergio: Stanley Kubrick. Hrsg. Rolf Giesen. Berlin/West 1979; Ciment 2001, a.a.O.; Kirchmann 2001, a.a.O.
17 Das schließt auch die irreführenden Erwartungshaltungen ein, die Kubrick mit der Vermarktung seiner Filme weckte. Das kann man den enttäuschten Kritiken zu EYES WIDE SHUT entnehmen, die sich ernsthaft „den definitiven Film über Sexualität und Erotik in den 1990er Jahren" erhofft hatten, siehe Kilb, Andreas: Die nackten Masken: ‚Eyes Wide Shut' (1999). In: Lars-Olav Beier et al.: Stanley Kubrick. Berlin 1999, S. 233-248, hier S. 233.
18 Vgl. Kirchmann 2001, a.a.O., S. 71f. bzw. S. 45-126, der ausführlich eine ikonografische Lesart des Kubrick'schen Œuvres vertritt.
19 Zur vieldeutigen Wirkung des *Donauwalzers* siehe Pauli, Hansjörg: Umgang mit Tönen. In: Christoph Hummel et al.: Stanley Kubrick Hanser Reihe Film 18. München, Wien 1984, S. 247-284, hier S. 247-250.
20 Siehe Rother, Rainer: Das Kunstwerk als Konstruktionsaufgabe: Zur Modernität der Filme Stanley Kubricks. *Merkur*, Jg. 43, Nr. 5, 1989, S. 384-396; in überarbeiteter Fassung unter dem Titel: Der Stilist – Die Konstruktion der Werke Stanley Kubricks. In: Lars-Olav Beier et al. 1999, a.a.O., S. 249-292.

Von einem Second-Unit-Team gedrehte Aufnahmen von Schloss Sanssouci bei Potsdam

Burg Hohenzollern bei Hechingen

21 Bei seiner Erstpublikation 1844 in der Zeitschrift *Fraser's Magazine* lautete der Titel noch *The Luck of Barry Lyndon*. Der heutige Titel entstand anlässlich der Neuveröffentlichung 1856. Vgl. Thackeray, William Makepeace: The Memoirs of Barry Lyndon, Esq. Oxford, New York 1984, S. XXIII.

22 Nirgendwo ist das prägnanter in Worte gefasst als in Stephenson, William: The Perception of 'History' in Kubrick's 'Barry Lyndon'. *Literature/Film Quarterly*, Jg. 9, Nr. 1, 1981, S. 251-260, hier S. 253: „The results are so different that it is hard to view the novel as the 'source' for the film". [„Die Resultate sind so verschieden, dass man den Roman kaum als ‚Quelle' des Films sehen kann".] Da die Unterschiede von Roman und Film sowie ihre Relevanz für die Interpretation in diesem Kontext unberücksichtigt bleiben müssen, sei hier auf einige der wichtigsten Untersuchungen verwiesen: Miller, Mark Crispin: Kubrick's Anti-Reading of 'The Luck of Barry Lyndon'. *Modern Language Notes*, Jg. 91, 1976, S. 1360-1379; Klein, Michael: Narrative and Discourse in Kubrick's Modern Tragedy. In: Michael Klein / Gillian Parker (Hrsg.): The English Novel and the Movies. New York 1981, S. 95-107; Sinyard, Neil: Film Literature. The Art of Screen Adaptation. London, Sydney 1986, S. 130-135; Coppedge, Walter: 'Barry Lyndon': Kubrick's Elegy for an Age. *Literature/Film Quarterly*, Jg. 29, Nr. 3, 2001, S. 172-178.

23 Vgl. Kirchmann 2001, a.a.O., S. 202.

24 Eine Zusammenfassung der Rezeption findet sich in Jansen, Peter W.: Kommentierte Filmographie. In: Christoph Hummel et al. 1984, a.a.O., S. 7-204, hier S. 154-157. Gerade der Hermetismus, den man in jedem Kubrick-Film ab 2001: A SPACE ODYSSEY vorfindet, figurierte als einer der Hauptkritikpunkte, weil er mit den Erwartungshaltungen vieler Kritiker kollidierte, denen engagierte Kunst als Idealvorstellung vorschwebt.

25 Vgl. Kubrick in Ciment 2001, a.a.O., S. 151.

26 Vgl. die Interviews mit Kubrick und Ken Adam in Ciment 2001, a.a.O., S. 176 und S. 205-208; und zusammenfassend LoBrutto, Vincent: Stanley Kubrick: A Biography. New York 1997, S. 379-383.

27 Zit. in Ciment 2001, a.a.O., S. 205. [„Wenn ich mit der Epoche vertraut bin, recherchiere ich sie natürlich, aber es kommt ein Augenblick, an dem ich meine Dokumentation beiseite lege und aus meiner eigenen Interpretation heraus arbeite. Stanley war mit dieser Haltung absolut nicht einverstanden. Der sicherste Weg bestand für ihn darin, dass wir uns von Malern wie Gainsborough, Hogarth, Reynolds, Chardin, Watteau, Zoffany, Stubbs […] und insbesondere Chodowiecki […] inspirieren lassen sollten. Im Zuge der Vorbereitung eines Films fertige ich normalerweise unendlich viele Zeichnungen an, während ich für diesen praktisch kein Stück Papier berührt habe. Aber es war trotzdem eine faszinierende Arbeit. Wir recherchierten über die Zahnbürsten dieser Epoche, über die Verhütungsmittel, über eine Menge von Dingen, die schließlich gar nicht auf der Leinwand zu sehen sind."]

28 Der Begriff ‚Bildraum' bezieht sich auf die Malerei und bezieht sich auf das statische Bild; der Begriff ‚Einstellungsraum' bezieht sich auf die Raumcharakteristiken filmischer Einstellungen aufgrund der Interaktion von Mise-en-scène und Kameraarbeit und umfasst somit automatisch Bewegung und zeitliche Erstreckung. Im Film gibt es keinen Bildraum, sondern nur Einstellungsräume, weil das Medium nur den kontinuierlichen Bilderfluss kennt.

29 Stephenson 1981, a.a.O., S. 254. [„Er [der Film, RMF] verdankt sehr viel weniger der zeitgenössischen Literatur. Es handelt sich um das 18. Jahrhundert […], betrachtet von jemandem, der eine große Sammlung von Aufnahmen barocker Musik besitzt, der genug Museen besucht hat, um einen Sinn für die Pracht und Grazie der Porträts und Landschaften des 18. Jahrhunderts zu haben, der aber über die auf seiner Lektüreliste im College geforderten Romane des 18. Jahrhunderts hinaus nichts gelesen hat."]

30 Miller 1976, a.a.O., S. 1361. [„Er macht einfache Urteile unmöglich."]

31 Vgl. Elsaesser, Thomas: Augenweide am Auge des Maelstroms? – Francis Ford Coppola inszeniert *Bram Stoker's Dracula* als den ewig jungen Mythos Hollywood. In: Andreas Rost / Mike Sandbothe (Hrsg.): Die Filmgespenster der Postmoderne. Frankfurt a. M. 1998, S. 63-104, hier S. 84.

32 Begriff von Meder, Thomas: Auch der Zuschauer ist Produzent: Prolegomena zu einer historischen Bildwissenschaft des Films. (Unveröffentlichte Habilitationsschrift). Frankfurt a. M. 1999, S. 7.

33 Dieses Phänomen haben schon mehrere Autoren skizziert. Vgl. Seeßlen, Georg / Jung, Fernand: Stanley Kubrick und seine Filme. Marburg 1999, S. 65; ausführlicher Chion, Michel: Kubrick's Cinema Odyssey. London 2001, S. 112-119, der hierfür den Terminus ‚commutation' eingeführt hat. Obwohl dieses Prinzip für das gesamte Hauptwerk Kubricks gilt, verwundert kaum, dass viele Kritiker gerade im Fall von BARRY LYNDON bemängelt haben, es sei „a film of shots, not editing", siehe Engell, John: 'Barry Lyndon', a Picture of Irony. *Eigtheenth-Century Life*, Jg. 19, Mai 1995, S. 83-88, hier S. 83. [„ein Film der Einstellungen, nicht der Montage"]

34 Vgl. u.a. Miller 1976, a.a.O., S. 1371-1377; Klein 1981, a.a.O., S. 98f. Kubrick modifiziert im Film die Figur des unzuverlässigen Erzählers, als welcher der Protagonist in Thackerays Roman auftritt. Für die Wahl eines vermeintlich neutralen Chronisten mag unter anderem ausschlaggebend gewesen sein, dass er auf einen unzuverlässigen Ich-Erzähler wie im Vorgängerfilm A CLOCKWORK ORANGE verzichten wollte, um sich – seinem Credo entsprechend – nicht zu wiederholen.

35 Zur typografisch akzentuierten Bedeutung des Begriffs siehe Paech, Joachim: Ein-BILD-ungen von Kunst im Spielfilm. In: Helmut Korte / Johannes Zahlten (Hrsg.): Kunst und Künstler im Film. Hameln 1990, S. 43-50.

36 Das sieht man an der relativ geringen Rolle, die der Zoom in Kubricks Œuvre spielt. Alcott hat sich dazu explizit geäußert, vgl. Phillips, Gene D. / Hill, Rodney (Hrsg.): The Encyclopedia of Stanley Kubrick: From 'Day of the Fight' to 'Eyes Wide Shut'. New York 2002, S. 9.

37 John Alcott, zit. in Ciment 2001, a.a.O., S. 216. [„Jedes Mal wurde daraus ein Bild für sich selbst, und nicht wie üblich ein Mittel, um sich von einem Punkt zum anderen zu bewegen. So war jede Einstellung eine Komposition".]

38 Vgl. Preimesberger, Rudolf: Einleitung. In: Rudolf Preimesberger / Hannah Baader / Nicola Suthor (Hrsg.): Porträt. Berlin 1999, S. 13-64, hier S. 16. Für den Hinweis danke ich Marcus Kiefer, Marburg.

39 Vgl. Rother, Rainer: Kühler Blick auf eine fremde Welt: ‚Barry Lyndon' (1975). In: Lars-Olav Beier et al. 1999, a.a.O., S. 181-194, hier S. 188-193, wobei er seiner Erörterung der Distanz des Films teilweise sogar widerspricht, wenn er im Gefolge Thomas Allen Nelsons plötzlich wieder psychologisierende Erklärungsmodelle integriert, die Vieldeutigkeiten zu Eindeutigkeiten reduzieren, siehe S. 192f.

40 Beschrieben und kritisch beleuchtet in Beller, Hans (Hrsg.): Handbuch der Filmmontage. München 1993, S. 20ff., 155-189.

41 Rother 1999: Barry Lyndon, a.a.O., S. 181.

42 Maltby, Richard: Hollywood Cinema. 2. Auflage. Malden (Mass.) 2003, S. 438f. [„Historische Ursachen werden auf die Taten der Großen reduziert, während die Tatsache, dass Filme, die in unterschiedlichen historischen Epochen angesiedelt sind, dieselbe Geschichte erzählen, die Idee bekräftigt, dass alle historischen Perioden einander gleich waren."]

43 Auf die geringe historische Bedeutung verweist der Off-Kommentar explizit beim ersten Scharmützel auf dem Kontinent.

44 Vgl. Rother 1999: Barry Lyndon, a.a.O., S. 182-187.

45 Klein 1981, a.a.O., S. 100. Im Anschluss an diesen Gedanken versucht Klein wie viele andere Autoren, den Film primär als Gesellschaftskritik auszudeuten, was angesichts seiner Vieldeutigkeit eine unzulässige Vereinseitigung ist.

46 Vgl. Haskell, Francis: Die Geschichte und ihre Bilder: Die Kunst und die Deutung der Vergangenheit. München 1995, S. 388.

47 Vgl. Burke, Peter: Eyewitnessing: The Uses of Images as Historical Evidence. London 2001, insbesondere S. 30: Er legt differenziert dar, dass der dokumentarische Wert von Bildern im Allgemeinen in ihrem Vermittlungscharakter liegt und nicht im ‚Realismus' ihrer Darstellung.

48 Vgl. Rother 1999: Barry Lyndon, a.a.O., S. 187. Die Aussagen von Mitarbeitern sind widersprüchlich: John Alcott berichtet vom vorbereitenden Studium der Lichteffekte bei niederländischen Malern, vgl. Alcott, John: Photographing Stanley Kubrick's 'Barry Lyndon'. *American Cinematographer*, Jg. 57, Nr. 3, 1976, S. 268-275, 320f., 338ff., hier S. 273f., während Kubrick Ed DiGiulio zufolge gesagt habe, „[…] he wanted to preserve the natural patina and feeling of these old castles at night as they actually were", siehe DiGiulio, Ed: Two Special Lenses For 'Barry Lyndon'. *American Cinematographer*, Jg. 57, Nr. 3, 1976, S. 276f., 318, 336f., hier S. 318. [„[…] er wollte die natürliche Patina und Stimmung dieser alten Schlösser bei Nacht bewahren, wie sie tatsächlich gewesen sei."]

49 Vgl. Cossa, Frank: Images of Perfection: Life Imitates Art in Kubrick's 'Barry Lyndon'. *Eighteenth-Century Life*, Jg. 19, Mai 1995, S. 79-82, hier S. 79.

50 *Das Experiment mit einem Vogel in der Luftpumpe;* 1768; Öl auf Leinwand; 182,9 x 243,9 cm; London, National Gallery.
51 Seeßlen / Jung 1999, a.a.O., S. 231.
52 Vgl. Fraser, David: Joseph Wright of Derby and the Lunar Society: An Essay on the Artist's Connections With Science and Industry. In: Judy Egerton (Hrsg.): Wright of Derby. (Ausst.-Kat.). London 1990, S. 15-24, hier S. 19.
53 In John Alcotts Worten: „The point of focus was so critical and there was hardly any depth of field with that f0.7 lens", siehe Alcott 1976, a.a.O. S. 340. [„Der Fokuspunkt war sehr entscheidend, und es gab kaum Schärfentiefe mit diesem f0.7-Objektiv."]. Die flächige Wirkung war zunächst scheinbar nicht geplant: „In preparation for 'Barry Lyndon' we studied the lighting effects achieved in the paintings of the Dutch masters, but they seemed a bit flat – so we decided to light more from the side", siehe Alcott 1976, a.a.O., S. 273f. [„Als Vorbereitung für ‚Barry Lyndon' studierten wir die Lichteffekte in den Gemälden der niederländischen Meister, aber sie schienen ein bisschen flach – deshalb beschlossen wir, stärker von der Seite zu beleuchten."]
54 1850-1852; Öl auf Leinwand; 142 x 205 cm; Berlin, Nationalgalerie.
55 Dargestellt ist ein Abendkonzert im Konzertsaal von Sanssouci, das Friedrich anlässlich des letzten Besuches seiner Schwester veranstaltet hat. Vgl. Keisch, Claude / Riemann-Reyher, Marie Ursula (Hrsg.): Adolph Menzel, 1815 - 1905: Das Labyrinth der Wirklichkeit. Köln 1996, S. 138. Interessanterweise hat Kubrick auch Friedrichs *Hohenfriedberger Marsch* als Filmmusik verwendet.
56 Vgl. Kohle, Hubertus: Adolph Menzels Friedrich-Bilder: Theorie und Praxis der Geschichtsmalerei im Berlin der 1850er Jahre. Habilitationsschrift Bochum 1996. München, Berlin 2001, S. 223.
57 Vgl. Kohle 2001, a.a.O., S. 223.
58 Vgl. Kohle 2001, a.a.O., S. 11.
59 Vgl. Kohle 2001, a.a.O., S. 75-80.
60 Vgl. Stephenson 1981, a.a.O., S. 252.
61 *Deutscher Tanz Nr. 1 C-Dur, D. 90; Trio für Klavier in Es-Dur, op. 100; Impromptus c-moll, op. 90, 1, D. 899.*
62 *Der Lebenslauf einer Dirne;* 1731; 6 Kupferstiche bzw. Radierungen; zirka 32 x 39 cm. Die gemalten Fassungen sind 1755 verbrannt.
63 *Der Lebenslauf eines Wüstlings;* 1735; 8 Kupferstiche bzw. Radierungen; zirka 36 x 41 cm. Gemalte Fassungen: Öl auf Leinwand; zirka 62,5 x 75 cm; London, Sir John Soane's Museum.
64 Vgl. Busch, Werner: Das sentimentalische Bild: Die Krise der Kunst im 18. Jahrhundert und die Geburt der Moderne. München 1993, S. 242-284.
65 Vgl. Hinz, Berthold: William Hogarth: Beer Street and Gin Lane. Frankfurt a. M. 1984, S. 9ff.
66 Vgl. Klotz, Günther: Nachwort. In: William Makepeace Thackeray: Die Memoiren des Barry Lyndon, Esq., aufgezeichnet von ihm selbst. Berlin 1984, S. 397-414, hier S. 401f.
67 Siehe Thackeray, William Makepeace: The Memoirs of Barry Lyndon, Esq. Hrsg. Andrew Sanders. Oxford, New York 1984, S. 310f. Diese Passage existiert nur in der Erstausgabe und schließt auch Henry Fielding (1707 - 1754) mit ein, das literarische Vorbild Thackerays, mit dem Hogarth zeitgleich eine genuin bürgerliche Kunst anstrebte, vgl. Hinz 1984, a.a.O., S. 47f.
68 Dieses komplexe kunsttheoretische und -soziologische Problem erörtert Busch, Werner: Nachahmung als bürgerliches Kunstprinzip: Ikonographische Zitate bei Hogarth und in seiner Nachfolge. Diss. Tübingen 1973. Hildesheim, New York 1977. Ergänzend dazu Hinz 1984, a.a.O., S. 39-48.
69 Vgl. Busch 1977, a.a.O., S. 241ff.
70 Die genaue Datierung auf den 4.12.1789 (vgl. Seeßlen / Jung 1999, a.a.O., S. 226) oder den 11.12.1789 (vgl. Rother 1999: Barry Lyndon, a.a.O., S. 184) lässt sich wegen der aufliegenden linken Hand Lady Lyndons nicht verifizieren.
71 Vgl. Rother 1999: Barry Lyndon, a.a.O., S. 184.
72 Leider ist mir nicht bekannt, ob sich im Zuge der Französischen Revolution ein Diskurs entwickelt hat, der den älteren Gedanken der Gleichheit im Tode gegen den Gleichheitsbegriff der Revolution ausgespielt hat. Vgl. Barudio, Günther: Paris im Rausch: Die Revolution in Frankreich 1789 - 1795. Gütersloh, München 1989, S. 182: Er verwendet die Bildunterschrift „Alle Menschen werden gleich – als Leich'" für eine zeitgenössische Karikatur, leider ohne zu klären, ob es sich um ein Zitat oder eine eigene Kreation handelt.
73 Vgl. Maltby 2003, a.a.O., S. 432-436.

Ryan O'Neal

Auszug aus einem losen Konvolut
von Seiten einer Drehbuchfassung
vom 20. Juli 1977

THE SHINING – EIN STOFF GEFRIERT
Stanley Kubricks Adaption von Stephen Kings Roman

URSULA VON KEITZ

Stephen Kings Horrorthriller *The Shining*[1] ist bis heute ebenso anhaltend ein Erfolg im Buchhandel, wie sein literarischer Wert von der Kritik durchweg bezweifelt wurde und wird. Er erzählt die Geschichte des Ex-Englischlehrers und Ex-Alkoholikers Jack Torrance, der mit seiner Frau Wendy und seinem fünfjährigen Sohn Danny die Wintermonate als Hausmeister in einem hoch in den Bergen Colorados gelegenen, leerstehenden Hotel zubringt. Er hofft, in der schneeverwehten Abgeschiedenheit ein Drama schreiben zu können. Jack ist ein Autor in einer kreativen Krise, ein Stoffsucher, und er wünscht seine Imagination in dieser Umgebung zu beflügeln. Sein Sohn soll sich während des Aufenthaltes vor allem mit sich selbst beschäftigen, Wendy als treusorgende Hausfrau die Versorgung der Familie garantieren. Sowohl dem Vater als auch dem Ehemann steht der fragile (und im Grunde unfähige) Künstler in Jack entgegen. Die Krise, in die er gerät, als er sich als Schriftsteller zu etablieren versucht, bildet das Einfallstor, durch das sich der Horror Bahn brechen kann. In Jack formt sich, angestachelt von der Erscheinung des Kellners Delbert Grady (eines Doppelgängers jenes Charles Grady, der wenige Jahre zuvor seine Frau, seine beiden Töchter und danach sich selbst getötet hat) der Wahn, dass auch er seine Familie töten müsse, um seiner Pflicht als Hausmeister zu genügen und seiner väterlichen und männlichen Autorität Geltung zu verschaffen. Danny wird von Erscheinungen heimgesucht, welche fragmenthaft die Gräueltaten – Verbrechen, Morde und Selbstmorde – spiegeln, die sich in der wechselvollen Geschichte des Hauses ereignet haben. Auch zukünftige Ereignisse vermag der Junge mit Hilfe seines imaginären Freundes Tony vorauszusehen. Nach einem lebensbedrohlichen Kampf zwischen Jack und Wendy gelingt es letzterer, aus dem Hotel zu fliehen. Jack bleibt schwer verwundet im Gebäude zurück, das wegen seiner defekten Heizanlage in Flammen aufgeht. Der farbige Hotelküchenchef Dick Hallorann, der wie Danny über telepathische Fähigkeiten verfügt, bahnt sich mit einem Schneemobil den Weg zum Hotel hinauf und rettet Mutter und Sohn. Soweit der Inhalt der Romanvorlage.

Das Sinnliche und das Übersinnliche

Liest man den durch zahlreiche Retardierungsmomente gekennzeichneten, von *stream-of-consciousness*-Sequenzen, inneren Monologen und Rückblenden durchzogenen Roman mit Stanley Kubricks Film im Kopf,[2] so fällt neben dem von Diane Johnson[3] und Kubrick vollends transformierten Schluss (Jack erfriert, nachdem er Hallorann mit einer Axt erschlagen und Danny im tief verschneiten Irrgarten vor dem Gebäude vergeblich verfolgt hat) insbesondere die Uminterpretation der zentralen Quelle auf, aus der

The Shining, Roman 1980, mit zahlreichen Anmerkungen von Stanley Kubrick

Für Außenaufnahmen war ein Second-Unit-Team (bestehend aus dem ausführenden Produzenten Jan Harlan und einem Kameramann) im ‚realen' Overlook-Hotel, dem Timberline Lodge-Hotel in Oregon, USA. Die belichteten Negative wurden umgehend nach England geschickt, wo Stanley Kubrick sie sichtete. Dieses Foto mit Anweisungen schickte er zurück.

sich bei King der Schrecken speist: Das Overlook-Hotel, eine riesige, 1907 erbaute Luxusherberge, ist im Roman ein atmender Organismus, dessen ‚Herz' die große Heizkesselanlage im Keller bildet und dessen siebenmonatige, den rauhen klimatischen Bedingungen geschuldete Saisonpause vom Erzähler als regelrechter Winterschlaf charakterisiert wird. Die Impression des lebendigen, zu hegenden Wesens unterstreicht der spezifische kybernetische Status der Heizanlage, deren Kesseldruck regelmäßig kontrolliert werden muss. Am Ende holt King im dramatisch zugespitzten Showdown dieses dem Vergessen anheim gegebene Detail gleichsam aus der Versenkung hervor und lässt die Kesselanlage explodieren. Die finale Auseinandersetzung zwischen Vater und Sohn findet im Roman in einem der langen Hotelflure statt: Danny, in dessen Person sein Alter Ego Tony die Oberhand gewonnen hat, erinnert den verwundeten und von Mordlust und Wahn vollends durchdrungenen Jack an seine Pflicht, den täglich sich anstauenden Überdruck im Heizkessel abzulassen. Diese Mahnung an den Vater rettet dem Jungen das Leben, denn Jack lässt sofort von seinem Sohn ab und eilt in den Keller. Der lange Weg dorthin gibt Danny Gelegenheit, aus dem Hotel herauszukommen. Vor seiner Explosion ist das Overlook als ganzer Raum den Geistern ‚verfallen', der Spuk wird konsequent einem Höhepunkt zugetrieben. „I think", so versucht Wendy ihrem Sohn den Zustand des Vaters zu erklären, „the Overlook has gotten into your daddy."[4] Das Hotel hat Jacks Person absorbiert und er ‚es'. Mit seiner Zerstörung endet bei King auch der Spuk. Wendy, Dick und Danny bilden am Ende eine neue (temporäre) Triade, wobei Dick als väterlicher Freund des Jungen agiert. Die Gestalt Tonys zieht sich hingegen mit dem Tod des Vaters aus Dannys Bewusstsein zurück.

Der Horror, den die zum Leben erwachten Geister des Hotels verbreiten, wird im Roman auf dem Wege der Katharsis ausgetrieben. Hallorann kämpft sich im Text wie in einem Titanenkampf das letzte Stück Weg zum Hotel hinauf: Heftig attackiert von einem ‚Heckenlöwen', kann er diesen schließlich ausschalten, indem er ihn in Brand setzt (der Löwe gehört zu einem künstlichen Zoo aus tierförmig zugeschnittenen Buchsbaumsträuchern im Hotelgarten, der sich gegen Ende verlebendigt). Die Cerberusgestalt, die sich dem menschlichen Eindringling entgegenwirft, signalisiert, dass Spuk und Horror die ganze Anlage und nicht nur das Gebäude erfasst haben. Gegen den Zuschnitt des Buchsbaums zur naturnachahmenden Tierplastik setzen Kubrick und Johnson in ihrem Drehbuch den abstrakten, erhabenen Kunstraum des Labyrinths, das allein durch seine Konstruktion und Größe Angst einzuflößen vermag. Als den organischen Prozessen nahezu enthobener, mortifizierter Schauplatz des filmischen Showdown und als kaltes Grab Jacks gehört der Irrgarten zu den visuell beeindruckendsten Elementen des Films und liefert zugleich einen Schlüssel zum metaphysischen Zeitkonzept von THE SHINING. Die Ästhetik von Klimax und Katastrophe (Brand und Einsturz der monumentalen Hotelarchitektur) beruht im Roman wesentlich auf dem Elementarkontrast von Hitze/Chaos (innen) und Eis/Erstarrung (außen). In den visuellen und emotionalen Reizen ihres Schlusses setzen die Drehbuchautoren dagegen nicht auf die entfesselte äußerliche Elementarkraft Feuer, das auch alle Schreckensgestalten mit aufzehrt, sondern konzentrieren die Entfesselung ganz auf den Furor Jacks, angesichts dessen die Spukgestalten des Overlook ins Geisterbahnhafte absinken.[5]

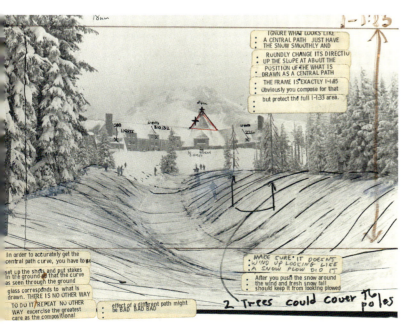

Und an die Stelle des Zerberstens und der physikalischen Zerstörung tritt im Drehbuch die Erstarrung, wird der entgegengesetzte Temperaturpol stark gemacht: Jack erfriert im eisigen Labyrinth. Zudem ersinnt Kubrick eine Katharsis von grundsätzlich anderer Natur als King: Der seine Lebensziele so beständig verfehlende Verlierer erfährt eine Apotheose oder besser Transsubstantiation im gerahmten Schlussfoto. Die Kamera fährt an eine lachende Gestalt in der Festlaune des

Das Foto vom Hotelball anlässlich der Feierlichkeiten zum amerikanischen Unabhängigkeitstag 1921 (Originalrequisit)

4. Juli 1921 heran, umgeben von Eleganz, eingeschlossen in das Gelatinesilber des Schwarzweißabzugs und von einer Wand der Colorado-Lounge grüßend, an der sich in der akkurat gehängten Fotogalerie die Zeiten und Schicksale begegnen. Jack ist zum Inventar des völlig unversehrt gebliebenen Hotels geworden, dessen Haupteingangstür weit offen steht und das den toten Körper Hallorans beherbergt.

Stephen King, dessen eigenen Drehbuchentwurf Kubrick abgelehnt hatte,[6] sah sich veranlasst, dem Regisseur selbst ‚Kälte' zu unterstellen. Seine Kritik bezieht sich allerdings nicht auf die Prädominanz der Kälte- und Erstarrungsästhetik, sondern auf die Balance zwischen objektiviertem und subjektiviertem Horror im Film, die er als nicht textgerecht empfand: „Kubrick is a very cold man – pragmatic and rational – and he had great difficulty conceiving, even academically, of a supernatural world ... [A] visceral skeptic such as Kubrick just couldn't grasp the sheer inhuman evil of the Overlook Hotel. So he looked, instead, for evil in the characters and made the film into a domestic tragedy with only vaguely supernatural overtones. That was the basic flaw: because he couldn't believe, he couldn't make the film believable to others."[7]

Mutter und Sohn, die (Über-)Lebenden, haben die Toten verlassen, doch etwas Unheimliches, ins Metaphysische Führendes ist geblieben, das sich in zwei Dialogsätzen Jacks ankündigt: „When I came up here for my interview, it was as though I have been here before" und „I wish, we could stay here forever and ever and ever." Kubrick nimmt das Begehren des scheiternden Künstlers wörtlich, indem er Jack im Labyrinth, einem mythischen Symbol der Wiedergeburt, enden lässt: „Dadurch, daß das Labyrinth zwei mit der Unendlichkeit verknüpfte Motive kombiniert, von denen das eine, der in die Sackgasse führende Schnörkel, geschlossen, unheilbringend pessimistisch ist (die mit Jack verknüpfte ewige Wiederkehr), während das andere Motiv, die Spirale, positiv, offen, optimistisch ist (das mit Danny verknüpfte ewige Werden), symbolisiert das Labyrinth endgültig den Triumph des Sohnes über den Vater, des ‚Lichtkindes' über die dunkle Gewalt."[8] Wann dieser sowohl für die Dramaturgie als auch für das Konzept von Zeit und Geschichte so zentrale, im Film als Modell, Grafik und in Originalgröße gleich mehrfach präsente, natur-architektonische Raum ersonnen wurde, daran konnte sich Kubrick nicht

all Work and no play makes Jack a dull boy.
All work and

Jack Nicholson

All workand no p

erinnern: „Das Ende im Labyrinth wurde vielleicht durch die tierförmig beschnittenen Bäume des Romans angeregt."⁹ Die Transformation der bei King gegen Ende zu reißenden Bestien mutierten Heckentiere in eine abstrakte Raumform mit ihren von der Steadicam-Kamera in ihrer Ausdehnung fühlbar gemachten, desorientierenden Fluchten, Wänden und Korridoren, fügt sich indes in eine Logik, welche in der gesamten Stoffbearbeitung erkennbar ist: der Horror in diesem ‚monumentalen Kammerspiel' resultiert aus der schieren Größe der Räume, der Einsamkeit und Verlorenheit der paar Menschen in ihnen. Die phantastischen Gestalten sind solche der Angst-Lust, vom Unbewussten ersehnte, prekäre Gefährten, deren ‚Auftrittsbedingung' die Aufkündigung der familialen Kommunikation ist.

Neben der dramaturgischen Aufladung des Feuers ist ein weiterer mit dem Hotel verbundener Komplex im Roman breit ausgeführt, den Kubrick bis auf ein Element nicht für den Film verwendet hat: der Bereich des Organischen/Tierischen und des Verwesenden/Vermodernden, das im Roman an den vertikalen räumlichen Extremen lokalisiert ist. Auf dem Speicher stößt Jack auf das mysteriöse Wespennest, in dem sich erst auf den zweiten Blick Leben regt und dessen Bewohner hysterisch bejagt und vernichtet werden. Der Heizungskeller beherbergt nicht nur das ‚Herz', sondern mit dem Album voller Zeitungsausschnitte auch die ‚Geschichte' des Hotels. Dieses penibel geführte Scrapbook inmitten feuchter, halb verschimmelter Akten ist ein Schatz, den der um einen literarischen Stoff verlegene Jack hebt, auf dass sich seine Autorenphantasie daran entzünde. Das Album ist im Film nur noch in einer Einstellung präsent, und

Seite aus Jacks Typoskript

Jacks unendlich wiederholte getippte Zeile „All work and no play makes Jack a dull boy" macht deutlich, dass er es nicht als Quelle schriftstellerischer Inspiration nutzt.

Vom Organischen/Verwesenden geblieben ist im Film jene grausam lachende alte Frau in Zimmer 237, deren Körper mit fauligen Malen übersät ist. Diese Figur wird bei Kubrick zum janusköpfigen Wesen, zu einer Gestalt aus der barocken Vanitas-Ikonographie, die zunächst als verführerische, jugendliche Nackte aus der Badewanne steigt und ihre Arme um den ob dieses erotischen Intermezzos zuerst überraschten, dann erfreuten Jack schlingt. In der Umarmung verwandelt sie sich in eine Schreckgestalt wie aus einem Bild von Hans Baldung Grien oder Lucas Cranach und lässt Jack, angeekelt rückwärts taumelnd, aus dem Zimmer fliehen.

Heterogramm und Monogramm. S. K. liest S. K.

Von John Calley, dem Produktionschef von Warner Bros., hatte Stanley Kubrick bereits zu Jahresbeginn 1977 ein Typoskript des Romans geschickt bekommen. Damit befasste er sich mit dem Text im Hinblick auf eine filmische Bearbeitung praktisch schon zeitgleich mit dessen Buchveröffentlichung. Was faszinierte Kubrick an diesem Text, den er „für eine der raffiniertesten und aufregendsten Geschichten dieser Gattung" hielt, die er „je gelesen hatte"[10], gleichwohl aber nicht als „ernstzunehmendes literarisches Werk"[11] betrachtete? „Der Roman enthielt offensichtlich ein außergewöhnliches Gleichgewicht zwischen Psychologie und Übernatürlichem in der Weise, daß man glauben mußte, für die übernatürlichen Vorgänge würde sich in Kürze eine psychologische Erklärung ergeben."[12] Kubrick schätzte offenkundig weniger die dem Montageroman angenäherte Schreibweise Kings mit seiner sehr genauen Psycho(patho)logie der drei Hauptfiguren als vielmehr die narrative Konstruktion des Romans. Dies bezeugen seine Randnotizen und Kommentare, die sowohl das Typoskript, als auch sein Buchexemplar durchziehen. Die ersten ins Typoskript geschriebenen Bemerkungen datieren auf den 27. Februar 1977, die spätesten, bis inklusive Kapitel 54 gemachten Notizen auf den 27. August 1977. Er streicht an, hebt einzelne Sätze hervor oder kommentiert, wo es darum geht, Spannungsmomente festzuhalten oder eine für ihn allzu beredte Form der Informationsvergabe dramaturgisch zu bewerten. So z. B. schreibt er zum Gespräch Jacks mit dem Hotelmanager Ullman im ersten Kapitel, als dieser Jack über Gradys Mordtat unterrichtet („He killed them, Mr. Torrance."[13]): „Could we find this out in the scrapbook? No this way creates suspense."[14] Großes Interesse gilt Dannys Alter: „How old is Danny? It is awfully important to decide." Und: „Why should Danny be five? Why did King make him 5?"[15] Im Roman ist das Vorschulalter Dannys explizit Thema, macht dieser doch mit der Mutter begeistert Leseübungen. Im Film schreibt er mit REDRUM auch sein erstes Wort, ein Menetekel, an die Schlafzimmertür. Danny gewinnt die Schrift für sich in der Trance, in einem automatischen Schreibakt. Kubrick unterstreicht in der Inszenierung, dass vor allem ‚es' in ihm schreibt – mit dem weiblichen (!) Accessoire des Lippenstifts. Nicht nur im Hinblick auf das Casting des Darstellers ist die wiederholt gestellte Frage nach dem Alter bedeutsam, sondern, wie aus den (undatierten) handschriftlichen Drehbuchnotizen hervorgeht, auch im Hinblick

Jack Nicholson, Lia Beldam und Billie Gibson

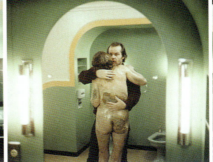

Shelley Duvall

auf den Status des Jungen: Erst ab dem siebten Lebensjahr spätestens ist ein Kind schulpflichtig, ein Siebenjähriger könnte damit nicht legal eine volle Winterperiode hindurch der Schule fernbleiben. Im zweiten Treatment vom 12. Juli 1977 merkt Kubrick dann an: „We cover the school situation by having Danny between five and six and saying he hated kindergarten."[16] (Szene 7)

Als Darsteller des Jack Torrance hatte Kubrick wohl schon während der Romanlektüre Jack Nicholson im Sinn[17] – eine Besetzung, die Stephen King später ebenso wie die Adaption selbst als problematisch kritisierte: „Jack Nicholson, though a fine actor, was all wrong for the part. His last big role has been in *One Flew Over the Cuckoo's Nest* [Milos Forman, 1975], and between that and his manic grin, the audience automatically identified him as a loony from the first scene. But the book is about Jack Torrance's gradual *descent* into madness through the malign influence of the Overlook […] If the guy is nuts to begin with, than the entire tragedy of his downfall is wasted."[18] Nicholson spielt Jack Torrance jedoch keineswegs nur als von Anfang an ‚Verrückten', sein Charakter lebt vielmehr von der Diskrepanz zwischen dem Selbstbild und dem, was ihm im Verhalten ‚unterläuft': So hebt er, als er sich in der Eingangssequenz an der Hotelrezeption vorstellt, am Ende des Satzes „My name is Jack Torrance" die Stimme, verbindet die Nennung seines Namens mit einem Fragezeichen, als müsse er erraten, wer er ist.

Kubrick liest den Roman ferner im Hinblick auf die filmische Realisierbarkeit der phantastischen Szenen („Need someone to sketch and design the hotel SFX shots") und reflektiert den Status von Dannys Visionen („pre-cognitive fantasy").[19] Überlegungen gelten auch dem Verhältnis Jacks und Wendys: Vom Vorstellungsgespräch mit Ullman nach Hause zurückgekehrt, sagt Jack im Roman: „I got the job. It's perfect. If I can't finish that goddam play snowed in all winter, I'll never finish it."[20] Hierzu Kubricks Interpretation: „Wendy thinks he never will finish it. She hates him for using it as a weapon against her / or she needs his failure She is strong and uncomplaining. A bit too patronizingly sympathetic and is unconvincing in her faith and interest in his work / Wendy never trusts Jack again. Why does she stay with him? Decide. Weakness? Physical? Love?"[21] Wendy erfährt im Verlauf der Drehbuchentwicklung die größte charakterliche Modifikation gegenüber dem Roman, allerdings entschließen sich Kubrick und seine Co-Autorin erst relativ spät dazu, sie fragiler erscheinen und weniger körperbetont agieren zu lassen als ihr literarisches Pendant.

Die Entwicklung der Narration und des Drehbuchs

Kubricks und Johnsons Bearbeitung der literarischen Vorlage bestand zunächst in einer radikalen Straffung und Verschlankung von Kings erzählerischem Kosmos. Johnson stieg zu einem Zeitpunkt ein, als der Regisseur den Roman bereits bearbeitet hatte, das eigentliche Verfassen des Drehbuchs jedoch noch zu leisten war. „Bei THE SHINING bestand das Hauptproblem darin, die Struktur des Stoffes herauszuarbeiten und jene Abschnitte neu zu erfinden, an denen sich die Handlung als unzureichend erwies. […] Diane und ich unterhielten uns endlos über das Buch, dann erstellten wir das Gerüst jener Szenen, die der Film unserer Ansicht nach enthalten sollte. Die Szenen auf dieser Liste wurden immer und immer wieder umgestellt, bis wir zufrieden waren."[22] Am 20. Juni 1977 liegt ein erster 36-seitiger Treatment-

Entwurf mit 61 Szenenparaphrasen vor. Er bricht an der Stelle ab, als Grady Jack aus der Speisekammer befreit, in die ihn Wendy nach einer Attacke eingesperrt hat. Dieses Ereignis stellt für die Erzähllogik von THE SHINING eine fundamentale Zäsur dar, greift doch eine Spukgestalt hier erstmals physisch in die dargestellte Welt ein. Für Dannys Verletzung am Hals, seinen zerrissenen Pulloverkragen und seine Absence nach der Rückkehr aus Zimmer 237 lässt sich noch eine rationale Erklärung finden (Wendy nimmt an, dass Jack ihn verletzt hat, Jack, dass Danny es selbst getan hat). Dass hingegen die Speisekammertür entriegelt wird, nachdem Jack durch die Tür mit Grady gesprochen hat und danach zu seinem Amoklauf mit der Axt aufbrechen kann, ist nur durch übersinnliche Kräfte möglich.

Das Zimmer 237 wird in der Exposition von Watson als Ort des Selbstmords einer Frau erwähnt, doch Kubrick kommentiert: „We don't need to know."[23] (Szene 3) In diesem ersten Entwurf nimmt Dannys Alter Ego Tony wie im Roman noch eine visionäre Gestalt an: „He sees Tony and goes into trance."[24] (Szene 7) Er ist eine Figur, die ihn zu den hellseherischen Visionen geleitet. Eingeführt wird hier auch bereits das (durch alle Phasen hindurch beibehaltene) Alternieren zwischen der langsamen Eskalation der Ereignisse im Hotel und Dick Hallorans Aufbruch und Reise von Florida zum Overlook, nachdem er von Danny telepathisch zu Hilfe gerufen wurde. Diese Montage bildet ein Rückgrat der Spannungsdramaturgie des zweiten Aktes. Ebensowenig verändert sich die ‚große Ballsaalszene' mit Grady (Szene 50) durch die Entwicklungsstufen hindurch.

Der zweite Entwurf vom 12. Juli 1977 gestaltet Dannys Begegnung mit der Frau in Zimmer 237 konkret aus, verknüpft sie allerdings mit den Grady-Schwestern, die hier eindeutig als sirenenhafte Verführerinnen erscheinen. Die Szene wird vom Ton her entwickelt: Danny wandert durchs Hotel. Ein Ball rollt um die Ecke, und er hört zwei Mädchen kichern, „possibly catching a glimpse of them or maybe just seeing a long empty hall […] The ball stops in front of room 217. Danny hears a noise, goes in and has his encounter with the lady in the bathtub."[25] (Szene 27) Auch objektive Zeichen eines Spuks sind vorhanden: Wendy und Jack finden Faschingsmasken und Luftschlangen in einem der Aufzüge, nachdem sie ein verdächtiges Geräusch von dort gehört hatten.

Der dritte Treatment-Entwurf vom 1. August 1977 ist in 54 Szenen untergliedert und wurde durchgestoppt.[26] Er enthält mehrere Innenperspektiven Jacks, zum einen die als Flashback konzipierte, so genannte George Hatfield-Sequenz (Jack hatte sich mit dem Schüler geprügelt und wurde deshalb entlassen), zum anderen einen Traum, in dem er Wendy und Danny verletzt. In der Drehfassung unterbleibt dann jegliche Erinnerungs- und Traumperspektive Jacks, entsprechend dem Zeitkonzept, einerseits die reine Bewusstseinsgegenwart der Figuren darzustellen (Jack erzählt nur von seinem Traum), andererseits eine dem phantasmatischen Begehren entsprechende Vergangenheit, die jenseits der Individualbiografie der Hauptfigur liegt.

Das Zwanziger-Jahre-Foto der Schlusseinstellung des Films taucht hier im Ausschnittalbum auf: „Then the large glossy panoramic photograph of the 20's crowd taken in the ballroom." (Szene 14) Zur großen Ballsaalszene mit Grady heißt es dann: „We see the ballroom crowd and recognise the angle and the grouping from the previously seen photograph."[27] (Szene 54) Zum ersten Mal ist in diesem Entwurf fragmenthaft auch ein Schluss entwickelt – der blutrünstigste und pessimistischste von allen: Der von Grady befreite Jack überrascht Wendy und Danny im Küchenkorridor, verletzt Wendy, doch sie kann ihn mit einem Gewehrkolben niederstrecken. „Slow motion chase of dying Jack chasing injured Wendy as per book."[28] Halloran erreicht den Korridor, bekommt von Jack einen Schlag auf den Kopf. Wendy tötet Jack und versucht Halloran wiederzubeleben. Grady tritt

Tür zum Zimmer 237

Continuity-Polaroid

Lisa und Louise Burns

grinsend zu ihr, kniet nieder und begrüßt Hallorann: „Good evening, chief." (Szene 57) Das Schlussbild fasst das Grauen zusammen: „The snow has filled the inside of the hotel from the broken windows. The forest rangers with flash lights discover the bodies of Hallorann, who has apparently blown his own brains out, Danny, Wendy and Jack."[29] (Szene 58) Dieses Ende blieb im vierten Entwurf vom 15. August 1977, bei dem lediglich die handschriftlichen Korrekturen Kubricks ins Typoskript übertragen sind, erhalten.

Im Oktober 1977 entstehen drei weitere Fassungen, nun schon mit einzelnen ausformulierten Dialogen. Im Entwurf vom 10. Oktober taucht das Wort REDRUM „in glowing letters" bereits in Dannys allererster Vision auf, eine Vorwegnahme, die, dem Prinzip zögerlicher Informationsvergabe entsprechend, in der gedrehten Fassung dann weit nach hinten verlagert wurde. Auch hier kommt das Prinzip der Ersetzung des Visuellen durch das Sprachliche zum Tragen, denn Danny ruft das Wort im Film erst aus, ehe er es anschreibt.

Die Bearbeitungsstufen münden in ein Drehbuch, dessen dann für die Dreharbeiten verbindliche Szenen zwischen dem 7. August 1978 und dem 5. März 1979 datiert sind. Ein weiteres im Nachlass erhaltenes, gebundenes Drehbuch mit einer auf den 30. März und 2. April 1979 datierten Szenenfolge wurde nicht verwendet. Es enthält eine Variante der Verfolgungsjagd zwischen Vater und Sohn im Labyrinth und bewahrt noch eine Spur von Kings Idee, den finalen Kampf als Auseinandersetzung zwischen dem monströsen ‚anderen' Jack und Tony auszutragen. Tony lockt Jack ins Labyrinth und geht schließlich wie in der gedrehten Fassung in seinen eigenen Spuren zurück zum Eingang. Dabei schlägt er mit einem Holzstück die seitlich in den Heckenkorridoren angebrachten Scheinwerfer hinter sich aus. Jack bleibt im Dunkeln zurück. Gnadenloser in der Psychologie, ein großer visueller Effekt, aber auch gröber und lauter, entbehrt diese Variante der grandiosen Schlichtheit und elementaren physischen Präsenz der gedrehten Version.

Entworfenes und Verworfenes

I. Das Scrapbook Neben der Vision des Mordes an den Grady-Töchtern sieht Danny in den frühen Stoffentwicklungsstufen[30] das Zeitungsausschnittalbum, schon ehe der Vater es findet. Einige Fassungen folgen dem Roman darin, dass Jack es im Keller entdeckt, in anderen liegt es eines Tages auf seinem Schreibtisch. ‚Das Hotel' legt dem Autor seine Geschichte damit selbst vor, eine Idee, die sich in Jacks Wunschbild des Overlook als Schlaraffenland fügt, das seine Schätze feilbietet. Minutiös beschreibt Kubrick sein Aussehen und Material: Es hat eine Holzbindung, ornamentale Zier, und das Wort Scrapbook ist mit altmodischer Holzbrandtechnik in den Deckel eingraviert. In diesem Album, das die Skandalgeschichte des Hotels dokumentiert und an dem in der Drehbuchentwicklung lange festgehalten wird, entdeckt Jack ein Foto, das eine blutbespritzte Wand zeigt. Diese Wand ‚sieht' auch Danny, als er durch die Flure streift. Eine frühe Ausformulierung seiner Vision findet sich in den handschriftlichen, undatierten Drehbuchnotizen: „Danny is slowly pedaling a small two-wheeler bike with training wheels along the first floor corridor. He turns a corner and stops abruptly when he sees the plaster wall in front of him espitted with fuckshot und dripping with blood and spattered brains. Danny stares with horror and then close(s) his eyes and turns his head, trying to dispell the sight. When he opens them again the wall looks perfectly normal. Tony cautions him not to say anything about it. He tells him it was just his imagination."[31] In ihrer Bildmotivik situiert sich diese Vision zwischen dem in der gedrehten Fassung leitmotivisch wiederholten Bild, bei dem ein Blutschwall aus dem Aufzug mit der roten Doppeltür quillt, seiner Vision der getöteten Grady-Zwillinge und der blutbespritzten Wand des Flurs mit der Blümchentapete.

Entsprechend der ursprünglichen Absicht, den Bericht über Gradys Mordtat aus der Exposition zu verbannen, erfährt Wendy in den frühen Fassungen darüber ebenfalls aus einem Artikel im Album. Wendy ist davon überzeugt, dass das Album gutes Material für einen Bestseller abgeben würde, und Jack beschließt, einen Roman mit dem Titel *Tales of a Winter Caretaker* zu verfassen. Diese lange verfolgte Linie hätte dem Horror des Hotels einen vollkommen anderen Status verliehen, ihn gleichsam vollends psychologisiert. Die Gestalten wären ganz aus der Lektüre des Albums geboren worden, und damit hätte Kubrick ein klassisches autoreflexives Modell der Gattung adaptiert: die Lektüre regt die Phantasie des Lesers an, und die Gestalten verselbständigen sich. Im Film ist das Album nur noch in einer Einstellung zu sehen; es liefert, obgleich Gegenstand von Jacks Leseinteresse, auch keinen Interpretationshorizont mehr für das Grauen des Hotels.

II. Die Mary Janes In den Entwürfen vom Oktober 1977 findet Danny an einem Spätherbstnachmittag in der Sandkiste vor dem Hotel „a pair of shining black patent leather little girls shoes (Mary Janes?). The white linings of the shoes are blood stained. Danny seems strangely fascinated by this discovery."[32] Er vergräbt die Schuhe, und als er sie wieder ausgraben will, sind sie verschwunden. Als er bei seinen Leseübungen das Wort „shoe" buchstabiert und das Bild der Lacklederschuhe im Lesebuch entdeckt, schließt sich daran die Vision eines Mordes im Hotel an, die allerdings in Bezug auf die beteiligten Personen unkonkret bleibt. Später erscheinen ihm dann die beiden neun- und elfjährigen Mädchen, „wearing party dresses and shining black, patent leather Mary Janes. They are playing a game at the floor in front of the closed door of the Apache suite. They do not look up. He stares at them uncomprehendingly. He closes his eyes tightly for a few seconds and when he opens them the little girls are gone but the walls of the suite behind them are spattered and dripping with gore."[33] Die Tilgung der Lackschuhe entspricht dem Prinzip der Reduktion des Organischen und Objekthaft-Konkreten; Spuren von Verbrechen und Gewalt bleiben visionär.

III. Die Indianermaske Im dritten Treatment-Entwurf führen die Autoren in der Exposition den Komplex ‚indianische Kultur' aus. In Dannys erster Vision taucht eine Indianermaske auf, und er erkennt sie wieder, als die Familie die Hotelhalle betritt: „scene opens on an Indian mask which Danny saw in his vision. Danny is pale."[34] (Szene 6) Die exponierte Maske weicht in der Fassung vom 24. Oktober 1977 dem allgemeinen *American Indian design*, bestehend aus dem großen Navajo-Mosaik über dem Kamin in der Lounge, auf das Jack seinen Tennisball schmettert, und zahlreichen Wandteppichen mit indianischen Mustern. Lesbar sind diese als Zeichen der Absorbtion, als Aufzehrung der ‚primitiven' indigenen Kultur durch die vordringende Zivilisation, denn das Hotel wurde auf dem Grund einer ehemaligen Indianerbegräbnisstätte errichtet, und während der Bauarbeiten hatte es, wie Ullman berichtet, einige Überfälle gegeben (beides originäre Drehbuchideen). Unterstrichen hätte das starke Bild der Maske gleichwohl das Verständnis des Overlook-Hotels als „Nicht-Ort", das daran krankt, „daß es in jeder Hinsicht in falscher Topographie steht, als Blasphemie auf heiligem Grund, als Architektur in von Menschen unbewohnbarer Natur, als Metapher in einer sinnlosen Einsamkeit."[35]

IV. Die Rückblenden Die Entwürfe vom Oktober 1977 enthalten zwei Flashbacks, die ursprünglich in das Vorstellungsgespräch mit Ullman integriert werden sollten. Zum einen Jacks Aggression gegen George Hatfield: Der Kampf entwickelt sich aus einem verbalen Schlagabtausch, nachdem Jack sich sarkastisch über seinen Schüler lustig gemacht hat. Hierzu notiert Kubrick: „A remark or a gesture made by Jack during his interview triggers off a memory."[36] Die zweite, ebenfalls später gestrichene Rückblende gilt seinem Gewaltakt gegen den dreijährigen Danny, den Jack im Film gegenüber dem Barkeeper Lloyd als „accident" abtut, als „a momentary loss of muscular coordination"[37]. Ursprünglich sollte sie so inszeniert werden: Der betrunkene Jack kommt nach Hause und findet den Jungen in seinem Arbeitszimmer, wo überall verstreut Manuskripte auf dem Boden liegen. „He rushes forward out of the frame. Offscreen we hear Danny's scream of pain. Wendy screams in horror and rushes to intervene." Handschriftlich ist ergänzt: „We do not see what Jack has done."[38] Im Film sind wir mit zwei erzählten Versionen dieser Tat konfrontiert, einmal, wenn Wendy darüber der Kinderärztin berichtet,[39] und später in Jacks affektgeladener Verteidigungsrede gegenüber Lloyd an der Bar. Noch in Jacks Bericht ahnen wir allerdings die Wucht, mit der er Danny am Arm gerissen hat.

Barry Dennen, Stanley Kubrick und Jack Nicholson

194 _____ URSULA VON KEITZ

Modifikationen innerhalb der Drehbuchentwicklung

I. Tony und das ‚Shining' In der Schlussfassung des Drehbuchs artikuliert sich Tony, der im Roman Danny als etwa 15-Jährigen und damit die in ihm ruhende Potentialität verkörpert, ausschließlich akustisch. Er ist „the little boy in my mouth"[40]. Es hat also eine Verschiebung vom visuellen ins sprachliche Register stattgefunden, die Danny als sprechende Person spaltet: in eine Kinderstimme und eine fremde, die Mutter als „Mrs. Torrance" anredende Alter-Ego-Stimme. Deren Krächzen resultiert aus der Imitation einer Stimme nach dem Stimmbruch. Umgekehrt löst Kubrick das Zuhilferufen von Dick Hallorann angesichts der Ereignisse in Zimmer 237 nicht, wie in einem Entwurf vom Oktober 1977, verbal („As in a dream, Danny is unable to scream, he is only able to whisper ‚Help! Somebody help me.'"[41]), sondern als angestrengten, rein mentalen Akt des Jungen.

II. Die Frau in Zimmer 237 Auch die Erscheinung der nackten Frau in Zimmer 237 ist zunächst verknüpft mit der im Scrapbook dokumentierten Skandalchronik. Zunächst sieht Jack Folgendes: „The opaque shower curtain is drawn across the tub, but we see a woman's arm dangling over the side of the tub. It is purple and bloated. As Jack stares, frozen with horror, the hand slowly draws the shower curtain back to reveal the appalling sight. The female monstrosity smiles at Jack and says in a cracked voice: ‚I've been sleepwalking again, my dear.'"[42] Aufschluss über die Gestalt gibt ihm, nachdem er Wendy gegenüber geleugnet hat, im Zimmer etwas gesehen zu haben, wiederum das Album: „He stops on a page which shows a picture exactly corresponding to the ghostly tableau he saw in the bathroom – a woman's arm dangling over the edge of a bathtub – the headline reads: Hotel Suicide After Lovers Spat."[43] In einem Entwurf vom Oktober 1977 reduziert sich ihr Ausdruck bei der Begegnung mit Danny auf ein fratzenhaftes Grinsen, was ihren unheimlichen Charakter unterstreicht: „He walks in and sees in the bathtub a woman who has been dead for a long time, bloated and purple her eyes are fixed on Danny, glossy and huge like marbles. She is grinning, her purple lips pulled back in a grimace."[44] In keinem der Entwürfe ist sie aber jene Vanitas-Figur, als die sie Jack im Film erscheint, was für eine späte Uminterpretation der Figur spricht.

III. Wendy Die Modifikationen, die Wendy als Figur im Laufe der Drehbuchentwicklung erfährt, lassen sich ebenso wie der changierende Charakter von Hallorann vor allem aus den Schlussvarianten heraus qualifizieren. In einem der Entwürfe stößt sie Jack, als er sie in der Küche von hinten überfällt und würgt, ein Messer in den Hals, eine Körperregion, die später durch „Bauch" ersetzt wird. Der finale Kampf des Paares ist zunächst noch sehr vom Roman beeinflusst: „He stands swaying in front of her, a monstrous effigy of himself, covered with blood, screaming. He stumbles forward grotesquely, his hands outstretched for her throat, and collapses a few feet away from."[45] In einer schließlich verworfenen Version nimmt Wendy danach auch noch den Kampf mit Hallorann auf, der, sobald er das Gebäude betritt, im Bunde mit Grady steht, sich also in das mörderische System des Hotels einfügt. Damit agiert sie in den frühen Fassungen entschieden aktiver, gewaltsamer und stärker und ist der Wendy des Textes insgesamt sehr viel näher.

IV. Hallorann Die Figur des farbigen Küchenchefs, der Dannys Begabung des ‚Shining' teilt und das Phänomen auch benennt, macht einen erstaunlichen Wandel von Fassung zu Fassung durch. Dabei entfernen sich Kubrick und Johnson zunächst weit von Kings Konzeption der Figur, indem sie ihn am Ende den dämonischen, schädigenden Mächten einverleiben. Sie fügen damit eine Klimax in den dritten Akt ein, die ohne Vorbild im Roman ist. Grady empfängt den Koch ehrerbietig am Aufzug, und es entspinnt sich ein Dialog voller Ironie: „‚Did you have a pleasant trip?' ‚Very pleasant, thank you.' ‚Well, than I won't keep you, you have business [...]' ‚Yes.' Grady gestures to the elevator. ‚Third floor, chief?' ‚Thank you.'"[46] In der endgültigen Drehbuchfassung kehrt sich dieses Konzept dann radikal um, und Hallorann wird das einzige Opfer Jacks. Damit bleibt er als *adjuvant*-Figur des Jungen in sich konsistent und zieht die

Danny Lloyd

Zuschaueremotionen auf sich, denn sein Tod durch einen Axthieb wird als das schockartigste Ereignis des ganzen Films erlebt.

Resümee

Die generelle Linie, welcher der Schreibprozess folgt, besteht in der signifikanten Uminterpretation der familiären Triade, sowohl in Bezug auf den Roman als auch in der Abfolge der Scriptfassungen selbst. Gegenüber der literarischen Vorlage ent-intimisieren Kubrick und Johnson das Verhältnis von Jack und Danny entschieden („How do we show Jack's affection for Danny? This should be seen at least once",[47] notiert Kubrick am 14. Oktober 1977). Danny scheint von Anfang an in seinem bewussten Leben mehr der Mutter zugeneigt zu sein, als dem Vater. Seeßlen und Jung deuten das Schlüsselbild des Aufzugs mit dem Blutschwall gar als „reinigende Wunde", die Danny erträumt, als „die Tragödie, die ihn mit der Mutter vereinen und vom Vater befreien soll."[48] Mit seiner Vision der Szene in Zimmer 237 allerdings verschmilzt der Film die Erfahrungen beider: Danny sieht, was Jack dort sieht und erlebt, auch wenn der Erwachsene sich dem Grauen mit weit aufgerissenen Augen ausliefert, wo das Kind angesichts des unerträglichen Grauens die Augen verschließt.[49] Die größte Veränderung gilt dem Status, den die dem Hotel zugeordneten Horrorelemente haben. Bei King bleiben die grauenhaften Ereignisse, Szenen und Objekte lange unsichtbar, bei Kubrick drängen sie sich früh und gewaltsam in die Narration. Sinnliches und Übersinnliches ist von derselben Plastizität und physischen Realität wie die Figuren selbst.

---

1 Der Roman erschien 1977 zuerst in der New English Library, London, die US-Ausgabe 1978 bei Signet in New York. Das in Kubricks Nachlass befindliche Typoskript von *The Shining* ist datiert „dec. 1974 Boulder, Colorado – feb. 1976 Brighton, Maine". Die deutsche Übersetzung kam 1982 heraus.
2 THE SHINING hatte am 23.5.1980 in New York Premiere, die deutsche Erstaufführung war am 16.10. des Jahres.
3 Die Romanautorin und Co-Autorin von THE SHINING, Diane Johnson, unterrichtete gleichzeitig Schauerliteratur an der Universität Berkeley.
4 Typoskript von *The Shining*, S. 429. Hierzu merkt Kubrick an: „This is good to say to him." Ebd. [„Ich glaube, das Hotel ist in deinen Daddy hineingefahren."]
5 Wendy sieht in einem der Zimmer zwei Männer, offenkundig in einer Fellatio begriffen, der eine im Bärenkostüm, der andere im Frack, außerdem Skelette unter Spinnweben und einen betrunkenen Partygast mit gespaltenem Schädel, der mit den Worten auf sie zuwankt: „Great party, isn't it?"
6 Vgl. Thissen, Rolf: Stanley Kubrick. Der Regisseur als Architekt. München 1999, S. 170.
7 King, Stephen: The *Playboy* Interview. In: George Beahm (Hrsg.): The Stephen King Companion. Kansas City 1989, S. 23, zit. nach: Jenkins, Greg: Stanley Kubrick and the Art of Adaptation. Three Novels, three Films. Jefferson/N.C., London 1997, S. 72. [„Kubrick ist ein sehr kalter Mensch – pragmatisch und rational – und es fiel ihm äußerst schwer, sich eine übernatürliche Welt vorzustellen, sei es auch nur theoretisch … (Ein) eingefleischter Skeptiker wie Kubrick konnte das durch und durch unmenschlich Böse des Overlook Hotels nicht begreifen. Daher suchte er das Böse stattdessen in den Figuren und verwandelte den Film in eine Familientragödie mit nur vagen übernatürlichen Untertönen. Das war der grundsätzliche Mangel: Weil er nicht glauben konnte, konnte er den Film auch für andere nicht glaubwürdig machen."]
8 Ciment, Michel: Kubrick. München 1982, S. 146.
9 Ciment, Michel: Drittes Gespräch/1980. Shining. In: Ciment 1982, a.a.O., S. 186. An Kubricks Formulierung fällt die Passivkonstruktion auf. Er schreibt sich die Labyrinth-Idee offensichtlich nicht primär selbst zu.
10 Kubrick in Ciment 1982, a.a.O., S. 181.
11 Kubrick in Ciment 1982, a.a.O., S. 181.
12 Kubrick in Ciment 1982, a.a.O., S. 181.
13 Typoskript im Nachlass, S. 8. [„Er hat sie umgebracht, Mr. Torrance."]
14 Typoskript im Nachlass, S. 8, grüne handschriftl. Randnotiz. [„Könnten wir das über das Scrapbook herausfinden? Nein – so wird Spannung geschaffen."]
15 Typoskript S. 18, schwarze handschriftl. Notiz. [„Warum sollte Danny fünf sein? Wieso ließ King ihn 5 sein?"]
16 [„Wir lösen die Sache mit der Schule so, dass wir Danny zwischen fünf und sechs sein lassen und sagen, er würde den Kindergarten hassen."]
17 Vgl. Walker, Alexander: Stanley Kubrick. Leben und Werk. Berlin 1999, S. 267.
18 King im *Playboy*-Interview 1989, S. 23f., zit. nach Jenkins 1997, a.a.O., S. 72f. [„Jack Nicholson war, obwohl ein guter Schauspieler, ganz falsch für die Rolle. Seine letzte große Rolle hatte er in *One Flew Over the Cuckoo's Nest*, und das und sein manisches Grinsen führte dazu, dass die Zuschauer ihn von der ersten Szene an als Irren identifizierten. Im Buch geht es jedoch um den allmählichen *Abstieg* von Jack Torrance in den Wahnsinn infolge des bösartigen Einflusses des Overlook […] Wenn der Typ von Anfang an bekloppt ist, dann ist die gesamte Tragödie seines Niedergangs verschenkt."]
19 Beide Zitate Typoskript S. 33, grüne handschriftl. Randnotizen. [„vor-bewusste Phantasie"]

20 Typoskript S. 33. [„Ich habe den Job. Es ist alles perfekt. Wenn ich das verfluchte Stück nicht schaffe, wenn ich den ganzen Winter lang eingeschneit bin, dann werde ich nie damit fertig."]
21 Typoskript, Rückseite von S. 32, grüne, blaue und rote handschriftl. Notizen. [„Wendy glaubt, dass er nie damit fertig werden wird. Sie hasst ihn dafür, dass er es als Waffe gegen sie einsetzt/ oder sie braucht sein Versagen. Sie ist stark und nicht wehleidig. Etwas überbesorgt mitfühlend und in ihrem Glauben und Interesse an seinem Werk nicht überzeugend/ Wendy wird Jack nie wieder vertrauen. Wieso bleibt sie bei ihm? Entscheiden. Schwäche? Körperlich? Liebe?"]
22 Kubrick in Ciment 1982, a.a.O., S. 185.
23 [„Das brauchen wir nicht zu wissen."]
24 [„Er sieht Tony und fällt in Trance."]
25 Die Umnummerierung dieses Zimmers erfolgte erst während der Dreharbeiten: „Die Außenaufnahmen für das Hotel wurden um die Timberline Lodge in der Nähe von Mount Hood in Oregon gedreht. Dieses Hotel hatte zwar ein Zimmer 217, aber kein Zimmer 237; die Hotelleitung bat mich daher, die Zimmernummern zu ändern, da sie befürchten mußte, daß ein Gast, der den Film gesehen hatte, das Zimmer 217 nicht mehr benutzen wollte." Kubrick in Ciment 1982, a.a.O., S. 186. [„erhascht möglicherweise einen Blick von ihnen oder sieht vielleicht einfach nur einen leeren Flur. […] Der Ball bleibt vor Zimmer 217 liegen. … Danny hört ein Geräusch und erlebt die Begegnung mit der Frau in der Badewanne."]
26 Er enthält je Blatt eine Szene mit handschriftlichen Minuten- und Sekundenangaben je Szene.
27 [„Dann das große glänzende Panoramafoto mit der Menge aus den Zwanzigern, das im Ballsaal aufgenommen wurde. … Wir sehen den Ballsaal und erkennen den Blickwinkel und die Gruppierung aus dem zuvor gesehenen Foto wieder."]
28 [„Zeitlupe mit dem sterbenden Jack, der die verletzte Wendy verfolgt wie im Buch."]
29 [„Der Schnee ist durch das zerbrochene Fenster ins Hotel eingedrungen. Die *forest rangers* mit Taschenlampen finden die Leichen von Hallorann, der sich offenbar das Gehirn weggepustet hat, Danny, Wendy und Jack."]
30 Vgl. die Entwürfe vom 22.6.1977 (hier: Szene 19 und 21).
31 [„Danny strampelt langsam auf einem kleinen Zweirad mit Stützrädern durch den Flur im ersten Stock. Er biegt um eine Ecke und bleibt abrupt stehen, als er die befleckte Stuckwand vor sich sieht, von der Blut und verspritztes Gehirn rinnen. Voller Entsetzen starrt Danny sie an, dann schließt er die Augen und dreht den Kopf, um den Anblick auszulöschen. Als er sie wieder öffnet, sieht die Wand völlig normal aus. Tony ermahnt ihn, nichts davon zu erzählen. Er sagt ihm, er hätte es sich nur eingebildet."]
32 Drehbuchteile Oktober 1977, S. 10. [„ein Paar glänzender schwarzer Lackederschuhe für kleine Mädchen (Mary Janes?). Die weißen Nähte der Schuhe sind blutbefleckt. Die Entdeckung scheint Danny seltsam zu faszinieren."]
33 Drehbuchteile Oktober 1977, S. 22. [„in Partykleidern und glänzenden schwarzen Mary Janes aus Lackleder. Sie spielen ein Spiel auf dem Boden vor der geschlossenen Tür der Apache Suite. Sie schauen nicht auf. Er starrt sie verständnislos an. Er schließt ein paar Sekunden lang fest die Augen, und als er sie öffnet, sind die kleinen Mädchen verschwunden, aber die Wände der Suite triefen von Blut."]
34 [„Blick auf eine Indianermaske, die Danny in seiner Vision gesehen hat. Danny ist blass."]
35 Seeßlen, Georg / Jung, Fernand: Stanley Kubrick und seine Filme. Marburg 1999, S. 254.
36 Drehbuchteile Oktober 1977, S. 3. [„Eine Geste oder Bemerkung von Jack löst eine Erinnerung aus."]
37 [accident = Unfall; „einen momentanen Verlust der Muskelkontrolle"]
38 Drehbuchteile Oktober 1977, S. 8. [„Er stürzt aus dem Bild. Aus dem Off hören wir Dannys Schmerzensschrei. Wendy schreit entsetzt auf und eilt hinzu, um einzugreifen. … Wir sehen nicht, was Jack getan hat."]
39 Die europäische Fassung wurde um diese Szene gekürzt.
40 [„der kleine Junge in meinem Mund"]
41 Drehbuchteile Oktober 1977, S. 27. [„Wie in einem Traum ist Danny außerstande, zu schreien, er kann nur flüstern ‚Hilfe! Jemand soll mir helfen.'"]
42 Drehbuchnotizen, unpag. [„Der undurchsichtige Duschvorhang ist vor die Wanne gezogen, aber wie sehen den Arm einer Frau über den Rand der Wanne hängen. Er ist blaurot und aufgedunsen. Während Jack starr vor Entsetzen zusieht, zieht die Hand langsam den Duschvorhang zurück und enthüllt den grausigen Anblick. Das weibliche Monstrum lächelt Jack an und sagt mit krächzender Stimme: ‚Ich war wieder Schlafwandeln, mein Schatz.'"]
43 Drehbuchnotizen, unpag. [„Er hält auf einer Seite mit einem Bild inne, welches genau der schaurigen Szene entspricht, die er in dem Badezimmer gesehen hat – der Arm einer Frau, der über den Rand einer Badewanne hängt – die Überschrift lautet: Selbstmord im Hotel nach Streit zwischen Liebespaar."]
44 Drehbuchteile Oktober 1977, S. 27. [„Er tritt ein und sieht in der Badewanne eine Frau, die schon lange tot ist, ihre blauroten, aufgequollenen Augen sind wie glänzende, riesige Murmeln auf Danny gerichtet. Sie grinst, ihre blauroten Lippen sind zu einer Fratze zurückgezogen."]
45 Drehbuchteile Oktober 1977, S. 57. [„Er steht schwankend vor ihr, ein monströses Abbild seiner selbst, blutüberströmt, brüllend. Die Hände nach ihrem Hals ausgestreckt, stolpert er grotesk nach vorn und bricht wenige Schritte vor ihr zusammen."]
46 Drehbuchteile Oktober 1977, S. 60. [„Hatten Sie eine angenehme Reise?" „Sehr angenehm, vielen Dank." „Nun, dann möchte ich sie nicht aufhalten, Sie haben zu tun …" „Ja." Grady weist zum Lift. „Dritter Stock, Chief?" „Vielen Dank."]
47 [„Wie zeigen wir Jacks Zuneigung zu Danny? Das sollte mindestens einmal zu sehen sein."]
48 Seeßlen/Jung 1999, a.a.O., S. 254.
49 Vgl. Kirchmann, Kay: Stanley Kubrick: Das Schweigen der Bilder. Marburg 1993, S. 102.

Stanley Kubrick und Jack Nicholson in einer Drehpause (Polaroid)

Fassadennachbau des Timberline Lodge-Hotels
(EMI-Elstree Studios, London)

Das originale
Timberline Lodge-Hotel

DAS UNGEHEUER IM LABYRINTH
Die Architektur von THE SHINING

JUHANI PALLASMAA

Jack Nicholson

THE SHINING ist gewiss einer der verstörendsten Filme, die je gedreht wurden. Diese Eigenschaft scheint jedoch eher von einem Eindruck zynischer und berechnender Perversität herzurühren als von Horror. „Has there ever been a more perverse feature film than *The Shining* in general release. No one but Kubrick could have, would have, made it",[1] argumentiert Richard T. Jameson. Der Regisseur selbst kommentiert das psychologische Wesen des Horrorfilms wie folgt: „One of the things that horror stories can do is show us the archetypes of the unconscious; we can see the dark side without having to confront it directly. Also, ghost stories appeal to our craving for immortality. If you can be afraid of a ghost, then you have to believe that a ghost may exist. And if a ghost exists then oblivion might not be the end."[2]

Zweifellos kann man THE SHINING seiner Deutlichkeit, seiner Banalitäten und Übertreibungen wegen auch als bewusste Parodie des Genres Horrorfilm sehen. Die wiederkehrenden Einstellungen auf die niedergemetzelten Mädchen und die Woge von Blut, die durch die Fahrstuhltüren bricht, legen in ihrer das Grauen ad absurdum führenden Übertreibung eine parodistische Lesart nahe. Nicholsons brillante Darstellung insbesondere verstärkt diesen Eindruck. „Jack Nicholson plays Jack Nicholson playing Jack Torrance playing Jack Torrance as King of the Mountain",[3] wie Richard T. Jameson so scharfsinnig bemerkt.

Architektur und Geist

Kubrick gelingt es, Stephen Kings Buchvorlage in einen zutiefst verstörenden Film umzusetzen, indem er zahlreiche übernatürliche Ereignisse aus dem Roman streicht, wobei er das Gewicht von einem äußerlichen Grauen in Richtung einer inneren Angst verschiebt, deren Ursprung ebenso in der Psyche der Figuren wie der der Zuschauer liegt, und indem er die sich steigernde Angst in architektonische Strukturen und Metaphern einbettet. Die strukturelle Angst entspringt bei Kubrick nicht einer Abfolge entsetzlicher Ereignisse, sondern ist in den architektonischen Schauplatz selbst eingebaut. Die Architektur dient in Übereinstimmung mit der traditionellen psychoanalytischen Sichtweise als Metapher für die menschliche Seele: Ihre Eigenschaften werden in seelischen Strukturen gespiegelt, und seelische Inhalte werden in Architektur hineinprojiziert. „Du bist *es*, nicht mein Daddy. Du bist das Hotel",[4] schreit Danny im Roman. Viele Szenen sind durch Dannys Augen gesehen, und seine unschuldige Perspektive vervielfältigt das Gefühl der Bedrohung. In Kubricks Film verschmilzt das Bild eines Mannes, der den Verstand verliert, mit den materiellen Strukturen des Hotels zu einem einzigen Erlebnis. Der Ausbruch der reaktiven Psychose oder paranoiden Schizophrenie bei Jack Torrance ist eine psychische Projektion der überaus fremdartigen Situation in dem aus Raum und Zeit isolierten Hotel, welches die Dimensionen von Individuum und Familie sprengt. Die Ungeheuerlichkeit des Raumes findet ihren stärksten Ausdruck im schieren Ausmaß von Küche und Vorratskammer als Sinnbild für eine Institution, die die Möglichkeit häuslichen Lebens auszulöschen scheint. Der Schrecken ist sowohl ein Schrecken innerhalb der Familie, die von ihren pathologischen Beziehungen bedroht wird, als auch eine Bedrohung von außen, die von der düsteren Geschichte des Hotels ausgeht.

Paradoxerweise betont die Riesenhaftigkeit des Hotels den mentalen Raum der Familie und polarisiert damit deren innere Beziehungen; die Ungeheuerlichkeit des Raumes wird zum klaustrophobischen Druck und zum Gefängnis. Die Mitglieder der Familie Torrance gleichen „Mikroben in den Eingeweiden

Shelley Duvall, Danny Lloyd und Scatman Crothers in der Hotelküche

Hotellobby

eines Ungeheuers",[5] wie King diese pathologischen Lebensverhältnisse beschreibt. Die absolute Diskrepanz zwischen den materiellen Strukturen des verlassenen Luxushotels mit seinen verstörenden Banalitäten und dem Hotel-Designkitsch auf der einen Seite und dem Bedürfnis nach einem Heim, einer symbolischen Rückzugsmöglichkeit für die Kernfamilie auf der anderen Seite beschwört eine architektonische Schizophrenie, die sich in Jacks psychischem Zusammenbruch widerspiegelt. Die scheinbare Normalität der amerikanischen Familie und die Banalität ihrer Gespräche dienen als psychologisch wirksames Sprungbrett für Anomalität und Schrecken. „Overlook's spaces mirror Jack's bankruptcy. The sterility of its vastness, the spaces that proliferate yet really connect with each other in a continuum that encloses rather than releases, frustrates rather than liberates all this becomes an extension of his own barrenness of mind and spirit",[6] schreibt Richard T. Jameson.

Der Mythos des Labyrinths

Bedeutsam ist, dass die danteske Schlussszene des Romans im Höllenfeuer, das infolge der Explosion des Heizkessels in den Eingeweiden des Hotels ausbricht, geändert wurde, um Jack im Irrgarten vor dem Hotel erfrieren zu lassen. Kubrick tauschte den märchenhaften Topos gelegentlich sich bewegender Hecken in Tierform gegen das mythologische Bild des Labyrinths. Dieser Austausch wird im Licht von Kubricks eingehender Beschäftigung mit antiker Mythologie noch bedeutsamer, so dass alle Bedeutungsebenen des Labyrinth-Mythos sorgfältig zu berücksichtigen sind.[7] Das Miniaturhotel aus dem Roman, ein Modell des Overlook-Hotels selbst, wurde ebenfalls gegen ein in der Hotellobby ausgestelltes

Modell des Irrgartens ausgetauscht. Diese Verschiebung des gespensterhaften Topos zum Heckenlabyrinth lenkt den Blick zu den Ursprüngen der Architektur, der Sage von Dädalus, dem Erbauer des Labyrinths und ersten Architekten der Geschichte. Dadurch wird es Kubrick möglich, dem gepeinigten Protagonisten mythische Tiefe und Bedeutung zu verleihen, indem er den besonderen Einzelfall eines Vaters, der durch seine schöpferische Sterilität, seine Unzufriedenheit und das Gefühl der Entfremdung in den Wahnsinn getrieben wird, in die mythische und zeitlose Figur des Minotaurus verwandelt. Es handelt sich dabei um den psychologisch extremen Fall einer Verwandlung des Vertrauten in Andersartiges, der Normalität in erschreckende Fremdartigkeit. Vom ersten Auftreten von Raserei an entwickeln Jacks Gesicht und seine verkrümmte Haltung tierähnliche Züge, und in den letzten Szenen im Irrgarten ist er der blindwütige Stiermann, der an den Minotaurus gemahnt, wie er von Picasso in seiner *Minotauromachie*, einer Reihe von Radierungen, dargestellt wurde.

Doppelung, Spiegel und Labyrinth

Den gesamten Film hindurch spielt Kubrick mit der Verdoppelung. Es gibt zwei Gradys (selbst der Barkeeper wird sowohl Charles als auch Lloyd genannt), zwei ermordete Töchter Gradys, zwei Frauen, die in Zimmer 237 spuken, und der Film endet auf dem Gesicht von Jacks Doppelgänger auf einer Fotografie vom Ball im Overlook-Hotel am 4. Juli 1921. Ein weiterer Aspekt des Verdoppelungsthemas sind Bilder von Spiegeln. Ein Beispiel für Kubricks Spiegelwelt ist das Wort REDRUM – MURDER, das Danny auf einer Tür geschrieben sieht; er beginnt, das Wort zwanghaft zu wiederholen und es so in ein Furcht erregendes Mantra zu verwandeln. Die computerhafte Stimme des kleinen Jungen entkleidet ihn seiner kindlichen Unschuld und verwandelt auch ihn in ein Medium des Schreckens.

Kubrick vermischt willkürlich die Kategorien von Realität, Mythos, Halluzination, Traum und Erinnerung, um eine labyrinthartige Erzählweise bar jeder Logik zu schaffen, die alle Versuche, einen logischen Faden zu verfolgen, in einer Sackgasse enden lässt. Die Roadrunner-Cartoons und die Fernsehnachrichten, die im Off zu hören sind, vermehren die Ebenen filmischer Realität zusätzlich, indem sie die Erzählung um einen Kommentar von außen ergänzen. Der unschuldige kleine Junge verwandelt sich in

die Figur des Theseus, der den Minotaurus im Zentrum des Labyrinths tötet. Um sein Leben und das seiner Mutter zu retten, muss der Junge zum Vatermörder werden. Aus dem goldenen Ariadnefaden des Mythos, der dazu dient, dem Helden den Weg aus dem Labyrinth zu weisen, werden Dannys Fußspuren, die das Ungeheuer in die Tiefen des Irrgartens locken. Das Motiv des Irrgartens und des goldenen Fadens wird schon früh im Film durch Wendys Bemerkung über die labyrinthische Verschlungenheit der Hotelküche eingeführt: „Ich glaube, ich muss Brotkrumen streuen, um mich nicht zu verirren", eine Formulierung, die an das Märchen von Hänsel und Gretel erinnert. Das Motiv des Irrgartens wird des Weiteren in einer Reihe architektonischer Elemente wieder aufgenommen: Der Flur, in dem das unheimliche Zimmer 237 liegt, ist mit einem rot-gelb-braunen Teppichboden mit einem kühnen diagonalen Labyrinthmuster ausgelegt; das Miniaturmodell des Irrgartens wird gelegentlich in Einstellungen aus der Lobby gezeigt, aber am wichtigsten ist, dass die gesamte räumliche Anordnung des Hotels einen Irrgarten darstellt, der als einprägsames räumliches Gebilde nicht vorstellbar oder zu erfassen ist. In der Unermesslichkeit seiner Gestalt ähnelt das Labyrinth des Overlook der labyrinthischen Bibliothek in Umberto Ecos *Der Name des Rose* und der *Bibliothek von Babel* von Jorge Luis Borges. Und, um die Metapher zu vervollständigen, der Film ist die tragische Geschichte eines Vaters, der sich nach und nach im Labyrinth seines eigenen verwirrten Geistes verirrt.

In Stephen Kings Roman ist die Mordwaffe ein doppelseitiger Roqueschläger, Kubrick jedoch machte ihn zu einer doppelköpfigen Axt. Das Wort „Labyrinth" ist von dem griechischen Wort *labrys* abgeleitet, welches die rituelle Doppelaxt der minoischen Kultur auf Kreta bezeichnet. Sie wurde als Gerät beim Gottesdienst und als Bestandteil des Stierkultes verwendet, wobei die zwei Axtschneiden die beiden Hörner des Stieres imitierten.[8]

Der Film beschwört noch einen weiteren Mythos, nämlich den des alternden Saturn (oder Chronos in der griechischen Version), der seine Söhne verspeiste, weil er ihre Kraft als erwachsene Männer fürchtete. Die Geschichte der Donner-Gruppe, die im Auto auf dem Weg zum Hotel Gesprächsthema der Familie Torrance ist, nimmt das kannibalische Saturnmotiv auf. Es ist die Geschichte einer Gruppe von Pionieren auf dem Weg nach Westen (die Torrances fahren ebenfalls in westlicher Richtung von Vermont nach Colorado), die in Kalifornien Gold suchen wollten, sich in den Bergen verirrten und zu Kannibalen wurden, um zu überleben. In Kubricks Film wird der Vater, der an schöpferischer Impotenz leidet, eifersüchtig auf seinen Sohn. Seine Eifersucht richtet sich gegen die Zukunft, die offen vor seinem Sohn liegt, während er im eigenen Leben sämtliche Gelegenheiten verpfuscht hat. Danny besitzt die seherische Gabe des ‚Shining', und kraft ihrer ist er in der Lage, Hilfe von außen herbeizurufen, als Jack versucht, seine makabere Pflicht zu erfüllen, die Eindringlinge „zur Ordnung zu rufen". Jacks zwanghafte Unterwerfung unter seinen Vertrag mit den gespenstischen Eigentümern des Hotels weist Parallelen zu dem Mythos des faustischen Pakts auf.

Shelley Duvall, Danny Lloyd und Jack Nicholson

Labyrinthe aus Raum und Zeit

Der Zuschauer, der THE SHINING sieht, ist gänzlich außerstande, eine geistige Karte des Overlook-Hotels anzulegen, das dem Direktor Mr. Ullman zufolge 1907-1909 auf einem alten indianischen Grabhügel erbaut wurde. Ganz zu Beginn des Romans, während des Einstellungsgesprächs, schildert er Jack Torrance das Hotel: „Das Overlook-Hotel hat hundertzehn Gästequartiere. Dreißig davon, alles Suiten, befinden sich im dritten Stock. Zehn im Westflügel – einschließlich der Präsidentensuite –, zehn in der Mitte und zehn weitere im Ostflügel. [...] [auf der zweiten Etage] vierzig Zimmer, dreißig Doppel- und zehn Einzelzimmer. Und im ersten Stock je zwanzig. Plus drei eingebaute Wäscheschränke auf jeder Etage und ein Lagerraum, der im zweiten Stock am äußersten östlichen, im ersten am äußersten westlichen

Lisa und Louise Burns

Ende befindet. Noch Fragen? [...] Und nun die Räumlichkeiten im Parterre. Hier in der Mitte liegt der Empfangsschalter, hinter dem sich die Büros befinden. Davor erstreckt sich das Foyer fünfundzwanzig Meter in beide Richtungen. Hier drüben im Westflügel haben wir den Eßsaal und die Colorado Lounge. Die Festräume befinden sich im Ostflügel. Noch Fragen?"9

Kubricks Overlook ist in seiner architektonischen Struktur keineswegs klarer. Die visuellen Darstellungen sind peinlich präzise, ergeben jedoch kein zusammenhängendes architektonisches Ganzes. Es ist die Sichtweise eines Schizophrenen. Die Lage der verschiedenen Räumlichkeiten lässt sich nicht mit Sicherheit erschließen. Korridore und Treppen bilden ein verwirrendes und unendliches Labyrinth, das ein Gefühl der Desorientierung und des Schwindels hervorruft, ähnlich der Wirkung der räumlich paradoxen Zeichnungen von M. C. Escher. Die Szene, in der Wendy auf der panischen Suche nach ihrem Sohn die Treppe hinaufstürzt, beschwört ein Schwindel erregendes Borges'sches oder Escher'sches Bild herauf. Das Gefühl der Orientierungslosigkeit wird durch völliges Fehlen von Ausblicken durch Fenster verstärkt. Dank der Unermesslichkeit des Hotels findet die Handlung innerhalb des Gebäudes statt, und das infolge der winterlichen Dunkelheit ständig brennende elektrische Licht schließt jede Möglichkeit der Orientierung durch gerichtetes natürliches Licht aus. Die Tag und Nacht vorherrschende künstliche Beleuchtung vermittelt ein Gefühl der Zeitlosigkeit, so als schritte die Zeit überhaupt nicht voran. Aus diesem Grund setzt der Regisseur Zwischentitel ein, um ihr Verstreichen zu zeigen. Das Gefühl der Zeitlosigkeit verstärkt die Schrecken der Isolation; die Familie scheint in alle Ewigkeit in dem verrückt gewordenen Hotel gefangen zu sein. Die toten Mädchen fordern Danny auf, mit ihnen zu spielen, „für immer und immer und immer". Wenn Jack diesen Ausdruck später wiederholt, lässt er erkennen, dass er den Stillstand der Zeit im Overlook akzeptiert hat.

Die Abfolge der Zwischentitel auf schwarzem Hintergrund – „Die Bewerbung", „Letzter Tag der Saison", „Einen Monat später", „Dienstag", [„Donnerstag"], „Samstag", „Montag", „Mittwoch", [„8 Uhr vormittags"] und „4 Uhr nachmittags"10 – schafft eine Beschleunigung des Tempos von einem Monat über eine Woche und Tage zu Stunden. Die schrittweise Verkürzung der Intervalle verstärkt das sich steigernde Gefühl der Dramatik und Panik. Die Titel scheinen eine zeitliche Ordnung darzustellen, tatsächlich jedoch bilden sie eine weitere Schicht des erstickenden Labyrinths. Durch die Sprünge zu jedem zweiten Tag der siebentägigen Woche und zu einem zusätzlichen Tag der Folgewoche entsteht ein verwirrender numerischer Rhythmus. Dieses fehlende Gefühl für die Zeit und die Verbindung mit der Außenwelt ruft den Eindruck eines gestrandeten U-Bootes hervor, in dem allmählich die Luft aufgebraucht wird; Wendys Bemerkung über die Atmosphäre des Hotels „Wie auf einem Geisterschiff", trifft es auf den Punkt. Das Eingesperrtsein in diesen gigantischen Käfig mit einem rasenden Ungeheuer verstärkt das Gefühl der Klaustrophobie. Zu Beginn erwähnt Ullman den „Budenkoller", welcher bewirkte, dass der vorherige Hausmeister, Grady, seine beiden Töchter mit einem Beil umbrachte und danach seine Frau und sich selbst mit einem Gewehr.11

Riesenhaftigkeit und Intimität

Das Funktionieren eines Hotels hängt von einer Vielzahl von Menschen ab: Empfangspersonal, Portiers, Liftboys, Pagen, Kellner und Kellnerinnen, Köche, Zimmermädchen, Nachtportiers usw. „[…] beschäftigt das Overlook ganztägig hundertzehn Personen, sozusagen einen für jeden Raum",[12] erklärt Ullman im Roman während Jacks Einstellungsgespräch. Kubrick nutzt die Abwesenheit dieses riesigen Personalbestandes aus, um das Gefühl von bedrohlicher Verlassenheit, von Leere und Vakuum zu steigern. Das Hotel wirkt wie ein riesiger, menschenleerer Luxusdampfer, der ohne Besatzung und ohne Passagiere ziellos dahintreibt. Die jähe Anwesenheit von 300 Menschen auf Jacks Traumball im *Gold Room* trägt nur dazu bei, die gespenstische Leere der Räume zu unterstreichen.

Jack Nicholson und Philip Stone

Die Bereiche des öffentlichen und des privaten Lebens sind ebenfalls effektvoll durcheinandergebracht. Die schieren Ausmaße des Hotels schließen Intimität aus. Jack versucht, seine kreative Arbeit in der weiten, offenen Lounge zu erledigen, wogegen viele Szenen die intimsten häuslichen Räumlichkeiten wie Toilette und Badezimmer dem öffentlichen Blick öffnen. Während der gesamten Szene, in der Jack und Delbert Grady sich in der obszön roten Herrentoilette[13] unterhalten, ist von fern ein Song mit dem Titel *Home* zu hören. Die Häuslichkeit eines Hotelzimmers ist nur vorgetäuscht; stereotype Gestaltung und die unpersönliche Zimmernummer an der Tür zerstören den heimischen Charakter. Selbst die Hausmeisterwohnung, die von der Familie Torrance benutzt wird, ist ebenfalls nur eine anonyme Hotelsuite, die im Vergleich mit dem Luxus und der Pracht der anderen im Film gezeigten Räumlichkeiten eng und schäbig wirkt. Das Gelb der Zimmer vermittelt einen Eindruck von Schmutz, Ungepflegtheit und schlechter Luft. Die falsche Häuslichkeit des Hotels und der Hausmeisterwohnung, wie auch die Zeichen seelischer Probleme, die in den luxuriösen Designs mit ihrer Kombination aus Navajo-Motiven und Art-déco-Elementen verborgen sind, trifft sich mit Freuds Begriff von „heimlich" und „unheimlich". Die Designerfarben in Zimmer 237 zum Beispiel vermitteln wirkungsvoll den Eindruck von Perversion und Wahnsinn, eingekleidet in äußerliches Stilgefühl und Geschmack. Jacks zynischer Gruß „Wendy, ich bin wieder zu Haus", während er mit der Axt durch die Tür bricht, betont auf Furcht erregende Weise die völlige Unbehaustheit der Familie.

Tatsächlich setzt sich Kubricks Overlook-Hotel aus drei unterschiedlichen Architekturstilen zusammen: das Äußere des Gebäudes zeigt Anklänge an die Kulissen deutscher expressionistischer Filme und an Spukschlösser aus Schauerromanen; der Irrgarten spiegelt zeitlose Mythen und die englischen Landschaftsgärten des 18. Jahrhunderts wider, während die banale Inneneinrichtung des Hotels für modernen Hotelkitsch steht. Die Räume enthalten Maßstabseffekte, visuelle Elemente und Muster, die zu dem Gefühl von Erstickung und Angst beitragen. Die Navajo-Artefakte und Dekorationen rufen eine geheimnisvolle Bedrohung wach, da sie den Zuschauer unbewusst an die Tragödie des Völkermords erinnern.

JUHANI PALLASMAA

Der Schrecken verbirgt sich in abstrakten Mustern und Farbgebungen, ebenso aber auch in Kameraperspektiven, die das schiere Ausmaß des Hotels im Vergleich mit der lilliputanerhaften Größe Dannys betonen. Die Kluft zwischen der Größe der menschlichen Figuren und ihrer Umgebung wird von den harten Echos ihrer Stimmen unterstrichen. Das Echo, wenn Jack einen Ball gegen die Ummantelung des Kamins wirft, betont die Furcht erregende Größe des Raumes besonders wirkungsvoll. Wenn der Ball gegen die Wand trifft, klingt es wie ein Donnerschlag.

Die Kulissen

Der Film wurde in (von Roy Walker entworfenen) Kulissen gedreht, die, bis auf die vor Ort in Oregon gedrehten Aufnahmen des Hotels in der Gebirgslandschaft, in den EMI-Elstree Studios in Boreham Wood nahe London gebaut wurden. „I was taken for a quick tour of the sets, including the monumental exterior set of the Overlook Hotel and the vast and intricate 'Colorado Lounge' set with its interconnected corridors, stairs and rooms on two levels",[14] erinnert sich Garrett Brown, der mit seiner neu erfundenen Steadicam-Kamera die Fahraufnahmen drehte. Die Verkabelung der Kulissen nahm alleine vier Monate in Anspruch, fast so lange wie Elektriker für die Installationen in einem richtigen Hotel gebraucht hätten.

Die Außenansicht des Hotels gestaltete man nach der tatsächlichen Timberline Lodge im Mt. Hood National Forest, Oregon. Die rückwärtige Fassade des Hotels wurde auf dem Gelände hinter den EMI Studios erbaut und mit Tonnen von künstlichem Schnee verkleidet.[15] „The kitchen set was enormous, with aisles winding between stoves and storage racks. The apartment sets were beautifully narrow. Suite 237 was elegant and ominous. The Overlook Hotel itself became a maze; absurdly oversized quarters for the players, yet ultimately claustrophobic",[16] erinnert sich Brown.

Das Heckenlabyrinth für die im Sommer spielenden Szenen wurde auf dem alten MGM-Gelände außerhalb von Boreham Wood errichtet; die Hecken bestanden aus auf Sperrholzformen gehefteten Kiefernästen. Für die Winterszenen wurde der Irrgarten ab- und in Halle 1 der EMI Studios wieder aufgebaut. „The giant Hedge Maze set must be one of the most intriguing creations in the history of motion pictures. It must also be one of the most pernicious ever to work on",[17] schreibt Brown.

Zimmer 237

Tafel mit Labyrinthskizze am Eingang des Irrgartens

Jack Nicholson vor dem Modell des Labyrinths in der Hotellobby

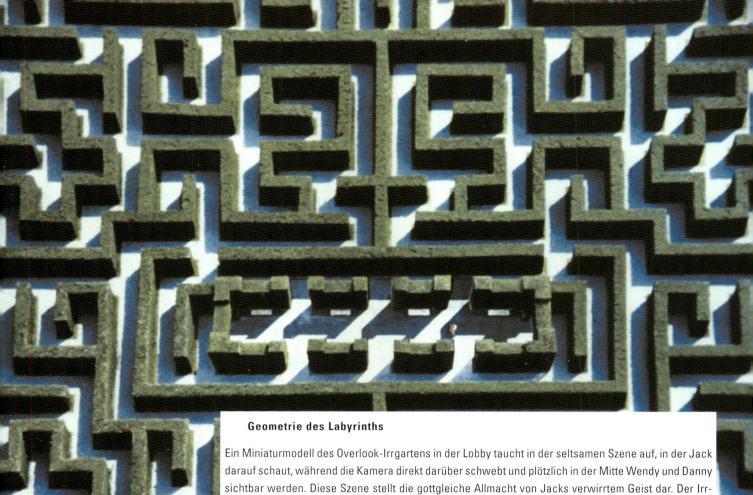

Geometrie des Labyrinths

Ein Miniaturmodell des Overlook-Irrgartens in der Lobby taucht in der seltsamen Szene auf, in der Jack darauf schaut, während die Kamera direkt darüber schwebt und plötzlich in der Mitte Wendy und Danny sichtbar werden. Diese Szene stellt die gottgleiche Allmacht von Jacks verwirrtem Geist dar. Der Irrgarten wird außerdem in Form eines Orientierungsplans direkt vor dem Eingang gezeigt. Das eigentliche Labyrinth folgt in seiner Anlage weder dem Modell noch dem Plan: Es ist eine vereinfachte Version, um die erforderlichen Handlungen und Kamerabewegungen zu erleichtern. In der Kulisse wird ein Teil des im Miniaturmodell und im Plan dargestellten vollständigen Entwurfs aufgenommen. Trotz des unvollständigen Charakters des Sets bereitete es dem Filmteam Mühe, ohne Hilfe einer Karte in das Labyrinth hinein- und wieder herauszufinden. Die faszinierende Jagd durch den Irrgarten wurde mit einer tragbaren Steadicam aufgenommen. Für die Sequenz, in der Danny rückwärts gehend in seine eigenen Fußstapfen tritt, um Jack in die Irre zu führen, musste der Kameramann spezielle Stelzen tragen, an deren Ende Dannys Schuhe angenagelt waren, und genau in die Stapfen des Jungen treten. Der Zuschauer indessen erlebt ein wiederum anderes Labyrinth, nämlich das ihm mittels der Filmsprache Kubricks und der genialen Steadicam Garrett Browns vorgestellte.

Schon Monate vor Beginn der eigentlichen Dreharbeiten zu THE SHINING hatte Kubrick Kartonmodelle aller Kulissen anfertigen und fotografieren lassen, wobei die gleichen Kamerawinkel eingenommen wurden, wie sie für die Filmkamera vorgesehen waren. „They were painted in the same colors and had the same scenic decor as we intended to use in the film and I could actually light them",[18] berichtete John Alcott, der Chefkameramann.

Fiktion und Realität

Wie als Widerhall des wahnhaften Filmgeschehens gerieten die Kulissen an einem eisig kalten Februarabend 1979 in Brand, wobei Tonstudio 3 praktisch vernichtet wurde.[19] In Stephen Kings Roman brannte das Hotel tatsächlich nieder. Ein weiterer seltsamer Zufallszusammenhang des Themas von THE SHINING mit der Wirklichkeit ergibt sich dadurch, dass am 3. Juli 1921 in Haverhill, Massachusetts, eine Frau ihren Mann mit einer Axt erschlug und ihre Tochter Zuflucht in einer Hecke suchte.[20] Der Ball zum 4. Juli 1921 im Overlook-Hotel fand am folgenden Tag statt.

THE SHINING endet mit einer langsamen Kamerafahrt auf eine Fotografie des Balles, auf der das lächelnde Gesicht von Jack oder seinem Doppelgänger sichtbar wird. Was sollen wir mit diesem Schluss anfangen? Der Regisseur hat seine Sicht des Filmendes erklärt: „When you deal with characters and a sense of life, most endings that appear to be endings are false, and possibly that is what disturbs the audience: they may sense the gratuitousness of the unhappy ending […] one of the things I like most about John Ford is the anticlimax endings – anticlimax upon anticlimax and you just get a feeling that you are seeing life and you accept the thing."[21]

Die Szenen pervertierten Schreckens in Kubricks Film sind indessen nicht so leicht aus dem Gedächtnis zu verbannen. Diese Bilder haben sich über das vergessene und verängstigte Kind, das den erwachsenen Körper jedes Einzelnen von uns bewohnt, in unsere Gedankenwelt eingeschrieben.

---

1 Jameson, Richard T.: Kubrick's Shining. In: Mario Falsetto (Hrsg.): Perspectives on Stanley Kubrick. New York 1996, S. 251. [„Hat es im allgemeinen Verleih je einen perverseren Spielfilm gegeben als The Shining. Niemand außer Kubrick hätte ihn machen können, machen wollen."]
2 Kroll, Jack: Stanley Kubrick's Horror Show. Newsweek, 26.5.1980, S. 99, zit. in Nelson, Thomas Allen: The Shining: Remembering of Things Forgotten. In: ders.: Kubrick: Inside a Film Artist's Maze. Bloomington, 1982, S. 197f. [„Eines, wozu Horrorgeschichten in der Lage sind, ist, uns die Archetypen des Unbewussten zu zeigen; wir können einen Blick auf die dunkle Seite werfen, ohne uns ihr unmittelbar stellen zu müssen. Außerdem sprechen Gespenster unsere Sehnsucht nach Unsterblichkeit an. Wenn man sich vor einem Gespenst fürchten kann, dann muss man glauben, dass es Gespenster geben könnte. Und wenn es Gespenster gibt, dann ist vielleicht mit dem Tod doch noch nicht alles zu Ende."]
3 Jameson 1996, a.a.O., S. 251. [„Jack Nicholson spielt Jack Nicholson, der Jack Torrance spielt, der Jack Torrance als König der Berge spielt."]
4 King, Stephen: Shining. Bergisch-Gladbach 1982, S. 380.
5 King 1982, a.a.O., S. 191.
6 Jameson, Richard T.: Kubrick's Shining. Film Comment, Jg. 16, Nr. 4, 1980, S. 30. [„Die Räume des Overlook spiegeln Jacks Zusammenbruch wider. Die Sterilität seiner Weitläufigkeit, die Räume, die sich endlos ausbreiten und sich doch auch wieder zu einem Kontinuum zusammenziehen, das vielmehr beengt als loslässt, vielmehr frustriert als befreit – all dies wird zu einer Verlängerung seiner seelischen und geistigen Beschränktheit."]

7 In seiner Jugend hatte Kubrick Übersetzungen europäischer Volkserzählungen, die Märchen der Brüder Grimm und Sagen der griechischen und römischen Mythologie gelesen, und diese hatten prägende Wirkung auf sein späteres Filmschaffen, wie er selbst anerkennt: „Naturalism finally does not elicit the more mysterious echoes contained in myths and fables; these resonances are far better suited to film than any other art form." Siehe Walker, Alexander: Stanley Kubrick Directs. New York 1971, S. 14f. [„Der Naturalismus schließlich bringt die in Mythen und Fabeln enthaltenen geheimnisvollen Echos nicht zum Klingen; diese Resonanzen kommen in Film weit besser zum Tragen als in jeder anderen Kunstform."]
8 Fisher, Adrian / Gerster, Georg: The Art of the Maze. London 1990, S. 15.
9 King 1982, a.a.O., S. 8f.
10 In der europäischen Version von 119 Minuten Länge sind zwei Zwischentitel ausgelassen, was den Grundgedanken des Regisseurs bedeutend verwässert.
11 „Budenkoller […] Ein Slangausdruck für die klaustrophobische Reaktion, die sich einstellen kann, wenn Leute längere Zeitdauer zusammen eingeschlossen sind. Das Gefühl der Klaustrophobie äußert sich in Abneigung gegenüber den Leuten, mit denen man zusammen eingeschlossen ist. In extremen Fällen kann es zu Halluzinationen und Gewalttätigkeiten kommen – banale Dinge wie ein angebranntes Abendessen oder ein Streit darüber, wer das Geschirr spült, haben schon zu Mord und Totschlag geführt", erklärt Ullman zu Beginn des Romans. King 1982, a.a.O., S. 13.
12 King 1982, a.a.O., S. 10.
13 Im Original: „… in which Jack and Delbert Grady talk in the perversely red men's room (Redrum?)".

14 Brown, Garrett: The Steadicam and ‚The Shining'. American Cinematographer, Jg. 61, Nr. 8, 1980, S. 787. [„Ich wurde auf einen kurzen Rundgang durch die Kulissen mitgenommen, einschließlich der riesigen Außenkulisse des Overlook-Hotels und der weiten, verwinkelten Kulisse der ‚Colorado Lounge' mit ihren untereinander verbundenen Fluren, Treppen und Zimmern auf zwei Etagen."]
15 Brown 1980, a.a.O., S. 787.
16 Brown 1980, a.a.O., S. 787. [„Die Küchenkulisse war gigantisch, mit Gängen, die sich zwischen Öfen und Küchenregalen wanden. Die Zimmerkulissen waren wunderbar eng. Suite 237 war elegant und unheimlich. Das Overlook-Hotel selbst wurde zum Labyrinth, grotesk überdimensionierte Unterkünfte für die Spieler und dennoch ungemein klaustrophobisch."]
17 Brown 1980, a.a.O., S. 852. [Das riesige Heckenlabyrinth ist wohl einer der faszinierendsten Bauten der Filmgeschichte. Und es ist wohl einer, in dem es sich am unangenehmsten arbeiten ließ."]
18 Photographing Stanley Kubrick's ‚The Shining'. (Interview mit John Alcott von Herb Lightman.) American Cinematographer, Jg. 61, Nr. 8, 1980, S. 780. [„Sie waren in den gleichen Farben gestrichen und hatten die gleichen szenischen Dekors, die wir im Film benutzen wollten, und ich konnte sie tatsächlich ausleuchten."]
19 Kennedy 1980, a.a.O., S. 49.
20 Macklin, F. Anthony: Understanding Kubrick: The Shining. Journal of Popular Film and Television, Jg. 9, Nr. 2, 1981, S. 94.
21 Kubrick, Stanley: Director's Notes: Stanley Kubrick Movie Maker. The Observer (London), 4.12.1960. Reprint in Falsetto 1996, a.a.O., S. 23f. [„Wenn es um Figuren und den Eindruck von Lebensnähe geht, ist jedes Ende, das wie ein Ende wirkt, falsch, und möglicherweise ist es das, was die Zuschauer stört: dass sie vielleicht die Willkürlichkeit des unglücklichen Ausgangs spüren […] etwas, was mir an John Ford am meisten gefällt, sind seine unspektakulären Schlüsse – ein unspektakuläres Ereignis nach dem anderen, und man hat einfach das Gefühl, man sieht das Leben, und das akzeptiert man."]

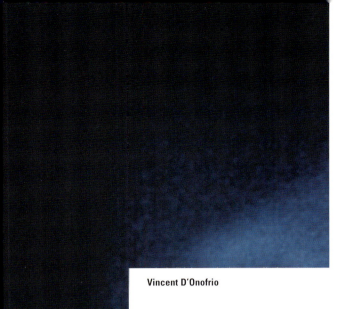

Vincent D'Onofrio

Matthew Modine und Stanley Kubrick

„SHOOT ME. SHOOT ME"
Vom Wesen des Krieges – FULL METAL JACKET

GEORG SEESSLEN

Einerseits könnte man wohl sagen, FULL METAL JACKET befinde sich in einer Reihe von Kubricks cireastischen Beschäftigungen mit dem Krieg, die von seinem allerersten Spielfilm FEAR AND DESIRE über PATHS OF GLORY, DR. STRANGELOVE OR: HOW I LEARNED TO STOP WORRING AND LOVE THE BOMB und BARRY LYNDON gleichsam notwendig zu einer Auseinandersetzung mit Vietnam führte.[1] Andererseits aber gibt es wohl keinen Kubrick-Film, der nicht auch in seiner Beziehung zum Krieg zu verstehen wäre: 2001: A SPACE ODYSSEY mit seiner Kriegsmetapher zu Beginn und seiner Assoziation des Kalten Krieges, THE KILLING oder LOLITA als Geschichten vom persönlichen Scheitern als Kriegs-Echo, selbst EYES WIDE SHUT beschreibt eine Angst, die nur der Welt als (sozialem) Krieg entstammen kann, wie er in A CLOCKWORK ORANGE gleichsam total geworden scheint. Der Krieg und die Zivilisation, das sind die Pole in Stanley Kubricks Kosmologie, die einander bedingen und einander zersetzen.

Nie hat Kubrick von einem Gegensatz von Liebe und Krieg erzählt, es ist, im Gegenteil, als wisse er von der einen wie von der anderen Seite her, dass man von der Sexualität nicht sprechen kann, ohne vom Krieg zu sprechen, und dass man vom Krieg nicht sprechen kann, ohne von Sexualität zu sprechen. Es ist das Bild, und es ist die Sprache, die diesen Zusammenhang verrät, nicht nur im Sinne von Shakespeares Diktum, dass der Krieg und die Geilheit unter den Menschen nie aus der Mode kommen werden, sondern auch im Sinne der Dialektik zwischen beidem. Es ist das eine im anderen, das die menschliche Geschichte von der Linie in den Kreis überführt, was in Kubricks Bildersprache immer wieder den ‚hohen Raum' zum Labyrinth hin öffnet. Daher spricht man auch, wenn man von einem und beidem spricht, immer von der Angst. FULL METAL JACKET ist ein Film über den Krieg und ein Film über Sexualität und deswegen vor allem ein Film über die Angst.

THE SHINING und EYES WIDE SHUT sind die Filme, in denen Sexualität sich am deutlichsten als Krieg zeigt; DR. STRANGELOVE und FULL METAL JACKET sind die Filme, in denen der Krieg sich am deutlichsten als

Sexualität zeigt. Wenn es aber diese Dialektik gibt, so wird man nicht nach einfachen ‚moralischen' Perspektiven suchen dürfen. Full Metal Jacket ist nicht ein Film ‚gegen den Krieg', es ist ein Film, der den Krieg behandelt. Wie eine Krankheit. Diagnose, ‚Ausbruch', Verlauf, Krise, vielleicht sogar so etwas wie ‚Heilung' (eine Krankheit ist ja nie ‚vorbei', wie man gerne sagt, es ist nur die Frage, ob ein organisches System, sagen wir: ein Mensch, durch sie und nach ihr weiterlebt), vielleicht aber auch nur dies: Exitus. Einmal mehr ist der Blick Kubricks dabei eher der eines Wissenschaftlers als der eines praktizierenden, mitfühlenden Pragmatikers. Full Metal Jacket will an den Kern des Problems. Für falsche Hoffnungen ist da kein Platz. Und natürlich nicht für jene Mythen, die noch dem schrecklichsten Geschehen einen ‚Sinn' unterlegen wollen. Kubrick zerschlägt in seinem Film die Kriegsbilder, die wir uns einverleibt haben.

Es ist ein Film, der etwas wissen will vom Wesen des Krieges. Davon, wie aus jungen Männern Tötungsmaschinen gemacht werden, oder, um es in der Sprechweise des Drill-Sergeant zu sagen, aus „Maden", aus „ladies", aus „maggots" Soldaten. Diese Untersuchung greift über die moralischen Gewissheiten, mit denen wir uns in der Regel gegen solche medialen Zumutungen wappnen, hinaus. Kubricks Film hat Menschen berührt und verstört, aber er hat es genauso zu einem gewissen Kult-Status bei Menschen gebracht, die sich selbst euphorisch oder tragisch als ‚soldatische' sehen, er ‚half' dabei, hier mehr zu sehen, als je in einem Film über den Krieg zu sehen war, und dort das Heroische und die Männerpose vom Kriegsbild in die Subkultur (und sei es als Name, Thema und Pose in der Heavy-Metal Szene) zu übertragen. Immer schon konnte es einem Angst und Bange werden, wenn man beobachtete, wie diese Bilder bei manchen Leuten im Publikum ankamen. Full Metal Jacket bleibt in seiner Rezeptionsgeschichte polyvalent. Aus der Verstörung, die der Film einst ausgelöst hatte, tauchten Elemente der kritischen Reflexion ebenso auf wie fetischistische Übertragungen. „Das Militär macht sich den Drang dieser Burschen, sich selbst zu beweisen, zunutze", sagt Stanley Kubrick, und er zeigt das so genau, dass ‚diese Burschen' sich immer wieder so sehr angesprochen fühlen, wie andere schockiert den Blick wenden. Beide müssen das aufklärerische Potential des Films verfehlen.

Der Vietnam-Film hatte bereits eine gewisse Geschichte, als sich Kubrick, ‚verspätet' wie einige seiner Kritiker meinten, des Themas annahm. In der Kriegszeit selbst entstanden so gut wie keine Filme über Vietnam. Das mag sich aus der Entstehungsgeschichte dieses Krieges erklären, der in der Hoch-Zeit der antikommunistischen Paranoia aus der Entsendung von Beratern durch die Eisenhower-Administration anfangs beinahe unmerklich, von einem *point of no return* zum anderen, zu einem Krieg eskalierte, der nie wirklich ‚erklärt' wurde.[2] Vietnam ging in die Mythengeschichte ein als ein Krieg, den alte Männer mit jungen Rekruten führten, die im Dschungel einem grausamen Opfertod ausgesetzt wurden. Vielleicht erst nach der Frage nach dem Sinn und der Rechtfertigung dieses Einsatzes wurde die Frage nach diesem Opfer einer Generation von amerikanischen Kinder-Soldaten zum innenpolitischen Konfliktfeld. Die Rebellion – Hippies, Bürgerrechtsbewegung, Rassenkriege, Subkultur – und der Krieg waren in gewisser Weise nicht ohne einander zu denken. Der Krieg ‚spaltete' die Nation, so hieß das später, aber in jedem Falle machte er die Spaltung sichtbar. Eine Spaltung, das werden wir dann bei Kubricks Film zum ersten Mal so deutlich sehen, die nicht nur die Generationen, die politischen Lager, die Rassen und Kulturen, vielleicht auch die Freundschaften und Familien betraf, sondern bei vielen Menschen durch das eigene Innere, durch Biografie, durch Selbst-Bewusstsein, durch die Seele ging.

Der filmische Prozess zu diesem Krieg begann erst in den späten 1970er Jahren mit Filmen wie The Boys in Company C (Die Boys von Kompanie C, Sidney J. Furie, 1977), The Deer Hunter (Die durch die Hölle gehen, Michael Cimino, 1978), Coming Home (Coming Home – Sie kehren heim, Hal Ashby, 1978), Go, Tell the Spartans (Die letzte Schlacht, Ted Post, 1978), Apocalypse Now (Francis Ford Coppola, 1979). Ob mehr am Mainstream orientiert, ob nihilistisch oder mythisch, die Vietnamfilme hatten einen Weg gefunden, das Opfer der eigenen jungen Männer und das Verbrechen des Krieges in eine Bild-Erzählung zu bekommen: Erzählt wird aus der Perspektive des mehr oder weniger unschuldigen jungen Mannes, der zugleich Opfer eines unsichtbaren Feindes und korrupter oder durchgeknallter Vorgesetzter sowie einer ignoranten politischen Führung wird. Auch die Rückkehr wird zur Katastrophe; die amerikanische Gesellschaft

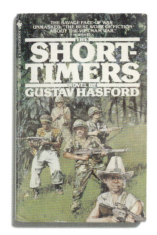

Gustav Hasford: *The Short-Timers*. Exemplar von Stanley Kubrick, Februar 1980

Matthew Modine
Vincent D'Onofrio

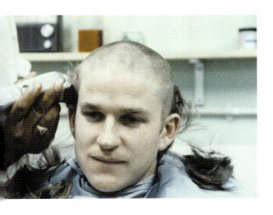

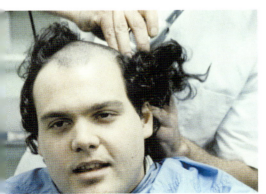

zeigt sich in Filmen wie Buddy Giovinazzos COMBAT SHOCK (1986) weder willens noch in der Lage, die körperlich und seelisch versehrten Veteranen wieder aufzunehmen. Während Oliver Stone mit seinen Vietnam-Filmen, vor allem PLATOON (1986), eine mythische Aufarbeitung versuchte, entwickelte sich auch eine Gegenbewegung im Kino, die in Serien wie RAMBO – zumindest ab der zweiten Folge – und MISSING IN ACTION eine revisionistische Kriegs(film)erzählung initiierten, die nach einigen weiteren größeren Produktionen wie UNCOMMON VALOR (Die verwegenen Sieben, Ted Kotcheff, 1983,) in einen nahezu endlosen Strom von C-Filmen und Videoproduktionen mündete, der offensichtlich ein festes Publikum bediente.

Für die Soldaten, die die Wirklichkeit in Vietnam erlebt hatten, konnten damals die Propagandafilme nur als Hohn erscheinen. So heißt es in Gustav Hasfords Roman *The Short-Timers*: „John Wayne ist ein schmucker Soldat, frisch rasiert und in einem Tarnanzug, der wie maßgeschneidert aussieht. Seine Stiefel glänzen wie die Gläser einer Sonnenbrille. Vorwärtsgetrieben von John Wayne nehmen es die Soldaten, die vom Himmel kommen, mit allen Vietcongs auf. Die Marines im Zuschauerraum schütten sich aus vor Lachen". Erst als die Erinnerung wieder zu verblassen begann, gab das Kino nach einem Anfall von Schmerz und Reue dem Publikum die Helden zurück, die nur ein bisschen schmutziger werden mussten als John Wayne, und die jungen Soldaten etwas weniger naiv, um das Kriegsbild erfolgreich zu übermalen.

Für Stanley Kubrick musste es also ein Impuls sein, nicht nur das Wesen dieses Krieges mit seinen Mitteln zu erforschen, er musste (und wollte) auch die Bilder überwinden, die sich mittlerweile schon wieder als konventionelle Muster herausgebildet hatten. Es war, nicht zum ersten Mal, eine Fotografie, die ihn auf die Idee zu seinem Film brachte, der entgegen der konventionellen Ikonografie des ‚Dschungelkriegs' nicht in der ‚grünen Hölle' sondern in der Kaiserstadt Hué spielen sollte. Dort hatte sich die einzige große Straßenschlacht des Krieges abgespielt, der ansonsten vor allem auf dem Land geführt wurde. Danach las Kubrick den Roman *The Short-Timers* des Ex-Marine und Kriegsjournalisten Gustav Hasford, den *Newsweek* als den besten literarischen Bericht zum Vietnamkrieg bezeichnete: „Er gibt keine politischen oder moralischen Antworten; er ist weder für den Krieg noch gegen ihn. Er schien mir an nichts anderem interessiert als an der faktischen Wirklichkeit" (Kubrick). Fünf Jahre lang bereitete der Regisseur diese Arbeit vor, recherchierte von den authentischen Kleinigkeiten bis hin zur Sprache der GIs in Ausbildung und Einsatz, von der Waffentechnik bis zu den Schlagzeilen der Zeitungen.

Der Film ist, geradezu aufreizend ‚abstrakt', in zwei durch ein ‚Zwischenspiel' verbundene Teile gegliedert, denen eine kurze, sarkastische Coda folgt. Der erste Teil spielt 1967 im Ausbildungslager von Parris Island in South Carolina, wo die jungen Marines geschliffen werden. Die erste Einstellung des Films zeigt den ersten Verlust: die Haare. Den Soldaten werden die Köpfe kahlgeschoren, ein großes Gleichmachen, eine erste Kastration hat begonnen. Durch seinen Gebrauch von Auf- und Abblende macht Kubrick klar, dass es sich um ein Geschehen handelt, das sich in Zeit und Raum wiederholt: Es ist nicht nur eine Geschichte, die wir erfahren, es ist eine Struktur, die wir sehen. Und noch während das erste Gleichmachen sich vollzieht, beginnt die endlose, demütigende, gebrüllte Tirade des Drill-Sergeant. Ab nun wird es für die jungen Männer keinen privaten Raum mehr geben, es wird keinen Platz geben, an dem man einmal in Ruhe nachdenken könnte, es wird kein Ich mehr geben. Nicht einmal der Schlaf wird, wie sich bald herausstellt, ein Refugium. Kubricks Kamera registriert dieses Geschehen in einer schmerzhaften Verbindung von Nähe und Distanz: Sie ist dabei, aber sie nimmt nicht Partei. Diese Sequenz – wie später auch andere – ist nicht nach den Regeln des Identifikationskinos ‚aufgelöst'. Es gibt keine Erleichterung, der Blick nimmt uns nichts ab, wir empfinden uns weder als Täter noch als Opfer (oder als beides gleichzeitig), der filmische Raum ist mit Elementen des Terroristischen ausgefüllt. Von Anfang an ‚imitiert' die Kamera den militärischen Blick, den der absurden Ordnung im Ausbildungslager – selten war Kubricks zentralperspektivischer Blick so kühl und so genau – und später den der absurden Unordnung im Einsatz.

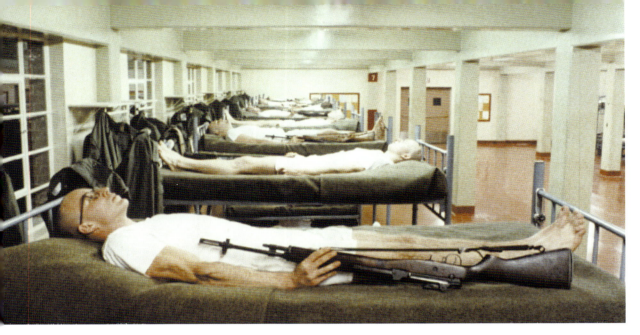

Doch schon in dieser Anfangsszene sind wieder, ganz in Kubricks Manier, das Tragische und das Farcenhafte miteinander verbunden und verweisen gemeinsam bereits auf eine höhere Ebene der Konstruktion. Während des Vorgangs in dem aseptisch weißen Raum erklingt im Country-Rhythmus der Song *Hello Vietnam* von Johnny Wright, und es scheint, als würden die Haarbüschel in einem letzten Tanz zu diesem Stück zu Boden fallen. Der Film hat eine Aufmerksamkeit erzeugt, die über Techniken der Verfremdung weit hinaus geht: Nichts kann uns mehr ‚selbstverständlich' erscheinen, jedes Detail ist von Bedeutung, weil es einerseits die nächste Gefährdung signalisieren kann, und weil es andererseits die Grenze zwischen dem Wirklichen und dem Unwirklichen beschreibt, auf der wir uns bewegen werden. Denn in diesen Film sind wir nicht hineingesogen worden oder gar geschlendert, wir sind ihm von Anfang an ausgesetzt, Sehen ist eine Frage des Überlebens.

Der Ausbilder Sergeant Hartman (gespielt mit sichtlichem Vergnügen von dem tatsächlichen Marineausbilder R. Lee Ermey) kennt alle Kniffe, die Persönlichkeit der jungen Männer zu brechen und sie als Kampfmaschinen auferstehen zu lassen. Seine Brutalität kommt mit einem seltsamen Humor daher; es macht ihm nicht nur Vergnügen, die jungen Männer durch seine Sprache bis ins Mark ihrer Persönlichkeit zu treffen, es macht ihm offenkundig auch Spaß, die Sprache selbst als ‚sinnstiftendes' Kommunikationsmittel zu zerstören. Demütigende Sprüche, pausenloses Gebrüll und endlose, zermürbende Drillaktionen gehören dazu ebenso wie körperliche Gewalt. Hartman dreht ideologische, moralische und sexuelle Muster durch den Reißwolf. Der Mensch wird seiner Person, seiner bürgerlichen, sozialen und sogar geschlechtlichen Identität beraubt. Hartman nennt seine Rekruten unentwegt *ladies*, heißt sie, mit dem Gewehr ins Bett zu gehen und bei der Anbetung dieser phallischen Geliebten sich ans eigene Glied zu fassen. Der veräußerte Phallus-Kult, den wir aus dem Untergrund von A Clockwork Orange kennen, ist hier zur staatlichen Gewaltstruktur geworden. Nur dass es diesen Staat hier nicht mehr anders gibt als in einigen Zeichen, in abstrakten Verpflichtungen, als eine Maschine, die Material, Menschen und Blut in das System pumpt, dem er ansonsten mit kalter Gleichgültigkeit begegnet. In Full Metal Jacket gibt es keine *America*-Mythologie, keine noch so wehmütige oder kritische Rückbindung an die Gründungslegenden wie in Michael Ciminos The Deer Hunter oder Oliver Stones Platoon. Das Wesen der Kriegserzählung ist nicht die Verknüpfung, sondern die Isolation. An die Stelle eines traditionellen Realismus (das Kino, das erzählt, wie ein Mensch erzählen würde) ist von Anbeginn eine Form des Hyperrealismus (das Kino, das erzählt, wie eine Maschine erzählen würde) getreten. Die Erzählung weigert sich, sogleich in die alten Formen der ‚sinnstiftenden' Erzählweisen und Bilder einzustimmen. Sie zwingt zur Achtsamkeit gegenüber dem Detail.

Der intelligente „Joker" (Matthew Modine) kommt mit der Situation recht gut klar. Anpassungsfähig und flexibel steht er immer wieder gleichsam neben sich selbst und beobachtet die Situation wie einer, der noch in den schlimmsten Situationen zugleich Erfahrung ‚genießen' kann. Deshalb hört für ihn auch

Vincent D'Onofrio und R. Lee Ermey

hier die Sache nicht auf, immer auch ‚Spiel' zu sein, das er bis zu einem gewissen Grad als Subjekt mitspielen kann. Anderen ergeht es wesentlich schlimmer, für sie ergreifen Drill und alltägliche Demütigung Körper und Geist vollständig. Vor allem der übergewichtige, auch geistig nicht gerade rege Leonard „Pyle" Lawrence (Vincent D'Onofrio), den Hartman mit besonderer Genugtuung quält, ist schon bald an den Rand seiner Leidensfähigkeit gebracht. Bei ihm wird die beleidigende Geschlechtsverdrehung, mit denen Hartman die „ladies" beschimpft, individuell konkret: Pyle ist für ihn das willkommene Schreckbild des Soldaten, der nie ein ‚richtiger Mann' wird. Das kindliche Gemüt, das sich das Grinsen nicht abgewöhnen lässt, und wenn er noch so geschunden und gedemütigt wird, lernt die härteste aller Lektionen. Hartman peinigt ihn, bis dieses Grinsen verschwunden ist. Er heißt ihn den Daumen in den Mund zu stecken wie ein trostloses Kind, er lässt ihn mit heruntergelassenen Hosen hinter der Gruppe herlaufen. Als er bei dem gefräßigen Kerl (einer, der verzweifelt nach einer Tröstung sucht) einen Donut im Schlafraum entdeckt, lässt er den ganzen Zug strafexerzieren. So lenkt er den Hass der Gruppe auf den Schwächsten, wirft zum ersten Mal den Soldaten ein Objekt für ihre angestauten Aggressionen vor. In der Nacht stürzen sich die Soldaten auf ihn und schlagen ihn mit den in die Handtücher eingewickelten Seifenstücken, bis nur noch ein langes, hilfloses Wimmern zu hören ist. Auch Joker, der sich mit Leonard angefreundet und ihn beschützt hat, beteiligt sich an diesem brutalen Strafgericht. ‚Es' ist stärker als jede andere Form der Lebenserfahrung. Und wir wissen spätestens jetzt, dass wir auch auf Joker keine wirklichen moralischen Hoffnungen setzen dürfen.

Dann ist Leonard Pyle bereit, die Verwandlung an sich vorzunehmen. Sein einverständiges Brüllen wird noch lauter als das der anderen, sein Gewehr, dem er wie die anderen einen Namen gegeben hat – Charlene – wird noch schneller zusammengesetzt, und im Schießen übertrifft er, der bei den körperlichen Übungen stets versagt hat, alle anderen. Das wohl wäre der Triumph von Hartmans Methode: aus dem schwächsten und ungeeignetsten noch den perfekten Soldaten zu schaffen: „Ich glaube, Private Pyle, wir haben etwas gefunden, das Sie können." Was Pyle an körperlicher Beweglichkeit fehlt, das macht er durch das ruhige und sichere Auge wett; Leonard verwandelt sich von der wandelnden in die

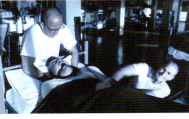

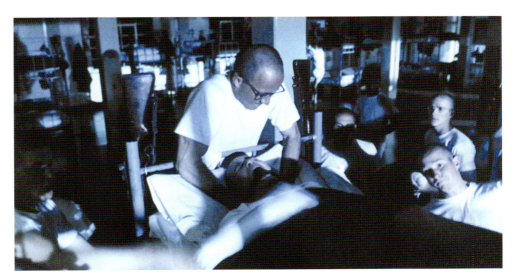

stationäre Todesmaschine. Damit aber baut er den tödlichen Konflikt in seiner eigenen Maschinerie schon auf; während wir Hartman sehen, wie er den Raum beherrscht, indem er beständig in Bewegung ist, liegt die ‚Stärke' Pyles in seiner Unbeweglichkeit, in der Fähigkeit zu lauern. So begegnen und reproduzieren sich in diesen beiden Typen die beiden Grundkonstruktionen der militärischen Aktion: Angriff und Verteidigung, der Raum und das Labyrinth, das Lauern und das Stürmen.

Nur Joker registriert, dass etwas irreparabel in Leonard Pyle kaputtgegangen ist. Die Katastrophe aber kann er nicht verhindern. In der Nacht vor dem Abflug des Platoons nach Vietnam wartet Pyle, den Hartmann so lange weiblich bezeichnet hat, mit seinem Gewehr in der Toilette von Parris Island. Das Grinsen ist wieder da, aber es hat einen ganz anderen Ausdruck angenommen. Leonard erschießt Hartman, dann, trotz aller Versuche Jokers, ihn zur Vernunft zu bringen, auch sich selbst. „I am in a world of shit", sagt er, und tatsächlich befinden wir uns in diesem Film neben dem Höllenkreis des Blutes auch im Höllenkreis der Scheiße.[3] Dieser Teil des Films endet also damit, dass nicht nur der geschundene Soldat seinen Peiniger erschießt, und damit dessen Aussage mehr als wahr macht: dass die Soldaten sterben, aber die Armee bestehen bleibt. Der eine oder der andere stirbt, aber die Scheiße geht weiter. Pyle wird hier als sich befreiendes Individuum so geboren wie die Menschheit in 2001: A Space Odyssey: durch den Mord. Diese Tat freilich löscht auch gleich ihr Subjekt aus, es ist eine Kurzfassung der Absurdität des ganzen Unternehmens: Wer in diesem System zum freien Subjekt werden will, der stirbt. Wer es nicht tut, stirbt auch, wie die Soldaten dann an ihrem Einsatzort, wo es ihnen gar nichts mehr nutzt, keine Seele und kein Bewusstsein mehr zu haben. Das Sterben ist die Bestimmung der Männer, die in Parris Island ‚ausgebildet' werden, und natürlich gibt es für diese institutionalisierte Todessehnsucht hier auch den sexualisierten Spruch: Gott sei „geil auf die Marines", weil sie ihm ständig neue Seelen verschafften.

Werbeplakat des US-Marine Corps

Nicht einmal der Himmel bleibt den Soldaten als freie Hoffnung. Aber etwas anderes ist geschehen: Die Demütigung, die Pyle zu dem gemacht hat, was er wurde (nämlich ein Mörder, der nicht mehr zu kontrollieren war), war ganz offensichtlich sexueller Natur: Die Unterstellung, ‚kein Mann' zu sein, der die anderen durch ihren Drill, durch ihre Verwandlung in eine phallische Maschine, entgehen konnten, hat in ihm das explizite Opfer gesucht und gefunden. So entlädt er sich gegen den Peiniger, aber auch gegen sich selbst. In diesem Mord und Selbstmord nimmt er gleichsam die geschlechtliche Decodierung durch Hartman an und gibt sie zurück – und dieser Aspekt des Films wird umso deutlicher, wenn wir ihn mit dem Ende des zweiten Teils in Beziehung setzen, in dem wiederum eine Frau (die durch den Krieg zu einem soldatischen ‚Mann' werden musste) ein Blutbad anrichtet und am Ende nur das Auslöschen des eigenen Lebens erflehen kann.

Aber Kubrick lässt durchaus offen, wie ‚real' dieser blutige Akt eigentlich ist. Einige Kritiker haben gewiss zurecht darauf hingewiesen, dass die Szene vom realistischen oder eben hyperrealistischen Ton des Films abweicht und beinahe wie in einem ‚Horrorfilm' inszeniert ist. Kubrick rückt hier in der durchaus surrealen Ausgestaltung des Toilettenraumes auch von seiner Konzeption der detailgenauen Rekonstruktion ab. Es ist so sehr möglich, dass wir uns hier ‚nur' in einem Traum befinden, wie es logisch ist, dass es in der Struktur des Menschen-Umbaus zu solchen Katastrophen tatsächlich kommen muss. In der Maschinerie des Militärs ist Pyle nichts anderes als eine der menschlichen Bomben, die hier produziert werden, und die nur zu früh und am falschen Ort explodiert ist. Zerstörung und Selbstzerstörung soll erst im anderen Land ausgeübt werden. Aber dann ist da noch dieses andere, das Kubrick-Thema vom Geschöpf, das sich gegen seinen Schöpfer auflehnt (so wie der Computer HAL, so wie Barry Lyndon als Produkt seiner Zeit und ihrer Ideen, wie Lolita als Projektion ihres ‚väterlichen' Liebhabers). Wie in allen Filmen Stanley Kubricks geht es auch hier um die Beziehung zwischen der ‚Produktion' von Menschen und ihrer Revolte. Die Wahrheit dieses Prozesses liegt in seiner Störung (und diese Störung ist der Moment, an dem wir verstehen, an dem wir noch in der fatalsten oder terroristischsten Situation ‚Bewusstsein' entwickeln können). Mit der Szene im *bathroom* hat Kubrick die Grenze der Wirklichkeit überschritten; wenn APOCALYPSE NOW eine lineare Reise immer tiefer ins finstere Herz des Krieges darstellt, dann beschreibt FULL METAL JACKET den Kreis um die Wahrnehmung des doppelten Schießens: der Bildraum der Kameras, das Schussfeld der Handfeuerwaffen, aber auch der Raum des ‚Wirklichen'. Die Grenze zum Wahn ist dabei für niemanden mehr zu erkennen.

Der Umbau der Soldaten zu Kampfmaschinen ist zum einen die Vernichtung der individuellen Persönlichkeit (der jemand wie Joker durch die Fähigkeit zur Schizophrenie entgehen kann), es ist zum anderen ein abstruser psycho-sexueller Vorgang, eine Re-Initiation um den Kult des Gewehres, das militärisches, religiöses und erotisches Objekt in einem wird. Die Rekruten lernen ein Gebet: „Das ist mein Gewehr. Es gibt viele, die ihm gleichen, aber dieses gehört mir. Mein Gewehr ist mein bester Freund. Es ist mein Leben. Ich muss es so beherrschen, wie ich mein Leben beherrsche."[4] Das Gewehr erhält den Namen einer Frau, es ist Phallus und weiblicher Körper, Aggression und Trost in einem, das Symbol, das Schmerz und Lust miteinander verbindet: „This is my rifle, this is my gun, this is for fighting, this is for fun."

Die Menschen hier werden für einen ‚totalen Krieg' vorbereitet. Dass es für die Soldaten so etwas wie ein ‚Privatleben' gegeben hat (die Bezeichnung „Private" für einen Rekruten ist in der Tat ein Hohn), kann man allenfalls noch erahnen, ebenso wenig werden wir ihrer möglichen Träume davon gewahr, die sie sich für eine Zeit ‚danach' zurechtlegen. Während der Grundausbildung ist es ihnen verboten, überhaupt miteinander zu sprechen, und im Einsatz wird ihnen keine Zeit gelassen, sich in jenen Szenen auszutauschen, in denen im traditionellen Kriegsfilm die Soldaten von ihren Erinnerungen und Träumen sprechen, eine mythische Klammer der ‚Person' um das Kriegsgeschehen, durch die diesem ein ‚Sinn' unterstellt wird, der in FULL METAL JACKET von niemandem außerhalb des Krieges noch gesucht wird. Die Ausbil-

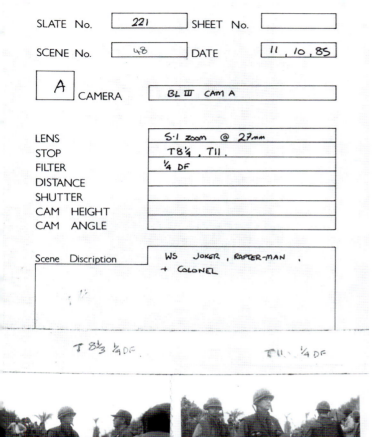

Angaben zu Kamera, Objektiven und anderer Technik wurden zusammen mit Polaroids der Szenen für Nachdrehs aufbewahrt.

dung ist schließlich nichts anderes als eine neue Form des Kubrick'schen Menschenzoos. Man experimentiert mit den jungen Soldaten, als gälte es, herauszufinden, wie man Menschen ohne Seele ‚erzieht'.

Nach dem Mord und Selbstmord als (konsequenter) Katastrophe in dieser Menschenmaschine folgt das Zwischenspiel: 1968 ist Joker als Kriegsberichterstatter in Südvietnam unterwegs und erlebt in den Ruinen der einstigen Kaiserstadt Hué den ganzen Schrecken des Krieges. Er schreibt mehr oder weniger Erbauliches für die Stars & Stripes und erfährt den Zynismus des Krieges. Wie er auf Frauen und Kinder schießen könne, fragt er den Bordschützen eines Helikopters, der mit sadistischem Gelächter unbewaffnete Bauern auf dem Feld niedermäht. „Ganz einfach", ist die Antwort, „man darf nur nicht so weit vorhalten." Da hat einer die Lektion des Ausbilders übergenau gelernt: Das Technische des Tötens und Überlebens ist vollständig an die Stelle der moralischen Entscheidung getreten. Das Mittel hat keine Frage nach dem Zweck mehr in sich, es hat sich in den Dauerzustand einer zornigen, lustvollen ‚Entladung' verwandelt. Und das will auch Bild und Erzählung werden; der Killer verlangt danach, dass man eine Geschichte über ihn schreibt. Die Konditionierung der Soldaten zu psychopathischen Killern ist durchaus gelungen, weniger indes die Vorstellung von Kontrolle. Aber Joker, bei dem die Wandlung nicht vollständig erfolgte, sieht auch die andere Seite dieses Krieges, die andere Seite des ‚Schießens' (mit dem Gewehr und mit der Kamera): An einem Massengrab steht ein Soldat und möchte eigentlich nur noch kotzen. Aber kaum tritt ein Mann mit einem Fotoapparat auf ihn zu, strafft er sich zur Siegerpose. Es ist der Krieg der Bilder, und die GIs produzieren Kriegsbilder und Tote durch ihr doppeltes Schießen.

Am Tag nach dem Beginn der Tet-Offensive ist Joker auf dem Weg von Da Nang nach Hué, einem Chaos aus Soldaten, Gräbern, Fernsehkameras. Hier trifft er wieder auf „Cowboy" (Arliss Howard), den Kompanieführer, und sehr schnell sind die beiden inmitten eines blutigen und nahezu ausweglosen Geschehens gemeinsam mit den alten grunts: „Animal Mother" (Adam Baldwin), der Typ mit dem scheinbar angeborenen Killerinstinkt, Rafterman (Kevyn Major Howard), der Fotograf, der afroamerikanische ‚Eightball', dessen Lieblingsspruch lautet: „Put a nigger behind the trigger". Wie in Dr. Strangelove ist diese Crew zugleich nach den Stereotypien des Kriegsfilms geformt und gegen sie. Nachdem sie in der Kaserne als Menschen ‚entleert' und als Soldaten und Todesmaschinen wiedergeboren wurden, versuchen sich die GIs nun durch individuelle Mythen zu ‚schützen', noch einmal erfinden sie sich nach Modellen der populären Kultur, nach Modellen des Hollywood-Films neu. Das heißt auch: diese Männer legen wieder ‚Masken' an, und das heißt, nehmen wir Kubricks spezifische Film-Codes als Modell, nichts

GEORG SEESSLEN

anderes, als dass ihr Begehren wieder erwacht ist. (Männer in Kubricks Filmen pflegen sich oft mit grotesken Masken auszustatten, und das um so mehr, als sie fürchten müssen, ihr Begehren nicht mehr kontrollieren zu können: Das kriegerische Outfit ist eine Maske des Begehrens, ein *full metal jacket*.)[5]

Die Masken, die die Männer anlegen, sind freilich zugleich auch Demaskierungen: Animal Mother, der athletische Rambo-Typ, steht in Wahrheit für nichts außer sich selbst: „Besser die als ich", ist sein Kommentar zu getöteten Kameraden; Cowboy, der ‚gute Kumpel', wie man ihn aus den Filmen des Genres kennt, hat mitnichten irgendeine Form von Sicherheit zu geben, und der clevere Joker ist vor allem einer der vielen *unreliable narrators* in Kubricks Universum.

Die alte Kaiserstadt ist wie eine Falle, ein Labyrinth des Todes, unsichtbar der Feind, die amerikanischen Trupps werden von allen Seiten beschossen, ohne der Schützen habhaft zu werden. Sich in den Boden zu graben oder blindwütig in den Tod zu rennen, das sind die einzigen Möglichkeiten – zu überleben helfen beide nicht. Die Soldaten benehmen sich wie Amateure, nichts, womit sie gedrillt wurden, hat sie auf eine solche Situation vorbereitet; nun ist eben das, was man ihnen abtrainiert hat, wieder gefragt, die individuelle Entscheidung. Freiheit. Man sieht, wie der Truppführer mit der Landkarte durch die Straßen irrt, hoffnungslos verloren, mit einer ihm unnützen Beschreibung der Welt, in der er sich bewegen, die er erobern soll. Dann reißen auch noch die Funkverbindungen ab, die Soldaten sind gänzlich allein; die Häuser starren mit scheinbar leeren Fenstern auf sie herab, auch sie scheinen zu grinsen, wie Pyle gegrinst hat, wie Torrance in THE SHINING gegrinst hat, das Todesgrinsen, das auch Alex in A CLOCKWORK ORANGE kannte, das Grinsen eines Wesens, das vollkommen leer geworden ist und nur noch den Tod bringen kann.

Auch diese Kubrick-Helden sind in ein Labyrinth geraten, aus dem nur wenige von ihnen wieder herausfinden werden. Sie werden von einem *sniper*, einem Scharfschützen beschossen, und es gibt kein probates Mittel gegen diesen Gegner, gegen den die Ausbildung, die Ausrüstung, die *full metal jackets* nichts nutzen. Das Netz der Logistik bricht als erstes zusammen, die Kommunikation nach außen und die untereinander. Schließlich stirbt auch Cowboy in den Armen Jokers, bis die Gruppe endlich den Standort des Schützen ausgemacht hat. Joker führt dann seinen eigenen Krieg gegen diesen Heckenschützen. Es ist eine Frau, von vielen Schüssen verwundet, sterbend. Sie fleht Joker an, sie zu erschießen, und nach einigem Zögern tut er es, wider das Drängen seiner Kameraden, die ihr Opfer leiden sehen wollen. Alles was an Barmherzigkeit in diesem Film möglich ist, das geschieht den Sterbenden gegenüber. Und auch diese Szene ist, wie beinahe alles in diesem Film, zugleich die letzte Erfüllung der ‚Männerphantasie', ihre sarkastische Verhöhnung und ein entscheidender Schritt über sie hinaus.

In Kubricks Auflösung verschmilzt hier endlich der Blick der Protagonisten und der des Zuschauers (und der Zuschauerin): Die Kamera scheint beinahe erstarrt vor dem Gesicht der Sterbenden, die um den Gnadenschuss bittet: „Shoot me. Shoot me" (haben nicht vordem andere mit den selben Worten darum gebeten, eine ‚Aufnahme' von ihnen zu machen?). Alle Varianten des *shooting* sind in diesem Blick vereint. Aber Jokers (vielleicht) erlösender Schuss ist wiederum nur im Off zu hören, auch diese Tat ist am Rande der Wirklichkeit.

Jokers Stimme erklärt, wieder aus dem Off, er habe nun keine Angst mehr. Dann marschieren die Männer vom Kampfplatz ab. Sie singen den *Mickey Mouse March*. Hätten wir ihn je gehabt in diesem Film, dann würden wir nun endgültig jeden festen Halt verlieren. Ein tragisches Endspiel wird mit einem bösen Witz kontrapunktiert. Kubrick hat uns nichts anderes als die Taten seiner Protagonisten zu beurteilen gegeben, und die sind ganz einfach nicht konsistent. Es

gibt nur ‚seltsame Attraktoren': Ein Weg in die ‚Initiation' des Mannes ist zugleich der Weg in den Tod. Der Schuss ist das Zentrum, der mörderische Waffengebrauch, die sexuelle Entladung, das ‚Schießen' der Bilder. Insofern steckt in der ersten Szene in Vietnam so viel komprimiertes Modell wie in der ersten Szene in Parris Island; wie dort das Werk von Tod und Kastration begonnen wurde und mit Hartmans Auftreten der Raum auch seinen Typus erhielt, so ist in dieser Situation diese dreifache Bedeutung von *to shoot* ineinander gespiegelt und einem erneuten Prozess der Kastration untergeordnet. Es ist das Schicksal der amerikanischen Soldaten, denen das dreifache ‚Schießen' gewaltsam auf einen einzigen militärischen Vorgang reduziert wurde, dass sie hier in Vietnam in keiner Weise ‚zum Schuss' kommen. Und all das scheint in dieser letzten Konfrontation zu kulminieren, in der die verwundete Frau Joker bittet: "Shoot me. Shoot me". So erfüllt sich alles. Und nichts.

Bleibt zu fragen, ob, nach den letzten, ebenso grausamen wie grotesken Wendungen im Verhältnis von Töten, Sexualität und Bildern Joker diesen Krieg wirklich verstanden hat oder ob er endgültig ein Teil von ihm geworden ist, ob er, in der Kubrick-Welt, den Weg von der Schizophrenie zur Paranoia gegangen ist. Denn soviel ist sicher: In FULL METAL JACKET geht es um ein wenig mehr als um die Frage, ob denn der Krieg ‚gut' oder ‚böse' sei, oder gut-böse, wie es in der Mythologie des Genres Kriegsfilm der Fall zu sein pflegt.[6] Nur im Krieg – sehen wir vielleicht vom Verbrechen ab – hat die Tat das Wort entmachtet und ist Gegenwärtigkeit als Lebenserfahrung in wahrhaft leidenschaftliche Form gebracht.

Ein altes Gaswerk in Beckton bei London wurde zur Stadt Hué umgebaut. Zeitgenössische vietnamesische Straße (Abb. 1), umgebaute Beckton-Ruinen vor Drehbeginn (Abb. 2) und Filmfoto (Abb. 3)

Kubrick beschreibt den Krieg mitnichten ‚fatalistisch', wie es ihm manche Kritiker vorgeworfen haben, sondern vielmehr in der Radikalität der Gegenwart von Tat und Leidenschaft und in seinem Schrecken, und beides gemeinsam wiederum führt zur Erkenntnis der vollständigen Absurdität.

Es ist der Versuch, den Krieg gleichsam von ‚innen' her zu sehen, mit dem Blick jener Soldaten, die sich mal mit Zynismus, mal mit Verzweiflung darüber im Klaren sind, dass sie sich auf etwas Böses eingelassen haben, aus dem es für sie kein Entrinnen mehr geben kann. Und sie wissen zugleich, dass der Blick von außen, der Blick der ‚Heimat' nicht nur falsch (und gefälscht), sondern schon fremd geworden ist. Da knüpft Kubrick insofern an seinen ersten Film FEAR AND DESIRE an, als er zeigt, dass das Territorium des Krieges immer ‚Niemandsland' ist. Seine Soldaten können aber auch das Land und seine Menschen nicht sehen. „Sie waren kulturell auf die Situation nicht vorbereitet, der sie ausgesetzt wurden, und die selbst sich ihnen nicht offenbaren wollte; weil jeder Mensch, Mann, Frau oder Kind ein Viet Cong sein konnte, wurde das Land selbst zum Feind" (Stanley Kubrick).

Der Regisseur hat dieses Niemandsland für seinen Film selber erschaffen. Die Ruinenstadt Hué wurde aus einer verfallenen Kokerei und einem Gaswerk im Osten Londons in sechswöchiger Arbeit mit Abrissbirne und Gewehrschüssen hergestellt; aus Spanien wurden Palmen eingeflogen, aus Hongkong jene Kunstpflanzen, die der Szenerie die authentische Flora abgaben. Man könnte wohl auch sagen:

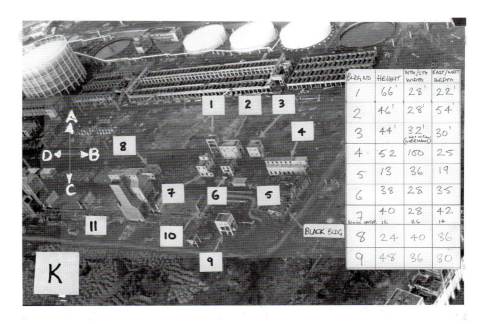

Luftaufnahme des Gaswerks. Rechts sind Maßangaben zu den einzelnen Gebäuden notiert. Für den Film wurden einige von ihnen gesprengt.

Panoramaansicht des Gaswerkgeländes

„SHOOT ME. SHOOT ME" _____ 219

Dieser Schauplatz widerspricht als einzig ‚Reales' (nein, die Figur des Hartman ist vielleicht ein ähnlicher Spiegel) dem Kriegsmythos: Es verhält sich genau umgekehrt wie in den ‚klassischen' Vietnam-Filmen, wo reale Menschen in einer zunehmend irrealen Umwelt unterwegs sind: Hier ist es die Irrealität der Kriegsvorbereitungen und der falsche Blick von Begehren und Angst, der das Geschehen entwirklicht. Nein, ein ‚Antikriegsfilm' ist FULL METAL JACKET nicht. Aber vielleicht der radikalste Kriegsfilm, der je gedreht wurde.[7] In Kubricks Bild vom Kriege gibt es diese Gegenüberstellung überhaupt nicht mehr. Der Gegensatz zwischen Krieg und Menschlichkeit erweist sich als Illusion.

Es führt mehr als ein Weg von PATHS OF GLORY über BARRY LYNDON zu FULL METAL JACKET: Im ersten Film waren die einzelnen Soldaten noch Opfer einer kalten, zynischen Militärmaschine, die bedenkenlos das Individuum opfert, wenn es um das Fortkommen an der Spitze geht; in BARRY LYNDON sehen wir die Soldaten in einen sinnlosen Tod marschieren, nicht nur als ‚Schlafwandler' ohne eigenen Willen, sondern auch schon wie magisch angezogen vom feindlichen Feuer, ohne jeden Impuls zur Flucht. In FULL METAL JACKET schließlich sind die Soldaten nicht mehr allein Opfer dieser Maschinerie des Krieges, sie sind ihr Teil. Der Wahnsinn ist nicht mehr Sache der oberen Ränge, er ist allfällig, eine Trennung von Opfern und Tätern – Grundvoraussetzung für jede moralische Geste gegenüber einer historischen Handlung – ist nicht mehr möglich. Auch Joker ist dabei, vielleicht sagt es schon der Name, ein vollkommen schizophrener Mensch, ein Intellektueller, der sich mit einem Friedenszeichen schmückt und der in der Maschine des Krieges beinahe noch besser funktioniert als alle, die nur funktionieren wollen.

Es ist nicht nur das, was war, es ist das, was ist, was wir sehen, im pessimistischen Blick eines Regisseurs, der uns immer wieder damit konfrontiert, wie wenig sich das Verhalten der Menschen ändert, im Verlauf der Geschichte seiner Zivilisation, und im konsequenten und mutigen Blick eines Filmautors, der sich selbst und seine Kunst zu opfern bereit scheint. „Wie sollte man das Selbstmörderische an diesem Film übersehen?", fragt Paul Virilio, „Selbstmörderisch die Akteure, die überzeugend den Niedergang des ‚offiziellen' Kriegs verkörpern, ebenso wie Regisseur Stanley Kubrick selbst, dessen Werk in fortschreitender Auflösung begriffen ist: Deregulierung der filmischen Erzählung, Freisetzung, eben durch diese Deregulation, der desintegrierenden Kräfte des psychologischen Krieges". Und tatsächlich: Stanley Kubrick, der als „Kontroll-Freak" bezeichnet wird, setzt hier sein Material gleichsam explosiv frei; dass sein ‚Held', Private Joker, schließlich nicht mehr Bilder und Texte zu diesem Krieg fabrizieren will, sondern ein Teil von ihm wird, reflektiert diese Desintegration. Auch FULL METAL JACKET ist am Ende ein Film, der keiner mehr werden kann – als „letzten Kriegsfilm" haben ihn viele Kritiker seinerzeit bezeichnet, unsere Vergesslichkeit unter- und unsere Bildermoral überschätzend.

Es gibt eine klare Linie des ‚Fortschreitens' in diesem Film, eine Abfolge der Tode, die mit dem Fallen der Haare beginnt, über das Zerbrechen der Person bis hin zum wirklichen Tod und dann über ihn hinaus. Wenn Joker am Ende erklärt, er habe nun keine Angst mehr, dann ist dies auch so etwas wie eine Wiedergeburt. Durch die Inszenierung der Szene unterstützt, können wir sie auch als jenseitige ansehen; so wie in der Mitte einmal die Soldaten aus der Perspektive zweier toter Soldaten aus dem Grab gesehen werden, so könnte auch hier die Stimme eines Toten zu hören sein.

Auch hier wieder spricht Kubrick von der Dualität der Dinge, von Widersprüchen, für die es keine dialektische Auflösung in der Geschichte (in der *story* und in der *history*) geben kann. Diese Widersprüchlichkeit trägt Private Joker auf seinem Helm, wenn er das Peace-Zeichen neben der Aufschrift *Born to Kill* ausstellt. Es ist die Spaltung des Bewusstseins, wie es Joker gegenüber einem Oberst ausdrückt, in den Fremden- und Feindeshass auf der einen, die Freundlichkeit auf der anderen Seite: Joker ist einer, der zu Empathie und Mitleid ebenso fähig ist wie zu Hass und Gewalt.

Teil 1 und Teil 2 dieses Filmes scheinen nur sehr unvollständig zueinander zu passen, wenn man den Film nach seinen Schauplätzen dekomponiert. Gegen den realen Schrecken des Krieges ist die Ausbildung in Parris Island ein Witz, aber dabei geht es nicht einfach um eine Steigerung, sondern um etwas ganz anderes. Das Bild des Krieges, für das die Soldaten ‚geschliffen' werden, und jenes, das sie dann produzieren und erleben, haben kaum etwas miteinander zu tun. Und doch ist das eine nicht ohne das andere zu denken. Doch diese Dualität der Schauplätze löst sich in der Komposition der Handlung durch-

Vincent D'Onofrio und Matthew Modine

Matthew Modine, Vincent D'Onofrio und R. Lee Ermey

aus anders auf – ohne ihre Dualität zu verlieren: So könnten wir etwa die Szenen auf Parris Island als Teil 1 ansehen (mit einer Länge von zirka 45 Minuten), und die Szenen, die das Leben Jokers und seiner Kameraden inmitten der verschiedenen Schauplätze des Krieges zeigen, als Teil 2 (wiederum eine Länge von zirka 45 Minuten), und als Teil 3 die *Sniper*-Sequenz (von zirka 20 Minuten Länge), bleibt für die Coda eine Länge von etwa zwei Minuten. Während Teil 1 und Teil 3 extrem konzentriert sind, was Schauplatz, Charaktere und Zeit anbelangt, ist Teil 2 offen und episodisch, beiden voneinander scheinbar so unterschiedenen Teilen zugewandt und deren Elemente aufnehmend und verwandelnd. Es ist als würde hier auf Menschen geblickt, die die Regeln des Spieles aushandeln und kommentieren wollen, unter denen der nächste Akt gespielt wird. Ein (vergeblicher) Versuch, die falschen Züge vom Anfang noch einmal zu überdenken: Die Logik von Parris Island ist nicht die Logik des Kriegsschauplatzes Vietnam.

Dreimal setzt der Film mit einer vollkommen anderen Perspektive ein: Im ersten Teil scheinen wir einer beinahe dokumentarischen Beobachtung beizuwohnen (die Kamera ist beweglich, untersucht, mischt sich ein); der dritte Teil erscheint stattdessen wie ein furchtbares Theaterstück, an einem Ort muss sich die Kamera wie die Soldaten in den Dreck graben, imitiert aber in dieser Untersicht auch den Blick des Zuschauers auf eine in Unordnung geratene Bühne. Der kurze vierte Teil wirkt wie eine makabere Operette; die Soldaten ziehen ab, mit der Hymne auf Mickey Mouse auf den Lippen. Während uns im ersten Teil vor allem graute, wir vor Zorn zu beben lernten, im zweiten Teil Mitgefühl entwickelten (ein Mitgefühl freilich, das nicht wirklich zum Mitleid und schon gar nicht zum Mitleiden führt) gibt der letzte Teil das Geschehen einer erhabenen Lächerlichkeit preis. Dies alles hat zu nichts weiterem geführt. Aber auch diese Szene überschreitet das vorgegebene Maß des Realistischen; so wie die *bathroom*-Szene am Ende von Teil eins nicht mehr eindeutig den Bereichen Traum oder Realität zuzuordnen ist, so ist auch dieser Schluss als surrealer Flash zu sehen. Das Ende erinnert an das burleske Ende anderer Kubrick-Filme; es sind dies die Momente der größten Komik und der größten Hoffnungslosigkeit.

Und das Subjekt dieser Komposition/Erzählung, das wir, beinahe unnütz zu sagen, immer auch als sarkastisches Abbild des Künstlers ansehen können? Natürlich kann ‚Joker', wie es seinem Namen entspricht, eine Karte im Spiel bedeuten, die überall auftauchen und jede beliebige andere Karte ersetzen kann. Ein Verbindungsstück wie der Monolith in 2001: A SPACE ODYSSEY, der Verfolger in LOLITA. Im ‚Joker' aber spukt natürlich auch der *joke*, für ihn ist die ganze Sache ein großer Witz, wenn auch kein guter. Ebenso aber können wir ihn exemplarisch sehen als den Kubrick'schen Menschen zwischen dem freien Willen und dem, was Struktur und Geschichte vorschreiben. Joker macht immer mit, und er macht es immer besser als alle anderen. Nie verlässt ihn sein Überlegenheitsgefühl, ein Gefühl, Außenseiter zu sein, und zugleich scheint er sich immer danach zu sehnen, Teil der Gruppe, Teil der Maschine zu sein.

Stanley Kubrick

Er macht mit, als die Kompanie Pyle nachts überfällt und schlägt, und zugleich wird er zum Beschützer dieses ungeschlachten Kerls; er vermittelt ihm auf einer zweiten Ebene die Teilhabe (und ist dabei an der Produktion der zu früh explodierenden Bombe ebenso ‚schuld' wie Sergeant Hartman selbst), und er erweist sich immer als der perfideste Teil der Kriegsmaschinerie, intelligent genug, an der Propagandaproduktion teilzuhaben, und dann, als er sich entschieden hat, nicht mehr am Bild des Krieges, sondern in ihm selbst zu wirken, ist er es, der die schrecklichste und absurdeste Gefahr zu vernichten weiß. Eben weil sich in seinem Wahn noch die Spur der freien Entscheidung, des autonomen Denkens findet, ist er ein Schlüssel, ein Passepartout für die Widersprüche der Kriegsmaschine: Joker taucht immer dort auf, wo die Maschine Krieg an ihr Ende gerät. Immer ist es das freie Subjekt, das den maschinellen Wahnsinn in Gang hält. Weil er ‚anders' ist und doch immer dazugehören will. Kubrick exemplifiziert für das eine Mal nicht den Mythos, sondern die Gefährlichkeit des Außenseiters, so wie er auch keinesfalls eine moralische Dichotomie zwischen Maschine und Subjekt herstellt.

Was uns auffallen mag, ist die Stetigkeit, die Flüssigkeit der Bilder. Gewiss mag ein ungeheuerlicher Bruch zwischen den Szenen im Ausbildungslager und denen im Kriegseinsatz zu spüren sein. Aber gerade der Bildfluss, die Rhythmik verbindet die beiden Teile (einschließlich des Zwischenspiels und der Coda) wieder miteinander. Diese Verbindung entspricht sehr genau der Kubrick'schen Kompositionsmethode aus dem paradoxen Nebeneinander der Element-Verflüssigung (auch im Gebrauch der Kamera, die die Großaufnahme stets in eine Entwicklung stellt und nicht als Schock- oder Bruch-Element verwendet) und der Spiegelung, Wiederholung. Das Prinzip der Konstruktion von Linie und Kreis wiederholt sich auf dieser Ebene, so wie die Farbdramaturgie innere Beziehungen setzt (das unwirkliche Blau in der *bathroom*-Szene, und das unwirkliche Rot in der *Mickey Mouse March*-Szene).

Man kann FULL METAL JACKET als ein Stück des brechtisch-epischen Kinos ansehen, bei dem Elemente und Beziehungen des Systems Krieg einer detaillierten Untersuchung unterzogen werden, man kann ihn als Kapitel in einer philosophischen Bilderreise ansehen, die Stanley Kubrick in die Gründe und Abgründe der Subjektphilosophie unternommen hat, und schließlich ist es vermutlich sogar statthaft, den Film, wie es Radio Vatican einst getan hat, im Sinne einer offenen Theodizee als „Suche nach den Wurzeln des Bösen und den Ursachen der Widersprüche in der menschlichen Existenz" zu verstehen. Doch „der eigentliche Zweck eines Filmes ist Aufklärung", hat Stanley Kubrick einmal gesagt. Und als Aufklärer ist Kubrick immer wieder zum Krieg und zu seinen Bildern zurückgekehrt, denn hier ist der Mythos der Zivilisation als System von Sprache und Bild als Selbstbetrug am offensten. In allen Filmen von Stanley Kubrick seit DR. STRANGELOVE geht es darum, dass jemand verrückt wird, oder, anders ausgedrückt, die Balance von gesellschaftlicher und subjektiver Kontrolle verliert. Jeder ‚Psychopath' bei Kubrick ist Subjekt und Objekt fehlgeschlagener Kontrollvorgänge: Kubrick-Helden werden verrückt, weil sie über andere die Kontrolle verlieren (wie der Held von LOLITA), oder sie werden verrückt, weil sie der Kontrolle durch andere ausgesetzt sind – und der Held von EYES WIDE SHUT gehört zu jener Sorte, die nicht einmal genau weiß, welche von beiden Möglichkeiten zu ihrem Wahnsinn geführt hat). FULL METAL JACKET gehört zu den Filmen, in denen dieser Zustand, die den Menschen in eine Welt tatsächlich jenseits von Gut und Böse führt (wie sollten wir die Schuldfähigkeit, das Bewusstsein der entleerten und zu lebenden Waffen degradierten Menschen von Parris Island beurteilen?), als gesellschaftliche Produktion aufzuklären versucht wird. Dieses absurde ‚Rechnen mit der Verrücktheit', das jedes strategische Denken im Krieg miteinschließt, hat genügend Vorbilder in der realen Geschichte. Präsident Eisenhower erklärte 1956 in einem Memorandum für sein Kabinett, dass die Kriegführung seiner Zeit bedeute, mit Leuten zu operieren, die vor Angst und Unwissenheit verrückt seien: „We are going to have to be prepared to operate with people who are nuts." Der Zustand der Psychopathologie, des individuellen oder kollektiven Wahnsinns, ist freilich einer, der sich der Aufklärung ebenso wie der Kontrolle entzieht. Es sind die Bilder, die mehr ‚erklären' können als die Diskurse. Deshalb ist FULL METAL JACKET immer auch als ein aufklärerischer Film über das Bildermachen zu sehen.

1 In FULL METAL JACKET gibt es eine Reihe von Einstellungen, die sich direkt auf die Schilderung von Barry Lyndons militärischer Karriere beziehen, Kamerafahrten, die an die Schützengraben-Szenen von PATHS OF GLORY anknüpfen, und Blickwechsel, die Einstellungen aus 2001: A SPACE ODYSSEY wieder aufnehmen – so steht dieser Krieg auch in der intertextuellen Konstruktion von Kubricks Filmen in einer Reihe von der Vergangenheit zur Zukunft.

2 Der erste und einzige explizite Propagandafilm, John Waynes mit Pentagon-Unterstützung entstandener THE GREEN BERETS (Die grünen Teufel, John Wayne / Ray Kellogg, 1968), offenbart denn auch bei näherem Hinsehen die innere Neurose einer Gesellschaft, die im Krieg eine Heilung sucht und sich dabei immer mehr an die Krankheit verliert.

3 Im *bathroom* hat auch Jack Torrance in THE SHINING seine unheilvolle Begegnung mit seinem Vorgänger-Mörder – und es gibt in diesem Film ganz ähnliche Einstellungen auf das Gesicht; es ist das Zentrum der Obsessionen von General Jack D. Ripper in DR. STRANGELOVE, der Raum der Droogs in A CLOCKWORK ORANGE, selbst in 2001: A SPACE ODYSSEY gibt es diesen Ort der Cacotopia, der keine Erinnerung an etwas Schmutziges oder Obszönes hat, als vielmehr auf ein System des Verschwindens und nicht zuletzt auf den Schauplatz einer ersten und letzten ‚Kontrolle' verweist.

4 Da ist sie wieder, an unerwartetem Ort, jene nietzscheanische Forderung, zum Selbsterzieher, zum Selbst-Kontrolleur, schließlich zum ‚Übermenschen' zu werden, in der absurdesten Form, nämlich in der Gleichzeitigkeit der vollkommenen Unterwerfung: Der Mensch, der sein Leben vollkommen beherrscht, kann nur der Mensch sein, der selbst vollkommen beherrscht wird. Das Wesen dieser Inszenierung ist die absurde Sehnsucht nach Kontrolle, wie es sie in allen Filmen Kubricks gibt, und die in seinen Liebesgeschichten wie in seinen Kriegsgeschichten vorherrschend ist. Das System der Kontrolle, das sich in der Kaserne von Parris Island vollzieht, ist in sich absurd, weil es zugleich mit seiner militärischen Ordnung die sexuelle Unordnung erzeugt.

5 Ein *full metal jacket*, genauer gesagt ein *full metal jacketed bullet* bedeutet in der Fachsprache der Rüstung ‚Vollmantelgeschoss' oder ‚Stahlmantelgeschoss', es kann überdies einen vollen Patronengürtel bezeichnen, im Slang der Soldaten bedeutet es aber auch so viel wie ‚volles Rohr' oder auch, anders herum ‚volle Pulle'. Aber was bedeutete es in Stanley Kubricks Sprache? Dem Wort begegnen wir in der Schlüsselszene im Toilettenraum von Parris Island: Leonard erklärt Joker, dass seine M-16 mit *full metal jackets* geladen sei, als Hartman in den gekachelten Raum stürmt und sie als *numbnuts*, als taube Nüsse, beschimpft. Beide Begriffe beschreiben eine ähnliche Erscheinung – die entleerte Hülle – und stehen doch in der radikalsten Opposition zueinander.

6 So wie es in A CLOCKWORK ORANGE um die Frage geht, wie denn der Mensch zu befreien sei, ohne dass auch das Unmenschliche in ihm befreit würde – oder umgekehrt, wie denn das Unmenschliche zu unterdrücken sei, ohne nicht zugleich auch die Freiheit des Menschen zu unterdrücken, so geht es hier um die Tat, die zugleich auch Untat ist. Stanley Kubrick hat in einem Interview mit der italienischen Zeitschrift CIAK die Worte des Südstaatengenerals Robert Lee aus dem amerikanischen Bürgerkrieg zitiert: „Es ist eine Gnade, dass der Krieg so schrecklich ist, sonst wäre unsere Leidenschaft für ihn grenzenlos". Es ist also mehr als ein Faszinosum, das vom Krieg ausgeht und mehr noch von den Kriegsbildern, die gar nicht anders können als ihren eigenen Mythos vom Abenteuer, vom Opfertod, vom Augenblick der Ewigkeit in der Gefahr zu vermitteln, sondern auch die Leidenschaft des bedingungslosen Handelns.

7 Es gibt in der Geschichte des Genres drei Modelle (und um es ein wenig komplizierter zu machen, jedes dieser drei Modelle noch einmal in einer ‚linken' und einer ‚rechten' Ausführung), den Zusammenhang zwischen Krieg und Humanismus zu klären: 1. Der Krieg ist das Gegenteil von Menschlichkeit, und damit gilt es, das Menschliche gegen den Krieg in Schutz zu nehmen. (Im ‚linken' Extrem dieses Modells ist der Krieg eine Verschwörung gegen die Menschlichkeit, im ‚rechten' Extrem dagegen eine Naturkatastrophe.) 2. Der Krieg ist ein Mittel, die bedrohte Humanität zu verteidigen. (Im rechten Extrem ist er dann eine ‚rechtsetzende Gewalt', die im linken und skeptischeren Extrem darauf achten muss, sich nicht an dem zu infizieren, was sie zu bekämpfen glaubt.) 3. Der Krieg ist die große Prüfung der Humanität (stärkt oder verletzt sie, je nach Perspektive). Wenigstens ‚der Einzelne' kommt hier zu der moralischen Selbstgewissheit, die die kriegführende Gesellschaft als Ganzes nicht mehr erreichen kann.

Kubricks Leseexemplar des Romans
***Wartime Lies*, 1991**

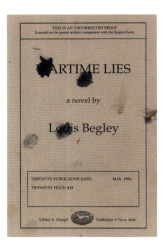

Seite 30 aus Raul Hilbergs Buch
***The Destruction of the European Jews*, 1967**
mit Anmerkungen von Stanley Kubrick

ARYAN PAPERS
und Louis Begleys Roman Wartime Lies

RONNY LOEWY

Erste Seite des Romans mit Anmerkungen von Stanley Kubrick

„Sent/Jan. 3 1991/Elisabeth Sifton/A. Knopf" lautet ein handschriftlicher Eintrag in einem Leseexemplar von Louis Begleys Roman *Wartime Lies*, welches sich – neben einem weiteren Exemplar der ersten Auflage des Buches[1] – in der Bibliothek im Nachlass von Stanley Kubrick befindet. Somit hatte Kubrick die Möglichkeit, dieses Buch, das erst im Mai 1991 erscheinen sollte, bereits einige Monate im Voraus zu lesen. Warner Bros. hatte zugleich die Rechte für ihn erworben.[2] Sein Leseexemplar des Romans hat Kubrick über die Lektüre hinaus genutzt, um in zahlreichen handschriftlichen Annotationen erste Ideen für einen Film festzuhalten.

Wartime Lies war das literarische Erstlingswerk eines bereits 58 Jahre alten Mannes. Louis Begley, 1933 im polnischen Stryi als Ludwik Begleiter geboren, lebt seit 1947 in den USA. Nach dem Besuch von Eliteschulen und Harvard College sowie Militärdienst, übrigens zeitweise in Göppingen, folgt ein Jurastudium an der Harvard Law School. Nach dieser Ausbildung beginnt eine glänzende Karriere als Rechtsanwalt. Als *Wartime Lies* 1991 erscheint, ist Begley ein sehr erfolgreicher Anwalt für internationales Vertragsrecht und Sozius der renommierten Kanzlei Plimpton & Debevoise in New York.

Begley erzählt in *Wartime Lies* die Geschichte einer Kindheit, weitgehend seinen eigenen Erfahrungen folgend. Literarisch, also fiktional gebrochen, beschreibt der Roman die dramatische Geschichte vom Überleben des Knaben Maciek an der Seite seiner Tante Tania im Holocaust. Maciek, Sohn einer angesehenen jüdischen Arztfamilie aus der polnischen Kleinstadt T., überlebt mit seiner Tante einmal schier aus Zufall, aber auch, weil er mit ihr die Begabung teilt, effektiv zu täuschen und zu lügen sowie sich überzeugend zu verstellen. Wie vorzüglich die Lüge in der Realität auch zu einer Strategie des Überlebens taugt, mithin als die Lösung des Problems erscheint, so hoch ist auch der Preis dafür: Die stetige Neuerfindung seines Lebens bezahlt Maciek mit einem sich radikalisierenden Selbstverlust. So ist diese Lüge freilich ebenso das zentrale Problem des Romans selbst, wenn es darum geht, seine eigene Lebensgeschichte derart der autobiographischen Literatur zu überantworten.

Da Begley das Erinnern und Erzählen einem „habituellen Lügner"[3] überantwortet, hängt alle Glaubwürdigkeit des Erzählens – und dem Leser wird dabei viel zugemutet – in prekärer Weise von Begleys Zeugenschaft ab. Letztlich verlangt Begley vom Leser, selbst die Verantwortung dafür zu übernehmen, was er glaubt oder nicht glaubt. Damit sich nicht allein der Zweifel durchsetzt, bei dem nur noch das Fiktive, das Erfundene übrig bliebe, musste Begley zwischen sich und seiner eigenen Erinnerung Abstand schaffen. Das mag im Leben von Begley eine Erklärung dafür sein, dass er erst aus der Entfernung von mehr als vierzig Jahren zum erzählten Ereignis zu schreiben begann. Aber zum Schreiben dieser Geschichte bedurfte es auch der literarisch konstruierten Distanz. Es sind Worte im polnischen Idiom, an denen sich die Erinnerung an die Kindheit des sich im Amerikanischen erinnernden und verständigenden Erwachsenen festhält: Auch „gibt es kaum Dialoge in direkter Rede; sie werden fast immer in indirekter Rede wiedergegeben. Schon diese Technik stellt eine gewisse Distanz zwischen Erinnerung und Erzählung her."[4] Die komplexe literarische Form Begleys besteht darin, dass sich eine zweite Erzählung über das Erzählen auf die erste über die erinnerte Erfahrung Macieks legt. Für den Filmregisseur Kubrick musste die naheliegende Lösung, diese in der Sprache organisierte Erzählstruktur des Romans für den Film zu übernehmen, versperrt bleiben. Die ‚Macht der Bilder' strukturiert das Erzählen anders, vor allem auch das Erzählen von einer von Protagonisten ‚erfundenen' Realität, sei sie phantasiert, geträumt, erlogen. Im Film mag diese den Hauptfiguren handlungstechnisch angehängt und allenfalls psychologisch ‚erklärt' werden, was Begleys Roman ausdrücklich nicht tut.

Die Rekonstruktion der Vorbereitungen von *Aryan Papers* gibt nur andeutungsweise etwas davon preis, wie Kubrick aus dem Buch einen Film gemacht hätte. Zwar war das Projekt sehr nahe an einen Drehbeginn vorangetrieben worden, doch geben die überlieferten Dokumente und mündliche Aussagen beteiligter Mitarbeiter nur ein sehr fragmentarisches Bild ab.

Kubrick und Holocaust

Filmregisseure wie Roman Polanski oder István Szabó beispielsweise haben ein unschlagbares Motiv vorweisen können, in ihre Karriere gleich einem ‚Wundmal' ihren Holocaust-Film einzuschreiben: Nahe Verwandte, diesen Regisseuren zum Teil auch nur mittelbar vertraut, wurden im Holocaust ermordet. Polanski und Szabó gelten selbst als Überlebende des Holocaust. Für Kubrick galt dieser Kontext nicht, in seiner nahen familiären Umgebung – er selbst lebte väterlicherseits in dritter Generation von in die USA eingewanderten Juden aus königlich-kaiserlichem Galizien und Ungarn[5] – gab es keine starke und bedrängende Präsenz von Opfern.

In Kubricks Karriere fällt zunächst ein wiederkehrendes Interesse an deutschsprachiger Literatur und deutscher Geschichte auf. Davon zeugen eine unrealisiert gebliebene Idee, Stefan Zweigs *Brennendes Geheimnis* zu verfilmen, oder vor allem EYES WIDE SHUT, seine Adaption von Arthur Schnitzlers *Traumnovelle*. Gab es in PATHS OF GLORY nur eine einzige deutsche Figur, eine junge Zivilistin ausgerechnet,[6] so schrieb Kubrick 1958 zusammen mit Richard Adams *The German Lieutenant*, ein Drehbuch zu einem nicht realisierten Film mit einer Geschichte, in deren Zentrum deutsche Offiziere während der letzten Tage des Zweiten Weltkrieges stehen.[7] Auch soll Kubrick eine Idee für einen Film gehabt haben, dem als Stoff Albert Speers *Erinnerungen*[8] zugrunde lag.

Erste Hinweise, dass Kubrick nach einem Stoff zu einem Holocaust-Film zu suchen begann, gehen auf die 1970er Jahre zurück. Vor allem die Lektüre von Raul Hilbergs umfangreicher Untersuchung *The Destruction of the European Jews*[9] über die praktische Umsetzung der deutschen Vernichtungspolitik

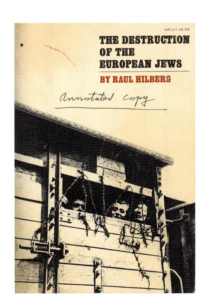

hat Kubrick sehr stark motiviert. Davon zeugen zahlreiche Annotationen von Kubrick in diesem Buch aus seiner Privatbibliothek.[10]

Bereits vorher kam Kubrick auf die Idee, bei Isaac Bashevis Singer nachfragen zu lassen, ob er bereit sei, ihm für einen Film eine Holocaustgeschichte zu schreiben. Jan Harlan erinnert sich an „[…] my meeting with Isaac Bashevis Singer in New York 26 years ago. For years Stanley had wanted to make a film that touched on the holocaust. But he had not found a collaborator to translate his ideas into a script. It was in the early 70s when I was introduced to Singer's wonderful novels and short-stories. He then had only limited appeal even in the USA. I was enthused and told Stanley about these rich and juicy stories drawn from a wealth of experience and great knowledge. Stanley read some of the short stories and the novel *The Slave* and was convinced that he had found the right man. He asked me to see Singer in New York and propose to write an original screen play for Stanley. I made an appointment through his publisher and a few weeks later rang the door bell at this unassuming apartment block somewhere on the Upper Westside of Manhattan. After some time of lively exchanges and questioning about us as individuals and Germans who lived in England he finally asked: 'And what brings you to me?' I told my story, gave him Stanley's letter, explained that Stanley was looking for an artistic story, a drama focusing through some individual characters on the catastrophic events of the holocaust and that Stanley believed that he would be the ideal writer for such a film treatment. Mr. Singer paused and looked at us and said after a while: I am very honoured by Stanley Kubrick's confidence in me – but, I don't know the first thing about this. There was no need to discuss this further – the point was clearly taken and I swallowed my reasoning that he had lived for decades in the society of refugees and survivors. Stanley was more than disappointed and his first reaction was: 'I sure know what he means'."[11]

Adaption

Ein ausformuliertes Drehbuch zur Verfilmung von *Wartime Lies* existiert nicht und hätte vermutlich auch bei Realisierung des Projekts nicht existiert, was bei der Arbeitsweise von Stanley Kubrick nicht sehr ungewöhnlich gewesen wäre. Es gibt mehrere Entwurfsstufen zu möglichen filmischen Adaptionen des Romans. Kubrick verfasste sie alle ohne Zusammenarbeit mit einem weiteren Autor (auch nicht für die Dialoge). Ein erster Schritt („1st draft") vom 20. August 1991 besteht weitgehend in einer Abschrift des Romans, allerdings mit Kürzungen und Straffungen, vorgenommen sowohl beim Abschreiben wie mittels Durchstreichungen im 158 Seiten umfassenden Script.[12] Diese Fassung enthält noch keinerlei Einteilung in Szenen oder andere Hinweise auf eine filmische Umsetzung.

Die folgenden Entwürfe, wie ein 126 Seiten langes Script vom 12. Juni 1992, dienten der Verknappung des detailreichen Romans, in wenigen Ausnahmefällen auch seiner Anreicherung. Ideen zur filmischen Umsetzung sind von Kubrick in zahlreichen handschriftlichen Anmerkungen festgehalten. Eine weitere Stufe der Adaption – datiert mit 5. und 7. Oktober 1992 – enthält bereits handschriftlich eingetragene Nummerierungen von Szenen und erste ausformulierte Dialoge. Abweichend vom Roman und vom vorangegangenen wie folgenden Script werden am Ende das dramatische Pogrom im polnischen Kielce am 4. Juli 1946 sowie ein Camp für *displaced persons* erwähnt. Und die Geschichte endet schließlich mit der Auswanderung der beiden Protagonisten nach „Israel", respektive dem britischen Mandatsgebiet von Palästina.

Ein, soweit überliefert, letztes Script, datiert vom 14. April 1993 und ebenfalls 126 Seiten lang, ist nunmehr genau in 256 Szenen eingeteilt. Viele Szenenfolgen enthalten detailliert ausgeführte Dialoge, andere sind noch sehr schematisch, oft nur mit historischen Datumsangaben, Orten und Ereignissen beschrieben. Dieses Script endet mit einem Epilog in einem Wald irgendwo in Polen, eigentlich im Nirgendwo.

Legende des Koffer-Drehplans mit durchnummerierten Rollennamen. Die Nummern tauchen auf den Pappstreifen des Plans wieder auf. So lassen sich die Rollen für die Szenen wiederfinden.

Alles in allem weicht die Geschichte nicht wesentlich von Begleys Roman ab, allerdings verstärkte Kubrick die Präsenz der Figur Tania zunehmend von Entwurf zu Entwurf. Bisweilen entsteht der Eindruck, als plane Kubrick gar, Tania gegenüber Maciek eine dominantere Rolle zu geben, und dies nicht nur, weil der Film im Gegensatz zum Roman die Geschichte nicht durchgehend (oder vielleicht auch gar nicht) in der ersten Person von Maciek erzählen sollte.

„Kubrick's got his next pic"

Es mag der strengen Geheimhaltung geschuldet sein, auf die Kubrick respektive Warner Bros. alle Beteiligten verpflichteten, die mit dem Projekt *Aryan Papers* in Verbindung standen, dass *Variety* am 5. April 1993 mit einer zwar ausführlichen, aber aus nicht sehr gut unterrichteten Kreisen stammenden Meldung kam: „Stanley Kubrick will begin filming this summer on his first film in more than six years and as is traditional with Kubrick projects, details of the story line are sketchy. [...] Informed sources say the Kubrick pic is set during the aftermath of the fall of the Berlin Wall [sic!]. And centers on a boy and a young woman on the road in Eastern Europe."[13]

Trotz dieser Meldung gelang es Kubrick, die Vorbereitungen zu *Aryan Papers* streng geheim zu betreiben. Nur ein kleiner Stab von Mitarbeitern war über das Thema des Projekts informiert worden, und alle Vorbereitungen liefen bei Kubricks Produktionsleiter Jan Harlan zusammen. Zu der kleinen verschworenen Gemeinschaft um Kubrick und Harlan gehörten aus der engeren Crew noch Co-Produzent Philip Hobbs, der Assistent Anthony Frewin, der Filmarchitekt Roy Walker und einige Funktionäre der Warner Bros. von Terry Semel (*co-chairman*) bis Eric H. Senat (*vice president, business affairs Europe*). Ebenso zur Verschwiegenheit verpflichtet waren weitere Beteiligte wie der Aufnahmeleiter Chris Brook, die Kostümbildnerin Barbara Baum, ihre Assistentin und die beiden für die Hauptrollen vorgesehenen Darsteller, Johanna ter Steege und Joseph Mazzello. So wurde den meisten Beteiligten Begleys literarische Vorlage zum Script nicht bekannt gemacht, einige bekamen das Script nur für wenige Stunden zur Lektüre überlassen. Auffällig ist auch, dass in der gesamten Korrespondenz zum Projekt *Aryan Papers* niemals dieser Filmtitel, der der literarischen Vorlage oder ein anderer Arbeitstitel fällt.

Außer den Arbeiten von Kubrick am Script fanden alle Produktionsvorbereitungen im Zeitraum von Herbst 1992 bis zum November 1993 statt. Der auf einen Herbsttermin angesetzte erste Drehbeginn wurde in kurzen Abständen immer wieder revidiert. Die letzten Terminplanungen, festgehalten in diversen detaillierten Aufstellungen von Drehtagen, Drehorten, Einstellungen, beteiligten Darstellern, technischen Angaben etc., sahen eine Drehzeit von 119 Drehtagen vom 7. Februar bis zum 5. Juli oder 136 Drehtagen vom 1. März bis 5. August 1994 vor.[14]

Location Scouting

Verhandlungen über Drehorte, Drehgenehmigungen und die drehtechnischen Voraussetzungen beginnen mit tschechischen wie slowakischen Behörden und Firmen im November 1992 und ziehen sich bis Ende Juni 1993. In der engeren Wahl sind vor allem die Städte Brno und Bratislava, aber auch Prag. Wegen weiterer Drehorte wird auch in Dänemark und Österreich verhandelt. Am 20. Mai 1993 schreibt Jan Harlan, der die Verhandlungen für Kubrick vor Ort führte, die Außenaufnahmen betreffend an Eric H. Senat: „Stanley is by now more interested in Brno than in Bratislava".[15] Hier sollten vor allem jene Szenen gedreht werden, die in Macieks und Tanias Heimatstadt spielen, welche in Kubricks Scripts nicht mehr wie bei Begley „T.", sondern Nikolaev heißt. Bezüglich der Studioaufnahmen war die Entscheidung für ein Filmatelier in Bratislava gefallen. Die Dreharbeiten, zunächst schon für Herbst 1993 geplant, waren praktisch vorbereitet. „Wir waren schon so weit, dass wir von der Stadt Brno die Genehmigung hatten, die Stadtmitte für ein Wochenende zu sperren, die alten Straßenbahnen aus den Straßenbahn-Museen wieder auf die Schienen zu setzen und die Nazi-Fahnen von den Häusern herunterhängen zu lassen."[16]

--- END OF DAY 48 -- Mon, Apr 11, 1994 -- pgs.							
253	INT	ELDERS-HOUSE BIEDA TANIA KILLS THEM		NIGHT B	3x10	90	1, 8, 10, 17, 45
--- END OF DAY 49 -- Tue, Apr 12, 1994 -- pgs.							
253	INT	ELDERS-HOUSE BIEDA TANIA KILLS THEM		NIGHT B	3x10	90	1, 8, 10, 17, 45
--- END OF DAY 50 -- Wed, Apr 13, 1994 -- pgs.							
60	INT	CATHOLIC SURGEON OFFICE IMPOSSIBLE TO GIVE TANIA WORK		DAY N	4	30	1, 25
62	INT	WEHRMACHT-OFFICE TANIA MEETS REINHARD		DAY N	5	30	1, 7
62.1	EXT	WEHRMACHT-OFFICE-STREET TANIA ENTERS	62	DAY N	1	8	1
--- END OF DAY 51 -- Thu, Apr 14, 1994 -- pgs.							
65	INT	WEHRMACHT-OFFICE TANIA WORKING		NIGHT N	2	10	1, 7
80	INT	FORGER APARTMENT GRANDFATHER AND FORGER		DAY N	2	10	3, 35
61	INT	JEWISH COUNCIL BERN CALLS REINHARD		DAY N	3	20	7, 11
114	INT	GESTAPO OFFICE BERN TORTURING BERN		NIGHT A	2	10	11, 49
--- END OF DAY 52 -- Fri, Apr 15, 1994 -- pgs.							

UNIT TRAVEL TO BRNO OR OSTRAVA SATURDAY 16TH APRIL
SUNDAY DAY OFF / UNPACK
WEEK 9

Drehplan (Ausschnitt), 10. August 1993. Auf diesem Computerplan sind, neben den üblichen Angaben zu Drehort und -technik, bereits die Drehdaten vermerkt. Geplanter Drehbeginn war Montag, der 7. Februar 1994. Als letzter Drehtag war Dienstag, der 5. Juli 1994 vorgesehen.

Neben finanziellen, organisatorischen und technischen Gründen waren für Kubricks Wahl der Drehorte vor allem unzählige Fotografien ausschlaggebend, die im Frühjahr und Sommer 1993 von Jan Harlan, Philip Hobbs und Anthony Frewin in der Tschechischen Republik, der Slowakei und Polen gemacht wurden. Bei diesem *location scouting* entstanden in einer gigantischen Menge Fotografien, die Kubrick über die Entscheidungen für Drehorte hinaus vor allem dabei helfen sollten, seine Filmbilder treffend zu inszenieren. Nicht auf die Informationen einzelner Bilder, sondern vorrangig auf die schiere Menge, auf eine berauschende Flut von Bildern, kam es Kubrick an. Vermutlich kompensierte Kubrick so seine strategische Abwesenheit von den zukünftigen Schauplätzen seines Films.

Die Macht der Bilder

Jene Konvolute von Fotos, die aus Archiven, Bibliotheken etc. beschafft worden sind, stehen denen vom *location scouting* in ihrer Menge nicht nach. Sie waren Bestandteil der historischen Recherche und reichten von Fotografien jüdischer Häftlinge in den Ghettos und Vernichtungslagern über Bilder vom unversehrten Leben osteuropäischer Juden, von Polen, Deutschen, Zivilisten wie Soldaten bis hin zu Außenaufnamen von Straßenzügen, Gebäuden, Autos, Waffen, von Innenräumen, Möbeln, Kleidern, Gegenständen des Alltags. Dazu kommen ganze Jahrgänge diverser illustrierter Zeitschriften mit Fotos zur Recherche für Filmarchitektur, Ausstattung, Requisite, Kostüme.

Auch rätselhafte Bilder befinden sich darunter, z. B. unendlich viele Fotos von Wäldern in Dänemark. Oder ein einzelnes Foto einer Tür, auf dem mit blauer Tinte „Harry Lime's door" steht. In einer der Scriptfassungen ist an einer Stelle von zwei Gestapomännern und einem „Third Man" die Rede. Ungewöhnlich ist auch, dass „Third Man" in Anführungsstriche gesetzt ist, was sonst im Script nie vorkommt.[17] Womöglich wollte Kubrick zitieren – eine Anspielung auf THE THIRD MAN (Der Dritte Mann, Carol Reed, 1949), Harry Lime oder Orson Welles? Das Zitieren von Filmen in Filmen, auch versteckt, war Kubrick nicht fremd.

Casting

„Joseph Mazzello, who appears in Universal's ,Jurassic Park', has been set for the role of the boy. [...] The parts of the young woman, previously mentioned as a possibility for Julia Roberts, is apparently uncast. Reports that Uma Thurman is in discussions were denied by her agent [...]. Kubrick has sent scouting expeditions and made inquiries about locations and facilities in Poland, Hungary and Slovakia. According to a source close to the production, he favors basing the film out of Bratislava, Slovakia. [...] a distribution rep said the film is on the studio schedule for Christmas 1994."[18]

Uma Thurman und vor allem Julia Roberts gehörten sicherlich zu den Favoriten von Warner Bros. für Kubricks Film. Aber es kam anders. Kubrick schickte in Amsterdam Harlan bei Johanna ter Steege vorbei, einer Schauspielerin, die bereits einige größere Rollen im internationalen Filmgeschäft bekommen hatte, um bei ihr anzufragen, ob Kubrick sie anrufen dürfe.[19] Wenige Tage später traf man sich zum Casting auf Kubricks Landsitz. Johanna ter Steege, noch am Anfang einer Karriere stehend, konnte nur gewinnen, gab sie in einem Interview[20] zu verstehen: „What was very important is that I had no fear when I met Stanley". Nachfrage: „He is big, Kubrick?", Johanna ter Steeges Antwort: „But he is too big. So there is no reason to have fear". Die junge Schauspielerin versuchte die asymmetrische Situation bei der Begegnung mit dem großen Kubrick für sich zu nutzen. „I remember that I was waiting in the kitchen and I thought: I have to sit with my back to the window because when Stanley will come into the room, I will have all the light in his face and I can see him properly for the first moment that we meet. And he came into the room and he looked at me and he looked at the table and he said: 'Can you please sit on the other side of the table?'" Es blieb die einzige Herausforderung, die Johanna ter Steege nicht bestand. Kubrick, der sich alle Filme mit Johanna ter Steege angeschaut hatte, fragte die Schauspielerin aus, nach ihrem Leben, nach ihren Filmen, bevor er selbst am folgenden Tag mit Fotoapparat und Filmkamera einen *screen test* mit ihr machte. Am späten Abend ergriff sie

Johanna ter Steege
Foto: Stanley Kubrick

erschöpft die Initiative: „'I think, I have been doing so much work today. It's time that you tell me a story.' He said: 'Well, you are hired. I want you to play the part in the film'". Noch in England folgten erste Tests mit Kostümen durch Barbara Baum, die später in Berlin fortgesetzt wurden. Dann kamen die regelmäßigen Anrufe von Jan Harlan, dass der Drehbeginn sich verzögere – und schließlich im November die Nachricht vom Abbruch oder eher vom Aufschub des Projekts.

In die gleiche Zeit fiel auch die Entscheidung, die Rolle des Maciek mit Joseph Mazzello zu besetzen, der zuvor in Jurassic Park (Steven Spielberg, 1993) spielte. Für weitere Rollen ließ sich Kubrick im Juni 1993 *screen tests* von der Firma Heritage Films in Warschau schicken, die für Schindler's List (Schindlers Liste, Steven Spielberg, 1993) gemacht worden waren. Auch Armin Mueller-Stahl stand zeitweise auf einem Wunschzettel Kubricks: für die Rolle eines deutschen Offiziers, für die er allerdings zu alt gewesen wäre.

Kostüme

Im Winter 1992/93 arbeitete die Kostümbildnerin Barbara Baum für eine Filmproduktion in London. Auf eine Empfehlung des Filmarchitekten Jan Schlubach wird sie zu einem Treffen mit Kubrick in das Haus von Kubricks Tochter Katharina Kubrick Hobbs und Philip Hobbs eingeladen. Nach einem von Kubrick investigativ geführten Gespräch wird eine Zusammenarbeit verabredet. Da mehrere Monate lang keine konkreten Termine für Barbara Baum vereinbart werden, sagt sie zunächst ab und arbeitet für The House of Spirits / Andernes Hus / Das Geisterhaus (Bille August, 1993), wird aber anschließend direkt nach den Dreharbeiten in Dänemark Ende April von Kubrick engagiert und beginnt mit ihrer Arbeit am 3. Mai 1993. Die Verschlossenheit Kubricks, die indirekte Kommunikation mit Zetteln, verstörten Barbara Baum, die gewohnt war in einer kommunikativen Atmosphäre zu arbeiten. „Es wurde überhaupt nicht diskutiert. Er hat sich nur Ergebnisse angeguckt."[21] Erst langsam konnte sie der verknappten Kommunikation mit Kubrick etwas abgewinnen. Von Philip Hobbs lernte sie, „'never say, I guess', man muss immer sagen, ganz sachlich: schwarz oder weiß, grün oder gelb, ganz klare Aussagen. Ich glaube, ich war ihm zwischendurch etwas zu barock." Kubrick konfrontierte Barbara Baum mit sehr hohen Standards; beispielsweise wollte er für einige Darsteller unbedingt Originaluniformen, deren Beschaffung allerdings, zumindest in der benötigten Anzahl, praktisch unmöglich war. Mit ihren Kenntnissen bei der Beschaffung von Stoffen und Kostümen, mit ihrer Begabung, Lösungen anzubieten, vermochte sie Kubrick zunehmend zu

Kostümproben

überzeugen. Sie recherchierte für Kostüme in London, Wien, München und Berlin, wo im Fundus der Theaterkunst GmbH Fotos mit Johanna ter Steege bei Kostümproben gemacht wurden. Barbara Baum stellte, gemeinsam mit ihrer Assistentin Gioa Raspé, präzise nach Drehplänen und Einstellungen geordnete Listen zur Einkleidung einzelner Darsteller zusammen. Die Kostümbildnerin fand die Arbeit für Kubrick in der Abgeschiedenheit seines Landsitzes, nur unterbrochen von einigen Recherchereisen, zunehmend spannend. „Es war eine einmalige Geschichte. Ich bin weder vorher noch nachher jemals so an ein Projekt herangegangen. Ich denke, dass er wahnsinnig viel sammelte in seinem Kopf, tausend Eindrücke aufnahm, daraus etwas machte. Die Entscheidung, dabei zu bleiben, die fällt da noch nicht, damit man immer wieder etwas verbessern kann." Und ihr gefiel schließlich die Arbeit in Kubricks verschworener Gemeinschaft, in „einem solchen Gründerkomitee für einen Film".

Eine Gestaltung oder gar Anfertigung von Kostümen fand noch nicht statt. „Bis zum Zeichnen sind wir überhaupt nicht gekommen. Es ging nur darum, wo man die Sachen herbekommt." Barbara Baum arbeitete drei Monate in England, dann reiste sie zurück nach Berlin und wartete. Im November bekam sie die gleiche Nachricht wie Johanna ter Steege.

Abbruch

„That was about success, wasn't it? The Holocaust is about six million people who get killed. SCHINDLER'S LIST was about six hundred who don't"[22], lautete Kubricks sarkastisches Urteil über den Film eines guten Freundes. Dieses Urteil hätte auf den ersten Blick auch für *Aryan Papers* gelten können. Geschichten vom Überleben im Holocaust sind freilich keine Erfolgsgeschichten. Das Überleben selbst kann als ein Gewinn erscheinen, aber der Preis dafür mag in der Regel so unermesslich sein, dass Gewinne und Verluste niemals aufrechenbar sind.

Im November beschließen Stanley Kubrick und Terry Semel von Warner Bros., die Produktionsvorbereitungen von *Aryan Papers*, in die zu diesem Zeitpunkt schon viel Geld investiert wurde, zugunsten von *A.I.* einzustellen, einem Projekt, an dessen Realisierung Warner Bros. ohnehin ein größeres Interesse hatte als an *Aryan Papers*. Vor allem aber die Tatsache, dass SCHINDLER'S LIST fertig gestellt war und die Premiere des Films für Dezember bereits vorbereitet wurde, war ausschlaggebend für den Stopp. Ein weiterer Grund mögen Bedenken von Stanley Kubrick gewesen sein, die Geschichte von *Wartime Lies* eigne sich aus grundsätzlichen Erwägungen doch nicht für eine Verfilmung. Alles zusammen mag den Ausschlag für eine Entscheidung gegeben haben, die für einige Beteiligte eine große Enttäuschung darstellte, da das Projekt bereits so weit fortgeschritten war. Eher vertraulich, auf einer Weihnachts- und Neujahrskarte an Barbara Baum wenige Wochen später notiert Stanley Kubrick verhalten optimistisch: „I will keep you informed. All the work will not have been in vain".[23]

I will keep you informed. All the work will not have been in vain.

„Ich werde dich auf dem Laufenden halten. Die ganze Arbeit wird nicht umsonst gewesen sein". Weihnachtskarte von Stanley Kubrick an Barbara Baum, Dezember 1993

1 Begley, Louis: Wartime Lies. New York 1991. Deutsche Ausgabe: Begley, Louis: Lügen in Zeiten des Krieges. Frankfurt a. M. 1996.
2 „I knew, but not from him, that he'd optioned the rights to a book I'd had sent to him in bound galleys", beschrieb Michael Herr aus seiner Sicht, wie Begleys Roman zu Kubrick gelangte; siehe Herr, Michael: Kubrick. New York 2000, S. 17. [„Ich wusste, aber nicht von ihm, dass er die Rechte an ein Buch erworben hatte, das ich ihm in Form gebundener Fahnen zugeschickt hatte.] Die Rechte hatte Kubrick nicht persönlich, sondern über Warner Bros. erworben, wo sie zum Bedauern von Louis Begley, der große Hoffnungen in eine Verfilmung durch Kubrick setzte, heute noch liegen.
3 Krüger, Christa: Louis Begley. In: Heinz Ludwig Arnold (Hrsg.): Kritisches Lexikon zur fremdsprachigen Gegenwartsliteratur. München. Lieferung Nr. 48, 1999, S. 4.
4 Krüger 1999, a.a.O., S. 3.
5 Kubricks jüdische Großeltern väterlicherseits stammten aus Österreich und Rumänien.
6 Diese Rolle war besetzt mit Susanne Christian (d.i. Christiane Susanne Harlan), seit 1958 mit Stanley Kubrick verheiratet.
7 Diesen Film wollte Kubrick nach PATHS OF GLORY drehen. Es wurde schon mit Firmen in Schweden und Jugoslawien verhandelt. Im Stanley Kubrick Estate befinden sich Unterlagen zu Drehortsuche und Kostenkalkulationen. Einige Dokumente belegen eine Zusammenarbeit mit George von Block von der Bavaria in München, der auch schon bei PATHS OF GLORY mit Kubrick zusammengearbeitet hat. Für die Hauptrolle war Alan Ladd vorgesehen, vgl. Brief von Stanley Kubrick an Paul Botica in Belgrad, 2.2.1959. Das Drehbuch ist im Internet veröffentlicht, siehe u.a. www.fortunecity.com/tattoine/clake/38/scripts/TheGermanLieutenant.txt
8 Speer, Albert: Erinnerungen. München 1969. Engl. Ausgabe: Speer, Albert: Inside the Third Reich. Houndmills, Basingstoke Hampshire 1970.
9 Hilberg, Raul: The Destruction of the European Jews. Chicago 1961.
10 In Kubricks Bibliothek befindet sich ein umfangreicher Bestand an historischer und fiktionaler Literatur zum Thema Holocaust, darunter zahlreiche Erinnerungsliteratur von Überlebenden.
11 Aus einem Brief von Jan Harlan an den Autor vom 20.9.2003. [„[…] meine Begegnung mit Isaac Bashevis Singer 26 Jahre zuvor in New York. Stanley hatte seit Jahren einen Film drehen wollen, der mit dem Holocaust zu tun hatte. Er hatte jedoch keinen Mitarbeiter gefunden, der seine Ideen in ein Drehbuch übersetzt hätte. Anfang der 1970er Jahre machte ich die Bekanntschaft mit Singers wunderbaren Romanen und Kurzgeschichten. Er hatte damals auch in den USA nur eine begrenzte Anhängerschaft. Ich war begeistert und erzählte Stanley von diesen prallen und saftigen Geschichten, die einem reichen Schatz an Lebenserfahrung und großem Wissen entsprangen. Stanley las einige der Kurzgeschichten und den Roman The Slave und war überzeugt, den Richtigen gefunden zu haben. Er bat mich, Singer in New York aufzusuchen und ihm vorzuschlagen, ein Originaldrehbuch für Stanley zu schreiben. Ich vereinbarte über seinen Agenten einen Termin, und ein paar Wochen darauf klingelte ich an seiner Tür in einem unauffälligen Wohnblock irgendwo auf der Upper Westside in Manhattan. Nachdem wir uns eine Weile angeregt unterhalten hatten und er mich über uns persönlich und als Deutsche in England ausgefragt hatte, fragte er schließlich: ‚Und was führt Sie zu mir?' Ich erzählte ihm meine Geschichte, überreichte ihm Stanleys Brief, erklärte ihm, Stanley suche nach einem künstlerischen Stoff, einem Drama, das mittels einiger Einzelfiguren von den katastrophalen Ereignissen des Holocaust handelt, und dass Stanley glaube, in ihm den idealen Autor für ein solches Film-Treatment gefunden zu haben. Mr. Singer dachte nach und schaute uns an und sagte nach einer Weile: ‚Ich fühle mich durch Mr. Kubricks Vertrauen sehr geehrt – aber ich weiß nicht das Geringste darüber.' Es hatte keinen Zweck, weiter darüber zu reden – er hatte seinen Standpunkt klar gemacht, und ich schluckte meinen Einwand, er lebe seit Jahrzehnten in der Gesellschaft von Flüchtlingen und Überlebenden, hinunter. Stanley war mehr als enttäuscht, und seine erste Reaktion war: ‚Ich weiß ganz genau, was er meint.'"]
12 Bei den im Stanley Kubrick Estate vorhandenen Scripts handelt es sich immer um Computerausdrucke; die Angaben über Seitenzahlen sind deshalb nicht sehr aussagekräftig und sollen hier nur auf den jeweiligen Umfang eines Scripts in Relation zu den übrigen Entwürfen hinweisen.
13 Klady, Leonard: Kubrick's got his next pic. In: Variety, Jg. 88, Bd. 350, Nr. 10, 5.4.1993, S. 24. [„Stanley Kubrick wird in diesem Sommer mit den Dreharbeiten zu seinem ersten Film seit sechs Jahren beginnen, und wie es bei einem Kubrick-Projekt Tradition ist, sind die Einzelheiten der Geschichte umkär … Gut unterrichtete Kreise behaupten, der Kubrick-Streifen spiele während der Nachbeben des Falls der Berliner Mauer [sic!]. Und handle von einem Jungen und einer jungen Frau, die in Osteuropa unterwegs sind."]
14 Im Stanley Kubrick Estate befinden sich neben zahlreichen Drehplänen, auf Karteikarten und Computerausdrucken festgehalten, auch ein Steckkasten, auf dem fortlaufend Veränderungen des Drehplanes angezeigt werden konnten.
15 Brief, Stanley Kubrick Estate. [„Stanley interessiert sich inzwischen mehr für Brno als für Bratislava."]
16 Interview mit Jan Harlan anlässlich seines Films STANLEY KUBRICK. A LIFE IN PICTURES, Internationale Filmfestspiele Berlin, Februar 2001. Internetquelle, 2003, www.rauschen.de/artikel/Festivals/festival4.htm.
17 Im Stanley Kubrick Estate gibt es eine Mappe mit Fotos zu Alexander Korda und Carol Reed, aber deren Beziehung oder Zuordnung zum Aryan Papers Projekt ist nicht evident.
18 Klady 1993, a.a.O. [„Die Rolle des Jungen wurde mit Joseph Mazzello besetzt, der in ‚Jurassic Park' von Universal auftritt. … Die Rolle der jungen Frau, für die anfangs Julia Roberts in Betracht gezogen worden war, ist noch unbesetzt. Berichte, denen zufolge Uma Thurman im Gespräch ist, wurden von deren Agenten dementiert. … Kubrick hat Talentsucher ausgeschickt und Erkundigungen über Drehorte und Einrichtungen in Polen, Ungarn und der Slowakei eingezogen. Einer der Produktion nahe stehenden Quelle zufolge möchte er den Film am liebsten außerhalb von Bratislava in der Slowakei ansiedeln. … Ein Vertreter des Verleihs sagte, der Film stehe für Weihnachten 1994 auf dem Studioplan."]
19 Johanna ter Steege spielte u.a. größere Rollen in SPOORLOOS (Spurlos verschwunden, George Sluizer, 1988), VINCENT & THEO (Vincent und Theo, Robert Altman, 1990), J'ENTENDS PLUS LA GUITARE (Ich hör' nicht mehr die Gitarre, Philippe Garrel, 1991), ÉDES EMMA, DRÁGA BÖBE – VÁZLATOK, AKTOK (Süße Emma, liebe Böbe, István Szabó, 1992).
20 Interview mit Johanna ter Steege in Zandvoort bei Haarlem, 5.10.2003. [„Ganz wichtig war, dass ich keine Angst hatte, als ich Stanley kennen lernte."] … [„Ist er so groß, Kubrick?"] … [„Aber er ist zu groß. Da braucht man keine Angst zu haben."] … [„Ich erinnere mich, dass ich in der Küche gewartet habe und dachte: Ich muss mit dem Rücken zum Fenster sitzen, denn wenn Stanley hereinkommt, fällt das ganze Licht auf sein Gesicht, und ich kann ihn gleich im ersten Augenblick unseres Kennenlernens genau sehen. Und dann kam er ins Zimmer und schaute mich an, und dann schaute er zum Tisch und sagte: ‚Würden Sie sich bitte an die andere Seite des Tischs setzen?'"] … [„Ich glaube, ich habe heute eine ganze Menge gearbeitet. Es ist Zeit, dass Sie mir eine Geschichte erzählen.' Er sagte: ‚Nun, Sie sind engagiert. Ich möchte, dass Sie die Rolle in dem Film spielen.'"]
21 Interview des Autors mit Barbara Baum in Berlin, 5.9.2003.
22 Raphael, Frederic: Speaking with Kubrick. London 1999, S. 151. [„Es ging dabei um Erfolg, oder? Beim Holocaust geht es um sechs Millionen Menschen, die umgebracht werden. Bei SCHINDLER'S LIST geht es um etwa sechshundert, die überleben."]
23 Privatbesitz Barbara Baum. [„Ich werde dich auf dem Laufenden halten. Die ganze Arbeit wird nicht umsonst gewesen sein."]

Maske von Tom Cruise Foto: Manuel Harlan

FILM-THEATER
Masken / Identitäten in Eyes Wide Shut

HANS-THIES LEHMANN

Sehen / Wissen

An Stanley Kubricks letztem Film fällt auf, dass sich jener Regisseur, der in allumfassenden, unpersönlich großen Dimensionen und Metaphern (Kosmos, Krieg, Science Fiction, Geschichte, Szenerien des Phantastischen) epochale Urängste und das ‚Unbehagen in der Zivilisation' erkundet hat, hier ganz auf die kleinste, scheinbar privateste und persönlichste Zelle und Dimension jener Grundängste konzentriert: die Angst um die/in der Liebe, die sexuelle Angst. Denn das ist das Thema von Eyes Wide Shut: die für das – zumal männliche – Subjekt konstitutive Angst, die daraus resultiert, dass eine (Ein-)Sicht vorenthalten bleibt; dass das, was man am meisten ‚sehen' will, ein Unsichtbares bleibt; dass ein Wissen, auf das es am meisten ankäme, diese Einsicht verschließt, ein Wissen, von dem doch zugleich für das Subjekt im Verhältnis zum anderen alles abhinge, auf das es sein Dasein begründen will. Ebenso faszinierend wie für Kubrick typisch, dass damit sein auf den ersten Blick so radikal andersgearteter letzter Film, eine Art *sex space odyssey* Jahrzehnte nach 2001: A Space Odyssey bei genauerem Hinsehen hinter völlig unterschiedlichen Narrationen das gleiche treibende Motiv erkennen lässt: das Scheitern einer gewissen Art von Intelligenz, die Unmöglichkeit einer gewissen ‚Einsicht', die Grenze des Wissens. Tatsächlich hat sich Kubrick auch damals, schon während der Dreharbeiten zu 2001: A Space Odyssey, dem exemplarischen Fall seines *cinema de cerveau*, für die Verfilmung von Arthur Schnitzlers *Traumnovelle* von 1926 interessiert, in der es um jene Grenzverwischung zwischen Traum, Phantasie und Realität geht, die nach

Nicole Kidman bei den Dreharbeiten Foto: Manuel Harlan

Freud jede ‚psychische Realität' kennzeichnet. Ein Ehepaar macht eine Krise durch, nachdem die Frau erotische Wünsche, die Phantasie blieben, gestand, der Mann, gleichsam als Rache, auf die tatsächliche Suche nach erotischen Abenteuern geht, die ihrerseits sonderbar irreal und traumhaft bleiben. Am Ende steht die – freilich fragile – Verständigung der Eheleute darüber, dass eine Lebbarkeit der Liebe das wache Bewusstsein über die Abgründe des Begehrens voraussetzt.

EYES WIDE SHUT übernimmt wesentliche Elemente der Ereignisfolge sowie zahlreiche einzelne Motive der Novelle, transponiert sie aber in das New York am Ende des 20. Jahrhunderts. Der Film schafft einen an Schnitzler angelehnten, aber selbständig neu strukturierten filmischen Diskurs, in dem es weniger um die subtile Ausleuchtung seelischer Nuancen und Reflexionen der Protagonisten geht (die in Schnitzlers Text vorherrscht und ohnedies eine vom Film nur schwer einholbare Domäne des *literarischen* Textes ist), als vielmehr um die nicht minder subtile *filmische Reflexion des Blicks*. Vordergründig eine Geschichte über Ehekrise, sexuelle Eifersucht und Abenteuer, handelt der Film von der Bedeutung und den Implikationen des ‚Seh-Aktes' in der psychischen Wirklichkeit des Menschen. Der paradoxe Titel zeigt es schon an: Er lässt an die aufgerissenen Augen der Angst und Aggression denken, die Kubrick so oft gezeigt hat, vor allem aber meint er hier das Träumen, bei dem man trotz geschlossener Augen doch innerlich weit offenen Auges sieht. Er meint eine Realität – es ist die des Begehrens im anderen –, die trotz weit geöffneter Augen prinzipiell uneinsehbar bleibt, meint aber auch den Blick der Toten, deren weit geöffnete Augen nicht sehen. Lesbar wird der Film von hier aus: Es geht im Thema der Sichtbarkeit um ein – ‚letztes' – Wissen, den Tod, das Begehren. Wo der Protagonist nach einem unmöglichen Wissen strebt, findet er immer wieder etwas anderes: die Drohung und das Risiko des Todes. Exemplarisch zeigt der Film durch ein visuelles Argument sein Thema an. Er exponiert in seinem allerersten *Bild* den nackten, von hinten erblickten Körper der sich enthüllenden, dem Sehen dargebotenen Frau, auf einer Bühne wie ein Objekt, eine Imago ausgestellt. Und in seinem allerletzten Bild das Gesicht dieser Frau, die ganz ruhig, entschieden, ‚unschuldig' und nachdenklich das *Wort* sagt, mit dem sie erklärt, was ihr Mann und sie – unbedingt – ganz bald tun müssten: "fuck". Dazwischen spannt der Film den Bogen, der das Begehren im Konflikt zwischen Sehen und Sprechen angeht, zwischen imaginärer Faszination und symbolischer Dimension im Sinne Lacans, zwischen narzisstisch-aggressivem Wissen/Sehen (das Verleugnung des Todes ist) und der Anerkennung eines wesentlichen Unwissens über den anderen.

Eine alte Verknüpfung bindet in der europäischen Kultur Sehen an Wissen. Altgriechisch *oida*, „ich weiß", heißt eigentlich: „ich habe gesehen". Der ‚Schautrieb' des Kindes ist der Ursprung des Wissenstriebs, Skopophilie eng verwandt mit Epistemophilie. Für das Kind ist der Körper der Mutter von zentraler Bedeutung als der Ort, an den die allerersten Fragen nach Ursprung und Ende, Geburt und Tod geknüpft sind. Der erblickte (weibliche) Körper wird so das Objekt par excellence des Wissens und des Begehrens, des Wissens als Begehren und des Begehrens als Wissen. Eine starke Tradition konnotiert daher von jeher den Blick als strukturell männlich, den Gegenstand des Blicks, das Erblickte (am Ende jedes Objekt von Inspektion und Wissen schlechthin) als strukturell weiblich, weil der mütterliche Körper in gewisser Weise das erste Objekt des Wissenwollens war und sein Schema bleibt. Wenn überhaupt, so werden diese mächtigen Gesten und Topoi der abendländischen Kultur nur sehr langsam überwunden.

  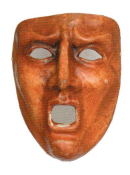 

Und sie sind – wie auch anders – gerade beim Film, dem exemplarischen kulturellen Objekt der Schaulust, am Werk. Ebenso beim Filmverstehen – zumal seit Autoren wie Christian Metz lehrten, das Imaginäre und das Symbolische für die Analyse des Films fruchtbar zu machen.

Insofern aber die Mutter zugleich der Ort der Sicherheit, Nahrung und Anerkennung ist, gewinnt die kindliche Erfahrung ihre besondere Schärfe, dass da noch eine andere Instanz ist, mit der das Kind die Mutter zu teilen hat. Sie wird – in unserer Kultur – manifest in der Beziehung der Mutter zu einem anderen Mann, dem Vater. Von daher ist Identität qua Anerkennung untrennbar von der Erfahrung von Rivalität. Die Eifersucht des Kindes gegenüber dem Vater hat den vollen und ungefährdeten Besitz der Mutter, also ihre ungeschmälerte Präsenz zum Gegenstand. Der andere, der Vater steht für die mögliche Abwesenheit der Mutter, und diese mögliche Abwesenheit ist nichts Geringeres als die Drohung des Todes. Wissen, Todesdrohung und Rivalität – man versteht nun, warum Kubricks Bill Harford durch den Film hindurch auch als Kind auf der Suche nach dem Wissen erscheint, als ein unwissender Schuljunge, während seine Frau die Stelle der Mutter einnimmt, die starken Männer, auf die er trifft, fragwürdige Vater-Gestalten. Seine Geschichte bildet die eben skizzierte Grundangst und die Grunderfahrung des Kindes ab. Seine detektivische Suche, das ödipale Modell einer Suche nach dem Kern und der Basis des Selbst, angestoßen von der sexuellen Eifersucht, dem Rachewunsch, ist – bei Licht besehen – getrieben von der Frage nach der eigenen Identität, als seine Rollen-Maske zerfallen ist.

Theater

Die Formel *Eyes Wide Shut* verweist auf die Maske, deren Augen, obwohl leer und nicht-sehend, doch rätselhaft zu blicken scheinen. In auffallender Weise zieht Kubrick Motive des Theaters heran: Maske, Kostümierung, Ritual, Zeremonie, falscher Schein, dem das Sehen erliegt, trügerische Rede, Illusion, *fake* und Scharade. Der Film zeigt, wie das Gesicht als Maske fungiert, die Person hinter der sozialen Rolle und Rede in gleich-

Kubricks erste Überlegungen zum Kauf der Filmrechte, 22. Mai 1968

Schnitzler
May 22 1968
Rhapsody – 5/22 J. Cocks – agent says $40,000 bot obviously high –

sam ‚barockem' Schein und Maskenspiel verborgen bleibt. Während die Reflexion auf Auge, Sehen, Kamera-Auge und die imaginäre Faszination des Films in Kubricks Werk immer schon ein wesentliches Motiv war, muss die Insistenz der Theatermotive in EYES WIDE SHUT auffallen – auch wenn die Themen ‚Gesicht als Maske', Puppen, kulissenhafte und theaterhafte *environments* und eine oft verfremdende, ins Groteske übersteigernde Spielweise schon in früheren Filmen zu bemerken waren. Steven Spielberg geht einmal so weit zu sagen: „Some of his movies were like stylized theatre – as ritualized as kabuki." An Theater gemahnen die kammerspielartigen, gedehnten und betont ‚langsamen' Dialogszenen, die an entscheidenden Wendepunkten des Films vorherrschen. Kubrick, der Erfinder so vieler umwerfender Kino-Effekte, praktiziert dabei eine offenbar bewusste kinematographische Askese, verzichtet in erstaunlichem Maß auf die üblichen Techniken, Dialoge durch filmische Mittel unterhaltsamer zu machen, zugunsten einer Konzentration auf die Erzählung von *face-to-face*-Dialogen – was dem (scheinbar) privaten Charakter des Themas entspricht. Auch die beinahe völlige Abwesenheit körperlicher Gewalt nähert den Film theatraler Darstellung an. Eine Gruppe aggressiver Jugendlicher rempelt Bill an, so dass er das Gleichgewicht verliert (!) – das ist alles. Abgesehen von dieser Szene (eine in einer Serie von Anspielungen auf Bills infrage gestellte Männlichkeit) verzichtet der Regisseur auf die für den kinematographischen Diskurs so zentrale Schilderung von Gewalt und setzt vielmehr auf eine schwer greifbare Atmosphäre von Unheimlichkeit, undeutlich erahnter Gefahr und Drohung.

Wie ein schockartiger Kontrapunkt zu dieser kammerspielähnlichen filmischen Askese bricht aber ganz exakt in der Mitte des genau nach Symmetrien, Spiegelungen und Parallelen im Sinne einer Double-Struktur durchkonstruierten Films das Phantastische mit allen Filmregistern ein – wiederum aber zur Schilderung eines Theaters. Der Protagonist und mit ihm der Zuschauer wird Zeuge einer grotesken, unheimlichen und surrealen sexuellen Orgie, mehr eines Sexual-Theaters, veranstaltet von einer geheimen und maskierten Gesellschaft. Die kollektive Ausschweifung gleicht aber mehr einem düsteren und rätselhaften Ritual als dem hemmungslosen Ausleben sexueller Lust. (Spätestens hier erkennt der Zuschauer, dass er auf dem Holzweg ist, wenn er vordergründigen Sex als das Thema des Films erwartet hat.) Eine genauere Betrachtung dieses von Bill Harford erlebten Orgien-Theaters führt zunächst darauf hin, dass das pseudo-religiöse Ritual mit Frauen, die im Kreise stehen und sich entblößen, das erwähnte erste Bild des Films fortsetzt, in dem Alice ihr Kleid abstreift und nackt dasteht. Zwischen dem Blick der Zuschauer auf den nackten Körper dort (ohne Kontext, reines voyeuristisches Sehen) und dem Kollektiv der Zuschauer in dieser düsteren Orgie entsteht so eine bösartige Parallele. Vor allem aber fallen die Masken auf. Es sind sehr zahlreiche und variationsreiche zu sehen, Faun und Pan, Teufel- und Janusgesichter, Grotesken, Kriegsmasken, man denkt an erotische Illustrationen, erotisches Theater wie im 18. Jahrhundert und natürlich an den venezianischen Karneval – kurzum: die Tradition der westlichen Kultur wird versammelt (nackte Körper und sexuelle Szenen vor Bibliothekswänden), und sie erweist sich allegorisch insgesamt als Theater und Maskenspiel. Unter dem Firnis und der Maske der Kultur sind die primitiven fleischlichen Begierden (und, wie der Film ebenfalls zeigt, Verhältnisse von Macht, Ausbeutung, Prostitution) wie eh und je am Werk.

Das Orgientheater wiederum zerfällt in kleine Theaterszenen: Alle möglichen Kopulationen werden dort vor Betrachtern – Theater im Theater – dargeboten. Bill selbst jedoch geht wie ein personifiziertes *camera tracking* durch die Szene, ohne aktiv zu werden, so dass dieses Theater im Theater noch einmal – sein Theater wird. Gezeigt wird dieses doppelt gespiegelte Theater aber in einem Film, der es seinerseits formal und inhaltlich noch einmal reflektiert. Aufgrund dieses Arrangements – und der kühl dokumentierenden Bildsprache – wirkt die Szene sonderbar distanziert und gibt zugleich den Eindruck abgründiger Irrealität. Wo wäre auch der feste Boden dieser Spiele erreichbar? Die in sich vertiefte und multiplizierte Theatralität steht ein für die radikale Ungewissheit und Scheinhaftigkeit des (sexuellen) Wissens, auf das Bill aus ist.

Damit ist das Thema des Theaters im Film indessen noch lange nicht erschöpft. Um es zu Ende zu führen, ist aber zunächst ein rascher Durchgang durch die Stationen der Reise angezeigt, die Bill erlebt, ebenso sehr Odysseus einer *sex space odyssey* wie Ödipus auf der Suche nach einem unmöglichen und verderblichen Wissen.

Offenbarung und Stummfilm

Dr. Bill Harford lebt mit seiner Frau Alice im Wunderland einer scheinbar perfekten Ehe. Sie haben eine Tochter, ein schönes Apartment (Central Park West), Geld und Erfolg. Doch das Begehren ist Routine geworden, Leidenschaft durch die Sicherheit des Familienlebens ersetzt. Das Paar bereitet sich auf eine Weihnachtsparty bei reichen Bekannten vor. Bill Harfords allererste Äußerung gilt dem Geld: „Honey, have you seen my wallet?" Geld und Bezahlen wird sich von da an als Leitmotiv durch den Film ziehen, wird gesellschaftliche Hierarchie, Prostitution, Macht und rein formales Kommunizieren anzeigen. Der Allerweltsname Bill schmeckt bald nach *bill*, Rechnung. Und erinnert immer wieder daran, dass Bezahlen bedeutet: etwas amortisieren wollen, eine (unbewusste) Schuld abtragen.

Im Verlauf der Weihnachtsparty bei Victor Ziegler und seiner Frau erleben Bill und Alice erotische Verführungsversuche, die beide, freilich nicht ohne Ambiguität, zurückweisen. Alice erwehrt sich nur knapp den Annäherungen eines ungarischen, schon ein wenig in die Jahre gekommenen Beaus, Bills Flirt mit zwei Mädchen erfährt eine Unterbrechung durch einen der höflichen, doch irgendwie bedrohlichen Boten, die den ganzen Film skandieren. (Die Unterbrechungen durch Kellner, Sekretäre, Telefonate erweisen sich hier immer wieder als Vorboten der letzten Unterbrechung, des Todes oder der Todesdrohung. Der Herr und *commandante* ruft.) Der reiche Ziegler bittet Bill zu sich. Jetzt schlägt die erotisch

aufgeladene Atmosphäre plötzlich um, denn Bill findet Ziegler in dessen Badezimmer mit einer bewusstlosen nackten Frau, durch Drogen in lebensgefährlichem Zustand. Er hilft als Arzt, wobei er sie immer wieder mit ihrem Namen anrufen muss: Mandy, eine Kurzform für Amanda (‚die zu liebende'). Am folgenden Abend, beflügelt von Marihuana, führt ein zunächst eher harmlos beginnender Streit des Paares dazu, dass Alice aus heiterem Himmel ihrem Mann von einer phantasierten Untreue berichtet, die nur ein Jahr zurückliegt. Ein Marineoffizier hatte sie so sehr fasziniert, dass sie in Gedanken bereit gewesen war, ihr Leben mit Mann und Kind aufzugeben. Für Bill wird dieser Bericht zu einer zutiefst unheimlichen, ihn in seinen Grundfesten erschütternden Offenbarung einer ihm bis dahin verborgenen und nicht geahnten oder verleugneten Wirklichkeit. Es gibt im anderen, auch im scheinbar vollständigen Glück, einen radikalen, stets weckbaren Wunsch nach einem ganz anderen Sein. Eine Bereitschaft, eine Möglichkeit, Regel und Ordnung (des Lebens, der Moral, der Ehe) aufzukündigen. Ein Wünschen, das, so wie Alice es schildert, ein für den anderen unerreichbares, mit Liebe zu ihm nicht änderbares, weil davon unabhängiges Sehnen nach dem ‚Anderen' ist, nach dem Fremden, nach einem kompromisslosen Moment der Verausgabung, sogar nach Scheitern, Selbstverlust – nach dem Tod, mindestens seiner Nähe: „And I thought if he wanted me, even if it was only for one night, I was ready to give up everything. You, Helena, my whole fucking future. Everything. And […] at that moment my love for you was both tender and sad."

Die imaginäre Sicherheit Bills ist gründlich erschüttert. „I am sure of you" hat er eben noch zu Alice gesagt, nun ist er konfrontiert mit der imaginären Scheinhaftigkeit dieses seines ‚Wissens', der Haltlosigkeit seines Seins, das auf dieser imaginären Gewissheit ruhte. Dass es nicht einfach um die narzisstische Kränkung geht, die – nur phantasierte – Abweichung von der Regel der ehelichen Treue, sondern um die Erfahrung des radikal unbetretbaren Terrains im anderen, die mit nichts weniger als dem Tod konfrontiert, zeigt der Film indirekt, aber sehr deutlich: Auf die Offenbarung von Alice folgt unmittelbar ein ominöses Telefonklingeln und die Mitteilung eines Todes. Bill der Arzt konnte einen Patienten nicht retten, Bill der Mann kann in seiner Frau nicht mehr den sichernden Spiegel seiner narzisstischen Ich-Gewissheit, seiner Maskenidentität des erfolgreichen und souveränen Mannes sehen.

In der Tat lebt ‚Doctor Harford' eine persönliche, sexuelle und soziale Maskenexistenz, seine Identität des ‚knowledgable doctor', der über Körper und Tod Bescheid weiß, dessen Gesicht nur höflicher Spiegel der sozialen Formen, austauschbare Münze ist. Er sieht nun, was die Zuschauer schon sahen: Er sieht Alice nicht. Aber was kann er überhaupt sehen? Das lehrt die Dramaturgie des Films durch ein sehr einfaches dramaturgisches Mittel. Gezeigt wird nämlich alsbald Bills durch die Erzählung angeregte Phantasie: eine bläulich eingefärbte Filmszene, Bills *blue movie* oder *home movie*, mit einer sexuellen Szene zwischen Alice und jenem Marineoffizier. Aber es gibt hier ein Problem: Es handelt sich ja gar nicht um die filmische Repräsentation von Bills Phantasie einer Szene, von der ihm berichtet wurde. Vielmehr ist es eine Szene, die es gar nicht gegeben hat! Sie zeigt keine Realität, sondern das Begehren von

Alice – wie es Bill ‚sieht'! Zu sehen ist nur Bills Phantasie von Alices Phantasie. Ausweglose Spiegelung: Es gibt kein Wissen als Bild vom anderen, nur in der Sphäre des Imaginären wird es illusioniert – und ist so im Grunde narzisstische Spiegelung, Rivalität, Pseudo-Wissen, das in sich kreist. Der Film demonstriert eine filmische Entgründung des Darstellens: Das Begehren des anderen, sein Wünschen und Phantasieren kann prinzipiell nicht gesehen werden, es gibt keine Repräsentation, keine Imago dafür, und doch ist es genau das Einzige, was ‚man' um jeden Preis sehen muss. Gerade dort also, wo für das Subjekt alles auf dem Spiel steht, im Begehren des anderen, bleibt alles un-sehbar. Und ununterscheidbar vom eigenen Begehren.

Bills Beziehung zu Alice, so ist zu sehen, bleibt befangen in den Fallstricken märchenhafter narzisstischer Spiegelung und Selbstbespiegelung. Seine Sätze am Telefon nach ihrem Bericht – „This is Dr. Harford", „Lou Nathonson just died" – gewinnen damit eine ganz andere Bedeutung, als sie Bill bewusst ist. Etwas ist wirklich gestorben, die Identität ist nur noch sein Name und Titel, ihre Realität unbekannt. Bill sieht nicht ohne Grund einen Stummfilm. Nicht über die Sprache, über das faszinierende Bild sucht er Alice. Aber der einzige Weg, der dorthin führen kann – und dann ohne Gewissheit – ist nur das Sprechen im weitesten Sinn, das Bekenntnis, die Selbst-Offenbarung, die in der Rede, in der Zeichengabe geschieht, jedoch aufgrund der Struktur der Sprache immer Zeichen ohne letzte Wahrheitsgarantie bleibt. Er spricht daher am Ende der Geständnisszene schon, ohne es zu wissen, die Aufgabe aus, die er endlich wird lösen müssen, um aus den Fallstricken nur märchenhafter Selbstbespiegelung und Bezauberung herauszufinden: „I have to show my face".

Odyssee

Aber so weit ist es noch nicht. Bills Reaktion ist klassisch. Er begibt sich noch in derselben Nacht auf eine Wanderung, eine Flucht aus dem Raum der Ehe und Familie, eine Flucht, die zu einer *sex space odyssey* wird. Rekapitulieren wir in aller Kürze: Erst überfällt ihn die Tochter des verstorbenen Patienten am Totenlager ihres Vaters mit einer Liebeserklärung – das Erscheinen ihres Verlobten bietet die willkommene Gelegenheit zur Ausflucht. Dann bringt ihn Domino, eine junge Prostituierte, in ihre Wohnung, aber als ‚es' eben losgehen soll, unterbricht ein Anruf seiner Frau die Szene. In einer Bar erfährt er von seinem Studienkumpel Nick Nightingale, den er als Klavierspieler bei Zieglers Party wiedergetroffen hatte, von geheimen Orgien, bei denen Nick mit verbundenen Augen (*blindfolded*) spielt. Bill überredet ihn, ihm das Passwort („Fidelio") und die Adresse zu verraten, besorgt sich nächtens in einem zweifelhaften Kostümverleih (der Besitzer scheint seine minderjährige Tochter als Hure zu verkaufen) mit dem

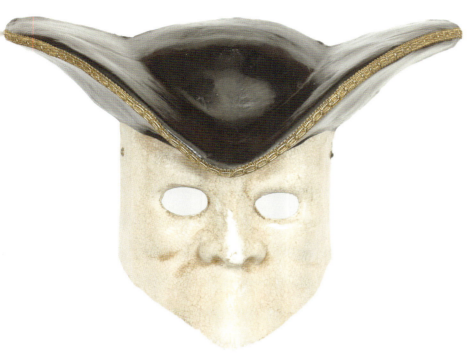

Namen „Rainbow Fashions" ein mönchisches Kostüm und eine Maske und erhält wirklich Zugang zu der erwähnten ritualartigen Orgie in einer Villa außerhalb der Stadt. Er wird aber rasch als *outsider* und Eindringling in die geheime geschlossene Gesellschaft erkannt, muss seine Maske ablegen und wird mit einer unbekannten – womöglich sexuellen, womöglich tödlichen – Strafe bedroht, als eine geheimnisvolle Frau, die seine Identität zu kennen scheint, sich in einem hoch theatralischen Auftritt anbietet, ihn ‚auszulösen' („I am ready to redeem him"), sich an seiner Stelle zu opfern. Bill darf das Haus verlassen; fürchterliche Drohungen für den Fall, dass er von dem Erlebten anderen erzählen sollte, begleiten ihn.

Am folgenden Tag wiederholt Bill in exakter Spiegelung seine nächtliche Odyssee, um den Geheimnissen der Villa auf die Spur zu kommen. Aus dem Suchenden nach erotischen Eskapaden – die auffallenderweise zu keiner einzigen realisierten sexuellen ‚Untreue' führen (es geht um etwas anderes) – , aus dem Mann, der den Schock, dass er von dem Begehren seiner Frau nichts weiß, zu kompensieren suchte, wird nun der ödipale Detektiv, der erneut nach einem Wissen sucht, diesmal über die Hintergründe seiner Erlebnisse. Erneut ohne Erfolg. Stattdessen häufen sich die bedrohlichen Anzeichen, die ihm alle zu sagen scheinen, dass zu viel Forschen, Wissen, Aufdecken von Geheimnissen gefährlich ist: Nick Nightingale findet er nicht wieder, nur ein schwuler und von Bill sichtlich angetaner Portier berichtet ihm, Nick sei sehr früh am Morgen von gefährlich aussehenden Männern fortgeführt worden. Nimmt man schreckliche Rache für seinen Geheimnisverrat? Als er sein Kostüm abgibt, ist die Maske verschwunden – dann bietet ihm der Verleiher Milich unverhohlen seine Tochter an, sieht also in Bill genau das, was er nicht von sich wissen will: einen potentiellen Kunden. Bei einem erneuten Besuch in der Villa wird er nicht eingelassen, erhält aber eine zweite Warnung, seine Nachforschungen einzustellen. Zu Dominos Wohnung zurückgekehrt, erfährt er von ihrer Mitbewohnerin, dass ein Test sie als HIV-positiv ausgewiesen hat, ist also um das Wissen reicher, nur um ein Haar einer möglicherweise tödlichen Infektion entgangen zu sein. Im Dunkel der Straßen bemerkt er, dass ihn ein bedrohlich massiv wirkender Mann verfolgt. Er flüchtet sich in ein Café (Mozarts *Requiem* ertönt aus dem Radio), und stößt in einer Zeitung mit der Schlagzeile „Lucky to survive!" auf die Meldung „Ex Beauty Queen in Hotel Drugs Overdose". Der Zuschauer und Bill denken sofort an jene Mandy in Zieglers Badezimmer und zugleich an die geheimnisvolle Frau, die sich in der Villa zum Opfer anbot. Bill begibt sich zunächst ins Krankenhaus, dann ins Leichenschauhaus und (man) glaubt, zweifelnd, wirklich, in einer Toten dort Mandy zu erkennen, die er noch vor kurzem gerettet hat, und/oder die unbekannte Retterin in der Villa. Die Szene ist so offen gestaltet, dass keine Lesart für den Zuschauer sicher zu identifizieren ist. Wenig später klingelt Bills Handy ein weiteres Mal: Victor Ziegler lässt ihn dringend zu sich bitten, und von ihm erhält Bill in einem wieder kammerspielartigen langen Gespräch, umgeben von teurem Alkohol, Büchern und einem rot bespannten Billardtisch nach langem Zögern und Räuspern unerwartete ‚Erklärungen' seiner Abenteuer: Ziegler gehört selbst zu der Geheimgesellschaft in der Villa, hat sein Abenteuer beobachtet und ihn überwachen lassen; Nick Nightingale ist nichts Ernstes passiert, und es gab keinen Mord. Die Tote, eine für die Orgie gekaufte Prostituierte, starb an einer Überdosis Drogen – sie war in der Tat Mandy, und sie war Bills geheimnis-

volle Retterin. Bei seiner Rückkehr findet Bill zu seinem Entsetzten und zu seiner Verwirrung auf seinem Bett neben der schlafenden Alice die verlorene Maske. Dieser Anblick lässt ihn schluchzend zusammenbrechen, und er erzählt Alice seine Erlebnisse. Die Schluss-Sequenz des Films zeigt das Paar mit Tochter in einem Spielzeugladen in einem Gespräch, das mit einer Art von Versöhnung zu enden scheint, während das Kind nach möglichen Weihnachtsgeschenken sucht.

Ent-Täuschung/Sprache

Das Wichtigste, was Bill von Victor Ziegler erfahren hat, wurde aber noch gar nicht erwähnt. Es betrifft die erwähnte Rettungsszene, das Opfer, das ihn ausgelöst hat. Wohl jedem Zuschauer stößt sie als auffallend theatralisch und ‚falsch' auf, als opernhaft und melodramatisch. Dennoch ist es kein geringer Schock, wenn Victor Ziegler Bill nunmehr erklärt: „Bill, suppose I told you that ... that everything that happened to you there, the threats, the girls ... warnings, the last minute interventions ... suppose I said that all of that was staged, that it was a kind of charade? That it was fake?" Eine extreme Wendung (die so bei Schnitzler nicht vorkommt, die ganze Enthüllungsgeschichte ebenso wie die Figur Victor Zieglers sind neu in EYES WIDE SHUT). Was Bill Harford erlebte, war *staged*, was er als seinen extremsten und gefährlichsten Moment, als seine persönliche Grenzüberschreitung und Tragödie erlebt hat, war, noch einmal, Theater im Theater, Szene innerhalb der Szene – angeblich um ihn einzuschüchtern, ihn zu warnen, das Gesehene geheim zu halten. Das ganze Resultat seiner erotischen Odyssee, sein Sich-Versenken in das Risiko, die große Tragödie und Leidenschaft, Opfer und Errettung, läuft auf die Einsicht zu, dass er nie und nirgends die Sphäre von *fake* und Inauthentizität verlassen hat, stets in der Scharade, im Theater war. Oder, um es noch genauer zu sagen: stets in der Ungewissheit, ob und was nur Schein, Spiel, Lüge, Verführung, Irreführung war und was nicht. Hier erst kommt die Rolle, die das Theater in EYES WIDE SHUT spielt, zu sich, die von der Tradition etablierte Rolle der Metapher für die auf immer trügerische, scheinhafte, zweifelhafte und vieldeutige Wirklichkeit. Illusion und Rollenspiel lassen den anderen zur undurchdringlichen Maske werden; jede Erscheinung kann Täuschung sein, jedes Gesicht eine Maske, jedes Ereignis inszeniert, jede Erzählung eine Verhüllung, jeder Traum eine Realität. (Und wir übergehen

hier gänzlich die Verunsicherungen, die der Film schafft, seine Demonstrationen, dass niemand die Wahrheit der Worte garantiert, dass Fragen über Fragen offen bleiben, zum Beispiel: Lügt Ziegler vielleicht? Oder teilweise? Und was würde daraus folgen? Hat Alice Bill die ganze Wahrheit gesagt? Und wie kam die Maske zu ihr?) Was Kubrick seinen Protagonisten durch das erlebte Theater hindurch erfahren lässt, ist die Einsicht, dass es keinen Weg hinter die Maske gibt, dass die im Imaginären verhaftete Suche nach dem anderen als Bild/Imago aussichtslos ist.

Und der Film macht auch deutlich, wohin allein diese Erfahrung führen kann und müsste – zum Ablegen der Maske, die im Register des Imaginären verbleibt, und zum Versuch einer ganz anders gearteten Beziehung zum anderen, in der das Imaginäre (das nicht aufhört) von einer anderen Struktur gebändigt und geordnet werden kann – der Dimension des ‚Symbolischen', die die Aufgabe oder doch relative Überwindung der narzisstischen Suche nach Gewissheit voraussetzt.

Geschildert wird darum der Prozess vom Stummfilm des Imaginären hin zu einem (kindlichen und so zugleich erst erwachsenen) Sprache-Finden. Es setzt die Konfrontation und Distanznahme zur Maske voraus – explizit gemacht durch die Szene der visuellen Konfrontation von Bills Gesicht und der wiederaufgetauchten Maske auf seinem Bett. Nicht nur emanzipiert er sich hier, was den Handlungskontext angeht, weil er das Schweigegebot der geheimen Gesellschaft übertritt. Er beginnt vielmehr nun, das Reich des Symbolischen zu betreten, mit dem (wiederholten) Satz „I'll tell you everything." Er überantwortet sich dem Risiko und der Chance, der der Selbst-Darstellung, der Offenbarung, Selbst-Demütigung, in der die Anerkennung der Angewiesenheit auf die Antwort des anderen innewohnt. Die Dimension des Symbolischen, der Eintritt in die Signifikantenkette konstituiert die Intersubjektivität und wird von keinem der beteiligten Subjekte beherrscht. Hier verfügt das Subjekt nicht über den Sinn, über den anderen, über sich. Vielmehr gilt hier Lacans Formel: „Über den Sinn dessen, was ich sage, entscheidet die Antwort des anderen." Erst in der Anerkennung der Wahrheit, dass die Wahrheit des anderen nicht zu wissen ist, treffen die Subjekte zusammen. Die imaginäre Verfügung durch den voyeuristischen Blick hingegen bleibt das Modell illusionärer Macht und eines Genießens ohne Bedeutung.

Die letzte Szene des Films, die Aussprache des Paares, hat Kubrick in einen Spielzeugladen versetzt. Man versteht so, noch einmal, dass Bills Abenteuer ein Echo der Erfahrung des Kindes sind, das vom unheimlichen und unbekannten Wissen der Erwachsenen, vom Geheimnis des Sexus ausgeschlossen ist. Das Kind ist Thema nicht nur insofern, als Alices letztes Wort auf ein neues Kind, auf die Zukunft hindeuten kann. Man begreift zugleich, wie die kleine Helena, mit der Bill und Alice den Laden durchwandern, vor unseren Augen unwissend miterlebt, vielleicht ahnt, aber nicht versteht, dass eben in einer für sie geheim bleibenden Wirklichkeit der Erwachsenen, von der sie ausgeschlossen ist, über ihr Schicksal entschieden wird. An diesem Schluss ist vieles abzulesen: unentscheidbar zunächst, ob es ein glückliches oder trauriges Ende ist. Worin sich noch einmal die verwirrende Strategie des Films abbildet, zwischen satirischer Sex-Komödie und Tragödie keine Genre-Einstellung zuzulassen und damit die Unsicherheit des Zuschauers, was er eigentlich sieht und wie es zu verstehen sei, wach zu halten. Das Ende zeigt auch, wie unendlich schwer es Bill fällt, den Bereich der imaginären Sicherheit aufzugeben, den er nur eben zu verlassen begonnen hat. Komisch ist, wie er auch jetzt wieder in die Falle tappt, es nicht lassen kann, nach einer unmöglichen Gewissheit für die Liebe und die Versöhnung zu verlangen. Seine Fragen („Are you sure of that?", „Forever?"), die Alice zurückweist, sind ein Rückfall. Alice scheint dagegen die Stimme des Regisseurs zu haben, wenn sie, fast wörtlich mit Schnitzlers Text, auf nichts anderes als das ‚Wachsein' setzt. Und auf das Liebe-Machen. Darum ist ihr Schlusswort vollkommen vieldeutig: kritisches und alle Familien-Ideologie dementierendes Bekenntnis, dass wir nicht nach mehr verlangen können oder sollen als (sexuell) zu lieben und auf möglichst lange Zeit hin wach für die Bedrohungen zu bleiben, mit der Möglichkeit auch des Vergehens der Liebe rechnend. Oder positive Set-

zung, über die Sexualität, das Zeugen eines Kindes als vielleicht einzigen relativen Halt in der Ungewissheit doch eine familiale Struktur der Liebe zu leben und zu halten. Fraglos ist hier nur die Fraglichkeit.

Der Film, so könnte man sagen, erzählt die Geschichte von zwei Gestalten des Theaters. Da ist das Theater, das der tendenziell imaginären Faszinationsmacht des Kinos gleicht: Der Zuschauer bleibt in seinem Seh-Begehren gefangen, genussvoll in einem illusionären Hotel Overlook, kreisend in dem vergeblichen Versuch, sehend ein Wissen zu erlangen, das es nicht geben kann. Und da ist das Theater in der Dimension des Symbolischen, wo das Subjekt niemals Zuschauer ist, ohne zugleich Teilnehmer zu sein, in die Szene eines Dialogs eintritt, sich offenbart als beteiligt, sich einer Verantwortlichkeit und einem Risiko aussetzt. Bills Geschichte ist die der mühseligen Überwindung des nur imaginären Tauschs, in die jedes Subjekt als letztlich austauschbare Maschine eintritt. Und Kubrick lässt keinen Zweifel an der gesellschaftlichen Bedeutung dieser Struktur des Begehrens. Die Präsenz von Geld als zählbarer, berechenbarer Gabe ist die Parallelfigur zum Voyeurismus. Und die geheime Gesellschaft samt Victor Ziegler erscheint als deutlicher Hinweis auf eine geheime Gesellschaft hinter den Fassaden, die Welt, in der nach wie vor die Reichen und Mächtigen, die ‚Sieger' alle Spiele spielen, Doktoren und Musiker als ihre Diener haben, die Kultur besitzen wie die Frauen. Hinter der Fassade der aufgeklärten demokratischen Gesellschaft stoßen wir auf eine andere, in die der gemeine Sterbliche nicht eingeweiht wird: geheime Macht oder Macht des Geheimen, Prostitution auf allen Ebenen. Kubrick war bekanntlich kein Revolutionär. Er klagt nicht an, er zeigt. Diese Strenge macht aus seinen Filmen die immer wieder anders lesbaren, zugleich so klar und scharf gezeichneten Rätselbilder der Epoche.

Kubrick, Stanley / Raphael, Frederic: Eyes Wide Shut: A screenplay. New York 1999.
Lacan, Jacques: Das Spiegelstadium als Bildner der Ich-Funktion. In: Schriften 1, Frankfurt a. M. 1975, S. 61-70.
Weber, Samuel M.: Rückkehr zu Freud. Jacques Lacans Ent-Stellung der Psychoanalyse. Frankfurt a. M., Berlin, Wien 1978.

Give up your inquiries which are completely useless, and consider these words a second warning.
We hope, for your own good, that this will be sufficient.

„UNSERE ARBEIT WAR EINE AUSNAHME"
Die Synchronregie von EYES WIDE SHUT

INTERVIEW MIT EDGAR REITZ

Wie kam es dazu, dass Sie für die Synchronisation von EYES WIDE SHUT verantwortlich waren?
Kubrick hatte HEIMAT gesehen. Der Film lief 1984 viel beachtet in einem Londoner Kino. Er war davon begeistert und hat sich bei mir gemeldet.

Einfach so, „Hier ist Stanley Kubrick"?
Sein aus Deutschland stammender Schwager Jan Harlan hatte angerufen und vermittelt. Kubrick hatte aber noch einen Hintergedanken dabei: Er wollte wissen, wer die Ausstattung für HEIMAT gemacht hatte, weil er ein Projekt vorbereitete, das in Polen spielt [*Aryan Papers* nach dem Roman *Wartime Lies* von Louis Begley]. Der Film ist, wie wir wissen, dann aber nie zustande gekommen. Aber damals schien es, als würde Warner das Projekt mit ihm machen wollen. Harlan war auch schon auf Motivsuche gewesen und fragte mich, wer bei mir die Ausstattung gemacht hatte. Ich sagte ihm, ich arbeite mit Franz Bauer zusammen, der aber im üblichen Sinne kein Ausstattungs-Profi ist. Als das Interesse aber weiter bestand, habe ich angeboten, den Kontakt zu Franz Bauer zu vermitteln. Es kam dann auch wirklich zu einer Begegnung der beiden, und sie sind zusammen nach Polen auf Motivsuche gefahren.

Es gab noch einmal einen flüchtigen Kontakt mit Jan Harlan, der mir berichtete: „Ja, der Stanley hat ein Foto aus HEIMAT, das er besonders liebt. Das ist das Bild von dem Sarg auf der Straße im Regen." Dieses Bild muss Kubricks Lieblingsbild gewesen sein. So kam es im Winter 1999 wiederum zu einem Anruf von Harlan – mit der Anfrage, Stanley Kubrick wünsche sich, dass in den wichtigsten Ländern Europas jeweils einer der von ihm verehrten Regisseure die Synchronisation von EYES WIDE SHUT übernimmt. In Frankreich sollte es Patrice Chéreau sein, für Spanien hat er an Carlos Saura gedacht, und in Italien wollte er Bernardo Bertolucci haben. Aber ich war mitten in den Vorbereitungen zu HEIMAT III, und nach dem damaligen Stand der Dinge hätten die Dreharbeiten im selben Frühjahr begonnen. Ich sagte ab. Leider kam es aber auch bei mir nicht zum Produktionsbeginn. Es vergingen ein paar Wochen, als ich dann in den Nachrichten vom plötzlichen Tode Kubricks hörte. Kurze Zeit darauf meldete sich Jan Harlan noch einmal. Der Film sei fertig, und es sei tatsächlich der Wunsch des Verstorbenen gewesen, dass ich die deutsche Fassung betreue. Und so hatte ich in diesem Frühjahr plötzlich andere Perspektiven. Im Angesicht des Todes gab es für die Aufgabe natürlich auch einen ganz neuen moralischen Hintergrund.

Foto: Manuel Harlan

Ich flog auf Einladung der Warner Bros. nach London, um in den Pinewood Studios an einer Vorführung des noch ungemischten Films teilzunehmen. Ich erfuhr, dass es kurz vorher in Hollywood eine Abnahmevorführung bei Warner Bros. gegeben und dass man für den Zweck eine Art *rough mix* hergestellt hatte. Es war die ganze Crew anwesend, die sich mit dem Schnitt und der Fertigstellung beschäftigt hatte. Harlan war immer derjenige, der das Erbe Kubricks weitertrug und seine Ansichten und seine Interpretationen vermittelte. Ich habe mich dann mit Harlan über Fragen des Stils, die literarische Vorlage von Schnitzler etc. auseinandergesetzt, und kam sehr schnell zu dem Entschluss, den Auftrag zu übernehmen.

Ich habe versucht, bei dieser deutschen Fassung andere Wege zu gehen, als sie bei normalen Synchronisationen üblich sind. Ich wollte sprachlich noch tiefer in die Geschichte eindringen, also nicht nur im technischen Sinne, dass die Lippensynchronität auf die Spitze getrieben wird, sondern ich wollte, dass die in der deutschsprachigen Kultur verankerte literarische Vorlage durchschimmert.

Ich hatte nicht gewusst, dass so ein Weltkonzern wie Warner Bros. einem derartige Freiheiten bieten kann. Wahrscheinlich machten sie bei Kubrick auch eine enorme Ausnahme, denn Kubrick-Filme waren wohl immer Ausnahmeproduktionen, bei denen das übliche Geschäftsgebaren entfiel. Mit Kubrick konnten sie ihr Image aufpolieren, und davon profitierte auch meine Synchronarbeit. Der Zeitaufwand war dreimal so groß wie sonst üblich.

Sie hatten kaum Vorgaben? Wie sind Sie vorgegangen?

Wir haben ein langes, ausgiebiges Stimmencasting durchgeführt. Dann habe ich nicht die übliche Studio-Technik verwendet, sondern wir haben mit den Mikrofonen an der Angel gearbeitet, wie es bei Dreharbeiten üblich ist. Ich habe die Schauspieler beim Sprechen im Raum bewegt, analog zur Filmhandlung. Wir haben auch verschiedene akustische Räume aufgesucht, zum Beispiel für den Billardsalon oder das Schlafzimmer oder den Ballsaal usw. Wir drehten in großen Originalräumen und haben dort z. B. für eine Tanzszene die Darsteller miteinander tanzen lassen und den Dialog geangelt, wie es beim Spielfilm üblich ist. Dadurch entstand eine ganz andere Körperlichkeit in der Sprache. Es entstehen bei dieser Arbeitsweise auch Kleidergeräusche, Körpergeräusche, Schritte, das wurde alles mitaufgenommen. Das hat allen Beteiligten, vor allem den Schauspielern, die die deutschen Stimmen beitrugen, viel Spaß gemacht. Das Tonstudio-Team hatte so etwas noch nie erlebt.

Der Film hat eine Faszination, eine merkwürdige Magie, die aber nicht dingfest zu machen ist. Man kann bei diesem Film weder inhaltlich noch in den technischen Bereichen definieren, worin seine Qualität besteht. Er hat einfach eine Magie durch den Fanatismus des Machens, der durch alles irgendwie durchschlägt. Bei den banalsten Details, wenn z. B. Tom Cruise zur Tür hereinkommt, spürt man, dass das der 63. Take war und der Schauspieler das jetzt nicht nur einmal gespielt hat, und dass er beim 26. Mal überhaupt nicht mehr einsehen konnte, warum es ein 27. Mal gemacht wird. Ich vermute, dass er die Arbeit beim 30. Mal kaum noch ernst nehmen wollte, und dass er alle Phasen des professionellen Widerstandes hinter sich hatte, vom Explodieren, vom Sich-an-den-Kopf-fassen, von Irrsinn usw. So kommt es, dass alle diese Bilder wirken, als seien sie jenseits des Wahnsinns entstanden.

Ich hatte nie im Leben einen Film synchronisiert, außer meinen eigenen. Es kommt ja immer einmal vor, dass man mit dem Originalton nicht zu Rande gekommen ist und dass man etwas im Studio nachsynchronisieren muss. Von daher kannte ich diese Technik, die Schauspieler im Studio noch einmal alle Schritte und Bewegungen durchspielen zu lassen. Die Arbeit mit der ‚Angel' kannte man vom Originaldreh.

Man lernt einen Film durch nichts intensiver kennen als durch die Synchronarbeit. Das geht weit über eine filmwissenschaftliche Analyse hinaus.

Stanley Kubrick und Tom Cruise
Foto: Manuel Harlan

Wie wurden die Sprecher von Tom Cruise und Nicole Kidman ausgewählt? Haben Sie sie bereits gekannt?
Nein, mit denen habe ich vorher nie gearbeitet. Irina Wanka, die die Nicole Kidman gesprochen hat, ist eine Münchner Schauspielerin, die übrigens sehr begabt ist. Bei der Kidman ist die Synchronisation deshalb schwierig gewesen, weil sie oft so zerdehnt spricht, dass man sich kaum drauf einstellen konnte. Da hat Irina Wanka wirklich Großartiges geleistet. Und den Cruise sprach Patrick Winczewski, der selbst Regisseur ist und die Synchronregie aus eigener Erfahrung kennt. Man spürt einfach, wenn ein Sprecher ein intelligenter Mensch ist, der weiß, was er sagt, und im Hintergrund seiner Worte noch etwas anklingen lassen kann, das über den bloßen Anlass hinausgeht.

Das Stimmencasting ist von größter Wichtigkeit. Wir haben uns immer wieder die Probeaufnahmen mit verschiedenen Sprechern vorführen lassen und überlegt, ob die Stimme mit dem Gesicht und dem Körper des Originalschauspielers zusammenwächst. Trotz stimmlicher Übereinstimmung können Gesicht und Synchronstimme völlig auseinander driften. Ich kann nicht erklären, woran das liegt. Oft passiert es, dass eine Stimme einen anderen Charakter hat, also höher oder tiefer oder mit anderen Nebenklängen, anderen Obertönen besetzt ist, und dennoch wächst sie mit dem Gesicht zusammen, und man hat das Gefühl, die Sprache kommt aus diesem Körper. Das waren eigentlich die Hauptkriterien bei der Suche.

In der deutschen Fassung erkennt man Schnitzler in manchen Passagen sehr deutlich, z. B. wenn Nicole Kidman über den Marineoffizier spricht, das ist beinahe wortwörtlich übernommen. An anderen Stellen geht der Film, auch inhaltlich, ziemlich weit weg von Schnitzler. War das eine Schwierigkeit?
Also, ich habe das immer so empfunden, dass dieser Film, was die kulturellen Wurzeln angeht, ein europäischer Film ist. Wie ich ja überhaupt denke, dass Kubrick tief in der europäischen Kultur wurzelte. Und er hatte zur deutschen Kultur durch seine Familie eine enge Beziehung. Die deutsche Fassung von EYES WIDE SHUT zu machen, ist also nicht dasselbe wie die französische oder spanische Fassung. Da hätte man einfach diese Nähe nicht.

Können Sie sich noch erinnern, wie man überhaupt umging mit diesem unendlichen Stottern und Stammeln und Ansetzen und noch mal Ansetzen der Figuren? Das ist ja nicht nur die Kidman, sondern das sind auch die anderen, als ob ihnen im Augenblick nicht einfällt, was sie gleich sagen wollen. Ich habe das in keinem Film bis jetzt so erlebt, dass die Schauspieler immer erst mal „mmm" „what do you", „I mean" sagen, bis die dann zum Sprechen kommen.
Da ist ein Stau. Da ist ein dauernder Stau. Und den muss man mit den Sprechern auch erzeugen. Das heißt, es handelt sich darum, dass die Worte, die da stehen, nicht das sind, was gesagt wird. Jeder Satz hat einen Subtext, und dieser Subtext muss ergründet werden. Ich kann dem Schauspieler nicht sagen: „Sprich diese Worte!" Sondern ich sage ihm, was er nicht sagt, wenn er das sagt. Also was in ihm vorgeht und was er auf gar keinen Fall in dem Moment sagen will. Das ist die eigentliche Ursache dieses Stolperns, diese Verzögerung, das ist der Subtext. An dem Subtext arbeitet man. Das vergisst man hinterher wieder, aber man hat ihn.

Nicole Kidman
Foto: Manuel Harlan

Aber Sie würden aus Ihrer Erfahrung auch sagen, das es relativ selten ist, dass jemand das im Film so stark als Mittel einsetzt, um den Zuschauer manchmal geradezu zu quälen? Sonst wird es ja immer überspielt, wenn es einen Subtext gibt, oder er wird scheinbar kunstvoll gesetzt. Hier wirkt es wie eine Hinderung.

Ich bin ja nicht bei den Dreharbeiten gewesen, aber ich kenne das Problem aus meiner eigenen Arbeit. Der Schauspieler kommt mit gelerntem Text ans Set und häufig ist es bei Schauspielern so, dass sie gecoacht werden. Sie haben eine bestimmte Ausdrucksart vorbereitet, und das wollen sie beim Drehen auch abliefern. Ich leide unter diesem bloßen Abliefern von einstudiertem Text und Gestus. Ich sage dann dem Schauspieler: „Wenn du den Mund auftust, darfst du noch nicht wissen, wie der Satz zu Ende geht. Nur so spielst du richtig." Dieses Mentaltraining muss man einem guten Schauspieler abverlangen können.

Ihre Synchronarbeit an Eyes Wide Shut erscheint, so wie Sie sie beschreiben, wie ein Stück Theaterspiel anhand des Films.

Es gibt im Filmbereich eigentlich nichts, was so banal und alltäglich ist wie das Synchronisieren. Und unter den meisten Schauspielern gilt Synchron als Gelegenheitsjob. Man wird nach der Anzahl der *takes* bezahlt, und es ist dumme Knochenarbeit. Deswegen wird vieles nur noch runtergerotzt. Unsere Arbeit an Eyes Wide Shut war eine Ausnahme.

*Das Interview führten Maja Keppler, Hans-Thies Lehmann
und Hans-Peter Reichmann am 26. Juli 2003 in Riesweiler.*

Tagebuchaufzeichnung nach der Premiere von Eyes Wide Shut,
12. September 1999

Ich habe heute Eyes Wide Shut im Kino gesehen, und zwar in meiner deutschen Fassung. In den ersten Minuten starrte ich natürlich immerfort den Schauspielern auf den Mund, um Fehler in der Lippensynchronität oder im Ausdruck zu finden. Ich weiß nicht, wie lange ich diese professionell-abartige Betrachtungsweise durchhielt, denn unversehens hatte der Film mich in seinen Bann gezogen. Alles, was man über diesen Film an Vorbehalten vortragen kann – und ich habe das ja auch getan – verblaßt gegenüber dem Film selbst, der eine geheimnisvolle, traumwandlerische Sicherheit ausstrahlt. Man spürt, daß dieser Film einem Thema folgt, das absolut nicht identisch ist mit seiner äußeren Handlung. Deswegen wird ihn jeder mißverstehen, der nur auf die Bilder starrt. Auch die Worte, die gesprochen werden – und es sind ihrer entsetzlich viele! – erzählen kaum etwas von der Geschichte, die der Film erzählen will. Es

Stanley Kubrick, Nicole Kidman, Tom Cruise und Sydney Pollack beim Sichten einer Szene
Foto: Manuel Harlan

ist eine erwachsene, eine reife Geschichte, die Geschichte, die nach der Liebe kommt. Das ist ein Film über das Leben nach dem Happy-End. Also doch ein Film über die Liebe.

Es ist viel, aber nicht annähernd genug über die Liebe gesagt worden. Dabei ist es mir völlig gleichgültig, unter welchen kulturellen Einflüssen geliebt wird. Hier, in diesem Film ist es die amerikanische Liebe, die auf eine viel naivere Weise als bei uns Europäern das Familienleben, die Karriere, das Kind und Feste wie Weihnachten in das schwärmerische Liebesbild miteinbezieht. Aber jede Liebe, gleichwo auf der Welt, sucht das Ideal. Jede Liebe trägt romantische Absolutheits-Ideale in sich. Dazu gehört auch das Bedürfnis, sich des anderen gewiß sein zu wollen. Einander angehören, das ist es, was alle Liebenden möchten, und zwar auf immer. Aber wie groß kann diese Gewißheit überhaupt sein? Werden die Liebenden einander nicht gerade im Augenblick der Vereinigung auf rätselhafte Weise fremd? Was denkt der andere, welche Bilder, Träume, Wünsche spielen sich in der Seele des Geliebten eigentlich ab? Der Blick in das geliebte Gesicht wird zum Blick auf eine undurchdringbare Oberfläche. Die Person, die geliebte und respektierte, hochgeachtete Wesensart des Geliebten, wird im Zusammenleben vertraut und zugleich fremd. Es gibt keine Gewißheit. Davon handelt Kubricks Film.

Er tut dies auf faszinierende Weise, indem er ein enormes Kinogefühl aufbaut. Das erreicht er durch die Glitzerwelt der alles ausfüllenden Weihnachtsbeleuchtung. Ich verstehe endlich, warum er die Geschichte, die bei Schnitzler irgendwann im Jahr handelt, in die Weihnachtszeit verlegt. Das ist aber nicht nur wegen des Kinolichtes, das man da rechtfertigen konnte, sondern auch wegen der Atmosphäre der Liebe. Weihnachten ist nämlich mehr, als nur dieses kommerzielle Fest der teuren Geschenke. Ich habe in meinen Filmen ja auch immer wieder Weihnachten beschrieben als eine Zeit, in der alle Kinderträume, auch die von der kleinen harmonischen Familie, aufgehen sollen.

Oft wurde über die Langsamkeit von Kubricks Erzählweise gelästert. Ich habe es bei der Synchronarbeit, als mir der Überblick abhanden gekommen war, selbst getan. Wenn man sich aber fragt, wo der Film Kürzungen vertrüge, weiß man überhaupt nicht, wo man anfangen soll. Es gibt so gut wie keine Szene, die man nicht auf die Hälfte oder gar noch weniger reduzieren könnte. Es gibt in den Szenen jedoch nicht den geringsten Anhaltspunkt dafür, was hier wichtiger ist als etwas anderes. Was soll man da schneiden, denn es ist alles gleichwichtig? Man muß diesen Satz wiederholen: In Kubricks Film ist jede Minute gleichwichtig!

Etwas Besseres kann man über einen Film nicht sagen. Das Problem scheint nur zu sein, daß dieser Film sich den gängigen Kriterien von Wichtigkeiten entzieht. Das erklärt sich sehr einfach: Er handelt nicht von ihnen. Man muß einmal aufzählen, was nicht das Thema ist: Es ist nicht die Suche nach Sex. Es ist nicht die Eifersuchtstragödie, es ist nicht die Abenteuergeschichte einer Nacht, es ist nicht der Plot von der toten Fixerin und ihrem angeblichen Opfer, es ist nicht das ausschweifende Leben einer fiktiven New Yorker Society, es ist nicht die Frage, ob Alice die Wahrheit sagt oder ob alles nur ein Traum war. Kubricks Thema ist etwas Unsichtbares. Damit erweist er sich als wahrer Künstler, der begreift, daß die Filmkunst nie vom Sichtbaren erzählt, obwohl die Kamera doch so fanatisch nach der Welt der sinnlich faßbaren Reize greift und sie permanent an sich reißen und sich an ihr befriedigen möchte. Das ist

Foto: Manuel Harlan

das wahrhaft Voyeuristische an der Filmkunst, daß sie manisch versucht, Blicke zu erhaschen und dennoch verdammt ist, immer den nötigen Abstand zu halten, um Phantasie und Anblick nicht miteinander verwechseln zu können. Kubricks Film handelt von dem Geheimnis, das hinter den Augen, hinter der Hautoberfläche, hinter den Zärtlichkeiten des Geliebten verborgen liegt.

Das Sensationelle dieses Films ist, daß er diesen Blick ins Unsichtbare bei allem wagt, selbst bei den Außenfassaden des Studio-New-Yorks, selbst bei den Interieurs, den Cafés, natürlich bei den Nebenfiguren, die alle so geheimnisumwittert erscheinen, ohne daß wir wissen, warum. Selbstverständlich lauert hinter allen ein sexuelles Geheimnis, aber es ist auch etwas ganz anderes, etwas, das dem konkreten Sex völlig widerspricht. Man denke an den Hotel-Clerk oder die Tochter des Kostümverleihers, oder die tote Mandy in der Pathologie. Vielleicht ist Liebe, wie Kubrick sie beschreibt, ein Voyeurismus in der Klemme. Die Nähe wird so groß, daß der erregende Blick auf diese süße Haut wie ein Blick in den Spiegel ist: Nichts enttäuscht den Voyeur so sehr, wie die Begegnung mit sich selbst.

Und da finde ich auch die Besetzung mit Nicole Kidman genial. Diese Frau hat all das, was einen Voyeur zum Träumen bringt, eine wonnige Haut, ein Mündchen zum Hineinbeißen, ein Lächeln, eine Art sich aufzuregen, eine Verrücktheit, eine aufreizende Spiellust mit dem Feuer, eine Intelligenz der Sinne, die einen zum immerwährenden Hingucken verlockt. Aber gleichzeitig ist sie total verschlossen. Sie verweigert sich, sie ist glatt und viel zu ästhetisch, sie ist eitel und prüde. Das provoziert automatisch dieses Verlangen, durch die Haut, durch die Schönheit, durch den Anstand und den ganzen Firlefanz hindurchstoßen zu wollen. Was ist im Innern der süßen Nuß? Niemand kann sich dieser Frau gewiß sein. Damit ist klar, was den kleinen Aufsteiger Cruise so fertig machen muß. Er hat dieses Geheimnis nicht. Aber er hat geglaubt, sich ihrer gewiß zu sein. Und er ist ein Voyeur, der anfängt, seine Neigung zu entdecken. Erstmals führt er sein voyeuristisches Selbst spazieren und erfährt von seiner Existenz: In dieser Nacht.

Bei Schnitzler ist mehr von den Träumen die Rede. Er befaßt sich mit den Gefahren des Unterbewußten und beschreibt, wie es sich mit Macht in den Träumen, auch in den Tagträumen, zu Wort meldet. Schnitzlers Erzählung handelt von den Worten und Begriffen, die in der Tiefe der Seele verschüttet werden. Kubrick ist da viel weniger psychoanalytisch. Er ist eben selbst ein Voyeur. Er sucht das Geheimnis der Person. Und er weiß, daß er es nie besitzen wird.

Er ist ein Filmemacher, der wie kaum einer Haltung bewiesen hat. Er spürte, um was es beim Filmemachen ging. Beim Filmemachen überhaupt und bei seiner Geschichte, die er erzählte. Er hat gewußt, daß niemand außer ihm kompetent sein kann. Wenn er gut ist, ist er allein der Autor eines Kunstwerkes. Alle anderen braucht er nur als Hilfe. „Noch nie hat eine Kommission eine Symphonie geschrieben." Das ist eine seiner einfachen Erkenntnisse, nach denen er gehandelt hat. Das mußte jeder einsehen, der ihm Geld gab. Wir verstehen die amerikanische Kultur falsch, wenn wir meinen, dieser Respekt vor den Künstlern gehöre nicht zu ihr. Wo ist sie denn bei uns?

Regisseure wie Stanley Kubrick sind ein Gegenbeweis gegen jegliche Produzentenhybris – und gegen jede Fernsehdramaturgie.

Bei diesem Text handelt es sich um einen Vorabdruck, © Verlag der Autoren

HERE I'VE TURNED THE TOLL BOOTHS INTO A SERIES OF SUSPENSION BRIDGES THAT EMPHASIZE THEIR SEXUAL NATURE.

VISUELLES GESCHICHTENERZÄHLEN
Entwürfe zu *A.I. – Artificial Intelligence*

CHRIS BAKER

Mit Stanley Kubrick und seinem *A.I.*-Projekt kam ich im Winter 1993 in Kontakt. Im gleichen Jahr war ein 96-seitiger Cartoon-Roman von mir erschienen, und zu meinem Glück war er Stanley aufgefallen. Meine erste Begegnung mit ihm verlief, gelinde gesagt, recht ungezwungen. Sie fand in der Küche von Jan Harlan statt. Ich meine mich zu erinnern, dass wir uns viel mehr über Filme im Allgemeinen unterhielten als über das Projekt *A.I.* selbst. Dennoch schien ich eine Reihe von so genannten ‚außerkörperlichen Erfahrungen' zu haben, in denen ich mir die Szene von oben anschaute. Von Zeit zu Zeit schwirrte mir der Gedanke „Meine Güte, das ist wirklich Stanley Kubrick!" durch den Kopf. Nachdem ich mich an die etwas fremdartige Szenerie gewöhnt hatte, war ich neugierig, was an meiner Arbeit ihn gereizt hatte. Ich glaube nicht, dass Stanley mir je eine definitive Antwort gab, aber ich denke, das visuelle Geschichtenerzählen in meinem Cartoon-Roman gab wohl den Ausschlag.

Zu Beginn des folgenden Jahres wurde ich in Stanleys Zuhause eingeladen, um das Drehbuch für *A.I.* zu lesen. Außer einer zum Nachdenken anregenden Story würde es eine visuelle *tour de force* werden, und ich bekam, was meinen Entwurf anging, freie Hand. Anfangs wurde ich für sechs Wochen

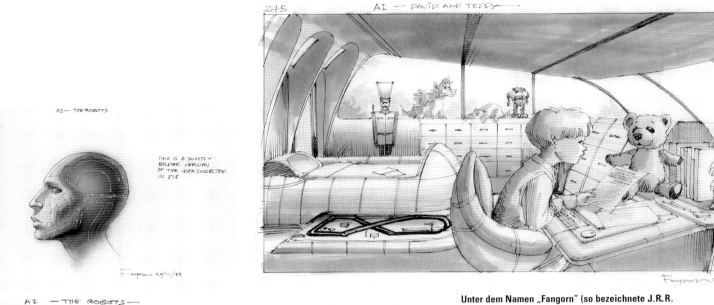

Unter dem Namen „Fangorn" (so bezeichnete J.R.R. Tolkien in *Lord of the Rings* den Wald, in dem die Ents leben) zeichnete Chris Baker über 1.000 Entwürfe zu den Ideen Stanley Kubricks.

engagiert, um zu sehen, wie die Zusammenarbeit funktionierte und ob ich in der Lage war, eine Arbeit abzuliefern, mit der Stanley zufrieden war. Zwei Jahre später zeichnete ich immer noch.

Im Laufe dieser mehr als zwei Jahre war ich in der Lage, eine riesige Sammlung von Arbeiten mit über tausend Einzelzeichnungen von allen wichtigen Schauplätzen des Films zu produzieren. Die Entwicklung von Ideen konnte manchmal geradezu faszinierend sein. Rouge City ist dafür ein typisches Beispiel. In der Kurzgeschichte wird der Besuchereingang zu der Stadt als eine Reihe riesiger, klaffender Lippen beschrieben. Mit dieser Idee spielte ich eine Weile, aber irgendwann wirkten die isolierten Lippen ein wenig zusammenhanglos, und daher fing ich an, ganze Köpfe in unterschiedlichen architektonischen Stilen zu zeichnen. Einer stach Stanley ganz besonders ins Auge und taucht tatsächlich auch in Steven Spielbergs Film auf. Von da an ergab sich das künftige Rouge City mit seinem provokativen Design ganz einfach.

Die Zusammenarbeit mit Stanley machte so viel Spaß, weil mir die Freiheit und die Zeit gegeben wurde, derart mit Ideen herumzujonglieren. Wir feilten an den Einfällen, bis irgendetwas anfing, richtig auszusehen und sich richtig anzufühlen. Die Gelegenheit, die ich durch ihn erhielt, konzeptuelle Entwürfe für *A.I.* zu machen, war einer jener Glücksmomente, die mein Leben und meine berufliche Laufbahn veränderten. Nach seinem vorzeitigen Tod lud Steven Spielberg mich ein, die Arbeit an seiner Version des Films fortzusetzen. Es war schön zu sehen, dass viele der zusammen mit Stanley entwickelten Ideen in Stevens fertigem Film auftauchten.

604 AI — THE FLESH FAIR

Fangorn 10/5/95

671 (b) AI — INTO THE ICE

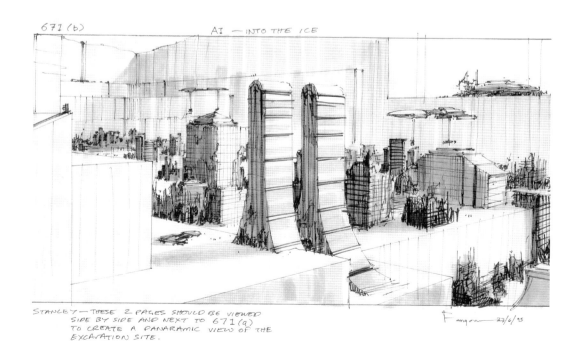

STANLEY — THESE 2 PAGES SHOULD BE VIEWED
SIDE BY SIDE AND NEXT TO 671(a)
TO CREATE A PANARAMIC VIEW OF THE
EXCAVATION SITE.

Fangorn 23/6/95

A 768　　AI — NEW YORK

DAVIDS COPTER ENTERS NEW YORK. RUNAWAY ROBOTS TAKE REFUGE AMONGST THE ISLANDS OF DEBRIS.

Fangorn 9/10/95

910　　AI — THE BLUE FAIRY

Fangorn 9/2/96

784　　AI — ROUGE CITY

HERE'S A MUCH MORE CLAUSTROPHOBIC VIEW OF ROUGE CITY. I ALSO WANTED TO INTEGRATE THE 'BODY' ARCHITECTURE IN A SLIGHTLY LESS OBVIOUS WAY.

Fangorn 20/10/95

DAS HANDWERK DES SEHENS

CHRISTIAN APPELT

I. Der Mann, der zuviel wusste

„We were on Stage Twelve at Universal doing a scene where Kirk makes a deal with Herbert Lom, the merchant […]. We rehearsed it three or four times, and then the stand-ins went in so Metty could do his lighting. When that was finished […] in came Kirk, me and Herbert. Kubrick was sitting on the side and Metty was in his big high chair […], watching. Kubrick never said anything […]. Finally he got up, looked over the shot, and went over to Russ Metty and said, 'I can't see the actors' faces.'

Russ Metty, who was red-faced to begin with, got purple. He never said a word, but he was fuming […]. By chance, next to his high chair, there was a little light […]. Russ Metty just lifted up his foot and gave it a big kick, and it skidded its way onto the set and into the scene. That light just went rolling in and came to a halt there. When it stopped, Metty looked at Kubrick and said, 'Now is there enough light?' Kubrick just looked at it, looked back at Russ, and said, 'Now there's too much light.' Almost everybody treated Kubrick that way. They had no idea who they were dealing with."[1]

Eine typische Kubrick-Anekdote – eine von vielen. Ein Kubrick-Verehrer erkennt in ihr den unbeugsamen Perfektionisten, der sich weder vom System noch von angemaßten Autoritäten etwas vorschreiben lässt. Wer den Regisseur hingegen für pedantisch, kontrollbesessen und exzentrisch hält, wird ebenfalls in seiner Meinung bestätigt.

Beide Sichtweisen sparen aber den Handwerker Kubrick aus. Von mittelmäßigen Regisseuren wird zuweilen gesagt, sie seien „solide Handwerker". Dass man ein bedeutender Künstler und zugleich guter Handwerker sein kann, schließt sich nicht aus; Stanley Kubrick allerdings war kein *guter*, sondern ein *perfekter* Handwerker.

Was aber ist der kleinen Anekdote, die im Jahr 1958 auf dem Set von SPARTACUS spielt, über ihren Unterhaltungswert hinaus zu entnehmen? Einerseits beschreibt sie jenes Studiosystem, für das Kubrick einmalig als Auftragsregisseur tätig war und dem er sich später konsequent entzog. Es war kein schlechtes System, denn ein Großteil der bedeutenden englischsprachigen Filme entstand in Hollywoods Filmfabriken, und als die Kritiker und Filmemacher der *Nouvelle Vague* in den fünfziger Jahren den Begriff des Filmautors prägten, dienten ihnen fast ausschließlich Studio-Regisseure zum Beleg ihrer Theorie.

Innerhalb dieses Systems war das Misstrauen der *craftsmen* gegenüber Kubrick im Grunde vollkommen berechtigt. Ein genialer Autodidakt wie Kubrick, der sich als Berufsfotograf intuitiv mit den Gesetzen der Bildgestaltung und Lichtwirkung vertraut gemacht hatte, der mit minimalen Mitteln zwei Spielfilme selbst fotografiert, inszeniert und geschnitten hatte, kam in der hermetischen Welt der Studio-Produktion nicht vor. Stanley Kubrick war, was die Handhabung der technischen Mittel anging, einfach ‚der Mann, der zuviel wusste'. Als er seine ersten Filme drehte, war er bereits ein versierter Bildgestalter. Er war ein professioneller Kameramann, als er zum ersten Mal mit einem Studio-Kameramann zusammenarbeitete.² Durch seine ersten beiden Spielfilme war Kubrick mit Kamera, Schnitt und den Problemen der Postproduktion vertraut, verstand von diesen Fachgebieten mithin genug, um sich auch von keinem Studiotechniker etwas vormachen zu lassen. Jemand, der genau wusste, was er wollte und die ‚Spezialisten' forderte, statt ihnen wie sonst üblich die technisch-handwerklichen Fragen weitgehend anzuvertrauen, musste als nicht vorgesehene ‚Betriebsstörung' Anstoß erregen.³

Solch umfassendes handwerkliches Wissen ist keineswegs selbstverständlich, war immer die Ausnahme. Die meisten Filmregisseure kamen aus anderen Bereichen, waren ursprünglich Bühnenregisseure, Drehbuchautoren, Szenenbildner oder Schauspieler. Kubricks umfassendes handwerklich-technisches Wissen stellte im amerikanischen Studiosystem eine exotische Ausnahme dar. Auch die Herkunft von der Bildgestaltung ist bei Filmregisseuren äußerst selten; selbst Kameraleute wechselten kaum ins Regiefach. Auch ehemalige Maler, Zeichner und Grafiker unter den Regisseuren lassen sich an einer Hand abzählen.⁴

Der *auteur* oder Filmautor ist eine Idealfigur, geschaffen von Filmkritikern, die später selbst Filme drehten. Der ideale Filmautor wäre einer, der allen Aspekten eines Filmwerks seinen Stempel aufprägt und sich in jeder Hinsicht frei entscheiden kann. Seit dem Ende der Stummfilmzeit hat es dergleichen in der Praxis kaum gegeben. Wenige Filmemacher hatten später die Freiheit, wie Charles Chaplin, Mack Sennett oder Buster Keaton ihre Filme nahezu uneingeschränkt nach eigenem Willen zu formen. Auch Orson Welles bekam nur ein einziges Mal, mit CITIZEN KANE (1941), den Schlüssel zum Filmstudio, der „größten elektrischen Eisenbahn, die ein Mann sich wünschen kann".⁵

Der Filmautor im ursprünglichen Sinn des Begriffs sollte über seine Filmarbeit ähnlich strenge Kontrolle ausüben wie ein Schriftsteller über sein Manuskript. Im englischsprachigen Raum gab es nur sehr wenige Filmemacher, die diesem Begriff entsprachen – Stanley Kubrick war einer von ihnen. Wie Chaplin und Disney war Kubrick sein eigener Produzent. Er nahm auch Einfluss auf die Auswertung und kümmerte sich um jedes Detail, wie die Überwachung fremdsprachiger Fassungen, Abnahme der Verleihkopien sowie technische Prüfung der Filmtheater, Werbung und Verleiharbeit. Kubrick bediente sich ähnlicher Methoden wie vor ihm Alfred Hitchcock, um sich innerhalb der Filmindustrie Respekt und eine Position zu verschaffen, die dem Regisseur weitgehende Freiheit in der Wahl der Stoffe und Durchführung seiner Projekte ließ. Während Hitchcock sich innerhalb der Universal Studios sein eigenes Reich aufbaute, entzog Kubrick sich kurzerhand dem US-Filmbusiness. Er verlegte seine Arbeit nach England und verband so die Vorzüge unabhängiger, kostengünstiger Produktion mit denen der nahegelegenen britischen Filmateliers. Die Distribution überließ er den *major studios* MGM und Warner Bros.

II. Die Wahl der Mittel

„[The students] needed to know the technology of filmmaking like an artist has to know the tools of his trade, the pigments, dyes, and colors, so they could use them and manipulate them. To me, the consummate practitioner of that was Stanley Kubrick."⁶

Es gibt keinen Kubrick-Stil. Der Filmschöpfer Kubrick zeichnet sich dadurch aus, dass er seine gestalterische Vorgehensweise dem jeweiligen Stoff anpasst und aus diesem heraus entwickelt. Das klingt banal und sollte eigentlich selbstverständlich sein, in der Praxis neigen viele Regisseure aber dazu, ihre persönlichen Lieblings-Stilmittel den verschiedensten Stoffen aufzuzwingen. Dass die Mehrzahl der Regisseure wenig Stilgefühl besitzt, fällt oft erst auf, wenn sie einmal ohne ihre langjährigen künstlerischen Mitarbeiter auskommen müssen, deren individuelle Fähigkeiten sich zum vermeintlichen Stil des Regisseurs addierten.

Das Bildformat

Kubricks frühe Filme entstanden im 35-mm-Normalformat, auch bekannt als „Academy"-Format mit einem Bildseitenverhältnis von 1:1,37. Auch die späteren Filme wurden immer mit sphärischen Objektiven aufgenommen und durch Abkaschierung auf die üblichen Breitbildformate 1:1,66 für den europäischen und 1:1,85 für den amerikanischen und asiatischen Kinomarkt gebracht. Die beiden Ausnahmen im Kubrick-Werk sind SPARTACUS und 2001: A SPACE ODYSSEY, sie entstanden in breiteren Bildformaten und auf übergroßen Negativformaten (*large area photography*).

Produktionsformat bei SPARTACUS war Technirama, ein 1956 von der Firma Technicolor eingeführtes Breitbildverfahren von besonders guter Bildqualität. Der 35-mm-Negativfilm lief horizontal durch die Kamera, belichtet wurde ein gegenüber dem herkömmlichen Kinofilmformat fast doppelt so großes Bild. Zusätzlich zum Großformat benutzte man anamorphotische Objektive⁷ mit dem Faktor 1,5. Bei der Umkopierung auf vertikal laufenden 35-mm-Film komprimierte man das Bild weiter, so dass eine mit dem verbreiteten CinemaScope-Format kompatible Vorführkopie in hervorragender Bildqualität entstand. Bei direkter Umkopierung auf 70-mm-Film unter Aufhebung der Anamorphose entstanden Breitfilmkopien, die mit 6-kanaligem Magnetton versehen zu *Roadshow*-Einsätzen in ausgesuchten Filmtheatern eingesetzt wurden.⁸ Das Bildseitenverhältnis bei SPARTACUS ist also 1:2,35 für die 35-mm-Fassung und 1:2,21 für die 70-mm-Kopien, die mit dem Begriff „Super Technirama 70" bezeichnet wurden.⁹

2001: A SPACE ODYSSEY war ein Film der langen Einstellungen, der weiten Totalen und der minutiösen Details. Hierfür war das Super-Panavision-Verfahren die ideale Wahl.¹⁰ Aufgenommen wurde auf 65-mm-Negativfilm, bei dem das Bild etwa dreimal größer ist als bei den üblichen 35-mm-Formaten. Die Bildgüte ist daher sowohl bei den 70-mm-Vorführkopien (mit zusätzlicher Breite für Magnetspuren) als auch in den reduzierten 35-mm-CinemaScope-Kopien für den breiten Kinoeinsatz deutlich überlegen. Das Bildseitenverhältnis betrug 1:2,21 für die 70-mm-Fassung, welches bei der Erstaufführung auch innerhalb des Scope-Formates auf 35 mm beibehalten wurde.[11]

Stanley Kubrick bemühte sich stets, die technischen Bedingungen zu verbessern, unter denen seine Filme gezeigt wurden, wobei er äußersten Wert auf das korrekte Projektionsformat legte. Bei Filmrestaurierungen und DVD-Fassungen ist es heute allgemein anerkannte Praxis, das für die Kinoauswertung maßgebliche Bildseitenverhältnis eines Films möglichst exakt zu übernehmen. Auf den DVD-Fassungen von The Shining und Eyes Wide Shut ist davon abweichend das vollständige 35-mm-Bild im Format 1:1,33 zu sehen. Die Bildkomposition für die Kinoprojektion wurde aber im Kamerasucher auf die abkaschierten Breitbildformate 1:1,66 bzw. 1:1,85 abgestimmt.[12] Der DVD-Benutzer hat also die Wahl, entweder dem überlieferten Wunsch des Regisseurs zu folgen und ein 1:1,33-„Vollbild" mit abweichender Komposition zu sehen oder anderseits dem fürs Kino optimierten Bildausschnitt (auf 16:9-Monitoren im „Cinema-Modus") den Vorzug zu geben.

Weder vor noch nach 2001: A Space Odyssey hat Kubrick wieder gezielt ein extremes Breitformat gewählt. Es war ihm wichtiger, innerhalb des gewählten Rahmens eine präzise Komposition zu schaffen und die Raumwirkung durch Objektivwahl und Kamerawinkel zu kontrollieren.[13]

Spartacus: Bildkomposition im Breitwandformat

„It all really just came down to the fact that there are thousands of decisions that have to be made, and that if you don't make them yourself, and if you're not on the same wave length as the people who are making them, it becomes a very painful experience, which it was. Obviously I directed the actors, composed the shots, and cut the film, so that, within the weakness of the story, I tried to do the best I could."[14]

Da Kubrick sich stets abwertend über die Arbeit an Spartacus geäußert hat, wird der Film in der Literatur meist vernachlässigt oder nur als zeittypischer Genre-Kitsch abgetan.[15] Vom handwerklichen Standpunkt ist es aber sehr viel spannender, die Spur oder wenn man so will: die Handschrift eines Regisseurs in einer Auftragsarbeit zu suchen als in Werken, die unter seiner vollständigen Kontrolle entstanden sind. Auf jeden Fall hat Kubricks inszenatorische Fähigkeit erheblich dazu begetragen, dass Spartacus nicht nur einer der erfolgreichsten Filme des Jahres 1960 wurde, sondern bis heute als eines der besten Werke des Monumentalfilm-Genres gilt.

Eine vertikale Kranfahrt zeigt die Sklavinnen, die den Gladiatoren zugeführt werden sollen. Der nahezu symmetrische Bildaufbau wird unterstrichen durch die beiden seitlichen Simse, die die Höhenbewegung besonders unterstreichen. Die Frauen betreten mittig das Bild, bewegen sich dann im Verlauf des Hinabsteigens in die rechte Bildhälfte. Bevor die Kamera auf Augenhöhe zum Stillstand kommt, tauchen in der linken Bildhälfte an einem Tisch sitzend Lentulus Batiatus (Peter Ustinov) und der Ausbilder auf, so dass wieder ein Gleichgewicht der Bildelemente entsteht. Eine Frau nach der anderen tritt an den Tisch, wird von Batiatus einem Mann zugewiesen

und von Helfern in die Bildmitte nach hinten geführt. Bis zu diesem Punkt entsteht der Eindruck eines reibungslos funktionierenden Apparates, entgegen der Hollywood-Konvention wird Varinia (Jean Simmons) nicht durch eine Nahaufnahme ‚angekündigt', sondern eine leichte Kamerafahrt, die den Bildausschnitt minimal verengt und geschickt durch Varinias seitliche Bewegung kaschiert wird, konzentriert die Aufmerksamkeit des Zuschauers auf das Verhältnis Batiatus-Varinia.

Kubricks Vorliebe für Einstellungen mit mehreren Ebenen und betonter Raumtiefe ist am auffälligsten, wenn die Gladiatoren auf ihren Zweikampf bis zum Tod warten. Spartacus (Kirk Douglas) und Draba (Woody Strode) beherrschen das Bild, stark modellierende *low-key*-Beleuchtung verleiht den Männern in ihren groben Umhängen das Aussehen von Mönchen. Als man die Schiebetür des Lattenverschlages aufreißt, öffnet der Raum sich nach hinten in die gleißend helle Arena. Ein toter Gladiator, Verlierer des vorigen Schaukampfs, wird in die Tiefe des Bildes geschleift, gleichzeitig richtet sich der Blick des Zuschauers auf die bühnenartige Loge des römischen Publikums. Sowohl die axiale als auch die vertikale Distanz zwischen der Welt der Gladiatoren und der Patrizier wird so unterstrichen. Das Zusammenspiel von Cadrage, Lichtgestaltung und Raumtiefe macht den Gang in die Arena zu einem fast geburtsartigen Übergang in eine Welt des Kampfes um Selbsterhaltung.

Das gläserne Auge: Kubrick und seine Objektive
Stanley Kubrick erwarb für seine verschiedenen Kameraausrüstungen eine erstaunlich große Zahl an Objektiven. Außerdem ließ er für bestimmte Einsatzzwecke Objektive umkonstruieren oder adaptieren, die ursprünglich für andere Zwecke gedacht waren.[16] Entscheidend für die Bildwirkung einer Filmaufnahme ist das verwendete Objektiv, nicht die verwendete Filmkamera. Bilderzeugendes Element ist das Aufnahmeobjektiv. Seine Konstruktion und der Gebrauch, den der Regisseur davon macht, entscheidet über den Charakter des aufgenommenen Filmbildes. Die Kamera selbst hat nur die Aufgabe, in jeder Sekunde 24-mal ein neues Filmbild hinter das Bildfenster zu transportieren und zur Belichtung freizugeben. Die Wahl der Objektive ist daher für den Filmgestalter so wichtig wie für den Maler die Entscheidung, mit welchen Farben und auf welchem Malgrund er ein Bild beginnt. Als erfahrener Fotograf brachte Kubrick immenses Wissen über Objektive und ihre Möglichkeiten in

Ein Satz hochlichtstarker Zeiss-Filmobjektive aus Stanley Kubricks Besitz

seine Filmarbeit ein, er war über aktuelle Weiterentwicklungen immer bestens informiert.

Die wichtigsten Merkmale eines Objektivs sind seine Brennweite, seine maximale Öffnung und seine Korrektur.[17] Aus seiner Brennweite und dem verwendeten Aufnahmeformat (das durch den 35-mm-Kinofilm festgelegt ist) ergibt sich für jedes Objektiv ein bestimmter Bildwinkel, den es bei der Aufnahme erfassen kann. Ein Weitwinkelobjektiv hat einen großen Bildwinkel, ein Teleobjektiv einen kleinen Bildwinkel. Die maximale Öffnung beschreibt das Verhältnis von Brennweite und größter Blendenöffnung, je größer die nutzbare Blendenöffnung, desto ‚lichtstärker' ist das Objektiv.

Die Konstruktion von fotografischen Objektiven ist bis heute keine rein technische Leistung, sondern erfordert neben Ingenieurskunst Intuition und Kenntnis traditioneller Techniken. Trotz des Einsatzes von Computern bei der Berechnung neuer Objektive werden immer wieder Optiken, die 30 oder 40 Jahre alt sind, aufgearbeitet und zum Gebrauch an modernen Filmkameras umgerüstet. Kameraleute, die eine bestimmte Nuance auf der gestalterischen Palette vermissen, greifen gern auf Objektive älterer Bauart zurück.

Neben den bereits beschriebenen physikalischen Gegebenheiten existieren auch subjektive Bewertungen, die nicht als absolutes Werturteil über ein Werkzeug, sondern über seine Eignung für fest definierte Aufgaben verstanden werden. Kameraleute fassen solche Eindrücke oft gefühlsmäßig zusammen, nennen beispielsweise bestimmte Objektive ‚brutal' im Abbildungscharakter, schreiben älteren Optiken ‚freundlicheren' Charakter zu.[18] Optische Berechnung, Wahl und Verarbeitung der optischen Gläser und andere Faktoren ergeben am Ende den spezifischen Charakter eines Objektivs, das für bestimmte Absichten gut und für andere schlecht geeignet sein mag.

Bis vor einigen Jahren war es schwierig, einen Satz von Objektiven mit einheitlicher Farbwiedergabe zusammenzustellen. In einem Objektivsatz, der z. B. vom 18-mm-Weitwinkel bis zum 300-mm-Teleobjektiv reichen kann, variiert nicht nur die Menge an Glas, durch die das Licht hindurch muss, sondern unter Umständen auch die Glassorte und/oder die Oberflächenvergütung der optischen Grenzflächen. Die übliche Vorgehensweise in der Spielfilmproduktion war, durch Probeaufnahmen vor Drehbeginn einen Objektivsatz mit möglichst einheitlichem Farbcharakter zusammenzustellen. Verschiedene Exemplare eines Objektivtyps weisen häufig Qualitätsunterschiede in Schärfe oder Kontrastwiedergabe auf. Der Kauf und Besitz von Objektiven war daher für einen Filmgestalter, der Wert auf eine größtmögliche Auswahl und höchste Bildqualität legte, keineswegs eine Marotte, sondern eine konsequente Entscheidung. Bestimmte Vorlieben des Regisseurs, zum Beispiel der Gebrauch von starken Gegenlichtquellen in THE SHINING (Fenster des Hotels) oder A CLOCKWORK ORANGE (nackte Glühbirnen, überstrahlende Lichtflächen) erfordern Objektive, die auf spezifische Lichtsituationen ‚gutmütiger' reagieren als andere.

Als A CLOCKWORK ORANGE gedreht wurde, stand für das 35-mm-Format noch kein Zoomobjektiv mit einem Bereich von 1:20 zur Verfügung, also ließ Kubrick sich für eine Einstellung ein Zoom umbauen, das eigentlich für das kleinere 16-mm-Filmformat gedacht war.[19] Auch die bei BARRY LYNDON eingesetzten hochlichtstarken Zeiss-Objektive, sind ein Fall von Integration vorbestehender technischer Lösungen zur Lösung gestalterischer Herausforderungen. Eine Sonderstellung nimmt der Gebrauch des Zoomobjektivs (Varioobjektiv oder Transfokator) bei Kubrick ein. Niemals findet man in einem Kubrick-Film den Missbrauch des Zooms als Ersatz für Kamerabewegungen, sondern Ziel ist stets die Konzentration auf ein Detail (THE SHINING) oder die Erweiterung des Blickfeldes (BARRY LYNDON) hin zu einer neuen Komposition.

Inszenierung im weiten Winkel: 2001: A Space Odyssey

Zwei Beispiele aus 2001: A Space Odyssey zeigen, wie Kubrick mit Weitwinkelobjektiven inszeniert. Beim Gespräch mit den russischen Wissenschaftlern entspräche es der Konvention, eine Totale oder Halbtotale als *establishing shot* mit Weitwinkeloptik aufzunehmen, um dann die wichtigen Teile der Konversation in näheren Einstellungen und mit längeren Brennweiten zu filmen. Traditionell werden Porträts ‚schmeichelhafter' mit Teleobjektiven aufgenommen, die auch eine klarere Trennung vom Hintergrund erzeugen. Kubrick inszeniert paradox: Alle Einstellungen sind mit extremem Weitwinkel aufgenommen, so dass die näher sitzenden Personen übergroß erscheinen. Nur eine Aufnahme des russischen Wissenschaftlers, der Dr. Floyd die gesprächswichtige Frage stellt, ist als Halbnaheinstellung mit einer längeren Brennweite gedreht. Sowohl das aktive Zuhören als auch die ablehnende Antwort Dr. Floyds finden in der Halbtotalen statt. Die Wirkung auf den Zuschauer ließe sich mit einem gewissen Unbehagen beschreiben: Dr. Floyd scheint der Protagonist der Geschichte zu werden, da man seinen Flug, seine Begrüßung und das Ferngespräch mit seiner Tochter detailliert verfolgt hat. Durch die räumliche Inszenierung und den Einsatz des Weitwinkels wird der Betrachter auf Distanz zur Bezugsperson Floyd gebracht, die einzigen Figuren, die groß im Bild sind, wenden der Kamera den Rücken zu, und auch der Fragende spricht vom Zuschauer weg. Die subtile Desorientierung wird durch die konstruktiv bedingte Krümmung der ringförmig konstruierten Raumstation und das gleißende Weiß der Einrichtung noch erhöht, ebenso durch die Tatsache, dass die Gruppe vor Floyds Eintreffen und nach seinem Abgang nur russisch spricht.

Ähnlich verfährt Kubrick bei der Konferenz auf dem Mond. Der Besprechungsraum wird wieder mit extremem Weitwinkel aufgenommen, die Bewegungen der Akteure sind so choreografiert, dass die Kamera mit einem leichten seitlichen Schwenk die Bewegungen einfangen kann, um dann sofort wieder auf die Mittenposition zurückzugehen. Die Gegenschüsse vom anderen Ende des Raums sind mit längerer Brennweite aufgenommen und lassen den Raum kleiner wirken. Die folgenden näheren Einstellungen von Dr. Floyd sind abermals so gewählt, dass der Zuschauer nicht miteinbezogen wird, er beobachtet sozusagen von außen den Ablauf des Vortrages, fühlt sich aber nicht als Adressat. Die Wahl der Objektivbrennweite erzeugt auch hier eine merkliche Distanz zu einem möglichen ‚Sympathieträger', der bereits nach kurzer Zeit wieder aus der Handlung verschwinden wird. Dr. Floyd bleibt auf diese Weise Funktionsträger, dessen Individualität nicht geleugnet wird, doch wird sie für den Zuschauer keine Folgen haben.

THE SHINING: Zooms als Mittel der Konzentration

Der Junge Danny betrachtet Hallorann, den Chefkoch des Overlook-Hotels. Hallorann unterhält sich mit Dannys Mutter. Während des Gesprächs, das sich um die anfallenden Arbeiten im stillgelegten Hotel dreht, wirft Hallorann Danny einen Seitenblick zu und ‚sendet' ihm eine telepathische Botschaft, die Danny akustisch als von Hallorann gesprochenen Satz wahrnehmen kann. Kubrick benutzt das Zoomobjektiv, um zu unterstreichen, wie sich Dannys Aufmerksamkeit auf den sprechenden Hallorann fokussiert. Anders als bei einer Kamerafahrt bleibt die Distanz zwischen Danny und Hallorann, die sich erst in der nächsten Szene näherkommen werden, vollständig erhalten. Der Zuschauer bleibt so näher bei Danny und kann wie dieser noch nicht einschätzen, welche Rolle der Koch spielen wird.

Zoom als Mittel der Enthüllung

Wir sehen den schlafenden Jack Torrance. Eine sehr langsame Zoombewegung rückwärts zeigt, dass seine Frau Wendy den Raum mit einem Tablett betritt und Jack aufweckt. Inzwischen hat der Rückwärtszoom enthüllt, dass wir Jack bisher nur im Spiegel gesehen haben. Unmerklich nähert sich der Bildausschnitt wieder Jack, der nun halb aufgerichtet im Bett liegt und mit Wendy spricht. Die ganze Zoombewegung und ihre Umkehrung verlaufen nahezu beiläufig, haben jedoch die Wirkung, trotz physischer Nähe eine Trennung der Ehegatten anzudeuten. Auch die Tatsache, dass Jack ein T-Shirt mit seitenverkehrter Schrift auf der Brust trägt, weist uns darauf hin, dass wir es nicht mit dem ‚echten' Jack, sondern nur mit der Illusion, gleichsam der Spiegelperson zu tun haben.

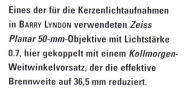

Eines der für die Kerzenlichtaufnahmen in BARRY LYNDON verwendeten *Zeiss Planar 50-mm*-Objektive mit Lichtstärke 0.7, hier gekoppelt mit einem *Kollmorgen*-Weitwinkelvorsatz, der die effektive Brennweite auf 36,5 mm reduziert.

Kubrick bringt es fertig, eine komplette Szene aus Zooms aufzubauen, ohne dass der Gebrauch des Varioobjektivs besonders auffällt. Zoom Nr. 1 zeigt einen Fernseher, das Bild erweitert sich, zwei das TV-Gerät flankierende Leuchten und ein schwülstiges Pin-Up-Gemälde werden sichtbar. Halloranns Füße kommen ins Bild. Zoom Nr. 2 beginnt auf Halloranns Gesicht, im Lauf der Brennweitenveränderung wird deutlich, dass er auf dem Bett liegt und die Nachrichtensendung verfolgt. Auch am Kopfende des Bettes findet sich ein Pin-Up-Bild, und Hallorann wird von zwei Leuchten eingerahmt. Zoom Nr. 2 ruft durch die stufenweise Enthüllung der Einrichtung eine komische Wirkung hervor, doch am Ende der Einstellung verstärkt sich der Eindruck, Hallorann sei wie ein Toter feierlich aufgebahrt, womit sein Tod antizipiert wird. Zoom Nr. 3 verengt den Blickwinkel wieder auf Halloranns Gesicht, auf dem sich während seines ‚shinings' Entsetzen abzeichnet. Die Inszenierung durch drei aufeinander folgende Zoomaufnahmen ist faszinierend, funktional und ungewöhnlich zugleich, sie widerspricht jeder konventionellen Handhabung des Varioobjektivs.

Stillstand und Bewegung: Kamerabewegungen

„Some directors, like Kubrick, are trying to continue the era of silent films. But there is a big resistance because people got used to photographed theatre."[20]

Kubrick verwendet sehr genau abgestuft die verschiedenen Möglichkeiten, die Kamera zu bewegen. Im Grunde kennt THE SHINING nur zwei Arten von Kamerabewegungen: laterale Fahrten, die der Orientierung dienen, und Fahrten in die Tiefe des Bildes hinein. Die Gesamtwirkung erzeugt einen optischen Sog, der umso stärker empfunden wird, weil er mit statischen Einstellungen kontrastiert wird. Am Beispiel der Kamerabewegung zeigt sich, wie pragmatisch Kubrick in der Wahl seiner Werkzeuge vorgeht. Er macht sich neue Werkzeuge und Verfahren zunutze, verfällt ihnen aber nie. Die schwebende Steadicam-Kamera beherrscht THE SHINING, in EYES WIDE SHUT kehrt Kubrick teilweise zurück zum klassischen Kameradolly, dessen lineare Bewegung frei vom ‚Atmen' des Steadicam ist und sich der strengen Konstruktion des Films anpasst. Jedes Werkzeug wird nur für die Aufgabe hervorgeholt, zu deren Erfüllung es am besten geeignet ist.

Seitdem der Kameramann Garrett Brown das später „Steadicam" getaufte Kamera-Stabilisierungssystem konstruierte (er führte auch die bewegte Kamera bei THE SHINING), hat eine ganze Reihe von Filmen gezeigt, dass ein gedankenloser Gebrauch dieses Werkzeugs, der ultimativ beweglichen Kamera, zur Formlosigkeit in Stil und Szenenauflösung führt. Damit steht das Steadicam in der Tradition anderer technischer Mittel, die den Filmemachern versprachen, den Traum vom schwerelosen und ungebundenen *caméra stylo* zu verwirklichen.[21] Stanley Kubrick hatte ohne Zweifel eine Vorbildwirkung bei der innovativen Anwendung neuer Werkzeuge, leider auch für zahllose Imitatoren, die ihre Filme durch *available light*-Fotografie mit lichtstarken Objektiven, Steadicam-Fahrten wie in THE SHINING oder Weitwinkelfotografie à la A CLOCKWORK ORANGE modisch aufwerteten, ohne die Verwendung aus dem Stoff zu entwickeln.

Setzt er die Handkamera ein – etwa in der Vergewaltigungsszene von A CLOCKWORK ORANGE oder beim Betreten der Ausgrabungsstätte in 2001: A SPACE ODYSSEY – so fällt das Stilmittel Handkamera nicht als solches auf. Indem er die Kamera selbst führte, behielt Kubrick die Kontrolle über die sich ständig verändernde Bildkomposition.

Erstaunlich an Kubricks Filmen ist oft, wie er die Kamera *nicht* bewegt. Seit den 1960er Jahren war Kubrick einer der wenigen westlichen, kommerziellen Regisseure, die von der Kraft der statischen Einstellung Gebrauch machten. Die Kamera nicht bewegen zu müssen, setzt voraus, dass überhaupt etwas gezeigt wird, das den Zuschauer interessiert, ferner eine durchdachte Bildkomposition, die den Blick auf das Wesentliche konzentriert. Für den, dessen filmische Speisekarte hauptsächlich aus aktueller Filmware besteht, sind Filme wie EYES WIDE SHUT oder BARRY LYNDON geradezu schockierend durch die Verwendung statischer Einstellungen. Gerade diese ‚Verankerung' durch unbewegte Einstellungen, gerade der Verzicht auf ‚attraktive', ‚auflockernde' Kamerabewegungen ermöglicht subtile Wirkungen wie im folgenden Beispiel aus EYES WIDE SHUT.[22]

EYES WIDE SHUT: Desorientierende Handkamera

Alice Harford (Nicole Kidman) führt ein Streitgespräch mit Bill, ihrem Ehemann (Tom Cruise). Sie stellt ihm eine Frage, er antwortet, und nachdem sie ihn kurz fassungslos angesehen hat, bekommt sie einen Lachanfall. Bill ist schockiert und gekränkt, Alice gewinnt die Fassung wieder und führt das Gespräch in noch herausfordernder Weise fort.

Die Einstellungen, welche Alice zeigen, sind ebenso wie die Gegenschussaufnahmen, in denen Bill zu sehen ist, mit fixierter Kamera aufgenommen. Alices Auf- und Abgehen wird durch Mitschwenken verfolgt, sobald sie aber steht, kehrt auch die Kamera zum Stillstand zurück. Das scheint zunächst keine besonders raffinierte Szenenauflösung zu sein, manche Regisseure hätten sich hier bemüht, die sich steigernde Dialogszene durch seitliche Umfahrten zu ‚beleben' oder die dramatischen Momente durch rasches Heranfahren an Alice zu überhöhen. Kubrick lässt seinen Schauspielern Raum, gewährt ihnen innerhalb des sorgfältig komponierten Bildes ‚Luft zum Atmen'.

In dem Moment aber, als Alice sich vor Lachen krümmt, wird die bis dahin statische Kamera für einige Sekunden aus ihrer festen Verankerung gelöst, horizontal und vertikal ‚verrissen', um ihre unkontrollierte Bewegung noch zu erfassen. Der Effekt ist als solcher nicht auffällig, ruft aber beim Zuschauer den Eindruck hervor, dass soeben die Fundamente dieser Ehe erschüttert worden sind. Als Alice sich beruhigt, kehrt auch die Kamera sofort in die vorher statische Position zurück, aber unser Vertrauen in die Stabilität der Figu-

renkonstellation ist ebenso zerstört, wie das des Ehemanns, dem urplötzlich eine bedrohliche, wilde und zerstörerische Seite seiner Partnerin schockierend enthüllt wird.

Die Illusion der Wirklichkeit: Studio, Trick und Schauplatz

Seit den 1960er Jahren gehört es zum guten Ton des Filmemachens, an Originalschauplätzen zu drehen. In Filmbüchern wird gern auf die großen Fortschritte lichtstärkerer Objektive, hochempfindlichen Filmmaterials und leichterer Lichttechnik verwiesen, die eine wünschenswerte Befreiung vom altmodischen Studiobetrieb erst möglich machten. Zum Teil ist das richtig, wenn man sich heute Filme der 1970er Jahre ansieht, fällt auf, dass der angestrebte Naturalismus in vielen Fällen nicht mehr als ein Fetisch war, der wie alle Moden schnell veraltet.

Während in einer Studiodekoration jede Kameraposition möglich ist, kollidiert *on location* das Bestreben nach guter Bildkomposition, natürlich wirkender Lichtsetzung und verständlicher Tonaufzeichnung mit zahllosen Störfaktoren. Kubrick kannte die Vorzüge, aber auch die Nachteile von Originalschauplätzen, schließlich hatte er KILLER'S KISS weitgehend an Originalschauplätzen in New York gedreht. Aus seinen Erfahrungen mit SPARTACUS kannte er auch den Fluch der künstlichen Studiokulisse. Man verbot ihm, eine Szene außen neu zu drehen, in der Laurence Olivier über das Schlachtfeld wandert – die Studiodekoration mit offensichtlich gemaltem Hintergrund und einer eher an Cecil B. DeMille erinnernden Farbigkeit ist nach den realistischen Sets der Gladiatorenschule und den in Spanien gedrehten Schlachten geradezu schockierend. Man ahnt, welche Bauchschmerzen die wenigen, aber auffälligen Szenen an artifiziellen Studio-Teichen und vor farbig beleuchteten Abendstimmungen am Studio-Rundhorizont dem Perfektionisten Kubrick bereitet haben müssen.23

Wenn Kubrick in seinen folgenden Filmen Spezialeffekte einsetzte, so geschah es meistens unauffällig. Die Rückprojektionen bei Autofahrten in THE SHINING und EYES WIDE SHUT sind technisch hervorragend ausgeführt und fallen erst auf, wenn man gezielt darauf achtet. Gegenüber der Aufnahme im tatsächlich fahrenden Auto hat die Rückprojektion den Vorzug, dass man Verzeichnungen durch extreme Weitwinkeloptiken vermeidet und die Beleuchtung vollständig unter Kontrolle hat. In THE SHINING reicht die Schärfe von Jack Nicholson im Vordergrund bis zu Shelley Duvall auf dem Beifahrersitz, die Ausleuchtung wirkt natürlich, und der rückprojizierte Hintergrund ist absichtlich überbelichtet, wie es auch bei einer Aufnahme in einem realen Fahrzeug der Fall wäre.

Kubrick wählt auch hier stets den Weg der bestmöglichen Umsetzung: Einen Film mit so außergewöhnlichen Lichtstimmungen wie BARRY LYNDON konnte er nur an Originalschauplätzen drehen, das Overlook-Hotel aus THE SHINING hingegen musste im Elstree Studio entstehen, weil ein echtes Hotel zu wenig gestalterische Freiheit geboten hätte. Auch der gewaltige technische Aufwand bei der

durch Frontprojektion realisierten *Dawn of man*-Sequenz von 2001: A SPACE ODYSSEY ist vernünftig und vertretbar, denn einen Filmdreh mit aufwendig kostümierten Darstellern, wilden Tieren und komplizierten Bewegungschoreografien nach Afrika zu verlegen, wäre ein logistischer Alptraum gewesen.

Die Tricktechnik von 2001: A SPACE ODYSSEY zeichnet sich dadurch aus, dass sie unsichtbar bleibt. Trickaufnahmen, die durch Kopiervorgänge im *optical printer* entstanden, waren gewöhnlich auf der Leinwand oft durch die schlechtere Bildqualität (zum Beispiel Maskenränder) zu erkennen, die sie von den übrigen Bildern des Films unterschied. Die makellosen Kombinationen wurden einerseits durch ein aufwändiges Farbseparationsverfahren bei der Trickkopierung erzeugt, manche Einstellungen entstanden aber durch Mehrfachbelichtungen auf dem Originalnegativ, wie es in der Stummfilmzeit üblich war. Die Totale der Ausgrabungsstätte auf dem Mond wurde zunächst im Studio gedreht, die ergänzenden Bildelemente wurden über ein Jahr später auf das teilbelichtete, aber unentwickelte Originalnegativ aufgenommen. Auch eine frühe Anwendung des *motion control*-Verfahrens, bei dem Kamerabewegungen elektronisch gesteuert und wiederholt werden, kam zum Einsatz.[24] Auch nach mehr als 30 Jahren wirken die Bilder des Films glaubhaft und real. Kein Science-Fiction-Film vor 2001: A SPACE ODYSSEY hatte ein vergleichbares Budget oder einen Regisseur, der sich wie Kubrick für die Glaubwürdigkeit der dargestellten Zukunft interessierte.

Manipulation der Zeit

Kubricks Erzählweise ist stets logisch, nachvollziehbar und am Stoff orientiert. Eine Verfremdung der Filmzeit durch Änderung der Bildfrequenz kommt daher in seinem Werk nur als Sonderfall vor. Die Zeitdehnung durch höhere Bildfrequenzen dient ihm nicht zur rein ästhetisierenden Überhöhung, sondern zur genaueren Analyse eines Vorgangs. In A CLOCKWORK ORANGE gibt es eine solche Anwendung der ‚Zeitlupe': Nachdem Alex sich der Loyalität seiner Bande nicht mehr sicher ist, beschließt er, seine Autorität wiederherzustellen. In einer langen Einstellung sehen wir die Bande am Wasser entlanggehen; durch die extreme Zeitlupe fallen die Unterschiede in Gangart und Blick der Individuen besonders auf. Der Zuschauer kann mitverfolgen, wie Alex sich spontan entschließt, an Ort und Stelle durch exzessive Gewaltanwendung seinen Führungsanspruch zu erneuern. Man sieht die brutalen Schläge, bevor das Opfer sie wahrnimmt oder reagieren kann, in den folgenden Einstellungen wird die Brutalität der Aktionen durch die hypnotische Langsamkeit noch gesteigert.

Ein eher funktionaler, unauffälliger Einsatz der Zeitdehnung findet statt, als die Droogs beschließen, Alex der Polizei auszuliefern. Sie schlagen ihn mit einer Milchflasche nieder. Diese kurze Einstellung ist in leichter Zeitdehnung eingefügt, nach dem Zerschlagen der Flasche auf Alex' Kopf kehrt das Bild sofort zur ‚Echtzeit' zurück. Der umgekehrte Effekt, die extreme Beschleunigung einer Sexszene mit Alex und zwei Frauen, nimmt dem Gezeigten das Spekulative und repräsentiert auch den harmlosen Vergnügungscharakter, den Alex damit vermutlich verbindet.

Kubricks Werk heute

Nach der Filmmusik ist die Filmfotografie die heute am meisten vernachlässigte und von der Kritik ignorierte Disziplin. Das heutige Kinoerlebnis ist derartig qualitativ herabgesetzt und verwässert, dass die Wirkung des Kinos gegenüber anderen Verwertungsformen (DVD, TV, Video) kaum noch besondere Vorzüge aufweist.

Generationen von Kinogängern sind inzwischen aufgewachsen, ohne jemals eine wirklich hochwertige Vorführung des Mediums Kinofilm zu erleben. Die technische Qualität des Filmbildes, das sich dem Zuschauer im Kinosaal darbietet, ist im Jahr 2004 nahezu immer schlechter als 30 oder 40 Jahre zuvor. Mangel an filmischem Handwerk und Verzicht auf einst zunftartig gehütete Qualitätsstandards machen jeglichen Fortschritt in Kamera- und Filmemulsionstechnik weitgehend zunichte.

Der Umgang mit der Verfügbarkeit von Filmwerken hat sich stark verändert. Nach wie vor sind Filme primär Handelsware, die künstlerische Bedeutung eines Filmkunstwerks und sein Einfluss auf das kollektive kulturelle Gedächtnis der Gesellschaft treten dagegen in den Hintergrund.

Bis in die 1980er Jahre war es ohne weiteres möglich, einen Kanon internationaler Filmklassiker regelmäßig und in technisch akzeptabler Form in kommerziellen Kinos zu sehen. Neben Matinee- oder Spätvorstellungen führten viele Filmtheater umfangreiche Reihen mit Repertoirefilmen durch, die gute Besucherzahlen erzielten.

Die Filmverleiher sorgten dafür, dass von den meisten Titeln spielbare Kopien verfügbar blieben und instandgehalten wurden. Auch Kubricks Filme liefen jahrelang in Filmkunsttheatern oder Filmreihen wie den erfolgreichen „Sommer-Festivals" der Erstaufführer.

In den 1990er Jahren setzten die sich rasch ausbreitenden privaten TV-Sender aggressiv auf die Ausstrahlung von Spielfilmen als Programm-Material, so dass den Kino-Reprisen älterer Filme die kommerzielle Basis entzogen wurde. Programmkinos konzentrierten sich notgedrungen auf Erstaufführungen anspruchsvollerer Filme, für die man aus dem englischen Sprachraum den etwas diffusen Sammelbegriff „Arthouse" übernahm.

Der Umgang mit Film reduziert sich allseitig immer stärker auf den Konsum von DVD-Veröffentlichungen, selbst manche Filmwissenschaftler begnügen sich, teils aus Kostengründen, teils aus Ignoranz, seit Jahren mit Videokonserven von Kinofilmen. Das Kino wird nicht mehr als originärer Ort der Filmrezeption betrachtet, sondern nurmehr als zeitlich erste Station der sogenannten „Auswertungskette", die von Kino über DVD, Pay-TV und Privatfernsehen bis zum öffentlich-rechtlichen Fernsehen reicht. Die Digital Video Disk (DVD) ist zum elektronischen Endlager der Filmgeschichte geworden; im gleichen Maß, in dem der Kanon von den Leinwänden der Filmtheater verschwand, stieg die Veröffentlichung von alten Filmen per DVD springflutartig an. Hier lohnt es sich, kurz innezuhalten und den vielgelobten Fortschritt der digitalen Medien einmal zu hinterfragen.

Bei einfacher Handhabung erlaubt die DVD-Technik einen relativ hochwertigen Zugriff auf Spielfilme in voller TV-Qualität und ist zumindest der vorher verbreiteten VHS-Videokassette deutlich überlegen. Für filmwissenschaftliche und -analytische Zwecke ist die Möglichkeit, Bild- und Sprachfassungen zu vergleichen, ganz ohne Frage ein großer Vorzug.

Das Medium prägt jedoch auch den Umgang mit der Kunstform Spielfilm. Der Betrachter neigt eher dazu, sich über die zahlreichen Funktionen der DVD den Film „neu einzurichten", ihn in mehreren Sitzungen zu konsumieren, als langweilig empfundene Stellen per Suchlauf zu komprimieren oder Passagen zu wiederholen. Für das Erleben von Filmwerken, die vom Regisseur oder Filmschöpfer eigens zu dem Zweck gestaltet wurden, in einem dunklen Kinosaal projiziert und als Gemeinschaftserlebnis von einem heterogenen Publikum rezipiert zu werden, bedeutet dieser „flexible Konsum" zweifellos einen Verlust an sinnlicher Erfahrung.

So sehr es also zu begrüßen ist, dass auch Kubricks Filme über DVD zur Verfügung stehen, so unverzichtbar bleibt es, jeden seiner Filme als Filmkopie in einem Filmtheater zu sehen, zumindest in Filmmuseen, kommunalen Kinos und kommerziellen Programmkinos regelmäßig auf das Gesamtwerk zurückgreifen zu können. Im Kinosaal entsteht nämlich ein immersives Gemeinschaftserleben, die Rezeption per DVD oder Fernsehen bleibt eher ein Beteiligtsein „auf sichere Distanz", bei dem man sich weder dem festen Zeitrahmen des filmischen Erzählens noch dem emotionalen und visuellen Sog aussetzen muss, den gerade Kubricks Filme erzeugen.

Der Verlust sinnlich-visueller Qualität wird besonders deutlich sichtbar am Beispiel von 2001: A SPACE ODYSSEY. Bis Anfang der 1980er Jahre konnte man den Film regelmäßig in Wiederaufführungen und im originalen 70-mm-Format sehen. Diese Filmkopien wurden nach 1968 (wie damals bei 70mm üblich) direkt vom 65-mm-Kameranegativ hergestellt[25] und waren mit analogem 6-Kanal-Magnetton versehen, sie sind durch Farbschwund des Eastman-Positivfilms und mechanischen Verschleiß heute leider unspielbar.

Die wenigen neuen 70-mm-Kopien, welche im Jahr 2001 hergestellt und aufgeführt wurden, stammten von einem Duplikatnegativ, so dass sie in Schärfe und Detailreichtum den alten Breitfilmkopien deutlich unterlegen waren und diverse kopiertechnische Mängel aufwiesen. Für ein heutiges Publikum, das neue Filme zwar auf riesigen Bildwänden, aber nur in mittelmäßiger bis miserabler Qualität gewohnt ist, wirkt diese Fassung natürlich überdurchschnittlich, wer aber die Originalkopien kennt, verspürt Enttäuschung darüber, dass die von Kubrick damals angestrebte und erreichte Perfektion doch deutlich beeinträchtigt ist. Die extrem langen Einstellungen des Films, seine konsequente Weitwinkel-Inszenierung und detailreichen Totalen – all das war bewußt auf das 70-mm-Format hin angelegt.[26]

Die digitale Silberscheibe mag die Rolle einer Hausbibliothek der Filmgeschichte erfüllen – Stanley Kubricks Filme aber gehören, wie alle wichtigen Werke der Filmkunst, in der besten Tradition der „magischen Schatten" auf die Leinwand im dunklen Saal eines Filmtheaters.

---

1 Tony Curtis zit. nach LoBrutto, Vincent: Stanley Kubrick. London 1998, S. 186. [„Wir drehten die Szene, in der Kirk [Douglas] mit Herbert Lom, dem Kaufmann, [...] verhandelt. Wir probten die Szene drei-, viermal, dann erschienen die Lichtdoubles, und [Russell] Metty begann mit dem Einleuchten. Als er fertig war [...] betraten Kirk, ich und Herbert den Set, Kubrick saß an der Seite, und Metty beobachtete alles aus seinem hohen Sessel [...]. Kubrick sagte nichts. [...] Endlich stand er auf, betrachtete die Szene, ging zu Russ Metty und sagte: ‚Ich kann die Gesichter der Schauspieler nicht erkennen.' Russ Metty, ohnehin schon rotgesichtig, lief violett an. Er sagte nichts, kochte aber vor Wut [...]. Neben ihm stand zufällig ein kleiner Scheinwerfer [...]. Russ Metty versetzte dem Ding einen Tritt, so dass es in die Dekoration hineinschlitterte. Als es zum Stillstand kam, schaute Metty zu Kubrick und fragte: ‚Ist das jetzt genug Licht?' – Kubrick betrachtete den Scheinwerfer, dann Metty und sagte: ‚Jetzt ist es zuviel Licht.' – Alle behandelten Kubrick so, sie wussten einfach nicht, mit wem sie es zu tun hatten."]

2 Bereits bei THE KILLING hatte der Kameramann Lucien Ballard, A.S.C. (1908-1988) versucht, Kubrick gegenüber seine eigenen Lösungen durchzusetzen. Kubrick hatte eine Kamerafahrt eingerichtet und ein 25-mm-Weitwinkelobjektiv ausgewählt. Als er kurz darauf zum Set zurückkehrte, hatte Ballard die Schienen für das Kameradolly weiter nach hinten verlegt und ein 50-mm-Objektiv vorbereitet. Als Ballard behauptete, der Bildausschnitt sei identisch, außerdem sei die Einstellung so leichter auszuleuchten, widersprach Kubrick und stellte den Kameramann vor die

Wahl, die Aufnahme wie besprochen zu drehen oder das Set zu verlassen. Ballard entschloss sich zu bleiben und stellte die technische Kompetenz des Jüngeren nicht mehr infrage. Vgl. LoBrutto 1998, a.a.O., S. 119f.

3 Russell Metty ist bekannt für seine Arbeit an den Melodramen von Douglas Sirk, die er als Vertragskameramann bei Universal International gestaltete. Da Kubrick nach Ablösung von Anthony Mann innerhalb von nur drei Tagen die Regie übernahm, ist es ausgeschlossen, dass Metty sich überhaupt ein Bild von den Fähigkeiten seines neuen Regisseurs machen konnte.

4 Regisseur George Stevens (GIANT, 1956) begann als Kameramann bei Hal Roach und fotografierte unter anderem Filme von Laurel & Hardy. Rudolph Maté (WHEN WORLDS COLLIDE, 1951) nahm Carl Theodor Dreyers LA PASSION DE JEANNE D'ARC (Die Passion der Jungfrau von Orleans, 1928) auf. Später wechselten Peter Hyams (OUTLAND / Outland – Planet der Verdammten, 1981), Barry Sonnenfeld (THE ADDAMS FAMILY, 1991) und Jan DeBont (SPEED, 1994) zur Regie. Jean Negulesco, der Malerei studiert hatte, drehte opulente CinemaScope-Epen. Frank Tashlin war vormals Cartoonregisseur. Tim Burton begann in Disneys Trickfilmabteilung.

5 „Welles called RKO Studios, where he made his directorial debut, ‚the best toy train set a boy ever had'", zit. nach http://yorty.sonoma.edu/filmfrog/reviews/c/citizen-kane.html.

6 Ed DiGiulio, Cinema Products International, zit. nach LoBrutto 1998, a.a.O., S. 453. [„[Die Studenten] mussten die Technik des Filmemachens kennen wie ein Künstler die Arbeitsmittel seiner Zunft, Pigmente, Farbstoffe und Farben, kennen muss, damit sie sie einsetzen und mit ihr arbeiten konnten. Der darin unübertroffene Praktiker war für mich Stanley Kubrick."]

7 Anamorphotische Optiken haben horizontal eine andere Vergrößerung als vertikal, erzeugen also eine seitlich komprimierte, verzerrte Aufnahme. Bereits beim CinemaScope-Verfahren benutzt man solche Anamorphoten mit einem Dehnungsfaktor 2, um das extreme Breitbild auf dem fast quadratischen 35-mm-Filmbild unterzubringen. Bei Technirama kamen aus Qualitätsgründen Spiegel- bzw. Prismenanamorphoten mit dem geringeren Faktor 1,5 zum Einsatz.

8 Roadshow-Einsätze waren in den USA auf wenige, ausgesucht luxuriöse Filmtheater begrenzte Sonderauswertungen, die dem eigentlichen Kinostart vorangingen. Merkmale der Roadshows waren: datierter Vorverkauf von Platzkarten, bei längeren Filmen Pausen, eigene Vor-, Pausen- und Schlussmusiken und eine höherwertige technische Ausstattung.

9 Im Vorspann findet sich die Angabe „photographic lenses by Panavision", dies bezieht sich jedoch nicht auf die Kameraobjektive, sondern auf die anamorphotische Kopiermaschinen-Optik, mit der das ‚8-perf'-Kameranegativ auf 70-mm-Positivfilm kopiert wurde, wobei die Anamorphose (x 1,5) des Originals aufgehoben wurde. Die speziellen Technirama-Anamorphoten wurden von der holländischen Firma De Oude Delft hergestellt und an auf horizontalen Filmlauf umgebaute Technicolor-Strahlenteilerkameras (three strip cameras) verwendet.

10 Ursprünglich wollte Kubrick den Film im 1:1,85-Format drehen. Auf Anraten des Kameramanns Robert Gaffney, der durch seine Arbeit an Filmen wie SKY OVER HOLLAND und MOTION die Möglichkeiten des 70-mm-Formates gut kannte, entschied er sich dann aber für Super-Panavision-Verfahren.

11 Der Film wurde in seiner 70-mm-Fassung vielfach auf stark gewölbte Bildwände projiziert und enthält im Nachspann sowie auf den Werbematerialien den Cinerama-Schriftzug. Zahlreiche Weitwinkel-Einstellungen des Films erzeugten zwar auf stark gewölbten Bildwänden einen pseudoplastischen Effekt; wie Douglas Trumbull und andere Mitarbeiter Kubricks bezeugt haben, war 2001: A SPACE ODYSSEY aber keineswegs auf eine solche Projektion abgestimmt. Vgl. Cinefantastique, Jg. 25, Nr. 3, Juni 1994, S. 43f.

12 In der Regel werden auch Breitwandfilme mit größerem Kamera-Bildfenster gedreht, damit störende Partikel (Filmabrieb, Schmutz, Fusseln) sich nicht innerhalb des später projizierten Bildbereichs festsetzen können. Dieses Verfahren wird auch *open gate* oder *full frame* genannt und entspricht dem früheren Stummfilm-Format ohne Lichttonspur.

13 Vgl. Kagan, Norman: The Cinema of Stanley Kubrick. New York 1991, S. 70f.

14 Kohler, Charlie: Stanley Kubrick Raps, Interview. In: eye, New York, August 1968, S. 30ff. [„Es lief letzten Endes darauf hinaus, dass es Tausende von Entscheidungen zu treffen gibt, und wenn man sie nicht selbst trifft und dabei nicht auf der gleichen Wellenlänge funkt wie diejenigen, die sie dann treffen, so wird man schmerzhafte Erfahrungen machen, was ich auch tat. Natürlich gab ich den Schauspielern ihre Anweisungen, gestaltete die Einstellungen und schnitt den Film und versuchte somit, im Rahmen der schwachen Story mein Bestes zu tun."]

15 Dabei wird vergessen, dass Kubrick ohne das aus diesem Film resultierende Vertrauen der Studios und Verleiher in seine kommerziellen und logistischen Fähigkeiten größere Probleme bei der Finanzierung und Auswertung seiner nächsten Filme gehabt hätte.

16 Kubrick führte in 2001: A SPACE ODYSSEY mit HAL-9000 erstmals eine Figur ein, die nur als Objektiv, als lidloses Auge aus Glas existiert. Nicht nur HALs Sehwerkzeuge, sondern auch seine Gedächtnismodule bestehen aus transluzentem Material. Interessanterweise verfügt HAL einmal über Weitwinkeloptik, andere Male über eine variable Brennweite: Anfangs bittet er Bowman, eine Zeichnung näher an sein „Magisches Auge" zu halten, kann später im Film aber problemlos auf große Entfernung die Lippenbewegungen der Besatzungsmitglieder ablesen.

17 Eine einfache Glaslinse erzeugt zwar bereits ein Bild, aber auch zahlreiche Abbildungsfehler (Verzeichnung, chromatische Abberation usw.). Aufgabe des Optikkonstrukteurs ist es, durch Verwendung und Abstimmung verschiedener Linsenelemente diese Fehler zu eliminieren und gewünschte Eigenschaften wie gutes Auflösungsvermögen (Schärfe, Kontrastwiedergabe) und hohe Lichtstärke des Objektivs zu erhalten.

18 Hier zeigt sich, wie eng technische Gegebenheiten und kreative Bewertung beieinander liegen. Ein Objektiv, das besonders scharfe Bilder im eingestellten Bereich erzeugt, lässt Objekte, die sich außerhalb der Schärfe befinden, subjektiv fehlerhafter erscheinen, die erhöhte Leistung im optimalen Bereich lässt das gestalterisch Unwesentlichere subjektiv schlechter wirken. Die erhöhte Abbildungsleistung wird vielfach als ‚brutal' empfunden und von weniger talentierten Kameraleuten durch Weichzeichner wieder zerstört.

19 Vgl. LoBrutto 1998, a.a.O., S. 343f.

20 Vilmos Zsigmond zit. nach Schaefer, Dennis / Salvato, Larry: Masters of Light. Berkeley, California 1984, S. 332. [„Manche Regisseure, Kubrick etwa, versuchen die Tradition des Stummfilms fortzusetzen. Aber der Widerstand ist groß, weil die Leute sich an abfotografiertes Theater gewöhnt haben."]

21 Die Idee vom Heil der völlig entfesselten Filmkamera ist ein wahrer Wiedergänger der Filmtheorie: Von Abel Gance, der Kameras wie Schneebälle werfen ließ, über die endlosen Handkamera-Wackelbilder der 1960er und 1970er Jahre führt eine Linie hin zum ‚Dogma'-Unfug der letzten Jahre. Es ist mittlerweile untrügliches Kennzeichen für den kreativen Burn out eines Regisseurs, wenn er in Interviews von der beglückenden Möglichkeiten einer Mini-DV-Videokamera schwärmt, die ihn endlich von der beschwerlichen Filmtechnik befreit hat.

22 Diese Angst vor der statischen Einstellung ist heute am deutlichsten bei Fernsehproduktionen zu beobachten, man fürchtet offenbar, den Zuschauer zu verlieren, wenn er nicht pausenlos mit Bewegungsreizen bombardiert wird. Das geht so weit, dass selbst Moderatoren oder sitzende Diskussionsteilnehmer durch inhaltlich komplett sinnlose Kamerafahrten ‚interessant gemacht' werden müssen.

23 Auch die heftige Weichzeichnung in mehreren Großaufnahmen von Jean Simmons unterbricht immer wieder den realistischen Stil, der den Film weitgehend auszeichnet. Interessanterweise sind nicht alle Varinia-Großaufnahmen weichgezeichnet, eine Maßnahme, die rein maskenbilderisch bei Jean Simmons ohnehin überflüssig war. Kubricks Wunsch, die wenig überzeugende Schlachtfeldszene außerhalb des Studios neu zu drehen, wurde aus Zeit- und Kostengründen abgelehnt.

24 Allerdings nicht zum erstenmal, denn bereits 1948/49 benutzte man bei MGM einen *motion repeater*, um Schwenks über Filmaufnahmen zu erzeugen, die durch *matte paintings* ergänzt wurden. Mangels Computer erfolgte die Steuerung des Gerätes über schallplattenartige Matrizen. Vgl. Fielding, Raymond: The Technique of Special Effects Cinematography. London 1985.

25 Erst seit Anfang der 1990er Jahre ist es möglich, durch verbessertes Internegativ/Interpositiv-Material nahezu die volle Qualität der Originalaufnahme im Duplikatprozess für die weltweite Massenkopierung zu bewahren.

26 Nach Jacques Tatis PLAY TIME (1966) ist 2001: A SPACE ODYSSEY der zweite Film, der eigentlich nur im 70-mm-Originalformat beurteilt werden kann und gesehen werden sollte. Es erwies sich übrigens als schwierig, beiden Auswertungsformaten gerecht zu werden. Kritisch war beispielsweise die Größe der Sterne in den Weltraumszenen: Wenn sie im 70-mm-Format optimal wirkten, wirkten sie im 35-mm-Bild zu schwach. Auf 35 mm optimiert, erschien der Himmel in 70 mm unnatürlich hell.

LOLITA
Nelson Riddle (am Dirigentenpult) mit
Orchester beim Einspielen der Filmmusik

MÖGLICHKEITSRÄUME
Notizen zur musikalischen Rede bei Stanley Kubrick

BERND SCHULTHEIS

Stanley Kubrick hat mit seinem unkonventionellen Einsatz von Filmmusik dem erzählenden Kino neue Dimensionen erschlossen. Die Musik hat bei ihm ein weit differenziertes Bedeutungs- und Funktionsspektrum. Sie dient nicht allein der emotionalen Einstimmung oder Begleitung von Szenen, also der Verdoppelung der optischen Reize durch die akustischen. Ihr Zweck ist nicht, beim Betrachter Reize in Form von emotionalen, sozialen oder historischen Identifikationsmustern abzugreifen. Kubricks Musiken sind nicht hintergründig, wie es im Kino Hollywoods immer wieder erwartet wird. Sie stören, greifen ein, arbeiten gleichwertig an der Erzählung mit.

Kubrick hat ein kritisches Verhältnis zu den Konventionen der Filmmusik.[1] Er ist nicht einem einzigen – leitmotivisch und hierarchisch arbeitenden – Dramaturgiemodell verpflichtet. Die Musik kann zum gleichberechtigten Ausdrucksmittel neben dem Bild werden. Zuweilen gewährt er der Musik soviel Autonomie, dass er seine Bildschnitte dem musikalischen Duktus anpasst. Kubrick verlässt sich nicht auf die Wirkung psychologisch allgemein erprobter Konstellationen. Im Sinne seines künstlerischen Anliegens, der Dokumentation der Zerstörung, setzt er Bild und Ton Reibungsflächen aus. Er lässt sie sich aneinander abarbeiten. Er öffnet Räume für neue Hör- und Seherfahrungen.

Seine Musik umfasst ein Spektrum von der einfachsten folkloristischen Charaktermusik über das so genannte klassische Orchesterrepertoire bis hin zum intellektuellen und hochartifiziellen Konstrukt der musikalischen Avantgarde nach dem Zweiten Weltkrieg. Gewisse Vorlieben sind zu erkennen: Walzer und Marsch sowie liturgische Musik, aber auch Jazzstandards und Schlager[2] der 1920er bis 1940er Jahre sowie Bebop und Hardbop finden immer wieder Verwendung in seinen Filmen. Lieder / Songs erklingen häufig instrumental, als Lieder ohne Worte, der ursprüngliche Text schwingt jedoch stets wie ein unterschwelliger Kommentar zur Szene mit. Folklore und Popmusik dienen der sozialen Charakterisierung eines gezeigten Umfeldes oder seiner zeitlichen oder lokalen Verortung.

DAY OF THE FIGHT

In dem Dokumentarfilm über einen Boxer fällt der Musik von Gerald Fried eine Hauptrolle zu. Neben der Reportage, aus dem Off erzählt, ist permanent eine engagierte Musik zu hören. Die Musik ist keinesfalls zurückhaltend, atmosphärisch und untermalend, wie bei einem Dokumentarfilm zu erwarten. Sie formuliert die Zwischenräume aus, die emotionalen Spannungen während der Vorbereitung auf den Kampf. Erst mit dem Schnitt in die Kampfarena stoppen Musik und Off-Kommentar und werden durch O-Ton ersetzt.

Stanley Kubrick hatte Gerald Fried Anfang der 1950er Jahre in New York kennen gelernt. Fried studierte zu diesem Zeitpunkt Oboe an der Juilliard School. Kubrick überzeugte ihn, die Komposition für seinen ersten Kurzfilm zu übernehmen. Die beiden stellten ein Orchester von 19 Instrumentalisten zusammen und sammelten die ersten gemeinsamen Erfahrungen auf einem für beide vollkommen neuen Gebiet. Dieser Film legte den Grundstein für eine siebenjährige Zusammenarbeit.[3] Gerald Fried komponierte in diesen Jahren die Musiken zu Kubricks Filmen FEAR AND DESIRE, KILLER'S KISS, THE KILLING und PATHS OF GLORY.

Killer's Kiss

KILLER'S KISS zeichnet sich gleich zu Beginn durch einen besonderen Einsatz der Musik aus. Der Haupttitel erscheint ohne Musik. Stattdessen ist eine komponierte Geräuschkulisse von Dampflokomotiven zu hören. Eine Art rhythmisches Signal, das im weiteren Verlauf gelegentlich zur Erinnerung auftaucht und zuweilen beiläufig von den Hörnern des Orchesters imitiert wird. Eine Art Sehnsuchtsmotiv, wenn man es leitmotivisch charakterisieren wollte. Die eigentliche Musik setzt erst mit dem Plakat ein, das den Boxkampf ankündigt, und schlägt damit einen Bogen zu dem Film DAY OF THE FIGHT. Eine moderate Blechbläser-Fanfare über einem marschartig treibenden Trommel- und Paukenrhythmus in Viertelschlägen; allerdings handelt es sich um einen 3/4-Takt, nicht 2/4, wie beim Marsch zu erwarten. Das Blechbläser-Signal wird mit einem lyrischen Holzbläser-Motiv konterkariert, welches sich mit dem unterliegenden 3/4-Takt leichter assoziieren lässt, wenngleich das Treibende der Trommeln diese Harmonie stört. Schon in dieser Exposition wird das emotionale Spannungsfeld der Geschichte deutlich. Suspense-Elemente, Fanfaren, romantische Floskeln und schließlich eine liedhafte Melodie. Das musikalische Zentrum des Films bildet ein Liebesthema, der Song *Once* von Norman Gimbel und Arden Clar, zu hören in vielfältigen Variationen und Satztechniken, für Jazzband oder Orchester arrangiert.

Auffällig ist die Trennung der Klangwelt in eine ‚kultivierte', bestehend aus Orchester- und Bigband-Arrangements, und eine ‚Welt der Strasse und der Clubs' – der Anarchie, der Gewalt und Kriminalität –, assoziiert mit treibenden Jazzimprovisationen für Klavier und Schlagzeug sowie Mundharmonika spielenden, anarchisch sich gerierenden Straßenclowns. Allerdings ist diese Teilung der Welten nicht als moralische Kategorisierung zu verstehen. Sie dürfte vielmehr als eine Art Liebeserklärung an eine Stadt und deren (Halb) Welten sowie an das Genre des Film noir und den Jazz verstanden werden. Die Anleihen bei Stilelementen des Bebop und Hardbop bedeuten im filmmusikalischen Sinne eher einen progressiven Umgang mit den Mitteln, zeitgemäß allerdings im Sinne des Jazz der 1940er und 1950er Jahre. In diesem Zusammenhang wirken die Jazzband-Arrangements des Liebesthemas, wie es in der Tanzsaal-Szene erklingt, eher brav, bieder und anachronistisch.

In solcher Kontrastierung begegnen wir einem Einsatz von Musik, wie er für die Filme Stanley Kubricks charakteristisch wurde. Die Musik eröffnet einen Zwischenraum, einen Spielraum von Emotionen und Gedanken, indem durch Überwindung der Grenzen des in seiner Wirkung erprobten, standardisierten Spannungsreizes[4] das Mittelbare hinzutritt. Kubricks Filmmusiken stören im positiven Sinn. Sie fordern heraus. Die Musik verschmilzt mit dem Bild und wird zu einer Ikone, aus der jedes naturalistische Geräusch verdrängt wird, oder sie stemmt sich gegen das Bild und wird somit zum Protagonisten. In KILLER'S KISS übernimmt die Musik gegen Ende des Films die Strukturierung der choreografierten Fluchtszene über Dächer, Hinterhöfe und Fabrik-Lofts. Die Stadtkulisse ist unbeweglich, wie tot. Die Schauplätze wechseln wie Tableaus. Vor diesem Hintergrund treibt eine Komposition aus Stille, Schritten, Metallgeräuschen (wie schlagende Türen und umklappende Feuertreppen) sowie vereinzelten Schlägen oder Schlaggruppen von Trommeln die Spannung in die Höhe. Plötzlich treten Streicher-Glissandi hinzu und vermitteln den Eindruck von Sirenen. Mit zunehmender Spannung des Kampfes verdichten sich Varianten der Blechbläser-Fanfaren vom Filmbeginn im Wechsel mit schrillen Triller-Akkorden der Holzbläser. Hier herrscht wieder eine nahezu klassische Filmmusikdramaturgie, die mit der glücklichen Auflösung durch das Liebesthema schließt.

The Killing

Der Soundtrack besteht aus zwei musikalischen Aspekten. Die Originalkomposition für Orchester von Gerald Fried ist eine bolero-artige, notorisch drängende, rhythmische 3:4-Figuration, auf die Fetzen von scharfkantigen Akkordgebäuden und Blechbläser-Fanfaren aufgesetzt sind. Diese Musik ist modulartig gebaut und kann daher den dramaturgischen Bedürfnissen und den Schnittfolgen leicht angepasst werden. Sie konturiert vordergründig das Geschehen und wächst zur Spannungssteigerung gelegentlich aus dem Bild heraus. Die Bildebene könnte man daher vielleicht als Mittelgrund bezeichnen, der vor einer weiteren Folie aus progressiven Jazz-Musiken (hier ebenfalls wieder Bebop, Hardbop und Cool-Jazz) abläuft. Diese hintergründige, zweite musikalische Schicht ist permanent vorhanden, wenngleich gelegentlich fast unhörbar. Sie bildet die Grundierung, ein musikalisches Wasserzeichen, einen Zeitstempel des gegenwärtigen Amerika, unterschwellig drängend und somit kontrastierend zu retardierenden Augenblicken im Bild.

Die Musik erhält zudem die Funktion, Zeitellipsen zu konturieren, indem an den jeweiligen Schnittstellen Crescendo und Diminuendo gleichsam als musikalische Auf- und Abblenden eingesetzt werden. Die Eröffnungsfanfare wird zusammen mit der Bildeinstellung der Lautsprechermasten auf der Rennbahn als musikalischer Ankerpunkt benutzt, um die Zeitsprünge zum Beginn des siebten Rennens eindeutig zu markieren. Der Film erzählt den gleichen Zeitablauf des Pferderennens aus den Perspektiven verschiedener Personen. Diese Ankerpunkte bleiben konstant, während die Musik zwischenzeitlich unterschiedliche Entwicklungen durchläuft. Der progressive Jazz ist hier dem konspirativen Element an die Seite gestellt.

THE KILLING

Auch hier handelt es sich eher wieder um eine Koketterie mit dem Anarchischen als eine moralische Kategorie. Kubricks Filmmusiken geben sich nie den Anschein, das Neue, Sperrige, Dissonante und schwierig Konsumierbare in Zusammenhang mit Dekadenz oder dem Bösen bringen und bewerten zu wollen, wie es in der vorherrschenden Filmmusikdramaturgie Hollywoods üblich ist. Die Dichotomien Gut (harmonisch) und Böse (disharmonisch) werden in diesem Sinne von Kubrick nicht polarisiert, obwohl auch er ein Anhänger der Kontrastdramaturgie ist.

PATHS OF GLORY

Im letzten Film, an dem Gerald Fried und Stanley Kubrick zusammenarbeiten, verwendet Kubrick zum ersten Mal den Wiener Walzer, hier im Kontrast zu den Trommel-Märschen der Schützengräben. Mit Ausnahme des Walzers *Künstlerleben, op. 316* von Johann Strauß (Sohn), einem kurzen Zitat der *Marseillaise* und dem Volkslied vom „treuen Husar" handelt es sich bei der Originalkomposition um eine reine Schlagzeug-Partitur. Die Musik dient hier ausschließlich der dramatischen Unterstreichung der Bildwirkung. Die Märsche im Verbund mit der subjektiven Kamera machen die Schützengräben noch enger, die feindlichen Linien noch undurchdringbarer. Im Gegensatz hierzu die Leichtigkeit des Strauß-Walzers in der Kommandantur: ein zynischer Kommentar, insbesondere durch die Auswahl des Walzers mit dem Titel *Künstlerleben*. Die Musik hat somit erstmals auch eine moralische Dimension.

Wiener Walzer und Marsch nehmen im Filmwerk Stanley Kubricks eine besondere Stellung ein. Der Marsch findet immer im Zusammenhang mit Kriegsszenarien Verwendung, wobei er nach der dramatisierenden Funktion in PATHS OF GLORY in den anderen Filmen eher karikierende Tendenz bekommt. Der (Wiener) Walzer wird höchst unterschiedlich konnotiert und für viele Kritiker zum Symbol eklektischer Dekontextualisierung.

PATHS OF GLORY. Susanne Christian und Jerry Hausner

SPARTACUS

Für SPARTACUS komponierte Alex North ein großes filmsymphonisches Orchesterwerk von romantischer und zuweilen expressionistischer Prägung in der Tradition der epischen Hollywood-Musiken.[5] Formal gliedert sich die Partitur in 26 Szenen, eine Ouvertüre, die Titelmusik, eine Pausenmusik und einen Epilog. Bei dieser Komposition handelt es sich zweifelsohne um ein Meisterwerk des Hollywood-Kinos. North wurde dafür, wie so oft, für den Academy Award nominiert.[6]

Ein musikalisches Stilmittel, das in fast allen weiteren Kubrick-Filmen zur Anwendung kommt, fällt in SPARTACUS erstmalig auf. In Augenblicken größter Einsamkeit der Protagonisten verwendet Kubrick ein ausschließlich auf Streicher reduziertes Orchester. Es handelt sich stets um melancholische und äußerst konzentrierte Musiken von großer Reinheit und Klarheit. In SPARTACUS verwendet Alex North den Streichersatz in der Szene, als Crassus versucht, die Liebe Varinias zu gewinnen. Varinias Treue zu Spartacus und ihre Standhaftigkeit wird durch die Gegenüberstellung der Leitmotive der drei Personen erzählt.[7] Ob die Instrumentierung dieser Szene auf Kubricks Wunsch zurückgeht, oder ob er von der Wirkung der North'schen Komposition so beeindruckt war, dass er reinen Streicherklang seither zur Kennzeichnung oder Kommentierung von Einsamkeit verwendete, ist nicht mit Sicherheit zu sagen.

Lolita

Die Musik zu Lolita ist über weite Passagen von zeitgenössischer Unterhaltungsmusik, wie sie aus Radios erklingt oder in der Ballszene von der Tanzkapelle gespielt wird, sowie für den Hollywood-Sound der Zeit typischen Orchesterarrangements geprägt. Als Humbert dem Objekt seiner Begierde erstmals im Garten des Hauses begegnet, wird die Erscheinung Lolitas von dem Baby-Doll-Hit *Lolita ya ya* aus einem Radio begleitet, der insbesondere durch seinen infantilen Gesang auf die Silben „ya ya woo woo ya ya" einen Kontrast zum kulturellen Snobismus Humberts darstellt.

Reine Streichermusik erklingt, als Humbert morgens von den Geräuschen der Abreise Lolitas ins Feriencamp geweckt wird. Er

LOLITA

erkennt in diesem Augenblick, dass er Lolita nicht wiedersehen wird, wenn er nicht eine Strategie entwickelt und seine Pläne ändert. Die Musik wird bewegter und bereitet in aufsteigenden Skalen den Einsatz des Lolita-Liebesthemas für Klavier und Orchester, komponiert von Bob Harris, vor, als Lolita Humbert zum Abschied umarmt und sich mit den Worten „That's goodbye, I guess. – Don't forget me." verabschiedet. Dieses Liebesthema ist zum ersten Mal während des Haupttitels zu hören, während der Großaufnahme beim Lackieren der Fußnägel. Es handelt sich um ein schwärmerisches Lied ohne Worte für Klavier und Orchester, dessen Charakter von beschleunigend aufschwingenden Streicherskalen geprägt ist, die nach Erreichen des Zielakkordes zusammensacken, um sich erneut zu erheben. Das Klavier umspielt phantasieartig die Melodielinie, während das Orchester die Klavierstimme verdoppelt. Diese Musik symbolisiert die leidenschaftliche Hingabe des Liebenden, der trotz aller Demütigungen durch die Geliebte nicht aufgibt und sich immer wieder aufrafft, seine Liebe zu erklären.

Quilty's Theme ist erstmals zu Beginn des Films zu hören, als Humbert Quilty auf dessen Schloss aufsucht, um ihn zu töten: eine Musik für Orgel (Harmonium), Streicher und Dulcimer (ein Hackbrett-Instrument, das mit Schlegeln gespielt wird). Sie erzeugt eine Atmosphäre, wie sie aus Kriminalfilmen bekannt ist, und weckt Assoziationen an Anton Karas' *Harry Lime Theme* (Zitherballade) aus THE THIRD MAN (Der dritte Mann, Carol Reed, 1949). Über hellen, liegenden Harmonium- und Streicherakkorden tänzelt eine punktierte Akkordkette des Dulcimers. Die tänzelnde Bewegung wird mit strengen, dissonanten, parallel geführten Akkordbewegungen der Streicher konterkariert. Die musikalische Rede nimmt in ihrer Dualität die folgende Szene zwischen dem strauchelnden Quilty und dem zum Mord entschlossenen Humbert vorweg. Als Quilty Humbert mehr und mehr provoziert, weicht die Musik den Geräuschen und dem Dialog während des absurden Ping-Pong-Spiels. Sie wird in dieser Szene nicht wieder aufgegriffen. Im weiteren Verlauf markiert diese Musik leitmotivisch die Szenenanfänge, in denen Quilty auftaucht, so z. B. als Humbert in seinem Haus von Dr. Zenf erwartet wird, bei der Ankunft im Hotel (Polizeikongress) sowie bei der Aufführung des Schülertheaters. Als sich gegen Ende des Films mit Humberts Ankunft auf Quiltys Schloss der Kreis zur Anfangsszene schließt, erklingt allerdings nicht mehr Quiltys Musik, sondern das Titelthema. Die Musik wechselt also die Perspektive und verleiht der Szene damit ein vollkommen anderes Gewicht.

Dr. Strangelove or: How I Learned to Stop Worrying and Love the Bomb

Der Film beginnt mit der Komposition *Try a Little Tenderness* des englischen Komponisten Laurie Johnson. Zum Eröffnungstitel, der Luftbetankung eines B-52 Bombers, erklingt eine leichte, schwebende Musik, die das Spielerische dieser sexuell konnotierten Bilder unterstreicht. Die Musik stimmt insofern auf den Film ein, indem sie nicht im Sinne einer Ouvertüre ein dramatisches Gefälle vorwegnimmt oder durch Karikatur die zynische Dimension betont. Das Lyrische dieses Titels erzeugt eine Offenheit, die alles möglich scheinen lässt.[8]

Diese Musik spielt im weiteren Verlauf des Filmes keine Rolle mehr. Ein notorisch eingesetzter patriotischer Marsch mit dem Titel *When Johnny Comes Marching Home* bildet den ironisch kommentierenden Unterton der unwiderruflich in Gang gesetzten Kriegsmaschinerie. Das Arrangement ist weitestgehend reduziert auf eine Besetzung aus kleiner (Marsch-)Trommel und Cornett, was die Assoziation eines letzten Geleits hervorruft. Gelegentlich ist in der Ferne ein Summchor von Männerstimmen zu vernehmen, die wie geisterhaft am Horizont erscheinen und eine Brücke bilden zu dem Schluss-

Dr. Strangelove or: How I Learned to Stop Worrying and Love the Bomb

chor des Liedes *We'll Meet Again*[9], das die Bildkaskaden der Atompilze nach dem Abwurf der Bombe begleitet. Im Vordergrund steht der zynische Charakter des Musikeinsatzes.

2001: A Space Odyssey

Nach der musikalischen Ouvertüre mit György Ligetis *Atmosphères* folgen zur Konstellation der Planeten die Eröffnungstakte aus Richard Strauss' *Also sprach Zarathustra*. Die Musik als klingendes Symbol: Die Erhabenheit und Größe formulierende Musik ist die Beschreibung eines Sonnenaufgangs – Zarathustra in Anrufung des großen Gestirns. Diese Fanfare wird mit Nietzsches ‚Übermensch' assoziiert. Die Musik kann in ihrer Erhabenheit wohl kaum naiv und ohne ihr Programm gehört werden. Dieser Gedanke bestätigt sich in dem Augenblick, da der Menschenaffe den Knochen als Waffe entdeckt und Strauss auch hier zum Einsatz kommt. Kubrick erwartet vom Betrachter eine intellektuelle Auseinandersetzung. Einen steten Abgleich von Emotionen und Gedanken.

Zu den ersten (statischen) Naturbildern der Sequenz *The Dawn of Man* sind inszenierte Naturgeräusche zu hören, Insekten und insbesondere Winde, die im Bild keine unmittelbare Entsprechung finden. Das Element Luft wird gegenüber dem der Erde exponiert. Bild- und Klangwelt scheinen zusammengehörig, dennoch gibt es einen Bruch, der zu emotionaler Unruhe führt. Das Element Luft, bzw. dessen Abwesenheit im All, wird akustisch über weite Strecken des Films durch das Atemgeräusch im Helm des Protagonisten thematisiert.

György Ligetis *Requiem* erklingt in Zusammenhang mit dem von einer fremden Intelligenz als Wächter hinterlassenen Monolithen und seinem auf den Planeten Jupiter ausgerichteten Feld von Radiowellen. Ein überwältigend sich auffaltender Klangraum von Einzelstimmen eines umfangreichen gemischten Chores. Diese Stimmen singen in einem aufgefächerten Doppelkanon gleichzeitig die Worte der Liturgie: „Kyrie eleison. Christe eleison". In Verbindung mit den Untersuchungen des Monolithen und zur Versinnbildlichung seiner ewigen Gegenwart und des von ihm ausgehenden Energiefeldes verwendet Kubrick Ligetis Vokalkomposition *Lux Aeterna* für 16-stimmigen gemischten Chor.

Ligeti verzichtet ganz auf die Hierarchien Vorder-, Mittel- und Hintergrund bzw. Thema (Melodie) und Begleitung (Harmonie). Ziel seiner Musik ist die vollständige Aufteilung des Orchesters in eigenständige Stimmen, die aber wie ein Netzwerk, rhizomartig, organisiert sind. Vieldeutig ausformulierte Bewegung auf engstem Raum (Mikropolyphonie) führt zu einem statischen, fast unmerklich fluktuierenden Klangraum. Thema seiner Musik ist die klangliche Erfahrung von Zeit und Raum, die Bewegung von Luftschichten, *Atmosphères*. Es verwundert daher nicht, dass Stanley Kubrick dieser Musik den Vorzug vor der von Alex North gab, den er zunächst beauftragt hatte.

Ligetis Musik erschließt die zuvor dem Effektbereich zugeordneten Parameter im Sinne eines ästhetisch-musikalischen Hauptgedankens und eröffnet damit den Weg für eine neue Form-, Raum- und Zeitgestaltung. Diese Entwicklung erfordert selbstverständlich neue Wahrnehmungs- und Betrachtungsweisen. In diesem Sinne setzt Kubrick die Musik Ligetis in 2001: A Space Odyssey ein. Das Individuum ist einem statisch scheinenden Kosmos ausgesetzt. Das Subjekt geht ein in das Gefüge des Raum-Zeit-Kontinuums.

In extremem Kontrast hierzu wirken die Musiken *An der schönen blauen Donau, op. 314* von Johann Strauß (Sohn) und das Adagio für Solo-Cello und Streicher aus der *Gajaneh*-Suite von Aram Chatschaturjan. Letztere kann als Allegorie auf das Streben des Einzelnen für das Gemeinwohl[10] gelesen werden, wie es in der sowjetischen Kunst schon seit der Revolution von 1917 ein zentrales Motiv war. Diese Musik begleitet in ihrer aufstrebenden und doch melancholischen Haltung den Aufbruch der Crew zum Jupiter und steht

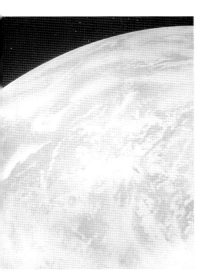

2001: A SPACE ODYSSEY

wieder stellvertretend für die Streichersymbolik bei Kubrick. Gleichzeitig könnte sie auch als süffisanter Kommentar und Kontrapunkt zu dem Machtkampf zwischen sowjetischen und amerikanischen Systemen verstanden werden, der schon in der Hotellobby des Hilton in der Raumstation zwischen den Wissenschaftlern beider Nationen exponiert wurde.

Der Wiener Walzer *An der schönen blauen Donau* vermittelt den Eindruck des schwerelosen Kreisens. Der Mensch bewegt sich kontrolliert in den Weiten des luftleeren Raumes. Die Verwendung dieser Musik hat heftige Diskussionen ausgelöst. Um den Wiener Walzer zu ersetzen, hätte eine neu komponierte Musik die Assoziation der vom Menschen überwundenen Schwerkraft erzeugen müssen. Die unmittelbarste Lösung wäre, wie auch bei North, die Neukomposition eines Walzers bzw. Scherzos[11] gewesen, die sich dann einem Vergleich mit den Meisterwerken der Gattung hätte stellen müssen und somit wieder nur von mittelbarer Wirkung hätte sein können. Ebenso wäre der Kontext von Nietzsches *Zarathustra*-Text durch Verwendung einer Originalkomposition für den Film – unabhängig von ihrer Qualität – nicht zu erzeugen gewesen. Dieser wird jedoch eindeutig durch das tradierte musikalische Symbol der Musik von Richard Strauss hervorgerufen.

Alex Norths musikalische Haltung und die damit verbundene hierarchische Staffelung der musikalischen Parameter lässt neuartige Klangerfahrungen immer nur als kurzzeitigen Effekt im Sinne eines Accessoires oder eines Exkurses zu. Dadurch kann kein grundsätzlich neues Raum-Zeit-Erlebnis entstehen. Die völlige Neubewertung der musikalischen Parameter und die Entwicklung neuer Kompositionstechniken erlaubt es Ligeti hingegen, neue Erfahrungshorizonte zu öffnen wie sie sich Kubrick in seinem Film nutzbar macht. Die *Stargate*-Sequenz stellt ein optisches Äquivalent zu

der Musik Ligetis dar. Kubrick und Douglas Trumbull ist es gelungen, die neuen Errungenschaften der Musik in eine kongeniale Bildsprache zu übersetzen. Es entsteht ein homogener Bild-Klangraum, der auch den synästhetisch veranlagten György Ligeti überzeugte. Die *Stargate*-Sequenz entwickelt sich mit Beginn des Kyrie aus dem Requiem zu dem Titel *Jupiter … and beyond the infinite* und der anschließenden erneuten Konstellation der Planeten mit dem Monolithen. In den letzten Takten des Kyrie erfolgt musikalisch ein Schnitt, und es schließt sich die Instrumentalkomposition *Atmosphères* an, die von Geräuschen und Explosionen überlagert wird. Als Bowman sich selbst in verschiedenen Altersstadien begegnet, erklingt, stark elektronisch verfremdet, Ligetis Komposition *Aventures* für Stimmen und Instrumente. Die Stimmen formulieren hier verschiedene Ausdrucksformen, ohne sich einer konkreten Sprache zu bedienen. Es handelt sich um eine reine Lautkomposition. Währenddessen ist permanent Atmen zu hören. Im Augenblick der Wiedergeburt als *Starchild* setzt die *Zarathustra*-Fanfare ein und signalisiert die Geburt des Übermenschen. Zum Abspann ertönt erneut der *Donauwalzer*.

A CLOCKWORK ORANGE

Wendy Carlos[12] komponierte zu A CLOCKWORK ORANGE einen umfangreichen Soundtrack, von dem allerdings einige Musiken nur in gekürzter Form, andere gar nicht in die Endfassung des Films aufgenommen wurden. *Orange Minuet* sollte die Szene „On display"[13] begleiten, in der Alex' Heilung durch die Ludovico-Therapie dem Komitee präsentiert wird. Kubrick entschied sich für die Musik *Overture to the Sun* von Terry Tucker. *Country Lane*, das Motive aus der Ouvertüre zu *La Gazza ladra* (Die diebische Elster) von Gioacchino Rossini und das Dies Irae-Thema der Titelmusik nach Henry Purcell aufgreift, wurde durch vereinzelte elektronische Impulseffekte von Wendy Carlos in Kombination mit dem Dies Irae-Thema der Titelmusik selbst ersetzt, da Kubrick in der Szene, in der Alex von seinen ehemaligen Droogs verprügelt wird, eine brutalere Wirkung erzeugen wollte.

Die Komposition *Biblical Daydreams*, die im Gefängnis Alex' gewalttätige und sexuelle Bibelfantasien begleitet, bevor er sich freiwillig zur Behandlung meldet, wurde von Kubrick durch Ausschnitte aus Rimskij-Korsakows *Scheherazade* ersetzt. Die Musiken *Timesteps* zur Szene „And viddy films I would" sowie die Bearbeitung des 2. Satzes aus Ludwig van Beethovens *9. Symphonie in d-moll*, das schließlich als *suicide*-Scherzo Alex' Selbstmordversuch begleitet, wurden nur in gekürzter Fassung, die Ouvertüre zu *Die diebische Elster* im Original verwendet.

Kubricks Auswahl der Filmmusiken und die Entscheidung, jeweils das Original oder eine Bearbeitung zu verwenden, dürften

A CLOCKWORK ORANGE. *„Dann hörte zwischendurch die Stereobox mal auf. Und in die kurze Stille, bevor die nächste Scheibe abging, platzte ihre Stimme hinein. Und sie sang. Und, oh meine Brüder, für einen Augenblick war's, als sei ein großer bunter Vogel in die Milchbar gerauscht. Und ich spürte, wie sich all meine Bodyhärchen aufrichteten, und ein Schauer kroch auf mir rauf und runter, als wär's eine Eidechse. Denn ich wusste, was sie sang: Ein Stück aus der gloriosen Neunten von Ludwig van."*

BARRY LYNDON

von dem Gedanken geprägt gewesen sein, die Darstellung der gesellschaftlichen Verhältnisse durch Verzerrungen der Musik ins Absurde zu überhöhen, oder aber durch unverzerrte Kontrapunktierung Gewaltszenen zu konterkarieren und einen Abgrund zu öffnen. Als Beispiel hierfür sei der Einsatz der Rossini-Ouvertüren zu *Wilhelm Tell* und *Die diebische Elster* genannt. Während die elektronisch bearbeitete und um ein Vielfaches zu schnell gespielte *Wilhelm Tell*-Musik die Szene „Two Ladies" comicartig begleitet, wirkt die original verwendete Ouvertüre zu *Die diebische Elster* in ihrem leichten Walzertakt selbst wie pervertiert, eine Vergewaltigung der Musik durch die Darstellung der Vergewaltigung in der Szene. In solchem Kontext bedarf die Musik, um ihre Wirkung zu entfalten, keiner zusätzlichen Bearbeitung. Im Gegenteil, eine Bearbeitung würde die Wirkung relativieren, die Szene entschuldigen.

Bei aller distanzierten Behandlung der Musik gibt es auch in A CLOCKWORK ORANGE zwei fast pathetisch anmutende Szenen. Zuerst, als Alex ins Gefängnis kommt, später, als er entlassen wird und zu Hause sein Zimmer durch einen ‚neuen Sohn' besetzt vorfindet, ist eine melancholische Streichermusik aus der *Wilhelm Tell*-Ouvertüre zu hören. Die Streicherkomposition steht allerdings in kontrastreichem, karikierenden Umfeld des vorausgehenden Songs *I Want to Marry a Lighthouse Keeper* im Elternhaus und des anschließenden Einsatzes der Titelmusik, als Alex zunächst von den Pennern und anschließend von seinen Ex-Droogs, die nun als Polizisten arbeiten, verprügelt wird. Die Militärmärsche *Pomp and Circumstance Nr. 1* und *Nr. 4* von Edward Elgar dienen in ihrer Originalgestalt der Karikatur des – zerstörenden und anschließend durch Repression heilenden – Systems und sind zynisch konnotiert.

Als Nebenwirkung der Ludovico-Therapie wird Alex sein geliebter Beethoven gleich mit abgewöhnt. Dies unterstreicht zunächst eine scheinbare existenzielle Verknüpfung der Musik mit Alex' Gewalttaten. Die über Alex richtende Gesellschaft aber setzt die Musik ebenfalls als Waffe (gegen ihn) ein. Die Musik Beethovens kann

daher nur in parodistischer, verzerrter Gestalt erscheinen, um deren gewalttätige Aufladung als Missbrauch im Sinne einer unreflektierten Attitüde zu apostrophieren. Solche Attitüde erscheint als modischer Trend, insbesondere durch die extrem stilisierte Sprache „Nadsat" sowie die Ausstattung der Korova-Milchbar, Alex' Zimmer im Elternhaus und des Schallplattenladens, wo eine Hitliste fiktiver Musikgruppen und fiktiver Hits die Künstlichkeit dieser hermetischen Welt auf die Spitze treibt.

Der Verwendung von Liedern kommt auch in diesem Film eine besondere Bedeutung zu. Das erste ist das traditionelle irische Lied von *Molly Malone*, die „cockles and mussels" verkauft. Gesungen wird es von dem Penner unter der Brücke, bevor er von den Droogs verprügelt wird. Dieses Lied dient zur Erzeugung von Kolorit durch das Klischee vom singenden Säufer als armem Wicht. Durch seinen Bekanntheitsgrad rührt das Lied an die Gefühle der Betrachter und lädt zur Identifikation, wenn nicht gar zum (stillen) Mitsummen oder -singen ein. Durch diese emotionale Öffnung ist der Boden für die Wirkung der Gewalt bereitet. Das Lied *I Was a Wandering Sheep*, von Horatius Bonar 1843 getextet und von John Zundel 1855 in Musik gesetzt, ist ein im englischen Sprachraum populäres Lied und ein moralisierender kirchlicher Bußgesang. Es wird im Gefängnis vom Pfarrer mit der ‚Gemeinde' der Insassen gesungen, während Alex brav assistiert, um den Pfarrer auf sich aufmerksam zu machen, und die Insassen wie ungehorsame Schulkinder ihre Späße treiben. Der ironische Einsatz dieser Musik ist offensichtlich.

Das Lied *Singin' in the Rain* hat die gleiche dramaturgische Funktion wie die Ouvertüre zu *Die diebische Elster* in der zuvor beschriebenen Szene – nur dass das Lied, von Alex während der Vergewaltigung der Frau des Schriftstellers gesungen, als innerer Be-

standteil der Szene kontrastierend wirkt, während der Ouvertüre eine äußere Wirkung im Sinne eines Kommentars zukommt. Die Verwendung der Originalkomposition im Abspann, gesungen von Gene Kelly, sorgt für ein ambivalentes Empfinden nach dem Ende des Films. Die unmittelbare Wirkung und die Kenntnis seines ursprünglichen Kontextes in dem Film SINGIN' IN THE RAIN (Du sollst mein Glücksstern sein, Gene Kelly/Stanley Donen, 1952) verleihen ein leichtes, tänzelndes Gefühl, während Geist und Moral nach dem Gesehenen dieses Gefühl verbieten.

BARRY LYNDON

Die Sarabande[14] aus der *Suite in d-moll für Cembalo* von Georg Friedrich Händel ist in verschiedenen Bearbeitungen von Leonard Rosenman die Signatur von BARRY LYNDON. Die Bearbeitungen Rosenmans[15], der in Europa Komposition bei Arnold Schönberg und Luigi Dallapiccola studiert hatte, greifen zwar den barocken Gestus der Händel-Komposition auf, sind aber stilisiert und in Bezug auf Besetzung und Artikulationsfragen aus der Perspektive der Filmmusik des 20. Jahrhunderts angelegt, die nicht versucht, eine vergangene Epoche vor den Augen des Betrachters authentisch auferstehen zu lassen. Die Händel-Musik begleitet den Film wie ein Trauerzug. Kreisläufig sich repetierend, traurig und schwerfällig. Die Duellszenen instrumentiert Rosenman ausschließlich mit Kontrabass und Pauke, den Tod Quinns mit Cembalo und Kontrabass. Diese Instrumentierung erzeugt eine extreme Leere, da die Klangspektren der Instrumente völlig auseinanderfallen, was untypisch für Barockmusik wäre. Auch in diesem Film fällt die Wahl einer reinen Streicherbesetzung der Sarabande im Zusammenhang mit Sterben, Tod und Beerdigung Brians auf. Anfangs- und Schlusstitel sind für großes Orchester mit Cembalo arrangiert.

In den Kritiken von 1975 wurde immer wieder darauf hingewiesen, dass einzig der Einsatz von Schuberts *Trio für Violine, Violoncello und Klavier in Es-Dur, op. 100, D 929* verfehlt sei, da er für eine spätere Epoche, die Romantik, stehe. Dabei wurde überhört, dass sowohl das Kopfmotiv aus Schuberts *Impromptu Nr. 1 in c-moll, op. 90 D 899 für Klavier*, welches eine Funktion als Pausenzeichen erhält und gleichzeitig den Helden als Wanderer apostrophieren dürfte, als auch sein *Deutscher Tanz Nr. 1 in C-Dur*, der zu Brians Geburtstagsfeier erklingt, ebenfalls nicht in diesem Sinne zeitgemäß sind.

Bezeichnender noch ist die Tatsache, dass es sich bei der Musik von *The Chieftains* um Nachkompositionen oder Arrangements traditioneller irischer Folklore handelt, zumeist um instrumentale Bearbeitungen von Liedern. Es ist Musik des 20. Jahrhunderts, die nach Aussagen von *The Chieftains* einzelne Instrumente aus der Bindung an bestimmte tradierte Rituale befreit und sie emanzipiert einsetzt. Ein deutlicher Hinweis, dass es sich nicht um authentische Musik der Epoche handelt. Solche Musik ist nicht als ‚Volksmusik', sondern als ‚volkstümliche Musik' zu bezeichnen.

Traditionelle Lieder und Tänze, wie *Piper's Maggot Jig* und *The Sea-Maiden* werden in neuen Arrangements eingespielt und stellen allenfalls einen lokalen, nicht aber einen zeitlichen Kontext her. In diesem Sinn beschwört auch die pastorale Musik *Tin Whistles* des irischen Komponisten Sean O'Riada (1931-1971) die Aura einer Landschaft herauf, die durch den Einsatz der Bodhran, der traditionellen irischen Trommel und Herzschlag der irischen Folklore, dramatisiert wird, als Redmond von Captain Feeney überfallen wird. Das Gedicht *Women of Ireland* entstand in der Mitte des 18. Jahrhunderts und beschreibt die schlechten Erfahrungen, die ein Trinker mit irischen Frauen gemacht hat. In der lieblichen instrumentalen Adaption von Sean O'Riada, 200 Jahre später komponiert, spiegelt sich dieser Text allerdings nicht wieder. Diese Komposition war in den 1970er Jahren in der Bearbeitung der *Chieftains* ein Hit in den britischen Pop-Charts, bevor es als Liebesthema in Verbindung mit Redmonds Cousine Nora in BARRY LYNDON zum Einsatz kam.

Märsche spielen selbstverständlich eine Hauptrolle in Kriegszeiten. So der *Lilliburlero*, ein identitätsstiftender liedhafter Marsch, der die Sammlung britischer Truppen und deren Vorbereitung auf die Kämpfe in Deutschland begleitet, sowie der Marsch *British Grenadiers* der *Fifes and Drums*-Musikbataillone des britischen Heeres, der zunächst zu den Schlachten in England und auf dem feindlichen Kontinent erklingt. Später, im zweiten Teil des Films, wird er noch einmal von Männern im Bordell gesungen und durch diesen Kontext lächerlich gemacht. Der *Hohenfriedberger Marsch*, der Friedrich II. von Preußen zugeschrieben wird, ist mit dem Aufbruch Redmonds zu den alliierten Preußen zum ersten Mal zu hören. Dieser Marsch, zu Beginn noch majestätisch mit Trompeten, Streichern und Pauken gespielt, wird im Laufe der Erzählung immer armseliger instrumentiert und begleitet die preußische Armee schließlich nur noch mit Tin Whistles und Trommeln, den Instrumenten der einfachen irischen Landleute, während der Erzähler von der Zusammensetzung des preußischen Heeres als einem Rudel von Dahergelaufenen und Gefangenen spricht. Mozarts Marsch aus *Idomeneo* ist zeitlich nicht mit Preußen vereinbar, da das Stück in der erzählten Zeit des Films außer in Prag und Wien höchstens noch in München zur Aufführung gekommen ist. Er dient, im Zusammenhang mit dem Spionageauftrag an Redmond durch den preußischen Minister Potzdorf, zur Kennzeichnung eines südeuropäisch geprägten Kulturraums.

In diesem Sinne dürfte auch die Verwendung der Cavatina *Saper bramate* des Grafen Almaviva aus *Il Babiere di Siviglia* von

Giovanni Paisiello (1740-1816) zu verstehen sein, die Redmond an den Spieltischen begleitet. Sie apostrophiert die Täuschungen, Verkleidungen und falschen Namen als Spiel einer gelangweilten adligen Gesellschaft und kündigt Barry als – zunächst – heimlichen Liebhaber einer verheirateten Frau an. Der Geliebten, Lady Lyndon, wird musikalisch eine Bearbeitung des zweiten Satzes von Franz Schuberts *Trio in Es-Dur für Violine, Violoncello und Klavier, op. 100, D 929* aus dem Jahre 1827 an die Seite gestellt. Der zweite Satz, Andante con moto, zeichnet sich durch eine liedhafte Melodie aus, die vom Cello geführt wird. Das Liedhafte dieses Satzes wird in der Bearbeitung durch die strophenartige Wiederholung der ersten Periode noch betont. Schuberts Lieder thematisieren häufig den Topos des Wanderers und zeichnen sich durch punktierte, unstete Rhythmik in den Begleitfiguren aus: der Wanderer, der die liebenden, zur Ehe und Sesshaftigkeit drängenden Frauen zurücklässt, um seinem unbestimmten Ziel zu folgen. Diesen romantischen Topos kennt die Barockmusik noch nicht. Es ist daher anzunehmen, dass Kubrick aus diesem mittelbaren Grund, aber selbstverständlich auch wegen ihres traurigen emotionalen Gehaltes auf diese spätere und zeitlich aus dem Rahmen fallende Musik vorgriff.

Zu den anschließenden Spieltischszenen folgt der in Figurationen ausschweifende Mittelteil des Satzes und wird szenisch zur Cavatina in Beziehung gesetzt. Im Augenblick, da das Thema erneut einsetzt, sind Barry und Lady Lyndon in Schuss und Gegenschuss einander konfrontiert. Die Blicke wissen vom Kommenden, sind jedoch hoffnungslos und leer. Ihr Lied spielt weiter, ihre Beziehung beginnt und kann doch nur Episode bleiben. Im Augenblick des ersten Kusses setzt erneut der Mittelteil ein, der zuvor schon am Spieltisch zu hören war. Die Parallelen sprechen für sich. Es folgen Bilder von gemeinsamen Freizeitvergnügungen und der Kommentar des Erzählers „To make a long story short …". Die erneute Reprise des Themas leitet die Szene der Konfrontation mit Lord Lyndon ein. Im Augenblick von Lord Lyndons Tod schneidet der Einsatz des zuvor schon erwähnten *Impromptu Nr. 1* die Szene ab, und es folgt der Pausentitel. Die einstimmige Melodie des Kopfmotives, das den zweiten Teil und den folgenden Abstieg Barrys ankündigt, greift den punktierten Rhythmus der Begleitfigur des Klaviertrios auf.

Die beiden Szenen „The style and title of Barry Lyndon" und „Society's cold shoulder" werden mit dem *Cello-Konzert in e-moll* von Antonio Vivaldi begleitet und klammern den Abstieg und die gesellschaftliche Ächtung Barry Lyndons ein. Der Gestus der Melodielinie des Cellos setzt in seiner Melancholie den des Klaviertrios fort, die Begleitfiguren sind aber stetiger und suggerieren ein scheinbar festes Fundament. Barrys Einsamkeit wird wiederum durch eine vorwiegende Streicherbesetzung gekennzeichnet, die ihren Höhepunkt mit der Wiederkehr der Sarabande in einer Instrumentation für Cello und Kontrabass in der Szene „A horse for Brian" erreicht. Während die Tragödie ihren Lauf nimmt, erklingen weitere Variationen der Sarabande für Streicher. Als Redmond Barry schließlich die jährliche Apanage annimmt und zunächst in Begleitung seiner Mutter nach Irland, später aber auf den Kontinent geht, um als erfolgloser Spieler sein Leben zu fristen, erklingt erneut Schuberts Klaviertrio und begleitet den Wanderer. Mit der Reprise des Themas ist Lady Lyndon zu sehen, wie sie im kleinen Kreise Zahlungsanweisungen unterschreibt, darunter auch die Apanage an Redmond Barry. Die Erinnerung in den Blicken Lady Lyndons wird mit der romantisch weit ausschweifenden und modulierenden Schlussfloskel des zweiten Satzes des Klaviertrios aufgeladen. Es folgt zum Abspann die mächtig instrumentierte Sarabande für Orchester.

THE SHINING

Für THE SHINING hatten Wendy Carlos und Rachel Elkind in Kubricks Auftrag eine Originalmusik komponiert, die, mit Ausnahme der Titelmusik und der Komposition *Rocky Mountains* sowie einiger elektronischer Texturen und Geräusche keine Verwendung gefunden hat. Der komplexeste aller Kubrick-Soundtracks geht zurück auf die Montage von Ausschnitten aus Kompositionen Béla Bartóks, György Ligetis sowie sakralen und profanen Kompositionen Krzysztof Pendereckis. Kubrick benutzt die Kompositionen als einen Materialvorrat von akustisch-dramatischen Zeichen, die er frei kombiniert und teilweise gegeneinander oder sich selbst überlagert. So entsteht eine Collage, deren Zweck es ist, Assoziationsräume zu öffnen. Der musikalische Reiz funktioniert auf zwei Ebenen. Erstens als unmittelbares emotionales Stimulans durch hochdramatische und mehrfach verdichtete Klangwände, die den Betrachter/Hörer in ein Labyrinth führen und ihn ständiger Reizüberflutung aussetzen. Zweitens wird mittelbar durch die Konnotation von Liturgie und Wahn die dramatische Fallhöhe exponiert.

Schon die Titelmusik von Wendy Carlos basiert auf dem Dies Irae-Thema aus Hector Berlioz' *Symphonie Fantastique, op. 14, V. Songe d'une nuit du Sabbat*. Die Synthesizer-Interpretation stellt das von Hörnern gespielte Thema vor. Es entwickelt sich vor einem Hintergrund aus instabilen und gleitenden elektronischen Klangflächen, aus denen synthetische Stimmen hervortreten. Das Thema, ein redendes Subjekt, kündigt ein Unheil an. Ebenso bedeuten die elektronischen Glissandi, die während der Autofahrt erklingen, einen unsicheren Grund, einen schmalen Grat zwischen Wahn und Wirklichkeit.

Krzysztof Pendereckis Komposition *Als Jakob erwachte* vermittelt den Eindruck des halluzinierenden Träumens eines Schlafenden. Sie erklingt zu Dannys erstem ‚Shining' und der „Bloody Vision" genannten Szene mit den Zwillingen und dem aus dem Aufzug strömenden Blut. Der musikalische Ausdruck ist bei aller bildlichen Dramatik jedoch von dunklem, ruhigem Gleichmaß geprägt. György Ligetis Komposition *Lontano* verbindet die ruhigen, dunklen Klänge der Halluzination mit einem weit aufgefächerten Klang von Holzbläsern und Streichern, was Kubrick nutzt, das Weiß des

THE SHINING

Schnees und die Kälte vorwegzunehmen und ins Innere des Gebäudes zu tragen. Diese Musik erklingt insgesamt drei Mal. Sie macht keine dramatische Entwicklung durch und dient als statisches Bindeglied zwischen Dannys erster Vision der Zwillinge im Overlook-Hotel, dem ‚Shining' Hallorans sowie der ersten Schneeszene außerhalb des Hotels im Kapitel „Thursday: Snowbound" und ihrer Kopplung an die ersten Verhaltensauffälligkeiten bei Jack.

Die gleitenden Streicherklänge mit dem zarten Glitzern der Celesta-Arpeggien und den einzelnen Schlagzeug-Akzenten des Adagios aus Béla Bartóks *Musik für Saiteninstrumente, Schlagzeug und Celesta* bringt erste leichte Bewegungen ins Spiel. Bartóks Musik erklingt ebenfalls insgesamt drei Mal. Zum ersten Mal ist die Musik zu hören, als Wendy und Danny das Labyrinth erkunden. Die gleitenden Streicher erzeugen eine schwebende Textur, die Orientierung kaum zulässt. Erst als das Thema mit Klavier, Celesta und einigen Violinen einsetzt, ist vor dem gleitenden Hintergrund Orientierung möglich. Beim Schnitt ins Innere des Hotels ist ein Tennisballwurf Jacks wie auch der folgende Titel „Tuesday" mit dem Schlagzeugakzent auf dem Höhepunkt des musikalischen Abschnitts synchronisiert. Die Szene „Curiosity for Danny, rules for Wendy" wiederholt die Musik exakt und unmittelbar. Dieses Stilmittel beschwört eine Parallelität der Zeit herauf und lässt die Szenerie noch notorischer, wahnhafter erscheinen. Zimmer 237 wird direkt mit dem Labyrinth verknüpft, der Wurf des Tennisballs (Schlagzeugakzent) mit dem Herausreißen des Blattes aus der Schreibmaschine, als Wendy Jack beim Schreiben stört. Die Szene „Monday: I love you, Danny" bringt das Adagio von Takt 1 bis Takt 45. Die ersten zwanzig Takte sind, abgesehen von einigen Schlagzeugimpulsen und dem permanent vorhandenen Orgelpunkt der Pauken, von einer Streicherfuge geprägt. In dieser Szene nähert sich Danny misstrauisch seinem Vater. Die Musik verdichtet sich und nimmt an Spannung zu, während Danny auf seinen Vater zugeht und beginnt, ihm Fragen zu stellen. Inzwischen ertönt ab Takt 20 ein drittes Mal diese be Musik in anderem Kontext. Das Gespräch reflektiert den Aufenthalt im Hotel, Müdigkeit und innere Leere. Als Danny seinen Vater fragt: „Daddy, you will never hurt Mummy and me, won't you?" erklingt wieder der Höhepunkt mit dem Schlagzeugakzent, der vorher schon zwei Mal so prominent inszeniert war. Während Jack Danny glaubhaft zu machen versucht, dass er ihn liebe und ihm niemals etwas antun würde, erklingen die Celesta-Arpeggien und Streicher-Tremoli, die zuvor bei Jacks Betrachtung des Labyrinths zu hören waren. Die Musik steigert sich dynamisch wie zuvor und endet abermals mit einem Akzent auf einem Titel „Wednesday".

Im weiteren Verlauf dient die Montage und Collage der Musiken Pendereckis (*De Natura Sonoris I + II, Utrenja I + II, Polymorphia*) der dramatischen Entwicklung und Dynamisierung des Geschehens. Die Musiken Bartóks und Ligetis spielen keine Rolle mehr. Die zweite Musik Pendereckis, *De Natura Sonoris*, erklingt allerdings noch vor dem letzten Einsatz von Bartóks Musik in der Szene „Come and play", als Danny mit seinem Dreirad die Gänge des Hotels erlangfährt, den Zwillingen begegnet und diese ihn zum Spiel einladen. Ab diesem Augenblick scheint die Welt des Wahns kein stilles Bild mehr zu sein, sondern fordert die Beteiligten auf, einzutreten.

Zur Zeichnung der Entwicklung der folgenden Horrorszenarien nutzt Kubrick die Kompositionen Pendereckis wie ein Materiallager aus Klängen, aus dem er sich je nach dramatischem Bedarf Module auslöst. Er zerstört in diesem neuen Zusammenhang die kompositorischen Intentionen des Originals vollständig, schafft aber aus dem Vorrat an Klängen und Gestalten in Kombination mit seinen Bildern ein neues Gesamtwerk. Die ursprüngliche musikalische Komposition als solche bleibt davon selbstverständlich unberührt. Insofern handelt es sich nicht im banalen Sinne um ein Ausschlachten von Ideen einer Komposition, sondern vielmehr um eine Neuschöpfung auf der Basis von Zitaten anderer Werke im Sinne des Gedankens einer Collage, wie er auch kunstgeschichtlich überliefert ist.

Während der Szenen, „All work and no play" bis „Jack in storage" ist die Komposition *Polymorphia* zu hören. Die Bilddramaturgie ist der musikalischen Entwicklung angepasst. Wendys Ohnmacht, von 48 Streichern begleitet, wird jedoch gelegentlich mit einigen perkussiven Effekten aus *Utrenja* überlagert.

Im Kontrast zu seinen Konstruktionen aus Kompositionen der musikalischen Avantgarde der 1960er und 1970er Jahre verwendet Kubrick Unterhaltungsmusiken der 1920er und 1930er Jahre, die im kollektiven Gedächtnis des Hotels konserviert zu sein scheinen. In der Szene „The party" wird Jack von der in der Ferne schwach erklingenden Musik *Masquerade* angezogen, als er die Küche verlässt und auf dem Korridor vor dem *Gold Room* die Ballons entdeckt. Nachdem er den Raum und damit den Traum betreten hat, tanzt die Gesellschaft in Kostümen der 1920er Jahre zu dem Song *Midnight with the Stars and You*, gesungen von Al Bowly. Nachdem Grady, der frühere Hausmeister des Overlook-Hotels, durch einen inszenierten Zwischenfall erfolgreich Kontakt zu Jack aufgenommen hat, dringen während des Gespräches der beiden in den Toiletten die Musiken des Ballsaals herein: *It's All Forgotten Now*, gesungen von Al Bowly, und *Home*. Diese Stücke haben selbstverständlich wieder eine doppelte Bedeutung. *It's All Forgotten Now* bezieht sich darauf, dass Jack sich nicht erinnern kann, schon immer der Hausmeister im Hotel zu sein, wie Grady es behauptet. Der Titel *Home* kündigt an, dass Grady Recht hat und Jack für immer in das Hotel und dessen Gedächtnis eingegangen ist, was in der Szene „The Overlook claims Jack" durch die Wiederholung der Musik *Midnight with the Stars and You* bestätigt wird, als die Kamera die Fotos des Hotelballs von 1921 fokussiert und Jack darauf zu sehen ist.

FULL METAL JACKET

FULL METAL JACKET

Die Originalmusik zu FULL METAL JACKET komponierte Kubricks Tochter Vivian unter dem Pseudonym Abigail Mead. Es handelt sich um eine elektronische Musik auf der Basis von Samples, die mit einem *Fairlight Computer Music Instrument* aufgenommen und bearbeitet wurden. Die Musik ist perkussiv und atmosphärisch angelegt. Sie arbeitet mit Klängen asiatischer Flöten und Perkussionsinstrumente und mischt diese mit Aufnahmen von Atem, Metallgegenständen und virtuellen Chorstimmen, Blechbläsern und Impulsklängen. Synthetische Blechbläser-Fanfaren erklingen wie ferne Trauerzüge. Das rhythmische Grundmaterial ist vom Marsch abgeleitet.

Klanglich entrückt, verklärt diese Musik atmosphärisch die Realität des Krieges, indem sie das Zeiterleben traumartig in die Länge zieht. Plötzliche Impulse durchbrechen diese Zeitlupenklänge und führen durch Verdichtung zurück in die Welt von Drill, Disziplin und Tod. Solche Impulsketten verwenden als treibende Basslinie das melodisch banale Material des Drill Instructor-Songs, der nach dem Prinzip von Vorsänger und nachsingender Gemeinde arbeitet und zur Motivation der Soldaten im Marines-Ausbildungs-Camp Parris Island dienen soll. Gleichzeitig wird dem Zuschauer eine menschenunwürdige und an Dummheit nicht zu überbietende Szenerie vorgeführt. Weihnachten wird anstatt mit einem Weihnachtslied mit dem Geburtstagslied *Happy Birthday ... (dear Jesus)* und mit einem sexuell konnotierten Vortrag über das Verhältnis von Gott zu den Marines begangen. Der Tag, an dem die Rekruten in den Stand von Marines erhoben und in den Krieg / Tod geschickt werden, wird zeremoniell mit einem Parademarsch, der *Marines Hymn*, begangen. Weitere musikalische Zitate des Films bestehen zu großen Teilen aus Popsongs der Zeit des Vietnamkrieges (*Chapel of Love, Wooly Bully, These Boots are Made for Walking*), die den Zuschauer zeitlich zur Handlung synchronisieren und ihm eine emotionale Identifikationsgrundlage mit dem Erleben der Soldaten geben.

Zwei Musiken bilden eine Klammer und können als Kommentar Stanley Kubricks aufgefasst werden. Eröffnet wird der Film mit einer zynischen Szene: Zur demütigenden Zeremonie des Haarschnitts der Rekruten erklingt das als Countrysong aufgemachte patriotische Lied *Hello Vietnam*, 1964 geschrieben von Tom T. Hall. Neben der Musik sind keine atmosphärischen Geräusche zu hören wie etwa das Surren der Haarschneidemaschinen. Die letzte Einstellung des Films zeigt, wie die Überlebenden des Platoons vor brennenden Ruinen zum Nachtquartier marschieren. Sie haben die Angst überwunden. Erleichtert singen sie im Chor den *Mickey Mouse March*. Der Einsatz dieses Marsches erzählt einerseits von der kindlichen Naivität der jungen Soldaten und drückt gleichzeitig die Absurdität des herrschenden Systems aus. Private Joker erzählt aus dem Off seine Phantasien vom Sex, den er nach seiner Heimkehr haben wird und schließt mit den Worten: „I'm in a world of shit. Yes. But I am alive. And I'm not afraid." Mit dem Song *Paint it Black* der *Rolling Stones* unterlegt, gerät der unmittelbar folgende Abspann auf schwarzem Untergrund gleichsam zu einer Grabplatte, auf der sich die Mitwirkenden einschreiben. Ein pessimistischer Schluss, auch weil durch den Einsatz einer Musik, die bisher im Film keine Rolle spielte, nicht etwa ein erzählerischer Kreis im Sinne einer Episode geschlossen, sondern ein Erzählstrang als finstere Perspektive fortgeschrieben wird.

Eyes Wide Shut

Eyes Wide Shut

Eyes Wide Shut beginnt mit dem Walzer Nr. 2 aus der *Suite for Variety-Orchestra No. 1* von Dmitri Schostakowitsch.[16] Das Ehepaar Harford kleidet sich für die Weihnachtsfeier der Zieglers an. Die Musik ertönt aus der Stereoanlage und wird ausgeschaltet, als sie das Haus verlassen. Diese Komposition begleitet das Ehepaar bei den Verrichtungen des Alltags wie zum Beispiel dem morgendlichen Arbeitsbeginn in der Arztpraxis von Bill Harford und der Versorgung von Kind und Haushalt durch Alice. Der Walzertakt trägt die Protagonisten durch den Tag; er ist gewissermaßen, wie in *2001: A Space Odyssey*, auch hier ein Zeichen für die Überwindung der Schwerkraft. Der Film endet auch mit diesem Walzer und schließt das Paar in einen Kreislauf ein. Der Walzer hat einen melancholischen Charakter und trägt eine Ahnung des Kommenden in sich. Eine lose Verbindung zum Wiener Walzer und damit zum Wien Arthur Schnitzlers wird durch die hintergründige Präsenz des Walzers *Wien, du Stadt meiner Träume* von Rudolf Sieczynski – allerdings nur mittelbar – bekräftigt.

Klassiker des Jazz werden von dem von Nick Nightingale geleiteten Unterhaltungsorchester während der Ziegler-Feier und auch später von seiner Band im Jazzclub Sonata gespielt. Es sind dies die Stücke *I'm in the Mood for Love*, *It Had to Be You*, *Chanson d'amour*, *Old Fashioned Way*, *When I Fall in Love*, *I Only Have Eyes for You* auf der Ziegler-Feier sowie *If I Had You* und *Blame it on My Youth* im Club. Weiterhin, ebenfalls als Musik in der Szene, *I Got it Bad (And That Ain't Good)* aus der Stereoanlage, als Bill von Domino geküsst wird. Er schaltet die Musik aus, als seine Frau Alice anruft. Alle Musiken erklingen in instrumentalen Arrangements, sind aber ursprünglich Vokalkompositionen, die das Thema Liebesbeziehungen zum Gegenstand haben.

Bevor aber das Traumspiel seinen Lauf nimmt, wird der Konflikt durch den Song *Baby Did a Bad Bad Thing* von Chris Isaak kokett angekündigt. Die Szene spielt sich vor einem Spiegel ab. Bill und Alice küssen sich. Alice ist abgelenkt, scheint sich zu erinnern und mustert Bill heimlich – und scheinbar vergleichend – im Spiegel. Die Musik als Angel- und Scheitelpunkt der Beziehung vor dem Spiegel der Vergangenheit.

Die für den Film komponierte Originalmusik von Jocelyn Pook auf der Basis eines elektronisch bearbeiteten Streichquartett-Satzes entwickelt eine traumartig schwebende Atmosphäre mit zwei Bezugsebenen. Die Stücke *Naval Officer*, zuerst im Zusammenhang mit der Erzählung Alices von ihrer phantasierten Untreue zu hören, und *The Dream* während der Schilderung von Alices Albtraum, erklingen nicht in der Szene, sondern werden aus Emotionen bzw. Erinnerungen geboren und stehen in unmittelbarer gedanklicher Verbindung mit der sich überlagernden Wirklichkeit des Traums, in den die Protagonisten eingehen. Bemerkenswert ist wiederum die reine Streicherbesetzung im Augenblick des Bekenntnisses und der daraus resultierenden Einsamkeit beider Partner. Als Bill später wiederholt die Bilder des Liebesaktes seiner Frau mit dem Marineoffizier halluziniert, erklingt immer diese Streichermusik.

Die folgenden Musiken, *Masked Ball* und *Migrations*, werden zur Folie für die Handlung der Initiations-Messe und der Orgie. Sie begleiten die Szene von innen, sind aber nun als Hinweis auf die Traumartigkeit des Geschehens zu verstehen, die Schnittstelle zwischen Traum und Wirklichkeit. Die Stücke sind mit rituellen Gesten, klanglichen Accessoires und Klischees ausgestattet. Orientalismen und die Suggestion mittelalterlicher Gesänge bilden die klangliche Kulisse, in der sich die Orgie abspielt.

Nach der Initiations-Szene, bei der Bill von den Eingeweihten als Eindringling entdeckt wird, erklingt zu Beginn seines Rundgangs durch die Zimmer der Villa das Stück *Migrations* mit einem Motiv aus auf- und absteigenden kleinen Sekunden. Dieses Motiv nimmt die Musik zu Bills Demaskierung vorweg.

Zuvor aber, als er nach zwei missachteten Warnungen aus den Sälen hinauskomplimentiert wird, ist von einem Unterhaltungsorchester eine Instrumentalversion von *Strangers in the Night* zu hören. Dazu tanzen einige der zuvor kopulierenden Paare. Im Hintergrund wird auch Nick Nightingale mit verbundenen Augen abgeführt. Diese Musik erscheint gegenüber der rituellen Musik der Zeremonie als derartiger Kontrast, dass sie als Zusammenbruch des Traums, als Erwachen, gehört werden kann. Der zweite Satz *Mesto, rigido e cerimoniale* aus der *Musica Ricercata* für Klavier von György Ligeti ist eine aus drei Tönen bestehende Komposition. Die beiden ersten Töne werden zu einer dramatisch schreitenden Figur mit einem anschließenden Halteton kombiniert. Diese Figur wird einmal von einem lautstarken Signal unterbrochen und im weiteren Verlauf zweimal mit dem Signalton kombiniert – die Textur verdichtet sich, die Dramatik nimmt zu. Verschiedene Abschnitte dieses Stückes erscheinen in unterschiedlicher Dauer in fünf Szenen des Films. Diese Musik begleitet Bills Demaskierung, seinen Erkenntnisprozess über die wahrhafte Bedrohung seiner Partnerschaft, die Augenblicke, in denen der Traum die Wirklichkeit zu verändern beginnt. Zuerst nur fragmentarisch und regelrecht als einschneidendes Signal zu verstehen, im Augenblick, da er sich dem Prozess ausgesetzt sieht und sich im Anschluss tatsächlich zu erkennen geben muss. Die Musik entwickelt sich allmählich, als Bill am folgenden Tag nach Somerton zurückkehrt und den Drohbrief erhält und später bei seinen weiteren Untersuchungen verfolgt wird.

Zwei weitere Musiken erklingen in den beiden Café-Szenen. Als Bill sich am Tag nach der Orgie auf dem Somerton-Anwesen im Gillespie's[17] nach Nicks Adresse erkundigt, ist im Hintergrund der Song *I Want a Boy for Christmas* der Gruppe *The Del Vets* zu hören. Die Musik hat einerseits die Funktion, auf die Weihnachtszeit zu verweisen, andererseits geht es auch hier wieder, wenngleich kokett, um Sehnsucht und Liebe.

Als Bill später das Café Sharky's betritt, ist dort als Hintergrundmusik das „Rex Tremendae" aus Mozarts *Requiem in d-moll KV 626* zu hören. Diese Musik hat eine gewichtige dramatische Funktion. Das „Rex tremendae majestatis" – der König schrecklicher Gewalten, der den zu Rettenden aus Gnade am Leben lassen möge – weist auf Bills innere Zerrüttung, sein schlechtes Gewissen und seine Angst vor den Konsequenzen seines Verhaltens hin. Er blättert in einer Zeitung und liest die Schlagzeile „Ex Beauty Queen in Hotel Drugs Overdose". In dem Augenblick setzt wieder Ligetis Musik ein.

Als Bill im Leichenschauhaus Mandy erkennt, ist Liszts Klaviermusik *Nuages Gris* zu hören. Graue Wolken verfinstern den Horizont. Die Musik als ein Symbol der Einsamkeit. In diesem Falle keine traumartig aufgeladenen Streicherklänge, sondern ‚reale' und finale Musik, im Geiste eines romantischen und hermetischen Spätwerks. Es dürfte sich um eine direkte Gegenüberstellung zu der Klavierkomposition Ligetis und deren Symbolgehalt im Film handeln, deren nächster und letzter Einsatz erfolgt, als Bill die verloren geglaubte Maske auf seinem Kopfkissen im Bett neben seiner schlafenden Frau entdeckt.

In der abschließenden Christmas-Shopping-Szene ist ein elektronisches Arrangement von *Jingle Bells* zu hören, dessen treibende Schlittenglocken-Leichtigkeit eine ironische Distanz zu dem Problem der Protagonisten aufbaut. Der zum Abspann erklingende Walzer von Schostakowitsch suggeriert, dass sie ‚erwacht' sind und ihr Problem wie ein Alltagsgeschäft gemeistert haben, während sich gleichzeitig der Kreis der Traumnovelle schließt.

Vermächtnis

Ein weiterer Walzer ist gleichsam als Stanley Kubricks Vermächtnis in den Film A.I. – ARTIFICIAL INTELLIGENCE, den Steven Spielberg realisiert hat, eingegangen. Es handelt sich um den *Rosenkavalier*-Walzer aus der Oper von Richard Strauss, auf dessen Einsatz Kubrick bestanden hat. Der Walzer ist vom Komponisten der Filmmusik, John Williams, berücksichtigt worden und unter anderem bei der Einfahrt in die Tore der Vergnügungsstadt Rouge City zu hören (allerdings nur unterschwellig).

In einem Interview, das als Teil der Bonus-Materialien der DVD-Veröffentlichung von A.I. – ARTIFICIAL INTELLIGENCE beiliegt, äußert sich John Williams zwar mit Respekt, aber gleichzeitig mit Unverständnis für den Wunsch Kubricks, genau diese Musik in dem Film zu verwenden. Da Williams, nach Hollywood-Manier, ein unmittelbares und rein emotionales Motiv für den Einsatz dieser Musik im Film sucht, entschließt er sich, sie als untergründige Textur, dem Muster einer Tapete vergleichbar, in ein jahrmarktartiges Klanggemisch einzuweben und so dem Wunsch Kubricks Rechnung zu tragen, ohne das zeitlich und damit stilistisch Fremde dieser Musik wirken lassen zu müssen. Stanley Kubricks Vorstellung vom Einsatz dieser Musik dürfte jedoch weiter gegangen sein und die mittelbare, gedankliche Verbindung zur Welt der Strauss-Oper hervorzurufen gesucht haben, zur Frage nach dem Sein hinter der Erscheinung, gemäß Octavians Worten:

„Wie du warst! Wie du bist!
Das weiß niemand, das ahnt keiner! […]
Du, du – was heißt das ‚du'? Was ‚du und ich'?
Hat denn das einen Sinn?
Das sind Wörter, bloße Wörter, nicht? Du sag'!
Aber dennoch: Es ist etwas in ihnen:
ein Schwindeln, ein Ziehen, ein Sehnen, ein Drängen!"

Die Differenz zwischen der künstlerischen Intention Kubricks und einer handwerklich-technischen Umsetzung, wie John Williams sie favorisiert, steht als Zeichen für gegensätzliche Auffassungen im Umgang mit Filmmusik. Es markiert gleichzeitig die Beschränkung einer dem Bild untergeordneten Filmmusikdramaturgie, wie Stanley Kubrick sie stets zu überwinden gesucht und damit dem Kino neue Dimensionen des Ausdrucks und des Erzählens eröffnet hat.

1 „However good our best film composers may be, they are not a Beethoven, a Mozart or a Brahms. Why use music which is less good when there is such a multitude of great music available from the past and from our own time?" Warner Bros. Official SK-Website http://kubrickfilms.warnerbros.com/mainmenu/mainmenu.html. [„So gut unsere besten Filmmusik-Komponisten auch sein mögen, sie sind weder Beethoven noch Mozart oder Brahms. Warum weniger gute Musik benutzen, wenn so eine Vielfalt großartiger Musik aus früherer oder heutiger Zeit verfügbar ist?"]
2 Stanley Kubrick fertigte umfangreiche Listen an, in denen er die Hits einzelner Jahrgänge notierte.
3 Vgl. Gerald Fried Remembers Stanley Kubrick, Interview by Ford A.Thaxton, May 1999, Soundtrack Magazine (From the Archives), http://www.sourdtrackmag.com/gfried.html. Fried zufolge endete die Zusammenarbeit, weil Kubrick bei der kurzfristigen Übernahme der Regie von SPARTACUS keinen Einfluss auf die Wahl des Komponisten hatte und im Anschluss an diese Produktion nach England ging, um LOLITA zu drehen. Ob Stanley Kubrick tatsächlich keinen Einfluss auf die Auswahl des Komponisten hatte, sei dahingestellt. Alex North, der für dieses Projekt engagiert war, war 1960 bereits einer der renommiertesten Komponisten Hollywoods und schon sechsfach für den Academy Award nominiert – unter anderem für die Filme A STREETCAR NAMED DESIRE (Endstation Sehnsucht, Elia Kazan, 1951) und DEATH OF A SALESMAN (Der Tod eines Handlungsreisenden, Laszlo Benedek, 1951). Kubrick dürfte an der Zusammenarbeit mit North interessiert gewesen sein. Es ist zu vermuten, dass er sich neue Impulse von dieser Zusammenarbeit versprach.
4 Vgl. Adorno, Theodor W. / Eisler, Hans: Komposition für den Film. Hamburg 1996.
5 Das Hauptkennzeichen dieser Musiken ist die Verwendung von Leitmotiven, die Personen(konstellationen) oder Situationen zur Charakterisierung und einfachen Wiedererkennung nach Art eines Markenzeichens angeheftet werden. Des Weiteren zeichnen sich diese Musiken durch eine Hierarchie von melodischer (liedhafter) Linienführung und untergeordneter, begleitender Harmonik aus. Zeitlich sind die Kompositionen in kleine, sequenzierbare Perioden gegliedert und modulartig gebaut. Motive, die je nach dramaturgischem Bedarf erweitert oder zusammengesetzt werden können. Metrum, Puls und Rhythmus sind dem Charakter der zu begleitenden Szene untergeordnet und werden häufig zur Dramatisierung mit effekthaften Floskeln aufgeladen. Diese Floskeln bestehen etwa aus Tremoli der Streicher und Klangfarbeneffekten des Orchesters und verbinden sich in diesem Interesse wiederum mit der harmonischen Komponente der Komposition. Die Harmonik wird zur Dramatisierung unterwandert und strapaziert bis hin zu grellen disharmonischen oder klangfarblichen Effekten. Siehe hierzu auch die Absätze „Leitmotiv" sowie „Melodie und Wohllaut" des Kapitels I. Vorurteile und schlechte Gewohnheiten, in: Adorno / Eisler 1996, a.a.O., S. 20ff.
6 Norths musikalische Haltung dürfte, vergleicht man seine Filmmusiken mit den übrigen Kubrick-Soundtracks, kaum den grundsätzlichen Vorstellungen Kubricks über den Einsatz von Filmmusik entsprochen haben. Dennoch muss er Alex Norths kompositorisches Potential sehr geschätzt haben, sonst hätte er ihn zunächst wohl kaum mit der Komposition von 2001: A SPACE ODYSSEY beauftragt.
7 „Varinia's unshakable beliefs, her spiritual calm in the face of negation, and Crassus' own psychological anguish, combine in North's all-stringed orchestra to produce a passage of purity and beauty which is the stuff of human tragedy. Similarly, Spartacus' leitmotiv, first heard at the films very opening in the Libyan mines, intermingle with the Varinia and Crassus themes for telling effect, as North deepens the film's poetry with sustained resonance of the human spirit." Cook, Page: The Soundtrack (Alex North's Score for Spartacus). In: Films in Review, Jg. 36, Nr. 6/7, 1985, S. 379f. [„Varinias unerschütterlicher Glaube, ihre spirituelle Ruhe im Angesicht der Vernichtung und Crassus' eigene psychische Qual verbinden sich in Norths nur aus Streichern bestehendem Orchester zu einer Passage von Reinheit und Schönheit, dem Stoff der menschlichen Tragödie. Ähnlich mischt sich das Spartacus-Leitmotiv, das gleich zu Beginn des Films in den libyschen Minen zu hören ist, mit dem Varinia- und dem Crassus-Thema zu aussagekräftiger Wirkung, indem North die Poesie des Films durch anhaltenden Widerklang menschlicher Würde vertieft."]
8 Martin Scorsese beschreibt in einem Interview in Jan Harlans Film STANLEY KUBRICK: A LIFE IN PICTURES (2001) genau diese Wirkung.
9 Text und Musik: Ross Parker und Hughie Charles, 1939. Gesungen von Vera Lynn, auf Tourneen zur britischen Truppenbetreuung im Zweiten Weltkrieg. Titelsong des gleichnamigen Films von 1942.
10 Ein weiteres Heldenlied des Altruismus hat Chatschaturjan in seinem zweiten Ballett Spartakus verarbeitet.
11 Laut Kevin Mulhall war der ursprüngliche von Kubrick verwendete temp-track nicht der Strauss-Walzer An der schönen blauer Donau, sondern das Scherzo aus Mendelssohn-Bartholdys Sommernachtstraum. Vgl. Alex North's Celestial Symphony, The Music For 2001, Track 7: SPACE STATION DOCKING, Programmtext zur CD: Alex North's 2001, The Legendary Original Score, Jerry Goldsmith, The National Philharmonic Orchestra, Varese Sarabande 1993.
12 Zur Zeit von A CLOCKWORK ORANGE noch Walter Carlos.
13 Szenenbezeichnung hier und im Folgenden laut Kapitelaufteilung der amerikanischen Stanley Kubrick Collection DVD-Box.
14 Die Originalkomposition von Händel dürfte ihrerseits durch die Sarabande aus der Suite in d-moll für 5-saitige Barock-Gitarre von Robert de Visée (etwa 1635-1733), Musiker am Hofe Louis XIV., inspiriert sein, da deren Kopfmotive identisch sind.
15 Leonard Rosenman hat für die Adaption der Musik den Academy Award erhalten.
16 Der Schirmer-Verlag führt diese Komposition unter dem Titel Suite for Variety-Orchestra No. 1 und weist darauf hin, dass diese Suite früher unter verschiedenen Titeln bekannt war und aufgenommen wurde, darunter: Second Suite for Variety Orchestra, Jazz Suite No. 2, Second Jazz Suite. Unter dem Titel Waltz 2 from Jazz Suite wird die Komposition im Abspann des Filmes genannt.
17 Möglicherweise benannt nach dem Jazz-Trompeter Dizzy Gillespie.

Foto: Christiane Kubrick

Um 1938

KURZBIOGRAFIE

1928
Stanley Kubrick wird am 26. Juli im New Yorker Stadtteil Bronx als Sohn von Jacques L. Kubrick und Gertrude Kubrick (geb. Perveler) geboren. Seine jüdischen Großeltern väterlicherseits stammten aus Österreich und Rumänien.

1934
Geburt seiner Schwester Barbara Kubrick

1938-1940
Besuch der *public school* P.S. 90, Bronx, New York

1941
Mit 13 Jahren bekommt Stanley Kubrick von seinem Vater seine erste Kamera.

1941-1945
Besuch der William Howard Taft Highschool, Bronx, New York

1945
Am 26. Juni kauft die Zeitschrift *Look* für $25 eine Fotografie von Stanley Kubrick.

1946
Kubrick wird festangestellter Fotograf bei *Look* (bis 1951).

1948
Heirat mit Toba Metz (Ehe später geschieden)

1949
Umzug nach Greenwich Village, Manhattan

1951
Kubricks erster Dokumentarfilm DAY OF THE FIGHT wird in New York uraufgeführt. Es folgt FLYING PADRE für die RKO-Serie *Screenliner*.
Kubrick beginnt mit den Dreharbeiten zu seinem ersten Langspielfilm FEAR AND DESIRE.

1953
Kubrick dreht im Auftrag der Seefahrergewerkschaft seinen ersten Farbfilm THE SEAFARERS.
Uraufführung FEAR AND DESIRE
Geburt von Katharina Christiane Kubrick (Tochter von Christiane Susanne Harlan und Werner Bruhns)

1955
Heirat mit der Tänzerin Ruth Sobotka (Ehe später geschieden)
Uraufführung KILLER'S KISS

1956
Stanley Kubrick und James B. Harris gründen Harris-Kubrick Pictures (bis 1963).
Uraufführung THE KILLING

1957
Stanley Kubrick lernt während der Dreharbeiten zu PATHS OF GLORY in München Susanne Christian, geb. Christiane Susanne Harlan, kennen und heiratet sie.
Uraufführung PATHS OF GLORY

1958
Geburt von Anya Renata Kubrick

Stanley fotografiert seine Schwester Barbara

Mit Tochter Anya und den Eltern Gertrude und Jacques Kubrick, 1958

Stanley und Christiane Kubrick mit Anya, Katharina und Vivian, August 1960

1959
Stanley Kubrick begegnet Vladimir Nabokov, nachdem er die Rechte an *Lolita* gekauft hat.

1960
Geburt von Vivian Vanessa Kubrick
Uraufführung SPARTACUS

1961
Kubrick verlässt Hollywood nach den Dreharbeiten zu SPARTACUS und lässt sich bei London nieder.

1962
Uraufführung LOLITA

1964
Uraufführung DR. STRANGELOVE OR: HOW I LEARNED TO STOP WORRYING AND LOVE THE BOMB
Kubrick schreibt Arthur C. Clarke von der Idee, ein „really good sci-fi movie" zu drehen.

1965
Beginn der Dreharbeiten zu 2001: A SPACE ODYSSEY

1968
Uraufführung 2001: A SPACE ODYSSEY

1969
Vorbereitung des unrealisiert gebliebenen *Napoleon*-Projekts

1971
Uraufführung A CLOCKWORK ORANGE

1974
Anlässlich gewalttätiger Übergriffe im Zusammenhang mit A CLOCKWORK ORANGE zieht Kubrick den Film in Großbritannien zurück.

1975
Uraufführung BARRY LYNDON

1980
Uraufführung THE SHINING

1985
Tod von Kubricks Eltern

1987
Uraufführung FULL METAL JACKET

1989
Arbeit an *A.I.*, basierend auf der Kurzgeschichte *Supertoys Last All Summer Long* von Brian W. Aldiss

1993
Arbeit an der Adaption des Romans *Wartime Lies* von Louis Begley

1995
Warner Bros. kündigt EYES WIDE SHUT an.

1997
Stanley Kubrick erhält von der Directors Guild of America den „D.W. Griffith Award for Lifetime Achievement" und in Venedig den Goldenen Löwen zu Ehren seines Gesamtwerkes.

1999
Stanley Kubrick stirbt am 7. März nach einem Herzanfall auf seinem Anwesen in England. Vier Monate später wird EYES WIDE SHUT uraufgeführt.

THE SHINING. Jack Nicholson und Stanley Kubrick

FILMOGRAFIE

Diese Filmografie enthält alle Kurz-, Spiel-, Dokumentarfilme und Fernseharbeiten Kubricks, sowie eine Auswahl an Dokumentationen über den Regisseur und eine Auflistung ausgewählter nicht realisierter Projekte. Sie basiert auf der kritischen Gegenüberstellung aller verfügbaren Filmografien innerhalb der Kubrick-Literatur und des Internets, der Auswertung der Vor- und Abspänne einzelner Filme sowie auf Presse- und Werbematerialien aus dem Kubrick-Nachlass und den Sammlungen des Deutschen Filmmuseums und des Deutschen Filminstituts – DIF.

Abkürzungen:
AA: Außenaufnahmen; **AL:** Aufnahmeleitung; **Anm.:** Anmerkungen; **AT:** Alternativtitel/Arbeitstitel; **Ba:** Bauten/Ausstattung/Set Design; **Da:** Darsteller; **DB:** Drehbuch; **DF:** Deutsche Fassung; **Dial-R:** Dialogregie; **DO:** Drehort; **dt.EA:** Deutsche Erstaufführung; **DZ:** Drehzeit; **ES:** Erstsendung; **Fo:** Format; **Ga:** Garderobe; **K:** Kamera; **K-F:** Kameraführung; **Ko:** Kostüme; **L:** Länge; **M:** Musik; **Ma:** Maske/Make-up; **MB:** Militärische Beratung; **ML:** Musikalische Leitung; **OF:** Originalfassung; **P:** Produktionsfirma; **Pd:** Produzent; **PL:** Produktionsleitung; **Pub-F:** Publicity-Fotos; **R:** Regie; **R-Ass:** Regieassistenz; **Req:** Requisite; **Sch:** Schnitt; **Spez:** Spezialeffekte; **St-F:** Standfotos; **T:** Ton; **TeB:** Technische Beratung; **Ti-Des:** Titel-Design; **UA:** Uraufführung; **WB:** Wissenschaftliche Beratung.

DAY OF THE FIGHT
USA 1950-1951
R: STANLEY KUBRICK. R-Ass: Alexander Singer. DB: Robert Rein, STANLEY KUBRICK. K: STANLEY KUBRICK, Alexander Singer. T: STANLEY KUBRICK. M/ML: Gerald Fried. Sch: Julian Bergman, STANLEY KUBRICK. Da: Douglas Edwards (Erzählerstimme), Walter Cartier (er selbst: Boxer), Vincent Cartier (er selbst: Walters Zwillingsbruder), Nate Fleischer (er selbst: Box-Historiker), Bobby James (er selbst: Walters Gegner), STANLEY KUBRICK (er selbst: Mann am Ringrand mit Kamera), Alexander Singer (er selbst: Mann am Ringrand mit Kamera), Judy Singer (sie selbst: weiblicher Fan in der Menge). P: Stanley Kubrick Productions for RKO. Pd: STANLEY KUBRICK, Jay Bonafield (ungenannt). DO: New Jersey, New York, Greenwich Village; West 12th Street; Steak Joint, Greenwich Avenue; Church of St. Francis Xavier, 16th Street, 6th Avenue; Laurel Gardens, Newark. DZ: Frühjahr 1950 (um den 17.4.1950). L: 16 min. F: 35 mm, s/w, mono. UA: 26.4.1951, New York (Paramount Theatre). dt.EA: 24.6.1995, München, Filmfest (BMW-Museum; 16-mm-Fassung). Anm.: Dieser Film wurde 1951 in der Reihe *This Is America* gezeigt und lief bei der Erstaufführung im Beiprogramm zu MY FORBIDDEN PAST (Robert Stevenson, 1951) mit Robert Mitchum und Ava Gardner.

In seinem ersten Kurzdokumentarfilm widmet sich Kubrick dem Mittelgewichtsboxer Walter Cartier, den er bereits in einer seiner Fotoserien für *Look* porträtiert hatte. Er zeigt ihn am Tag eines Kampfes – bei Vorbereitungen mit seinem Zwillingsbruder und Manager Vince bis hin zum K.-o.-Sieg über den Gegner.

Flying Padre
USA 1950-1951
R: STANLEY KUBRICK. DB: STANLEY KUBRICK. K: STANLEY KUBRICK. M: Nathaniel Shilkret. T: Harold R. Vivian Sch: Isaac Kleinerman. D: Bob Hite (Erzählerstimme), Reverend Fred Stadtmueller (er selbst). P: Stanley Kubrick Films für RKO. Pd: STANLEY KUBRICK. PL: Burton Benjamin. DO: Saint Joseph's Church, Mosquero, Harding County, North East New Mexico. DZ: Oktober 1950. L: 9 min. F: 35 mm, s/w, mono. UA: 1951. dt.EA: 30.6.2001, München, Filmfest (Filmmuseum; 16-mm-Fassung). Anm.: Der Film enstand für die Serie *Screenliner* der RKO.

Der Pastor Fred Stadtmueller kann die verstreuten Mitglieder seiner weitläufigen Gemeinde in New Mexico nur mit einem kleinen Flugzeug besuchen. Kubrick begleitete ihn zwei Tage lang, unter anderem beim Begräbnis eines Farmhelfers sowie beim rettenden Transport einer Mutter mit ihrem kranken Kind zum Arzt.

Fear and Desire
AT: Shape of Fear / The Trap
USA 1951-1953
R: STANLEY KUBRICK. R-Ass: Steve Hahn. Dial-R: Toba Kubrick. DB: STANLEY KUBRICK, Howard O. Sackler, nach Sacklers Script *The Trap*. K: STANLEY KUBRICK. Ba: Herbert Lebowitz. Ma: Chet Fabian. Ti-Des: Barney Ettengoff. Sch: STANLEY KUBRICK. M/ML: Gerald Fried. Da: David Allen (Erzählerstimme), Frank Silvera (Mac), Kenneth Harp (Lieutenant Corby / feindlicher General), Paul Mazursky (Sidney), Stephen Coit (Fletcher / feindlicher Captain), Virginia Leith (Mädchen). P: Stanley Kubrick Productions. Pd: STANLEY KUBRICK, Martin Perveler. PL: Robert Dierks. DO: Kalifornien (San Gabriel Mountains bei Los Angeles; Bakersfield bei Los Angeles, Azuga bei Los Angeles). DZ: Frühjahr 1951 (Februar/März, nach dem 26.2.1951). L: 68 min. F: 35 mm (1:1,33), s/w, mono. UA: 1.4.1953, New York (Guild Theatre).
Anm.: Nicht zuletzt wegen finanzieller Schwierigkeiten zog sich die Post-Produktion bis Anfang 1953 hin. Zwischendurch arbeitete Kubrick u.a. an *Mr. Lincoln*, dessen Produzent Richard DeRochemont die Fertigstellung von Fear and Desire sicherte. Der Film wurde in Deutschland nicht verliehen.

In einem fiktiven Krieg befinden sich die vier Soldaten Lieutenant Corby, Mac, Fletcher und Sidney nach einem Flugzeugabsturz hinter den feindlichen Linien. Durch eine Waldlandschaft wollen sie sich zum Flussufer durchschlagen, um dort mit einem selbstgebauten Floß aus der Gefahrenzone zu gelangen. Am Fluss nehmen sie eine junge Frau als Geisel. Sidney, dessen nervliche Verfassung sich seit dem Absturz zunehmend verschlechtert hat, soll sie bewachen. Als er sie vergewaltigen will, wagt sie einen Fluchtversuch, bei dem Sidney sie erschießt. Nach seiner Tat verschwindet er voller Panik im Wald. Die übrigen drei setzen mit dem Floß zum anderen Ufer über und pirschen sich an den Stützpunkt eines feindlichen Generals heran. Mac überredet Corby und Fletcher zu einem Angriff; die beiden töten den General und seinen Adjutanten, welche plötzlich als Spiegelbilder ihrer selbst erscheinen. Sie entkommen mit einem Flugzeug, während der bei dem Angriff schwer verletzte Mac den völlig verwirrten Sidney wieder aufliest und mit ihm auf dem Floß stromabwärts treibt.

The Seafarers
USA 1953
R: STANLEY KUBRICK. DB: Will Chasan. K: STANLEY KUBRICK. Sch: STANLEY KUBRICK. T: STANLEY KUBRICK. Da: Don Hollenbeck (Erzählerstimme) und Mitglieder der Seefahrergewerkschaft. P: Lester Cooper Productions für die Seafarers International Union. Pd: Lester Cooper. DO: New York. DZ: Juni 1953. L: 30 min. Fo: 35 mm, Farbe, mono. UA: 15.10.1953, New York. dt.EA: 30.6.2001, München, Filmfest (Filmmuseum; 16-mm-Fassung).

Im Auftrag der Seafarers International Union (SIU) drehte Kubrick diesen halbstündigen PR-Film über die Lebenswelt von Seeleuten. Er dokumentiert den Alltag der Männer auf den Schiffen und in den Docks, wobei der Stellenwert ihrer Gewerkschaftszugehörigkeit angesichts eines rastlosen Berufs zum Ausdruck kommt.

Killer's Kiss
AT: Kill Me, Kill Me / The Nymph and the Maniac / Along Came a Spider
Der Tiger von New York
USA 1955
R: STANLEY KUBRICK. R-Ass: Ernest Nukanen. DB: STANLEY KUBRICK, Howard O. Sackler. K: STANLEY KUBRICK. K-F: Jesse Paley, Max Glen. T: Titra Sound Studios, Walter Ruckersberg, Clifford Van Praag (Aufnahme). Sch: STANLEY KUBRICK. M: Gerald Fried. Liebesthema aus dem Song *Once* (Norman Gimbel / Arden Clar). Da: Frank Silvera (Vincent Rapalo), Jamie Smith (Davy Gordon), Irene Kane (Gloria Price), Jerry Jarret (Albert, Manager), Ruth Sobotka (Iris Price, Tänzerin), Mike Dana / Felice Orlandi / Ralph Roberts / Phil Stevenson (Gangster), Julius Skippy Adelman (Besitzer der Schaufensterpuppen-Fabrik), David Vaughan / Alec Rubin (Versammlungsteilnehmer), Shaun O'Erien, Barbara Brand, Arthur Feldman, Bill Funaro. P: Minotaur Productions,

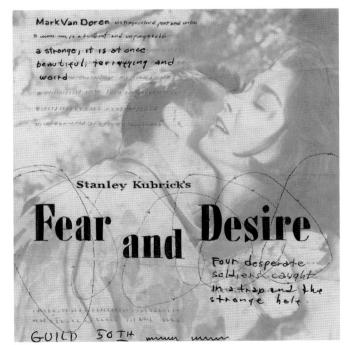

Plakat-Entwurf

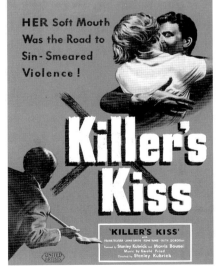

Werberatschlag

Plakat

USA. Pd: Morris Bousel, STANLEY KUBRICK. PL: Ira Marvin. DO: New York (Pleasureland Dance Hall, 49th Street, Broadway; Theatre de Lys, Greenwich Village – das spätere Lucille Lortel Theatre –, 121 Christopher Street, Ecke Bedford Street). L: 5,828 ft, 67 min. / 1763 m, 64 min. (DF). F: 35 mm (1:1,33), s/w, mono. UA: 5.10.1955, New York (Loew's Metropolitan). dt.EA: 12.3.1958, Essen (Camera).

Durchs Fenster seiner New Yorker Hinterhofwohnung beobachtet der Boxer Davy Gordon seine junge Nachbarin Gloria Price, die in der Tanzbar „Pleasureland" arbeitet. Davy hat an diesem Abend einen wichtigen Kampf, den er jedoch verliert. Zum Trost lädt sein Onkel ihn telefonisch auf seine Ranch bei Seattle ein. Nachts erwacht Gordon durch Schreie aus einem Albtraum und eilt Gloria zu Hilfe, die von ihrem Arbeitgeber Rapallo bedrängt wird. Den nächsten Tag verbringen sie gemeinsam und beschließen, beide nach Seattle zu gehen. Der eifersüchtige Rapallo setzt zwei Killer auf Gordon an, die durch eine Verwechslung seinen Manager Albert töten. Sie entführen Gloria; als Gordon sie findet, kommt es zu einer Verfolgungsjagd über die Dächer New Yorks und zum finalen Kampf in einem Lager für Schaufensterpuppen, bei dem Gordon Rapallo tötet. Alleine wartet er auf den Zug nach Seattle – doch in letzter Minute taucht Gloria auf, um gemeinsam mit ihm ein neues Leben zu beginnen.

THE KILLING
AT: Day of Violence / Clean Break / Bed of Fear
Die Rechnung ging nicht auf / Killing
USA 1956
R: STANLEY KUBRICK. R-Ass: Milton Carter, Paul Feiner, Howard Joslin, Alexander Singer (auch Second-Unit-Regie). DB: STANLEY KUBRICK, Jim Thompson (Dialoge), nach dem Roman *Clean Break* von Lionel White (1955). K: Lucien Ballard. Ba: Ruth Sobotka. Req: Harry Reif, Carl Brainard. Spez: Dave Koehler. Ko: Beaumelle (für Marie Windsor). Ga: Rudy Harrington, Jack Masters. Ma: Robert Littlefield (Make-up). T: Earl Snyder. Sch: Betty Steinberg. M/ML: Gerald Fried. Da: Sterling Hayden (Johnny Clay), Coleen Gray (Fay), Vince Edwards (Val Cannon), Jay C. Flippen (Marvin Unger), Marie Windsor (Sherry Peatty), Elisha Cook (George Peatty), Ted DeCorsia (Randy Kennan), Joe Sawyer (Mike O'Reilly), Timothy Carey (Nikki Arane), Kola Kwariani (Maurice Oboukhoff), James Edwards (Parkplatzwächter), Jay Adler (Leo), Joseph Turkel (Tiny), Tito Vuolo (Joe), Dorothy Adams (Ruthie O'Reilly), James Griffith (Mr. Grimes), William Benedict (Fluglinienangestellter), Charles R. Cane / Robert Williams (verdeckte Ermittler am Flugplatz), Art Gilmore (Erzählerstimme), Sol Gorss (Rennbahnwärter, von Johnny niedergeschlagen), Hal J. Moore (Rennbahnansager), Richard Reeves / Frank Richards (Bedienstete im Umkleideraum), Herbert Ellis, Cecil Elliott, Steve Mitchell, Mary Carroll. P: Harris-Kubrick Productions, New York. Pd: James B. Harris, Alexander Singer. PL: Clarence Eurist. DO: Golden Gate Track, San Francisco; Pferderennbahn Bay Meadows, San Mateo bei San Francisco. DZ: Oktober/November 1955. L: 7,425 ft, 84 min. / 2294 m, 84 min. F: 35 mm (1:1,33), s/w, mono (RCA Sound System). UA: 20.5.1956, New York (Mayfair). dt.EA: 27.11.1956, Köln (City).

Gerade haftentlassen, plant der Ganove Johnny Clay schon den nächsten Coup: Er will die Wettbürokasse der Pferderennbahn stehlen – mit Hilfe von vier Komplizen, darunter der Kassierer George Peatty, der seine geldgierige Frau Sherry an sich binden will. Clay heuert auch den Catcher Maurice und den Scharfschützen Nikki Arrane an, die durch zwei inszenierte Zwischenfälle vom Raub ablenken sollen. Anfangs verläuft die Aktion planmäßig – doch dann wird Nikki von der Polizei getötet. Zudem hat Sherry von ihrem Mann Einzelheiten über den Raub erfahren und erzählt ihrem Geliebten Val Cannon davon. Der will sich das Geld unter den Nagel reißen und zettelt eine Schießerei an, bei der fast die ganze Bande getötet wird. Clay will mit der Beute fliehen und trifft sich mit seiner Freundin Fay am Flughafen – doch durch einen lächerlichen Zufall kommt alles anders: Der Gepäckwagen muss einem kleinen Hund ausweichen, Clays Koffer fällt zu Boden und platzt auf. Im Propellerwind eines startenden Flugzeugs wirbeln die Geldscheine davon.

PATHS OF GLORY
Wege zum Ruhm
USA 1957
R: STANLEY KUBRICK. R-Ass: Dixie Sensburg, Franz-Josef Spieker, Hans Stumpf. DB: STANLEY KUBRICK, Calder Willingham, Jim Thompson, nach dem Roman *Paths of Glory* von Humphrey Cobb (1935). K: Georg Krause. K-F: Hannes Staudinger. Ba: Ludwig Reiber. T: Martin Müller. Ko: Ilse Dubois. Ma: Arthur Schramm. MB: Baron von Waldenfels. Spez: Erwin Lange. Sch: Eva Kroll. M/ML: Gerald Fried; zusätzliche Titel: *Künstlerleben* von Johann Strauß; *Marseillaise*, bearbeitet von Gerald Fried; *Es war einmal ein treuer Husar*, bearbeitet von Gerald Fried, gesungen von Susanne Christian. Da: Kirk Douglas (Colonel Dax), Ralph Meeker (Corporal Paris), Adolphe Menjou (General Broulard), George Macready (General Mireau), Wayne Morris (Lieutenant Roget), Richard Anderson (Major Saint-Auban), Joseph Turkel (Soldat Arnaud), Timothy Carey (Soldat Ferol), Peter Capell

Werberatschlag

(Vorsitzender des Kriegsgerichts), Susanne Christian (d.i. Christiane Susanne Harlan, die spätere Christiane Kubrick) (deutsches Mädchen), Bert Freed (Sergeant Boulanger), Emile Meyer (Priester), John Stein (Captain Rousseau), Jen Dibbs (Soldat Lejeune), Jerry Hausner (Besitzer der Schenke), Harold Benedict (Captain Nichols), Frederic Bell (verwundeter Soldat), Paul Bös (Major Gouderc), Leon Briggs (Captain Sancy), Wally Friedrichs (Colonel de Guerville), Halder Hanson (Arzt), James B. Harris (Soldat beim Angriff), Rolf Kralovitz (K.P.), Ira Moore (Captain Renouart), Marshall Rainer (Soldat Duval). P: Harris-Kubrick Productions, New York / Bryna Productions, Universal City. Pd: James B. Harris. PL: Georg von Block (BRD), John Pommer (USA). AL: Helmut Ringelmann, Norman Deming. DO: Schloss Schleißheim, Oberschleißheim bei München; Bernried am Starnberger See, Umgebung von Puchheim (Oberbayern) / Bavaria Studios, München-Geiselgasteig. DZ: 18.3.1957 - Anfang Juni 1957. L: 7,783 ft, 87 min. / 2381 m, 87 min. F: 35 mm (1:1,66; mit Option auf 1:1,85), s/w, mono. UA: 18.9.1957, München (für geladene Gäste), BRD-Kinostart: 25.10.1957, Heidelberg (Lux), Karlsruhe (Kurbel). US-EA: 20.12.1957, Beverly Hills (Fine Arts Theatre), 25.12.1957 New York (Victoria).

1916, an der stagnierenden Frontlinie zwischen den deutschen und französischen Truppen: Der kommandierende General Broulard beauftragt General Mireau, eine von den Deutschen gehaltene Stellung einzunehmen. Der besonnene Colonel Dax hat schwere Bedenken, beugt sich jedoch dem Druck seines Vorgesetzten. Die Operation endet in einem Fiasko, die erste Angriffswelle geht völlig im deutschen Sperrfeuer unter. Um die Soldaten für einen zweiten Angriff aus den Gräben zu treiben, befiehlt Mireau, das Feuer auf die eigenen Truppen zu eröffnen, was der Artilleriekommandant verweigert. Nach der verlorenen Schlacht lässt Mireau drei Soldaten exemplarisch vor ein Kriegsgericht stellen. Dax übernimmt die hoffnungslose Verteidigung der Männer, die wegen Feigheit vor dem Feind zum Tode verurteilt und exekutiert werden. Nachdem Broulard von Mireaus Schießbefehl auf die eigenen Truppen erfahren hat, bietet er Dax Mireaus Posten an, der jedoch ablehnt. Daraufhin versetzt Broulard ihn und sein Regiment wieder an die Front. In der Schlussszene singt eine gefangene Deutsche vor den erst johlenden, dann traurig mit einstimmenden Soldaten das Lied *Es war einmal ein treuer Husar.*

SPARTACUS
USA 1959-1960
R: STANLEY KUBRICK (in den ersten acht Drehtagen: Anthony Mann). R-Ass: Marshall Green. Second-Unit-R: Yakima Canutt, (ungenannt), Irving Lerner (ungenannt). DB: Dalton Trumbo, nach dem Roman *Spartacus* von Howard Fast (1951). K: Russell Metty, Clifford Stine (Spezialaufnahmen). Ba: Alexander Golitzen (Production Design), Eric Orbom (Art Direction), Russell A. Gausman, Julia Heron (Ausstattung). Ti-Des: Saul Bass. Ko: Peruzzi, Valles, Bill Thomas (Kostüme von Jean Simmons). Ma: Bud Westmore. St-F: William Read Woodfield. Hist. und techn. Beratung: Vittorio Nino Novarese. T: Waldon O. Watson, Joe Lapis, Murray Spivack, Ronald Pierce. Sch: Robert Lawrence, Robert Schultz, Fred Chulack. M: Alex North. ML: Alex North, Joseph Gershenson. Da: Kirk Douglas (Spartacus), Laurence Olivier (Marcus Licinius Crassus), Jean Simmons (Varinia), Charles Laughton (Gracchus), Peter Ustinov (Lentulus Batiatus), John Gavin (Gaius Julius Caesar), Tony Curtis (Antoninus), Nina Foch (Helena, Frau des Glabrus), Herbert Lom (Tigranes), John Ireland (Crixus), John Dall (Marcus Publius Glabrus), Charles McGraw (Marcellus), Joanna Barnes (Claudia, Frau des Marius), Harold J. Stone (David), Woody Strode (Draba), Peter Brocco (Ramon), Paul Lambert (Gannicus), Robert J. Wilke (Wächter), Nicholas Dennis (Dionysius), John Hoyt (Römischer Offizier), Fred Worlock (Laelius), Dayton Lummis (Symmachus), Julia (Jill Jarmin), Joe Haworth (Marius). P: Bryna Productions, Universal City, für Universal Pictures. Pd: Edward Lewis, Kirk Douglas. PL: Edward Lewis. AL: Norman Deming, Eduardo García Maroto (in Spanien). DO: Spanien (Alcalá de Henares, Colmenar Viejo, Iriépal, Guadalajara, La Mancha, Navacerrada, Taracena); USA (Death Valley National Park, Kalifornien; Hearst Castle, San Simeon, Kalifornien; Hollywood Beach, Oxnard, Kalifornien; Janss Conejo Ranch, Thousand Oaks, Kalifornien) / Universal Studios, Universal City. DZ: 27.1.1959 - November 1959. L: 17,370 ft, 196 min. (OF), gekürzt auf 184 min. (Premierenfassung). Fo: 35 mm (1:2,35, Panavision), 70 mm, Super Technirama 70 (1:2,21), Farbe (Technicolor); 70 mm 6-Track (70-mm-Kopie) / Dolby SR (rekonstruierte Version) / mono (Westrex Recording System) (35-mm-Kopie, OF). UA: 5.10.1960, New York (DeMille Theatre); 7.12.1960, London (Metropole; Royal Premiere). dt.EA: 16.12.1960, Düsseldorf (Savoy).
Anm.: SPARTACUS wurde seinerzeit um einige homoerotische Passagen gekürzt und liegt erst seit 1991 wieder in einer integralen Fassung vor. Bei dieser Restaurierung (Produktion: James C. Katz) wurde, da die Tonspur für die entfernten Teile nicht mehr erhalten war, die Originalstimme des inzwischen verstorbenen Laurence Olivier in den wiederhergestellten Partien durch die von Anthony Hopkins ergänzt.

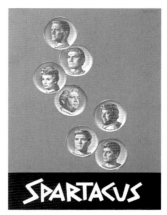

Presseheft

Der rebellische Sklave Spartacus wird in einer Gladiatorenschule ausgebildet und verliebt sich dort in die Sklavin Varinia. Als der patrizische Senator Crassus sie kauft, zettelt Spartacus einen Aufstand an, bei dem die Gladiatoren die Freiheit erlangen. Sie befreien zahlreiche weitere Sklaven und besiegen ein von Crassus' Günstling Glabrus kommandiertes Heer. Danach ziehen sie sich in die Hafenstadt Brundisium zurück, um von dort mit Hilfe einer Piratenflotte in ihre Heimatländer zu gelangen. Der römische Senat beschließt jedoch, den Aufstand niederzuschlagen, womit sich Crassus als Retter Roms profilieren will. Er wird gegen die Warnungen des Senators Gracchus zum obersten Befehlshaber und ersten Konsul ernannt. Diesmal werden die Sklaven von der römischen Übermacht vernichtend geschlagen. Die Überlebenden werden gekreuzigt, da sie ihren Anführer nicht verraten. Crassus versucht unterdessen erfolglos, Varinia zu erobern, die mit Hilfe von Gracchus fliehen kann. Sie begegnet ein letztes Mal dem am Kreuz hängenden Spartacus und zeigt ihm seinen Sohn, den sie inzwischen zur Welt gebracht hat und der, wie sie sagt, in Freiheit aufwachsen wird.

LOLITA
Großbritannien / USA 1960-1962
R: STANLEY KUBRICK. Second-Unit-R: Dennis Stock. R-Ass: René Dupont, Roy Millichip, John Danischewski. DB: Vladimir Nabokov, STANLEY KUBRICK (ungenannt), nach Nabokovs Roman *Lolita* (1955). K: Oswald Morris, Robert Gaffney (Second Unit). K-F: Dennis Coop. Ba: Bill Andrews (Production Design), Peter James / Andrew Low (Set Design). Ko: Gene Coffin (für Shelley Winters). Ga: Elsa Fennel. Ma: George Partleton. St-F: Joe Pearce. Pub-F: Bert Stern. Ti-Des: Chambers & Partners. T: Len Shilton (Aufnahme), H.L. Bird (Mischung). Sch: Anthony Harvey. M/ML Nelson Riddle, Bob Harris (Lolita-Thema), George David Weiss (*Put Your Dreams Away*) (nicht genannt). Da: James Mason (Humbert Humbert), Shelley Winters (Charlotte Haze), Sue Lyon (Dolores „Lolita" Haze, ihre Tochter), Peter Sellers (Clare Quilty), Diana Decker (Jean Farlow), Jerry Stovin (John Farlow), Suzanne Gibbs (Mona Farlow), Gary Cockrell (Dick, Lolitas Ehemann), Marianne Stone (Vivian Darkbloom), Cec Linder (Arzt), Lois Maxwell (Schwester Mary Lore), William Greene (George Swine), C. Denier Warren (Potts), Isobel Lucas (Louise, Dienstmädchen bei Hazes), Maxine Holden (Dame an Hotelrezeption), James Dyrenforth (Beale), Roberta Shore (Lorna), Eris Lane (Roy), Shirley Douglas (Mrs. Starch), Roland Brand (Bill), Colin Maitland (Charlie), Irvine Allen (Hospitalwächter), Marion Mathie (Miss Le-

bone), Craig Sams (Rex), John Harrison (Tom). P: Seven Arts Productions, Ltd., New York / Allied Artists, Ltd., Hollywood / Anya / Transworld Pictures. Pd: James B. Harris. PL: Raymond Anzarut. AL: Robert Sterne. L: 13,798 ft, 152 min. / 4188 m, 152 min. DO: USA (New York, Gettysburg; Rhode Island; Albany; Newport; Route 128); England (London) / Elstree Studios bei London. DZ: November 1960 - März 1961. F: 35 mm (1:1,66), s/w, mono (RCA Sound System). UA: 12.6.1962, New York (Loew's State Theatre, Murray Hill Theatre); 14.1.1963, London (in mehreren ABC-Kinos). dt.EA: 21.6.1962, Berlin (Gloria).

Der englische Literaturprofessor Humbert Humbert mietet ein Zimmer bei der Witwe Charlotte Haze und nimmt sogar ihren Heiratsantrag an – doch nur, weil er sich in ihre halbwüchsige Tochter Dolores (genannt Lolita) verliebt hat und ihr nahe sein will. Als Charlotte das herausfindet, stürzt sie verzweifelt aus dem Haus und wird von einem Auto überfahren. Humbert holt Lolita aus dem Ferienlager, in das ihre Mutter sie zwischenzeitlich geschickt hat, verschweigt ihr aber zunächst deren Tod. Sie übernachten in einem Hotel, in dem Lolita Humbert verführt. Gemeinsam ziehen sie nach Beardsley, wo Humbert als Lolitas Adoptivvater auftritt. Nach mehreren Eifersuchtsstreitigkeiten bittet er sie, mit ihm zu verreisen. Unterwegs erkrankt Lolita an einer Grippe und wird in ein Krankenhaus eingewiesen; als Humbert sie dort abholen will, ist sie verschwunden. Nach zwei Jahren sieht er sie wieder: Sie ist inzwischen verheiratet und schwanger. Sie erzählt ihm, dass sie schon in Beardsley ein Verhältnis mit dem Schriftsteller Quilty hatte, dem Humbert, ohne sich dessen bewusst zu sein, bereits in verschiedenen Situationen begegnet ist. Verzweifelt sucht Humbert Quilty auf und erschießt ihn.

Dr. Strangelove or: How I Learned to Stop Worrying and Love the Bomb

Dr. Seltsam oder: Wie ich lernte, die Bombe zu lieben
Großbritannien / USA 1963-1964
R: STANLEY KUBRICK. DB: STANLEY KUBRICK, Terry Southern, Peter George nach dem Roman *Red Alert* von Peter Bryant (d.i. Peter George) (1958 als *Two Hours to Doom* erschienen). R-Ass: Eric Rattray. K: Gilbert Taylor. Ba: Ken Adam (Production Design), Peter Murton (Art Direction). Ga: Bridget Sellers. Ma: Stuart Freeborn. St-F: Bob Penn. Spez: Wally Veevers. TeB: Captain John Crewdson. Ti-Des: Pablo Ferro (Ferro, Mohammed & Schwartz). Sch: Anthony Harvey. T: John Cox (Aufnahme), H.L. Bird (Mischung). M: Laurie Johnson, unter Verwendung der Titel *We'll Meet Again* (Lew Ross Parker, Hughie Charles), *Try a Little Tenderness* (Harry Woods, Jimmy Campbell, Reg Connelly), *When Johnny Comes Marching Home* (Patrick S. Gilmore), *Greensleeves* (bearbeitet von Laurie Johnson). Da: Peter Sellers (Captain Lionel Mandrake / Präsident Merkin Muffley / Dr. Strangelove), George C. Scott (General Buck Turgidson), Sterling Hayden (General Jack D. Ripper), Keenan Wynn (Colonel „Bat" Guano), Slim Pickens (Major T.J. „King" Kong), Peter Bull (russischer Botschafter Alexej de Sadesky), James Earl Jones (Lieutenant Lothar Zogg), Tracy Reed (Miss „Foreign Affairs" Scott), Jack Creley (Mr. Staines), Frank Berry (Lieutenant H.R. Dietrich), Robert O'Neil (Admiral Randolph), Glenn Beck (Lieutenant W.D. Kivel), Roy Stephens (Frank), Shane Rimmer (Captain G.A. „Ace" Owens), Paul Tamarin (Lieutenant B. Goldberg), Gordon Tanner (General Faceman). P: Hawk Films Ltd., Shepperton (Middlesex). Pd: STANLEY KUBRICK, Victor Lyndon, Leon Minoff (Executive Producer). DO: London Airport, IBM-Niederlassung, London / Shepperton Studios, Shepperton. DZ: Februar - Mai 1963. L: 8,489 ft, 95 min. / 2590 m, 95 min. F: 35 mm (1:1,66), s/w, mono (Westrex). UA: 29.1.1964, London (Columbia Theatre); New York (Victoria, Baronet), Beverly Hills (The Beverly's), Toronto. dt.EA: 10.4.1964, München (Luitpold), Düsseldorf (Studio im Europa-Palast).
Anm.: Nach einer internen Preview kürzte Kubrick den Film von ursprünglich 102 auf 95 Minuten, wobei auch die Tortenschlacht entfernt wurde.

In der Hochphase des kalten Kriegs verschanzt sich der geistesgestörte General Jack D. Ripper auf seinem Luftwaffenstützpunkt und gibt Befehl, „Plan R" auszuführen – ein Bomberverband bewegt sich nun auf Ziele in der UdSSR zu. Auf der Krisensitzung im *War Room* des Pentagon versucht General Turgidson Präsident Muffley zu einer Großoffensive zu überreden. Muffley aber lädt den Botschafter de Sadesky ein und bietet dem russischen Präsidenten telefonisch sogar Hilfe beim Abschuss der B-52 Bomber an. Doch es stellt sich heraus, dass die Sowjets eine „Weltuntergangsmaschine" entwickelt haben, die bei einem Angriff automatisch gezündet wird; es ist also

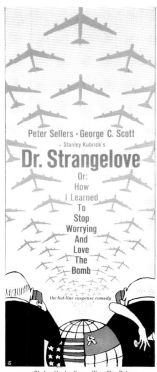
Plakat

bereits zu spät. Der englische Austauschoffizier Mandrake kann immerhin den Geheimcode für den Rückruf der Flugzeuge herausfinden – nur Major Kong wirft die Ladung seiner Maschine noch ab, selbst auf der Bombe reitend. Inzwischen entwirft der deutschstämmige Wissenschaftler Dr. Strangelove faschistoide Szenarien für die Zeit nach der nuklearen Vernichtung, die schließlich zu den Klängen des Schlagers *We'll Meet Again* als Ballett aus Atompilzen visualisiert wird.

2001: A Space Odyssey

AT: Journey Beyond the Stars
2001: Odyssee im Weltraum
Großbritannien / USA 1965-1968
R: STANLEY KUBRICK. R-Ass: Derek Cracknell. DB: STANLEY KUBRICK, Arthur C. Clarke nach seiner Kurzgeschichte *The Sentinel* (1951). K: Geoffrey Unsworth, John Alcott (zusätzliche Aufnahmen), Robert Gaffney (Second Unit). K-F: Kelvin Pike. Ba: Antony Masters / Harry Lange / Ernest Archer (Production Design), John Hoesli (Art Direction). Ko: Hardy Amies. Ma: Colin Arthur, Stuart Freeborn. St-F: Kevin Bray, John Jay. Spez: STANLEY KUBRICK,

Plakat

Wally Veevers, Douglas Trumbull, Con Pederson, Tom Howard, Colin J. Cantwell, Bryan Loftus, Frederick Martin, Bruce Logan, David Osborne, John Jack Malick. TeB: Frederic I. Ordway III. Sch: Ray Lovejoy. T: A.W. Watkins (Aufnahme), Ed Winston Ryder (Schnitt). H.L. Bird (Mischung). M: Stücke von Aram Chatschaturjan (Ballettsuite *Gajaneh*), György Ligeti (*Atmosphères, Requiem, Lux Aeterna*), Johann Strauß (*An der schönen blauen Donau*), Richard Strauss (*Also sprach Zarathustra, op. 30*). D: Keir Dullea (David Bowman), Gary Lockwood (Frank Poole), William Sylvester (Dr. Heywood R. Floyd), Daniel Richter (Affenmensch „Moonwatcher"), Leonard Rossiter (Dr. Andreas Smyslow), Margaret Tyzack (Elena), Robert Beatty (Ralph Halvorsen), Sean Sullivan (Robert Michaels), Douglas Rain (Stimme von HAL-9000), Frank Miller (Mann von der Bodenkontrolle, Stimme), Vivian Kubrick (Squirt, Dr Floyds Tochter), Bill Weston (Astronaut), Edward Bishop (Aries 1B Lunar Shuttle Captain), Glenn Beck (Astronaut), Robert Beatty (Dr. Halvorsen), Sean Sullivan (Dr. Michaels), David Alan Gifford (Pooles Vater), Ann Gillis (Pooles Mutter), Edwina Carroll / Penny Brahms / Heather Downham (Stewardessen), John Ashley / Jimmy Bell / David Charkham / Simon Davis / Jonathan Daw / Péter Delmár / Terry Duggan / David Fleetwood / Danny Grover / Brian Hawley / David Hines / Tony Jackson / Mike Lovell / Scott MacKee / Laurence Marchant / Darryl Paes / Joe Refalo / Andy Wallace / Bob Wilyman / Richard Wood (Affenmenschen), Martin Amor (Interviewer), Kenneth Kendall (BBC-12-Ansager), Krystyna Marr (russische Wissenschaftlerin). P: Stanley Kubrick Productions, Ltd., für Metro-Goldwyn-Mayer, Inc. Pd: STANLEY KUBRICK, Victor Lyndon. DO: USA (Page, Arizona; Monument Valley, Utah); Schottland (Äußere Hebriden; Isle of Harris) / Elstree EMI Studios / EMI-MGM Studios, Boreham Wood (Hertfordshire) / Shepperton Studios, Shepperton (Middlesex) bei London. DZ: 29.12.1965 - Mai 1966, Special Effects: Mitte 1966 - Ende 1967. L: 12,690 ft, 141 min. gekürzt von 160 min. nach der Premiere / 5080 m (70-mm-Fassung), 4080 m (35-mm-Scope-Fassung), 141 min. F: 70 mm (1:2,20), Super Panavision, Farbe (Technicolor, Kopien: Metro-

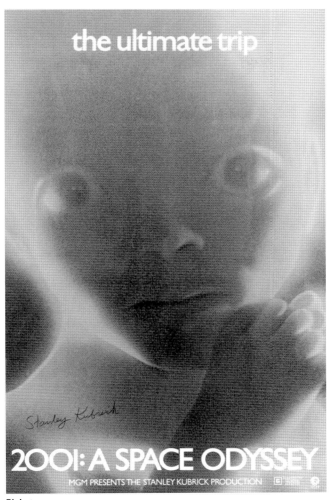

Plakat

color). Tonverfahren: 4-Track Stereo (35-mm-Magnetkopie) / 6-Track (70-mm-Kopie) / DTS 70 mm (Wiederaufführung 2001). UA: Weltpremiere: 2.4.1968, Washington, D.C. (Uptown Theatre), 4.4.1968, New York (Loew's Capitol), Los Angeles (Warner's Hollywood Theatre), 6.4.1968 (Premiere der gekürzten Fassung), 2.5.1968, London (Casino Cinerama). dt.EA: 11.9.1968, München (Royal-Palast; Premiere für geladene Gäste. Kinostart: 12.9.1968).

Im Prolog *The Dawn of Man* lernt ein Menschenaffenclan nach dem rätselhaften Erscheinen eines schwarzen Monolithen, Knochen als Waffen zu gebrauchen. Millionen Jahre später wird nahe der amerikanischen Mondbasis Clavius wiederum ein Monolith entdeckt. Der Wissenschaftler Dr. Floyd begibt sich an die Fundstelle, um ihn zu untersuchen. Nachdem er ihn berührt hat, ertönt ein durchdringendes Geräusch. Szenenwechsel: Die Raumfähre Discovery auf dem Weg zum Jupiter, an Bord die Astronauten Bowman und Poole, außerdem drei in Kälteschlaf versetzte Wissenschaftler und HAL, ein angeblich unfehlbarer Computer. Nach einer falschen Prognose HALs erwägen Bowman und Poole, ihn abzuschalten. Daraufhin tötet HAL die Besatzung und schließt Bowman aus dem Raumschiff aus; der verschafft sich jedoch über eine Notschleuse Eintritt und löscht HALs Speicher. Als die Discovery sich schließlich Jupiter nähert, taucht der Monolith wieder auf und Bowman wird in einen Lichttunnel gesaugt, bis er sich zu letzt in einem hell erleuchteten Rokoko-Zimmer wieder findet. In verschiedenen Metamorphosen altert er und blickt zuletzt als neugeborenes *Starchild* auf die Erde.

A CLOCKWORK ORANGE
Uhrwerk Orange
Großbritannien / USA 1970-1971
R: STANLEY KUBRICK. R-Ass: Derek Cracknell, Dusty Symonds. DB: STANLEY KUBRICK, nach dem Roman *A Clockwork Orange* von Anthony Burgess (1962). K: John Alcott. K-F: Ernie Day, Mike Molloy. Ba: John Barry (Production Design), Russell Hagg / Peter Sheilds (Art Direction). Bilder und Skulpturen: Herman Makkink, Liz Moore, Cornelius Makkink, Christiane Kubrick. Ko: Milena Canonero. Ga: Ron Beck. Ma: George Parteton / Fred Williamson / Barbara Daly (Make-up), Leonard of London (Farb- und Frisurenberatung), Olga Angelinetta (Frisuren). T: John Jordan (Aufnahme), Brian Blamey (Schnitt), Bill Rowe / Eddie Haben (Mischung). Sch: Bill Butler M: Stücke von Henry Purcell (*Music for the Funeral of Queen Mary*), James Yorkston (*Molly Malone*), Gioacchino Rossini (Ouvertüren zu *Die diebische Elster, Wilhelm Tell*), Walter Carlos (*Beethoviania, Time Steps*), Ludwig van Beethoven (*Sinfonie Nr. 9 d-moll op. 125, 2.* und *4. Satz*), Edward Elgar (*Pomp and Circumstance op. 39,* Marsch Nr. 1 und 4), Nikolai Rimskij-Korsakow (*Scheherazade*), Terry Tucker (*Overture to the Sun*), Erika Eigen (*I Want to Marry a Lighthouse Keeper*), Arthur Free / Nacio Brown (*Singin' in the Rain*), H. Bonar / H.J. Gauntlett (*I Was a Wandering Sheep*); Arrangements und elektron. Musikbearbeitung: Walter Carlos. Da: Malcolm McDowell (Alex DeLarge), Patrick Magee (Mr. Alexander), Michael Bates (Barnes, Gefängnisaufseher), Warren Clarke (Dim), John Clive (Schauspieler), Adrienne Corri (Mrs. Alexander), Carl Duering (Dr. Brodsky), Paul Farrell (Landstreicher), Clive Francis (Joe, Untermieter), Michael Gover (Gefängnisdirektor), Miriam Karlin (Mrs. Weathers, die „Cat-lady"), James Marcus (Georgie), Aubrey Morris (Deltoid), Godfrey Quigley (Gefängnisgeistlicher), Sheila Raynor (Mutter), Madge Ryan (Dr. Branom), John Savident (Dolin, Verschwörer), Anthony Sharp (Innenminister), Philip Stone (Vater), Pauline Taylor (Psychiaterin), Margaret Tyzack (Rubinstein, Verschwörerin), Steven Berkoff (Polizist), Michael Tarn (Pete). P: Polaris Productions, Hawk Films, Ltd., Shepperton (Middlesex), für

Warner Brothers, Inc. Pd: STANLEY KUBRICK, Si Litvinoff (Executive Producer), Max L. Raab (Executive Producer), Bernard Williams (Associate Producer). Ass. des Prod.: Jan Harlan. Ass. des Reg.: Leon Vitali. DO: England (Aylesbury, Buckinghamshire; Brunel University, Uxbridge, Middlesex; Edgwarebury Hotel, Barnet Lane, Elstree, Hertfordshire; Festival Embankment, London; Wandsworth, London; Joydens Wood, Bexley Heath, Kent; Shenley Lodge, Shenley, Hertfordshire; Southmere Lake, Binsey Walk, Yarnton Way, Thamesmead South Estate, London; Princess Alexandra Hospital, Harlow, Essex; Woolwich Barracks; South Norwood Technical College)/ Pinewood Studios bei London; EMI-MGM Studios, Boreham Wood, (Hertfordshire). DZ: Oktober 1970 - März 1971. L: 12,277 ft, 137 min. / 3735 m, 137 min. F: 35 mm (1:1,66), Farbe (Technicolor), mono, Dolby Digital (Wiederaufführung). UA: 19.12.1971, New York (Cinema I) und San Francisco; 13.1.1972, London (Warner West End). dt.EA: 23.3.1972, Berlin (City im Europa-Center).

Alex ist Anführer der Droogs, einer brutalen Jugendgang im London des 21. Jahrhunderts. Sie putschen sich in der Korova-Milchbar mit Drogencocktails auf und starten von dort ihre nächtlichen Streifzüge, wobei sie eines Abends das Haus des Schriftstellers Alexander überfallen und dessen Frau vergewaltigen. Der nächste Überfall gilt der „Cat Lady", die Alex mit einer phallischen Skulptur erschlägt. Er wird festgenommen und im Gefängnis für das „Ludovico-Programm" des neuen Innenministers ausgewählt, das ihn konditioniert, beim Gedanken an Gewalt und sogar bei

Plakat

den Klängen seines geliebten Beethoven Übelkeit zu empfinden. Nach seiner Entlassung ist er unfähig, sich zu wehren, und wie in einer Spiegelung der ersten Hälfte des Films rächen sich nun all seine früheren Opfer an ihm. Zufällig gelangt er zum Haus von Mr. Alexander, der seinen Peiniger erkennt und in einen Selbstmordversuch treibt. Die öffentliche Meinung wendet sich daraufhin gegen das Ludovico-Programm, und Alex' Persönlichkeitsveränderung wird im Krankenhaus rückgängig gemacht. Der Innenminister bietet ihm einen Posten an; seine wiedergewonnene Gewalttätigkeit wird staatlich legitimiert.

Barry Lyndon

Großbritannien / USA 1973-1975 R: STANLEY KUBRICK. DB: STANLEY KUBRICK, nach dem Roman *The Memoirs of Barry Lyndon* von William Makepeace Thackeray (1844 als *The Luck of Barry Lyndon* erschienen). K: John Alcott, Paddy Carey (Second Unit). Ba: Ken Adam (Production Design), Roy Walker (Art Direction), Jan Schlubach (Art Direction Deutschland, auch Schauplatz-Recherche). Req: Vernon Dixon. Ko: Ulla Britt Søderlund, Milena Canonero. Frisuren und Perücken: Leonard. Sch: Tony Lawson. T: Robin Gregory (Aufnahme), Rodney Holland (Schnitt), Bill Rowe (Mischung). M/ML: Leonard Rosenman, unter Verwendung folgender Stücke: Georg Friedrich Händel (*Sarabande*), Friedrich II. (*Hohenfriedberger Marsch*), Wolfgang Amadeus Mozart (Marsch aus *Idomeneo*), Franz Schubert (*Deutscher Tanz Nr. 1, C-Dur* und *Trio für Klavier in Es-Dur, op.100*), Giovanni Paisiello (Cavatina aus *Der Barbier von Sevilla*), Antonio Vivaldi (*Konzert für Violoncello in e-moll*), Johann Sebastian Bach (*Adagio aus dem Konzert für zwei Cembali und Orchester in c-moll*), Jean-Marie Leclair (*Le Rondeau de Paris*), Sean O'Riada (*Women of Ireland* und *Tin Whistles*) sowie Traditionals, bearbeitet von The Chieftains (*The Seamaiden*) und Leonard Rosenman (*Piper's Maggott Jig, British Grenadiers, Lilliburlero*) sowie das Stück *Ad lib Drum Roll*. Choreografie: Geraldine Stephenson. Da: Ryan O'Neal (Redmond Barry, später Barry Lyndon), Marisa Berenson (Lady Lyndon), Patrick Magee (Chevalier de Balibari), Hardy Krüger (Hauptmann Potzdorf), Steven Berkoff (Lord Ludd), Gay Hamilton (Nora Brady), Marie Kean (Barrys Mutter), Diana Körner (deutsches Mädchen), Leon Vitali (Lord Bullingdon), Dominic Savage (der junge Bullingdon), Roger Booth (König George III.), Anthony Sharp (Lord Harlan). P: Peregrine Films / Hawk Films, Ltd., Shepperton (Middlesex), für Warner Brothers, Inc. Pd: STANLEY KUBRICK, Bernard Williams. PL: Jan Harlan. AL: Terence Clegg, Douglas Twiddy, Rudolf Hertzog (Deutschland). DO: Deutschland (Aufnahmen Second Unit: Burg Hohenzollern, Hechingen; Schloss Ludwigsburg; Neues Palais, Potsdam-Sanssouci); England (Castle Howard, Coneysthorpe, North Yorkshire; Stourhead Garden, Warminster, Wiltshire; Wilton House bei Salisbury, Wiltshire; Corsham Court, Wiltshire; Glastonbury Rural Life Museum; Glastonbury Abbey; Umgebung von Bath, Somerset; Longleat House, Warminster, Wiltshire; Petworth House, Petworth, West Sussex; Huntingtonshire; Wiese vor Blenheim Palace, Oxfordshire); Irland (County Kerkenny; Comaragh Mountains, Rathgormack, County Waterford; Carrick-on-Suir, Tipperary; Dublin Powerscourt Castle; Kells Priory, Cahir Castle) / EMI-MGM Studios, Boreham Wood (Hertfordshire, England). DZ: 17.9.1973 - Juli 1974 (Aufnahmen an Originalschauplätzen). L: 16,869 ft, 187 min. (OF) / 5061 m 185 min. (DF). F: 35 mm (1:1,66), Farbe (Eastmancolor), mono; Speziallinsen für Kerzenlicht-Aufnahmen von Carl Zeiss; Kamera Mitchell BNC Spezialkonstruktion von Ed DiGiulio. UA: 11.12.1975, London (Warner Westend, ABC-Kinos Bayswater u.a.), 18.12.1975, New York (Ziegfeld, Baronet). dt.EA: 17.9.1976, in mehreren Städten der BRD.

Mitte des 18. Jahrhunderts: Der junge Ire Redmond Barry liebt seine Cousine. Nachdem er in einem manipulierten Duell vermeintlich seinen Rivalen erschossen hat,

Badge zum Aufbügeln

flieht er und tritt in die englische Armee ein, die an Preußens Seite im Siebenjährigen Krieg kämpft. Er desertiert, fällt jedoch dem preußischen Hauptmann Potzdorf in die Hände. Mit der Zeit gewinnt Barry Potzdorfs Vertrauen und soll nach dem Krieg als Spitzel gegen den Spieler Chevalier de Balibari arbeiten. Barry aber will den irischen Landsmann nicht verraten und tritt in dessen Dienst. Am Spieltisch lernt er seine zukünftige Frau kennen, die reiche Baronin von Lyndon. Die Ehe des Emporkömmlings verläuft jedoch unglücklich. Barry bemüht sich um einen Adelstitel und verschuldet sich dabei schwer. Als er Lord Bullingdon, Lady Lyndons Sohn aus erster Ehe, vor versammelter Hofgesellschaft züchtigt, verliert er die Gunst der Freunde des Hauses. Zuletzt stirbt sein eigener Sohn nach einem Reitunfall, und Lady Lyndon stürzt in Depression. Bullingdon fordert ihn zum Duell, wobei Barry ein Bein verliert. Unter der Bedingung, dass er England verlässt, wird ihm eine Rente angeboten. Barry willigt ein und kehrt nach Irland zurück. Das letzte Bild zeigt die Rentenanweisung – datiert auf das Jahr 1789.

THE SHINING
Shining
Großbritannien / USA 1980
R: STANLEY KUBRIK. R-Ass: Brian Cook, Terry Needham, Michael Stevenson. DB: STANLEY KUBRICK, Diane Johnson, nach dem Roman The Shining von Stephen King (1977). K: John Alcott, Garrett Brown (Steadicam), Greg McGillivray (Luftaufnahmen). Ba: Roy Walker (Production Design), Les Tomkins (Art Direction). Req: Tessa Davis. Ko: Milena Canonero. Ma: Tom Smith / Barbary Daly (Make-up), Leonard (Frisuren), Sch: Ray Lovejoy. T: Richard Daniel / Ivan Sharrock (Aufnahme), Dino Di-Campo / Jack T. Knight (Schnitt), Wyn Ryder / Bill Rowe (Mischung). M: Wendy Carlos (früher: Walter Carlos), Rachel Elkind (The Shining, Rocky Mountains), Stücke von Béla Bartók (Musik für Saiteninstrumente, Schlagzeug und Celesta), György Ligeti (Lontano), Krzysztof Penderecki (Utrenja, Als Jacob erwachte, Polymorphia, De Natura Sonoris Nr.1 und 2), Midnight With the Stars and You, Its All Forgotten Now, Home, Masquerade. Da: Jack Nicholson (Jack Torrance), Shelley

Titel-Entwurf von Saul Bass

Duvall (Wendy Torrance), Danny Lloyd (Danny Torrance), Scatman Crothers (Dick Hallorann), Barry Nelson (Stuart Ullman), Philip Stone (Delbert Grady), Joe Turkel (Lloyd), Anne Jackson (Ärztin), Tony Burton (Larry Durkin), Lia Beldam (junge Frau im Bad), Billie Gibson (alte Frau im Bad), Barry Dennen (Bill Watson), David Baxt (Manning, Redwood Ranger), Lisa und Louise Burns (Gradys Töchter), Norman Gay (verletzter Gast und früherer Hausmeister), Vivian Kubrick (rauchender Gast auf der Couch des Ballsaals). P: Peregrine Film / Warner Bros. / Hawk Films Ltd., Shepperton (Middlesex), in Zusammenarbeit mit The Producers Circle Company (Robert Fryer, Martin Richards, Mary Lea Johnson). Pd: STANLEY KUBRICK, Jan Harlan (Ausführender Produzent). PL: Douglas Twiddy. DO: USA (AA: Timberline Lodge Hotel, Mount Hood, Oregon; Yosemite National Park Valley, Kalifornien; Bretton Woods, New Hampshire; Glacier National Park, Montana) / EMI-Elstree Studios bei London. Schauplatz-Recherche: Katharina Kubrick, Jan Schlubach. Pers. Ass. d. Reg.: Leon Vitali. DZ: Mai 1978 - April 1979. L: 10,750 ft, 146 min. (OF) / 3268 m, 119 min. (gekürzte Version in Europa). F: 35mm (1:1,66), Farbe, mono. UA: 23.5.1980, New York (Criterion, Sutton, Loew's Orpheum), 2.10.1980, London (Warner West End). dt.EA: 16.10.1980, in mehreren Städten der BRD.
Anm: Zu THE SHINING gibt es im Nachlass Titel-Entwürfe von Saul Bass, die aber Kubrick nicht zusagten und deshalb keine Verwendung fanden.

Der erfolglose Schriftsteller Jack Torrance bewirbt sich um einen Job als Hausmeister für die winterliche Schließungsperiode im Overlook-Hotel, mitten in der abgeschiedenen Bergwelt Colorados, wo er in Ruhe schreiben will. Im Einstellungsgespräch erzählt man ihm vom früheren Hausmeister Grady, der seine Frau und seine zwei Töchter ermordete. Als Jack mit seiner Frau Wendy und seinem Sohn Danny eintrifft, werden sie von dem schwarzen Koch Dick Halloran durch das Hotel geführt. Dieser erkennt, dass Danny wie er selbst das ‚Shining' besitzt, die Fähigkeit zur außersinnlichen Wahrnehmung; er warnt ihn vor Zimmer 237. Jack reagiert bald zusehends aggressiver auf seine Familie. Im Ballsaal trifft er auf einen imaginären Barkeeper, in dem er seinen Vorgänger Grady erkennt. Von ihm wird er aufgefordert, seiner Frau „eine Lektion" zu erteilen. Er attackiert Wendy und Danny mit einer Axt und tötet Hallorann, der voller Vorahnungen ins Overlook zurückgekehrt ist, um zu helfen. Als er seinen Sohn im Heckenlabyrinth vor dem Hotel verfolgt, kann der entkommen und mit Wendy fliehen, während Jack im Irrgarten erfriert. Die Schlusseinstellung zeigt ein Foto von Jack auf einem Ball des Overlook – im Jahr 1921.

FULL METAL JACKET
Großbritannien / USA 1987
R: STANLEY KUBRICK. R-Ass: Terry Needham, Christopher Thompson. DB: STANLEY KUBRICK, Michael Herr, Gustav Hasford, nach dem Roman The Short-Timers von Gustav Hasford (1979). K: Douglas Milsome, Ken Arlidge (Luftaufnahmen), John Ward / Jean-Marc Bringuier (Steadicam). Ba: Anton Furst (Production Designer), Rod Stratfold / Les Tomkins / Keith Pain (Art Directors). Req: Barbara Drake, Stephen Simmonds. Ko: Keith Denny. Spez: Alan Barnard, Jeff Clifford, Peter Dawson. T: Nigel Galt, Joe Illing, Edward Tise. Sch: Martin Hunter. M: Abigail Mead (d.i. Vivian Kubrick). Zusätzliche Titel von Tom T. Hall (Hello Vietnam), Lee Hazlewood (These Boots Are Made for Walking), Domingo Samudio (Wooly Bully), Jacques Offenbach, Hector Crémieux, Étienne Trefeu (The Marines Hymn), J. Barry, E. Greenwich, P. Spector (The Chapel of Love), Chris Kenner (I Like It Like That), A. Franzler, C. White, T. Wilson, J. Harris, (Surfin' Bird), Jimmy Dood (Mickey Mouse March), Mick Jagger / Keith Richards (Paint It Black). T: Edward Tise. Da: Matthew Modine (Private J.T. „Joker" Davis), Adam Baldwin (Private „Animal Mother"), Vincent D'Onofrio (Private Leonard „Pyle" Lawrence), R. Lee Ermey (Artillerie-Sergeant Hartman , Dorian Harewood (Private „Eightball"), Arliss Howard (Private „Cowboy"), Kevyn Major Howard (Private Rafterman), Ed O'Ross (Lieutenant Walter J. „Touchdown" Tinoshky), John Terry (Lieutenant Lockhart), Keiron Jecchinis (Crazy Earl), Bruce Boa (Poge Colonel), Kirk Taylor (Private „Payback"), Jon

Plakat

Stafford (Doc Jay), Ian Tyler (Lieutenant Cleves), Gary Landon (Mills Donlon), Sal Lopez (T.H.E. Rock), Papillon Soo Soo (Prostituierte in Da Nang), Ngoc Le (Vietcong-Heckenschützin), Peter Edmund (Private „Snowball" Brown), Leanne Hong (Prostituierte auf Motorbike), Tan Hung Francione (vietnamesischer Zuhälter), Marcus D'Amico (Hand Job), Costas Dino Chimona (Chili), Gil Kopel (Stork), Keith Hodiak (Daddy D.A.), Peter Merrill (TV-Journalist), Herbert Norville (Daytona Dave), Nguyen Hue Phong (Kameradieb). P: Warner Bros. Pd: STANLEY KUBRICK, Philip Hobbs (Koproduzent), Jan Harlan (Ausführender Produzent), Michael Herr (Associate Producer). AL: Phil Kohler. Pers. Ass. d. Reg.: Leon Vitali. DO: England (Bassingbourn Barracks, Royston, Cambridge, Cambridgeshire; Beckton Gasworks, East London; Dorset; Epping Forest, Essex; Norfolk Broads) / Pinewood Studios bei London. DZ: August 1985 - September 1986. L: 10,474 ft, 116 min. / 3186 m, 116 min. F: 35 mm (1:1,85), Farbe, mono. UA: 26.6.1987, New York (National, Manhattan Twin, Eight Street Playhouse u.a.); 11.9.1987, London (Warner West End, Cannon Cinemas). dt.EA: 8.10.1987, in mehreren Städten der BRD.

In einem Trainingslager der US-Marines, zur Zeit des Vietnamkriegs: Der brutale Sergeant Hartman bildet eine neue Einheit aus. Er beschimpft und erniedrigt die Rekruten und schikaniert besonders den fettleibigen Private „Pyle". Als er bei einem Fehlverhalten Pyles die gesamte Truppe bestraft, wird der zum Opfer einer gemeinschaftlichen Racheaktion. Auch der zum Gruppenführer aufgestiegene Private „Joker", der Pyle gegenüber bisher hilfsbereit war, nimmt daran teil. Pyle wird nun zum Killer, und eines Nachts kurz vor Ende der Ausbildung erschießt er auf der Toilette erst Sergeant Hartmann, dann sich selbst. Szenenwechsel: Nach der Vereidigung kommt die Truppe zum Einsatz nach Vietnam. Joker wird Kriegsberichterstatter für das Marines-Magazin *Stars and Stripes*. Während der Tet-Offensive wird er gemeinsam mit dem Fotografen Rafterman zum Fronteinsatz in die umkämpfte Stadt Hué geschickt und stößt auf den Zug von Private „Cowboy", den er aus Parris Island kennt. Auf ihrem Weg geraten sie in den Hinterhalt eines Heckenschützen – wie sich herausstellt, eine junge Vietnamesin. Als sie sie überwältigen, gibt Joker dem schwer verletzten Mädchen gegen den Willen der anderen den Gnadenschuss.

EYES WIDE SHUT

AT: EWS / Rhapsody
Großbritannien / USA 1999
R: STANLEY KUBRICK. R-Ass: Brian W. Cook. DB: STANLEY KUBRICK, Frederic Raphael, nach Motiven aus der *Traumnovelle* von Arthur Schnitzler (1926). K: Larry Smith, Patrick Turley / Malik Sayeed / Arthur Jaffa (Second Unit). Ba: Les Tomkins, Roy Walker (Production Design), John Fenner, Kevin Phibbs (Art Direction), Lisa Leone, Terry Wells Sr. (Ausstattung). Gemälde: Christiane Kubrick, Katharina Kubrick Hobbs. Ko: Marit Allen, Cerutti (Abendkleidung Tom Cruise). St-F: Manuel Harlan. Spez: Garth Inns, Charles Staffell. Sch: Nigel Galt. T: Tony Bell, Paul Conway, Eddy Tise. M: Jocelyn Pook (Originalmusik: *Naval Officer, Masked Ball, Migrations*), Jocelyn Pook und Harvey Brough (*The Dream, Backwards Priests*), Stücke von Dimitri Schostakowitsch (*Walzer Nr. 2* aus der *Jazz Suite*), György Ligeti (*Musica Ricercata II: Mesto, Rigido e Ceremonial*, gespielt von Dominic Harlan, Klavier), Franz Liszt (*Nuages Gris*, gespielt von Dominic Harlan, Klavier), Wayne Shanklin (*Chanson d'amour*), Jimmy McHugh / Dorothy Fields (*I'm in the Mood for Love*), Gus Kahn / Isham Jones (*It Had to Be You*), Georges Garvarentz / Charles Aznavour (*Old Fashioned Way*), Victor Young / Edward Heyman (*When We Fall in Love*), Harry Warren / Al Dubin (*I Only Have Eyes for You*), Chris Isaak (*Baby Did a Bad Bad Thing*), Duke Ellington / Paul Francis Webster (*I Got It Bad*), Ted Shapiro, Jimmy Campbell / Reg Connelly (*If I Had You*), Oscar Levant / Edward Heyman (*Blame It on My Youth*), Bert Kaempfert / Charles Singleton / Eddie Snyder (*Strangers in the Night*), Benjamin Page / Christopher Kiler (*I Want a Boy for Christmas*), Rudolf Sieczynski (*Wien, du Stadt meiner Träume*). Da: Tom Cruise (Dr. William „Bill" Harford), Nicole Kidman (Alice Harford), Madison Eginton (Helena Harford), Sydney Pollack (Victor Ziegler), Todd Field (Nick Nightingale), Sky du Mont (Sándor Szavost), Julienne Davis (Mandy), Lisa Leone (Lisa), Vinessa Shaw (Domino), Leslie Lowe (Illona), Rade Serbedzija (Milich), Leelee Sobieski (Milichs Tochter), Sam Douglas (Taxifahrer), Angus McInnes (Torwächter), Abigail Good (geheimnisvolle Frau), Brian W. Cook (Butler), Leon Vitali (Mann im roten Mantel), Carmela Marner (Kellnerin bei Gillespie's), Alan Cumming (Empfangschef), Fay Masterson (Sally), Alex Hobbs (Junge in Arztpraxis), Christiane Kubrick (Frau hinter Harford im Café Sonata), Katharina Kubrick Hobbs (Mutter des Jungen in Arztpraxis). P: Warner Bros., Hobby Films, Pole Star. Pd: STANLEY KUBRICK. Koproduzent: Brian W. Cook. PL: Jan Harlan. AL: Margaret Adams. Production Coordinator: Kate Garbett. Pers. Ass. d. Reg.: Leon Vitali.

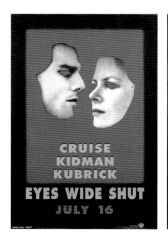 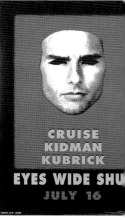

DO: England (Chelsea & Westminster Hospital, Fulham Road, Chelsea; „Hamleys", Hatton Garden, Islington, „Madame Jo Jo's", Soho; Worship Street; Research Centre, Bracknell, Berkshire; Elveden Hall, Highclere Castle, Newbury, Berkshire; Mentmore Towers, Buckinghamshire); USA (Central Park West, New York, Aufnahmen Second Unit) / Pinewood Studios bei London. DZ: 4.11.1996 - Juni 1998. L: 14,291 ft, 159 min. / 4346 m, 159 min. F: 35 mm (1:1,85), Farbe (DeLuxe), DTS / Dolby Digital / SDDS. UA: 13.7.1999, Westwood, Kalifornien (Mann's Village Theatre); 10.9.1999, London. dt.EA: 9.9.1999, in mehreren Städten.

Im New York der Gegenwart: Der Arzt Bill Harford besucht mit seiner Frau Alice die Weihnachtsparty seines reichen Patienten Victor Ziegler. Als er anderntags von ihr erfährt, dass sie einmal bereit gewesen war, für eine erotische Begegnung mit einem Marineoffizier ihre Familie aufzugeben, beginnt für den schockierten Bill eine nächtliche Odyssee, die ihn zunächst zu einem Todesfall, dann zu einer Prostituierten und schließlich in eine Bar zu dem Musiker Nick Nightingale führt. Letzterer erzählt ihm von einem streng geheimen Treffen, für das er ein Passwort, Kostüm und Maske benötigt. Bill schmuggelt sich auf das Treffen, das sich als rituelle Orgie entpuppt, wird jedoch als Eindringling entlarvt und bedroht. Nachdem weiteren Beteiligten scheinbar Leid geschehen ist und Bill Nachforschungen anstellt, ruft ihn Victor Zieg er zu sich, der selbst Teil der Geheimgesellschaft war und ihn nun zu beschwichtigen versucht. Bill kehrt heim und findet dort seine Maske auf dem Kopfkissen. Weinend bricht er zusammen und gesteht seiner Frau die Ereignisse. Die beiden versöhnen sich und erklären ihre – realen oder geträumten – Eskapaden für überstanden.

A.I. – ARTIFICIAL INTELLIGENCE
USA 2001
R: Steven Spielberg (Konzept: STANLEY KUBRICK). R-Ass: Sergio Mimica-Gezzan. DB: Steven Spielberg, Ian Watson, nach der Kurzgeschichte *Supertoys Last All Summer Long* von Brian W. Aldiss und dem Gesamtentwurf von STANLEY KUBRICK. K: Janusz Kaminski. Ba: Pamela Klamer / Dawn Brown Manser / Thomas Minton / Nancy Haigh / Masako Masuda / Richard F. Mays / Steven Schwartz / Easton Michael Smith / Patte Strong-Lord (d.i. Patte Shibata Strong) (Set Design). Da: Haley Joel Osment (David Swinton), Jude Law (Gigolo Joe), Frances O'Connor (Monica Swinton), Brendan Gleeson (Lord Johnson-Johnson, Besitzer von Flesh Fair), Sam Robards (Henry Swinton, Monicas Ehemann), William Hurt (Professor Allen Hobby), Jake Thomas (Martin Swinton, Monicas Sohn), Clara Bellar (Nanny Mecha), Jeath Campbell (Road Warrior), Lelly Felix (Butler Mecha), John Harmon (Medic Mecha). P: Warner Bros. / Dreamworks SKG / Amblin Entertainment / Stanley Kubrick Productions. Pd: Steven Spielberg, Bonny Curtis, Kathleen Kennedy, Jan Harlan, Walter Parks (Ausführende Produzenten). PL: Patricia Churchill / Peter M. Tobyansen. L: 143 min. UA: 26.6.2000, New York. dt.EA: 13.9.2001.

TV-Produktion

Mr. Lincoln
USA 1952
Fünfteilige Episode aus der Serie *Omnibus*. R: Norman Lloyd. R-Ass: Tom Buscemi. Second-Unit-R: STANLEY KUBRICK. DB: James Agee. K: Marcel Rebière. M: Wladimir Selinsky. Da: Otis Reed jr. (Abraham Lincoln als Kind), Marian Seldes (Mutter Lincoln), Crahan Denton (Vater Tom Lincoln), Alice Brewer (Sarah Lincoln, Abrahams Schwester als Kind), Milburn „Boogie" Howard (Sklavenhändler), Blond Goldin / Lily May / Robert Handley / Patty Lou Andrews / Manuel McGill (Sklaven), Royal Dano (Lincoln als Erwachsener), Doris Rich, Joanna Roos, Richard Purdy, Allen Nourse. P: Vavin Inc. für CBS TV. Pd: Richard DeRochemont. PL: Robert Saudek. DO: New Salem, Illinois; Washington; New York; Knob Creek Farm bei Athertonville, Hodgenville, New Haven, Kentucky. DZ: Sommer/ Herbst 1952. ES: 16.11.1952 CBS (1.Teil) - 5.2.1953 CBS TV (5. Teil).
Anm.: Schon nach kurzer Zeit zeichneten sich Differenzen zwischen Stanley Kubrick und Norman Lloyd über die konzeptionelle Auffassung ab, so dass der Regisseur auf Kubricks Unterstützung weitgehend verzichtete. Kubricks Beteiligung ist deshalb nur für den ersten Teil gesichert.

Nicht verwirklichte Projekte (Auswahl)

Diese Liste enthält hauptsächlich Projekte, die durch Material im Nachlass gestützt werden, aber auch einige, die wiederholt in der Literatur genannt sind. Über diese Titel hinaus gab es u.a. noch die Idee zu einem Rennfahrer-Film mit Steve McQueen, außerdem beschäftigte sich Kubrick mit Caesars *Bellum Gallicum*. Nicht immer lassen sich Stadium und damaliger Stellenwert des jeweiligen Projekts erkennen.

Murder of Myself
1950er Jahre
War offenbar als Teil einer Fernsehserie mit dem Titel „Three of a Kind" geplant. Treatment und Drehbuchmaterial von Richard Adams, undatiert, im Nachlass.

The Burning Secret
Um 1956
Nach der Novelle *Brenner des Geheimnis* (1914) von Stefan Zweig. Ein Drehbuch von Calder Willingham und Stanley Kubrick soll Mitte der 1950er Jahre für MGM entstanden sein. Änderungen im Management bei MGM brachten das Projekt zu Fall.

The 7th Virgina Cavalry Raider
1958
Dieses Projekt sollte sich um die Abenteuer eines Süstaater-Offiziers während des amerikanischen Bürgerkrieges drehen. Kubrick schrieb das Drehbuch nie zu Ende.

One-eyed Jacks
1958
Marlon Brando hatte dieses Western-Projekt nach dem Roman *The Authentic Death of Hendry Jones* von Charles Neider seit 1956 verfolgt. Im Mai 1958 unterschrieb Kubrick mit dem Produzenten Frank Rosenberg einen Vertrag als Regisseur und Mitautor des Drehbuchs (zus. mit Calder Willingham und Brando selbst) auf Probe für sechs Monate. Als das Projekt nicht vorankam – inzwischen hatten Stanley Kubrick und Robert Harris den *Lolita*-Stoff ins Auge gefasst – schied Kubrick mit Vertragsende aus. Der Film wurde dann von Brando in eigener Regie gedreht und 1961 in die Kinos gebracht.

The German Lieutenant
1959
Das Projekt nach einem Script des Korea-Veteranen Richard Adams sah Alan Ladd in der Hauptrolle vor. Die Handlung spielt während der letzten Tage des Zweiten Weltkriegs und handelt von einem kleinen Elitetrupp deutscher Fallschirmspringer. Kalkulationslisten im Nachlass; ein Drehbuch von Stanley Kubrick und Richard Adams im Internet.

Fernsehserie nach dem Film OPERATION MAD BULL (1957)
Späte 1950er Jahre
Harris und Kubrick gefiel Richard Quines OPERATION MAD BULL mit Jack Lemmon und Ernie Kovacs, so dass sie die Idee fassten, daraus eine Fernsehserie zu machen. Dazu nahmen sie Kontakt mit Ernie Kovacs und einem Kommandanten der Black Fox Military Academy auf.

Entwürfe und realisiertes Plakatmotiv

I Stole 16 Million Dollars
Späte 1950er Jahre
Nach der Biografie von Herbert Emmerson Wilson, einem professionellen Safe-Knacker, der zwölf Jahre im Zuchthaus von St. Quentin einsaß. Kubrick soll ein auf Kirk Douglas zugeschnittenes Drehbuch geschrieben haben.

Blue Movie
Späte 1960er, frühe 1970er Jahre
Terry Southern, der mit Kubrick bei DR. STRANGELOVE als Drehbuchautor zusammenarbeitete, schrieb einen satirischen Roman *Blue Movie* (erschienen 1970), in dem ein an die Person Kubricks angelehnter Filmregisseur versucht, den ultimativen Pornofilm im Kubrick-Stil zu drehen. Drehbuchmaterialien im Nachlass sowie Korrespondenz mit Agenten.

Napoleon
Um 1970
Der Film, der eine Länge von ca. drei Stunden gehabt hätte, scheiterte vor allem an der Finanzierung. Nach dem Misserfolg von Sergej Bondartschuks WATERLOO (1970) war das Vertrauen von Geldgebern und Produzenten in ein solches Projekt gesunken. Reichhaltiges Material im Nachlass.

All the King's Men / Déricourt
Um 1989
Projekt über Henri Déricourt alias Gilbert, einen Doppelagenten während des Zweiten Weltkriegs. Nach dem Roman *All the King's Men* (1988) von Robert Marshall und den Büchern *Double Agent? – Light on the Secret Agent's War in France* (1961) und *Déricourt: the Chequered Spy* (1989) von Jean Overton Fuller. Verschiedene Materialien im Nachlass wie z. B. ein Typoskript Fullers zeigen die intensive Beschäftigung Kubricks mit dem Thema.

Aryan Papers
1990er Jahre
Nach dem Roman *Wartime Lies* von Louis Begley (1991). Der Film, dessen Vorlage die Erlebnisse eines Jungen im von den Deutschen besetzten Polen während des Zweiten Weltkriegs zum Gegenstand hat, sollte in Brno (Außenaufnahmen) und Bratislava (Studio) gedreht werden. Da jedoch Steven Spielberg zur gleichen Zeit SCHINDLER'S LIST drehte, der früher in die Kinos gekommen wäre, brach Kubrick das Projekt ab.

God Fearing Man
Ohne Jahr
Undatiertes Drehbuch mit dem Titel „Stanley Kubrick's God Fearing Man" im Nachlass.

Dokumentationen über Kubrick (Auswahl)

2001: A SPACE ODYSSEY – A LOOK BEHIND THE FUTURE
USA/Großbritannien 1967
Da: Vernon Myers, Fred Ordway (d.i. Frederick I. Ordway III.), Harry Lange, Roy Carnon, Tony Masters, Arthur C. Clarke, Keir Dullea, Gary Lockwood, STANLEY KUBRICK, Tom Buck. P: Thomas Craven Film Corporation. L: 20 min.

Making The Shining (TV)
USA 1980
R/K/Sch: Vivian Kubrick. D: Jack Nicholson, STANLEY KUBRICK, Danny Lloyd, Scatman Crothers, Shelley Duvall, Gertrude Kubrick (Stanleys Mutter), Brian W. Cook, Vivian Kubrick (Stimme), James Mason, Leon Vitali. L: 35 min.

Stanley Kubrick: The Invisible Man (TV)
Großbritannien 1996
R: Paul Joyce. Da: STANLEY KUBRICK (Archivmaterial), Arthur C. Clarke, Malcolm McDowell. UA: 20.6.1996, Großbritannien (TV, Channel 4).

The Last Movie: Stanley Kubrick & Eyes Wide Shut (TV)
Großbritannien 1999
R: Paul Joyce. K: Jeremy Stavenhagen, Biff Bracht. Sch: John Jeremy, Philip Timm. T: David Lascelles, Mike Ormsby, Peter Woods, Bradley Mason. Da: Brian W. Aldiss, John Boorman, Tom Cruise, Emilio D'Alessandro, Jan Harlan, Nicole Kidman, Anya Kubrick, Christiane Kubrick, Katharina Kubrick Hobbs, Sara Maitland, Candia McWilliam, Sydney Pollack, Terry Semel, Steven Spielberg, Ian Watson. P: Lucida Prods. for Channel Four TV. Pd: Paul Joyce, Wendy Brown. ES: 5.9.1999, Großbritannien (TV, Channel 4).

Stanley and Us (TV)
Italien 1999
R: Mauro di Flaviano, Federico Greco, Stefano Landini, Faisal A. Qureshi. K: Piero Cadeddu, Nicolas Franik, Paolo Sanna. Sch: Silvia Sandri. M: Marco Omicini. Da: Ken Adam, Michel Ciment, Mauro di Flaviano, Federico Greco, Jan Harlan, Christiane Kubrick, Stefano Landini, Malcolm McDowell, Julian Senior, Rade Serbedzija, Gordon Stainforth, Leon Vitali, Alexander Walker. P: Flying Padre Productions. Pd: Mauro di Flaviano, Federico Greco, Stefano Landini.
L: 58 min. ES: 8.10.1999 (RAISAT CINEMA).
Anm.: Dieser Dokumentarfilm ist Teil eines längerfristigen Projekts, das neben ihm auch eine auf 38 Folgen von je 15 Minuten angelegte Interview-Serie beinhaltet. Dort werden Freunde, Mitarbeiter, Verwandte und Lebenspartner Kubricks aber auch Kritiker, zu verschiedenen Leben und Werk des Regisseurs betreffenden Themen interviewt. Die ersten 30 Folgen wurden zum ersten Mal im September und Oktober 1999 auf RAISAT CINEMA gesendet und im März 2000 wiederholt. Weitere 8 Folgen wurden in der Nacht vom 31.12.2000 auf den 1.1.2001 erstmalig ausgestrahlt.

THE ART OF STANLEY KUBRICK: FROM SHORT FILMS TO STRANGELOVE (Video)
USA 2000
R: David Naylor. M: Mladen Milicevic. Sch: Alexander Pietrzak, Edward Yost. Ti-Des: Pablo Ferro. Da: Ken Adam, Marit Allen, William Bassett, John Caras, James B. Harris, James Earl Jones, Ray Lovejoy, Lee Minoff. P: Columbia Pictures Corp. Pd: Lisa Karadjian / Lee Pfeiffer, David Naylor (Ausführender Produzent). PL: Nancy Naylor. L: 14 min. UA: 10.4.2000, USA.

INSIDE THE MAKING OF DR. STRANGELOVE (Video)
USA 2000
R: David Naylor. DB: Lee Pfeiffer. M: Mladen Milicevic. Sch: Alexander Pietrzak, Edward Yost. D: Ken Adam, Pamela Carlton, Pablo Ferro, Sidney Ganis, James B. Harris, Anthony Harvey, Laurie Johnson, James Earl Jones, Ray Lovejoy, Sidney Lumet, Joseph McGrath, Leon Minoff, Peter Murton, Tracy Reed, Shane Rimmer, Bridget Sellers, Gilbert Taylor, Alexander Walker. Pd: David Naylor, Lee Pfeiffer. L: 46 min. UA: 5.5.2000, USA.

STANLEY KUBRICK: A LIFE IN PICTURES (Video)
USA 2001
R: Jan Harlan. K: Manuel Harlan. Sch: Melanie Viner-Cuneo. T: Nigel Galt, Manuel Harlan, Graham V. Hartstone, Brendan Nicholson. Da: Tom Cruise (auch: Erzählerstimme), Ken Adam, Margaret Adams, Brian W. Aldiss, Woody Allen, Steven Berkoff, Louis C. Blau, John Calley, Milena Canonero, Wendy Carlos, Arthur C. Clarke, Alex Cox, Allen Daviau, Ed DiGiulio, Keir Dullea, Shelley Duvall, Anthony Frewin, Jan Harlan, James B. Harris, Michael Herr, Philip Hobbs, Irene Kane (als Chris Chase), Nicole Kidman, Barbara Kroner, Anya Kubrick, Christiane Kubrick, Gertrude Kubrick (Archivmaterial), Katharina Kubrick Hobbs, Paul Lashmar, György Ligeti, Steven Marcus, Paul Mazursky, Malcolm McDowell, Douglas Milsome, Matthew Modine, Jack Nicholson, Tony Palmer, Alan Parker, Sydney Pollack, Richard Schickel, Martin Scorsese, Terry Semel, Alexander Singer, Steven Spielberg, Sybil Taylor, Douglas Trumbull, Peter Ustinov, Leon Vitali, Marie Windsor, Alan Yentob, STANLEY KUBRICK (Archivmaterial), Vivian Kubrick (Archivmaterial). Pd: Anthony Frewin, Jan Harlan. L: 142 min. UA: 17.2.2001, Berlin, Filmfestspiele (Festspielpalast).

Preise und Nominierungen (Auswahl)

KILLER'S KISS
Auszeichnung:
Locarno 1959 [sic!] - Bester Regisseur: Stanley Kubrick.

THE KILLING
Nominierung:
Preis der Britischen Film- und Fernsehakademie (BAFTA Film Award) 1957 - Bester Film nach einer Vorlage.

PATHS OF GLORY
Nominierung:
Preis der Britischen Film- und Fernsehakademie (BAFTA Film Award) 1958 - Bester Film nach einer Vorlage.
Auszeichnung:
Silbernes Band des Sindacato Nazionale Giornalisti Cinematografici Italiani 1959 - Bester ausländischer Film.

SPARTACUS
Nominierungen:
Oscars 1961 - Bester Schnitt: Robert Lawrence. Beste Filmmusik: Alex North.
Golden Globes - Bester Darsteller: Laurence Olivier. Bester Regisseur: Stanley Kubrick. Beste Nebendarsteller: Woody Strode, Peter Ustinov.
Auszeichnungen:
Oscars 1961 - Bester Nebendarsteller: Peter Ustinov. Beste Art Direction / Set Decoration: Alexander Golitzen, Eric Orbom, Russell A. Gausman, Julia Heron. Beste Kamera (Farbe): Russell Metty. Beste Kostüme in einem Farbfilm: Valles, Bill Thomas
Golden Globe - Bester Film.

LOLITA
Nominierung:
Biennale Venedig 1962 - Goldener Löwe.
Oscar 1963 - Bestes Drehbuch nach einer Vorlage: Vladimir Nabokov.
Auszeichnung:
Golden Globe 1963 - Beste Neuentdeckung des Jahres: Sue Lyon.

DR. STRANGELOVE OR: HOW I LEARNED TO STOP WORRYING AND LOVE THE BOMB
Nominierungen:
Oscar 1965 - Bester Film. Bester Regisseur: Stanley Kubrick. Bester Hauptdarsteller: Peter Sellers. Bestes Drehbuch nach einer Vorlage: Stanley Kubrick, Peter George, Terry Southern.
Auszeichnungen:
BAFTA Film Awards 1965 - Bestes Production Design: Ken Adam. Bester britischer Film. Bester Film nach einer Vorlage.
Silbernes Band des Sindacato Nazionale Giornalisti Cinematografici Italiani 1965 - Bester ausländischer Regisseur: Stanley Kubrick.
Preis der New Yorker Filmkritiker - Beste Regie: Stanley Kubrick.
Preis der Writers Guild of America 1964 - Bestes Komödiendrehbuch: Stanley Kubrick, Peter George und Terry Southern.
World Science Fiction Convention 1965 - Hugo Award.

2001: A SPACE ODYSSEY
Nominierungen:
Oscars 1969 - Bester Regisseur: Stanley Kubrick. Beste Art Direction/Set Decoration: Anthony Masters, Harry Lange, Ernest Archer. Bestes Drehbuch und beste Story: Stanley Kubrick, Arthur C. Clarke.
Auszeichnungen:
Oscar 1969 - Beste visuelle Spezialeffekte: Stanley Kubrick.
BAFTA Film Awards 1969 - Beste Art Direction: Anthony Masters, Harry Lange und Ernest Archer. Beste Kamera: Geoffrey Unsworth. Bester Ton: Winston Ryder.
World Science Fiction Convention 1969 - Hugo Award.

A CLOCKWORK ORANGE
Nominierungen:
Oscars 1972 - Bester Film. Bester Regisseur: Stanley Kubrick. Bester Schnitt: Bill Butler. Bestes Drehbuch nach einer Vorlage: Stanley Kubrick.
Auszeichnungen:
World Science Fiction Convention 1972 - Hugo Award.
Silbernes Band des Sindacato Nazionale Giornalisti Cinematografici Italiani - Bester ausländischer Regisseur: Stanley Kubrick.
Preis der New Yorker Filmkritik 1971 – Bester Film. Beste Regie: Stanley Kubrick.

BARRY LYNDON
Nominierungen:
Oscars 1976 - Bester Film. Beste Regie: Stanley Kubrick. Bestes Drehbuch nach einer Vorlage: Stanley Kubrick.
Auszeichnungen:
Oscars 1976 - Beste Art Direction / Set Decoration: Ken Adam, Roy Walker und Vernon Dixon. Beste Kamera: John Alcott. Beste Kostüme: Ulla Britt Søderlund und Milena Canonero. Beste musikalische Adaption: Leonard Rosenman.
BAFTA Film Awards 1976 - Beste Kamera: John Alcott. Beste Regie: Stanley Kubrick.
Preis der British Society of Cinematographers 1975 - Beste Kamera: John Alcott.
Preis der spanischen Filmkritik - Bester ausländischer Film.
Preis der Gilde deutscher Filmkunsttheater 1977.
Preis der Los Angeles Film Critics Association 1975 - Beste Kamera: John Alcott.
Auszeichnungen des National Board of Review, USA - Beste Regie: Stanley Kubrick (gemeinsam mit Robert Altman für NASHVILLE, 1975). Bester englischsprachiger Film (gemeinsam mit NASHVILLE).
Preis der National Society of Film Critics, USA - Beste Kamera: John Alcott.

THE SHINING
Auszeichnung:
Saturn Award der Academy of Science Fiction, Fantasy & Horror Films, USA, 1981 - Scatman Crothers: Beste Nebenrolle.

FULL METAL JACKET
Nominierungen:
Oscars 1988 - Bestes Drehbuch nach einer Vorlage: Stanley Kubrick, Michael Herr, Gustav Hasford.
BAFTA Awards 1988 - Bester Ton: Nigel Galt, Edward Tise, Andy Nelson. Beste Spezialeffekte: John Evans.
Auszeichnungen:
Preis der Boston Society of Film Critics 1988 - Beste Regie: Stanley Kubrick. Bester Nebendarsteller an R. Lee Ermey.
Preis der Londoner Filmkritik 1987 – Regisseur des Jahres: Stanley Kubrick.

EYES WIDE SHUT
Nominierung:
Golden Globe 2000 - Beste Musik: Jocelyn Pook.
Auszeichnungen:
Preis des französischen Filmkritikerverbandes 2000 - Bester ausländischer Film.
Biennale Venedig 1999 - Preis der Filmkritik „Bastone Bianco": Stanley Kubrick.

DISKOGRAFIE

Diese Diskografie basiert auf der Auswertung von Primärmaterialien und aktuellem Handelsangebot, auf Angaben des Deutschen Musikarchivs, Berlin und auf dem kritischen Studium von Websites. Kriterien für die Erfassung waren: unzweifelhafte Nennung der Firmenbezeichnung, der Referenznummer, des Herkunftslandes, des Titels der Edition und eine halbwegs eindeutige Datierung. Da manche Re-Editionen auf CD jedoch lediglich das Copyright-Jahr der Erstveröffentlichung auf LP angeben, konnten auch hier nicht alle Fragen beantwortet werden. Unterschiedliche Schreibweisen von Komponisten, Interpreten, Titeln etc. wurden so übernommen, wie sie in den jeweiligen Track-Listings vorlagen. Lediglich grobe Rechtschreibfehler wurden berichtigt.

Zusammenstellungen / Sampler

Music from the Kubrick Films
Frankreich 1999. FULL METAL JACKET - ORANGE MÉCANIQUE - BARRY LYNDON. B.O.F. - Bande Originale de Film. Coffret de 3 CD. Warner Music France 408774.
Diese limitierte Edition enthält die Einzel-CDs zu A CLOCKWORK ORANGE, FULL METAL JACKET und BARRY LYNDON. Auch bei: Wea International (Deutschland 2000).

DR. STRANGELOVE: Music from the Films of Stanley Kubrick
Großbritannien 1999. Tracks: 1. 2001: A SPACE ODYSSEY: Also sprach Zarathustra (Richard Strauss) - 2. SPARTACUS: Main Title (Alex North) - 3. A CLOCKWORK ORANGE: Ode to Joy (Beethoven) - 4. BARRY LYNDON: Women of Ireland (Traditional) - 5. BARRY LYNDON: Sarabande (Georg Friedrich Händel) - 6. FULL METAL JACKET: Themes (Abigail Mead) - 7. FULL METAL JACKET: Surfin' Bird (Frazier/White/Wilson/Harris - performed by The Trashmen) - 8. - 13.: Suite from the early films of Stanley Kubrick (Gerald Fried): 8. THE KILLING: Main Title/Robbery - 9. KILLER'S KISS: Murder 'mongst the Mannikins - 10. FEAR AND DESIRE: A Meditation on War - 11. FEAR AND DESIRE: Madness - 12. PATHS OF GLORY: The Patrol - 13. DAY OF THE FIGHT: March of the Gloved Gladiators - 14. THE SHINING: Theme (Wendy Carlos and Rachel Elkind) -15. THE SHINING: Midnight, the Stars and You (Campbell/Connelly/Woods, performed by The Ray Noble Band with Al Bowly) - 16. LOLITA: Love Theme (Bob Harris) - 17. 2001: A SPACE ODYSSEY: On the Beautiful Blue Danube (J. Strauß) - 18. DR. STRANGELOVE: The Bomb Run (Laurie Johnson) - 19. DR. STRANGELOVE: We'll Meet Again (Parker/Charles, performed by Vera Lynn). The City of Prague Philharmonic Orchestra, conducted by Paul Bateman and Nic Raine. Electronics performed and produced by Mark Ayres. Länge 00:78:01. Silva Screen FILMCD 1097.
Gerald Frieds Musik zu den frühen Kubrick-Filmen wurde Ende der 1990er Jahre vom Komponisten im Auftrag der englischen Firma Silva zu einer Suite zusammengefasst, die hier zum ersten Mal auf Tonträger erklingt. Erschienen auch als CD Silva America SSD 1097 (USA 1999) und Silva Screen 303FCD.

Kubrick Collection: The Filmation Orchestra
Niederlande 2000. Tracks: 1. Funeral of Queen Mary (A CLOCKWORK ORANGE) - 2. Musica Ricercata (EYES WIDE SHUT) - 3. Waltz 2 (EYES WIDE SHUT) - 4. Baby Did a Bad Bad Thing (EYES WIDE SHUT) - 5. Also sprach Zarathustra (2001: A SPACE ODYSSEY) - 6. Blue Danube (2001: A SPACE ODYSSEY) - 7. Symphony No. 9 (A CLOCKWORK ORANGE) - 8. Dies Irae (THE SHINING) - 9. Main Title (SPARTACUS) - 10. Funeral (BARRY LYNDON) - 11. Main Title (LOLITA) - 12. Main Title (FULL METAL JACKET) - 13. We'll Meet Again (DR. STRANGELOVE). CD Bellevue.

EYES WIDE SHUT. Music from Stanley Kubrick Movies
Europäische Union 2001. Tracks: 1. When I Fall in Love - 2. The Second Waltz from Jazz Suite. - 3. Strangers in the Night. - 4. 2nd Movement from Symphony No. 9 - 5. Pomp and Circumstance - 6. Tain't What You Do (It's the Way That Cha Do It) - 7. Introduction from Also sprach Zarathustra - 8. Adagio from Gayane - 9. Theme from Spartacus - 10. Sarabande - 11. German Dance No. 1 - 12. Third Movement from Cello Concerto - 13. Main Title from The Shining - 14. Chapel of Love - 15. We'll Meet Again. CD Soundtrack Collections Golden Star U P No. 1254918 Catalogue No. 5179.

SPARTACUS

The Soundtrack Album SPARTACUS
USA 1960. Tracks: 1. Main Title - 2. Spartacus Love Theme - 3. Gladiators Figth to the Death - 4. Blue Shadows and Purple Hills - 5. Homeward Bound / a. On to the Sea / b. Beside the Pool - 6. Hopeful Preparations / Vesuvius Camp - 7. Prelude to Battle / a. Quiet Interlude / b. The Final Conflict - 8. On to Vesuvius / a. Forward / b. Forest Meeting - 9. Oysters and Snails - Festival - 10. Headed for Freedom - 11. Goodbye, My Life, My Love - End Title. Music composed and conducted by Alex North (Studio Orchestra). Länge: 00:40:41. LP 30 cm. Decca DL-79092.

The Soundtrack Album SPARTACUS
Großbritannien 1960. LP 30 cm (fold-out cover). LP Brunswick LAT 8363.

Original Motion Picture Soundtrack SPARTACUS
USA 1972. LP 30 cm (fold-out cover). LP MCA Records 2068.

The Soundtrack Album SPARTACUS
USA 1980. LP 30 cm. MCA Records 1534. Wiederauflage des Original Soundtrack-Albums von 1960 als CD und LP.

Classic Soundtrax The Soundtrack Album SPARTACUS
Großbritannien nach 1980. Trax Music MODEM CD 1012. Wiederauflage des Original Soundtrack-Albums von 1960 als CD.

Original Motion Picture Soundtrack SPARTACUS
USA 1991. CD MCA Classics 10256.

The Complete Original Film Music SPARTACUS
USA 1991. 2 CD-Set. MCAD-10256. Limiterte Auflage. Diese 2-CD-Ausgabe mit ihren 41 Tracks ist neben der längeren Wiedergabe aller Titel um die bei der Erstveröffentlichung fehlende Ouvertüre und mehrere Bonustracks erweitert. Auch unter CD SVC 5994 erschienen.

Original Soundtrack Recording. More Music from Spartacus
Deutschland 2000 CD Tsunami TCI 0603.
Die CD erhielt den Preis der deutschen Schallplattenkritik. Sie enthält zwar die Ouvertüre, ist mit 18 Tracks aber wesentlich kürzer als die Doppel-CD-Edition MDADC-10256 von 1991. Auch weicht die Trackbezeichnung teilweise erheblich von denen der bisherigen Ausgaben ab.

LOLITA

LOLITA The Original Soundtrack Recordings
USA 1962. LP 30 cm, mono. MGM Records E-4050.

LOLITA The Original Soundtrack Recordings
USA 1962. LP 30 cm, electronically enhanced stereo. MGM Records SE 4050-ST.

LOLITA
BRD 1962. LP 17 cm. MGM 63023. Released by Deutsche Grammophon.

LOLITA The Original Soundtrack Recordings
Großbritannien ohne Jahr (mit dem Zusatz: originally released 1962). LP 30 cm, mono. MGM C 896.

LOLITA The Original Soundtrack Recording
USA 1997. Tracks: 1. Main Title (Love Theme from Lolita) - 2. Quilty (Quilty's Theme) - 3. Quilty as Charged: James Mason, Peter Sellers - 4. Ramsdale (Arrival in Town) - 5. Cherry Pies: Shelley Winters, James Mason - 6. Lolita Ya Ya: - 7. Hula Hoop: Sue Lyon, Shelley Winters: - 8. There's No You - 9. Quilty's Caper (School Dance) - 10. A Lovely, Lyrical, Lilting Name: Peter Sellers, Shelley Winters - 11. Put Your Dreams Away (For Another Day) - 12. Shelley Winters' Cha Cha - 13. Music to Eat By (Mother and Humbert at Dinner) - 14. Love Theme from „Lolita" - 15. Diary Entry: James Mason - 16. The Last Martini (Discovery of Diary) - 17. Charlotte Is Dead (Thoughts of Lolita) - 18. Instant Music (Two Beat Society) - 19. Don't Smudge Your Toenails: James Mason, Sue Lyon - 20. The Strange Call - 21. Mrs. Schiller: James Mason, Sue Lyon, Orchestra. Nelson Riddle - 22. Twenty-Five Paces: James Mason, Sue Lyon - 23. End Title (Love Theme from Lolita). 1, 4, 6, 8, 9, 10, 12, 13, 14, 16, 17, 18, 20, 23: Orchestra Nelson Riddle with Chorus. CD Rhino-Records R2 72841.
Enthält neben dem Music Score zusätzlich Dialoge aus dem Film. Auch erschienen bei Rhino 812272841-2 (Europäische Union, 1997).

DR. STRANGELOVE OR: HOW I LEARNED TO STOP WORRYING AND LOVE THE BOMB

DR. STRANGELOVE OR: HOW I LEARNED TO STOP WORRYING AND LOVE THE BOMB
Großbritannien / USA 1964. Single 17 cm, 45 RPM. London 45-LON-9640.

Stanley Kubrick's DR. STRANGELOVE and other Great Movie Themes
USA 1964. LP 30 cm, stereo. Colpix SCP-464.

2001: A SPACE ODYSSEY

MGM Records in collaboration with Deutsche Grammophon presents Music from the Motion Picture Sound Track of 2001: A SPACE ODYSSEY
USA 1968. Tracks: 1. Also sprach Zarathustra (Thus Spoke Zarathustra) (Main Title), composed by Richard Strauss, Karl Böhm conducting The Berlin Philharmonic Orchestra - 2. Requiem for Soprano, Mezzo Soprano, Two Mixed Choirs and Orchestra (The Monolith), composed by György Ligeti, Francis Travis conducting The Bavarian Radio Orchestra - 3. Lux Aeterna (The Lunar Landscape), composed by György Ligeti, Stuttgart Schola Cantorum conducted by Clytus Gottwald - 4. The Blue Danube (The Space Station), composed by Johann Strauss, Herbert von Karajan conducting The Berlin Philharmonic Orchestra - 5. Gayaneh Ballet Suite (Adagio) (The Discovery), composed by Aram Khachaturian, Leningrad Philharmonic Orchestra, conducted by Gennadi Rosdestvensky - 6. Atmosphères (Beyond the Infinite), composed by György Ligeti, Südwestfunk Orchestra, conducted by Ernest Bour - 7. The Blue Danube (End Titles), composed by Johann Strauß, Herbert von Karajan conducting The Berlin Philharmonic Orchestra - 8. Also sprach Zarathustra (Thus Spoke Zarathustra) (The Star Child), composed by Richard Strauss, Karl Böhm conducting The Berlin Philharmonic Orchestra. Länge: 00:36:41. LP MGM S1E-13. Dem Originalwerbematerial zufolge ist dies das originale Masteralbum. Genannt wird oft auch MGM CS 8078 oder das in Europa erschienene Label MGM 665 096. Auf jeden Fall handelt es sich hier um eine Erstausgabe von 1968. Sie enthält die Zusammenstellung, wie sie in den folgenden Jahren, immer wieder veröffentlicht wurde, mal mit Fold-out Cover (Klappalbum), mal in einfacher Ausführung, mitunter im Cover farblich variiert.

2001: A SPACE ODYSSEY Soundtrack
USA 1968. 8-Track tape, Columbia TC8 Stereo. MGM C 81130-13. Tracks identisch mit LP.

Original Soundtrack 2001: A SPACE ODYSSEY
USA 1968. Cassette tape. MGM M5H-13.

Music inspired by MGM's presentation of the Stanley Kubrick production of 2001: A SPACE ODYSSEY Vol. Two
USA 1971. LP MGM Records SE-4722-ST.
Diese LP enthält nicht etwa mehr Musik aus dem Filmscore, sondern neben den im 1968er Soundtrack verwendeten Aufnahmen von *Also spach Zarathustra* auch eine von Michael Gielen und dem Symphonie Orchester des Hessischen Rundfunks eingespielte Fassung von György Ligetis *Requiem* und das im Film nicht vorkommende, später in THE SHINING verwendete *Lontano* von Ligeti.

Music from the Motion Picture Sound Track of 2001: A SPACE ODYSSEY
USA 1972. LP 30 cm. Polydor 231503-4.

2001: A SPACE ODYSSEY Original MGM Soundtrack
LP 30 cm. CBS Records 61772 (ed. 1981) - LP 30 cm. CBS Records 70275 (ed. 1986) - CD CBS Records 4070275 (ed. 1986).

2001: A SPACE ODYSSEY Vol. Two
Großbritannien / USA 1986 LP MCA 39049.
In Wirklichkeit handelt es sich nicht, wie das Cover vermuten lässt, um die Wiederauflage des 1971 erschienenen Albums *2001, Vol. 2* (SE-4722-ST, siehe oben), sondern um eine Neuausgabe des Original-Soundtracks der Edition des 1968er MGM-Soundtracks mit acht Tracks ohne Ouvertüre und leicht abweichenden Längenangaben.

Music from the Motion Picture Sound Track of 2001: A SPACE ODYSSEY
Großbritannien / BRD 1988. Länge: 00:56:25. CD Polydor Nr. 831 068-2.

2001: A SPACE ODYSSEY Vol. Two
USA / Großbritannien 1989. Records MCAD 31195. Wiederauflage der MCA LP 39049 von 1986 als CD.

2001: A SPACE ODYSSEY
USA / BRD 1989. CD EMI Records CDP 7933022 (in England als CDMGM6). Wiederum ohne Ouvertüre, aber als digital verbesserte Wiederauflage der Original-MGM-Aufnahmen von 1968 mit acht Tracks.

2001: A SPACE ODYSSEY Original MGM Soundtrack CBS
USA 1990. Länge: 00:41:39. CD CBS SPECIAL AK 45439.
Diese CBS-Ausgabe mit acht Tracks schließt hier zum ersten Mal als Track 1 die von einem Teil von György Ligetis *Atmosphères* gebildete Ouvertüre ein, die bei MGM, Polydor und MCA fehlt. Die Trackbezeichnung weicht gegenüber den bisherigen Editionen ab.

Original Motion Picture Soundtrack MGM presents a Stanley Kubrick Production 2001: A SPACE ODYSSEY
Großbritannien / USA 1996. Länge: 00:78:49. CD Rhino Records R2 72562 RHINO.
Diese erweiterte Ausgabe des Original-Soundtracks enthält insgesamt zwölf Musik-Tracks, darunter vollständig das in allen früheren Ausgaben nicht enthaltene, im Film aufgrund der Kürzung nach der Premiere veränderte Ligeti-Stück *Aventures*, hier mit *Stargate 2* bezeichnet. Auch finden sich Orchestervarianten einzelner Stücke. Zusätzlich als 13. Track erscheint die Stimme von HAL-9000. Des weiteren findet sich als *Jupiter and Beyond* eine Verbindung der Tracks 3 (*Requiem*), 1 (*Atmosphères*) und 12 (*Aventures*).

2001: ODISSEA NELLO SPAZIO
Italien 1999. Länge: 00:37:58. EMI Records 7243 4 72992 2 3. Noch 1999 erschien diese CD ohne Ouvertüre mit fast identischer Länge der Tracks von 1968.

Alex North's 2001 - A SPACE ODYSSEY. The Legendary Original Score World Premiere Recording
Großbritannien 1993. Jerry Goldsmith / The National Philharmonic Orchestra (eingespielt Januar 1993 im Londoner Abbey Road Studio). Tracks: 1. Main Title - 2. The Foraging - 3. Eat Meat and the Kill - 4. The Bluff - 5. Night Terrors - 6. The Dawn of Man - 7. Space Station Docking - 8. Trip to the Moon - 9. Moon Rocket Bus - 10. Space Talk - 11. Interior Orion - 12. Main Theme. Länge: 00:35:35. CD Varese Sarabande VSD 5400. Hier handelt es sich um die von Alex North für 2001 komponierte, dann aber nicht verwendete Musik.

A CLOCKWORK ORANGE

Für A CLOCKWORK ORANGE hatte Walter Carlos fast vollständig eine Synthesizer-Musik hergestellt, die jedoch nicht in allen Teilen im Film einging. Carlos veröffentliche kurze Zeit später seine eigene Version. Diese Existenz zweier konkurrierender Fassungen führte wiederholt zu Verwechslungen bei der diskografischen Behandlung von Längen, Titeln und Versionen.

Stanley Kubrick's CLOCKWORK ORANGE
USA 1971. Tracks: 1. Title music, composed by Walter Carlos and Rachel Elkind, performed by Walter Carlos - 2. The Thieving Magpie, composed by Gioacchino Rossini, from Deutsche Grammophon recording - 3. Beethoviana, composed by Walter Carlos and Rachel Elkind, performed by Walter Carlos - 4. Ninth Symphony, Second Movement - abridged, composed by Ludwig von Beethoven, from Deutsche Grammophon recording - 5. March (Ninth Symphony, Fourth Movement, abridged), composed by Ludwig von Beethoven, arr. Walter Carlos - performed by Walter Carlos, articulations by Rachel Elkind - 6. William Tell Ouverture abridged, composed by Gioacchino Rossini, performed by Walter Carlos - 7. Pomp and Circumstance March No. I, composed by Sir Edward Elgar - 8. Pomp and Circumstance March No. IV - abridged, composed by Sir Edward Elgar - 9. Timesteps, composed and performed by Walter Carlos - 10. Ouverture to the Sun, composed by Terry Tucker - 11. I Want to Marry a Lighthouse Keeper, composed and performed by Erika Eigen - 12. William Tell Overture - abridged, composed by Gioacchino Rossini, from Deutsche Grammophon recording - 13. Suicide Scherzo (Ninth Symphony, Second Movement - abridged), composed by Ludwig von Beethoven, arr. Walter Carlos, performed by Walter Carlos - 14. Ninth Symphony, Fourth Movement - abridged, composed by Ludwig von Beethoven, from Deutsche Grammophon recording - 15. Singin' in the Rain, composed by Arthur Freed and Nacio Herb Brown, vocals by Gene Kelly. Länge: 00:45:16. LP 30 cm. Warner Bros. BS 2573 (fold-out cover). Dieser Soundtrack wurde in den USA mit einer Goldenen Schallplatte für 1 Million verkaufte Exemplare ausgezeichnet (im Nachlass).

Stanley Kubrick's CLOCKWORK ORANGE
Japan 1972. LP 30 cm. Warner Bros P-6352 (identisch mit W BS 2573).

ORANGE MÉCANIQUE
Frankreich 1972. 1. March from A Clockwork Orange - 2. Theme from A Clockwork Orange. Single 17 cm, 45RPM. Warner Bros. 16145.

Walter Carlos' CLOCKWORK ORANGE
USA 1972. CBS 73059. Auch: Niederlande 1972, LP CBS Records S 65048, und Kanada 1972, LP Columbia KC 31480.
1972 veröffentlichte Walter Carlos diese für den Film komponierte Musik, die eine vollständige Version von *Timesteps*, die Synthesizer-Fassung von *La gazza ladra* und *Country Lane*, enthält.

Stanley Kubricks UHRWERK ORANGE
BRD 1972. LP 30 cm. Warner Bros. WB 64.127.

ARANCIA MECCANICA
Italien 1972. LP 30 cm. Joker SM 1138.

Una pellicola di Stanley Kubrick ARANCIA MECCANICA
Italien 1972. 1. Clockwork Orange - 2. Beethoviana - 3. Guglielmo Tell. EP Single 17 cm. CBS Records 8257.

Un film de Stanley Kubrick: ORANGE MÉCANIQUE
Frankreich 1972. LP 30 cm (Bande originale du film). Warner Bros. 64.127.

Wendy Carlos's Complete Original Score CLOCKWORK ORANGE
Großbritannien um 1980. LP 30 cm. EMI Records S-36855. LP-Re-Edition der 1972er von Walter (jetzt Wendy) Carlos erstellten Version (siehe oben CBS 73059).

Stanley Kubrick's CLOCKWORK ORANGE
USA 1989. Länge: 00:46:14. CD Warner Bros. 2573. Leicht veränderte Neuauflage von LP Warner Bros. BS 2573 (1971).

Stanley Kubrick's A CLOCKWORK ORANGE
Großbritannien / USA 1989. Länge: 00:45:16. CD Warner Bros. 2573-2. Entspricht Warner Bros. 2573.

Stanley Kubrick's A CLOCKWORK ORANGE
BRD 1989. Länge: 00:47:20. Enthält dieselben Titel wie Warner Bros. 2573.

Wendy Carlos' Complete Original Score CLOCKWORK ORANGE
USA 1998. Länge: 00:46:18. CD East Side Digital ESD 81362.

Stanley Kubrick's A CLOCKWORK ORANGE
USA / Großbritannien 2000. CD Warner Bros. / Wea International Nr. 7599-27256. Derzeit (Anfang 2004) im gängigen CD-Handel.

Recordings featured in Stanley Kubrick's A CLOCKWORK ORANGE
Kanada 1972. 2 LPs. Polydor 2625 024.

Barry Lyndon

Music from the Soundtrack of Barry Lyndon

USA / Großbritannien 1976. Tracks: 1. Main Title: Suite for Keyboard Nr. 11 in d-minor (Sarabande), by Georg Friedrich Händel, arranged for orchestra by Leonard Rosenman - 2. Women of Ireland by Sean O'Riada, performed by The Chieftains - 3. Piper's Maggot Jig, Irish Traditional, performed by The Chieftains - 4. The Sea-Maiden, Irish Traditional, performed by The Chieftains - 5. Tin Whistles by Sean O'Riada, with Paddy Moloney - 6. British Grenadiers, by Disa English - 7. Hohenfriedberger Marsch, by King of Prussia Frederick the Great - 8. Lilliburlero by Anonymous - 9. Women of Ireland. Harp version by Sean O'Riada, performed by Derek Bell - 10. Idomeneo, rè di Creta, opera, K. 366, March, by Wolfgang Amadeus Mozart - 11. Sarabande, arr. as Sarabande-Duel - 12. Lilliburlero, conducted by Leslie Pearson - 13. German Dance No. 1 in C-major, composed by Franz Schubert, performed by National Philharmonic Orchestra, conducted by Leonard Rosenman - 14. Suite for Keyboard (Suite de piece), No. 11 in d-minor, HWV 437 Sarabande, arr. as Sarabande-Duel, composed by Georg Friedrich Händel - 15. Il barbiere di Siviglia, Cavatina, by Giovanni Paisiello - 16. Cello Concerto, for Cello, Strings & Continuo in e-minor, RV 409 3rd Movement, by Antonio Vivaldi, with Lucerne Festival Strings, Pierre Fournier, cello, conducted by Rudolf Baumgartner - 17. Concerto for 2 Harpsichords & Strings in c-minor, BWV 1060, Adagio, by Johann Sebastian Bach, with Hedwig Bilgram, Munich Bach Orchestra, Karl Richter - 18. Piano Trio No. 2 in E flat major, D. 929 (Op. 100), 2nd Movement (as arr. for film Barry Lyndon), by Franz Schubert, with Anthony Goldstone, Ralph Holmes, Moray Welsh - 19. Suite for Keyboard (Suite de piece), Vol. 2, No. 11 in d-minor, HWV 437 Sarabande, arr. as Sarabande - End Title. Nr 1, 11, 13, 14,15, 19: National Philharmonic Orchestra, conducted by Leonard Rosenman. Länge: 00:51:28. LP 30 cm. Warner Bros. BS 2903.

Music from the Academy Award winning soundtrack Barry Lyndon

BRD 1976. LP Warner Bros. K 56189. Deutsche Ausgabe von Warner Bros. BS 2903 mit anderem Cover-Motiv.

Music from the Academy Award winning soundtrack Barry Lyndon

Ausgaben 1995, 1996, 1998 und 2001 (versch. Länder). CD Warner Bros. 7599-25984-2. Neuauflagen von Warner Bros. K 2903 als CD. Als Einzel CD 1999/2000 in Sampler-Box Warner Music France 408774.

The Shining

A Masterpiece of Modern Horror: The Shining

USA 1980. Tracks: 1. The Shining (Main Title), Wendy Carlos and Rachel Elkind - 2. Rocky Mountains, Wendy Carlos and Rachel Elkind - 3. Lontano, György Ligeti / Symphony-Orchestra des Südwestfunks / conducted by Ernest Bour - 4. Music for Strings, Percussion and Celesta, Bela Bartok / Berlin Philharmonic Orchestra / conducted by Herbert von Karajan - 5. Utrenja (Excerpt), Krzysztof Penderecki / Symphony Orchestra of the National Philharmonic, Warsaw / conducted by Andrzej Markowski - 6. The Awakening of Jacob, Krzysztof Penderecki / Polish Radio National Symphony Orchestra / conducted by Krzysztof Penderecki - 7. De Natura Sonoris, No. 2, Krzysztof Penderecki / Polish Radio National Symphony Orchestra / conducted by Krzysztof Penderecki - 8. Home, Henry Hall and the Gleneagles Hotel Band. Länge: 00:48:19. LP 30 cm. Warner Bros. HS 3449.

Full Metal Jacket

Stanley Kubrick's Full Metal Jacket Original Film Music by Abigail Mead

USA 1987. Tracks: 1. Full Metal Jacket (Abigail Mead & Nigel Goulding) - 2. Hello Vietnam (Tom T. Hall), performed by Johnny Wright - 3. Chapel of Love, performed by The Dixie Cups. - 4. Wooly Bully, performed by Sam the Sham & the Pharaohs - 5. I Like It Like That, by Chris Kenner - 6. These Boots Are Made for Walking (Lee Hazlewood), performed by Nancy Sinatra - 7. Surfin' Bird, performed by The Trashmen. - 8. The Marines' Hymn, performed by The Goldman Band - 9. Transition (Abigail Mead) - 10. Parris Island by Abigail Mead - 11. Ruins by Abigail Mead - 12. Leonard by Abigail Mead - 13. Attack by Abigail Mead - 14. Time Suspended by Abigail Mead - 15. Sniper by Abigail Mead. Länge: 00:40:52. LP 30 cm. Warner Bros. 25613-4.

Die Originalmusik wurde von Kubricks jüngster Tochter Vivian unter dem Pseudonym Abigail Mead komponiert. Manche Cover tragen den Aufkleber ‚Featuring the hit I Wanna Be Your Drill Instructor'. Bei diesemTitel handelt es sich um das auf dem Lable *Full Metal Jacket* genannte Stück. Es wurde auch auf Single (Warner Brothers 928 204, side A: *Full Metal Jacket*. side B: Sniper) bzw. als Maxi-Single (Warner Bros. 920 787-0) herausgebracht und erreichte den zweiten Platz in den englischen Pop-Charts.

Eyes Wide Shut

Music from the Motion Picture Eyes Wide Shut

USA 1999. Tracks: 1. Musica ricercata II (mesto, rigido e cerimoniale) by György Ligeti; Dominic Harlan, piano - 2. Waltz 2 from Jazz Suite by Dimitri Shostakovich; The Royal Concertgebouw Orchestra, conducted by Riccardo Chailly - 3. Baby Did a Bad Bad Thing, composed & performed by Chris Isaak - 4. When I Fall in Love by Victor Young & Edward Heymann, performed by The Victor Silvester Orchestra - 5. I Got It Bad (and That Ain't Good) by Duke Ellington & Paul Francis Webster, performed by The Oscar Peterson Trio - 6. Naval Officer, composed & performed by Jocelyn Pook; Sophie Harris, solo cello; Jacqueline Norrie, solo violin; Clare Finnimore, solo viola. Harvey Brough, conductor - 7. The Dream, composed & performed by Jocelyn Pook; Sophie Harris, solo cello, Jacqueline Norrie, solo violin, Clare Finnimore, solo viola, Harvey Brough, conductor - 8. Masked Ball, composed & performed by Jocelyn Pook - 9. Migrations by Jocelyn Pook & Harvey Brough; Jocelyn Pook, The Jocelyn Pook Ensemble with Manickam Yogeswaran, Kelsey Michael & Harvey Brough - 10. If I Had You by Ted Shapiro, Jimmy Campbell & Reg Connelly, performed by Roy Gerson - 11. Strangers in the Night by Eddie Snyder, Charles Singleton & Bert Kaempfert, performed by The Peter Hughes Orchestra - 12. Blame It on My Youth by Oscar Levant & Edward Heyman, performed by Brad Mehldau - 13. Grey Clouds by Franz Liszt, Dominic Harlan, piano - 14. Musica ricercata II (mesto, rigido e cerimoniale) (Reprise) by György Ligeti, Dominic Harlan, piano. Länge: 00:57:48. CD Warner Bros. 9362-47450-2.

Autorenverzeichnis

Christian Appelt
Geboren 1967. Freier Autor, verschiedene Veröffentlichungen zum Thema historische Filmtechnik. Freier Mitarbeiter des Deutschen Filmmuseums.

Marisa Buovolo
Geboren 1957. Dr. phil., Filmsoziologin und freie Publizistin, freie Dozentin an verschiedenen Hochschulen (Mainz / Seminar für Filmwissenschaft, Ludwigsburg / Filmakademie, Hamburg / Fachbereich Medienkultur). Arbeit u.a. zu den Inszenierungsformen von Weiblichkeit im italienischen Film und zur Rolle von Kostüm und KostümbildnerInnen, in den letzten Jahren speziell zum Thema „Mode und Film" aus kulturhistorischer sowie soziologischer Perspektive.

Rainer Crone
Geboren 1942. Langjähriger Lehrstuhlinhaber für Kunst des 20. Jahrhunderts an der Columbia University New York, heute Professor für Geschichte und Theorie der Kunst und Medien des 20. und 21. Jahrhunderts an der LMU München. 1996 Gründung von ICCARUS, *International Center for Curatorial Studies*, mit internationalen Ausstellungs- und Buchprojekten. Autor und Herausgeber zahlreicher Publikationen, u.a. *Stanley Kubrick. Still Moving Pictures. Photographien 1945-1950* (mit Petrus Graf Schaesberg, 1999).

Bernd Eichhorn
Geboren 1961. Studium der Kunstgeschichte, Theater-, Film- und Fernsehwissenschaften und Architektur in Frankfurt am Main und Darmstadt. Freier Mitarbeiter des Deutschen Filmmuseums Frankfurt am Main und des Filmmuseums Berlin / Deutsche Kinemathek. Freie Archivarstätigkeiten sowie künstlerische Arbeiten.

Thomas Elsaesser
Professor am Institut für Medien und Kultur an der Universität Amsterdam. Mitbegründer und Vorstandsmitglied von ASCA (Amsterdam School of Cultural Analysis). Herausgeber der Reihe *Film Culture in Transition*. Essays zu Filmtheorie, Filmgenres, Filmgeschichte, Fernsehen und digitalen Medien. Jüngste Veröffentlichungen als Autor und Herausgeber u.a. *Früher Film und Kinogeschichte* (2002), *The Last Great American Picture Show* (mit A. Horwath / N. King, 2004), *Harun Farocki* (2004).

Ralf Michael Fischer
Geboren 1970. Studium der Kunstgeschichte, Neueren Deutschen Literatur und Linguistik in Tübingen und Sarnherst, Massachusetts. Seit 2001 wissenschaftlicher Mitarbeiter an den Kunstgeschichtlichen Instituten der Universitäten Marburg und Frankfurt am Main. Lehrveranstaltungen zur Malerei des 19. und 20. Jahrhunderts, zu Fotografie und Film. Arbeit an einer Dissertation über „Raum- und Zeitgestaltung in Stanley Kubricks Gesamtwerk".

Volker Fischer
Geboren 1951. Prof. Dr. phil., Studium der Kunstpädagogik, Germanistik, Linguistik und Kunstgeschichte in Kassel und Marburg. 1980/81 Kulturreferent der Stadt Marburg. 1981-1994 stellvertretender Direktor des Deutschen Architektur Museums, dann Kurator der Design-Abteilung am Museum für Kunsthandwerk Frankfurt am Main. Seit 1992 Honorarprofessur an der HfG Offenbach. Ausstellungen und Veröffentlichungen mit den Schwerpunkten Architektur und Design des 20. Jahrhunderts.

Ingeborg Flagge
Prof. Dr., Studium Philosophie, Geschichte, Sanskrit, Archäologie, Ägyptologie, Alte Geschichte, Kunst- und Baugeschichte in Köln und London. 1974-1998 Chefredakteurin *Der Architekt*. 1978-1983 Bundesgeschäftsführerin des Bundes Deutscher Architekten, Bonn. 1995-2000 Professorin Bau- und Architekturgeschichte, HWTK Leipzig. Freie Architekturkritikerin und Publizistin, zahlreiche Beiträge in Fachpublikationen und Büchern. Seit 2000 Direktorin des Deutschen Architektur Museums.

Anthony Frewin
Geboren 1947 in London. Assistent von Stanley Kubrick 1965-1969 und 1979-1999. Arbeitet weiterhin im Stanley Kubrick Estate. Autor zahlreicher Bücher, zuletzt Drehbuch zu dem Spielfilm COLOUR ME KUBRICK mit John Malkovich.

Winfried Günther
Geboren 1949. Studium der Soziologie in Frankfurt am Main. Filmjournalist. Mitarbeiter des Kommunalen Kinos seit 1971, später des Deutschen Filmmuseums.

Boris Hars-Tschachotin
Geboren 1973. Studium der Kunstgeschichte, Philosophie, Theaterwissenschaft / Kulturelle Kommunikation. Magisterarbeit zu „Produktionsdesign – Kunstgeschichte – Film". Lehrauftrag und Assistenz am Kunstgeschichtlichen Seminar der Humboldt-Universität Berlin. Seit 1997 tätig in der Pre-Production für Kinofilme u.a. von Jean-Jacques Annaud, Volker Schlöndorff, István Szábo, Kurzfilm LURCH (2000). Gründung der Filmproduktion Liquid Blues Production 2002, Dokumentar- und Spielfilme in Vorbereitung.

Falk Horn
Geboren 1955. Lehre als KFZ-Schlosser. Studium der Philosophie und Kunstgeschichte in München. Studium der Architektur in Frankfurt am Main, Diplom Ingenieur (Architektur). Seit 1987 Planungsgemeinschaft Raumdeutung, Büro für Gestaltung, gemeinsam mit Bettina Rudhof. Seit 1999 Ausstellungen eigener Arbeiten. Seit 2002 freier Kurator am Deutschen Architektur Museum.

Johannes Kamps
Geboren 1955. Studium der Kunstgeschichte, Archäologie, Volkskunde und Germanistik in Mainz. Freie Mitarbeit im Archiv des Deutschen Filmmuseums. Promotion zum Dr. phil. über „Studien zur Geschichte des deutschen Filmplakats von den Anfängen bis 1945". Freier Autor, Ausstellungsführer und Kurator. Veröffentlichungen und Mitarbeit an Publikationen u.a. zu den Themen Moderne Architektur und Stadtplanung, Plakat, Antikfilm, Oskar Werner, Klaus Kinski, Akira Kurosawa.

Ursula von Keitz
Geboren 1961. Dr. des., Oberassistentin am Seminar für Filmwissenschaft der Universität Zürich und Dozentin an der dortigen Hochschule für Gestaltung und Kunst. Aufsätze und Artikel zur Filmgeschichte und -theorie, Ausstellungen, Filmrestaurierung. Buchveröffentlichungen als Herausgeberin und Autorin: *Früher Film und späte Folgen* (1998), *Die Einübung des dokumentarischen Blicks* (mit Kay Hoffmann, 2001), *Unbegnadete Körper* (Dissertation, 2004).

Bernd Kiefer
Geboren 1956. Dr. phil., wissenschaftlicher Assistent am Seminar für Filmwissenschaft der Gutenberg-Universität Mainz. Aufsätze zur Filmgeschichte und zur Literaturtheorie, zahlreiche Beiträge in den von Thomas Koebner herausgegebenen Bänden *Filmklassiker* (2002), *Filmregisseure* (1999) und *Sachlexikon des Films* (2002). Veröffentlichungen als Autor und Herausgeber: *Die bizarre Schönheit der Verdammten. Die Filme von Abel Ferrara* (mit Marcus Stiglegger, 2000), *Western* (mit Norbert Grob, 2003).

Daniel Kothenschulte
Geboren 1970. Studium der Kunstgeschichte, Theater-, Film- und Fernsehwissenschaft. Kritiken und Aufsätze zu Film, Kunst und was sie verbindet. Fernsehbeiträge für den WDR. Seit 2001 verantwortlich für den Bereich Film im Feuilleton der *Frankfurter Rundschau*. Buchveröffentlichung *Nachbesserungen am Amerikanischen Traum. Der Regisseur Robert Redford und seine Filme* (1998). Nebenbei Arbeit als Stummfilmpianist.

Hans-Thies Lehmann
Geboren 1944. Professor für Theaterwissenschaft an der Goethe-Universität Frankfurt am Main seit 1988. Buchpublikationen u.a. *Postdramatisches Theater* (1999), *Die Raumfabrik. Mythos im Kino und Kinomythos*, in: *Mythos und Moderne* (Hrsg. Karl Bohrer, 1983), *Das Kino und das Imaginäre. Über Stanley Kubricks „Full Metal Jacket"*, in: *Kino und Couch*. Arnoldshainer Filmgespräche, Band 7 (1990).

Ronny Loewy
Geboren 1946 in Tel Aviv. Studium der Soziologie. Mitarbeiter des Deutschen Filmmuseums und Leiter des Projekts „Cinematographie des Holocaust" in Zusammenarbeit mit dem Fritz Bauer Institut. 1987 Ausstellung „Von Babelsberg nach Hollywood. Filmemigration aus Nazideutschland" im Deutschen Filmmuseum. Filmregie u.a. ES WAR EINMAL EIN JIDDISCHLAND (1992, mit Inge Classen), AUSCHWITZ. FÜNF TAGE IM NOVEMBER (1995, mit Cilly Kugelmann/Hanno Loewy). Mitherausgeber der Zeitschrift *Filmexil*.

Eva-Maria Magel
Geboren 1970. Studium der Germanistik und Romanistik – mit gelegentlichen Ausflügen in Filmwissenschaft und Geschichte – in Regensburg, Paris und Konstanz. 1999/2000 Volontariat bei der *Frankfurter Allgemeinen Zeitung*. Seit 2001 Kulturredakteurin in der Rhein-Main-Redaktion der *FAZ*, dort Artikel zu Film und Theater, Wissenschaft und Hochschulen.

Sabine Nessel
Geboren 1963. Studium der Theater- und Filmwissenschaft, Politologie und Neuere Deutsche Literaturwissenschaft in Erlangen und Berlin. Veröffentlichungen zu Kultur-, Film- und Medientheorie. Laufende Dissertation zu „Kino und Ereignis". Mitherausgeberin von *Nach dem Film*, www.nachdemfilm.de, Redakteurin von *Frauen und Film*. Seit 2000 wissenschaftliche Mitarbeiterin am Institut für Theater-, Film- und Medienwissenschaft der Goethe-Universität Frankfurt am Main.

Juhani Pallasmaa
Geboren 1936. Professor für Architektur in Helsinki, praktische Arbeit seit Beginn der 1960er Jahre, eigenes Architekturbüro seit 1983. Lehrveranstaltungen, Gastprofessuren und Vorträge in Europa, Amerika, Afrika und Asien. Autor zahlreicher Artikel und Bücher über Philosophie und Kritik der Architektur und Kunst, u.a. *Encounters: Architectural Essays* (2004), *Sensuous Minimalism* (2002), *The Architecture of Image: Existential Space in Cinema* (2001).

Hans-Peter Reichmann
Geboren 1955. Studium der Germanistik, Theater-, Film- und Fernsehwissenschaften und Soziologie in Frankfurt am Main. Seit 1982 erst freier Mitarbeiter, dann Leiter der Sammlungen und Ausstellungen, dann stellvertretender Direktor des Deutschen Filmmuseums. Kurator zahlreicher Ausstellungen, u.a. zu den Themen bundesrepublikanischer Nachkriegsfilm, Filmarchitektur, Marlene Dietrich, Klaus Kinski.

Edgar Reitz
Geboren 1932. Studium der Theaterwissenschaft, Germanistik, Kunstgeschichte und Publizistik. Schauspielunterricht, literarische Arbeiten, ab 1959 Regisseur zahlreicher preisgekrönter Industrie-, Werbe- und Dokumentarfilme. Mitglied der „Münchner Gruppe" und Unterzeichner des Oberhauser Manifests 1962, Filmklasse an der Ulmer Hochschule für Gestaltung mit Alexander Kluge. Hauptwerk HEIMAT (1984) und DIE ZWEITE HEIMAT (1992), zur Zeit Arbeit an HEIMAT III (2004).

Wilhelm Roth
Geboren 1937. Studium der Germanistik und Geschichte, Journalist und Redakteur. Redaktionstätigkeit beim WDR, bei der Zeitschrift *Filmkritik* in München und den „Freunden der deutschen Kinemathek" in Berlin. 1984 bis 2002 Redakteur von *epd Film* in Frankfurt am Main. Seitdem freier Journalist mit den Schwerpunkten Theater, Film und Fotografie. Veröffentlichungen u.a. zu Fassbinder und zum Dokumentarfilm.

Bettina Rudhof
Geboren 1959. Studium der Innenarchitektur. 1984 Abschluss als Diplom-Designerin. Einjähriges Postgraduiertenstudium der Architektur. Studium der Kunstgeschichte und der Philosophie, 1993 Abschluss M.A. Seit 1987 Planungsgemeinschaft Raumdeutung, Büro für Gestaltung, gemeinsam mit Falk Horn. Seit 1996 Lehraufträge an der FH-Wiesbaden und an der Goethe-Universität Frankfurt am Main. Seit 2001 freie Kuratorin am Deutschen Architektur Museum. Veröffentlichungen zu Design und Architektur.

Bernd Schultheis
Geboren 1964. Studium der Musikwissenschaft, Philosophie und Kunstgeschichte in Bochum, Komposition und Gitarre in London. Seit 1990 als freischaffender Komponist tätig. Schwerpunkt auf Komposition von Filmmusik. Auftragsarbeiten für die Sender ZDF/arte, 3sat sowie NDR-Rundfunk und Deutschland Radio Berlin. Neukompositionen für Orchester und Ensemble, u.a. zu F.W. Murnaus FAUST und Fritz Langs METROPOLIS.

Georg Seeßlen
Geboren 1948. Studium der Malerei, Kunstgeschichte und Semiologie in München. Arbeit als Dozent an verschiedenen Hochschulen im In- und Ausland. Freier Autor u.a. für *Die Zeit, Frankfurter Rundschau, taz, epd Film, Freitag*. Autor zahlreicher Filmbücher, darunter *Stanley Kubrick und seine Filme* (1999).

Alexandra von Stosch
Geboren 1969. Gründungsmitglied, Lektorin/Kuratorin von ICCARUS, *International Center for Curatorial Studies*. Maîtrise an der Sorbonne. 1995-1997 künstlerische Leiterin von Art Public Contemporain, Paris. Projekte für Kunst im öffentlichen Raum, Aufbau von Sammlungen zeitgenössischer Kunst. Ausstellungsorganisation *Stanley Kubrick. Still Moving Pictures. Photographien 1945-50*. Dissertation zu den frühen Fotos von Stanley Kubrick.

Auswahlbibliografie

Angesichts der Fülle von Kubrick-Literatur beschränkt sich diese Bibliografie auf Monografien, die z.T. ihrerseits umfassende Hinweise auf weitere Publikationen enthalten, und verzichtet auf die Nennung von Zeitschriften- und Zeitungsartikeln. Bei mehrmals veröffentlichten und überarbeiteten Werken wurde jeweils – soweit vorliegend – die jüngste Ausgabe aufgenommen.

Baxter, John: Stanley Kubrick. A Biography. London 1997.
Beier, Lars-Olav et al.: Stanley Kubrick. Berlin 1999.
Bernardi, Sandro: Kubrick e il cinema come arte del visibile. Milano 2000.
Bizony, Piers: 2001: filming the future. London 2000.
Bodde, Gerrit: Die Musik in den Filmen von Stanley Kubrick. Osnabrück 2002.
Borin, Francesco (Hrsg.): The Kubrick After: Influssi e contaminazioni sul cinema contemporaneo. Padova 1999.
Brunetta, Gian Piero (Hrsg.): Stanley Kubrick: Tempo, spazio, storia e mondi possibili. Venezia 1999.
Chion, Michel: Kubrick's Cinema Odyssey. London 2001.
Ciment, Gilles (Hrsg.): Stanley Kubrick. Paris 1987.
Ciment, Michel: Kubrick: The Definitive Edition. London 2003.
Clarke, Arthur C.: The Lost Worlds of 2001. London 1972.
Coyle, Wallace: Stanley Kubrick: A Guide to References and Resources. Boston 1980.
Crone, Rainer / Graf Schaesberg, Petrus (Hrsg.): Stanley Kubrick: Still Moving Pictures. Fotografien 1945-1950. Regensburg 1999.
De Vries, Daniel: The Films of Stanley Kubrick. Grand Rapids 1973.
Duncan, Paul: Stanley Kubrick. Visueller Poet 1928-1999. Köln 2003.
Falsetto, Mario (Hrsg.): Perspectives on Stanley Kubrick. New York 1996.
Falsetto, Mario: Stanley Kubrick: A Narrative and Stylistic Analysis. Westport, C.T. 2001.
Garcia Mainar, Luis M.: Narrative and Stylistic Patterns in the Films of Stanley Kubrick. Rochester 1999.
Giuliani, Pierre: Stanley Kubrick. Recco 1996.
Herr, Michael: Kubrick. New York 2000.
Howard, James: The Stanley Kubrick Companion. London 1999.
Hughes, David et al.: The Complete Kubrick. London 2000.
Hummel, Christoph et al.: Stanley Kubrick. Hanser Reihe Film 18. München, Wien 1984.
Jenkins, Greg: Stanley Kubrick and the Art of Adaptation: Three Novels, Three Films. Jefferson, N.C. 1997.
Kagan, Norman: The Cinema of Stanley Kubrick. Oxford 1997.
Kirchmann, Kay: Stanley Kubrick: Das Schweigen der Bilder. Bochum 2001.
Kolker, Robert Phillip: A Cinema of Loneliness: Penn, Stone, Kubrick, Scorsese, Spielberg, Altman. Oxford 2000.
Kubrick, Christiane: Stanley Kubrick – A Life in Pictures. London 2002.
LoBrutto, Vincent: Stanley Kubrick. A Biography. New York 1999.
Nelson, Thomas Allen: Kubrick. Inside a Film Artist's Maze. Bloomington 2000.
Phillips, Gene D. / Hill, Rodney: The Encyclopedia of Stanley Kubrick. New York 2002.
Phillips, Gene D. (Hrsg.): Stanley Kubrick: Interviews. Jackson, M.S. 2001.
Phillips, Gene D.: Stanley Kubrick: A Film Odyssey. New York 1977.
Raphael, Frederic: Eyes Wide Open: A Memoir of Stanley Kubrick. New York 1999.
Rasmussen, Randy: Stanley Kubrick. 7 Films Analyzed. Jefferson, N.C. 2001.
Schäfer, Horst (Red.): Materialien zu den Filmen von Stanley Kubrick. Duisburg 1975.
Seeßlen, Georg / Jung, Fernand: Stanley Kubrick und seine Filme. Marburg 1999.
Steffen, Joachim: Stanley Kubrick. Lübeck 1978.
Thissen, Rolf: Stanley Kubrick. Der Regisseur als Architekt. München 1999.
Toffetti, Sergio: Stanley Kubrick. Milano 1978.
Walker, Alexander: Stanley Kubrick Directs. New York 1999.

Abbildungsnachweis

Wenn nicht anders verwiesen, stammen die Abbildungen (Fotos, Dokumente und Objekte) aus dem Nachlass von Stanley Kubrick.
© Christiane Kubrick

Sir Kenneth Adam, London: 78 (1), 79 (4), 81 (2), 83 (1), 91 (1)
Alte Nationalgalerie Berlin: 176 (1)
Chris Baker: 250 (2), 251 (3), 252 (2), 253 (3)
Manuel Harlan: 233 (2), 245 (1), 246 (1), 247 (1), 248 (1), 249 (1)
Al Hirschfeld: 52 (1)
Christiane Kubrick: 6 (1)
Library of Congress, Prints & Photographs Division, Look Magazine Photograph Collection Washington, D.C.: 20 (2), 22 (3), 24 (1), 25 (2), 26 (1), 27 (1)
Sir John Soane's Museum, London: 178 (1)
Bert Stern: 66 (1), 70 (3), 71 (1)
Weegee: 88 (1), 90 (1), 96 (2), 97 (2), 98 (2), 99 (3), 100 (2), 101 (3)

Das Copyright der Filmfotos liegt bei: © Warner Bros. für LOLITA, 2001: A SPACE ODYSSEY, A CLOCKWORK ORANGE, BARRY LYNDON, THE SHINING, FULL METAL JACKET, EYES WIDE SHUT, STANLEY KUBRICK: A LIFE IN PICTURES, © Warner Bros. / Dreamworks für A.I. - ARTIFICIAL INTELLIGENCE, © MGM Metro-Goldwyn-Mayer für KILLER'S KISS, THE KILLING und PATHS OF GLORY, © Universal Studios für SPARTACUS sowie © Sony-Columbia für DR. STRANGELOVE OR: HOW I LEARNED TO STOP WORRYING AND LOVE THE BOMB.

Nicht in allen Fällen war es möglich, die Rechteinhaber der Abbildungen zu ermitteln. Berechtigte Ansprüche werden im Rahmen der üblichen Vereinbarungen abgegolten.

Personenregister

Normal gedruckte Ziffern kennzeichnen die Nennung von Namen in den Texten und dem Anhang, fett gedruckte Ziffern verweisen auf Abbildungen.

Adam, Ken 76-85, 88, **88f.**, **92**, 164, 173
Adam, Letizia 94
Adams, Richard 225
Adorno, Theodor W. 180
Agee, James 34
Aicher, Otl 109
Alcott, John 174, 206
Aldiss, Brian W. 281
Allen, Woody 138
Altman, Robert 137f.
Amies, Hardy 105, 121
Anderson, Lindsay 137, 139
Andrews, Julie 164
Antonioni, Michelangelo 139
Arbus, Allan 26
Arbus, Diane 26
Armstrong, Jack 120
Armstrong, Louis 99
Arno, Peter **18**
Ashby, Hal 210
Asimov, Isaac 130
August, Bille 229
Avedon, Richard 117

Baker, Chris 251
Baldwin, Adam 216
Ballard, Lucien 40
Barclay, Betty 115
Barthes, Roland 27, 104
Bartók, Béla 274f.
Bass, Saul 57, 64
Bates, Alan 164
Bauer, Franz 244
Baum, Barbara 227, 229f.
Baxter, John 29
Beatty, Warren 137
Beckett, Samuel 35, 141
Beethoven, Ludwig van 136, 271f.
Begleiter, Ludwik siehe Louis Begley
Begley, Louis 224, 227, 244f., 281
Beldam, Lia **189**
Belmondo, Jean-Paul 164
Berenson, Marisa **95**, **168**, **177**
Bergman, Ingmar 139
Berlioz, Hector 274
Bernstein, Jeremy 130
Bertolucci, Bernardo 244
Bertram, Hans 47
Birkin, Andrew 159
Blowen, Michael 158
Body, Martin **129**
Bonar, Horatius 272
Borges, Jorge Luis 202
Bourke-White, Margarete 21

Bowly, Al 276
Bracewell, Ronald 133
Brandt, Willy 53
Brecht, Bertolt 142, 222
Breuer, Gerda 104
Brook, Chris 227
Brown, Garrett 205f., 261
Broyard, Anatole 30
Bruhns, Werner 280
Bull, Peter 100, **100**
Burgess, Anthony 150, 157
Burns, Lisa **192**, **203**
Burns, Luise **192**, **203**
Burton, Richard 164

Calabrese, Omar 173
Calley, John 189
Cameron, A. G. W. 132
Canonero, Milena 94, 149f., 154
Cap, Franz 47
Caras, Roger A. 120, 129
Cardin, Pierre 150
Carey, Timothy **41**, **44**
Carlos, Walter siehe Carlos, Wendy
Carlos, Wendy 271, 274
Carpenter, John 140
Carson, Johnny 141
Cartier, Vincent 32
Cartier, Walter **24**, 31ff.
Cartier-Bresson, Henri 22
Chandler, David 164
Chaplin, Charles 255
Chardin, Jean-Baptiste Siméon 173
Chasan, Will 33
Chatschaturjan, Aram 270
Chéreau, Patrice 244
Chodowiecki, Daniel Niklaus 92, 173
Christian, Susanne siehe Kubrick, Christiane
Ciment, Michel 92, 136
Cimino, Michael 210, 212
Clar, Arden 267
Clarke, Arthur C. 124, **128**, 130, 132f., **135**, 281
Clift, Montgomery 24, **25**
Cobb, Humphrey 48
Coit, Stephen 34, **35**
Colani, Luigi 114
Colombo, Joe 114
Conrad, Joseph 34f., 140
Cook, Elisha 41, **41f.**
Cooper, Lester 33
Coppola, Francis Ford 140, 210
Corbusier, Le 103
Cossa, Frank 176
Courrèges, André 115, 150
Courteney, Tom 164

Cranach, Lucas 189
Crone, Rainer 97
Cronenberg, David 143
Crothers, Scatman **200**
Cruise, Tom 40, 245f., **246**, **248f.**, 249, 261, **262**
Curtis, Tony 57, **63f.**

Dallapiccola, Luigi 273
DeCorsia, Ted 41
Deleuze, Gilles 143ff.
DeMille, Cecil B. 262
Denby, David 136
Dennen, Barry **194**
DeNiro, Robert 138
Derby, Joseph Wright of 176
DeRochemont, Richard 34f.
Disney, Walt 255
Donen, Stanley 273
D'Onofrio, Vincent **171**, **208**, **211**, 213, **213f.**, **214**, 221
Dostojewski, Fjodor Michailowitsch 35
Douglas, Kirk 29, **44ff.**, 45, 48, **48f.**, **53**, 57, **58f.**, **61**, **64f.**, 138, 160, **161**, 254, **254**, 257, **257**
Drake, Frank D. 130, 132, 134
Dullea, Keir **112**, **118**, 124
Du Mont, Sky **277**
Duncan, Paul 98
Durant III, Frederic C. 130
Duvall, Shelley **190**, **200**, **202f.**, **206**, 262
Dyson, Freeman J. 130, 132

Eco, Umberto 202
Edelstein, David 136
Edward, Vince **30**
Ėjzenštejn, Sergej M. 64
Elgar, Edward 272
Elkind, Rachel 274
Ermey, Lee 212, **213ff.**, 221
Escher, M. C. 203
Evans, Walker 21

Fassbinder, Rainer Werner 139
Feinberg, Gerald 130
Fellig, Artur siehe Weegee
Fellini, Federico 139
Fermi, Enrico 133
Fincher, David 143
Finney, Albert 164
Finsterlin, Hermann 85
Flaubert, Gustave 140
Fleischer, Richard 137
Flippen, Jay C. **41**
Ford, John 138

Forman, Milos 190
Foucault, Michel 143f.
Francis, Clive **155**
Freud, Sigmund 35, 140, 171, 180
Frewin, Anthony **129**, 135, 227f.
Fried, Gerald 266ff.
Friedkin, William 137, 140
Furie, Sidney J. 210

Gaffney, Robert 161, 166
Gainsborough, Thomas 92, 173
Gaulle, Charles de 52
Gavin, John **58**, **63**
Generales Jr., Constantine D. J. 130
Gèze, Amédée 53
Gibson, Billie **189**
Gimbel, Norman 267
Giovinazzo, Buddy 211
Godard, Jean Luc 67f., 72
Good, Irving John 130ff.
Grant, Cary 99
Gray, Coleen **43**
Greenwood, Joan 164
Grien, Hans Baldung 189
Gropius, Walter 103
Guinness, Alec 164

Hall, Tom T. 276
Hammond, Drew 97
Händel, Georg Friedrich 136, 273
Hansen, Fritz 114
Harlan, Christiane Susanne siehe Kubrick, Christiane
Harlan, Jan 29, 138, 166, 180, 186, 226-229, 244f., 250
Harp, Kenneth **34f.**
Harris, Bob 269, 280
Harris, James B. **41**, 52, **55**, 68
Hasford, Gustav 211
Hauser, Jerry **268**
Hawkins, Gerald S. 130
Hawks, Howard 138
Hayden, Sterling 41, **41ff.**, **76**, 100, **268**
Hemingway, Ernest 40
Hemmings, David 164f.
Hepburn, Audrey 164f.
Heyden SJ, Francis J. 130
Hilberg, Raul 225
Hilton, Baron 124
Hirschfeld, Al 52
Hitchcock, Alfred 137f., 255
Hobbs, Philip 227ff.
Hogarth, William 92, 173, 177f.
Holm, Ian 164
Hopper, Dennis 138
Hopper, Hedda 100
Horkheimer, Max 180
Horx, Matthias 118
Howard, Arliss 216
Howard, Kevyn Major 216
Huston, John 34, 36, 41

Ireland, John **61**
Isaak, Chris 277

James, Bobby 32f.
Jameson, Fredrick 139f.
Jameson, Richard T. 199f.
Joffe, Charles H. 138
Johns, Glynis 164
Johnson, Diane 185, 190, 195f.
Johnson, Laurie 269
Joyce, James 139ff.
Jung, Carl Gustav 84, 180, 196
Jünger, Ernst 142

Kael, Pauline 136
Kafka, Franz 30
Kagan, Norman 35, 49
Kahler, Wolf **94**
Kane, Irene 36, **37f.**
Karas, Anton 269
Kasterine, Dimitri 98
Kazan, Elia 47
Kean, Marie **172**
Keaton, Buster 255
Kelly, Gene 137, 273
Kertész, André 99
Kidman, Nicole 40, **233**, 246, **247ff.**, 249, 261, **262**, 277
King, Stephen 185-188, 190, 199, 202, 206
Klein, Michael 170, 176
Kobler, Erich 98
Kohle, Hubertus 177
Kotcheff, Ted 211
Kotulla, Theodor 48
Kracauer, Siegfried 49f.
Krause, Georg 46f., **47**
Krüger, Hardy **94**
Kubrick, Anya Renata 280, **281**
Kubrick, Barbara 280
Kubrick, Christiane 46, **268**, 280, **281**
Kubrick, Gertrude 280, **280**
Kubrick, Jacques L. 280, **281**
Kubrick, Katharina Christiane siehe Kubrick Hobbs, Katharina
Kubrick, Vivian Vanessa 276, **281**
Kubrick Hobbs, Katharina 229, 280, **281**
Kwariani, Kola **42**

Lacan, Jacques 234, 242
Lacomme, Jean Léon 53
Lamm, Norman 130
Lange, Dorothea 21
Lange, Harry 105
Lash, Christopher 143
Laughton, Charles **58**, **63**
Lawrence, Robert 57
Lawrence, Sacha **34**
Leith, Virginia **35**
Lester, Richard 139
Lewis, Edward 57
Ligeti, György 270f., 274f., 278
Lincoln, Abraham 34
Liszt, Franz 278
Lloyd, Danny **193**, **196**, 200ff., **200**, **202**, **206**
Lloyd, Norman 34f.
LoBrutto, Vincent 29, 33f.

Lockwood, Gary **106**, 124
Loftus, Bryan **129**
Logan, Joshua 137
Lom, Herbert **59**, 254
Lovell, Bernard 130
Lucas, George 138, 140
Lynch, David 143
Lynn, Vera 86
Lyon, Sue **66f.**, **69-73**, **269**

MacCannell, Juliet Flower 143
Macready, George 45, **45f.**
Magee, Patrick **94**, **155**, 165
Maisch, Herbert 47
Mann, Anthony 57, 138
Mann, Thomas 139f.
Markham, Felix 156, 162f., 165f.
Markham, Marcella **123**
Mason, James 68, **68f.**, **72f.**
Massu, Jacques 53
Masters, Antony 105
Mastroianni, Marcello 139
Mazursky, Paul **34f.**, 35
Mazzello, Joseph 227ff.
McDowell, Malcolm 139, **148**, 149, **150-155**, **172**, **178**
McGowan, Roger A. 131
McLuhan, Marshall 104, 112
Mead, Abigail siehe Vivian Kubrick
Mead, Margaret 130
Meeker, Ralph **44**
Melvin, Murray **177**
Menjou, Adolphe 45, **45**, 49
Menzel, Adolph 176f.
Metty, Russell 57, 254
Metz, Christian 235
Metz, Toba 23, **34**, 280
Milestone, Lewis 49ff.
Minsky, Marvin 130ff.
Mitchell, Ormond G. 130
Modine, Matthew **171**, **209**, **211**, 212, **213**, **221**
Monroe, Marilyn 94, 99, 115
Moravec, Hans 132
Morgue, Olivier 106, 114
Morrison, Philip 130, 132
Mozart, Wolfgang Amadeus 240, 273, 278
Mueller-Stahl, Armin 229
Murton, Peter 89, **89**

Nabokov, Vladimir 67f., 73, 142, 170, 281
Neumann, John von 134
Ngoc Le **217**
Nichols, Mike 137
Nicholson, Jack 138, 165, **188f.**, 190, **194**, **197**, 199, **199**, **201f.**, **204f.**, 262
Nietzsche, Friedrich 118, 169ff., 180, 270f
North, Alex 268, 270f.
Novarese, Vittorio Nino 57
Noyes, Eliot 111, 113

Olivier, Laurence **59f.**, 63, 262
O'Neal, Ryan **94f.**, **163**, **168**, **172**, **175**, **179**, **183**
Oparin, Aleksandr Ivanovich 129
Ophüls, Max 47
Ordway III, Frederick I. 131
O'Riada, Sean 180, 273
O'Toole, Peter 164

Pabst, G. W. 49ff.
Paisiello, Giovanni 274
Panton, Verner 114
Penderecki, Krzysztof 274f.
Penn, Arthur 137
Penn, Bob 98
Perveler, Gertrude siehe Gertrude Kubrick
Pesce, Gaetano 114
Pewas, Peter 47
Picasso, Pablo 201
Pickens, Slim **76**, 91, **97**, 99f.
Pinter, Harold 141
Poelzig, Hans 85
Polanski, Roman 137, 225
Pollack, Sydney **248**
Pook, Jocelyn 277
Post, Ted 210
Preminger, Otto 137f.
Pudowkin, Wsewolod Illarionowitsch 32
Purcell, Henry 136, 271

Quant, Mary 115, 121, 153

Rabanne, Paco 150
Rafelson, Bob 138
Rampling, Charlotte 164
Raspé, Gioa 230
Raup, David M. 133
Rebière, Marcel **34**, 35
Redford, Robert 137
Redgrave, Vanessa 164
Redottée, Hartmut W. 103
Reed, Carol 228, 269
Reed, Tracy 97f., **99**
Reisz, Karel 137
Remarque, Erich Maria 49
Renoir, Claude 95
Resnais, Alain 68
Reynolds, Joshua 173
Richardson, Ralph 164
Richardson, Tony 137, 140
Richter, Dan 133
Riddle, Nelson **266**
Rimskij-Korsakow, Nikolaj 271
Roberts, Julia 228f.
Rosenman, Leonard 273
Ross, Steve 138
Rossini, Gioacchino 271f.
Rother, Rainer 172, 175f.
Rothstein, Arthur 24
Round, Michael **129**
Rousseau, Jean Jacques 171, 180

Sackler, Howard 35f.
Sagan, Carl 131
Saura, Carlos 244
Savage, Dominic **177**
Sawyer, Joe **41**
Schaesberg, Petrus Graf 97
Schaub, Martin 48
Schlesinger, John 137, 139
Schlubach, Jan 229
Schnitzler, Arthur 225, 233f., 241f., 242, 245f., 248f., 277
Schönberg, Arnold 273
Schostakowitsch, Dmitri 277
Schubert, Franz 177, 273f.
Schygulla, Hanna 139
Scofield, Paul 164f.
Scom, Alan 158
Scorsese, Martin 138
Scott, George C. **91**, 96f., 101
Scott, Ridley 104
Seeßlen, Georg 196
Seldes, Marian **34**
Sellers, Peter 68, **68**, 74, **85f.**, 90, **90**, 96, **99**, 100f.
Semel, Terry 138, 227, 230
Senat, Eric H. 227
Senior, Julian 138
Sennett, Mack 255
Shakespeare, William 209
Shapley, Harlow 130, 132
Sharp, Anthony **172**
Shaw, Robert 164
Shklovskij, I. S. 131
Sieczynski, Rudolf 277
Siegel, S. M. 130
Silvera, Frank **34f.**, 35f., **38ff.**
Simmons, Jean **58f.**, **62**, **65**, 257
Sinatra, Frank 24, **25**
Singer, Alexander 32, **41**
Singer, Isaac Bashevis 226
Siodmak, Robert 47
Skinner, Burrhus Frederic 130
Smith, Jamie 30, 36, **37-40**
Sobotka, Ruth **31**
Søderlund, Ulla-Britt 93, 155
Spielberg, Steven 138, 142, 180, 229, 236, 251, 278
Stadtmueller, Fred 33
Staudte, Wolfgang 47
Steege, Johanna ter 227, 229f., **229f.**
Steichen, Edward John 99
Stemmle, Robert A. 47
Stephenson, William 173
Sternberg, Josef von 40
Stettner, Louis 98
Stone, Oliver 140, 211f.
Stone, Philip **204**
Strauß, Johann 270
Strauss, Richard 169, 270f., 278
Strode, Woody 257, **257**
Stubbs, George 173
Sudendorf, Werner 51
Sullivan, Walter 131
Sydow, Max von 139
Sylvester, William 114
Szabó, István 225

Tarantino, Quentin 143
Thackeray, William Makepeace 166, 172f., 177
Thompson, Jim 40, 42
Thurman, Uma 228f.
Tikhomiroff, Nicolas 98
Trilling, Lionel 72
Truffaut, François 52, 72
Trumbo, Dalton 57
Trumbull, Douglas 105, 271
Tucker, Terry 271
Turkel, Joseph **44**

Ullmann, Liv 139
Unsworth, Geoffrey **127**
Ustinov, Peter 57, **59**, 164, 256, **256**

Veevers, Wally 91
Vetter, Richard 161
Virilio, Paul 220
Vitali, Leon **175**, **179**
Vitti, Monica 139
Vivaldi, Antonio 274
Vogler, Rüdiger 139

Walker, Alexander 136
Walker, David 160
Walker, Roy 205, 227
Wanka, Irina 246
Wasserman, Lee 138
Watteau, Jean-Antoine 92, 173
Wayne, John 211
Weaver, Sigourney 115
Weegee 22, **22**, 26, 96-100, **96f.**, **101**
Welles, Orson 228, 255
Wenders, Wim 139
Werner, Oskar 165
Whipple, Fred 130
White, Lionel 40
Williams, John 278
Winczewski, Patrick 246
Windsor, Mary 41, **41f.**
Winters, Shelley **73**
Wright, Johnny 212

Young, Terence 77

Zizek, Slavoj 143f.
Žoffany, Johann 173
Zundel, John 272
Zweig, Stefan 225

Filmregister

Normal gedruckte Ziffern kennzeichnen die Nennung der Titel in den Texten und dem Anhang, fett gedruckte Ziffern weisen auf Abbildungen hin. Mit einem [TV] gekennzeichnete Titel verweisen auf Fernsehproduktionen, (AT) kennzeichnet Alternativtitel.

A Bout de souffle 68, 72
A.I. Artificial Intelligence 142, 180, 230, 250, 278, 281, 291
African Queen, The 34
Aleksandr Nevskij 64
Alien 104, 115
All Quiet on the Western Front 49ff., 53
Along Came a Spider (AT) siehe Killer's Kiss
Apocalypse Now 140, 210, 215
Art of Stanley Kubrick: From Short Films to Strangelove, The [Video] 292
Asphalt Dschungel siehe Asphalt Jungle, The
Asphalt Jungle, The 36, 41
Außer Atem siehe A Bout de souffle

Barry Lyndon 91ff., **94**, 95, **95**, 139f., 160, 164, 166, **166**, **168**, 169-180, **169**, **172-181**, **183**, 209, 215, 220, 258, 261f., 264, **272**, 273, 281, 288, 293f., 297
Bed of Fear (AT) siehe The Killing
Berliner Ballade 47
Billy Liar 139
Blade Runner 104
Blue Velvet 143
Bonnie and Clyde 137
Boys in Company C, The 210
Boys von Kompanie C, Die siehe Boys in Company C, The

Citizen Kane 47, 255
Clean Break (AT) siehe Killing, The
Clockwork Orange, A 92, 136, 138f., 141-146, **148-155**, 149ff., 169f., 172, **172**, 209, 212, 217, 258, 261, 263, 271, **272**, 281, 287, 293f., 296
Close Encounters of the Third Kind 138
Combat Shock 211
Coming Home 210
Crash 143

D III 88 47
Day of the Fight 30, 32f., **33**, 37, 266f., 280, 282, 294
Day of Violence (AT) siehe Killing, The
Deer Hunter, The 210, 212
Die durch die Hölle gehen siehe Deer Hunter, The
Doctor Dolittle 137
dritte Mann, Der siehe Third Man, The
Dr. No 77, 88
Dr. Seltsam oder: Wie ich lernte, die Bombe zu lieben siehe Dr. Strangelove or: How I Learned to Stop Worrying and Love the Bomb
Dr. Strangelove or: How I Learned to Stop Worrying and Love the Bomb 22, **22**, 35, 67, 75, **74-77**, **82f.**, **85f.**, 88-91, **89ff.**, 95f, 99, 146, 169, 209, 216, 223, 269, **270**, 281, 286, 293ff.
Du sollst mein Glücksstern sein siehe Singin' in the Rain

Ein Mann auf dem Drahtseil siehe Man on a Tightrope
Einer flog über das Kuckucksnest siehe One Flew Over the Cuckoo's Nest
El Cid 57
Empire of the Sun 142
E.T. - The Extraterrestrial 142
Ewige Spiel, Das 47
EWS (AT) siehe Eyes Wide Shut
eXistenZ 143
Exorcist, The 137, 140
Eyes Wide Shut 31, 40, 73, 142, 145, 169, 175, 209, 223, 225, **232f.**, 233, 244, 256, 261f., **262**, 264, 277, **277**, 281, 290, 293ff.

Fall of the Roman Empire, The 57
Fear and Desire 29, **34f.**, 35f., 209, 219, 266, 280, 283, 294
Fight Club 143
Flying Padre 30, 33, **33**, 280, 283
French Connection, The 137
Full Metal Jacket 31, 35, 140, 142, 144f., 161, 169, 171, **171**, **208f.**, 209ff., **211-218**, 212, 215, 218, 220, **221f.**, 222f, 276, **276**, 281, 289, 293ff.

Geisterhaus, Das siehe House of Spirits, The
Geliebter Spinner siehe Billy Liar
Go, Tell the Spartans 210
Graduate, The 137

Halloween 140
Heimat 244
Heinzelmännchen, Die 98
Hello, Dolly! 137
Hiroshima, mon amour 68
House of Spirits, The 229

If... 139
Im Westen nichts Neues siehe All Quiet on the Western Front
Inside the Making of Dr. Strangelove [Video] 292

James Bond – 007 jagt Dr. No siehe Dr. No
Journey Beyond the Stars (AT) siehe 2001: A Space Odyssey
Jules et Jim 72
Jurassic Park 142, 229

Kampfgeschwader Lützow 47
Killer's Kiss **28**, **30ff.**, 36, **36-40**, 40, 262, 266f., **267**, 280, 283, 293f.
Killing, The 40ff., **41ff.**, 67, 70, 209, 266f., **268**, 280, 284, 293f.
Kill Me, Kill Me (AT) siehe Killer's Kiss
Kirmes 47
Krieg der Sterne siehe Star Wars

L'année dernière à Marienbad 68
Last Movie: Stanley Kubrick & Eyes Wide Shut, The [TV] 292
Last of Sheila, The 91
letzte Schlacht, Die siehe Go, Tell the Spartans
Letztes Jahr in Marienbad siehe L'année dernière à Marienbad
Lolita 31, **66-73**, 67f., 72f., 38, 92, 136, 142, 145, 169ff., 209, 215, 222f., 266, 269, **269**, 281 285, 293ff.

Making The Shining [TV] 292
Maltese Falcon, The 36
Man on a Tightrope 47
M*A*S*H 137
Missing in Action 211
Mr. Lincoln [TV] 34f., **34**, 291

Nachts, wenn der Teufel kam 47
Naked Lunch, The 143
Nymph and the Maniac, The siehe Killer's Kiss

One Flew Over the Cuckoo's Nest 190

Paint Your Wagon 137
Parasiten-Mörder siehe Shivers
Paths of Glory 35, **44-51**, 45-54, **55**, 67, 88, 139, 142, 160, **161**, 162, 171f., 209, 220, 225, 266, 268, **268**, 280, 284, 293f.
Platoon 140, 211f.
Pulp Fiction 143

Rambo 211
Rechnung ging nicht auf, Die siehe Killing, The
Reich der Sonne, Das siehe Empire of the Sun
Reifeprüfung, Die siehe Graduate, The
Reservoir Dogs 143
Rhapsody (AT) siehe Eyes Wide Shut
Rosemary's Baby 137

Schindler's List 138, 140, 229f.
Seafarers, The 30, 33, **33**, 280, 283
Shape of Fear (AT) siehe Fear and Desire
Sheila siehe The Last of Sheila
Shining, The 93, 139-143, 145f., 185f., **188-194**, **196**, **198-206**, 199-202, 206f., 209, 217, 256, 258, **259f.**, 260ff., 274, **275**, 281, **282**, 289, 293ff.
Shivers 143
Singin, in the Rain 273
Spartacus 29, 35, **56-65**, 57, 60, 64, 88, 138, 169, 175, 178, 254ff., **254**, **256f.**, 262, **263**, 268, 281, 285, 293ff.
Spion der mich liebte, Der siehe Spy Who Loved Me, The
Spur des Falken, Die siehe Maltese Falcon, The
Spy Who Loved Me, The 95
Stanley and Us [TV] 292
Stanley Kubrick: A Life in Pictures [Video] 29, 180, 292
Stanley Kubrick: The Invisible Man [TV] 292
Star Wars 109, 138

Take the Money and Run 138
Third Man, The 228, 269
Tiger von New York, Der siehe Killer's Kiss
Tom Jones 140
Trap, The (AT) siehe Fear and Desire

2001: A Space Odyssey 21, 30, 67, 91, 93, 95, 103ff., **103**, **105-119**, 118, 120, 124, **126**, **127**, 129, 131-144, **134**, 160f., 169-173, **170**, 175, 180, 209, 214, 222, 234, 255f., 258, **258**, 259, 261, 263f., 270, **270f.**, 277, 281, 286, 293-296
2001: A Space Odyssey – A Look Behind the Future 292

Uhrwerk Orange siehe Clockwork Orange, A
Uncommon Valor 211
Unheimliche Begegnung der dritten Art siehe Close Encounters of the Third Kind
Untergang des römischen Reiches, Der siehe Fall of the Roman Empire, The

verwegenen Sieben, Die siehe Uncommon Valor
verzauberte Tag, Der 47

Wege zum Ruhm siehe Paths of Glory
Westfront 1918 49ff.
Westwärts zieht der Wind siehe Paint Your Wagon
Woody, der Unglücksrabe siehe Take the Money and Run
2001: Odyssee im Weltraum siehe 2001: A Space Odyssey